Die Besteuerung von Berufssportlern im nationalen und internationalen Steuerrecht

Europäische Hochschulschriften Recht

European University Studies in Law

Publications Universitaires Européennes de Droit

Band/Volume **6671**

PETER LANG

Joachim Reichenberger

Die Besteuerung von Berufssportlern im nationalen und internationalen Steuerrecht

PETER LANG

Bibliografische Information der Deutschen Nationalbibliothek
Die Deutsche Nationalbibliothek verzeichnet diese Publikation in der Deutschen Nationalbibliografie; detaillierte bibliografische Daten sind im Internet über http://dnb.d-nb.de abrufbar.

Zugl.: Bayreuth, Univ., Diss., 2018

D 703
ISSN 0531-7312
ISBN 978-3-631-77467-0 (Print)
E-ISBN 978-3-631-78080-0 (E-PDF)
E-ISBN 978-3-631-78081-7 (EPUB)
E-ISBN 978-3-631-78082-4 (MOBI)
DOI 10.3726/b15237

Peter Lang – Berlin · Bern · Bruxelles · New York · Oxford · Warszawa · Wien

Diese Publikation wurde begutachtet.

www.peterlang.com

Für Rita und Juliana

Mein besonderer Dank gilt Herrn Dr. Carsten Schlotter, der mich während der Erstellung der Dissertation stets unterstützt hat.

Inhaltsübersicht

Inhaltsverzeichnis

Kapitel Eins: Problemstellung, Begriffsbestimmung, Abgrenzung des Untersuchungsgegenstands, Ziel und Gang der Untersuchung

I. Problemstellung

Das Steuerrecht ist eine Disziplin der Rechtswissenschaft, die wie kaum eine andere umfassend in alle Lebensbereiche ausstrahlt. Denn es ist ureigenste Aufgabe von Steuern durch ihre Erhebung die Finanzierung des Staates und damit des Gemeinwohls zu sichern.[1] Gleichwohl ist das Bestreben des Individuums hoch, eben dieser steuerlichen Belastung zu entgehen.[2] Auch der Sport, der gelegentlich glaubt, eine lex sportiva für sich in Anspruch nehmen zu können, begegnet diesen steuerlichen Implikationen. So vergüten bereits kleinere, lediglich regional bedeutsame Vereine ihre Akteure und begegnen so der Frage, ob diese Sportler[3] noch lediglich ihrem Hobby nachgehen oder vielmehr als Amateure oder gar Berufssportler zu behandeln sind und in der Konsequenz die hieraus erzielten Einnahmen insbesondere dem Einkommensteuerrecht unterliegen und folglich auf Ebene des vergütenden Klubs zum Lohnsteuerabzug verpflichten. Im sog. Spitzensport ist es bspw. gängige Praxis die Vergabe von Fußballgroßereignissen, wie der FIFA[4] Weltmeisterschaft oder die UEFA[5] Champions League von der Zusicherung eines steuerlich günstigen Regimes abhängig zu machen. So erhielt bspw. Deutschland die FIFA Weltmeisterschaft 2006 wohl nur[6] aufgrund des Beschlusses der obersten Finanzbehörden der Länder vom 10.02.2006[7], mit welchem der Erlass von Steuern auf Einkünfte der FIFA im Zusammenhang mit der FIFA-Weltmeisterschaft 2006 verfügt wurde. Ebenso wurde die FIFA Weltmeisterschaft 2014 in Brasilien von einer solchen Zusicherung der

---

1 *Birk/Desens/Tappe*, Steuerrecht, 20. Aufl. (2017), S. 1; Seer, in: *Tipke/Lang* (Hrsg.), Steuerrecht, 22. Aufl. (2015), § 1 Rn. 1, 5.

2 *Bryde*, in: *Aschke* (Hrsg.), Selbstbestimmung und Gemeinwohl, 2005, S. 321; Seer, in: *Tipke/Lang* (Hrsg.), Steuerrecht, 22. Aufl. (2015), § 1 Rn. 9.

3 Im weiteren Verlauf dieser Arbeit wird das Wort „Sportler“ wie auch „Berufssportler“ als Gattungsbegriff verwendet. Auf die Schreibweise Sportler/-in bzw. Berufssportler/-in wird folglich verzichtet.

4 Fédération Internationale de Football Association ist der Weltfußballverband.

5 Union of European Football Associations ist der europäische Fußballverband.

6 Andere Vergabegründe sind strafrechtlich noch nicht belegt, so dass in dubio pro reo von keinem Stimmenkauf auszugehen ist.

7 *OFD Münster*, 10.02.2006 – S 2303-6 – St 45-33, DStR 2006, 376.

brasilianischen Regierung abhängig gemacht.[8] Auch die Spiele der UEFA Champions League oder der UEFA Europa League sind mittlerweile nicht mehr vollständig der Steuerhoheit des Ausrichterlandes des jeweiligen Europapokalspiels unterworfen.[9] Im Bereich des Motorsports ist das im Veranstalterland vorherrschende Steuerregime ausschlaggebender Faktor für die Vergabe eines Rennens. In der FIA Formel-1 wurden 2017 Rennen in 20 Jurisdiktionen ausgetragen, davon mittlerweile drei in Niedrigsteuerländern.[10] Indien verlor dagegen aufgrund des dortigen strengen Steuerregimes dieses prestigeträchtige Rennen wieder.[11] Mit zunehmender Kommerzialisierung und bedingt durch die stetig steigenden Einnahmen ist der Sport immer mehr in den Fokus der Öffentlichkeit geraten, wie nicht zuletzt die zunehmende mediale Berichterstattung über Steuervergehen bekannter Sportler und Funktionäre in den letzten Monaten beweist.[12] Mit den zunehmend steigenden Summen, die für die sportlichen Darbietungen aber auch für die damit zusammenhängende Verwertbarkeit des Ansehens eines Sportlers erzielt werden können, steigen auch diejenigen Sachverhalte, die einer rechtlichen Überprüfung durch die staatlichen Finanzgerichte zugeführt werden. Dabei ist zu beobachten, dass diese nicht nur den Bereich des Fußballs und des Motorsports abdecken, sondern umfassend in allen Sportarten zu Tage treten. Gerade diese große Bandbreite denkbarer Konstellationen zeigt, dass die steuerrechtlichen Auswirkungen von Gestaltungen nicht unterschätzt werden dürfen, andererseits vorschnelles und unüberlegtes Handeln erhebliche Konsequenzen mit sich bringen kann, welche geeignet sind, den Sportler in ernsthafte finanzielle Schwierigkeiten zu bringen. Die zunehmende Darbietung und Verwertung weltweit gefragter sportlicher Ereignisse führt letztlich dazu, dass in diesem Kontext nicht nur deutsches Steuerrecht zu berücksichtigen ist. Vielmehr ist Unionsrecht und insbesondere auch zwischenstaatliches Recht in diesen Konstellationen zu beachten, welches die per se komplizierte rechtliche Beurteilung noch einmal verschärft.

---

8 *FIFA*; Fifa mit Rekordgewinn, Brasilien geht leer aus, http://www.tagesspiegel.de/sport/nach-wm-2014-fifa-mit-rekordgewinn-brasilien-geht-leer-aus/10265644.html (Stand: 30.11.2017).

9 *BMF*, 20.03.2008 – IV C 8 – S 2303/07/00009, DStR 2008, 823.

10 In Bahrain, Abu Dhabi und Monaco werden entsprechende Steuern nicht erhoben.

11 Indien-Grand-Prix doch schon 2016? – Formel 1 – Motorsport-Magazin.com, http://www.motorsport-magazin.com/formel1/news-204422-indien-grand-prix-doch-schon-2016/ (Stand: 30.11.2017).

12 Statt vieler: *Süddeutsche Zeitung* (Hrsg.), Hoeneß geht nach Ostern ins Gefängnis, http://www.sueddeutsche.de/sport/urteil-gegen-uli-hoeness-staatsanwaltschaft-verzichtet-auf-revision-1.1914600 (Stand: 12.11.2017). und *Der Spiegel* (Hrsg.), Die Dose des Ronaldo, Heft 49/2016, S. 15.

II. Begriffsbestimmung

Eine exakte Definition ist weder für den Begriff „Sport" noch für den „Sportler" möglich.[13] Denn die unüberschaubaren und stetig wachsenden sportlichen Betätigungsmöglichkeiten stehen einer solchen evident entgegen. Auch bietet das deutsche Steuerrecht keine Definition an. Die Abgabenordnung grenzt zwar den Begriff „Sport" näher ab, legt den Fokus hierbei jedoch auf die im Sport mögliche Gemeinnützigkeit.[14] Dennoch wird nach allgemeinem Verständnis derjenige als Sportler zu verstehen sein, der eine „an spielerischer Selbstentfaltung und am Leistungsstreben orientierte Form menschlicher Betätigung, die der körperlichen und geistigen Beweglichkeit"[15] dient, ausübt.[16] „Diese Tätigkeiten, die in den meisten Fällen um ihrer selbst willen und aus Freude an der Überwindung von Schwierigkeiten ausgeübt werden, sind gewöhnlich regelgebunden und werden im freiwilligen Wettkampf und in eigens dafür bestimmten Organisationsformen gepflegt."[17] Mit diesem Begriffsverständnis sind sowohl Berufssportler als auch Amateure und Hobbysportler als Sportler zu verstehen. Berufssportler[18] meint dabei all diejenigen Sportler, deren Lebensinhalt die professionelle sportliche Betätigung zwecks Bestreitung ihres Lebensunterhalts ist, wobei die sportliche Betätigung alle auf Bewegung, Spiel, Einzel- oder Mannschaftsleistung im Wettkampf um des Sieges willen gerichteten körperlichen Anstrengungen des einzelnen Steuerpflichtigen umfasst.[19] Aus steuerrechtlicher Sicht ist Kennzeichen der Sporttätigkeit als Beruf mithin die Absicht der Wiederholung hinsichtlich der Erzielung von Preisen oder einer entsprechenden Vergütung.[20] Wird der Sport dagegen zum Selbstzweck, d. h. zur Freizeitgestaltung und/oder Stärkung der allgemeinen Leistungsfähigkeit, mithin nicht um des Entgelts willen ausgeübt, so ist der Sportler als Amateur[21] zu qualifizieren.[22] Erzielt der Amateur in diesem Sinne aufgrund seiner sportlichen Leistungen Gewinne, so unterliegen diese nur dann der Steuerpflicht, wenn er

---

13 So auch *Klimmer*, in: *Sigloch* (Hrsg.), Rechnungslegung und Besteuerung im Sport, 2003, S. 82.

14 *Klimmer*, in: *Sigloch* (Hrsg.), Rechnungslegung und Besteuerung im Sport, 2003, S. 82.

15 *Wahlers*, Brockhaus – die Enzyklopädie digital, 2005, Bd. 10, Stichwort: Sport.

16 *Mody*, Die deutsche Besteuerung international tätiger Künstler und Sportler, 1. Aufl. (1994), S. 27.

17 *Wahlers*, Brockhaus – die Enzyklopädie digital, 2005, Bd. 10, Stichwort: Sport.

18 Zur Historie des Begriffs vergleiche etwa: *Schrettl*, Rechtsfragen der beschränkten Steuerpflicht, 1994, S. 134.

19 *Wirfler*, in: Beck'sches Steuer- und Bilanzrechtslexikon, Edition 40/2017, Stichwort Berufssportler Rn. 1.

20 *BFH*, 28.11.2007 – IX R 39/06, BStBl. II 84 2008, 469 = juris Rn. 12.

21 Teilweise auch als Hobbysportler bezeichnet; *FG Niedersachen*, 14.05.2009–11 K 556/07, EFG 2010, 1016 = juris Rn. 33; allgemein auch *BFH*, 25.06.1984 – GrS 4/82, BStBl. II 84, 751; *BFH*, 22.04.1998 – XI R 10/97, BFHE 186, 206 = juris; *BFH*, 31.05.2001 – IV R 81/99, BFHE 195, 382 = juris; *BFH*, 07.11.2001 – I R 14/01, BFHE 197, 287 = juris.

22 *BFH*, 23.10.1992 – VI R 59/91, BStBl. II 84 1993, 303 = juris Rn. 13 mwN.

sich an den Wettkämpfen mit der Absicht beteiligt, seine sicheren Siegchancen zu nutzen und dies wiederholt zu tun.[23] Andernfalls fehlt es an der sog. Überschusserzielungsabsicht, mithin dem Bestreben mit den Einnahmen mehr als nur die Deckung der Selbstkosten zu erreichen.[24] Derartige Einnahmen sind dem steuerlich irrelevanten Bereich der Liebhaberei zuzurechnen.[25] So nimmt die Finanzverwaltung dann von einer Besteuerung Abstand, wenn lediglich Kosten erstattet werden.[26]

Steuerpflichtige Einkünfte liegen dagegen dann vor, wenn der Amateur etwa als Arbeitnehmer anzusehen wäre. Dies wäre etwa dann der Fall, wenn aufgrund der getroffenen mündlichen oder schriftlichen Vereinbarungen ein Dienstverhältnis begründet wurde. Ein solches ist dann zu bejahen, wenn bspw. die Zahlungen an den Amateur auch dann weiter fließen, wenn er wegen Krankheit oder anderer Umstände an der Leistungserbringung verhindert ist. Ferner erkennt das FG Düsseldorf ein Dienstverhältnis, wenn ein Spieler sich jeweils nur für eine Saison verpflichtet und die Zahlungen seine Aufwendungen nicht nur unwesentlich übersteigen.[27] Dienen die Zahlungen dagegen lediglich dem Ersatz der entstandenen Aufwendungen, so sollen keine steuerbaren Einkünfte vorliegen.[28]

Unter einem nationalen Sachverhalt ist die Konstellation zu verstehen, in der ein im Inland[29] ansässiger Sportler rein im Inland tätig ist. Wird dagegen ein ausländischer Sportler im Inland tätig, so stellt dies eine sog. Inbound-Konstellation dar. Umgekehrt ist daher auch die Tätigkeit eines im Inland ansässigen Sportlers im Ausland als sog. Outbound-Fall zu begreifen.

Zu unterscheiden ist ferner zwischen Individual- und Mannschaftssportlern. Von einem Individualsportler ist auszugehen, wenn der Sportler zur Erreichung sportlicher Erfolge alleine antritt. Dabei ist für die Beurteilung alleine die sportliche Leistung zu betrachten, so dass etwa Unterstützungsleistungen nicht zu berücksichtigen sind. Dementsprechend erbringt etwas der Formel-1 Pilot eine sportliche Leistung als Individualsportler, obwohl im Team Ingenieure, Mechaniker und Manager den Erfolg sichern. Auch entscheidet etwa ein Golf- oder

23 *Herrmann/Heuer/Raupach/Musil*, § 2 EStG, Rn. 80 Stichwort Sportpreis.

24 So zuletzt: *BFH*, 09.04.2014 – X R 40/11, BFH/NV 2014, 1359 = juris betreffend den Abzug von Verpflegungsmehraufwendungen eines Kraftsportlers.

25 *Enneking/Denk*, DStR 1996, 450; *BFH*, 23.10.1992 – VI R 59/91, BStBl. II 84 1993, 303 = juris Rn. 13 f.; *Mader/Perach/Voss u. a.* (Hrsg.), ABC des Lohnbüros Ausgabe 2017, 2017 Rn. 189.

26 Konkret verzichtet die Finanzverwaltung bei reiner Kostenerstattung auf den Steuerabzug nach § 50a EStG, vgl. *BMF*, 25.11.2010 – IV C 3 – S 2303/09/10002, BStBl. I 2010, 1350 = juris Tz. 3.2.2.

27 *FG Düsseldorf*, 04.05.2000–8 K 9058/98 E, EFG 2001, 136 mwN. betreffend Fußballspieler in Amateur-Oberliga.

28 *FG Köln*, 01.04.1987–11 K 513/84, EFG 1987, 524.

29 Inland meint die Bundesrepublik Deutschland, mithin die Gebiete in der die deutschen steuerlichen Normen Geltung beanspruchen.

Tennisspieler eigenständig, ob er an Wettkämpfen teilnimmt oder nicht.[30] Im Gegensatz dazu ist der Mannschaftssportler im sportlichen Wettkampf auf die Mithilfe seiner Mannschaftskollegen angewiesen. Im Bereich des Fußballs ergibt sich dies unmittelbar aus § 1 Nr. 4 der Spielordnung des Deutschen Fußball Bundes („DFB")[31], welcher festlegt, dass eine Mannschaft nur dann am Wettkampf teilnehmen darf, wenn mindestens sieben Spieler zu Beginn des Fußballspiels auf dem Spielfeld stehen.

Vielfach wurden im Bereich des Mannschaftssports in der jüngeren Vergangenheit die Profiabteilungen (Lizenzspielerabteilungen) vom originären Verein auf unabhängige Kapitalgesellschaften ausgegliedert.[32] Um auch diese juristischen Personen neben dem eingetragenen Verein (§ 21 BGB) zu erfassen, wird nachfolgend der Begriff Klub anstelle von Verein verwendet.

III. Abgrenzung des Untersuchungsgegenstandes

Entsprechend der Themenstellung soll nachfolgend lediglich die Besteuerung der Berufssportler dargestellt werden. Um einen möglichst umfassenden Überblick über die denkbaren und in praxi häufig vorkommenden Konstellationen zu geben, sollen neben dem rein nationalen Kontext auch die Konstellationen mit Auslandsberührungen – sei es in Form einer Inbound- oder Outbound-Variante – dargestellt werden. Dabei soll insbesondere auf die Bedeutung von Unions- und zwischenstaatlichen Recht und deren Rangverhältnis eingegangen werden. Aufgrund der Vielzahl der Möglichkeiten beschränkt sich diese Arbeit auf die im besonderen Maße im öffentlichen Interesse und im Fokus der Finanzverwaltung stehende Gruppe der Berufssportler und beleuchtet dort lediglich die ertragsteuerliche Seite.

IV. Zielsetzung und Gang der Untersuchung

Mit der vorliegenden Arbeit soll dabei der Versuch unternommen werden, den Status quo der Besteuerung national und international tätiger Berufssportler darzustellen und die zwischenzeitlich gelösten bzw. noch bestehenden Ungereimtheiten bzw. Konfliktpotentiale aufzuzeigen. Dafür soll ausgehend von der grundsätzlichen Differenzierung zwischen Individual- und Mannschaftssportler zunächst jeweils die rein inländische Würdigung vorgenommen werden, ehe die beiderseits denkbaren

30 *Klimmer*, in: *Sigloch* (Hrsg.), Rechnungslegung und Besteuerung im Sport, 2003, S. 83.

31 *Deutscher Fußball Bund*, Spielordnung, https://www.dfb.de/fileadmin/_dfbdam/27993-06_Spielordnung.pdf (Stand: 30.11.2017).

32 Im Bereich des deutschen Profifußballs musste hierfür etwa das Ligastatut angepasst werden. Ausgliederungen haben mittlerweile viele Vereine vorgenommen, exemplarisch seien nur der FC Bayern München (2002 auf FC Bayern München AG) und Borussia Dortmund (1999 auf Borussia Dortmund GmbH & Co KGaA) genannt.

Inbound[33]- und Outbound[34]-Konstellationen und damit die Berührungspunkte des internationalen Steuerrechts dargestellt werden. Soweit erforderlich werden dabei auch die Zusammenhänge zum Zivilrecht einerseits und zum Sozialversicherungsrecht andererseits beleuchtet. In einem daran anschließenden Schritt sollen die Regelungen zur Vermeidung von Doppelbesteuerung erläutert werden, wobei insbesondere die Bedeutung, Wirkweise und Grenzen des OECD Musterkommentars für die Auslegung von Doppelbesteuerungsabkommen eruiert wird. Weiter soll in diesem Kontext auch auf die Reaktion des deutschen Gesetzgebers im Rahmen von Treaty Override-Regelungen eingegangen werden, ehe anhand der Inbound- und Outbound-Konstellation die steuerlichen Folgen der Zwischenschaltung einer ausländischen Kapitalgesellschaft dargestellt werden. Im Rahmen eines Fazits soll der aktuelle Status quo sowie die de lege ferenda immer noch notwendigen Anpassungen gewürdigt werden.

33 Gemeint sind Konstellationen, in denen der Sportler aus dem Ausland im Inland tätig wird.

34 Gemeint sind hier Konstellationen, in denen ein Steuerinländer im Ausland aktiv wird.

Kapitel Zwei: Rechtsgrundlagen der Besteuerung von Berufssportlern

Ausgehend von verfassungsrechtlichen Vorgaben gilt im Steuerrecht als klassisches Eingriffsrecht im besonderen Maße der Vorbehalt des Gesetzes.[35] Dementsprechend bedarf die Erhebung von Steuern[36] stets einer gesetzlichen Grundlage. So muss der Berufssportler als Steuersubjekt ertragsteuerlich erfasst sein und das daraus erzielte Entgelt der Einkommensteuer unterliegen. Als Steuersubjekt kommen sie entsprechend der Ausgestaltung des § 1 EStG nur als diejenigen natürlichen Personen in Betracht, die der unbeschränkten oder beschränkten Steuerpflicht unterliegen. Eben diese Differenzierung liegt im Übrigen auch der Körperschaftsteuer in § 1 und § 2 KStG zu Grunde.[37] Nach § 2 Abs. 1 EStG unterliegen jedoch nur die dort genannten sieben Einkunftsarten der Einkommensteuer.[38] Für Berufssportler kommen regelmäßig nur Einkünfte aus selbstständiger Tätigkeit (§ 2 Abs. 1 Nr. 3 EStG), aus Gewerbebetrieb (§ 2 Abs. 1 Nr. 2 EStG), aus nichtselbstständiger Tätigkeit (§ 2 Abs. 1 Nr. 4 EStG), aus Vermietung und Verpachtung (§ 2 Abs. 1 Nr. 6 EStG) und sonstige Einkünfte (§ 2 Abs. 1 Nr. 7 EStG) in Betracht.[39] In Abgrenzung dazu ist die Privatsphäre des Sportlers, in welcher dieser der Gestaltung seiner Freizeit nachgeht und die Absicht Einkünfte zu erzielen folglich in den Hintergrund tritt, grundsätzlich steuerlich unbeachtlich. Zur Abgrenzung zwischen den beiden Sphären dient mangels gesetzlicher Präzisierung der durch die Rechtsprechung des Reichsfinanzhofs[40] („RFH") und des Bundesfinanzhofs („BFH") entwickelte Begriff der Liebhaberei[41], welcher sich durch das Fehlen der Absicht zur Erzielung eines Totalgewinnes kennzeichnet.[42] Für den hier interessierenden Bereich der Berufssportler bedeutet dies, dass immer dann, wenn dieser den Sport überwiegend zum Selbstzweck, d. h. unentgeltlich oder gegen unregelmäßiges Entgelt ausübt (sog. Sportliebhaber) oder lediglich Aufwendungsersatz für tatsächlich entstandene Aufwendungen erhält, nicht vom Vorliegen einer Ein-

---

35 *Birk/Desens/Tappe*, Steuerrecht, 20. Aufl. (2017), Rn. 172.

36 Zum Begriff: *Birk/Desens/Tappe*, Steuerrecht, 20. Aufl. (2017), Rn. 113.

37 Eine detaillierte Einordnung erfolgt an der jeweiligen Stelle.

38 Blümich/*Ratschow*, § 2 EStG Rn. 5.

39 So auch *Ehrke-Rabel/Freudhofmeister/Linzner-Strasser u. a.*, Künstler und Sportler im nationalen und internationalen Steuerrecht, 2. Aufl. (2006), S. 19.

40 Der Reichsfinanzhof (RFH) war die oberste deutsche Spruch- und Beschlussbehörde in Reichsabgabensachen zwischen 1918 und 1945.

41 *Gradl*, IWB 2014, 489, 489; Blümich/*Nacke*, § 13 EStG Rn. 137 mit Verweis auf *BFH*, 25.06.1984 – GrS 4/82, BStBl. II 84, 751, 766 ff.

42 *BFH*, 16.03.2012 – IV B 155/11, BFH/NV 2012, 950 = juris Rn. 19; *BFH*, 07.11.2001 – I R 14/01, BFHE 197, 287 = juris Rn. 13.

künfteerzielungsabsicht ausgegangen werden kann.[43] Bezieht der Berufssportler dagegen Zahlungen, die über den reinen Ersatz der Aufwendungen hinausgehen, ist überwiegend nicht mehr von steuerlich unbeachtlicher Liebhaberei auszugehen.[44] Vielmehr unterfällt der Berufssportler dann im Grundsatz der Steuerpflicht. Gerade dies dürfte der praktisch relevante Fall des Berufssportlers sein.

Die Tätigkeit des Berufssportlers ist ausgehend vom bisherigen Befund in drei Konstellationen denkbar. Zum einen im rein nationalen Kontext, d.h. des Tätigwerdens eines Steuerinländers im Inland[45], ferner dem Tätigwerden eines Steuerausländers im Inland (sog. Inbound-Konstellation)[46] und schließlich die Aktivität eines Steuerinländers im Ausland (sog. Outbound-Konstellation).[47] Während im rein nationalen Kontext lediglich nationale Regelungen zu berücksichtigen sind, stellt sich in den Konstellationen mit Auslandsberührung primär die Frage nach dem anwendbaren Recht bzw. bei vorrangig zu berücksichtigenden Normen der Reaktion nationalen Rechts auf einen Anwendungsvorrang von Unionrecht bzw. völkerrechtlicher Verträge, so dass diese beiden denkbaren Situationen ebenfalls zu unterscheiden sind.

I. Besteuerung von im Inland ansässigen Berufssportlern

Nachfolgend soll zunächst auf die wesentlichen denkbaren Konstellationen eingegangen werden, in denen der Berufssportler im Inland ansässig ist. Denn durch die Begründung eines Wohnsitzes bzw. einen gewöhnlichen Aufenthalts in der Bundesrepublik Deutschland erfüllen die Berufssportler den Tatbestand der unbeschränkten Steuerpflicht des § 1 Abs. 1 EStG.[48]

Gemäß § 8 AO hat jemand dort seinen Wohnsitz, wo er eine Wohnung unter Umständen innehat, die darauf schließen lassen, dass er die Wohnung beibehalten und benutzen wird.[49] Eine Wohnung setzt dabei zum dauerhaften Gebrauch geeignete Räumlichkeiten voraus.[50] Nach der Rechtsprechung des BFH ist der steuerrechtliche Wohnsitzbegriff objektiviert. Abzustellen ist mithin auf die tatsächlichen Gegebenheiten, so dass in erster Linie an äußere Merkmale anzuknüpfen ist.[51] Subjektive Momente oder Absichten spielen hingegen keine Rolle.[52] Bei einem Berufssportler liegt der Wohnsitz dabei dort, wo er trainiert und die Wett-

---

43 *BFH*, 23.10.1992 – VI R 59/91, BStBl. II 84 1993, 303 = juris Rn. 13; *Enneking/Denk*, DStR 1996, 450, 452.

44 *Gradl*, IWB 2014, 489, 490.

45 Nachfolgend unter Kapitel 2.I. dargestellt.

46 Nachfolgend unter Kapitel 2.II. dargestellt.

47 Abschließend unter Kapitel 2.III. dargestellt.

48 *Herrmann/Heuer/Raupach/Stapperfend*, § 1 EStG, Rn. 88.

49 *BFH*, 19.03.2002 – VIII R 62/00, DStRE 2002, 1006 = juris Rn. 10.

50 *Tipke/Kruse/Drüen*, § 8 AO Rn. 5.

51 *BFH*, 05.11.2001 – VI B 219/00, BFH/NV 2002, 311 = juris Rn. 3.

52 *FG München*, 29.07.2015–1 K 1016/14, juris Rn. 48.

kämpfe plant.[53] Denn dort hat er – wenn die zum Wohnen geeigneten Räumlichkeiten vorhanden sind und er auch tatsächlich darüber verfügen kann – eine Wohnung inne, die den Schluss rechtfertigt, dass er diese Wohnung innehaben und v. a. benutzen will. Seinen gewöhnlichen Aufenthalt hat der Berufssportler nach der Legaldefinition des § 9 Satz 1 AO dort, wo er sich unter Umständen aufhält, die erkennen lassen, dass er an diesem Ort oder in diesem Gebiet nicht nur vorübergehend verweilt.[54] Entscheidend für das Gesamtbild ist hier mithin in besonderem Maße der Ort der physischen Präsenz. Aus diesem Grunde vermag es keinen Unterschied machen, ob der Berufssportler eine Wohnung anmietet oder sich für einen längeren Zeitraum in einem Hotel aufhält.[55] So hatte bereits der BFH für eine in der Schweiz lebende aber wochentags an einer TV-Produktion in Köln arbeitenden Moderatorin entschieden, dass der Aufenthalt in einem deutschen Hotel einen gewöhnlichen Aufenthalt begründe. Darüber hinaus seien die kurzfristigen Unterbrechungen aufgrund der Wochenendheimfahrten nicht geeignet, die Sechsmonatsfiktion des § 9 Satz 2 AO zu unterbrechen.[56] Während Wohnsitz bzw. gewöhnlicher Aufenthalt bei einem Mannschaftssportler durch die notwendige Anbindung an die Mannschaft und die – von gewissen Pausen abgesehen – regelmäßigen Trainingseinheiten relativ leicht fest zu stellen sind, ist dies bei Individualsportlern etwas schwieriger.[57] Hier ist durchaus eine gewisse Unabhängigkeit zu konstatieren, welche nicht zuletzt viele Individualsportler zur Verlagerung des Wohnsitzes in sog. Steueroasen veranlasst hat. In diesen Konstellationen sind dann u. a. komplizierte Fragen der Wegzugsbesteuerung zu beantworten.[58] Deutsches Steuersubstrat ist mit den oben genannten Grundsätzen nur dann anzunehmen, wenn bspw. der regelmäßige Trainingsort noch im Inland liegt.[59] Durchaus leichter ist ein gewöhnlicher Aufenthalt im Inland begründet. Wie die 4. Strafkammer des LG München I im Steuerstrafverfahren gegen den

---

53 *FG Münster*, 10.05.2006–1 K 92/03 E, BeckRS 2006, 260 = juris Rn. 28.

54 *Klein/Gersch*, § 9 AO Rn. 2.

55 Damit dürfte auch ein häufiges Wechseln des Hotels die Begründung eines gewöhnlichen Aufenthalts nicht verhindern können. Umgekehrt ist bei einem längerfristigen Aufenthalt in einem Hotel kein Unterschied zur Grundkonstellation mehr erkennbar.

56 *BFH*, 22.06.2011 – I R 26/10, BFH/NV 2011, 2001 = juris Rn. 13; *FG Köln*, 02.03.2010–15 K 4135/05, EFG 2010, 921 = juris Rn. 50.

57 Hingewiesen sei hier allerdings darauf, dass Grenzpendler regelmäßig keinen gewöhnlichen Aufenthalt begründen; vgl. nur *Anwendungserlass zur Abgabenordnung (AEAO) § 9 Nr. 2*, 31.01.2014, BStBl. I 2014, 290 mwN.

58 Vgl. dazu unter Kapitel 2.II.5.

59 Ein solcher könnte sich etwa dann ergeben, wenn ein Formel-1 Rennfahrer eine in Deutschland gelegene Rennstrecke zu regelmäßigen Testzwecken nutzt. Im Bereich der Formel 1 ist es hingegen üblich die Testfahrten bereits am Ort des nächsten Rennens durchzuführen und aufgrund der Internationalität des Rennkalenders wird sich hier nur schwerlich ein regelmäßiger Trainingsort im Inland ergeben. Wahrscheinlicher erscheint dies allerdings bei unterordneten Rennklassen, wobei hier dann die Frage zu klären ist, ob der Sportler noch als Berufssportler zu qualifizieren

ehemaligen Spitzensportler Boris Becker mit Urteil vom 24.10.2002 bestätigte, reicht eine Verlagerung des Wohnsitzes auf dem Papier nicht aus, um die deutsche unbeschränkte Steuerpflicht auszuschließen.[60] Vielmehr darf eben ein nicht nur vorübergehendes Verweilen im Inland gerade nicht gegeben sein. Dies nimmt die Rechtsprechung aber selbst bei einem Spitzentennisspieler bereits dann an, wenn er in der Dachgeschosswohnung der Schwester öfter verweilt. Genauso reicht etwa das regelmäßig genutzte Kinderzimmer im Elternhaus oder das bei ärztlichen Behandlungen benutzte Zimmer im Trainingscamp bzw. die Wohnung des Lebenspartners. Insbesondere bei Ehegatten agiert die Finanzverwaltung hier zutreffend mit einer Vermutung des sog. Familienwohnsitzes.[61] Nach dieser Vermutung besteht der Wohnsitz – auch bei Begründung eines ausländischen Wohnsitzes – des wegziehenden Ehegatten weiterhin am Wohnsitz der Familie, vorausgesetzt die Familie wohnt ständig dort.[62] Die Begründung für die auch weiterhin bestehende Nutzung ergibt sich dabei nach Ansicht der Rechtsprechung bereits aus dem Umstand, dass die Wohnung von der Familie zum Mittelpunkt der persönlichen Lebensführung auserkoren wurde und der Ehemann naturgemäß Teil der Familie ist.[63] Dies gilt natürlich nicht uneingeschränkt. Leben etwa Ehegatten dauerhaft getrennt[64] oder begründet die in Deutschland verbleibende Ehefrau einen eigenen Wohnsitz, weil mit einer Rückkehr des weggezogenen Ehegatten nicht mehr zu rechnen ist[65], so greift die Fiktion des Familienwohnsitzes nicht mehr.[66] Umgekehrt würde aber dann die Fiktion greifen, wenn der Ortswechsel erkennbar nur vorübergehender Natur ist.[67] Dies dürfte etwa dann anzunehmen sein, wenn etwa ein Fußballspieler nur für ein Jahr/Saison an einen ausländischen Verein „verliehen" wird. Eine Mindestdauer wird dabei ebenso wenig gefordert wie ein Mittelpunkt der Lebensinteressen.[68] In der letztgenannten Entscheidung hatte das FG München zu prüfen, auf welche Indizien es ankommt. Danach wird im Beibehalten einer eingerichteten Wohnung (bspw. durch das Vorhandensein von Bekleidung oder Waschutensilien) bereits die – wenn auch widerlegbare – fortdauernde Nutzungsabsicht unterstellt. Gesichtspunkte, die in diese Beurteilung

---

ist; vgl. zu einer solchen Konstellation etwa auch *FG Münster*, 10.05.2006–1 K 92/03 E, BeckRS 2006, 260 = juris Rn. 28.

60 Aktenzeichen der Staatsanwaltschaft 303 Js 44173/01.

61 Zu der Bedeutung der tatsächlichen Umstände hierzu etwa: *Koenig/Koenig*, § 8 AO Rn. 15.

62 *BFH*, 02.11.1994 – I B 110/94, BFH/NV 1995, 753 = juris Rn. 3.

63 *FG München*, 29.07.2015–1 K 1016/14, juris Rn. 51.

64 *FG München*, 29.07.2015–1 K 1016/14, juris Rn. 51.

65 *BFH*, 29.10.1959 – IV 129/58 S, BStBl. III 1960, 61 = juris Rn. 13.

66 *BFH*, 07.04.2011 – III R 77/09, BFH/NV 2011, 1351, wonach die Frage des Wohnsitzes für jede Person getrennt zu prüfen ist; *RFH*, 13.10.1938 – IV B 1/38, RStBl. 1938, 1062; *RFH*, 28.01.1937 – III A 202/36, RStBl. 1937, 336.

67 *FG Brandenburg*, 17.10.1995–3 K 1163/94 I, EFG 1996, 191.

68 *FG München*, 29.07.2015–1 K 1016/14, juris Rn. 49.

einfließen sind etwa die Ausstattung und die tatsächliche Nutzung der Wohnung, insbesondere also, ob die Wohnung nach Beendigung des Auslandsaufenthalts wieder ständig genutzt wird. Gegen diese Vermutung kann etwa die (Voll-)Vermietung der Wohnung vorgetragen werden. Auch die Beauftragung eines Maklers sollte ausreichen. Denn Verkaufsbestrebungen führen auch nach Ansicht der Finanzverwaltung selbst zur Aufgabe des Wohnsitzes.[69]

Unabhängig davon, in welcher Jurisdiktion die Einkünfte des Berufssportlers erzielt werden, unterfallen diese Einkünfte im Grundsatz der deutschen unbeschränkten Steuerpflicht (sog. Welteinkommensprinzip). Damit ist aber auch bereits die natürliche Differenzierung vollzogen. Denn im Inland ansässige Berufssportler können Einkünfte entweder im Inland (nachfolgend unter 1.) oder im Ausland (nachfolgend unter 2.) erzielen.

1. Besteuerung im Inland ansässiger Berufssportler mit reinen Inlandseinkünften (Inlandskonstellation)

Auch wenn das Sportbusiness im Wesentlichen von Mobilität der Beteiligten geprägt ist und in vielen Sportarten gerade die für die Berufssportler relevanten Wettkämpfe weltweit[70] ausgetragen werden, sind durchaus auch sportliche Betätigungen mit rein inländischem Kontext realistisch. So nimmt bspw. die überwiegende Anzahl der Berufsfußballspieler[71] nicht mit den jeweiligen Mannschaften an europäischen Mannschaftswettbewerben teil, sondern fokussiert ihre sportlichen Leistungen – meist notgedrungen durch das Abschneiden in der Vorsaison – auf die Wettkämpfe in den jeweiligen nationalen Ligen. Auch ist der Kader der jeweiligen Nationalmannschaften limitiert und lediglich die Spieler mit der höchsten Leistungsfähigkeit werden in die Auswahlmannschaften berufen, so dass auch hier nicht alle Berufssportler zum Einsatz kommen können. Dieser Befund lässt sich nahezu auf alle Sportarten übertragen. Denn sowohl im Handball, Basketball oder Tischtennis werden neben nationalen Meisterschaften auch europäische Titel vergeben, an denen jedoch nur die besten nationalen Mannschaften teilnehmen dürfen. Nachfolgend sollen daher die rechtlichen Grundlagen der Besteuerung von im Inland ansässigen Berufssportlern mit reinen Inlandseinkünften dargestellt werden. Dabei wird insbesondere danach differenziert, ob der Beruf als Individualsportler oder im Rahmen einer Mannschaftssportart ausgeübt wird.

---

69 *Anwendungserlass zur Abgabenordnung (AEAO) § 8 Nr. 6*, 31.01.2014, BStBl. I 2014, 290.

70 So finden bspw. die Rennen der FIA Formel 1 in 2017 in 20 verschiedenen Jurisdiktionen statt, die Grand Slam Serie der ATP in 4 Jurisdiktionen und der FIS Ski Weltcup in 8 Jurisdiktionen.

71 So nehmen maximal 6 der 56 Mannschaften des deutschen Profifußballs an den Mannschaftswettbewerben der UEFA teil und erbringt auf diesem Wege sportliche Leistungen im Ausland.

a) Besteuerung von Individualsportlern

Obwohl die höchstrichterliche Rechtsprechung zu Catchern, Boxern und Ringern dies anders beurteilte[72], ist es Charakteristikum des Individualsportlers, das er gerade nicht in den Sportbetrieb einer juristischen Person eingegliedert ist. Vielmehr zeichnet sich der Individualsportler dadurch aus, dass zur Erreichung der Wertung in einem Wettkampf gerade nur dieser eine Berufssportler erforderlich, aber auch ausreichend ist.[73] Die Besteuerung bemisst sich daher nach den Regelungen einer natürlichen Person. Im rein nationalen Kontext ergibt sich die Steuerpflicht des Individualsportlers daher aus § 1 Abs. 1 EStG. Zu klären gilt es jedoch in jedem Einzelfall die Qualifizierung der erzielten Einkünfte. Damit kommt es im rein nationalen Kontext auch nicht entscheidend auf die Qualifizierung des Vergütungsgläubigers als Berufssportler oder nicht an, sondern vielmehr auf die Frage, wie dessen Einkünfte zu qualifizieren sind. Dementsprechend finden sich auch in den einschlägigen Normen keine speziellen Vorschriften für Berufssportler. Eine erste Differenzierung kann danach getroffen werden, ob die Vergütung in einem konkreten Zusammenhang mit der Berufsausübung bzw. weitestgehend mit einer Veranstaltung, an der der Berufssportler teilnimmt, in Zusammenhang steht oder ob die Vergütung vielmehr nicht unmittelbar dem Beruf zuordenbar ist.[74] In einem unmittelbaren Zusammenhang zur sportlichen Betätigung stehen bspw. Startgelder und Siegprämien, während Werbeeinnahmen diesem im Wesentlichen aufgrund seines erworbenen Ansehens zufließen.[75]

aa) Einkünfte aus der sportlichen Betätigung

Bei den aus der Berufsausübung resultierenden Einnahmen ist weiter zwischen gewerblichen Einkünften und solchen aus freiberuflicher Tätigkeit zu unterscheiden.[76] Der BFH hat mittlerweile im Einklang mit der Literatur[77] mehrfach entschieden, dass die Tätigkeit eines Berufssportlers nicht als freiberufliche Tätigkeit iSd. § 18 EStG

---

72 *BFH*, 16.03.1951 – IV 197/50 U, BFHE 55, 255 = BB 1951, 360; *BFH*, 22.01.1964 – I 398/60 U, BStBl. III 1964, 207 = juris; *BFH*, 29.11.1978 – I R 159/76, BStBl. II 1979, 182 = juris.

73 *Liechtensteinischer Olympischer Sportverband*, Regelement zur Vergabe von FL-Meistertiteln und FL-Auszeichnungen, abrufbar unter http://www.olympic.li/Portals/0/PDFs/Reglement%20Landesmeisterschaften.pdf (Stand: 30.11.2017), unter Nr. 5.1.

74 *Mody*, Die deutsche Besteuerung international tätiger Künstler und Sportler, 1. Aufl. (1994), S. 34.

75 *Enneking/Denk*, DStR 1996, 450, 452; *Klimmer*, in: *Sigloch* (Hrsg.), Rechnungslegung und Besteuerung im Sport, 2003, S. 92.

76 *Mody*, Die deutsche Besteuerung international tätiger Künstler und Sportler, 1. Aufl. (1994), S. 35.

77 *Ehrke-Rabel/Freudhofmeister/Linzner-Strasser u. a.*, Künstler und Sportler im nationalen und internationalen Steuerrecht, 2. Aufl. (2006), S. 22.

zu subsumieren ist[78], da sie weder einen Katalogberuf[79] des § 18 Abs. 1 Nr. 1 EStG noch einen katalogähnlichen Beruf ausüben.[80] So liegt ein dem Katalogberuf ähnlicher Beruf nach inzwischen restriktiver Rechtsprechung nur dann vor, wenn die zu beurteilende Tätigkeit „in ihrer Gesamtheit dem Bild eines Katalogberufs [...] mit allen seinen Merkmalen vergleichbar ist."[81] Ein dem Berufssportler vergleichbarer Beruf findet sich in der Aufzählung des § 18 Abs. 1 Nr. 1 Satz 2 EStG aber gerade nicht.[82] Mit *Mody* muss auch eine Qualifizierung als sonstige selbstständige Arbeit iSd. § 18 Abs. 1 Nr. 3 EStG negiert werden. Denn die enumerative Aufzählung zeigt, dass lediglich gelegentlich ausgeübte Tätigkeiten nicht hierunter zu fassen sind.[83] Mit diesen ist die auf gewisse Regelmäßigkeit angelegte Tätigkeit eines Berufssportlers nicht vergleichbar.[84] Vielmehr stellen sie Einkünfte aus Gewerbebetrieb gem. § 15 EStG dar. Denn der Berufssportler übt die Tätigkeit in Erfüllung der in § 15 Abs. 2 EStG normierten Voraussetzungen, einer selbstständigen, nachhaltigen Betätigung mit Gewinnerzielungsabsicht unter Beteiligung am allgemeinen wirtschaftlichen Verkehr aus, ohne dass dies besagter freiberuflicher Tätigkeit noch der Land- und Fortwirtschaft zuzurechnen ist.[85] So bedarf es insbesondere der freien Entschließung des Berufssportlers – sofern ihm eine entsprechende Teilnahme vom jeweiligen Veranstalter angeboten wird – für die Teilnahme an den entsprechenden Wettbewerben, die dieser auch wiederholt wahrnehmen wird, um die für die Bestreitung des Lebensunterhalts notwendigen Einnahmen erzielen zu können. Insoweit ist auch von einer nachhaltigen Betätigung auszugehen.[86] Regelmäßig wird der Individualsportler Einkünfte nur dann erzielen, wenn er auch tatsächlich eine sportliche Tätigkeit ausübt. Für die steuerliche Beurteilung wäre es aber insoweit irrelevant, ob er diese Einkünfte unabhängig davon erzielt, so etwa bei einem verletzten Individualsportler.[87]

Für die Einkünfte von Schiedsrichtern für ihre Tätigkeit als solche vertritt die Finanzverwaltung die Auffassung, dass diese als „Zahlung und Aufwandsentschädi-

---

78 Anders dürfte dies aber bei Trainern zu beurteilen sein; s. dazu unter Kapitel 2.I.1.a)cc).

79 Wohl unbestritten, vgl. etwa: *Mody*, Die deutsche Besteuerung international tätiger Künstler und Sportler, 1. Aufl. (1994), S. 39 mit Verweis auf *Schröder*, SteuerStud 1987, 205.

80 *BFH*, 11.10.2000 – I R 44–51/99 u. a., BStBl. II 84 2002, 71 = juris Rn. 13; *BFH*, 22.01.1964 – I 398/60 U, BStBl. III 1964, 207 = juris.

81 Blümich/*Hutter*, § 18 EStG Rn. 157 mit Verweis auf *BFH*, 19.07.1985 – III R 175/80, BStBl. II 84 1986, 15.

82 So auch *Reisch/Reichardt/Urbanke*, DB 1988, 359, 360; *Schröder*, SteuerStud 1987, 205, 206.

83 Schmidt/*Wacker*, § 18 EStG Rn. 5 mwN.

84 *Mody*, Die deutsche Besteuerung international tätiger Künstler und Sportler, 1. Aufl. (1994), S. 39 mwN.

85 Das Nichtvorliegen des ungeschriebenen Tatbestandsmerkmals der Vermögensverwaltung ist in dieser Konstellation ebenso evident.

86 *Reisch/Reichardt/Urbanke*, DB 1988, 359, 361.

87 Dies dürfte aber eine seltene Ausnahme darstellen.

gung [...] grundsätzlich als sonstige Einkünfte (§ 22 Nr. 3 EStG) zu erfassen [sind], wenn ihr Einsatz ausschließlich auf nationaler Ebene vom Verband (DFB einschließlich Landes- und Regionalverbände) bestimmt wird."[88] Einkünfte aus nichtselbstständiger Arbeit gem. § 19 EStG müssen regelmäßig mangels Arbeitsverhältnis zum jeweiligen Schiedsrichter für die Partie einsetzenden Verband ausscheiden[89], solche nach § 18 EStG bereits mangels Ähnlichkeit zu einem dort genannten Katalogberuf.[90] Werden sie hingegen auch international tätig, bspw. Schiedsrichter bei Wettbewerben der UEFA oder FIFA, so sollen allerdings doch gewerbliche Einkünfte iSd. § 15 EStG vorliegen.[91] Nach zuzustimmender Auffassung von *Wagner* kann dies aber nicht generell gelten.[92] Vielmehr ist der konkrete Einzelfall unter § 15 EStG zu subsumieren. Im Hinblick auf die der Rechtsprechung zu Grunde liegenden Fußball- oder Tennisschiedsrichter ist festzustellen, dass diese den Anforderungen des § 15 EStG nicht genügen. Denn ein Schiedsrichter kann seine Tätigkeit gerade nicht am Markt anbieten. Ein solcher existiert nämlich nicht.[93] Zwar existieren sowohl nationale als auch internationale Wettkämpfe. Diese konkurrieren allerdings nicht. Darüber hinaus kann der einzelne Schiedsrichter auch keinen Einfluss auf die Rahmenbedingungen, insbesondere die Vergütung nehmen und damit aktiv am Markt teilnehmen. Ganz im Gegenteil werden die Ansetzungen bspw. im Fußball anhand einer Beurteilung durch den Veranstalterverband festgelegt. In diesem Zusammenhang wird bspw. auch das Team, beim Fußball etwa die Assistenten bestimmt. Die Voraussetzungen des § 15 EStG liegen damit offensichtlich nicht vor.[94] Anders kann dies aber zu beurteilen sein, wenn – wie bei anderen Sportarten üblich – verschiedene Verbände miteinander konkurrieren. So etwa im Profiboxsport mit seinen aktuell vier Weltverbänden. Aber auch im Fußball ist dies dann denkbar, wenn es sich nicht um den „offiziellen Spielbetrieb" handelt, sondern ein außerhalb dessen organisiertes Turnier, bei dem ein ehemaliger FIFA Schiedsrichter aus Bonn die Partien leitet.[95] Auch ein ähnlicher Beruf iSd. § 18 Abs. 1 Nr. 1 Satz 2 EStG wird – soweit ersichtlich – nicht vertreten. Aus der Rechtsprechung lässt sich hier aber eine Tendenz zur Einordnung als Arbeitnehmer und damit Besteuerung über § 19 EStG entnehmen.[96]

---

88 *OFD Frankfurt/Main*, 24.04.2012 – S 2257 A – 19 – St 218, juris unter 1.1.

89 Anders ist die bei den angestellten Schiedsrichtern im Eishockey zu beurteilen; hierzu *Kopec/Schewe*, FR 2017, 1079, 1082 mwN.

90 *Kopec/Schewe*, FR 2017, 1079, 1081 f. mwN.

91 *OFD Frankfurt/Main*, 24.04.2012 – S 2257 A – 19 – St 218, juris unter 1.1.

92 *Korn/Korn*, § 18 EStG Rn. 87 – Stichwort „Schiedsrichter".

93 A.A. *Kopec/Schewe*, FR 2017, 1079, 1082, die einen einzigen Vertragspartner für ausreichend erachten.

94 *Wagner*, EFG 2014, 2065, 2068 f.

95 Zustimmend *Wagner*, EFG 2014, 2065, 2068 mit Verweis auf die Vergleichbarkeit zur Werbung eines Schiedsrichters; dazu unter Kapitel 2.I.1.a)bb).

96 *FG Rheinland-Pfalz*, 18.07.2014–1 K 2552/11, DStRE 2015, 671 = juris Rn. 17, 27; zustimmend etwa *Buhl*, CaS 2015, 378, 383; ablehnend *Wagner*, EFG 2014, 2065, 2069.

bb) Sponsoring

Nutzt der Berufssportler dagegen nicht die sportliche Betätigung zur Erzielung von Einnahmen, sondern nimmt er Offerten von dritter Seite an, die auf die Nutzbarmachung seines durch die sportliche Betätigung oder auch außerhalb dieser erlangten Ansehens gerichtet sind, so erzielt er Werbeeinkünfte. Die Finanzverwaltung beschreibt das Sponsoring als die Gewährung von Geld oder geldwerten Vorteilen durch Unternehmen zur Förderung von Personen, Gruppen und/oder Organisationen in sportlichen, kulturellen, kirchlichen, wissenschaftlichen, sozialen, ökologischen oder ähnlich bedeutsamen gesellschaftspolitischen Bereichen, mit der regelmäßig auch eigene unternehmensbezogene Ziele der Werbung oder Öffentlichkeitsarbeit verfolgt werden.[97] Abgegrenzt wird das Sponsoring[98] damit von schlichter Werbung, der Öffentlichkeitsarbeit des Berufssportlers und zuletzt vom Mäzenatentum. Während bei der Öffentlichkeitsarbeit regelmäßig keine Einkünfte zu erzielen sind, liegt bei der schlichten Werbung die Verantwortlichkeit beim werbenden Unternehmen. Diesem obliegt es, die absatz- und beschaffungspolitischen Zwecken dienende, absichtliche und zwangsfreie Beeinflussung der umworbenen Zielgruppe mit Hilfe spezieller Kommunikationsmittel zu betreiben.[99] Weiter ist das Sponsoring vom Mäzenatentum abzugrenzen. Während bei diesem eine Gegenleistung des Empfängers gerade nicht erwartet wird, sind für das Sponsoring gegenseitige Leistungspflichten charakteristisch.[100] Leistungen eines Sponsors beruhen daher häufig auf einer vertraglichen Vereinbarung zwischen dem Sponsor und dem Empfänger der Leistungen (sog. Sponsoringvertrag), in dem Art und Umfang der Leistungen des Sponsors und des Empfängers geregelt sind.[101] Die Bandbreite der denkbaren Werbeeinkünfte ist breit und im Hinblick auf den technologischen und damit auch medialen Fortschritt einem stetigen Wandel unterworfen. Typisierend lassen sich jedoch Ausrüster- und sonstige Sponsoringverträge unterscheiden. Nachfolgend sollen diese beiden Verträge zunächst zivilrechtlich eingeordnet werden, ehe eine steuerrechtliche Würdigung vorgenommen wird. Dies u. a. deshalb, weil die konkrete vertragliche Umsetzung letztlich in der Praxis teilweise ohne die steuerliche Würdigung erfolgt und erst im Rahmen der Abwicklung die steuerlichen Problematiken zu Tage treten. Dabei zeigt sich wiederholt, dass die steuerliche Würdigung nicht pauschal getroffen werden kann und darf, sondern vielmehr die vertraglich vereinbarten Teilelemente auch steuerlich einzeln zu würdigen sind.[102]

---

97 *Rasche*, in: *Schauhoff* (Hrsg.), Handbuch der Gemeinnützigkeit, 2010, 29 mit Verweis auf *BMF*, 18.02.1998 – IV B 2-S 2144–40/98, BStBl. I 1998, 212.

98 In internationalen Vertragsgestaltungen auch häufig „sponsorship“ genannt.

99 *Drees*, Sportsponsoring, 3. Aufl. (1992), S. 16.

100 *Nam*, Persönlichkeitsrechtsschutz in Ungleichgewichtslagen--am Beispiel des Sports, 2007, S. 90 mwN.

101 *BMF*, 09.07.1997 – IV B 2 S 2144–118/97, DStR 1997, 1206; *Nam*, Persönlichkeitsrechtsschutz in Ungleichgewichtslagen--am Beispiel des Sports, 2007, S. 90.

102 So im Ergebnis auch *Lüdicke*, DStR-Beihefter 2008, 25, 29.

Hinsichtlich der Auslegung einzelner Begrifflichkeiten bestehen dann aber auch teilweise wieder Übereinstimmungen.[103] Um hier einen möglichst umfassenden Überblick geben zu können, haben zivil- und steuerrechtliche Würdigung hier zusammen zu erfolgen.

(1) Ausrüsterverträge

Unter Ausrüsterverträgen sind Verträge zu verstehen, die darauf gerichtet sind, dass der Berufssportler gegen Entgelt exklusiv und öffentlichkeitswirksam die Produkte des Ausrüsters verwendet.[104] Zu diesem Zweck werden dem Berufssportler die für die Ausübung des Sports erforderlichen Geräte – bspw. Boxhandschuhe, Fußballschuhe[105] oder Tennisschläger – zur Verfügung gestellt.[106] Ebenso ist das Tragen von Kleidung mit dem entsprechenden Warenzeichen des Ausrüsters eine häufig anzutreffende Form der Werbung.

Rechtlich liegt beim Ausrüstervertrag, im Gegensatz zu bspw. einer Spende, ein gegenseitiger Vertrag vor.[107] Als Gegenleistung für die überlassenen Sachmittel unterstützt der Berufssportler in der vertraglich festgelegten Art und Weise die kommunikativen Ziele des Ausrüsters durch den Einsatz der Sachmittel.[108] Trotz der erheblichen wirtschaftlichen Bedeutung lässt sich der Ausrüstervertrag keinem im BGB geregelten Vertragstypus direkt zuordnen[109] und ist vielmehr als Vertrag sui generis zu beurteilen.[110]

---

103 So etwa beim Begriff des Urheberrechts; vgl. dazu etwa *Reiter*, IStR 2017, 572, 573.

104 *Pfister/Steiner*, Sportrecht von A – Z, (1995), S. 16; *Pfister*, in: *Fritzweiler/Pfister/Summerer* (Hrsg.), Praxishandbuch Sportrecht, 2014, S. 372; vgl. zu einem derartigen Sachverhalt etwa auch *FG Düsseldorf*, 09.02.2006–14 K 7144/02E, EFG 2006, 1065 = juris; weitergehend dagegen *Maßbaum*, Die beschränkte Steuerpflicht der Künstler und Berufssportler unter Berücksichtigung des Steuerabzugsverfahrens, 1991, S. 69, welcher auch die Rechteüberlassung durch den Sportler als originäre Leistungspflicht dieses Vertragstypus ansieht.

105 Vgl. bspw. für den Bereich Mannschaftssportler den Ausrüsterstreit zwischen dem Deutschen Fußball Bund (DFB) und Adidas im Jahre 2007.

106 So erwarb im Bereich des Mannschaftssports etwa Adidas für ca. EUR 943 Mio. das Recht, ab der Saison 2015/16 den englischen Fußballklub Manchester United und damit auch dessen Spieler auszurüsten; vgl.: *ONLINE/Hamburg/Germany*, Neuer Ausrüster: Manchester United sichert sich Mega-Deal mit Adidas – SPIEGEL ONLINE, http://www.spiegel.de/wirtschaft/unternehmen/manchester-united-schliesst-megadeal-mit-adidas-a-981007.html (Stand: 30.11.2017).

107 Dieners, in: *Dieners* (Hrsg.), Handbuch Compliance im Gesundheitswesen, 3. Aufl. (2010), Kapitel 10 Rn. 29.

108 *Weiand*, DStR 1996, 1897, 1899.

109 *Weiand*, DStR 1996, 1897, 1899 mwN.

110 *Rosskopf*, Der (Sport-)Sponsoringvertrag, insbesondere Anwendungsbereiche, Rechtsnatur, Struktur, http://sportrecht.org/cms/upload/seminararbeiten/Rosskopf-sponsoringvertrag.pdf, S. 8.

Steuerlich handelt es sich dabei nicht um Einnahmen aus Vermietung und Verpachtung iSd. § 21 Abs. 1 Nr. 3 EStG, denn die Überlassung der Sportgeräte bzw. die ggf. zusätzliche Vergütung stellt nicht die Ausnutzung überlassener Rechte dar.[111] Vielmehr handelt es sich bei den hieraus erzielten Einnahmen um solche aus einem Gewerbebetrieb.[112] Denn auch in diesem Fall erfüllt das Werben für die Produkte des Ausrüsters die Tatbestandsmerkmale eines Gewerbebetriebes iSd. § 15 Abs. 2 EStG. Bei einem Individualsportler ist dabei insbesondere nicht das Merkmal der selbstständigen Tätigkeit in Frage zu ziehen. So wäre selbst bei einer Eingliederung in eine Organisation für die rechtliche Beurteilung allein auf die werbende Tätigkeit abzustellen. Diese erfolgt dann selbstständig, wenn sich der Berufssportler nach seiner freien Entscheidung für den einen oder anderen Sportartikel entscheiden kann und diesen auch für eine begrenzte Zeit nutzen konnte, ohne in die Organisation des Ausrüsters eingegliedert zu sein.[113] Indem der Berufssportler nach außen hin erkennbar seine Bereitschaft für Werbeaktivitäten gegenüber dem Markt erklärt, mithin von verschiedenen Unternehmen angesprochen werden kann, ist auch das Merkmal der Teilnahme am allgemeinen wirtschaftlichen Verkehrt erfüllt.[114] Unter dem „Markt" ist nach der Rechtsprechung die Gesamtheit der Werbefirmen zu verstehen.[115] Nicht erforderlich ist, dass der Berufssportler an interessierte Unternehmen herantritt[116], die Bereitschaft hierfür reicht bereits aus. Dem steht auch die begrenzte Anzahl an Sportartikelherstellern nicht entgegen. Denn auch ein begrenzter Personenkreis gehört zur Öffentlichkeit.[117] Für die Trikotwerbung von Schiedsrichtern hat sich die Finanzverwaltung dieser Auffassung angeschlossen.[118]

Selbstverständlich können Ausrüsterverträge auch um weitere Vertragsbestandteile erweitert werden. Vielfach anzutreffen ist hier die Überlassung der Nutzungsrechte an dem Recht am eigenen Namen und am eigenen Bild. Nachdem eine solche Überlassung auch oftmals Gegenstand sonstiger Werbeverträge ist, soll die nähere Darstellung dort erfolgen.

(2) Sonstige Werbeverträge

Hat der Berufssportler durch seine erbrachten sportlichen Leistungen oder auch außerhalb des Sports hohes Ansehen erlangt, so gerät die Nutzbarmachung dieses

---

111 *Schrettl*, Rechtsfragen der beschränkten Steuerpflicht, 1994, S. 146.

112 *BFH*, 19.11.1985 – VIII R 104/85, BFHE 146, 115 = juris Rn. 15; *FG Münster*, 10.05.2006–1 K 92/03 E, BeckRS 2006, 260 = juris, 27.

113 *BFH*, 19.11.1985 – VIII R 104/85, BFHE 146, 115 = juris Rn. 16.

114 *BFH*, 22.02.2012 – X R 14/10, BStBl. II 2012, 511 = juris Rn. 73; *Schrettl*, Rechtsfragen der beschränkten Steuerpflicht, 1994, S. 147.

115 *Reisch/Reichardt/Urbanke*, DB 1988, 359 mit Verweis auf *FG Schleswig-Holstein*, 12.12.1979 – I 277/77, EFG 1980, 300.

116 *Enneking/Denk*, DStR 1996, 450.

117 Blümich/*Bode*, § 15 EStG, Rn. 52; *BFH*, 17.03.1981 – VIII R 149/78, BFHE 133, 40 = juris Rn. 40 mwN.

118 *OFD Frankfurt/Main*, 24.04.2012 – S 2257 A – 19 – St 218, juris.

Renommees in den Fokus von werbenden Unternehmen. Über die o. g. Ausrüsterverträge hinaus gewinnt dann der Einsatz des Berufssportlers im Rahmen der Vermarktung von Produkten des Unternehmens an Bedeutung, sog. Testimonial-Werbung. Durch die positive Assoziation soll die Nachfrage und folglich auch der Gewinn des Unternehmens gesteigert werden. So verspricht etwa – um nur einige Beispiele der jüngeren TV-Werbung zu nennen – ein Schweizer Tennisspieler Kaffeegenuss bei Verwendung des Produkts eines Schweizer Herstellers, ein ehemaliger Weltfußballer pokert mit einem spanischen Tennisspieler und betont dabei die Vorteile des Onlinespiels und ein deutscher Formel-1 Weltmeister bewirbt einen Reifenhändler.[119] In den Fanshops der Rennställe können von nahezu jedem Formel-1 Rennfahrer Caps mit dem entsprechenden Schriftzug erworben werden und bei repräsentativen Veranstaltungen der jeweiligen Sponsoren schreiben die Rennfahrer bereitwillig Autogramme auf vorbereiteten Autogrammkarten mit dem Logo des Sponsors oder stehen als „Renntaxi" für ein Automobilunternehmen zur Verfügung, welches sich als offizieller Sponsor des Berufssportlers bezeichnet. Die das Entgelt rechtfertigende Leistung des Berufssportlers erschöpft sich daher nicht nur wie bei den Ausrüsterverträgen in einem bloßen Verwenden der zur Verfügung gestellten Artikel. Vielmehr erbringt der Berufssportler eine darüber hinausgehende Leistung an das Unternehmen, sei es in Form aktiver Werbemaßnahmen oder auch in Form der Überlassung von Rechten.

Die zivilrechtliche Einordung dieser auf Rechteüberlassung gerichteten Bestandteile von Werbeverträgen ist nicht unproblematisch. Wirbt ein Unternehmen etwa mit dem Namen eines Berufssportlers, so ist die vertragliche Vereinbarung weder als Lizenz- noch als Mietvertrag zu qualifizieren.[120] Gegenstand eines Lizenzvertrages ist stets ein gewerbliches Schutzrecht. Das Namensrecht ist allerdings Ausfluss des allgemeinen Persönlichkeitsrechts iSd. Art. 1 Abs. 1 und Art. 2 Abs. 1 GG und damit gerade keine gewerbliches Schutzrecht.[121] Als immaterielles Recht scheidet es auch als Vertragsgegenstand eines Mietvertrages aus, welcher de lege lata allein auf körperliche Gegenstände gerichtet ist.[122] Zwar ist die Überlassung eines Rechtes möglicher Gegenstand eines Pachtvertrages iSd. § 581 BGB[123], doch muss der Gebrauch dem Pächter überlassen werden.[124] Besteht die Verpflichtung lediglich darin, die Benutzung des Namens zu dulden, so

119 Weitere Beispiele aus der Rechtsprechung bei *Pfister*, in: *Fritzweiler/Pfister/Summerer* (Hrsg.), Praxishandbuch Sportrecht, 2014, S. 344 f.

120 *Herrmann/Heuer/Raupach/Maßbaum*, § 49 EStG Rn. 543; typologisch als Lizenzvertrag bezeichnet bei *Pfister*, in: *Fritzweiler/Pfister/Summerer* (Hrsg.), Praxishandbuch Sportrecht, 2014, S. 354.

121 *BGH*, 08.05.1956 – I ZR 62/54, BGHZ 20, 345 = juris Rn. 7; *Dreier/Schulze/Schulze*, § 1 UrhG Rn. 8.

122 MüKo/*Häublein*, § 535 BGB Rn. 63.

123 MüKo/*Harke*, § 581 BGB Rn. 5.

124 *Sommer*, BB 1981, 177, 178.

unterfällt dies dem im BGB nicht kodifizierten Typus des Gestattungsvertrages.[125] Ein solcher liegt dann vor, wenn eine Partei einer anderen u. a. entgeltlich die Vornahme einer an sich verbotenen, weil der anderen Partei vorbehaltenen Tätigkeit gestattet.[126] So ist die „Überlassung" des Namensrechtes ein nicht selten anzutreffender Bestandteil dieser Verträge. Die Nutzung lässt sich aufgrund der Unübertragbarkeit[127] des bürgerlichen Namens rechtlich durch eine solche (lediglich) schuldrechtlich wirkende Gestattung[128] realisieren.[129] Negativ formuliert verzichtet der Namensträger auf die Geltendmachung des ihm zustehenden Anspruchs auf Schadenersatz und Unterlassung.[130] Gleiches gilt etwa für die Verwendung der Initialen oder der Unterschrift des Berufssportlers bspw. auf Textilien.[131] Inzwischen wird aber auch hier die nachfolgend für das Recht am eigenen Bild dargestellte Rechtsauffassung vertreten.[132]

Im Gegensatz zum Namensrecht, das als Ausfluss des allgemeinen Persönlichkeitsrechts gerade keine geistige Schöpfung und damit ein Werk iSd. § 1 UrhG darstellt, ist das Bildrecht mit § 22 KUG – ohne jedoch selbst ein geistiges Werk zu sein – im Urheberrechtsgesetz geschützt. Zwar ist es in der Literatur[133] umstritten, ob das Bildrecht trotz dieses urheberrechtlichen Schutzes aufgrund seines Ursprungs im allgemeinen Persönlichkeitsrecht unter Lebenden übertragen werden kann und auch die Rechtsprechung konnte diese Frage bislang offen lassen[134], doch hat der BGH in den Entscheidungen *Marlene Dietrich* und *Blauer Engel* anklingen lassen, dass die vermögenswerten Bestandteile des Persönlichkeitsrecht durchaus übertragbar sein könnten.[135] Teilweise wird zwar ver-

---

125 *Palandt/Ellenberger*, § 12 BGB Rn. 20.

126 Staudinger/*Emmerich*, Vorbem. zu § 535 BGB Rn. 30.

127 MüKo/*Säcker*, § 12 BGB Rn. 76 mwN.; *Erman/Saenger*, § 12 BGB, Rn. 32.

128 Vielfach vereinfacht auch als Lizenz bezeichnet; vgl. etwa: *Palandt/Ellenberger*, § 12 BGB Rn. 20.

129 MüKo/*Säcker*, § 12 BGB, Rn. 77; *Vieweg/Herberger/Martinek/Rüssmann/Weth/Martinek*, § 12 BGB Rn. 57; *BGH*, 23.09.1992 – I ZR 251/90, BGHZ 119, 237 = juris.

130 MüKo/*Säcker*, § 12 BGB, Rn. 77; *Vieweg/Herberger/Martinek/Rüssmann/Weth/Martinek*, § 12 BGB, Rn. 59; so wohl u. a. *BGH*, 14.10.1986 – VI ZR 10/86, NJW-RR 1987, 231 = juris zu verstehen.

131 *Weiand*, NJW 1994, 227; *Erman/Klass*, Anh. zu § 12 BGB Das Allgemeine Persönlichkeitsrecht Rn. 201.

132 Vgl. dazu etwa *Pfister*, in: *Fritzweiler/Pfister/Summerer* (Hrsg.), Praxishandbuch Sportrecht, 2014, S. 350 mwN.

133 Vgl. dazu etwa *Forkel*, GRUR 1988, 491, 492.

134 *Dreier/Schulze/Specht*, § 22 KUG, Rn. 36; *BGH*, 14.10.1986 – VI ZR 10/86, NJW-RR 1987, 231 = juris („Nena"); *Erman/Klass*, Anh. zu § 12 BGB Das Allgemeine Persönlichkeitsrecht Rn. 203.

135 *BGH*, 01.12.1999 – I ZR 49/97, GRUR 2000, 709; *BGH*, 01.12.1999 – I ZR 226/97, NJW 2000, 2201 = juris; *Dreier/Schulze/Specht*, § 22 KUG Rn. 36 mwN.; *Palandt/Ellenberger*, § 12 BGB Rn. 16; a.A. noch *OLG Hamm*, 13.05.1986–4 U 9/86, NJW-RR 1987, 231 = juris.

treten, dass ein solcher Schluss verfassungsrechtlich nicht zwingend und daher nur im Wege einer schuldrechtlichen Gestattung realisierbar sei[136], dies berücksichtigt aber nach wohl zutreffender Ansicht nicht in ausreichendem Maße die Handelbarkeit des Immaterialgutes „Bildnis“ und dessen Trennbarkeit von der vorranging nur gegen ideelle Verletzungen zu schützenden Persönlichkeit.[137] In der Literatur werden daher die gebundene und die freie Übertragung der lediglich schuldrechtlich wirkenden Gestattung vorgezogen.[138] Unter Berücksichtigung der verfassungsrechtlichen Wertung des allgemeinen Persönlichkeitsrechts gelangt ein Teil der Literatur dann zur Auffassung, dass eine Übertragung des Rechtes am eigenen Bild nur in Form einer gebundenen Rechteeinräumung möglich sein, die bei dem Abgebildeten zumindest ein Kontrollrecht verbleiben lässt.[139] Hiergegen kann auch nicht die einfachgesetzliche Vermutungsregel des § 22 Satz 2 KUG angeführt werden, wonach die Erteilung der Einwilligung bereits dann vermutet wird, wenn die Ablichtung gegen Entgelt erfolgte.[140] So hat bspw. das LG München I[141] entschieden, dass die Einwilligung eines bekannten Berufssportlers zur Erstellung eines Werbefilmes nicht auch das Unternehmen zur Verwendung eines Screenshots hieraus für eigene Anzeigen berechtigt.[142] Noch weitergehend halten etwa *Beuthien/Schmölz* die Abspaltung und Verselbstständigung der vermögenswerten Bestandteile für zutreffend.[143] Berücksichtigt man indes, dass sich der kommerziell verwertbare und der ideelle Teil des Rechts am eigenen Bild teilweise überschneiden bzw. sich nicht stets einwandfrei voneinander trennen lassen werden[144], so vermag lediglich die gebundene Rechteübertragung dem einheitlichen Persönlichkeitsrecht zu genügen.[145] Dem folgt – soweit ersichtlich – auch die Rechtsprechung. So hatte etwa das LG Frankfurt die Lizenzierung des vermögenswerten Bestandteils des allgemeinen Persönlichkeitsrechts

136 *LG Frankfurt*, 12.12.2008–2-06 O 249/06, SpuRt 2009, 207 = juris Rn. 64; *Pfeifer*, GRUR 2002, 495, 497 ff.; *Schack*, Urheber- und Urhebervertragsrecht, 2017, S. 28.

137 *Dreier/Schulze/Specht*, § 22 KUG Rn. 36; *Forkel*, GRUR 1988, 491, 493; *Wandtke/Bullinger/Fricke*, § 22 KUG Rn. 12 mwN.; *Erman/Klass*, Anh. zu § 12 BGB Das Allgemeine Persönlichkeitsrecht Rn. 16, 203 mwN.

138 Zu den Möglichkeiten eines prämortalen Rechtsübergangs *Ernst-Moll*, GRUR 1996, 558, 561 f.

139 *Dreier/Schulze/Specht*, § 22 KUG Rn. 36; *Forkel*, GRUR 1988, 491, 493.

140 *Ahlberg/Götting/Engels*, § 22 KUG Rn. 57.

141 *LG München I*, 08.02.2000–7 O 20135/99, ZUM-RD 2000, 564.

142 *Wandtke/Bullinger/Fricke*, § 22 KUG Rn. 17.

143 *Beuthien/Schmölz*, Persönlichkeitsschutz durch Persönlichkeitsgüterrechte, 1999, S. 34; ebenso: *Ullmann*, AfP 1999, 209, 214.

144 Dazu etwa *Götting*, NJW 2001, 585, 587.

145 So auch *Erman/Klass*, Anh. zu § 12 BGB Das Allgemeine Persönlichkeitsrecht Rn. 205; *Götting*, in: *Götting/Schertz/Seitz* (Hrsg.), Handbuch des Persönlichkeitsrechts, 2008, § 10 Rn. 14.

in seiner Ausprägung als Recht am eigenen Bild für zulässig erachtet.[146] *Pfister* misst der Frage daher lediglich terminologische Bedeutung bei.[147]

Die gebundene Rechteübertragung lässt daher in verfassungsrechtlich unbedenklicher Weise den Kern des Persönlichkeitsrechts unangetastet, ermöglicht aber die Nutzung der vermögenswerten Bestandteile daran.[148] Folgt man dem, so ist die Überlassung im Wege eines Vertrages sui generis möglich, welcher in Anlehnung an § 31 UrhG dem Inhaber des Rechtes erlaubt einem Dritten ausschließliche oder einfache Nutzungsrechte einzuräumen, die sowohl in zeitlicher als auch inhaltlicher Sicht beschränkt sein können, im Gegensatz zu den originären Lizenzvereinbarungen aber stets untrennbar mit dem Inhaber des ideellen Persönlichkeitsrechts verbunden bleiben.[149] Insoweit werden diese Verträge teilweise auch Buy-out-Verträge bezeichnet.[150] Dem werden zivilrechtliche Verträge nur dann gerecht, wenn dem originären Inhaber des Rechts am eigenen Bild ein Recht zugestanden wird, die übertragene Rechtsposition notfalls zurückzurufen bzw. eine „Unterlizenzierung" von seiner Zustimmung abhängig ist.[151]

Soweit die vertraglich vereinbarten Pflichten über die Rechteüberlassung hinausgehen, ist ferner die Einordnung der aktiven Werbeleistung des Berufssportlers zu klären. Diese kann in Abhängigkeit von der jeweiligen vertraglichen Ausgestaltung und damit gerade nicht der Bezeichnung des Vertrages durch die Parteien dienst- bzw. werkvertraglichen Charakter haben.[152] Von einem Werkvertrag ist dabei dann auszugehen, wenn der Erfolg im Vordergrund steht. Ist dagegen die Dienstleistung Schwerpunkt der vertraglichen Vereinbarung, so ist von einem Dienstleistungsvertrag auszugehen.[153] Bei der Mitwirkung an einem Werbedreh wird bspw. eher von einem Dienstleistungselement auszugehen sein. So zeigt in der Praxis die geringe oder vollständig fehlende Entgeltallokation auf diesen Vertragsbestandteil bereits dessen untergeordnete Bedeutung. Denn regelmäßig ist der Dreh des Werbespots

---

146 *LG Frankfurt*, 12.12.2008–2-06 O 249/06, SpuRt 2009, 207 = juris Rn. 62; kritisch dazu *Heermann*, CaS 2009, 166, 169.

147 *Pfister*, in: *Fritzweiler/Pfister/Summerer* (Hrsg.), Praxishandbuch Sportrecht, 2014, S. 351 f.

148 *Wandtke/Bullinger/ Wandtke/Grunert*, Vorbem. vor § 31 ff. Urhebervertragsrecht Rn. 38.

149 *Erman/Klass*, Anh. zu § 12 BGB Das Allgemeine Persönlichkeitsrecht Rn. 205 mit Verweis u. a. auf *Götting*, in: *Götting/Schertz/Seitz* (Hrsg.), Handbuch des Persönlichkeitsrechts, 2008, S. 279 ff.; *Hartl*, Persönlichkeitsrechte als verkehrsfähige Vermögensgüter, 2004, S. 113.

150 In der urheberrechtlichen Terminologie wird unter einem Buy-out-Vertrag die vollständige Überlassung der Nutzungsrechte verstanden. Diese ist hier dann dahingehend zu verstehen, dass ausschließlich der wirtschaftliche Teil betrachtet wird.

151 Zu den Einzelheiten vgl. *Erman/Klass*, Anh. zu § 12 BGB Das Allgemeine Persönlichkeitsrecht Rn. 205 mwN.

152 *Pfister*, in: *Fritzweiler/Pfister/Summerer* (Hrsg.), Praxishandbuch Sportrecht, 2014, S. 355.

153 MüKo/*Busche*, § 631 Rn. 14.

nur Vorstufe für die vom werbenden Unternehmen bezweckte TV-Vermarktung und damit vernachlässigbar. Denn der Schwerpunkt der vertraglichen Vereinbarung liegt evident auf der Überlassung der Rechte. Auch für die Konstellation, dass sich die Leistung in der aktiven Betätigung des Berufssportlers erschöpft, wie es etwa bei dem Zur-Verfügung-Stehen für Autogrammstunden oder als Renntaxi der Fall ist, wird regelmäßig von einem dienstvertraglichen Element auszugehen sein.[154]

Die steuerliche Einordnung der hieraus erzielten Einnahmen ist ebenfalls höchst umstritten und macht insoweit eine genauere Analyse erforderlich. In praxi ist dabei nicht selten die oben beschriebene Kumulation von Verpflichtungen des Gesponserten zu beobachten, welche jedoch für die steuerliche Ebene grundsätzlich jeweils getrennt zu beurteilen sind.[155]

Zunächst soll die die Überlassung der Nutzungsrechte an dem Recht am eigenen Bild und am eigenen Namen in den Katalog der Einkünfte des § 2 Abs. 1 EStG eingeordnet werden. Die steuerliche Würdigung kann sich dabei auf die Überlassung zur Nutzung beschränken, da – wie eben dargestellt – Persönlichkeitsrechte an sich nicht übertragbar sind.[156] Soweit ersichtlich wird die Auffassung der Zuordnung zu freiberuflichen Einkünften iSd. § 18 EStG nicht vertreten.[157] Im Gegensatz zur Beurteilung bei Künstlern[158] stellt sich bei Berufssportlern auch nicht die Frage, ob aus der Entscheidung des BFH vom 27.11.1992[159], welche freiberufliche Einkünfte hier für möglich hält, eine andere Beurteilung angezeigt ist. Denn die als Ansatzpunkt dieser Überlegung dienende künstlerische Tätigkeit als Katalogberuf des § 18 Abs. 1 Nr. 1 Satz 2 EStG ist bei Berufssportlern gerade nicht gegeben. So negiert auch die in der angeführten Entscheidung des BFH zitierte höchstrichterliche Rechtsprechung eine solche Möglichkeit in der vorliegenden Konstellation des Berufssportlers.[160] Schwieriger ist dagegen die Abgrenzung, ob es sich dann um gewerbliche Einkünfte iSd. § 15 Abs. 1 Satz 1 Nr. 1 EStG oder solche aus Vermietung und Verpachtung gem. § 21 Abs. 1 Satz 1 Nr. 3 EStG (Lizenzierung) handelt. Zu klären gilt es dabei zwei Problembereiche. So stellt sich einerseits die Frage, ob § 21 Abs. 1 Satz 1 Nr. 3 EStG tatbestandlich erfüllt ist und weiter, ob bei gleichzeitigem Vorliegen der Voraussetzungen des § 15 Abs. 2 EStG diesem Tatbestand der Vorrang

---

154 *Rosskopf*, Der (Sport-)Sponsoringvertrag, insbesondere Anwendungsbereiche, Rechtsnatur, Struktur, http://sportrecht.org/cms/upload/seminararbeiten/Rosskopf-sponsoringvertrag.pdf, S. 22.

155 *Herrmann/Heuer/Raupach/Musil*, § 2 EStG Rn. 92.

156 Vgl. dazu auch *Schmidt-Heß*, IStR 2006, 690, 692; *Pfeifer*, Die deutsche Besteuerung ausländischer Tonkünstler und Künstlergesellschaften, 2014, S. 128f.

157 Vgl. nur den schlichten Hinweis in *FG Münster*, 10.05.2006–1 K 92/03 E, BeckRS 2006, 260 = juris Rn. 27.

158 Siehe dazu etwa: *Pfeifer*, Die deutsche Besteuerung ausländischer Tonkünstler und Künstlergesellschaften, 2014, S. 21.

159 *BFH*, 27.11.1992 – IV B 129/91, BFH/NV 1993, 471 = juris.

160 *BFH*, 03.11.1982 – I R 39/80, BStBl. II 1983, 182 = juris Rn. 15.

gebührt. Nach Auffassung der Rechtsprechung[161] und der Finanzverwaltung[162] ist die entgeltliche Verwertung im Wirtschaftsverkehr einer Überlassung von Rechten iSd. § 21 Abs. 1 Satz 1 Nr. 3 EStG gleichzustellen. Die Aufzählung in § 21 Abs. 1 Nr. 3 EStG sei lediglich beispielhaft.[163] Anders sehen dies etwa *Wild, Eigelshoven und Hanisch,* die unter wortlautgetreuer Auslegung die Überlassung eines Rechts ablehnen.[164] Dem ist jedoch nicht zuzustimmen. Denn indem der Gesetzgeber von einer Definition abgesehen hat und vielmehr deskriptiv anhand von Beispielen die der Norm unterfallenden Rechte beschreibt, eröffnet er gerade die Möglichkeit, vergleichbare Rechte ebenfalls unter die Norm zu subsumieren. Hierunter müssen dann aber auch Rechte fallen, die wie bei dem Recht am eigenen Bild bzw. eigenem Namen lediglich auf Gestattung gerichtet sind.[165] Denn wie die explizit genannten Rechte genießen auch diese einfachgesetzlich ausgeformten Schutz durch § 22 KUG bzw. § 12 BGB. Auch sind sie hinsichtlich der Art ihrer Verwertung den Urheberrechten sehr ähnlich.[166] Ebenso sind sie per se unveräußerlich und hinsichtlich ihrer wirtschaftlichen Nutzbarkeit von einer Verwertung in Form der Nutzungsüberlassung abhängig.[167] Diese Rechte werden regelmäßig auch zeitlich begrenzt für die Laufzeit des Sponsoringvertrages überlassen. Damit stellt sich in einem zweiten Schritt die Frage, ob nicht aufgrund der gesetzlich angeordneten Subsidiarität des § 21 Abs. 3 EStG die Entgelte als gewerbliche Einkünfte zu qualifizieren sind. Dies kann denklogisch nur dann vorliegen, wenn zusätzlich die positiven wie auch negativen Tatbestandsmerkmale des § 15 Abs. 2 EStG erfüllt sind, so dass an dieser Stelle die Reichweite der reinen Vermögensverwaltung zu eruieren ist. Weder in der Rechtsprechung noch in der Literatur kann hier eine einheitliche Linie erkannt werden. Von daher lohnt ein Blick in die Entwicklung des Streits bereits als Grundlage einer nachfolgenden Würdigung. Soweit ersichtlich stellt die Entscheidung des FG Schleswig-Holstein vom 12.12.1979[168] das erste instanzgerichtliche Verdikt in diesem Kontext dar. Die Richter hatten sich dabei mit der Frage auseinanderzusetzen, ob die Vermarktung des Namens und des Bildes, u. a. aber auch die wiederholte entgeltliche Mitwirkung bei Autogrammstunden bzw. Werbefilmen eines bekannten früheren Berufssportlers bei industriellen Werbeveranstaltungen den Tatbestand der selbst-

161 *BFH,* 19.12.2007 – I R 19/06, BFHE 119 220, 160 = juris; *FG Düsseldorf,* 11.12.2001 – 8K 2521/01 E, DStRE 2002, 561; ebenso auch *ÖstVwGH,* 19.10.2006–2006/14/0109, Beilage zur Österreichischen Steuer-Zeitung 2007, 117 zur entsprechenden Rechtslage in Österreich.

162 *BMF,* 02.08.2005 – IV C 8-S 2411–8/05, BStBl. I 2005, 844; *BMF,* 25.11.2010 – IV C 3 – S 2303/09/10002, BStBl. I 2010, 1350 = juris Rn. 96.

163 So etwa *Herrmann/Heuer/Raupach/Pfirrmann,* § 21 EStG Rn. 157.

164 *Wild/Eigelshoven/Hanisch,* IStR 2006, 181, S. 183.

165 *BFH,* 19.12.2007 – I R 19/06, BFHE 119 220, 160 = juris Rn. 50; *Schmidt-Heß,* IStR 2006, 690, 692.

166 *Schmidt-Heß,* IStR 2006, 690, 692 mwN.

167 *Schmidt-Heß,* IStR 2006, 690, 692; *Sommer,* BB 1981, 177, 179.

168 *FG Schleswig-Holstein,* 12.12.1979 – I 277/77, EFG 1980, 300.

ständigen Einkünfte unterfällt. Nach ihrem Urteil sind diese Einkünfte dem gewerblichen Bereich zuzuordnen und somit als solche gem. § 15 EStG zu qualifizieren. Trotz der zwischenzeitlich von *Sommer* publizierten Auffassung, dass es sich nicht um Einkünfte iSd. § 15 EStG handeln könne, weil der Bereich der privaten Vermögensverwaltungen nicht überschritten werde[169], bestätigte der BFH das erstinstanzliche Urteil vollumfänglich.[170] Auf das Abgrenzungskriterium der Vermögensverwaltung ging der BFH indes nicht ein, was verschiedentlich die Speerspitze der Kritik an diesem Urteil bildete. Vielmehr begnügte sich der BFH nach Bejahung der positiven Tatbestandsmerkmale mit dem Verweis auf die gesetzlich angeordnete Subsidiarität. Doch gerade anhand dieses Negativmerkmals hatte *Sommer* herausgearbeitet, dass das bloße Überlassen zur Nutzung der Rechte am eigenen Bild bzw. Namen den Bereich der Vermögensverwaltung nicht überschreitet. Als solche ist die bloße Nutzung des Vermögens im Sinne einer Fruchtziehung aus zu erhaltenden Substanzwerten zu verstehen, bei der die Ausnutzung der substantiellen Vermögenswerte durch Umschichtung nicht in den Vordergrund tritt.[171] Mit der Überlassung der Rechte am eigenen Bild bzw. Namen ziehe der Berufssportler in diesem Sinne lediglich „die Früchte aus seinem Bekanntheitsgrad, den er sich aufgrund seiner vorangegangenen sportlichen Tätigkeit erworben hat." Es liege daher weder eine Umschichtung vor, noch werde eine gewerbliche Tätigkeit damit ausgeübt.[172] Dem ist nach der insoweit überzeugenden Herleitung durch *Reisch/Reichhardt/Urbanke* jedoch nur zu folgen, wenn die Rechte an einen einzigen Werbetreibenden für eine lange Zeitdauer überlassen werden.[173] Denn nur in diesem Fall „kippt" das Tatbestandsmerkmal der privaten Vermögensverwaltung nicht in die aktive Beteiligung am allgemeinen wirtschaftlichen Verkehr. Zum gleichen Ergebnis wird man auch kommen müssen, wenn etwa bei einem noch unbekannten Nachwuchssportler noch nicht an die werbliche Verwertung zu denken ist. Wie bereits ausgeführt erfordert diese zwar nicht die aktive Kontaktaufnahme zu potentiellen Vertragspartnern. Vielmehr genügt bereits, wenn der Berufssportler seine Bereitschaft für entsprechende Angebote zur Verfügung zu stehen signalisiert.[174] Begrenzt durch die kurze Zeitspanne, in der Berufssportler Spitzenleistungen abrufen können und dementsprechend einen hohen Werbewert genießen, entspricht es der allgemeinen Lebenserfahrung, dass Berufssportler sich in dieser Zeit möglichst erfolgreich vermarkten wollen, was typischerweise nur bei Verhandlungen mit mehreren interessierten Unternehmen möglich sein wird. Beispielhaft sei an dieser Stelle an einen ehemaligen Weltklassegolfer erinnert, dessen Jahreseinkom-

---

169 *Sommer*, BB 1981, 177, 179f.

170 *BFH*, 03.11.1982 – I R 39/80, BStBl. II 1983, 182 = juris Rn. 15.

171 *Lademann/Bünning/Kaligin/Naujok u. a.*, § 15 EStG Anm. 69 mit Verweis auf *BFH*, 08.08.1979 – I R 186/78, BStBl. II 1980, 106; *BFH*, 06.10.1982 – I R 7/79, BStBl. II 1983, 80.

172 *Sommer*, BB 1981, 177, 180; ebenso: *Enneking/Denk*, DStR 1996, 450, 455.

173 *Reisch/Reichardt/Urbanke*, DB 1988, 359, 361.

174 *BFH*, 03.11.1982 – I R 39/80, BStBl. II 1983, 182 = juris Rn. 14.

men von mehr als 100 Millionen Dollar zu einem großen Teil auf Werbeeinnahmen, u. a. einer bekannten Beratungsgesellschaft, eines Telekommunikationsunternehmens, eines Getränkeherstellers, eines Rasierapparateherstellers und einem Sportartikelfabrikanten beruhte. Daran anknüpfend beurteilte der BFH die Einkünfte eines Schauspielers aus mehreren Funk- und Fernsehspots als solche nach § 15 EStG, denn Art und Umfang der Werbeaktivitäten würden den Rahmen privater Vermögensverwaltung verlassen.[175] Soweit ersichtlich beschäftigte die Rechtsprechung zuletzt 2012 diese Thematik, als es die Qualifikation von Werbeeinkünften eines Fußball-Nationalspielers zu beurteilen galt. Während das FG Münster in erster Instanz noch Einkünfte aus § 21 Abs. 1 Nr. 3 EStG negierte, weil die Überlassung originär eigener Rechte nicht tatbestandsmäßig sei[176], ließ der BFH diese Frage aufgrund der Subsidiarität des § 21 Abs. 3 EStG offen.[177] Meines Erachtens sprechen die besseren Gründe tatsächlich für die Einordnung als gewerbliche Einkünfte. Zwar vermag es nicht zu überzeugen, diese bereits aufgrund ihrer Nähe zu den als gewerbliche Einkünfte zu qualifizierenden Einnahmen aus der sportlichen Tätigkeit ebenfalls derart zuzuordnen[178], doch erfüllt die Überlassung der Rechte auch bei eigenständiger Beurteilung die positiven wie negativen Tatbestandsmerkmale der gewerblichen Tätigkeit iSd. § 15 Abs. 2 EStG. Insbesondere entspricht es der allgemeinen Lebenserfahrung, dass Berufssportler nur ein begrenztes Zeitfenster Höchstleistungen abzurufen im Stande sind und in dieser Zeit den wesentlichen Teil ihres Lebenseinkommens erzielen müssen. Nur sehr wenigen gelingt es auch im Anschluss an ihre aktive Karriere noch Einnahmen in beträchtlicher Höhe zu erzielen. Von daher verwundet es nicht, dass erfolgreiche Berufssportler regelmäßig mehr als einem Werbepartner vertraglich verpflichtet sind.

Abschließend soll die zivilrechtlich als dienstvertragliches Element eingestufte Leistungspflicht erörtert werden. Die zivilrechtliche Einordnung ist auch hier nicht zwingend für die steuerliche Beurteilung.[179] Vielmehr hat diese unabhängig davon zu erfolgen. Abzustellen ist nach richtiger Ansicht der Rechtsprechung auf das Gesamtbild der Verhältnisse, mithin eine Abwägung der für und gegen die Annahme eines Dienstverhältnisses sprechenden Gründe.[180] Soweit ein einheitlicher Vertrag solche dienstvertraglichen Elemente aufweist, wird regelmäßig nicht von

---

175 *BFH*, 11.07.1991 – IV R 102/90, BStBl. II 1992, 413; dem zustimmend etwa: *Schauhoff*, IStR 1993, 363, 364; *Jansen*, FR 1995, 461, 464; *Kirchhof/Söhn/Mellinghoff/Hidien*, § 49 EStG Rn. I 201 (Namensrecht) sowie *FG Münster*, 10.05.2006–1 K 92/03 E, BeckRS 2006, 260 = juris Rn. 27.

176 *FG Münster*, 16.04.2010–14 K 116/06 G, EFG 2010, 1426 = juris.

177 *BFH*, 22.02.2012 – X R 14/10, BStBl. II 2012, 511 = juris.

178 *Enneking/Denk*, DStR 1996, 450, 454 mit Verweis auf Schmidt, 14. Aufl., § 15 EStG Rn. 28.

179 *FG Saarland*, 11.03.1994–1 K 53/94, EFG 1994, 751, 752 mwN.

180 *BFH*, 13.02.1980 – I R 17/78, BStBl. II 1980, 303 = juris Rn. 8; *Maßbaum*, Die beschränkte Steuerpflicht der Künstler und Berufssportler unter Berücksichtigung des Steuerabzugsverfahrens, 1991, S. 53.

Einnahmen aus nichtselbstständiger Tätigkeit auszugehen sein. Dies wird nur vereinzelt anders gesehen.[181] Etwa für den Fall, dass eine Berufstischtennisspielerin die Rechte zur Vermarktung ihres Namens und ihres Bildes umfassend einem Werbepartner überlässt, dem darüber hinaus auch hinsichtlich der Teilnahme an Veranstaltungen zu Vermarktungszwecken ein Weisungsrecht zusteht.[182] Regelmäßig wird dies jedoch deshalb abzulehnen sein, weil der Berufssportler nicht in die Organisation des Werbeunternehmens eingegliedert ist.[183] Auch Einkünfte iSd. § 18 EStG dürften abzulehnen sein, weil auch hinsichtlich der werblichen Betätigung kein Katalogberuf iSd. § 18 Abs. 1 Nr. 1 Satz 2 EStG gegeben ist.[184] Vielmehr sind auch hier die Tatbestandsmerkmale des § 15 Abs. 2 EStG erfüllt, insbesondere liegt eine selbstständige Tätigkeit auch dann noch vor, wenn bestimmte Abläufe durch das Unternehmen vorgegeben werden. Denn selbst die Vorgabe eines bestimmten Textes oder einer Pose im Rahmen eines Werbedrehs berühren nicht die freie Entscheidung des Berufssportlers bzgl. des „ob“ der Maßnahme, sondern stellen lediglich interne organisatorische Maßnahmen dar.[185] Ebenso hatte der BFH die wiederholte entgeltliche Mitwirkung eines bekannten früheren Berufssportlers als gewerbliche Tätigkeit eingestuft.[186]

Die eingangs dargestellte getrennte Beurteilung der einzelnen Leistungspflichten entfällt jedoch dann, wenn in einem Vertragsverhältnis mehrere Leistungspflichten vereinbart wurden, welche derart miteinander verflochten sind, dass ein einheitlicher Erfolg geschuldet wird. Dies ist etwa für den praxisrelevanten Fall anzunehmen, dass ein Berufssportler an einer Werbeaufnahme mitwirkt, welche für die Ausstrahlung im TV und/oder Internet vorgesehen ist. Denn ohne die Überlassung der Nutzungsrechte ist der Werbespot für das Unternehmen wertlos.[187] Entscheidend ist in diesen verwobenen Leistungsbündeln dann diejenige Tätigkeit, die die Gesamtleistung prägt.[188] Sind – wie vorliegend – selbst bei individueller Betrachtung jeweils gewerbliche Einkünfte anzusetzen, so kann die Würdigung an dieser Stelle dahinstehen. Andernfalls wäre hier wohl auf die Werbetätigkeit des Berufssportlers als aktive Leistungspflicht abzustellen.[189] Denn gerade die As-

181 *Hoffmann*, SpuRt 1988, 230.

182 *FG Saarland*, 11.03.1994–1 K 53/94, EFG 1994, 751.

183 So etwa für den Bereich der Künstler *Maßbaum*, BB 1992, 1763, 1170.

184 *Maßbaum*, Die beschränkte Steuerpflicht der Künstler und Berufssportler unter Berücksichtigung des Steuerabzugsverfahrens, 1991, S. 47; *Pfeifer*, Die deutsche Besteuerung ausländischer Tonkünstler und Künstlergesellschaften, 2014, S. 31.

185 *Maßbaum*, Die beschränkte Steuerpflicht der Künstler und Berufssportler unter Berücksichtigung des Steuerabzugsverfahrens, 1991, S. 71.

186 *BFH*, 03.11.1982 – I R 39/80, BStBl. II 1983, 182 = juris Rn. 15.

187 *Wild/Eigelshoven/Hanisch*, IStR 2006, 181, 182; *Pfeifer*, Die deutsche Besteuerung ausländischer Tonkünstler und Künstlergesellschaften, 2014, S. 43.

188 *BFH*, 08.10.2008 – VIII R 53/07, BStBl. II 2009, 143 = juris Rn. 29.

189 So *BFH*, 02.10.1968 – VI R 56/67, BStBl. II 1969, 71 = juris bei der Beurteilung von Vorführdamen.

soziation des positiven Images des Berufssportlers mit dem beworbenen Produkt ist die entscheidende Intention des werbenden Unternehmens.[190]

cc) Sonstige Einkünfte

Auch wenn Berufssportler regelmäßig keine Einkünfte aus einer selbstständigen Tätigkeit iSd. des § 18 EStG erzielen werden[191], so ist auch diese Einkunftsart bei dieser Personengruppe nicht vollständig ausgeschlossen. Einkünfte aus selbstständiger Tätigkeit kommen etwa bei einer selbstständigen schriftstellerischen Betätigung des Berufssportlers in Betracht, wie dies etwa dann anzunehmen ist, wenn der Berufssportler seine Memoiren verfasst.[192] Schriftstellerisch tätig wird der Berufssportler aber nur dann, wenn er selbst der Verfasser seiner Memoiren ist. Bedient er sich hierbei eines Autors, so kommen wiederum gewerbliche Einkünfte in Betracht.[193] Gewerbliche Einkünfte sollten ferner auch bei TV-Auftritten des Berufssportlers angenommen werden. Evident ist dies, wenn sie in Zusammenhang mit der Tätigkeit des Berufssportlers stehen, aber auch dann, wenn der Berufssportler etwa abends in einer Sportsendung auftritt, dürfte dies zutreffend sein. Das FG München hat ferner selbst bei einer überzeugenden schauspielerischen Leistung im Rahmen eines Werbefilms gewerbliche Einkünfte bejaht. Anders dürfte dies nur dann zu beurteilen sein, wenn einmal die schauspielerische Leistung des Berufssportlers im Vordergrund steht. Dies dürfte aber nur bei größeren Rollen zu bejahen sein.[194] Unter Berücksichtigung dieser Grundsätze dürften auch die Tätigkeiten von Berufssportlern im Rahmen der Social Media als gewerblich zu beurteilen sein. Auch die gelegentliche Tätigkeit von aktuellen und ehemaligen herausragenden Berufssportlern für Repräsentationszwecke ist folglich unter § 15 EStG zu subsumieren.[195]

Schließlich kommen bei Trainern Einkünfte aus selbstständiger Tätigkeit iSd. § 18 EStG in Betracht. Abzugrenzen sind hier Einkünfte aus nichtselbstständiger Tätigkeit iSd. § 19 EStG. Nach Ansicht der Rechtsprechung und ihr folgend der Finanzverwaltung ist jedenfalls bei nebenberuflichen Trainern eine selbstständige Tätigkeit zu bejahen.[196] Nach Ansicht des BFH nimmt der Trainer erzieherische

---

190 So auch *Maßbaum*, BB 1992, 1763, 1771; *Maßbaum*, Die beschränkte Steuerpflicht der Künstler und Berufssportler unter Berücksichtigung des Steuerabzugsverfahrens, 1991, S. 64; *Pfeifer*, Die deutsche Besteuerung ausländischer Tonkünstler und Künstlergesellschaften, 2014, S. 43.

191 So etwa: *Schauhoff/Cordewener/Schlotter*, Besteuerung ausländischer Künstler und Sportler in der EU, 2008, S. 6 Fn. 13 mwN.

192 *Klimmer*, in: *Sigloch* (Hrsg.), Rechnungslegung und Besteuerung im Sport, 2003, S. 94.

193 *Klimmer*, in: *Sigloch* (Hrsg.), Rechnungslegung und Besteuerung im Sport, 2003, S. 94.

194 *FG München*, 16.10.2003–5 K 1166/00, DStRE 2004, 755 = juris Rn. 43.

195 In Betracht kommt dies etwa dann, wenn Fußballverbände Persönlichkeiten des Fußballs engagieren, um die internationale Bekanntheit des Verbandes zu fördern. Je nach Ausgestaltung der Vereinbarung kann aber auch hier eine nichtselbstständige Tätigkeit gegeben sein.

196 *FG Hessen*, 09.07.1993–4 K 2744/92, EFG 1994, 396 = juris Rn. 15; R 19.2 Satz 4 LStR.

und unterrichtende Aufgaben iSd. § 18 Abs. 1 Nr. 1 Satz 2 EStG war.[197] Aber auch bei hauptberuflichen Trainern kann eine selbstständige Tätigkeit vorliegen. Bejaht wurde dies etwa bei einem Tanzsporttrainer, welcher für die Berufsausübung eine Lizenz benötigt.[198] Aber auch bei Golf-, Tennis- und Co-Trainern einer Fußballmannschaft wird die Annahme einer selbstständigen Tätigkeit vertreten.[199] Regelmäßig werden aber auch die Einkünfte nebenberuflicher Trainer unter § 19 EStG zu subsumieren sein.[200] Denn der zeitliche Umfang ist nur ein Indiz unter vielen. Vielmehr ist im Rahmen einer Gesamtschau zu würdigen, ob der Trainer in die Arbeitsorganisation des Klubs eingegliedert ist, mithin, ob er den Weisungen der Vereinsführung unterliegt. So haben etwa jüngst das LSG Baden-Württemberg einen Fitnesstrainer und das LSG Nordrhein-Westfalen einen Fußballtrainer, der mit der sportlichen Leitung betraut war, aus sozialversicherungsrechtlicher Sicht als abhängig Beschäftigten eingestuft.[201] Werden für die Auflösung von zeitlich befristeten Verträgen mit Trainern Abfindungen gezahlt, so stellen diese gem. § 19 iVm. § 24 Nr. 1 lit. a) EStG ebenfalls Einkünfte aus nichtselbstständiger Tätigkeit dar.[202]

Wirkt der Trainer aber außerhalb seiner Vereinstätigkeit an einem Seminar oder einer ähnlichen weiterbildenden Veranstaltung mit, so werden die hieraus resultierenden Einkünfte regelmäßig unter § 18 EStG zu subsumieren sein.[203]

b) Besteuerung von Mannschaftssportlern

aa) Einkünfte aus sportlicher Betätigung

Während die Einkünfte von Individualsportlern bei entsprechender Qualifikation als gewerbliche Einkünfte zusätzlich der Gewerbesteuer unterliegen, § 2 Abs. 1 GewStG, wäre dies bei Mannschaftssportlern dann vermeidbar, wenn sie davon abweichend als solche aus unselbstständiger Tätigkeit zu qualifizieren wären. Die Abgrenzung gestaltet sich allerdings schwierig. Denn beide Begriffe werden im EStG nicht legal definiert. Nach § 1 Abs. 1 der Lohnsteuer-Durchführungsverordnung (LStDV) sind allerdings solche Personen Arbeitnehmer, die im öffentlichen oder privaten Dienst angestellt oder beschäftigt sind oder waren und die aus diesem oder einem früheren

---

197 *BFH*, 13.05.1993 – IV R 131/92, BFH/NV 1994, 93 = juris Rn. 9.

198 Zur Frage der Teilbetriebsaufgabe *FG Schleswig-Holstein*, 17.04.2002 – I 110/01, EFG 2002, 980 = juris Rn. 16 f.; bestätigt durch den *BFH*, 01.07.2004 – IV R 32/02, BFH/NV 2005, 31 = juris Rn. 21.

199 *Mader/Perach/Voss u. a.* (Hrsg.), ABC des Lohnbüros Ausgabe 2017, 2017 Rn. 475; Blümich/*Hutter*, § 18 EStG Rn. 270 unter „Trainer".

200 Schmidt/*Krüger*, § 19 EStG Rn. 35 unter „Trainer".

201 *LSG Baden-Württemberg*, 27.07.2016 – L 5 R 2554/15, juris Rn. 35, 41; *LSG Nordrhein-Westfalen*, 14.02.2007 – L 11 (8) R 242/05, DB 2007, 2324 = juris Rn. 20; *Mader/Perach/Voss u. a.* (Hrsg.), ABC des Lohnbüros Ausgabe 2017, 2017 Rn. 475 mwN.

202 *Günkel*, IStR 2009, 889.

203 Zu einer vergleichbaren Konstellation etwa *FG Münster*, 18.05.2006–8 K 4599/03 F, EFG 2008, 382 = juris.

Dienstverhältnis Arbeitslohn beziehen. Ein Dienstverhältnis in diesem Sinne liegt vor, wenn der Beschäftigte dem Arbeitgeber seine Arbeitskraft schuldet, was dann der Fall ist, wenn die Person in der Betätigung ihren geschäftlichen Willen unter der Leitung des Arbeitgebers steht oder im geschäftlichen Organismus des Arbeitgebers dessen Weisungen zu folgen verpflichtet ist, § 1 Abs. 2 LStDV. Demgegenüber ist nicht als Arbeitnehmer zu qualifizieren, wer Lieferungen oder sonstige Leistungen innerhalb der von ihm selbstständig ausgeübten gewerblichen Tätigkeit im Inland gegen Entgelt ausführt, § 1 Abs. 3 LStDV. Nach Ansicht der Rechtsprechung ist unter Berücksichtigung dieser Begriffsbestimmung die Frage der Qualifikation nach dem Gesamtbild der Verhältnisse zu beantworten.[204] Denn es handelt sich dabei um einen offenen Typusbegriff, der nur durch eine größere und unbestimmte Zahl von Merkmalen beschrieben werden kann.[205] Gemäß höchstrichterlicher Rechtsprechung sprechen bei der vorzunehmenden Gesamtwürdigung insbesondere die (a) persönliche Abhängigkeit, (b) Weisungsgebundenheit hinsichtlich des Ortes, der Zeit und dem Inhalt der Tätigkeit, (c) festen Arbeitszeiten, (d) gleichbleibende Ausübung der Tätigkeit an einem Ort, (e) festen Bezüge, (f) Fortzahlung der Bezüge im Krankheitsfall, (g) Vergütung von Überstunden, (h) Unselbstständigkeit in Organisation und Durchführung der Tätigkeit, (i) fehlende Pflicht zur Beschaffung von Arbeitsmitteln, (j) Notwendigkeit der engen ständigen Zusammenarbeit mit anderen Mitarbeitern, (k) Eingliederung in den Betrieb, (l) Ausführung von einfachen Tätigkeiten, bei denen eine Weisungsabhängigkeit die Regel ist, (m) fehlende Unternehmerinitiative, (n) fehlende Unternehmerrisiko, (o) Anspruch auf Urlaub, (p) Anspruch aus sonstige Sozialleistungen, (q) zeitliche Umfang der Dienstleistungen, (r) fehlende Kapitaleinsatz, sowie die Tatsache, dass (s) lediglich die Arbeitskraft nicht aber ein Arbeitserfolg geschuldet werden, für eine Arbeitnehmereigenschaft.[206] Nach Ansicht des BFH lassen sich die genannten Einzelmerkmale den Oberbegriffen „Unternehmerrisiko“ und „Unternehmerinitiative“ zuordnen.[207] An Letzterer fehlt es indes, wenn der Berufssportler von seinem Auftraggeber persönlich abhängig ist, mithin sowohl hinsichtlich des Ortes, der Zeit und des Inhaltes seiner Tätigkeit den Weisungen seines Auftraggebers unterworfen ist. Ferner liegen diese Merkmale auch bei Eingliederung in den Betrieb des Auftraggebers und den dortigen Organisationsabläufen nicht vor. Für eine solche Eingliederung spricht wiederum die Notwendigkeit einer ständigen engen Zusammenarbeit mit anderen Mitarbeitern, die Ausübung der Tätigkeit zu festen Arbeitszeiten sowie gleichbleibend an einem bestimmten Ort und der zeitliche

---

204 *BFH*, 14.06.1985 – VI R 152/82, BStBl. II 1985, 661 = juris Rn. 16.

205 *BFH*, 14.06.2007 – VI R 5/06, BStBl. II 2009, 931 = juris Rn. 10.

206 So die Aufzählung in *BFH*, 14.06.1985 – VI R 152/82, BStBl. II 1985, 661 = juris Rn. 15 ff.; *BFH*, 30.05.1996 – V R 2/95, BStBl. II 1996, 493 = juris Rn. 12 ff.; hierauf Bezug nehmend auch die neuere Rechtsprechung, vgl. etwa *BFH*, 14.06.2007 – VI R 5/06, BStBl. II 2009, 931 = juris Rn. 9; *BFH*, 29.05.2007 – VI R 11/07, BStBl. II 2008, 933 = juris Rn. 15 f.

207 *BFH*, 22.02.2012 – X R 14/10, BStBl. II 2012, 511 = juris Rn. 36.

Umfang der Dienstleistungen.[208] Denn je kürzer die zeitliche Berührung des Auftragnehmers mit dem Betrieb des Auftraggebers ist, desto geringer wird der Grad von dessen Eingliederung und Weisungsunterworfenheit sein.[209] Das Unternehmerrisiko wird dagegen bei Erhalt einer festen Vergütung fehlen. Darüber hinaus sprechen auch die gesonderte Vergütung von Überstunden, die Fortzahlung der Bezüge etwa im Krankheitsfall oder das bloße Schulden der Arbeitskraft ohne entsprechenden Arbeitserfolg gegen ein Unternehmerrisiko.[210] Bei einem Mannschaftssportler lassen sich eben diese positiven Merkmale in Bezug auf seine sportliche Betätigung wiederfinden. So befindet sich ein Profifußballer, dessen Klub ein entsprechendes Leistungszentrum unterhält, – wie ein regulärer Arbeitnehmer auch – zu den arbeitsüblichen Zeiten vor Ort und nimmt dort üblicherweise mehrmals täglich an den Trainingseinheiten unter Leitung des Trainerteams teil.[211] Nicht nur bei Wettkämpfen ist er dabei den Weisungen des verantwortlichen Trainers[212] unterworfen, der neben der Aufstellung, den taktischen Vorgaben auch mittels Aus- oder Einwechslung über die sportliche Betätigung des Berufssportlers entscheidet. Während der Laufzeit des Kontraktes ist es dem Berufssportler darüber hinaus untersagt, für einen anderen Klub aktiv zu werden.[213] Vielfach gehen die Verträge von Profifußballspielern sogar noch darüber hinaus, wenn sie dem Berufssportler einen gesunden Lebensstil mit ausgewogener Ernährung vorgeben. Auch erhält der Berufssportler unabhängig von Verletzungen und – mit Ausnahme von Leistungsprämien – seiner erbrachten Leistung den bei Vertragsbeginn vereinbarten Lohn, so dass die Rechtsprechung die vom Klub bezogene laufende Vergütung für sportliche Betätigung als solche aus nichtselbstständiger Tätigkeit beurteilt.[214] Daher verwundert es nicht, dass sowohl die finanzgerichtliche[215] als auch die arbeits- und sozialgerichtliche Rechtsprechung[216] Fußballspieler als Ar-

---

208 *BFH*, 22.02.2012 – X R 14/10, BStBl. II 2012, 511 = juris Rn. 31.

209 *BFH*, 14.06.2007 – VI R 5/06, BStBl. II 2009, 931 = juris Rn. 9.

210 *BFH*, 22.02.2012 – X R 14/10, BStBl. II 2012, 511 = juris Rn. 31.

211 Vergleiche etwa *Deutscher Fußball Bund*, Mustervertrag für Vertragsspieler, https://www.dfb.de/fileadmin/_dfbdam/126460-Mustervertrag_Vertragsspieler_12-2016.pdf (Stand: 30.11.2017) unter § 1.

212 Der Trainer selbst wird regelmäßig aufgrund eines arbeitsvertraglichen Verhältnisses tätig und Einkünfte aus nichtselbstständiger Tätigkeit gem. § 19 EStG erzielen; eingehend dazu bereits oben unter Kapitel 2.I.1.a)cc).

213 Vgl. *Deutscher Fußball Bund*, Spielordnung, https://www.dfb.de/fileadmin/_dfbdam/27993-06_Spielordnung.pdf (Stand: 30.11.2017) unter § 10 Nr. 1.3 welcher lediglich die Erteilung einer Spielerlaubnis vorsieht und § 1 Nr. 2 des Musterarbeitsvertrages, welche diese Regelung in das Arbeitsverhältnis einbezieht.

214 *BFH*, 22.02.2012 – X R 14/10, BStBl. II 2012, 511 = juris Rn. 31; *BFH*, 23.10.1992 – VI R 59/91, BStBl. II 84 1993, 303 = juris Rn. 10.

215 *BFH*, 23.10.1992 – VI R 59/91, BStBl. II 84 1993, 303 = juris; *BFH*, 22.02.2012 – X R 14/10, BStBl. II 2012, 511 = juris.

216 St. Rspr. seit *BAG*, 17.01.1979–5 AZR 498/77, DB 1979, 2281 = juris; *BSG*, 20.12.1961–3 RK 65/57, BSGE 16, 98 = juris. Der Begriff der Nichtselbstständigkeit

beitnehmer behandelt.[217] Seit der Entscheidung in Sachen *Bosman* durch den Europäischen Gerichtshof („EuGH") ist dies auch auf europäischer Ebene bestätigt.[218] In der Konsequenz ist hier auch keine Unterscheidung dahingehend notwendig, ob der Berufssportler tatsächlich zum Einsatz kommt oder bspw. die gesamte Spielzeit auf der Auswechselbank bzw. als verletzter Spieler auf der Tribüne verbringt. Neben Fußballspielern dürften so auch Basketball-, Eishockey- und Handballspieler als unselbstständig Beschäftigte zu qualifizieren sein. Fraglich ist dies aber für die eingangs erwähnten Boxer und Radfahrer. Denn anders als etwa bei Berufscatchern[219] und Werks-Motorcross-Fahrern[220] geht die Rechtsprechung nach wie vor davon aus, dass Boxer und Radfahrer nicht in den „geschäftlichen Organismus eines Unternehmens" eingegliedert sind.[221] Vielmehr seien die Zwänge, denen sich der Berufssportler für eine Veranstaltung unterzuordnen habe ausschließlich von sportlichen Bestimmungen determiniert und liegen in der Natur des Sports begründet.[222] Dies gelte selbst dann, wenn der Berufssportler wie in dem vom BFH zu entschiedenen Fällen ein Berufsboxer für wenige Tage im Jahr (4 Kampftage) oder der Rennfahrer (6 Tage) derart eng an den Unternehmer gebunden ist, dass er allein für diesen Zeitraum betrachtet, als Arbeitnehmer zu qualifizieren wäre.[223] Dennoch erbringe der Boxer im sportlichen Wettkampf eine Einzelleistung und trage ein erhebliches geschäftliches Risiko.[224] Meines Erachtens ist diese Differenzierung zutreffend. Letztlich ist die Zuordnung jedoch Einzelfallentscheidung. So hatte zuletzt der BFH die erstinstanzliche Einordnung des FG Mecklenburg-Vorpommern[225] hinsichtlich eines Gewichthebers als nicht unselbstständig gebilligt, obwohl dieser Mitglied der ersten Bundesligamannschaft des Klubs war.[226] Dort wurden an den Berufssportler ausgeschüttete Siegprämien nicht durch den Wettkampfsieg „gewonnen", sondern lediglich anlässlich des Sieges als „Ansporn" oder „Belohnung" gezahlt. Die Überprüfung, ob eine Eingliederung in den Organismus des Klubs vorliegen könnte, hielt das Finanzgericht nicht einmal für erwähnenswert.

---

ist dabei jeweils autonom zu bestimmen, vgl. nur: *BFH*, 29.11.1978 – I R 159/76, BStBl. II 1979, 182 = juris.

217 Vgl. dazu auch *Fritzweiler*, in: *Fritzweiler/Pfister/Summerer* (Hrsg.), Praxishandbuch Sportrecht, 2014, S. 298, 312 ff.

218 *EuGH*, 15.12.1995 – C-415/93, Slg. 1995, I-4921 = juris.

219 *BFH*, 29.11.1978 – I R 159/76, BStBl. II 1979, 182 = juris.

220 *FG Düsseldorf*, 25.09.1990–1 K 352/85 G, EFG 1991, 192 = juris.

221 Für Ringer etwa: *BFH*, 29.11.1978 – I R 159/76, BStBl. II 1979, 182 = juris Rn. 9; für Boxer: *BFH*, 17.02.1955 – IV 77/53 S, BStBl. III 1955, 100 = juris Rn. 11; für Radfahrer: *BFH*, 08.02.1957 – VI 13/54, BeckRS 1957, 21008973. A.A. dagegen noch für Radfahrer: *RFH*, 07.03.1928 – VI A 129/28, RStBl. 1929, 391.

222 *BFH*, 08.02.1957 – VI 13/54, BeckRS 1957, 21008973.

223 *BFH*, 22.01.1964 – I 398/60 U, BStBl. III 1964, 207 = juris Rn. 8.

224 *BFH*, 22.01.1964 – I 398/60 U, BStBl. III 1964, 207 = juris Rn. 10.

225 *FG Mecklenburg-Vorpommern*, 25.05.2011–3 K 469/09, juris Rn. 45.

226 Implizit durch die Verortung des Problems bei der Frage der Abzugsfähigkeit von Betriebsausgaben *BFH*, 09.04.2014 – X R 40/11, BFH/NV 2014, 1359 = juris Rn. 18.

Diese Prüfung ist a priori für jede Rechtsbeziehung des Berufssportlers separat vorzunehmen und gilt insbesondere für diejenigen Einkünfte, die der Berufssportler von dritter Seite für die Ausübung sportlicher Tätigkeit bekommt. Hierunter fallen insbesondere Einkünfte, die Berufssportler für ihre Teilnahme an Spielen der jeweiligen Nationalmannschaften erhalten.[227] Denn diese Einkünfte fließen dem Berufssportler regelmäßig nicht aufgrund seines Beschäftigungsverhältnisses mit der Vereinsmannschaft zu, sondern resultieren aus einer gesonderten vertraglichen Vereinbarung. So hat etwa das FG Münster im Anschluss an die jüngere Rechtsprechung des BFH[228] noch einmal herausgestellt, dass dem Arbeitsentgelt nur diejenigen Güter in Geld oder Geldeswert zuzurechnen sind, die aus dem Arbeitsverhältnis für die Zurverfügungstellung der individuellen Arbeitskraft zufließen. Für eine Beschäftigung werden Leistungen jedoch nur gezahlt, wenn sie durch das jeweilige Beschäftigungsverhältnis auch veranlasst wurden.[229] Erforderlich ist damit zwar nicht, dass die Vergütung Gegenleistung einer konkreten Dienstleistung ist, vielmehr reicht es aus, wenn sich die Zahlung im weitesten Sinne als Gegenleistung für die Zurverfügungstellung der individuellen Arbeitskraft des Berufssportlers darstellt.[230] Das trifft für eine Zahlung durch einen Dritten, wie in der vorliegenden Konstellation durch den jeweiligen Nationalverband indes nur dann zu, wenn die Zahlung für eine Leistung erfolgt, die der Berufssportler im Rahmen seines Arbeitsverhältnisses erbringt, mithin der Zahlung keine eigenständige Rechtsbeziehung zu Grunde liegt.[231] Auch hier sind alle wesentlichen Umstände des Einzelfalls zu würdigen.[232] So begründet etwa die Abstellpflicht in § 82 der DHB-Spielordnung[233] noch keine Teilnahmepflicht des Spielers und mag daher nicht für die Annahme einer Veranlassung durch das Beschäftigungsverhältnis ausreichen.[234] Anders ist dies aber für die Teilnahme an den Spielen der Fußball-Nationalmannschaft eines deutschen Fußballspielers zu beurteilen.[235] Eine arbeitsrechtliche Verpflichtung des früheren Innenverteidigers und Vize-Weltmeisters zur Teilnahme – an den nach-

---

227 *Schlotter*, in: *Maisto* (Hrsg.), Taxation of entertainers and sportspersons performing abroad, 2016, S. 437, 438.

228 *BFH*, 22.02.2012 – X R 14/10, BStBl. II 2012, 511 = juris.

229 *FG Münster*, 25.03.2015–7 K 3010/12 L, EFG 2015, 989 = juris Rn. 39.

230 Schmidt/*Krüger*, § 19 EStG Rn. 40.

231 *FG Münster*, 25.03.2015–7 K 3010/12 L, EFG 2015, 989 = juris Rn. 40 mwN.

232 *BFH*, 20.05.2010 – VI R 41/09, BStBl. II 2010, 1022 = juris Rn. 11; *BFH*, 18.10.2012 – VI R 64/11, BStBl. II 2015, 184 = juris Rn. 17; *FG Münster*, 25.03.2015–7 K 3010/12 L, EFG 2015, 989 = juris Rn. 40.

233 *Deutscher Handball Bund*, Spielordnung, https://dhb.de/fileadmin/downloads/satzungen_ordnungen/DHB-Spielordnung_01072017.pdf (Stand: 30.11.2017).in § 82.

234 *FG Münster*, 25.03.2015–7 K 3010/12 L, EFG 2015, 989 = juris Rn. 43.

235 *Deutscher Fußball Bund*, Spielordnung, https://www.dfb.de/fileadmin/_dfbdam/27993-06_Spielordnung.pdf (Stand: 30.11.2017) unter § 34 Nr. 1 normiert hier eine Teilnahmeverpflichtung. In der Praxis wird hiervon aber bei Spielern ausländischer Nationalmannschaften abgewichen.

folgend darzustellenden – Werbemaßnamen des DFB konnte der BFH dagegen hieraus nicht erkennen.[236]

bb) Werbeeinkünfte

Wie der vom BFH entschiedene Fall zeigt, sind in der Praxis neben der sportlichen Tätigkeit regelmäßig weitere Leistungen im Rahmen eines Leistungsbündels zusammengefasst. Bestehen zwischen dem Klub als Arbeitgeber des Berufssportlers und einem Unternehmen Verträge über werbliche Leistungen der Berufssportler, so sind diese meist über ihren Arbeitsvertrag zur Durchführung verpflichtet.[237] Im Bereich des deutschen Profifußballs lässt sich so zwar etwa die oben beschriebene Verpflichtung zur Teilnahmen an den Spielen der Nationalmannschaft finden, nicht hingegen zur Teilnahme an Werbemaßnahmen der Nationalmannschaft. Der Berufssportler erzielt bei vertraglicher Verpflichtung insoweit dann auch keine separaten Einnahmen. Nur Einkünfte in Zusammenhang mit Werbeleistungen eines Berufssportlers, die auf von dem Arbeitsverhältnis unabhängigen weiteren Verträgen beruhen, werden als gewerbliche Einkünfte angesehen.[238] Insbesondere soll die Bindung an den organisatorischen Ablauf von Werbeveranstaltungen allein noch keine Eingliederung in das Unternehmen des Veranstalters begründen.[239] Der Grund hierfür sei bereits in der äußerst kurzen zeitlichen Berührung zu sehen, wonach der Berufssportler dem Werbeunternehmen nur für einen begrenzten Zeitraum zur Aufnahme der Werbung zur Verfügung stehe. Nach der insoweit überzeugenden Rechtsprechung liegt die Annahme einer Eingliederung in organisatorische Abläufe umso entfernter, je kürzer die zeitliche Berührung mit dem Werbeunternehmen andauert.[240] Insoweit hat der BFH – wie auch die Finanzverwaltung[241] – die vom BGH[242] geforderte Voraussetzung nach einem herausgehobenen eigenen persönlichen Werbewertes, wie er nur bei herausragenden Berufssportlern vorliegt, nicht mehr für erforderlich gehalten.[243] Weiter ist auch kein Unterschied zum Individualsportler zu erkennen, so dass eine unterschiedliche Qualifikation bereits aus diesem Grunde ausscheidet. So stellt bspw. der BFH fest, dass die Termine aufgrund der Bedürfnisse der Unternehmen, die ihre Marketing-Kampagnen mit notwendigen Vorlauf planen

---

236 *BFH*, 22.02.2012 – X R 14/10, BStBl. II 2012, 511 = juris Rn. 63; dazu sogleich unter Kapitel 2.I.1.b)bb).

237 Im Einzelnen dazu bei *Pfister*, in: *Fritzweiler/Pfister/Summerer* (Hrsg.), Praxishandbuch Sportrecht, 2014, S. 348 f.

238 *BFH*, 22.02.2012 – X R 14/10, BStBl. II 2012, 511 = juris Rn. 34; *BGH*, 07.11.2006–5 StR 164/06, PStR 2007, 1 = juris Rn. 50.

239 *BFH*, 03.11.1982 – I R 39/80, BStBl. II 1983, 182 = juris Rn. 11.

240 *BFH*, 03.11.1982 – I R 39/80, BStBl. II 1983, 182 = juris Rn. 11; *BFH*, 22.02.2012 – X R 14/10, BStBl. II 2012, 511 = juris Rn. 32 mwN.

241 *BMF*, 25.08.1995 – IV B 6-S 2331–9/95, DStR 1995, 1508 für Steuerfälle bis 31.12.2004.

242 So noch *BGH*, 07.11.2006–5 StR 164/06, PStR 2007, 1 = juris Rn. 50.

243 Auch erstinstanzlich hatte das *FG Münster*, 16.04.2010–14 K 116/06 G, EFG 2010, 1426 = juris Rn. 51 dies noch gefordert.

und durchführen müssen, bereits im Wesentlichen vorgegeben sind[244] und bei Individual- wie Mannschaftssportler gleichermaßen straff organisiert ablaufen.[245] Nimmt der Berufssportler im Gegensatz dazu an einer Werbemaßnahme teil, die von seinem Arbeitsvertrag gedeckt ist, bspw. an einem Fotoshooting des Vereinssponsors oder durch das Tragen des Trikots mit entsprechendem Aufdruck des Sponsors und erwachsen ihm aufgrund der arbeitsvertraglichen Regelung hierzu eigene Entgelte (ggf. auch in Form von Sachleistungen), so haben diese wiederum ihren Ursprung im Arbeitsverhältnis und bedingen eine Qualifikation als unselbstständige Einkünfte gem. § 19 EStG.[246] Denn hier ist der Berufssportler gerade nicht frei in seiner Entscheidung, ob er einzelne Sportartikel für einen bestimmten Zeitraum trägt oder nicht, sondern vielmehr vertraglich dazu verpflichtet, die vorgeschriebene Kleidung zu tragen.[247]

Eine Sonderkonstellation stellen Werbeeinkünfte von Berufssportlern aus ihrer Tätigkeit im Rahmen der Nationalmannschaft dar. Während – zumindest in Deutschland für Fußballspieler – die Zahlungen des Verbandes an den Nationalspieler für dessen Teilnahmen an den Länderspielen seines Landes auf einem eigenständigen Rechtsverhältnis in Form eines Arbeitsvertrages beruhen[248], sind Werbeeinkünfte auf Ebene der Nationalmannschaft wiederum eigenständig zu beurteilen und nach der zutreffenden Auffassung des BFH als gewerbliche Einkünfte zu qualifizieren.[249] Anders wäre dies aber wohl zu beurteilen, wenn sich eine Pflicht zur Teilnahme an den jeweiligen Maßnahmen des Verbandes aus dem Arbeitsverhältnis mit dem Klub ableiten ließe. In diesem Fall wären die Zahlungen als Lohn von dritter Seite, mithin als Einkünfte aus nichtselbstständiger Arbeit iSd. § 19 EStG zu qualifizieren.[250] Regelmäßig weisen die Arbeitsverträge der Berufssportler aber keine derartige Verpflichtung auf.[251] So hatte der BFH etwa für die Teilnahme eines Fußballnational-

---

244 So werden bspw. Sammelbilder für eine bevorstehende Fußballweltmeisterschaft erst dann sinnvollerweise erstellt werden können, wenn der Kader bereits konkrete Konturen angenommen hat. Andererseits markiert der Beginn der Großveranstaltung aber auch den Zeitpunkt, zu dem derartige Maßnahmen wirtschaftlich keinen nennenswerten Nutzen mehr machen werden.

245 So auch *BFH*, 22.02.2012 – X R 14/10, BStBl. II 2012, 511 = juris Rn. 34.

246 *Enneking/Denk*, DStR 1996, 450, 454.

247 So auch *Reisch/Reichardt/Urbanke*, DB 1988, 359, 361.

248 *Enneking/Denk*, DStR 1996, 450, 451.

249 *BFH*, 22.02.2012 – X R 14/10, BStBl. II 2012, 511 = juris Rn. 69; *BMF*, 25.08.1995 – IV B 6 – S 2331–9/95, ESt-Kartei SH § 15 EStG Karte 1.5.2 = juris, aufgeh. durch *BMF*, 29.03.2007 – IV C 6-O 1000/07/0018, 2007/0145039, BStBl. I 2007, 369 = juris.

250 *FG Münster*, 25.03.2015–7 K 3010/12 L, EFG 2015, 989 = juris Rn. 42.

251 Vgl. nur den vom DFB bereit gestellten Musterarbeitsvertrag für Lizenzspieler (Stand: 12/2016), abrufbar unter http://www.dfb.de/verbandsservice/pinnwand/dfb-musterarbeitsvertrag; sowie für den Deutschen Handball Bund entschiedenen Fall *FG Münster*, 25.03.2015–7 K 3010/12 L, EFG 2015, 989 = juris.

spielers an Werbemaßnahmen des DFB eine solche Verpflichtung nicht aus dem Arbeitsvertrag ableiten können.[252]

c) Durchführung des Besteuerungsverfahrens

aa) Besteuerungsverfahren bei Individualsportlern

Im Rahmen der Einkommensteuer erfolgt die Feststellung der Steuerschuld durch Veranlagung. Veranlagung meint dabei das Verfahren, mit welchem das Finanzamt die Besteuerungsgrundlagen ermittelt und die Steuerschuld durch einen förmlichen Steuerbescheid festgesetzt wird. Gemäß § 25 Abs. 1 EStG wird nach Ablauf des Kalenderjahres (Veranlagungszeitraum) das Einkommen veranlagt, dass der Steuerpflichtige in diesem Veranlagungszeitraum bezogen hat. Ausgangspunkt der Ermittlung ist dabei die Erklärung des Steuerpflichtigen. Fehlt auch nach Aufforderung hierzu gem. § 149 Abs. 1 Satz 2 AO eine Erklärung des Steuerpflichtigen, so kann die Finanzverwaltung die Besteuerungsgrundlagen schätzen, § 162 AO. Die Besteuerungsgrundlagen bilden damit die Grundlage der Steuerfestsetzung mittels Steuerbescheid.

bb) Besteuerungsverfahren bei Mannschaftssportlern

Besonderheiten ergeben sich nur insoweit, als die Einkünfte aus nichtselbstständiger Tätigkeit stammen. Denn auch wenn der Berufssportler Schuldner der Einkommensteuer ist, § 38 Abs. 2 EStG, so ist doch der Klub als Arbeitgeber verpflichtet, bei jeder Zahlung an den Berufssportler Lohnsteuer einzubehalten und an das zuständige Finanzamt abzuführen, § 38 Abs. 1 Satz 1, Abs. 3 EStG. Dies gilt nur dann nicht, wenn die Vergütung steuerfrei ist. In Betracht kommen hier regelmäßig Vergütungen, die zur Erstattung von Reisekosten gezahlt werden, § 3 Nr. 16 EStG. Die Ermittlung der Höhe der steuerfreien Leistung ergibt sich dabei aus R 3.16 LStR. Lohnsteuer stellt dabei keine gesonderte Steuerart dar, sondern lediglich eine besondere Art der Erhebung der Einkommensteuer bei Einkünften aus unselbstständiger Tätigkeit durch Einbehalt beim Vergütungsschuldner.[253] Im Rahmen der Jahressteuererklärung wird die bereits gezahlte Lohnsteuer gem. § 36 Abs. 2 EStG auf die Steuerschuld angerechnet bzw. zu viel entrichtete Lohnsteuer erstattet.[254]

Grundsätzlich schuldet der Arbeitgeber einen Bruttolohn. Die darauf entfallenen gesetzlichen Abgaben – die Arbeitnehmeranteile zur gesetzlichen Sozialversicherung[255], die Lohn- und soweit einschlägig Kirchensteuer – trägt der Arbeitnehmer.

---

252 *BFH*, 22.02.2012 – X R 14/10, BStBl. II 2012, 511 = juris Rn. 69; zustimmend *Wischmann*, EStB 2012, 160.

253 Blümich/*Thürmer*, § 38 EStG Rn. 1.

254 Blümich/*Thürmer*, § 38 EStG Rn. 42.

255 So etwa für 2017 9,35 % zur Rentenversicherung, 7,3 % + ggf. einen Zuschlag zur Krankenversicherung, 1,275 % + einen Zuschlag von 0,25 % für Kinderlose zur Pflegeversicherung und 1,5 % zur Arbeitslosenversicherung.

Abweichend hiervon ist es im Bereich des Sports nicht unüblich, dass sog. Nettolohnvereinbarungen geschlossen werden. Festgelegt wird mithin der an den Berufssportler auszuzahlende Nettolohn. Alle (bzw. einzelne) darauf entfallenen gesetzlichen Abgaben trägt wirtschaftlich der Arbeitgeber. Für Zwecke der Einkommensteuer bleibt davon unberührt der Arbeitnehmer Steuerschuldner.[256] Vielmehr stellt die Übernahme der Abzüge durch den Arbeitgeber zusätzlichen Lohn dar, der dem Berufssportler mit dem Nettolohn zufließt.[257] Technisch ist der Nettolohn für den Lohnsteuerabzug auf den entsprechenden Bruttolohn hochzurechnen[258] und unterliegt auch nur einmal im Zeitpunkt des Zuflusses des Bruttoentgelts der Steuer.[259]

2. Besteuerung von im Inland ansässigen Berufssportlern mit Auslandseinkünften

a) Nationaler Besteuerungsanspruch

Während ein Großteil der Berufssportler aufgrund der obigen Konstellation lediglich Einkünfte im Inland erzielen wird, ist für jeweils in ihrer Sportart erfolgreiche Berufssportler auch die Erzielung von Auslandseinkünften denkbar. Solange der Wohnsitz oder gewöhnliche Aufenthalt des Berufssportlers im Inland belegen ist, erweitert die deutsche unbeschränkte Steuerpflicht die Steuerbarkeit der Einkünfte auch auf die im Ausland erzielten Einkünfte (§§ 1 Abs. 1, 2 Abs. 1 EStG). Voraussetzung ist aber, dass es sich bei den im Ausland erzielten Einkünften um solche iSd. § 2 Abs. 1 Nr. 1 bis 7 EStG handelt.[260] Auf die Staatsangehörigkeit kommt es hingegen nicht an. Dieses sog. Welteinkommensprinzip[261] betrifft die in Deutschland wohnende Tennisspielerin für die Turnierteilnahme an den Australian Open ebenso wie den für einen deutschen Fußballklub tätigen Fußballspieler während einer Werbetour seines Klubs durch Asien. Die Begründung der unbeschränkten Steuerpflicht ohne Wohnsitz bzw. gewöhnlichen Aufenthalt in Deutschland alleinig durch ein Dienstverhältnis zu einer inländischen juristischen Person des öffentlichen Rechts und Bezug von Arbeitslohn hieraus gem. § 1 Abs. 2 EStG ist hingegen im Bereich des Sports eher selten anzutreffen. Denkbar wäre hierfür

---

256 Blümich/*Thürmer*, § 38 EStG Rn. 131.

257 *BFH*, 29.11.2000 – I R 102/99, BStBl. II 2001, 195 = juris Rn. 13 für den Fall urspr. als steuerfrei behandelten Arbeitslohns.

258 *BFH*, 30.07.2009 – VI R 29/06, BStBl. II 2010, 148 = juris Rn. 13.

259 So jedenfalls das *FG Düsseldorf*, 03.12.2013–13 K 2184/12 E, IStR 2015, 287, wonach auf die vom Arbeitgeber getragene Lohnsteuer, die bereits Teil des Bruttolohns ist, nicht nochmals eine Steuer zu berechnen ist, da die abgeführte Lohnsteuer insoweit keinen zusätzlichen Sachbezug darstellt, auf den noch einmal Lohnsteuer zu erheben ist.

260 *Klimmer*, in: *Sigloch* (Hrsg.), Rechnungslegung und Besteuerung im Sport, 2003, S. 47.

261 Siehe dazu bereits oben unter B. I.

etwa ein Berufssportsoldat mit vorübergehendem Dienst im Ausland.[262] Ferner besteht über § 1 Abs. 3 EStG für Berufssportler ohne Wohnsitz oder gewöhnlichen Aufenthalt im Inland die Möglichkeit zur unbeschränkten deutschen Steuerpflicht zu optieren. Dies setzt jedoch insbesondere voraus, dass mindestens 90 Prozent der Einkünfte der deutschen Einkommensteuer unterliegen und inländische Einkünften iSd. § 49 EStG bezogen werden. In Betracht kommt diese Regelung etwa bei nichtselbstständigen Berufssportlern, etwa Fußballspielern der Fußball-Bundesliga, die als Grenzpendler der sportlichen Betätigung im Inland nachgehen und darüber hinaus Werbeeinkünfte im Wohnsitzland – etwa den Niederlanden – erzielen.

b) Ausnahmen vom nationalen Besteuerungsanspruch

Nachfolgend gilt es diese im Ausland erzielten Einkünfte näher zu untersuchen. Dies deshalb, weil die jeweiligen Auftrittsländer ebenfalls regelmäßig von ihrem Besteuerungsrecht Gebrauch machen, so dass die Besteuerungsrechte beider Staaten bezüglich dieser Einkünfte des Berufssportlers kollidieren und damit die Gefahr einer Doppelbesteuerung besteht.[263] Mangels völkerrechtlichen Verbots der Doppelbesteuerung[264] ist es international jedoch üblich, diesem Effekt durch geeignete Maßnahmen zu entgegnen.[265] Zur Auflösung dieses Konflikts sind im Wesentlichen zwei Konstellationen zu unterscheiden. Einerseits kann durch bilaterale Maßnahmen – sog. Doppelbesteuerungsabkommen („DBA")[266] – eine doppelte oder mehrfache Besteuerung vermieden werden.[267] Andererseits sind für den Fall des Fehlens von Doppelbesteuerungsabkommen Regelungen auf unilateraler Ebene denkbar.[268]

aa) Bilaterale Maßnahmen – Vorliegen eines Doppelbesteuerungsabkommens

Die Intention von Doppelbesteuerungsabkommen ist – wie eingangs erwähnt – die Vermeidung von Doppelbesteuerung. Dabei begründen Doppelbesteuerungsabkommen keine eigenständige Steuerpflicht, sondern sind vielmehr Verteilungsregelungen. So weisen sie zum einen einer Jurisdiktion das Besteuerungsrecht zu und regeln andererseits durch Anrechnung bzw. Freistellung im sog. Methodenartikel, ob und wie Doppelbesteuerung verhindert werden kann. Ob dem jeweiligen Staat ein Besteuerungsrecht zusteht und wie der Methodenartikel die Doppelbesteuerung verhindert, ist unter Anwendung des jeweiligen Doppelbesteuerungsabkommens

262 *Klimmer*, in: *Sigloch* (Hrsg.), Rechnungslegung und Besteuerung im Sport, 2003, S. 82.
263 *Schaumburg*, Internationales Steuerrecht, 3. Aufl. (2011) Rn. 2.4; *Mody*, Die deutsche Besteuerung international tätiger Künstler und Sportler, 1. Aufl. (1994), S. 103; *Steiner*, Steuerrecht im Sport, 2009, S. 207.
264 So explizit *BFH*, 14.02.1975 – VI R 210/72, BStBl. II 1975, 497 = juris Rn. 11.
265 *Klimmer*, in: *Sigloch* (Hrsg.), Rechnungslegung und Besteuerung im Sport, 2003, S. 99.
266 Sachlich richtiger wäre der Begriff Doppelbesteuerungsvermeidungsabkommen.
267 Siehe dazu nachfolgen unter Kapitel 2.I.2.b)aa).
268 Siehe dazu nachfolgend unter Kapitel 2.I.2.b)bb).

zu bestimmen.[269] Trotz anwendbaren Doppelbesteuerungsabkommen kann sich aus nationalen Ausnahmevorschriften dennoch ein deutsches Besteuerungsrecht für den Fall ergeben, dass nach den Regelungen des ausländischen Staates eine Besteuerung der Einkünfte nicht erfolgt. Solche Rückfallklauseln – sog. subject-to-tax-Normen – finden sich etwa in § 50d Abs. 8 und 9 EStG, welche „weiße Einkünfte" aus nichtselbstständiger Arbeit verhindern wollen.[270]

bb) Unilaterale Maßnahmen bei Nichtvorliegen von Doppelbesteuerungsabkommens, insbesondere Steuerermäßigung gem. § 34c EStG

Soweit zwischen den beiden Staaten aufgrund §§ 2 AO iVm. 34c Abs. 6 Satz 1 EStG kein vorrangiges Doppelbesteuerungsabkommen existiert[271], sieht das nationale Recht Regelungen vor, die eine doppelte Besteuerung von Auslandseinkünften bei unbeschränkt Steuerpflichtigen[272] verhindern oder zumindest verringern sollen. Zu unterscheiden ist hierbei zwischen der Anrechnungs- und Abzugsmethode. Beiden gemein ist, dass die Entlastung erst nachträglich, mithin erst im Rahmen der Veranlagung erfolgt.[273] Die in § 34c Abs. 5 EStG angelegte Ermächtigung der Exekutive für eine abweichende Steuerfestsetzung im Wege des Erlasses oder der Pauschalierung[274] sind für den Bereich der Berufssportler nicht einschlägig, so dass eine eingehendere Betrachtung entbehrlich ist.

(1) Anrechnung ausländischer Steuern

Nach dem Grundverständnis des Gesetzgebers soll eine Doppelbesteuerung zunächst durch Anwendung der Anrechnungsmethode vermieden werden. Diese führt – wie der Name bereits vermuten lässt – zu einer Anrechnung der ausländischen Steuer auf die deutsche Einkommensteuer. Anrechnungsfähig ist dabei nur diejenige ausländische Steuer, die festgesetzt, gezahlt und bereits um einen evtl. entstandenen Ermäßigungsanspruch gekürzt ist, § 34c Abs. 1 Satz 1 EStG. Voraussetzung ist ferner, die Identität des Steuersubjekts und Steuerobjekts.[275] Im Hinblick auf das Steuersubjekt bereiten dabei die Vielfalt der Rechtssysteme und deren unterschiedliche Anknüpfungspunkte Schwierigkeiten. So wird bspw. vielfach im

269 Zur Bedeutung und Funktionsweise der DBA nachfolgend unter Kapitel 2.III.1.c).

270 Eingehend hierzu nachfolgend unter Kapitel 2.III.4.b).

271 § 34c Abs. 1 bis 3 EStG kommen bei Bestehen eines DBA nur dann in Betracht, wenn die Doppelbesteuerung nicht bereits durch das Abkommen beseitigt wird.

272 Dies gilt auch bei den unbeschränkt Steuerpflichtigen gem. § 1 Abs. 2 und 3 EStG, vgl. etwa: *Schaumburg*, Internationales Steuerrecht, 3. Aufl. (2011) Rn. 15.57.

273 Vgl. etwa auch die Bestimmungen in §§ 68a, b EStDV.

274 Dies ist etwa durch den Auslandstätigkeitserlass (*BMF*, 31.10.1983 – IV B 6 – S 2293–50/83, BStBl. I 1983, 470 = juris) oder den Pauschalierungserlass (*BMF*, 10.04.1984 – IV C 6-S 2293–11/84, BStBl. I 1984, 252 = juris) erfolgt.

275 *Tiede/Schirmer*, SteuK 2014, 203, 204.

romanischen Rechtskreis im Gegensatz zur deutschen steuerlichen Transparenz die Personengesellschaft selbst als Steuersubjekt begriffen.[276] Zur Beurteilung, ob im In- wie im Ausland der jeweilige Berufssportler Steuerpflichtiger ist, ist nach Ansicht der Rechtsprechung eine wirtschaftliche Betrachtungsweise anstelle einer streng juristischen Beurteilung geboten.[277] So ist etwa in Fällen unterschiedlicher Zurechnung eine Identität des Steuersubjekts zu bejahen.[278] Weiter hat mit Blick auf die Steuerobjektsidentität die im Ausland erhobene Abgabe der deutschen Einkommensteuer zu entsprechen, was dann zu bejahen ist, wenn die dortige Besteuerung direkt an das Einkommen anknüpft. Hingegen ist die Art der Erhebung, mithin Veranlagungsformen, Steuerabzugspflichten oder Pauschalierungsmöglichkeiten, unbedeutend.[279] Weiter muss die ausländische Steuer auf im Inland veranlagte ausländische Einkünfte entfallen, ohne das damit eine zeitliche Identität der Veranlagungszeiträume erforderlich wäre. Mithin ist die Anrechnung auch dann vorzunehmen, wenn das ausländische Rechtssystem die Einkünfte als in einem anderen Veranlagungszeitraum bezogen betrachtet.[280] Dies dürfte in den seltensten Fällen bei den Einkünften von Berufssportlern problematisch werden. Hingegen kann sich die Voraussetzung der Festsetzung und Zahlung der ausländischen Steuer hier auswirken und zu einer zeitlichen Verzögerung der Anrechnung führen.[281] Letzte, gleichwohl aber wichtigste Voraussetzung für die Anwendung der Anrechnungsmethode ist das Vorliegen ausländischer Einkünfte iSd. § 34d EStG. Der Katalog des § 34d EStG definiert dabei abschließend, welche Einkünfte als ausländisch iSd. § 34c EStG anzusehen sind und orientiert sich an den sieben Einkunftsarten des § 2 Abs. 1 EStG.[282] Inhaltich ist dem Katalog eine gewisse Ähnlichkeit mit den beschränkt steuerpflichtigen Einkünften des § 49 Abs. 1 EStG nicht abzustreiten.[283] Ob die Einkünfte aus der betreffenden Tätigkeit solche iSd. § 34d EStG sind, ist jeweils isoliert für die konkrete Tätigkeit zu prüfen.[284] Bei den Einkünften des Berufssportlers kommen dabei insbesondere die Nummern 2, 5 und 7 in Betracht. Hinsichtlich der Einkünfte aus Gewerbebetrieb verlangt § 34d Nr. 2 EStG allerdings eine in einem ausländischen Staat belegene Betriebsstätte bzw. einen ständigen Vertreter. Ob eine

---

276 *Schaumburg*, Internationales Steuerrecht, 3. Aufl. (2011) Rn. 15.59 mwN.

277 *Schaumburg*, Internationales Steuerrecht, 3. Aufl. (2011) Rn. 15.59 mwN.

278 Vgl. etwa das Beispiel der Zurechnung der Einkünfte nach ausländischen Recht zum Treuhänder vs. der Zurechnung nach inländischen Recht zum Treugeber (§ 39 Abs. 2 Nr. 1 Satz 2 AO) bei *Schaumburg*, Internationales Steuerrecht, 3. Aufl. (2011) Rn. 15.59 mwN.

279 *Mody*, Die deutsche Besteuerung international tätiger Künstler und Sportler, 1. Aufl. (1994), S. 104.

280 *Flick/ Wassermeyer/Baumhoff/ Schönfeld/ Wassermeyer/Lüdicke*, § 34c EStG Rn. 138.

281 *Flick/ Wassermeyer/Baumhoff/ Schönfeld/ Wassermeyer/Lüdicke*, § 34c EStG Rn. 138.

282 Blümich/ *Wagner*, § 34d EStG Rn. 3 und 8.

283 Blümich/ *Wagner*, § 34d EStG Rn. 8.

284 *BFH*, 09.04.1997 – I R 178/94, BStBl. II 1997, 657 = juris Rn. 16.

Betriebsstätte vorliegt, bestimmt sich nach überwiegender Ansicht in der Literatur[285] und der Rechtsprechung nach § 12 AO, die Voraussetzungen für einen ständigen Vertreter ergeben sich aus § 13 AO.[286] Dabei ist zu beachten, dass § 34d Nr. 2 lit. a) EStG ein Tätigwerden des ständigen Vertreters fordert, so dass die bloße Bestellung desselben für das Ausland nicht ausreicht.[287] Für einen Berufssportler ist die Betriebsstätte dort zu sehen, wo sich der feste Mittelpunkt seiner beruflichen Tätigkeit befindet.[288] Dies erfordert aber, dass eine Geschäftseinrichtung mit festem Bezug zur Erdoberfläche vorhanden ist, die über einigen Zeitraum hinweg der Tätigkeit des Berufssportlers dient und über die dieser auch nicht nur vorübergehend verfügen kann.[289] Insbesondere bei Berufssportlern mit ständig wechselnden Einsatzorten wie bspw. bei Rennfahrern kann sich diese Bestimmung mitunter schwierig gestalten. Nach Ansicht der Rechtsprechung ist dieser Mittelpunkt der beruflicher Tätigkeit der Wohnsitz des Berufssportlers, dies jedenfalls dann, wenn er von diesem aus seine geschäftliche Planung vornimmt.[290] Der teilweise in der Literatur vertretenen Ansicht betriebsstättenloser Einkünfte[291] erteilt der BFH in diesem Zusammenhang eine klare Absage.[292] Unter diesen engen Voraussetzungen liegen lediglich für wenige Berufssportler ausländische Einkünfte aus einem Gewerbebetrieb vor.[293] So begründet die Anreise für die jeweilige Veranstaltung genauso wenig eine Betriebsstätte wie das vereinzelt abgehaltene Trainingslager, da lediglich ein vorübergehender und damit kein fester Bezug zum Ausland besteht.[294] Anders dürfte dies dann zu beurteilen sein, wenn ein ständiges Trainingslager unterhalten wird.[295] Unter einem ständigen Vertreter ist schließlich eine Person zu verstehen, die nachhaltig die Geschäfte eines Unternehmens besorgt und dabei Sachweisungen unterliegt. Das meint nach der nicht abschließenden Aufzählung des § 13 Satz 2 AO etwa

---

285 *Herrmann/Heuer/Raupach/Klein/Link*, § 34d EStG Rn. 28; *Kirchhof/Gosch*, § 34d EStG Rn. 8.

286 *BFH*, 30.06.2005 – III R 76/03, BStBl. II 2006, 84 = juris Rn. 63; a.A. dagegen *Flick/Wassermeyer/Baumhoff/Schönfeld/Wassermeyer/Lüdicke*, § 34d EStG Rn. 39 und *Korn/Strunk/Kaminski*, § 34d EStG Rn. 35, die im Hinblick auf das Telos der Norm die Bestimmung nach dem jeweiligen ausländischen Recht fordern.

287 Blümich/*Wagner*, § 34d EStG Rn. 26.

288 *FG Düsseldorf*, 09.02.2006–14 K 7144/02E, EFG 2006, 1065 = juris Rn. 76.

289 *BFH*, 03.02.1993 – I R 80–81/91, BStBl. II 1993, 462 = juris, Rn. 45; *BFH*, 30.10.1996 – II R 12/92, BStBl. II 1997, 12, 14; *Wedelstädt/Werth*, § 12 AO Rn. 4 f.

290 *BFH*, 19.12.2007 – I R 19/06, BFHE 119 220, 160 = juris Rn. 46; *BFH*, 11.07.1960 – V 182/58 U, BStBl. III 1960, 376 = juris Rn. 4.

291 Dazu ausführlich unter Kapitel 2.II.5.

292 *BFH*, 19.12.2007 – I R 19/06, BFHE 119 220, 160 = juris Rn. 47 mwN.

293 *Killius*, FR 1995, 721, 722; *Mody*, Die deutsche Besteuerung international tätiger Künstler und Sportler, 1. Aufl. (1994), S. 105; *Klimmer*, in: *Sigloch* (Hrsg.), Rechnungslegung und Besteuerung im Sport, 2003, S. 101.

294 *Denk*, DStR 1997, 1911, 1912.

295 So etwa *Steiner*, Steuerrecht im Sport, 2009, S. 208 mit Verweis auf *BFH*, 17.02.1955 – IV 77/53 S, BStBl. III 1955, 100 = juris Rn. 9, 15.

diejenige Person, die Verträge abschließt, vermittelt oder Aufträge einholt. Nachhaltig meint in diesem Kontext, dass sich die Tätigkeit nicht in einem einmaligen Vorgang erschöpfen darf, sondern vielmehr ständig erfolgen muss.[296] Ob der ständige Vertreter dabei eine natürliche oder eine juristische Person ist, ist irrelevant.[297] Entscheidend ist vielmehr die Weisungsgebundenheit. Maßgebend ist hierbei die Gestaltung des Innenverhältnisses zwischen dem Berufssportler und dem ständigen Vertreter, mithin die „sachliche" Weisungsgebundenheit des ständigen Vertreters.[298] Der Manager eines Berufssportlers dürfte dabei als ständiger Vertreter zu qualifizieren sein, wenn er aufgrund gewisser Planmäßigkeit bestimmungsgemäß wiederholt und damit nachhaltig in dem ausländischen Staat Geschäfte besorgt und damit tätig ist.[299] In den seltensten Fällen dürfte der Berufssportler an einer ausländischen Personengesellschaft beteiligt sein, so dass ausländische Einkünfte hieraus iSd. § 34d Nr. 2 eher fernliegen.[300] Nach § 34d Nr. 5 EStG gelten als ausländische Einkünfte weiter solche, die aus nichtselbstständiger Arbeit resultieren, wenn sie in einem ausländischen Staat ausgeübt oder ohne Ausübung, dort zumindest verwertet werden. Für den Begriff der nichtselbstständigen Arbeit verweist § 34d Nr. 5 EStG auf § 19 EStG, so dass auf die obigen Ausführungen verwiesen werden kann.[301] Damit liegen bei Mannschaftssportlern regelmäßig ausländische Einkünfte vor, während dies bei Individualsportlern deutlich seltener der Fall sein dürfte.[302] Entsteht ein Konkurrenzverhältnis dadurch, dass die Arbeit sowohl ausgeübt als auch verwertet wird, räumt der Wortlaut der Ausübung den Vorrang ein. Daher sind selbst bei ausländischer Verwertung etwa in Form von TV-Übertragungen der sportlichen Leistung keine ausländischen Einkünfte anzunehmen, wenn die nichtselbstständige Tätigkeit im Inland ausgeübt wird, bspw. ein Arbeitsvertrag mit einem inländischen Fußballklub besteht.[303] Unter § 34 Nr. 7 EStG fallen Einkünfte aus Vermietung und Verpachtung iSd. § 21 EStG dann, soweit die Rechte – dann § 21 Abs. 1 Nr. 3 EStG – zur Nutzung in einem ausländischen Staat überlassen[304]

---

296 *Musil*, § 13 AO Rn. 9f.

297 *Beermann/Gosch/Buciek*, § 13 AO Rn. 4.

298 *Sauer*, Die Besteuerung ausländischer Sportler im Inland unter besonderer Berücksichtigung der europarechtlichen sowie völkerrechtlichen Vorgaben, 2009, S. 13 mit Verweis auf *BFH*, 28.06.1972 – I R 35/70, BStBl. II 1972, 785 = juris; ebenso *Lippross/Seibel/Holthaus*, § 49 EStG Rn. 16.

299 *Steiner*, Steuerrecht im Sport, 2009, S. 208; *Denk*, DStR 1997, 1911, 1912; *Sauer*, Die Besteuerung ausländischer Sportler im Inland unter besonderer Berücksichtigung der europarechtlichen sowie völkerrechtlichen Vorgaben, 2009, S. 13.

300 Zur Beteiligung an einer Personengesellschaft vgl. etwa Blümich/*Wagner*, § 34d EStG Rn. 35; zur den Einzelheiten bei der Beteiligung an einer Kapitalgesellschaft vgl. unter Kapitel 2.IV.

301 Siehe unter Kapitel 2.I.1.a)aa).

302 *Gradl*, IWB 2014, 489, 491.

303 Ebenso *Korn/Strunk/Kaminski*, § 34d EStG Rn. 58.

304 Zur Überlassung siehe Kapitel 2.I.1.a)bb)(2).

worden sind. In Abgrenzung zur Veräußerung ist hierunter nur die zeitlich befristete Überlassung zu verstehen.[305] In Betracht kommt diese Regelung etwa bei dem Verkauf von Fernsehrechten. So hat etwa Novi Digital Entertainment Private Limited (bekannt unter der Kurzbezeichnung Starsports) mit Sitz in Indien die Rechte an der deutschen Fußball-Bundesliga vom Ligaverband[306] für Indien und China erworben, so dass der Ligaverband insoweit ausländische Einkünfte in Indien erzielt. Ob diese dort der Steuer unterliegen, richtet sich dann alleine nach dem Recht des Quellenstaats, vorliegend dem indischen Income Tax Act. Liegen die Voraussetzungen dagegen nach nationalem Recht vor, so wird die ausländische Steuer (teilweise) auf die deutsche Einkommensteuer angerechnet. Dies geschieht indem die ausländischen Einkünfte zunächst in das zu versteuernde Einkommen einbezogen werden und im Anschluss die festgesetzte und gezahlte und um einen entstandenen Ermäßigungsanspruch gekürzte Steuer von der deutschen Steuerschuld abgezogen wird. Problematisch ist diese Berechnung nur für den Fall, dass nicht ausnahmslos ausländische Einkünfte iSd. § 34d EStG vorliegen. In diesem Fall ist aus dem ausländischen Steuerbescheid die nicht auf Einkünfte iSd. § 34d EStG entfallene Steuer aus der Gesamtsteuerschuld herauszurechnen.[307] Die Feststellungslast liegt dabei gem. § 68b EStDV beim Steuerpflichtigen, der allerdings mit Hilfe der entsprechenden Urkunden (Steuerbescheid) den Nachweis regelmäßig führen können wird. Ist eine exakte Abgrenzung nicht möglich, so hat die Ermittlung im Wege einer Verhältnisrechnung zu erfolgen.[308] Für die Aufteilung ist ein wirtschaftlich nachvollziehbarer Maßstab zu Grunde zu legen[309], so dass bspw. bei Rennfahrern mit einem fixen Jahresgehalt die Einnahmen auf die Rennen in den verschiedenen Ländern aufgeteilt werden können.[310] Andererseits kann auch die Bedeutung und der Umfang der Veranstaltung in die Überlegung einbezogen werden, so dass etwa ein 24-Stunden Rennen am Nürburgring höher zu bewerten sein könnte als ein reguläres ein- bis dreistündiges Rennen. Ebenso haben für Tennisspieler Grand-Slam-Turniere einen wesentlich höheren Stellenwert als andere Turniere.[311] Weiterhin ist die zeitliche Inanspruchnahme als Aufteilungsmaßstab geeignet, so dass etwa Testfahrten von Rennfahrern, die mit dem fixen Jahresgehalt abgegolten sind, ebenfalls aufteilungsfähig sind.[312] Für abhängig beschäftige Berufssportler mit Teilnahme an Wettkämpfen im Ausland bietet sich bspw. eine Aufteilung anhand der im Ausland

---

305 *Korn/Strunk/Kaminski*, § 34d EStG Rn. 64 mit Verweis auf *BFH*, 20.02.1974 – I R 217/71, BStBl. II 1974, 511.

306 Die vollständige Bezeichnung lautet: Die Liga – Fußballverband e.V. Verhandelt werden derartige Verträge allerdings durch die 100-prozentige Tochter des Ligaverbandes, die DFL GmbH.

307 *Schaumburg*, Internationales Steuerrecht, 3. Aufl. (2011) Rn. 15.110.

308 Blümich/*Wagner*, § 34c EStG Rn. 45.

309 *Gosch/Kroppen/Grotherr/Maßbaum*, Art. 17 Rn. 107.

310 Vgl. zu einem derartigen Fall etwa *BFH*, 06.06.2012 – I R 3/11, BFHE 238, 46 = juris.

311 *Gosch/Kroppen/Grotherr/Maßbaum*, Art. 17 Rn. 107.

312 *Gosch/Kroppen/Grotherr/Maßbaum*, Art. 17 Rn. 107 mwN.

verbrachten Arbeitstage an, wobei dieser Aufteilungsmaßstab wohl nicht noch weiter unterteilt werden kann. Insbesondere die konkrete Dauer der Tätigkeit – bspw. ein lediglich 10-minütiger Einsatz eines Profifußballers bei einem Auswärtsspiel in einem internationalen Wettbewerb würde die Aufteilung praktisch undurchführbar machen. Vielmehr sollte der Arbeitstag unabhängig von der zeitlichen Dauer der Tätigkeit als voller Arbeitstag gelten.[313] Eine unbegrenzte Anrechnung der ausländischen Steuer findet nicht statt. Vielmehr sieht § 34c Abs. 1 EStG einen Anrechnungshöchstbetrag vor, der seit der Entscheidung des EuGH[314] nunmehr auch persönliche Abzugsbeträge berücksichtigt.[315] Die Anrechnung ausländischer Steuern erfolgt dabei höchstens mit der durchschnittlichen tariflichen deutschen Einkommensteuer auf die ausländischen Einkünfte, § 34c Abs. 1 Satz 2 bis 4 EStG. Weiter eröffnet § 34c Abs. 1 Satz 2 EStG lediglich die Möglichkeit, diejenigen ausländischen Steuern anzurechnen, die auf Einkünfte aus dem betreffenden Staat entfallen. Damit ist der Anrechnungshöchstbetrag für die Einkünfte aus jedem ausländischen Staat separat zu ermitteln (sog. per-country-limitation).[316] Vermieden werden soll hierdurch die Ausnutzung nicht ausgeschöpfter Höchstbetragspotentiale in einigen Ländern bei Bezug von Einkünften in verschiedenen Ländern. Erzielt der Berufssportler hingegen in einem Land negative Einkünfte, so entfaltet die per-country-limitation dennoch einen positiven Effekt, da andernfalls aufgrund der Zusammenrechnung eine Steueranrechnung mangels ausländischer Einkünfte ggf. nicht mehr möglich wäre.[317] Umgekehrt ist bei rein positiven Einkünften aufgrund der Höchstbetragsregelung ein Nachteil für den Berufssportler darin zu erblicken, dass die nicht anrechenbaren ausländischen Einkünfte steuerlich nicht nutzbar sind. Denn der Anrechnungsüberhang kann weder nach § 34c Abs. 2, 3 EStG genutzt werden, noch vor- bzw. rückgetragen (carry forward/carry back) werden.[318] Letztlich trägt der Berufssportler die jeweils höhere Steuerbelastung. Ist die steuerliche Belastung im Tätigkeitsstaat niedriger als in der Bundesrepublik, so wird die Gesamtsteuerbelastung unter Anrechnung der ausländischen Steuer auf deutsches Steuerniveau hochgeschleust, während bei höherem ausländischem Steuerniveau der Anrechnungsüberhang zur Definitivbelastung wird.[319]

---

313 *Schlotter*, in: *Maisto* (Hrsg.), Taxation of entertainers and sportspersons performing abroad, 2016, S. 437, 441.

314 *EuGH*, 28.02.2013 – C-168/11, IStR 2013, 275.

315 Ausführlich dazu Blümich/ *Wagner*, § 34c EStG Rn. 52a und *Die Bundesregierung der Bundesrepublik Deutschland*, Entwurf eines Gesetzes zur Anpassung der Abgabenordnung an den Zollkodex der Union und zur Änderung weiterer steuerlicher Vorschriften, 2014, S. 56.

316 Vgl. § 68a Satz 2 EStDV; ausführlich dazu etwa *Schaumburg*, Internationales Steuerrecht, 3. Aufl. (2011) Rn. 15.114; Blümich/ *Wagner*, § 34c EStG Rn. 57.

317 *Schaumburg*, Internationales Steuerrecht, 3. Aufl. (2011) Rn 15.114 mwN.

318 *Schaumburg*, Internationales Steuerrecht, 3. Aufl. (2011) Rn. 15.116.

319 *Mody*, Die deutsche Besteuerung international tätiger Künstler und Sportler, 1. Aufl. (1994), S. 105 f.

(2) Abzug ausländischer Steuern

Liegen die obigen Voraussetzungen vor, so kann der Berufssportler auch zum Abzugsverfahren optieren. Nach diesem wird auf Antrag des Steuerpflichtigen die ausländische Steuer bei der Ermittlung der Einkünfte abgezogen, soweit sie auf ausländische Einkünfte entfällt. Erreicht wird damit eine Minderung der Bemessungsgrundlage durch Berücksichtigung der ausländischen Steuer als Betriebsausgabe bzw. Werbungskosten.[320] Folglich ist ein entstehender Verlust auch über § 10d EStG vor- bzw. rücktragsfähig.[321]

In Erweiterung der Abzugsmethode und der Anrechnungsmethode sieht § 34c Abs. 3 EStG quasi als Auffangtatbestand[322] den Steuerabzug auch in den Fällen vor, in denen die Voraussetzungen der Abs. 1 und 2 nicht erfüllt werden können, mithin weder ausländische Einkünfte iSd. § 34d EStG vorliegen oder die ausländische Steuer nicht der deutschen Einkommensteuer entspricht.[323] Nachdem § 34c EStG ohnehin nur ausländische Steuern vom Einkommen erfasst, dürfte die Konstellation des Nicht-Entsprechens sehr selten vorkommen.[324] Auch die zweite Variante des § 34c Abs. 3 EStG dürfte im Bereich des Berufssports eher selten vorkommen, denn regelmäßig werden die Steuern in dem Staat erhoben, aus dem die Einkünfte stammen. Bedeutung erlangt die Norm im Bereich des Berufssports allerdings durch die dritte Variante. Liegen etwa keine ausländischen Einkünfte iSd. § 34d EStG vor, weil etwa das Trainingslager nur zur Wintervorbereitung aufgesucht wurde oder der Manager nur für den jeweiligen Wettkampf mit in den ausländischen Staat reiste und kann damit weder eine Betriebsstätte noch ein ständiger Vertreter mit Auslandstätigkeit angenommen werden, so ist eine Doppelbesteuerung nur über diese Regelung des § 34c Abs. 3 EStG vermeidbar.

c) Zwischenfazit

In vielen Fällen wird der Berufssportler zwischen der Anrechnungs- und der Abzugsmethode wählen können. Scheidet diese Wahlmöglichkeit hingegen aus, weil weder die Voraussetzungen des § 34c Abs. 1 EStG noch des Abs. 2 vorliegen, so gewährt Abs. 3 den Steuerabzug. Eine pauschale Aussage dahingehend, dass einer der beiden Methoden vorzugswürdig ist, lässt sich indes nicht treffen. Vielmehr ist die Entscheidung in dem jeweiligen Einzelfall zu treffen. Festzuhalten ist jedoch, dass insbesondere dann, wenn sehr hohe ausländische Einkünfte vorliegen und aufgrund des Anrechnungshöchstbetrages ein Anrechnungsüberhang droht, sich mit

---

320 *Klimmer*, in: *Sigloch* (Hrsg.), Rechnungslegung und Besteuerung im Sport, 2003, S. 101.

321 *Mody*, Die deutsche Besteuerung international tätiger Künstler und Sportler, 1. Aufl. (1994), S. 106.

322 So bspw. *Kirchhof/Gosch*, § 34c EStG Rn. 32.

323 *Schaumburg*, Internationales Steuerrecht, 3. Aufl. (2011) Rn. 15.8.

324 So auch: *Schaumburg*, Internationales Steuerrecht, 3. Aufl. (2011) Rn. 15.131.

Hilfe der Abzugsmethode die Doppelbesteuerung umfassender vermeiden lässt.[325] Denn eine Höchstbetragsregelung kennt § 34c Abs. 2 EStG nicht.[326] Der Sinn und Zweck der Regelung, die mangels DBA auftretenden Lücken zu schließen[327], wird damit besser verwirklicht. Dieses Wahlrecht steht dem Steuerpflichtigen für Entgelte aus verschiedenen Ländern jeweils unabhängig und für jeden Veranlagungszeitraum erneut zu.[328]

3. Zwischenergebnis

Damit lässt sich festhalten, dass Berufssportler regelmäßig durch die sportliche Tätigkeit als solche als auch durch ihre werbliche Tätigkeit Einkünfte erzielen, welche als solche aus Gewerbebetrieb zu qualifizieren sind. Anders ist dies nur dann zu beurteilen, wenn unter Würdigung der gesamten Umstände ein Dienst- bzw. Arbeitsverhältnis zu bejahen ist und die Einkünfte folglich als solche aus nichtselbstständiger Tätigkeit einzuordnen sind. Dies gilt dann auch für diejenigen Werbeeinkünfte, die arbeitsvertraglich als über die sportliche Leistung hinausgehende Tätigkeit geschuldet werden. Hingegen begründen unabhängig davon erzielte weitere Werbeeinkünfte eine eigenständige gewerbliche Tätigkeit und stellen mithin Einkünfte iSd. § 15 EStG dar.

II. Besteuerung von im Ausland ansässigen Berufssportlern (Auslandskonstellation / Nicht DBA-Fall)

Weiter gilt es diejenige Konstellation zu beleuchten, in denen der Berufssportler mangels Wohnsitz bzw. gewöhnlichen Aufenthalts gerade nicht in Deutschland der unbeschränkten Steuerpflicht unterliegt. Nachdem die unbeschränkte Steuerpflicht an Wohnsitz bzw. gewöhnlichen Aufenthalt anknüpft, meint dies die Konstellation, in der der im Ausland ansässige Berufssportler lediglich für einen Auftritt in die Bundesrepublik reist, wie dies etwa bei Spielen ausländischer Fußballvereine in Deutschland[329] der Fall ist, aber auch bei Bundesligafußballern mit Wohnsitz im

325 Ein entsprechendes Rechenbeispiel findet sich bei *Denk*, DStR 1997, 1911, 1912 und *Mody*, Die deutsche Besteuerung international tätiger Künstler und Sportler, 1. Aufl. (1994), S. 106 f.

326 *Mody*, Die deutsche Besteuerung international tätiger Künstler und Sportler, 1. Aufl. (1994), S. 106.

327 *Lornsen*, Unilaterale Maßnahmen der Bundesrepublik Deutschland zur Ausschaltung der internationalen Doppelbesteuerung bei der Einkommen- und Körperschaftsteuer, 1987, S. 13 ff.

328 *Mody*, Die deutsche Besteuerung international tätiger Künstler und Sportler, 1. Aufl. (1994), S. 106; *Schaumburg*, Internationales Steuerrecht, 3. Aufl. (2011) Rn. 15.123.

329 Zur Einschränkung des Besteuerungsrecht bei bestimmten Spielen vgl. nachfolgend unter Kapitel.II.3.d)cc).

Ausland, oder bei Formel-1 Rennen am Nürburgring bzw. Hockenheimring, die bestenfalls zweimal im Veranlagungszeitraum stattfinden.

Dabei sind ausgehend vom nationalen Recht die beiden Konstellationen des Bestehens bzw. Nicht-Bestehens von Doppelbesteuerungsabkommen mit dem jeweiligen Wohnsitzstaat des Berufssportlers zu unterscheiden. Die nachfolgenden Ausführungen dieses Kapitels beziehen sich dabei auf die zunächst genannte Konstellation des Nicht-Bestehens eines entsprechenden Abkommens. Dabei sollen zunächst die die beschränkte Steuerpflicht begründenden Normen dargestellt werden, ehe im Anschluss das Verfahren der Steuererhebung in dieser Konstellation erläutert wird und schließlich die zwar umgekehrte, im Ergebnis aber ähnliche Sonderkonstellation der „Wegzugsbesteuerung" dargestellt wird. Im Gegensatz zu den für die Inlandskonstellation maßgeblichen Normen finden sich im die beschränkte Steuerpflicht regelnden VIII. Kapitel des EStG auch Spezialvorschriften für Berufssportler. So normiert etwa der – vom Untersuchungsgegenstand dieser Arbeit nicht mehr erfasste – § 49 Abs. 1 Nr. 2 lit. g) EStG die beschränkte Steuerpflicht der Einkünfte aus der Verschaffung der Gelegenheit einen Berufssportler als solchen im Inland vertraglich zu verpflichten.[330] Im Gegensatz zu der mit JStG 2010[331] eingeführten Norm wurde die weitere Regelung zu Berufssportlern in § 50a Abs. 4 Nr. 2 EStG a.F. mit Wirkung zum Veranlagungszeitraum 2009[332] gestrichen, wonach die Einkommensteuer bei Einkünften von Berufssportlern im Wege des Steuerabzugs zu erheben war. Darüber hinaus bergen zahlreiche Normen Anknüpfungspunkte für die Einkünfte von Berufssportlern und führen zu vielfachen Abgrenzungsschwierigkeiten, insbesondere in Randbereichen des Sports. Dies umfasst etwa weniger populäre Sportarten oder Tätigkeiten, die nicht klassische sportliche Tätigkeit darstellen, wie etwa bei Trainern oder Schiedsrichtern.[333]

Dabei versuchen zunächst die Regelungen zur beschränkten Steuerpflicht aus verschiedenen Gründen eine steuerliche Belastung der nicht im Inland ansässigen, aber hier tätig werdenden Berufssportler zu erreichen.[334] Zum einen erscheint es durchaus legitim, für die Inanspruchnahme inländischer Einrichtungen eine kostenmäßige Umverteilung anzustreben. So ist der Berufssportler etwa für seine Auftritte auf das Vorhandensein entsprechender Wettkampfstätten angewiesen, welche vielfach mit öffentlichen Mitteln errichtet bzw. subventioniert wurden. Dabei eröffnet eine größere Arena dem Berufssportler eine breitere Öffentlichkeitswirkung, welche sich wiederum auf die Höhe der Werbeeinkünfte auswirkt, aber auch – bedingt durch die höheren Zuschauereinnahmen und damit die finanziellen Rahmenbedingungen des Veranstalters – eine höhere Sieg- bzw. Antrittsprämie mit

330 Zur Besteuerung dieser Einkünfte vgl. etwa *Schlotter/Degenhardt*, IStR 2011, 457.

331 Jahressteuergesetz 2010, BGBl I (08.12.2010), 1768, 1774.

332 Jahressteuergesetz 2009, BGBl I (19.12.2008), 2794, 2805.

333 Zu Zwecken einer strukturierten Darstellung werden die Problematiken an den jeweiligen Tatbestandsmerkmalen erörtert.

334 Ebenso *Frotscher/Geurts/Frotscher*, § 49 EStG Rn. 1.

sich bringt. Darüber hinaus gebietet sich eine möglichst gleichmäßige Behandlung mit den im Inland ansässigen Berufssportlern auch unter dem Gesichtspunkt der Wettbewerbsgleichheit.[335] Würde lediglich der in Inland ansässige Berufssportler für seine Tätigkeit im Inland der Steuerpflicht unterworfen, der im Ausland ansässige Berufssportler hingegen nicht, so würde deren Tätigkeit in ihrem Wohnsitzstaat wirtschaftlich benachteiligt. Die Regelungen zur beschränkten Steuerpflicht dienen daher dazu, eine möglichst gleichmäßige steuerliche Belastung für eine im Inland ausgeübte wirtschaftliche Betätigung herzustellen.[336]

Dabei hat der Gesetzgeber im Rahmen seiner Einschätzungsprärogative zu bestimmen, welche der im Inland erzielten Einkünfte er der deutschen Steuerpflicht unterwerfen will. Zwar folgt aus der Souveränität des Staates und dem darauf beruhenden Territorialitätsprinzip die Möglichkeit alle im Inland wurzelnden Einkünfte auch der Steuerpflicht zu unterwerfen. Dennoch verbleibt dem Gesetzgeber stets die Möglichkeit, diesen Bezug („genuine link“) zum Inland als nicht gegeben zu erachten und damit die Einkünfte – wie etwa bei den Zinseinkünften oder bis zum Veranlagungszeitraum 2017 bei Abfindungen anlässlich der Beendigung eines Dienstverhältnisses geschehen – nicht der deutschen Steuerpflicht zu unterwerfen.[337] Die besondere Herausforderung liegt dabei darin, eine doppelte Besteuerung der Einkünfte genauso zu verhindern, wie eine völlige Freistellung der Einkünfte und damit das Entstehen sog. „weißer“ Einkünften. Diese Einschätzungsprärogative hat der Gesetzgeber in § 49 EStG ausgeübt und dort den Katalog der Einkünfte mit ausreichenden genuine link zum Inland manifestiert.

Soweit die dort niederlegten Tatbestände Einkünfte von Berufssportlern betreffen, bietet sich für deren Darstellung wiederum eine Differenzierung zwischen Individual- und Mannschaftssportler an. Hinsichtlich deren Abgrenzung gelten die gleichen Kriterien wie in der Inlandskonstellation, da § 49 EStG bei den gewerblichen Einkünften auf § 15 EStG und bei den Einkünften aus nichtselbstständiger Arbeit auf § 19 EStG verweist.

1. Besteuerung von Individualsportlern

Einkünfte von Individualsportlern unterliegen nur insoweit der beschränkten Steuerpflicht, als inländische Einkünfte iSd. § 49 EStG vorliegen. Dabei orientiert sich die Aufteilung in § 49 EStG an den sieben Einkunftsarten des § 2 Abs. 1 EStG und ergänzt diese jeweils um einen inländischen Bezugspunkt, mithin einer Tätigkeit im Inland oder im Falle der Verwertung einer inländischen Verwertung. Im Ausland gegebene Besteuerungsmerkmale bleiben dabei aber gem. § 49 Abs. 2 EStG außer Betracht (sog. isolierende Betrachtungsweise). Dies gilt nach inzwischen überwiegender Meinung nicht für die Frage der Gewinnerzielungsabsicht. So hatte bereits

---

335 *Frotscher/Geurts/Frotscher*, § 49 EStG Rn. 2.

336 *Frotscher/Geurts/Frotscher*, § 49 EStG Rn. 2.

337 *Frotscher/Geurts/Frotscher*, § 49 EStG bzw. § 50d Abs. 12 EStG.

der BFH im Jahre 2001 festgestellt, dass diese kein im Ausland gegebenes Besteuerungsmerkmal in diesem Sinne sei.[338] Zwar hatte die Finanzverwaltung zunächst diese Ansicht nicht geteilt und beschlossen, die Entscheidung über den betroffenen Einzelfall hinaus nicht anzuwenden[339], doch revidierte das BMF im Jahre 2010 im Nachgang zu einer die BFH-Rechtsprechung wiederholenden Entscheidung des FG München[340] seine bis dato vertretene Auffassung durch Aufhebung des Nichtanwendungserlasses.[341] Folglich bedarf es für die Annahme steuerbarer Einkünfte nach § 49 EStG der positiven Feststellung des Vorliegens von Gewinnerzielungsabsicht auch bei ausländischen Berufssportlern.[342]

a) Einkünfte aus sportlicher Betätigung

Bei den Einkünften aus sportlicher Betätigung handelt es sich wie gezeigt um solche aus gewerblicher Tätigkeit. Nach der Struktur des § 49 EStG sind diese nur dann steuerbar, wenn sie unter § 49 Abs. 1 Nr. 2 EStG subsumiert werden können.

aa) Steuerbarkeit der Einkünfte aus § 49 Abs. 1 Nr. 2 lit. a) EStG

Als Grundtatbestand[343] fungiert § 49 Abs. 1 Nr. 2 lit. a) EStG, welcher jedoch das Vorhandensein einer Betriebsstätte bzw. die Bestellung eines ständigen Vertreters im Inland fordert. Synchron zu den Anforderungen an eine Betriebsstätte bzw. einen ständigen Vertreter kann hier auf die Ausführungen zu den ausländischen Einkünften verwiesen werden.[344] Beide Tatbestände unterscheiden sich nur dadurch, dass für die beschränkte Steuerpflicht des § 49 Abs. 1 Nr. 2 lit. a) EStG jene/r eben im Inland befindlich sein muss. Für den im Ausland ansässigen Berufssportler bedeutet dies, dass die bloße Teilnahme an einem inländischen Wettbewerb noch keine Betriebsstätte begründet und auch der kurzzeitige Aufenthalt seines Managers noch keinen ständigen Vertreter in der Bundesrepublik darstellt. Dabei ist insbesondere aus der Dauer des Wettbewerbs noch kein Rückschluss auf das Vorliegen einer Betriebsstätte möglich. So kann ein sportlicher Wettbewerb durchaus auch mehrere Wochen dauern, wie dies etwa bei den Olympischen Spielen der Fall ist. Die Anforderungen an eine Betriebsstätte sind hingegen höher, wie dies etwa die oben dargestellte Unterhaltung eines ständigen Trainingslagers veranschaulicht.[345] Eine solche Nachhaltigkeit iSe. festen Geschäftseinrichtung[346] könnte auf den ersten Blick

---

338 *BFH*, 07.11.2001 – I R 14/01, BFHE 197, 287 = juris Rn. 15.
339 *BMF*, 11.12.2002 – IV A 5 -S 2411–69/02, BStBl. I 2002, 1394.
340 *FG München*, 25.05.2009–7 K 1531/07, juris Rn. 13.
341 *BMF*, 25.11.2010 – IV C 3 – S 2303/09/10002, BStBl. I 2010, 1350 = juris Rn. 15.
342 *Gradl*, IWB 2014, 489, 495.
343 So etwa *Kirchhof/Söhn/Mellinghoff/Hidien*, § 49 EStG Rn. E183.
344 Sie dazu bereits oben unter Kapitel 2.I.2.b)bb)(1).
345 Siehe dazu oben unter Kapitel 2.I.2.b)bb)(1).
346 Zur Betriebsstätte bei Berufssportlern vgl. etwa *BFH*, 17.02.1955 – IV 77/53 S, BStBl. III 1955, 100 = juris; *Musil*, § 12 AO Rn. 10, 15.

auch dann gegeben sein, wenn ein Berufssportler im Rahmen eines Wiederaufbautrainings nach einer Verletzung eine Trainingsstätte für einen längeren Zeitraum nutzt. Dennoch wird es hier regelmäßig an der Verfügungsmacht des Berufssportlers über die Trainingsstätte fehlen, so dass auch dann eine Betriebsstätte nicht vorliegt.[347] Mit eben dieser Begründung muss auch die Annahme einer Betriebsstätte bei mehrwöchigen Veranstaltungen, bspw. den Olympischen Sommerspielen, ausscheiden. Denn auch hier hat der Berufssportler weder Verfügungsmacht über den Austragungsort noch über die Durchführung der Veranstaltung per se.[348]

Schwieriger gestaltet sich hingegen die Beurteilung, ob der Berufssportler einen ständigen Vertreter im Inland hat. Hierfür kommen bei Berufssportlern Manager als natürliche Personen oder auch Managementgesellschaften in Betracht. Ob der Berufssportler diesen als Arbeitnehmer beschäftigt, der Manager als selbstständig Gewerbetreibender handelt oder es sich bei dem ständigen Vertreter um eine juristische Person handelt, ist irrelevant.[349] Entscheidend ist vielmehr, dass der ständige Vertreter den Weisungen des Vertretenen unterliegt und an dessen Stelle Handlungen vornimmt. Aus Vereinfachungsgründen will die Finanzverwaltung dies dann anders beurteilen, wenn bei Nichtvorliegen eines Doppelbesteuerungsabkommens es sich bei dem ständigen Vertreter um einen Kommissionär oder Makler handelt, welcher die Geschäftsbeziehungen im Rahmen einer ordentlichen Geschäftstätigkeit unterhält.[350] Soweit diese Personengruppe mit ihren Einkünften selbst der Besteuerung im Inland unterliegt, verbleibe aufgrund der Einkommenszurechnung keine dem beschränkt steuerpflichtigen Berufssportler zurechenbaren inländischen Einkünfte. Dies rechtfertige im Rahmen einer typisierenden Vereinfachung die Nichterfassung der gewerblichen Einkünfte der Berufssportler.[351] Im Bereich des Sports wird diese Ausnahme regelmäßig keine Anwendung finden. Regelmäßig ist die nachhaltige Besorgung der Geschäfte des Berufssportlers, insbesondere als die rechtliche Vertretung bei der Zeichnung von Verträgen, Gegenstand des Managementvertrages. Fraglich ist dann allein, ab wann der Manager nachhaltig die Geschäfte des Berufssportlers besorgt. Die h.M. im Schrifttum greift hierbei auf die für

347 *Sauer*, Die Besteuerung ausländischer Sportler im Inland unter besonderer Berücksichtigung der europarechtlichen sowie völkerrechtlichen Vorgaben, 2009, S. 12 mit Verweis auf *FG Hessen*, 08.03.1973 – IV 784/68, EFG 1973, 496, 497; *Maßbaum*, Die beschränkte Steuerpflicht der Künstler und Berufssportler unter Berücksichtigung des Steuerabzugsverfahrens, 1991, S. 150.

348 *Sauer*, Die Besteuerung ausländischer Sportler im Inland unter besonderer Berücksichtigung der europarechtlichen sowie völkerrechtlichen Vorgaben, 2009, S. 12.

349 Schmidt/*Loschelder*, § 49 EStG Rn. 30 mit Verweis auf *BFH*, 30.04.1975 – I R 152/73, BStBl. II 1975, 626 = juris Rn. 17; *BFH*, 18.12.1990 – X R 82/89, BStBl. II 1991, 395 = juris Rn. 9; *BFH*, 14.09.1994 – I R 116/93, BFHE 176, 125 = juris Rn. 16; ebenso: *BFH*, 28.06.1972 – I R 35/70, BStBl. II 1972, 785 = juris Rn. 17; *Schaumburg*, Internationales Steuerrecht, 3. Aufl. (2011) Rn. 5.156.

350 R 49.1 Abs. 1 Satz 2 EStR.

351 Dazu ausführlich *Schaumburg*, Internationales Steuerrecht, 3. Aufl. (2011) Rn. 5.158.

Bauausführungen und Montagen geltende Frist von sechs Monaten zurück.[352] Der BFH hat bspw. einen Aufenthalt von 60 Tagen im Kalenderjahr noch als kurzfristig angesehen.[353] Der kurzfristige Aufenthalt des Managers für einige wenige Tage zur Unterzeichnung eines Vertrages ist insofern unproblematisch. Hingegen wird der Fall dann anders zu beurteilen sein, wenn der Manager des Berufssportlers im Inland über seinen einzigen Wohnsitz verfügt und von diesem aus die Geschäfte des Berufssportlers besorgt. Dem Berufssportler sind die aus dem Tätigwerden des ständigen Vertreters in diesem Fall aber nur dann zuzurechnen, wenn diese auch für den ständigen Vertreter als inländische Einkünfte zu beurteilen sind.[354] Dies setzt wiederum voraus, dass der ständige Vertreter im Inland eine Betriebsstätte unterhält und die Einkünfte durch das Tätigwerden in dieser Betriebsstätte veranlasst sind.[355]

Regelmäßig wird damit die sportliche Betätigung des Berufssportlers nicht über § 49 Abs. 1 Nr. 2 lit. a) EStG steuerbar sein. Liegt indes eine inländische Betriebsstätte vor bzw. ist ein inländischer ständiger Vertreter zu bejahen, so unterfallen alle Einnahmen im Inland der beschränkten Steuerpflicht, soweit sie dem Gewerbebetrieb zuzurechnen sind. Dies umfasst etwa auch diejenigen Werbeeinnahmen, die in keinem direkten Zusammenhang mit einer sportlichen Darbietung stehen.[356]

Neben der sportlichen Betätigung könnte eine Betriebsstätte aber auch durch Werbung selbst begründet werden. Eine solche wird jedoch regelmäßig ausscheiden. Bei Ausrüsterverträgen können die dem Berufssportler überlassenen Sportartikel zwar noch als Geschäftseinrichtung des Berufssportlers zu qualifizieren sein.[357] Allerdings müsste diese auch „fest" iSd. § 12 Satz 1 AO sein. Eine dauerhafte Verbindung mit einem bestimmten Punkt der Erde würde aber voraussetzen, dass der Berufssportler mit dem als Geschäftseinrichtung zu qualifizierenden Sportartikel in regelmäßigen und zeitnahen Abständen die jeweiligen Standorte aufsucht. Zwar genügt hier nach der Rechtsprechung ein kurzzeitiges Aufsuchen, z.B. auch für wenige Stunden.[358] Regelmäßig wird dies aber nicht passieren. Denn sowohl die Rennserien im Motorsport, als auch die Tennisturniere sehen in ihrer Konzeption eine weitreichende Abdeckung der verschiedenen Länder und Kontinente vor, so dass aufgrund der Limitierung der Rennen/Turniere pro Saison nur sehr wenige Veranstaltungen im Inland stattfinden können. So wird der Formel-1 Rennfahrer

---

352 Blümich/*Reimer*, § 49 EStG Rn. 71 mwN.

353 *BFH*, 03.08.2005 – I R 87/04, BStBl. II 2006, 220 = juris Rn. 16.

354 *Schaumburg*, Internationales Steuerrecht, 3. Aufl. (2011) Rn. 5.156.

355 *BFH*, 18.12.1990 – X R 82/89, BStBl. II 1991, 395 = juris Rn. 9, 12; *Lademann/Stöber/Anissimov/Heß u.a.*, § 49 EStG Rn. 748; *Kirchhof/Gosch*, § 49 EStG Rn. 14; *Schaumburg*, Internationales Steuerrecht, 3. Aufl. (2011) Rn. 5.156.

356 *Denk*, DStR 1997, 1911, 1912.

357 *Pfeifer*, Die deutsche Besteuerung ausländischer Tonkünstler und Künstlergesellschaften, 2014, S. 89; a.A. *Maßbaum*, Die beschränkte Steuerpflicht der Künstler und Berufssportler unter Berücksichtigung des Steuerabzugsverfahrens, 1991, S. 151.

358 *BFH*, 19.11.1985 – I R 128/73, BStBl. II 1975, 203, 204; *BFH*, 17.09.2003 – I R 12/02, BStBl. II 2004, 396, 398.

lediglich für ein oder maximal zwei Rennen einer Saison nach Deutschland reisen und dort den mit dem entsprechenden Sponsorapplikationen versehenen Helm oder Overall tragen können. Auch der Tennisspieler wird mit dem Ziel der Teilnahme an den großen ATP Turnieren nur wenige kleinere Turniere in Deutschland spielen und dort den Tennisschläger des Ausrüsters benutzen.

Werden wie bei den übrigen Werbeverträgen lediglich Rechte überlassen, so führt dies in keinem Fall zu einer inländischen Betriebsstätte. Denn insoweit kann bereits keine Geschäftseinrichtung angenommen werden. Rechten fehlt es dabei bereits kraft Natur der Sache am erforderlichen sachlichen Substrat.[359] Darüber hinaus hält sich der Berufssportler bspw. für einen Werbedreh auch nur wenige Tage im Inland auf[360], so dass auch diesbezüglich von keiner festen Geschäftseinrichtung ausgegangen werden könnte.[361]

bb) Steuerbarkeit der Einkünfte aus § 49 Abs. 1 Nr. 2 lit. d) EStG

(1) Struktur und Entstehung des § 49 Abs. 1 Nr. 2 lit. d) EStG

Bis 1985 führte der obige Befund dazu, dass ohne Begründung einer Betriebsstätte bzw. eines ständigen Vertreters im Inland die Einkünfte eines im Ausland ansässigen Berufssportlers nicht der deutschen Einkommensteuer unterworfen werden konnten. Zudem – und das bestätigte der BFH in mehreren Entscheidungen – konnte auch die Zwischenschaltung einer Gesellschaft, die die Dienste des Berufssportlers nach Deutschland verkaufte, mangels inländischer Betriebstätte in diesem Zusammenhang nicht besteuert werden.[362] Mit Wirkung zum Veranlagungszeitraum 1986[363] reagierte der Gesetzgeber auf diesen Zustand durch das Steuerbereinigungsgesetz 1986 und die Schaffung des neuen § 49 Abs. 1 Nr. 2 lit. d) EStG.[364] Der Gesetzgeber wollte mit dieser Regelung lediglich „klarstellen", dass „auch bei neueren Vertragsgestaltungen die beschränkte Steuerpflicht im Inland eindeutig gegeben ist."[365] In der Gesetzesbegründung heißt es hierzu:

> *„So sind z. B. ausländische Unternehmen, insbesondere in der Rechtsform der Kapitalgesellschaft, dazu übergegangen, Berufssportler nicht im Wege der Vermittlung, sondern im eigenen Namen und für eigene Rechnung zur Verfügung zu stellen. Durch die Ergänzung wird sichergestellt, dass in diesen Fällen beschränkt steuerpflichtige Einkünfte aus Ge-*

---

359 *Schwarz/Pahlke/Frotscher*, § 12 AO Rn. 9; *Beermann/Gosch/Buciek*, § 12 AO Rn. 7; *Pfeifer*, Die deutsche Besteuerung ausländischer Tonkünstler und Künstlergesellschaften, 2014, S. 90 mwN.

360 *Schauhoff*, IStR 1993, 363, 365.

361 *Sauer*, Die Besteuerung ausländischer Sportler im Inland unter besonderer Berücksichtigung der europarechtlichen sowie völkerrechtlichen Vorgaben, 2009, S. 13.

362 So etwa bei *Killius*, FR 1995, 721, 723.

363 *Lademann/Stöber/Anissimov/Heß u. a.*, § 49 EStG Rn. 1306.

364 Steuerbereinigungsgesetz 1986, BGBl I (19.12.1986), 2436.

365 *Die Bundesregierung der Bundesrepublik Deutschland*, Entwurf eines Steuerbereinigungsgesetzes 1985, 1984, S. 64.

werbebetrieb auch dann vorliegen, wenn im Inland eine Betriebsstätte nicht unterhalten wird und auch ein ständiger Vertreter nicht bestellt ist. Dies soll unabhängig davon gelten, ob die zu erbringende Leistung in einem oder mehreren Verträgen vereinbart wird und ob der Gläubiger selbst oder ein Dritter die Vergütung für diese Tätigkeiten erhält."[366]

§ 49 Abs. 1 Nr. 2 lit. d) EStG unterwirft damit ohne Anknüpfung an das Vorliegen einer Betriebsstätte bzw. eines ständigen Vertreters sowohl die Einkünfte aus Darbietung, als auch die mit diesen Leistungen zusammenhängenden Leistungen der beschränkten Steuerpflicht und qualifiziert sie als gewerbliche Einkünfte. Entgegen der Gesetzesbegründung handelt es sich nicht um eine Klarstellung, sondern vielmehr erweitert der Tatbestand entsprechend seiner Zielsetzung die beschränkte Steuerpflicht und schließt damit Besteuerungslücken.[367] Nach Ansicht von *Hidien* intendierte der Gesetzgeber weiter die Ungleichbehandlung zwischen Berufs- und Amateursportler zu beseitigen. Während letztere wegen ihrer inländischen Ausübung über § 49 Abs. 1 Nr. 3 EStG[368] steuerpflichtig wurden, war dies für Berufssportler allenfalls bei Erfüllung der Voraussetzungen des § 49 Abs. 1 Nr. 2 lit. a) EStG möglich.[369] Dies wurde durch die Einführung des § 49 Abs. 1 Nr. 2 lit. d) EStG beseitigt und damit auch der Berufssportler der inländischen Besteuerung unterworfen. Weiter erkennt er in der speziellen Tatbestandsstruktur eine wesentliche Ähnlichkeit mit Art. 17 des OECD Musterabkommens[370], auf welchen im Detail später noch einzugehen sein wird.[371] In einem sicherlich seltenen Fall des Zusammentreffens der Tatbestände des § 49 Abs. 1 Nr. 2 lit. a) EStG und des § 49 Abs. 1 Nr. 2 lit. d) EStG wäre Ersterer als vorrangig zu betrachten. Dies ergibt sich nach der eben dargestellten gesetzgeberischen Intention unter systematischer und telelogischer Auslegung der Norm.[372] Die übrigen Konkurrenzen ergeben sich direkt aus dem Wortlaut der Norm. Denkbar wäre dies entsprechend der obigen Ausführungen etwa für den Fall, dass der ausländische Berufssportler nicht nur an einem Wettkampf im Inland teilnimmt, sondern hier auch sein ständiges Trainingslager unterhält.[373]

§ 49 Abs. 1 Nr. 2 lit. d) EStG wurde daraufhin wie folgt formuliert:

---

366 *Die Bundesregierung der Bundesrepublik Deutschland*, Entwurf eines Steuerbereinigungsgesetzes 1985, 1984, S. 64.

367 So auch *Kirchhof/Söhn/Mellinghoff/Hidien*, § 49 EStG Rn. E 162 und E 174 mwN.

368 Nach Ansicht von *Hidien* können Amateursportler durchaus Einkünfte aus selbstständiger Tätigkeit erzielen.

369 *Kirchhof/Söhn/Mellinghoff/Hidien*, § 49 EStG Rn. E 167.

370 *Kirchhof/Söhn/Mellinghoff/Hidien*, § 49 EStG Rn. E 175.

371 Vgl. dazu unter Kapitel 2.III.3.b).

372 *Kirchhof/Söhn/Mellinghoff/Hidien*, § 49 EStG Rn. E 183.

373 *Schrettl*, Rechtsfragen der beschränkten Steuerpflicht, 1994, S. 123 f.; *Maßbaum*, Die beschränkte Steuerpflicht der Künstler und Berufssportler unter Berücksichtigung des Steuerabzugsverfahrens, 1991, S. 150.

Einkünfte aus Gewerbebetrieb (§§ 15–17 EStG) sind [...]

d) die, soweit sie nicht zu den Einkünften im Sinne der Nummern 3 und 4 gehören, durch im Inland ausgeübte oder verwertete künstlerische, sportliche, artistische, unterhaltende oder ähnliche Darbietungen erzielt werden, einschließlich der Einkünfte aus anderen mit diesen Leistungen zusammenhängenden Leistungen, unabhängig davon, wem die Einnahmen zufließen.

Der Darbietungstatbestand gliedert sich in einen Ausübungs- und einen Verwertungstatbestand. Während der Ausübungstatbestand die dort bezeichneten Darbietungen im Inland besteuert, erfasst der Verwertungstatbestand u. a. die im Inland verwertete sportliche Darbietung. Mit den damit zusammenhängenden Leistungen werden sog. Annexleistungen ebenfalls erfasst.

(2) Tatbestandsmerkmale im Einzelnen

(a) Darbietung

Zunächst erfordert der Tatbestand eine Darbietung. Eine Legaldefinition hierzu findet sich im EStG jedoch nicht. Zwar wurden frühere engere Definitionsversuche in der Literatur unternommen[374], doch wird mittlerweile in der Rechtsprechung und ebenso durch die Finanzverwaltung ein weiteres Begriffsverständnis zu Grunde gelegt. Dem ist die Literatur gefolgt.[375] Danach liegt eine Darbietung dann vor, wenn eine außenwirksame bzw. in der Öffentlichkeit wahrnehmbare Betätigung erfolgt, die dazu bestimmt ist, vor Publikum aufgeführt, gezeigt oder vorgeführt zu werden.[376] Eine Darbietung ist folglich dann zu bejahen, wenn die Vorführung vor Zuhörern beabsichtigt ist. Dies ist etwa der Fall bei Ausstellungen, Konzerten, Theateraufführungen, Shows, Turnieren, Wettkämpfen, Talk-Shows, Quizsendungen, besonders choreografisch ausgestalteten Modenschauen, Feuerwerken, Laser-Shows sowie bei nicht-öffentlichen Auftritten wie Funk- und Fernsehaufnahmen.[377] Erforderlich ist demnach eine persönliche Tätigkeit der darbietenden Person.[378] Wendet man diese Grundsätze auf den Berufssportler an, so ist mithin eben jene Tätigkeit zu fordern, die den Berufssportler seine Tätigkeit ausüben lässt. Während die Finanzverwaltung[379] und Teile der Literatur[380] auch sachliche Darbietungen wie etwa

---

374 Vgl. dazu etwa die Nachweise bei *Kirchhof/Söhn/Mellinghoff/Hidien*, § 49 EStG Rn. E 219.

375 Vergleiche nur *Lippross/Seibel/Holthaus*, § 49 EStG Rn. 24; *Frotscher/Geurts/Frotscher*, § 49 EStG Rn. 137; Blümich/*Wied*, § 49 EStG Rn. 109.

376 *BFH*, 06.06.2012 – I R 3/11, BFHE 238, 46 = juris Rn. 16; Schmidt/*Loschelder*, § 49 EStG Rn. 37.

377 *BMF*, 25.11.2010 – IV C 3 – S 2303/09/10002, BStBl. I 2010, 1350 = juris Rn. 17.

378 *Lademann/Stöber/Anissimov/Heß u. a.*, § 49 EStG Rn. 1323; *Kirchhof/Gosch*, § 49 EStG Rn. 24; *Kirchhof/Söhn/Mellinghoff/Hidien*, § 49 EStG Rn. E 230.

379 *BMF*, 25.11.2010 – IV C 3 – S 2303/09/10002, BStBl. I 2010, 1350 = juris.

380 *Herrmann/Heuer/Raupach/Maßbaum*, § 49 EStG Rn. 523; Blümich/*Wied*, § 49 EStG Rn. 109.

Ausstellungen hierunter subsumieren, lehnt *Hidien* diese Auffassung ab.[381] Prägend für den Begriff der Darbietung sei seine Personen- und Tätigkeitsgebundenheit. Eine bloße Ausstellung, wie sie etwa ein Berufssportler auf dem Höhepunkt seiner Karriere initiieren könnte, wäre dann nicht ausreichend. Eine solche Personengebundenheit kann m. E. aus dem Tatbestand nicht abgeleitet werden, so dass der Begriff der Darbietung auch rein sachliche Darbietungen umfassen muss.[382] Hierin ist auch nicht eine Ausdehnung über Gebühr zu sehen, wie es von *Hidien* argumentiert wird. Vielmehr ist der Begriff der Darbietung als nicht definierter Rechtsbegriff nach seinem Sinn und Zweck auszulegen. Eine Einschränkung dergestalt, dass nur Darbietungen mit persönlicher Aktivitätsentfaltung unter den Tatbestand zu subsumieren seien, findet im auch im Wortlaut der Norm keinen Anhaltspunkt. Ob diese Darbietung öffentlich („live") oder nicht-öffentlich erfolgt, ist dagegen irrelevant. Von einer öffentlichen Darbietung ist bspw. bereits dann auszugehen, wenn nur ein kleiner Kreis von Zuschauern dem Ereignis beiwohnt.[383] Ausreichend ist bereits, dass die Darbietung dazu bestimmt ist, von Zuschauern wahrgenommen zu werden.[384] Für den Bereich des Sports bedeutet dies in der normalen Konstellation insoweit ein Unterfallen unter den Tatbestand. Denn die Tätigkeit der Berufssportler wird regelmäßig vor Zuschauern ausgeführt. Dennoch erfasst diese Interpretation auch diejenigen sportlichen Tätigkeiten, die gerade nicht öffentlich gezeigt werden. Erfasst werden damit u. a. sog. „Geisterspiele", welche etwa bei Terrorgefahr unter Ausschluss der Öffentlichkeit ausgetragen werden. Denn auch diese sind grundsätzlich zur Wahrnehmung durch die Öffentlichkeit bestimmt. Zur Wahrnehmung durch die Öffentlichkeit bestimmt sind auch nicht-öffentliche Darbietungen, welche aufgezeichnet werden und die Aufzeichnung dazu bestimmt ist, vor Publikum abgespielt zu werden. Keine Darbietung liegt dagegen vor, wenn sich die Aufnahme darin erschöpft, in einer Zeitung abgedruckt zu werden. Denn die Leser einer Zeitung sind nicht als Publikum einer Darbietung zu qualifizieren.[385] Dass die Person des Darbietenden nicht mit der Person des Ausübenden identisch sein muss[386] entspricht ganz herrschender Ansicht, kann aber für die hier zu betrachtenden Berufssportler in der Grundkonstellation dahin gestellt bleiben. So kann neben dem Berufssportler auch ein Dritter bzw. eine Gesellschaft darbieten.[387] Dies ergibt sich bereits aus dem Wortlaut der Norm, welche die Präposition „durch" für die Erfüllung des Tatbestandsmerkmals „Darbietung" verwendet und damit den

381 *Kirchhof/Söhn/Mellinghoff/Hidien*, § 49 EStG Rn. E 230; ebenso *List*, BB 1998, 1871.
382 Ebenso Schmidt/*Loschelder*, § 49 EStG Rn. 37; Blümich/*Wied*, § 49 EStG Rn. 109; *Herrmann/Heuer/Raupach/Maßbaum*, § 49 EStG Rn. 523.
383 *Frotscher/Geurts/Frotscher*, § 49 EStG Rn. 137.
384 *Lademann/Stöber/Anissimov/Heß u. a.*, § 49 EStG Rn. 1323; enger wohl die Ansicht von *Herrmann/Heuer/Raupach/Maßbaum*, § 49 EStG Rn. 521, welcher eine Wahrnehmung fordert.
385 *Frotscher/Geurts/Frotscher*, § 49 EStG Rn. 137.
386 *Kirchhof/Söhn/Mellinghoff/Hidien*, § 49 EStG Rn. E 232 mwN.
387 *Kirchhof/Söhn/Mellinghoff/Hidien*, § 49 EStG Rn. E 233.

Vergütungsgläubiger offen lässt.[388] Beide Personengruppen sollen entsprechend dem obigen Forschungsansatz aber bei der Betrachtung unberücksichtigt bleiben. Aufgrund der Bedeutung sei aber an dieser Stelle angemerkt, dass dies etwa die Dachverbände (im Fußball mithin UEFA und FIFA) erfasst, wenn sie Großereignisse wie die UEFA Fußball-Europameisterschaft oder die FIFA Fußball-Weltmeisterschaft in Deutschland ausrichten und durch den Verkauf von Eintrittskarten oder die Übertragung von Nutzungsrechten Einnahmen erzielen.[389]

(b) Insbesondere sportliche Darbietung

Konturen erhält der Darbietungsbegriff erst durch die weiteren Tatbestandmerkmale der Norm, mithin der künstlerischen, sportlichen, artistischen, unterhaltenden und ähnlichen Darbietung. Nachfolgend soll dabei insbesondere die sportliche Darbietung näher begutachtet werden, aber auch die für die Berufssportler denkbaren unterhaltenden und ähnlichen Darbietungen dargestellt werden.

Eine sportliche Darbietung setzt sich nach der Struktur der Norm aus zwei Komponenten zusammen. Zum einen aus der sportlichen Tätigkeit als solcher, zum anderen in der Darbietung durch den Ausübenden oder einen Dritten. Der Begriff der sportlichen Tätigkeit wird im EStG nicht definiert. § 52 Abs. 2 AO verwendet zwar den Begriff des Sports, dort aber im Rahmen der steuerlichen Förderung gemeinnütziger Zwecke.[390] Vielmehr dient der Begriff als Sammelbezeichnung für die an spielerischer Selbstentfaltung und am Leistungsstreben orientierten Formen menschlicher Betätigung, die mit besonderen körperlichen Anstrengungen verbunden sind.[391] Eine Einschränkung auf Berufssportler ist damit nicht verbunden, so dass eine sportliche Tätigkeit auch von einem Amateursportler ausgeübt werden kann.[392] Ob auch geistige Tätigkeiten sportliche Tätigkeiten sein können, ist umstritten. So ist etwa nach Ansicht des FG München bei einem Berufsschachspieler keine sportliche Tätigkeit gegeben.[393] Hier mangele es an einem Mindestmaß körperlicher Beweglichkeit.[394] Teilweise wird dies auch für andere Brettspiele vertreten.[395] Daneben sollen selbst körperlich an-

---

388 So explizit *Sauer*, Die Besteuerung ausländischer Sportler im Inland unter besonderer Berücksichtigung der europarechtlichen sowie völkerrechtlichen Vorgaben, 2009, S. 16.

389 *Frotscher/Geurts/Frotscher*, § 49 EStG Rn. 146 mwN. Auf den sog. Champions League Erlass wird später noch einzugehen sein.

390 Siehe dazu bereits oben unter Kapitel 1.II.

391 *Lademann/Stöber/Anissimov/Heß u. a.*, § 49 EStG Rn. 1334; *Herrmann/Heuer/Raupach/Maßbaum*, § 49 EStG Rn. 530; *Grützner*, IWB, 955, 958; Schmidt/*Loschelder*, § 49 EStG Rn. 39.

392 Schmidt/*Loschelder*, § 49 EStG Rn. 39.

393 *FG München*, 30.06.1995–8 K 3034/94, IStR 1995, 537, 538.

394 *Kirchhof/Söhn/Mellinghoff/Hidien*, § 49 EStG Rn. E 273.

395 *Herrmann/Heuer/Raupach/Maßbaum*, § 49 EStG Rn. 530; Blümich/*Wied*, § 49 EStG Rn. 111.

strengende Denksportaufgaben nicht ausreichen.[396] Anderseits sollen aber Tätigkeiten bspw. im Bereich des Flugsports (Motorflug, Segelflug) das erforderliche Mindestmaß an körperlicher Betätigung enthalten.[397] Nach vorzugswürdiger Ansicht kann eine derartige Eingrenzung der sportlichen Tätigkeit allerdings nicht vorgenommen werden. Vielmehr gebietet die Entwicklung immer neuer Sportarten[398], den Begriff der sportlichen Tätigkeit weit auszulegen.[399] Denn diese Abgrenzung vermag nicht zu überzeugen. Lässt man die Tätigkeit eines Segelflugpiloten genügen, welcher im Flugzeug zwar evtl. gewissen Kräften ausgesetzt ist, die vornehmliche Aufgabe aber im Lenken des Flugzeugs besteht, so muss auch das Führen einer Schachfigur als ausreichende Kraftentfaltung angesehen werden. Ansonsten wäre zumindest kritisch zu hinterfragen, ob nicht auch der Rennfahrer ebenso nur „lenkt." Die Abgrenzung ist vielmehr danach vorzunehmen, ob die Tätigkeit vor oder für Publikum ausgeübt wird[400] und damit auf Ebene des zweiten Elements, der Darbietung. Denn unter einer sportlichen Darbietung ist gerade die außenwirksame, wahrnehmbare Darstellung zu verstehen, die ein gewisses Wettbewerbselement aufweisen.[401] Denn dann lassen sich nicht nur die Tätigkeiten etwa als Betreuer oder Physiotherapeut im Rahmen einer sportlichen Darbietung scharf abgrenzen und ausscheiden[402], sondern auch öffentliche Trainingseinheiten. Trainingseinheiten fehlt es als bloße Vorbereitungshandlungen am Wettbewerbscharakter.[403]

Nach in der Literatur vertretenen Ansicht üben Schiedsrichter zwar eine sportliche Tätigkeit aus, eine Darbietung liegt indes nicht vor. Vielmehr ist ihre Funktion und Aufgabe darin zu sehen, das Spiel zu überwachen und Fehlverhalten zu sanktionieren und damit die sportliche Darbietung anderer zu ermöglichen.[404] Auch das FG Niedersachen hat dies aus abkommensrechtlicher Sicht für den Fall eines international tätigen Tennisschiedsrichters so gesehen.[405] Jüngst hat auch das FG Rheinland-Pfalz diese Sichtweise für die Beurteilung von Fußballschiedsrichtern

---

396 *Kirchhof/Söhn/Mellinghoff/Hidien*, § 49 EStG Rn. E 275.

397 Vergleiche nur die Beispiele bei *Kirchhof/Söhn/Mellinghoff/Hidien*, § 49 EStG Rn. E 275.

398 Hier seien nur exemplarisch Cliffdiving, Freestyle Skiing, Surfing oder Air Racing genannt, welche zwischenzeitlich den Sportlern hohe Werbeeinnahmen einbringen.

399 So auch *Kirchhof/Gosch*, § 49 EStG Rn. 26; *Lippross/Seibel/Holthaus*, § 49 EStG Rn. 26.

400 So auch *Kirchhof/Gosch*, § 49 EStG Rn. 26.

401 So etwa auch Schmidt/*Loschelder*, § 49 EStG Rn. 39; *Herrmann/Heuer/Raupach/Maßbaum*, § 49 EStG Rn. 530; *Kirchhof/Söhn/Mellinghoff/Hidien*, § 49 EStG Rn. E 288.

402 So im Ergebnis auch *Lippross/Seibel/Holthaus*, § 49 EStG Rn. 26; *Korn/Strunk*, § 49 EStG Rn. 145; *Frotscher/Geurts/Frotscher*, § 49 EStG Rn. 472.

403 *Kirchhof/Söhn/Mellinghoff/Hidien*, § 49 EStG Rn. E 292.

404 *Kirchhof/Söhn/Mellinghoff/Hidien*, § 49 EStG Rn. E 293.

405 *FG Niedersachen*, 24.11.2004–9 K 147/00, DStRE 2005, 498 = juris Rn. 37.

angedeutet.[406] Dem kann in dieser Generalität jedoch nicht zugestimmt werden. Denn auch wenn die wesentliche Aufgabe der Schiedsrichter in der Überwachung der Regeln und ggf. der Sanktionierung von Verstoßen hiergegen zu sehen ist, so erfordert die Tätigkeit einiger Schiedsrichter durchaus auch eine physische Betätigung und damit eine aktive Teilnahme am Wettkampf. Zuzugeben ist der ablehnenden Auffassung zwar, dass dies bei einem Tennisschiedsrichter regelmäßig nicht der Fall ist, da dessen Aktionsradius streng begrenzt ist. Und auch bei den mittlerweile im Profifußball teilweise eingeführten Video-Schiedsrichter ist die körperliche Anstrengung begrenzt. Im Gegensatz zu diesen haben aber der Schiedsrichter auf dem Platz sowie seine Assistenten stets auf Ballhöhe zu sein und damit im Ergebnis eine vergleichbare körperliche Anstrengung wie die agierenden Fußballspieler. Auch die Teilnahme am Wettbewerb kann im Gegensatz zu der in der Literatur und Rechtsprechung vertretenen Ansicht nicht ohne weiteres negiert werden. Denn die Spielordnungen[407] sehen gerade die Teilnahme eines Schiedsrichter/Schiedsrichtergespanns für die Durchführbarkeit des Wettkampfs vor, so dass diese – auch wenn sie nicht „gewinnen" oder „verlieren" können – dennoch am Wettkampf teilnehmen.[408] Allerdings sind auch bei § 49 Abs. 1 Nr. 2 lit. d) EStG die generellen Voraussetzungen des § 15 EStG zu fordern.[409] Diese liegen – wie bereits oben gezeigt[410] – mangels entsprechendem Markt für Fußballschiedsrichter nicht vor. Bei anderen Sportarten – etwa dem Boxsport – kann dies durchaus aufgrund der konkurrierenden Weltverbände anders zu beurteilen sein.

Mit a priori ähnlicher Begründung sind auch Sportlehrgänge zur Vorbereitung auf ein Turnier aus der Steuerbarkeit auszuscheiden.[411] Folgt man der hier vertretenen Auffassung der Abgrenzung mittels des Kriteriums „vor oder für Publikum" so lässt sich auch die Tätigkeit eines Berufssportlers als Dozent bei Vorträgen und Seminaren einordnen, wobei der Anlass und die Intention des Vortrags irrelevant sind. In all diesen Fällen fehlt es regelmäßig an einer Tätigkeit vor oder für Publikum. Denn der Personenkreis des Auditoriums ist in diesem Fällen regelmäßig begrenzt und damit gerade nicht der Öffentlichkeit zugänglich.[412]

---

406 *FG Rheinland-Pfalz*, 18.07.2014–1 K 2552/11, DStRE 2015, 671 = juris Rn. 31; Revision anhängig *BFH*, I R 98/15.

407 Vgl. nur *Deutscher Fußball Bund*, Spielordnung, https://www.dfb.de/fileadmin/_dfbdam/27993-06_Spielordnung.pdf (Stand: 30.11.2017) in § 1 Nr. 4.

408 Zur Einordnung von Schiedsrichtern im Rahmen des Art. 17 OECD-MA siehe unten unter Kapitel 2.III.3.b)aa)(3).

409 So etwa Blümich/ *Wied/Reimer*, § 49 EStG Rn. 108; *Herrmann/Heuer/Raupach/Maßbaum*, § 49 EStG Rn. 519 mwN.

410 Vgl. dazu bereits oben unter Kapitel 2.I.1.a)aa).

411 *Wassermeyer*, IStR 1993, 69; zustimmend *Herrmann/Heuer/Raupach/Maßbaum*, § 49 EStG Rn. 530.

412 So im Ergebnis auch *Frotscher/Geurts/Frotscher*, § 49 EStG Rn. 137; eingehend dazu auch nachfolgend unter Kapitel 2.II.1.b).

Auch unter Zuhilfenahme dieses Kriteriums stellen sich weiter Abgrenzungsschwierigkeiten hinsichtlich der Einordnung von Trainern. Hinsichtlich eines Fußballtrainers hat das FG Köln zutreffend darauf hingewiesen, dass bei einem Trainer die physische Leistungserbringung nicht im Vordergrund steht, sondern vielmehr seine Aufgabe „in der Erhaltung und Förderung der spielerischen Leistungen seiner Mannschaft" zu sehen sei.[413] Unabhängig davon, ob der Trainer daher während des Trainings selbst sportliche Leistungen zeige, sei dieser Gesichtspunkt nur von untergeordneter Bedeutung. Dies zeige sich auch in der Vergütung, welche regelmäßig nicht hierfür geleistet werde.[414] Dem ist die Literatur, soweit ersichtlich, einhellig gefolgt[415], ordnet diese Leistungen aber ggf. als Zusammenhangsleistungen ein.[416]

Richtigerweise wird man aber auch im Normgefüge der beschränkten Steuerpflicht hinsichtlich der Einordnung von Trainern zwischen Einkünften aus selbstständiger Arbeit gem. § 49 Abs. 1 Nr. 3 EStG und solchen aus nichtselbstständiger Arbeit iSd. § 49 Abs. 1 Nr. 4 lit. a) EStG und gerade nicht solchen aus § 49 Abs. 1 Nr. 2 lit. d) EStG differenzieren müssen. Gewerbliche und selbstständige Einkünfte schließen einander schon nach § 15 Abs. 2 Satz 1 EStG aus.[417] Dementsprechend wiederholt § 49 Abs. 1 Nr. 2 lit. d) EStG diese Subsidiarität auch bei den beschränkt steuerpflichtigen Einkünften. Wie bei der Einordnung im Bereich der unbeschränkten Steuerpflicht sind die Einkünfte des selbstständigen Trainers damit über § 49 Abs. 1 Nr. 3 EStG iVm. 18 EStG steuerbar.[418] Legt die konkrete Vertragsgestaltung jedoch eine Arbeitnehmereigenschaft des Trainers nahe, so unterfallen dessen Einkünfte im Anwendungsbereich der beschränkten Steuerpflicht dem § 49 Abs. 1 Nr. 4 lit. a) EStG.[419] Auch wenn in der Literatur die Entscheidung des FG Köln unter dem Tatbestandsmerkmal der „sportlichen Darbietung" diskutiert wird[420], ist hierin kein Widerspruch zu dem obigen Befund zu erkennen. Denn der Entscheidung des FG Köln lag noch die alte Rechtslage des bis zum Veranlagungszeitraum 2009 geltenden § 50a Abs. 4 Nr. 2 EStG a. F. zu Grunde, der die Steuerabzugsverpflichtung für Berufssportler aus ihrer ausgeübten oder verwerteten Tätigkeit als solcher vorsah und daher diese Abgrenzung nicht benötigte.

Auch der zum Veranlagungszeitraum 2010 eingefügte § 49 Abs. 1 Nr. 2 lit. g) EStG vermag diesen Befund nicht zu ändern. Denn auch wenn dort nunmehr geregelt ist, dass die Einkünfte aus Transfergeschäften eines Berufssportlers als solche aus Gewerbebetrieb anzusehen sind und auch Transferentschädigungen mittlerweile auch

---

413 *FG Köln*, 16.12.1997–3 K 6937/97, EFG 1998, 744 = juris.
414 *FG Köln*, 16.12.1997–3 K 6937/97, EFG 1998, 744 = juris.
415 *Endres*, PIStB 2006, 143, 146; *Lippross/Seibel/Holthaus*, § 49 EStG Rn. 26; *Holthaus*, ISR 2013, 256, 258;*Gradl*, IWB 2014, 489, 490; *Kirchhof/Gosch*, § 49 EStG Rn. 26.
416 *Kirchhof/Söhn/Mellinghoff/Hidien*, § 49 EStG Rn. E 280 mit inzwischen nicht mehr zutreffenden Verweis auf *Herrmann/Heuer/Raupach/Maßbaum*, § 49 EStG Rn. 551.
417 *Herrmann/Heuer/Raupach/Brandt*, § 18 EStG Rn. 16.
418 *Gradl*, IWB 2014, 489, 490; *Endres*, PIStB 2006, 143, 146.
419 *Endres*, PIStB 2006, 143, 146 f.
420 Schmidt/*Loschelder*, § 49 EStG Rn. 39; Blümich/*Wied/Reimer*, § 49 EStG Rn. 111.

für Trainer geleistet werden, sprechen die besseren Gründe doch gegen eine Einbeziehung. Zum einen ist auch hier der gegenseitige Ausschluss von gewerblichen und selbstständigen Einkünften zu beachten. Evident wird die mangelnde Tragfähigkeit dieser Argumentation jedoch in der Tatsache, dass die Einkünfte für die Möglichkeit zur Verpflichtung eines Berufssportlers nicht diesem, sondern vielmehr dem abgebenden Klub zufließen. Auch wenn der Trainer als Berufssportler iSd. Norm zu begreifen wäre, so würde nicht er die Einkünfte iSd. § 49 Abs. 1 Nr. 2 lit. g) EStG erzielen.

Dagegen wird man den Einsatz eines Motorsportteams von Rennwagen und Fahrer nach der jüngsten Entscheidung des BFH[421] als eigenständige sportliche Darbietung zu beurteilen haben.[422]

Überdies unterwirft § 49 Abs. 1 Nr. 2 lit. d) EStG auch unterhaltende und ähnliche Darbietungen der Steuerpflicht und erweitert auf diesem Wege die Steuerbarkeit der Einkünfte. Der „ähnlichen Darbietung" dürfte dabei zumindest seit der Einfügung des weiteren Tatbestands der „unterhaltenden Darbietung" zum Veranlagungszeitraum 2009[423] keine eigenständige Bedeutung mehr zukommen.[424] Denn mit dem weit zu interpretierenden Merkmal der „unterhaltenden Darbietung"[425] werden auch Darbietungen ohne spezifisch sportlichen Bezug erfasst.[426] Versagt man daher den rein geistig dominierten Tätigkeit die Qualifikation als sportliche Tätigkeiten, so werden sie zumindest unter die unterhaltenden Darbietungen zu subsumieren sein.[427]

(c) Ausübung oder Verwertung

Weiter unterscheidet die Norm zwischen Ausübung und Verwertung einer sportlichen Darbietung. Während die Ausübung durch persönliche Vorführung im Inland durch den Berufssportler selbst erfolgen muss und naturgemäß auch erfolgt[428], ist das für den Verwertungstatbestand gerade nicht erforderlich.[429] Was unter einer

---

421 *BFH*, 06.06.2012 – I R 3/11, BFHE 238, 46 = juris.

422 *Frotscher/Geurts/Frotscher*, § 49 EStG Rn. 472 hatte dies wegen der fehlenden Trennbarkeit der Leistung des Rennfahrers von der des Team lediglich für den Fall der Stellung nur den Rennwagens angenommen.

423 *Die Bundesregierung der Bundesrepublik Deutschland*, Entwurf eines Jahressteuergesetzes 2009 (JStG 2009), 2008, S. 12.

424 So auch Schmidt/*Loschelder*, § 49 EStG Rn. 41.

425 *Die Bundesregierung der Bundesrepublik Deutschland*, Entwurf eines Jahressteuergesetzes 2009 (JStG 2009), 2008, S. 58.

426 *Herrmann/Heuer/Raupach/Maßbaum*, § 49 EStG Rn. 535.

427 Schmidt/*Loschelder*, § 49 EStG Rn. 39.

428 Der Sonderfall der ausgeübten sportlichen Tätigkeit durch Dritte wie bspw. als Veranstalter (instruktiv dazu *BFH*, 04.03.2009 – I R 6/07, BStBl. II 2009, 625 = juris) oder Rennteam (hierzu *BFH*, 06.06.2012 – I R 3/11, BFHE 238, 46 = juris), soll hier außer Betracht bleiben.

429 *BFH*, 04.03.2009 – I R 6/07, BStBl. II 2009, 625 = juris; *BMF*, 25.11.2010 – IV C 3 – S 2303/09/10002, BStBl. I 2010, 1350 = juris Rn. 20; *Herrmann/Heuer/Raupach/Maßbaum*, § 49 EStG Rn. 539.

Verwertung zu verstehen ist, definiert das Gesetz nicht. Nach – soweit ersichtlich – einhelliger Meinung wird eine sportliche Darbietung jedoch dann verwertet, wenn durch zusätzliche Handlungen finanzieller Nutzen gezogen wird.[430] Dies geschieht etwa dann, wenn das Ergebnis der sportlichen Darbietung dem Abnehmer dergestalt zugeführt wird, dass ein Wert oder ein materielles bzw. immaterielles Wirtschaftsgut geschaffen wird, welches einer neben der Darbietung stehenden, gesonderten Verwertung zugänglich ist.[431] Erforderlich ist damit eine über die reine Darbietung hinausgehende Handlung.[432] Dies ist etwa dann anzunehmen, wenn der Berufssportler zur Anfertigung einer Live-Übertragung den Eingriff in sein Recht am eigenen Bild duldet.[433] Ist eine über die sportliche Darbietung hinausgehende Tätigkeit nicht gegeben bzw. diese als bloße Dienstleistung zu qualifizieren, so reicht dies für die Annahme einer Verwertung iSd. § 49 Abs. 1 Nr. 2 lit. d) EStG nicht aus.[434] Damit ist das Verhältnis zwischen Ausübung und Verwertung auch dahingehend bestimmt, dass die Verwertung als subsidiärer Anknüpfungstatbestand zu verstehen ist.[435] Die Verwertung geschieht überwiegend durch die Einräumung oder Überlassung von (Nutzungs-)Rechten an der Darbietung.[436] So sind etwa Film, Funk und Fernsehübertragungen genauso denkbar wie die Erstellung eines Bildbands[437] oder die Produktion von Tonträgern[438], solange ein unmittelbarer sachlicher Zusammenhang zur sportlichen Darbietung noch gegeben ist.[439] Damit sind nur mittelbar mit der sportlichen Darbietung zusammenhängende Leistungen – wie etwa eigenstände Werbeleistungen nur anlässlich der sportlichen Darbietung – nicht mehr unter den Verwertungstatbestand zu fassen.[440] Regelmäßig wird die Verwertung der sportlichen Darbietung nicht durch den Berufssportler selbst, sondern durch Dritte – etwa Vermarktungsgesellschaften – erfolgen, welche die Rechte an

430 *BFH*, 04.03.2009 – I R 6/07, BStBl. II 2009, 625 = juris Rn. 26; Schmidt/*Loschelder*, § 49 EStG Rn. 42.

431 *Sauer*, Die Besteuerung ausländischer Sportler im Inland unter besonderer Berücksichtigung der europarechtlichen sowie völkerrechtlichen Vorgaben, 2009, S. 19.

432 *Herrmann/Heuer/Raupach/Maßbaum*, § 49 EStG Rn. 539; *Sauer*, Die Besteuerung ausländischer Sportler im Inland unter besonderer Berücksichtigung der europarechtlichen sowie völkerrechtlichen Vorgaben, 2009, S. 19.

433 *FG Köln*, 16.11.2006–2 K 1510/05, BeckRS 2006, 26022429 = juris Rn. 99 mwN.

434 *Mody*, Die deutsche Besteuerung international tätiger Künstler und Sportler, 1. Aufl. (1994), S. 60.

435 *Denk*, DStR 1997, 1911, 1914; *Mody*, Die deutsche Besteuerung international tätiger Künstler und Sportler, 1. Aufl. (1994), S. 60 mwN.

436 Ausführlich zu Fernsehrechten etwa *Schlotter*, FR 2010, 651; *Schauhoff/Schlotter*, IStR 2009, 751; ebenso *Frotscher/Geurts/Frotscher*, § 49 EStG Rn. 140 mit Verweis auf *BFH*, 04.03.2009 – I R 6/07, BStBl. II 2009, 625 = juris.

437 So etwa *Graf/Bisle*, IStR 2006, 44, 46.

438 *Frotscher/Geurts/Frotscher*, § 49 EStG Rn. 140; *Kirchhof/Gosch*, § 49 EStG Rn. 24.

439 *BFH*, 16.05.2001 – I R 64/99, BStBl. II 2003, 641 = juris Rn. 13; *Frotscher/Geurts/Frotscher*, § 49 EStG Rn. 140; *Kirchhof/Gosch*, § 49 EStG Rn. 24 mwN.

440 *BFH*, 04.03.2009 – I R 6/07, BStBl. II 2009, 625 = juris Rn. 26.

der Veranstaltung vom Berufssportler bzw. dem Veranstalter derivativ erworben haben.[441] Dennoch sind neben dieser passiven[442] Verwertung auch Gestaltungen denkbar, in denen der Berufssportler seine sportliche Darbietung in einer weiteren, davon trennbaren Handlung selbst verwertet (aktive Verwertung). So etwa wenn ein Golfspieler seine besten Spiele auf DVD veröffentlicht oder ein Tennisspieler seine besonderen Spielweise in einem Lehrbuch interessierten Amateursportlern näher bringt. Zu klären gilt es dabei in jedem Einzelfall, ob der notwendige Bezug zur sportlichen Darbietung noch gegeben ist. M.E. nicht mehr in ausreichendem Zusammenhang steht bspw. die Publikation der Memoiren eines Berufssportlers. Ob die reine Rechteüberlassung durch den Berufssportler unter den Tatbestand der Verwertung fällt, ist umstritten. Während Teile der Literatur, die Finanzverwaltung und auch die ältere Rechtsprechung des BFH diese unter § 49 Abs. 1 Nr. 6 EStG fassen wollen, vertritt der BFH in seiner jüngsten Entscheidung die Auffassung, dass gewerbliche Einkünfte vorliegen.[443] Hieraus resultierende Einkünfte sind daher regelmäßig § 49 Abs. 1 Nr. 2 lit. f) EStG zuzuordnen.

(d) Im Inland

Stattfinden muss die Verwertung für die Tatbestandserfüllung jedenfalls im Inland. Während dies für die sportliche Darbietung[444] von jeher unproblematisch zu klären war, bestand hinsichtlich der Verwertungsalternative Streit. Nachdem der BFH[445] nach Auslegung des damaligen Wortlauts der Norm zu dem Ergebnis gelangte, dass nur die Verwertung einer inländischen Darbietung steuerbar sei, stellte der Gesetzgeber mit dem Steuerentlastungsgesetz 1999[446] seine Auffassung dahingehend klar, dass ab dem Veranlagungszeitraum 1999 auch inländische Verwertungen ausländischer Darbietungen erfasst sind. Wann eine Verwertung allerdings im Inland erfolgt, beschreibt der Gesetzeswortlaut nicht. Für die Beurteilung ist hier auf die Art der geschuldeten Tätigkeit abzustellen.[447] Mit *Frotscher* ist eine solche anzunehmen, wenn die zur Nutzung überlassenen Rechte im Inland ausgeübt werden.[448] Bei Rundfunk- und Fernsehrechten ist dies etwa der Fall, wenn die Aus-

---

441 Dazu, dass der Verwertungstatbestand bei Sportlern eher als Ausnahme zu begreifen ist, auch *Mody*, Die deutsche Besteuerung international tätiger Künstler und Sportler, 1. Aufl. (1994), S. 59.

442 Denkbar ist hier neben der Überlassung zur aktiven Nutzung auch die Überlassung wiederum zur passiven Nutzung, sog. Sublizenzierung.

443 Zum Meinungsstand bereits oben unter Kapitel 2.I.1.a)bb)(2).

444 Ebenso für die weiteren in § 49 Abs. 1 Nr. 2 lit. d) EStG genannten Darbietungsvarianten.

445 *BFH*, 17.12.1997 – I R 18/97, BStBl. II 1998, 440 = juris Rn. 9.

446 Steuerentlastungsgesetz 1999/2000/2002, BGBl I (24.03.1999), 402.

447 *BFH*, 12.11.1986 – I R 69/83, BStBl. II 1987, 379, 380 f. und *BFH*, 12.11.1986 – I R 320/83, BStBl. II 1987, 381, 382 f. zur nichtselbstständigen Tätigkeit, sowie *BFH*, 12.11.1986 – I R 268/83, BStBl. II 1987, 372, 373 zur selbstständigen Tätigkeit.

448 *Frotscher/Geurts/Frotscher*, § 49 EStG Rn. 142a.

strahlung im Inland erfolgt.[449] Auf die Ansässigkeit der Vertragspartner kommt es dabei ebenso wenig an wie auf den Ort des Vertragsschlusses oder dem Erfüllungsort.[450] Zutreffend ist daher m. E. die Beurteilung von *Pfeifer*, die den Verwertungsort danach definiert, wo der Nutzen der selbstständigen Tätigkeit gezogen wird, d. h. „das körperliche oder geistige Produkt dem Vertragspartner zur Verfügung gestellt wird."[451] Der Berufssportler kann daher eine eigene Besteuerung vermeiden, wenn er – wie angedeutet – die Nutzungsrechte an einer im Ausland ausgeübten sportlichen Darbietung auf einen Dritten überträgt, der dann die Darbietung im Inland verwertet. Freilich lässt sich so keine Steuerfreiheit erreichen, da in diesem Beispiel dann selbstverständlich der Dritte steuerpflichtig ist.

(e) Zufluss der Einnahmen

Irrelevant für die Erfüllung des Tatbestands ist der Umstand, wem die Einnahmen zufließen. Folglich ist die Steuerbarkeit auch dann gegeben, wenn diese nicht nur dem Darbietenden oder Verwertenden zufließen, sondern auch bei Zufluss bei einem Dritten. Zu fordern ist lediglich ein kausaler Zusammenhang zu der Ausübung bzw. Verwertung einer Darbietung im Inland.[452] Dies wird mit der gesetzgeberischen Intention begründet, die Möglichkeiten zur Vermeidung der beschränkten Steuerpflicht durch entsprechende vertragliche Gestaltungen zu beschränken, welche mittels Aufteilung der verschiedenen zusammenhängenden Leistungen auf jeweils gesonderte Verträge erreicht werden könnte.[453] Damit muss der Steuerpflichtige die Darbietung nicht selbst und persönlich ausüben, so dass etwa auch der Veranstalter Einkünfte „durch" die Darbietung oder deren Verwertung erzielen kann.[454] Weiter erfasst der Tatbestand mit dieser Interpretation auch ausländische Unternehmen, die die Berufssportler im eigenen Namen und für eigene Rechnung – mithin nicht nur im Rahmen einer Vermittlertätigkeit – einem inländischen Veranstalter zur Verfügung stellen.[455] Der Vollständigkeit halber sei an dieser Stelle erwähnt, dass Sportteams, die sich Berufssportler als nichtselbstständig Tätige bei Veranstaltungen bedienen, damit ebenfalls der Steuerpflicht unterfallen. Betroffen hiervon sind etwa Fußballvereine und Motorsportteams.[456] Die sportliche Leistung des weisungs-

---

449 *BFH*, 04.03.2009 – I R 6/07, BStBl. II 2009, 625 = juris Rn. 29; *Frotscher/Geurts/Frotscher*, § 49 EStG Rn. 142a mwN.

450 *Frotscher/Geurts/Frotscher*, § 49 EStG Rn. 142a; *Kirchhof/Gosch*, § 49 EStG Rn. 24.

451 *Pfeifer*, Die deutsche Besteuerung ausländischer Tonkünstler und Künstlergesellschaften, 2014, S. 70.

452 *BFH*, 02.02.1994 – I B 143/93, BFH/NV 1994, 864 = juris Rn. 13; Schmidt/*Loschelder*, § 49 EStG Rn. 44.

453 *Die Bundesregierung der Bundesrepublik Deutschland*, Entwurf eines Steuerbereinigungsgesetzes 1985, 1984, S. 64; *BFH*, 16.11.2011 – I R 65/10, BFH/NV 2012, 924 = juris; *BFH*, 28.07.2010 – I R 93/09, BFH/NV 2010, 2263 = juris.

454 *Frotscher/Geurts/Frotscher*, § 49 EStG Rn. 121.

455 *Frotscher/Geurts/Frotscher*, § 49 EStG Rn. 121.

456 *Frotscher/Geurts/Frotscher*, § 49 EStG Rn. 121.

gebundenen Berufssportlers ist nach Ansicht des BFH so eng mit der des Teams verbunden, dass diese als Einheit zu betrachten ist und damit die sportliche Darbietung dem Team zuzuordnen sei.[457]

Als letztes Tatbestandsmerkmal postuliert § 49 Abs. 1 Nr. 2 lit. d) EStG die Subsidiarität zu Nr. 3 und 4 aaO.[458] Danach liegen keine gewerblichen Einkünfte vor, wenn diese bereits als solche aus selbstständiger (Nr. 3 aaO. iVm. § 18 EStG) oder nichtselbstständiger Arbeit (Nr. 4 aaO. iVm. § 19 EStG) zu qualifizieren sind. Bereits in dieser Zusammenfassung zeigt sich die Entbehrlichkeit des Satzteils in § 49 Abs. 1 Nr. 2 lit. d) EStG.[459] Denn die Tatbestände schließen sich gegenseitig aus und die Abgrenzung der Einkunftsarten bedingt bereits eine Zuordnung zu einer Nummer. Eine mehrfache Tatbestandserfüllung ist m. E. nicht denkbar.

b) Einkünfte aus Zusammenhangsleistungen

aa) Sinn und Zweck der Regelung

Liegt nach den obigen Grundsätzen keine Darbietung vor bzw. fehlt es für die Annahme einer Verwertung an dem erforderlichen sachlichen Zusammenhang mit der Darbietung, so kommen Einkünfte aus Zusammenhangsleistungen in Betracht. Mit dieser Annexbesteuerung wollte der Gesetzgeber die Besteuerung der „anderen mit diesen Leistungen zusammenhängenden Leistungen" unabhängig davon sicherstellen, „ob die zu erbringende Leistung in einem oder mehreren Verträgen vereinbart wird."[460] Die künstliche Aufteilung der wirtschaftlich eigentlich einheitlich zu beurteilenden Leistungen bestehend aus Darbietung und Nebenleistung in rechtlich selbstständig zu würdigende Verträge sollte folglich vermieden werden. Dies hätte bei konsequenter Gesetzesanwendung zur unterschiedlichen Besteuerung von Darbietung und Nebenleistung geführt.[461] Dabei wäre vielfach mangels inländischer Betriebsstätte oder inländischem ständigen Vertreter die Besteuerung gewerbliche Einkünfte vermieden worden. In der praktischen Gestaltung hätte dann die Allokation der Entgelte zu den Nebenleistungen anstelle zur sportlichen Darbietung nahe

---

457 *BFH*, 06.06.2012 – I R 3/11, BFHE 238, 46 = juris Rn. 17.

458 Sie dazu bereits oben zur Einordnung der Einkünfte von Trainern unter Kapitel 2. II.1.a)bb)(2)(b).

459 So auch *Keßler*, BB 1986, 1890, 1896; *Maßbaum*, Die beschränkte Steuerpflicht der Künstler und Berufssportler unter Berücksichtigung des Steuerabzugsverfahrens, 1991, S. 185; *Kirchhof/Söhn/Mellinghoff/Hidien*, § 49 EStG Rn. E 213.

460 *Die Bundesregierung der Bundesrepublik Deutschland*, Entwurf eines Steuerbereinigungsgesetzes 1985, 1984, S. 64; *Sauer*, Die Besteuerung ausländischer Sportler im Inland unter besonderer Berücksichtigung der europarechtlichen sowie völkerrechtlichen Vorgaben, 2009, S. 19 mwN.

461 *Lademann/Stöber/Anissimov/Heß u. a.*, § 49 EStG Rn. 1378.

gelegen.[462] Wird eine konnexe Leistung bejaht, so sind die hieraus erzielten Einkünfte denen aus dem Darbietungs- bzw. Verwertungstatbestand hinzuzurechnen.[463]

bb) Die Regelung im Einzelnen

Um als Zusammenhangsleistung der Steuerbarkeit zu unterfallen, muss die Leistung mehrere Voraussetzungen erfüllen, die nachfolgend näher dargestellt werden sollen. Bereits ausweislich des Wortlautes ist eine „andere Leistung" erforderlich[464], die aber nach der insoweit überwiegenden Auffassung mit der Darbietung bzw. Verwertung in einem sachlichen[465] und personellen[466] Zusammenhang stehen muss. Dabei kann weder der sachliche Zusammenhang über den persönlichen hergeleitet werden, noch ist dies umgekehrt möglich.[467] Hinsichtlich der Einzelheiten weichen die Ansichten jedoch voneinander ab und machen eine eingehendere Untersuchung erforderlich.

(1) Andere Leistung iSd. § 49 Abs. 1 Nr. 2 lit. d) EStG

Zunächst muss es sich um eine andere Leistung handeln. Dabei knüpft der Leistungsbegriff in seiner einkommensteuerrechtlichen Bedeutung, wie etwa in § 22 Nr. 3 EStG, an das Zivilrecht[468] an und meint jedes Tun, Dulden oder Unterlassen.[469] Durch die Präzisierung „andere" ist klargestellt, dass es sich bei der Leistung nicht um eine solche handeln darf, die dem Darbietungs- oder Verwertungstatbestand selbst unterfällt.[470] Das gilt folglich nicht nur für die „sportliche" Darbietung, sondern – wie das FG Berlin konstatiert – auch für die „ähnliche" Darbietung.[471] Aus dem ergänzenden Charakter des Annextatbestandes ergibt sich auch, dass die anderen Leistungen im Verhältnis von Haupt- zu Nebenleistung zueinander stehen

---

462 *Maßbaum*, Die beschränkte Steuerpflicht der Künstler und Berufssportler unter Berücksichtigung des Steuerabzugsverfahrens, 1991, S. 206; *Keßler*, BB 1986, 1890, 1896; *Klimmer*, Besteuerung international tätiger Sportler in der Bundesrepublik Deutschland, 2004, S. 161; *Sauer*, Die Besteuerung ausländischer Sportler im Inland unter besonderer Berücksichtigung der europarechtlichen sowie völkerrechtlichen Vorgaben, 2009, S. 20.

463 *Kirchhof/Söhn/Mellinghoff/Hidien*, § 49 EStG Rn. E 413.

464 Nachfolgend unter Kapitel 2.II.1.b)bb)(1).

465 Nachfolgend unter Kapitel 2.II.1.b)bb)(2).

466 Nachfolgend unter Kapitel 2.II.1.b)bb)(3).

467 So implizit *BFH*, 06.06.2012 – I R 3/11, BFHE 238, 46 = juris Rn. 23.

468 *Kirchhof/Söhn/Mellinghoff/Hidien*, § 49 EStG Rn. E 401.

469 *BFH*, 05.08.1976 – VIII R 117/75, BFHE 120, 182 = juris Rn. 10; *BFH*, 25.09.1979 – VIII R 34/78, BFHE 129, 129 = juris Rn. 14; *Herrmann/Heuer/Raupach/Maßbaum*, § 49 EStG Rn. 548; *Schrettl*, Rechtsfragen der beschränkten Steuerpflicht, 1994, S. 204.

470 *Kirchhof/Söhn/Mellinghoff/Hidien*, § 49 EStG Rn. E 402; *Pfeifer*, Die deutsche Besteuerung ausländischer Tonkünstler und Künstlergesellschaften, 2014, S. 113.

471 *FG Berlin*, 10.01.2003–3 K 3511/98, IStR 2003, 496 = juris Rn. 7.

müssen, wobei die anderen Leistungen die Nebenleistungen zu sein haben.[472] Wirtschaftlich gesehen sollen beide Bestandteile dann jedoch als Gesamtleistung[473] aufscheinen und zwar unabhängig davon, ob sie in einem oder mehreren Teilverträgen niedergelegt sind.[474]

(2) Sachlicher Zusammenhang

Überdies muss die andere Leistung mit der Darbietung bzw. Verwertung in einem sachlichen Zusammenhang stehen. Wie dieser Zusammenhang ausgeprägt sein muss, lässt sich dem Wortlaut des Gesetzes nicht entnehmen. Der sachliche Zusammenhang wird aber vielfach dahingehend definiert, dass die andere Leistung in tatsächlicher, konkreter und untrennbarer Verbindung mit der Darbietung bzw. der Verwertung stehen muss.[475] Wie die einzelnen Merkmale selbst zu definieren sind bzw. ob sie überhaupt selbstständig definierbar sind, wird dabei unterschiedlich beurteilt. Teilweise werden Merkmale zusammengefasst[476], teilweise die Erfordernisse unter den verschiedenen Tatbestandsmerkmalen subsumiert.[477] Um den Zusammenhang in den vielschichtigen Gestaltungen stets präzise bestimmen zu können, lohnt sich daher eine genauere Auseinandersetzung mit den einzelnen Merkmalen. Diese hat dabei stets unter der Prämisse zu erfolgen, dass es aufgrund des weit auszulegenden Leistungsbegriffs[478] eine Ausuferung zu einem konturenlosen Auffangtatbestand bereits im Hinblick auf die rechtstaatlich notwendige Bestimmtheit von Normen zu vermeiden gilt.[479]

Die tatsächliche Verbindung präzisiert dabei zunächst das Verhältnis von Haupt- und Nebenleistung dahingehend, dass eine rechtliche Verbindung wie

---

472 *BFH*, 16.05.2001 – I R 64/99, BStBl. II 2003, 641 = juris Rn. 13; *BFH*, 28.07.2010 – I R 93/09, BFH/NV 2010, 2263 = juris Rn. 17 f.; *Pfeifer*, Die deutsche Besteuerung ausländischer Tonkünstler und Künstlergesellschaften, 2014, S. 113 mwN.

473 *FG München*, 22.03.2002–1 V 4030/01, IStR 2002, 418 = juris Rn. 14.

474 *Kirchhof/Söhn/Mellinghoff/Hidien*, § 49 EStG Rn. E 403.

475 *Sauer*, Die Besteuerung ausländischer Sportler im Inland unter besonderer Berücksichtigung der europarechtlichen sowie völkerrechtlichen Vorgaben, 2009, S. 21; *Maßbaum*, Die beschränkte Steuerpflicht der Künstler und Berufssportler unter Berücksichtigung des Steuerabzugsverfahrens, 1991, S. 207; *Mody*, Die deutsche Besteuerung international tätiger Künstler und Sportler, 1. Aufl. (1994), S. 69; Blümich/*Wied*, § 49 EStG Rn. 118; *Herrmann/Heuer/Raupach/Maßbaum*, § 49 EStG Rn. 548 *Frotscher/Geurts/Frotscher*, § 49 EStG Rn. 146b; Schmidt/*Loschelder*, § 49 EStG Rn. 43; *BFH*, 21.04.1999 – I B 99/98, BFHE 188, 372 = juris Rn. 9.

476 So etwa bei *Herrmann/Heuer/Raupach/Maßbaum*, § 49 EStG Rn. 548.

477 *Kirchhof/Söhn/Mellinghoff/Hidien*, § 49 EStG Rn. E412.

478 Vgl. dazu bereits oben unter Kapitel 2.II.1.b)bb)(1).

479 In diesem Sinne auch *Maßbaum*, Die beschränkte Steuerpflicht der Künstler und Berufssportler unter Berücksichtigung des Steuerabzugsverfahrens, 1991, S. 207; *Sauer*, Die Besteuerung ausländischer Sportler im Inland unter besonderer Berücksichtigung der europarechtlichen sowie völkerrechtlichen Vorgaben, 2009, S. 20.

sie sich etwa in einem Vertragsverhältnis findet, zwar ausreichend, aber nicht erforderlich ist. Vielmehr ist auf die tatsächlichen Verhältnisse abzustellen. Hierdurch wird der gesetzgeberische Wille verwirklicht, zu verhindern, dass durch die rein rechtliche Aufspaltung verschiedener Vertragsbestandteile in rechtlich selbstständige Verträge – etwa durch Zwischenschaltung von Dritten – eine Besteuerung der Einkünfte unterbleibt. Der tatsächliche Zusammenhang ist folglich nicht rein rechtlich, sondern vielmehr unter wirtschaftlichen Gesichtspunkten zu bestimmen.[480]

Weiterhin ist der konkrete Zusammenhang dergestalt zu verstehen, dass sich die Nebenleistung unmittelbar auf die Darbietung bzw. Verwertung auszuwirken hat. Dies ist in örtlicher und zeitlicher Hinsicht zu verstehen.[481] Die Nebenleistung soll mithin anlässlich der Darbietung und Verwertung und nicht nur gelegentlich in diesem Zusammenhang erfolgen.[482] Damit hat auch die Nebenleistung den notwendigen Bezug zum Inland aufzuweisen, wobei der Ort ebenso wie bei der Hauptleistung zu bestimmen ist.[483] Und auch der zeitliche Zusammenhang muss noch erkennen lassen, dass die Nebenleistung anlässlich der Hauptleistung erbracht wird.[484] Ein bloß mittelbarer Zusammenhang kann hierfür eigentlich nicht ausreichen.[485] Dennoch deutete der BFH in zwei jüngeren Entscheidungen an, dass ein bloß mittelbarer Zusammenhang ausreichen soll.[486] In beiden Entscheidungen kam es jedoch hierauf nicht entscheidend an und der BFH konnte folglich die Entscheidung dahinstehen lassen, so dass über den konkreten Mehrwert der Aussage nur spekuliert werden kann. M.E. kann aus diesen beiden Entscheidungen keine Aufweichung der bisherigen Linie entnommen werden. Denn auch in den nachfolgenden Entscheidungen betonte der BFH stets, dass ein unmittelbarer Zusammenhang erforderlich sei.[487]

Schließlich konkretisiert sich der sachliche Zusammenhang in einer untrennbaren Beziehung zwischen Haupt- und Nebenleistung. Untrennbar meint dabei etwa nach Ansicht des FG München, dass es „unabdingbare Grundlage“ für die Darbietung zu sein bzw. nach Ansicht von *Hey* in einem „unlösbaren Zusammenhang“ zu

---

480 *Kirchhof/Gosch*, § 49 EStG Rn. 30; *Kirchhof/Söhn/Mellinghoff/Hidien*, § 49 EStG Rn. E 405 mit Verweis auf *Maßbaum*, Die beschränkte Steuerpflicht der Künstler und Berufssportler unter Berücksichtigung des Steuerabzugsverfahrens, 1991, S. 207.

481 So etwa *Kirchhof/Gosch*, § 49 EStG Rn. 30; *Kirchhof/Söhn/Mellinghoff/Hidien*, § 49 EStG Rn. E 404, welcher aber auch die tatsächliche Verbindung hierunter fasst; ebenso *FG Berlin-Brandenburg*, 12.05.2010–12 K 3078/05 B, EFG 2010, 1608 = juris Rn. 38.

482 *Kirchhof/Söhn/Mellinghoff/Hidien*, § 49 EStG Rn. E 409; *Hey*, EFG 1997, 883, 888.

483 *Kirchhof/Söhn/Mellinghoff/Hidien*, § 49 EStG Rn. E 406.

484 *Kirchhof/Söhn/Mellinghoff/Hidien*, § 49 EStG Rn. E 407. Zu den konkreten Anwendungsbereichen siehe sogleich unter Kapitel 2.II.1.b)bb)(4).

485 *Kirchhof/Söhn/Mellinghoff/Hidien*, § 49 EStG Rn. E 404.

486 *BFH*, 16.05.2001 – I R 64/99, BStBl. II 2003, 641 = juris Rn. 14; *BFH*, 04.03.2009 – I R 6/07, BStBl. II 2009, 625 = juris Rn. 26.

487 Vergleich etwa zuletzt *BFH*, 06.06.2012 – I R 3/11, BFHE 238, 46 = juris Rn. 22.

stehen habe.[488] Dennoch ließ es der BFH in einer jüngeren Entscheidung genügen, dass die Verbindung zwischen der Hauptleistung und der Nebenleistung „nicht so eng" sei.[489] Mit *Pfeifer* ist aber auch in dieser Entscheidung keine Abkehr vom Erfordernis der Untrennbarkeit zu sehen.[490] Denn in der Entscheidung hatte der BFH lediglich festgestellt, dass eine unterstützende Dienstleistung, die „mit einer dem internationalen Standard entsprechenden Transport-, Ton- und Bühnentechnik" zwar nicht speziell auf die Darbietung zugeschnitten sei, dennoch den Anforderungen genüge, die an den sachlichen Zusammenhang zu stellen seien.[491] Mit dieser Begründung verschiebt der BFH lediglich etwas die Kontur der Untrennbarkeit, hält aber dennoch das Erfordernis an sich aufrecht, so dass die Nebenleistung für die Durchführung der Hauptleistung notwendig ist. Dies ist auch im entschiedenen Fall zu erkennen. Denn ohne die – wenn auch standardisierte Bühnentechnik – hätte die Aufführung als solche nicht durchgeführt werden können.[492]

Zusammenfassend lässt sich hinsichtlich der Merkmale des sachlichen Zusammenhangs – mithin dem tatsächlichen, konkreten und untrennbaren – damit festhalten, dass Rechtsprechung und Literatur auch weiterhin an diesen Merkmalen festhalten. Lediglich in Bezug auf die Konturen der Merkmale lässt sich eine gewisse Flexibilität erkennen, die allerdings m. E. dem gesetzgeberischen Ziel der Vermeidung von Steuervermeidungsgestaltungen geschuldet ist. Unerheblich ist dabei aber stets, ob eine Gesamtvergütung gezahlt wird, die geschuldeten Leistungen in einem oder mehreren Verträgen niedergelegt wurden und diese im eigenen Namen oder durch Dritte durchgeführt wurden.[493]

(3) Personeller Zusammenhang

Die meiste Bewegung ist hingegen im Bereich der personellen Zusammenhangs zu erkennen, mithin dem Bestreben das Vorliegen bzw. Nichtvorliegen von konnexen Leistungen über dieses zusätzliche Merkmal zu lösen. Dass eine personelle Komponente zu fordern ist, ist soweit ersichtlich einhellige Meinung.[494] Lediglich

---

488 *FG München*, 22.03.2002–1 V 4030/01, IStR 2002, 418 = juris Rn. 14; *Hey*, EFG 1997, 883, 888.

489 *BFH*, 28.07.2010 – I R 93/09, BFH/NV 2010, 2263 = juris Rn. 20.

490 *Pfeifer*, Die deutsche Besteuerung ausländischer Tonkünstler und Künstlergesellschaften, 2014, S. 115.

491 *BFH*, 28.07.2010 – I R 93/09, BFH/NV 2010, 2263 = juris, Rn. 20.

492 *Pfeifer*, Die deutsche Besteuerung ausländischer Tonkünstler und Künstlergesellschaften, 2014, S. 115 mit Verweis auf *BFH*, 28.07.2010 – I R 93/09, BFH/NV 2010, 2263 = juris.

493 *Kirchhof/Gosch*, § 49 EStG Rn. 31; *Herrmann/Heuer/Raupach/Maßbaum*, § 49 EStG Rn. 548; *Sauer*, Die Besteuerung ausländischer Sportler im Inland unter besonderer Berücksichtigung der europarechtlichen sowie völkerrechtlichen Vorgaben, 2009, S. 20; *Kirchhof/Söhn/Mellinghoff/Hidien*, § 49 EStG Rn. E 412.

494 Zum früheren Streitstand noch *Kirchhof/Söhn/Mellinghoff/Hidien*, § 49 EStG Rn. E 410.

hinsichtlich deren Umfanges besteht Streit. Das Erfordernis ist – soweit ersichtlich – auf *Maßbaum* zurückzuführen, nach welchem es sich um denselben Anbieter handeln muss, der die gesamten Leistungen erbringt.[495] Dies sogar unabhängig davon, ob der Leistende Dritte einsetzt, welche im eigenen Namen und auf eigene Rechnung handeln.[496] Die Leistungen sind mithin nach der Formulierung der BFH-Senatsrechtsprechung „aus einer Hand" zu erbringen.[497] Präziser formuliert muss es sich um eine durch Gesamtvergütung entgoltene Gesamtleistung des Berufssportlers als Darbietendem handeln, die es rechtfertigt, die Vergütungen für Nebenleistungen ebenfalls als steuerpflichtige Zusammenhangsleistung zu begreifen.[498] Werden diese Nebenleistungen dagegen auf der Grundlage besonderer Verträge erbracht, die der inländische Vertragspartner mit einem unabhängigen Dritten abgeschlossen hat und damit von einem anderen als dem Berufssportler, so fehlt nach Ansicht der höchstrichterlichen Rechtsprechung der personelle Zusammenhang („einschließlich").[499] Anders hatten dies noch das FG München[500] und das FG Münster[501] gesehen. In dem vom FG München zu entscheidenden Fall wurde der personelle Zusammenhang auch dann noch als gegeben angesehen, wenn ein inländischer Konzertveranstalter einen ersten Vertrag mit einer ausländischen Künstlergruppe über die Durchführung einer Inlandstournee schließt und einen weiteren Vertrag mit einem ausländischen Veranstaltungsunternehmen, welches die für die Tournee erforderlichen Teilleistungen (Beleuchtung, Ton, Beförderung etc.) erbringen soll. Nach Auffassung des FG München stellen diese Teilleistungen eine unabdingbare, untrennbare Grundlage für die Durchführung der Gesamttournee dar, so dass auch bei Einschaltung von Dritten eine Besteuerung möglich sei.[502] Zwar mag diese Begründung bei undifferenzierter Sichtweise überzeugen, doch ist m. E. im Ergebnis der neueren Rechtsprechung den Vorzug zu geben. Dies zeigt auch der vom BFH mit Urteil vom 16.05.2001 entschiedene Fall, bei welchen eine im Ausland ansässige Sportgesellschaft die ihr vom im Inland ansässigen Veranstalter übertragene Berechtigung zur Werbung auf eine ebenfalls im Inland ansässige Brauerei übertragen hatte, die diese Berechtigung dann für Bandenwerbung im Rahmen der

495 *Maßbaum*, Die beschränkte Steuerpflicht der Künstler und Berufssportler unter Berücksichtigung des Steuerabzugsverfahrens, 1991, S. 207.

496 *Maßbaum*, Die beschränkte Steuerpflicht der Künstler und Berufssportler unter Berücksichtigung des Steuerabzugsverfahrens, 1991, S. 207.

497 Vgl. nur *BFH*, 06.06.2012 – I R 3/11, BFHE 238, 46 = juris Rn. 21; *BFH*, 28.07.2010 – I R 93/09, BFH/NV 2010, 2263 = juris Rn. 17; *BFH*, 16.05.2001 – I R 64/99, BStBl. II 2003, 641 = juris Rn. 14; ebenso bereits *FG Köln*, 06.11.2008–15 K 4515/02, EFG 2009, 255 = juris Rn. 63.

498 *BFH*, 16.11.2011 – I R 65/10, BFH/NV 2012, 924 = juris Rn. 23.

499 *BFH*, 16.11.2011 – I R 65/10, BFH/NV 2012, 924 = juris Rn. 24 mwN.

500 *FG München*, 22.03.2002–1 V 4030/01, IStR 2002, 418 = juris.

501 *FG Münster*, 31.05.1999–9 K 6881/98 K, DStRE 1999, 906 = juris.

502 *FG München*, 22.03.2002–1 V 4030/01, IStR 2002, 418 = juris Rn. 14.

Veranstaltung nutzte.[503] M.E. zutreffend hatte der BFH hier den personellen Zusammenhang negiert. Würde man hier die Argumentation des FG München anlegen, so wäre bezogen auf diesen Fall aber festzustellen, dass die sportliche Darbietung auch ohne die Werbemaßnahme hätte durchgeführt werden können. Aber auch unabhängig von diesem Befund sollte das Merkmal des personellen Zusammenhangs nicht über einen Verweis auf das Vorliegen des sachlichen Zusammenhangs ausgehebelt werden, sondern eigenständige Bedeutung behalten. Denn Sinn und Zweck der Konnexitätsklausel ist gerade nicht eine personelle Erweiterung, sondern lediglich eine sachliche Ergänzung. So sieht auch *Hidien* keinen Bedarf für eine subjektive Erweiterung, welcher sich auch entstehungsgeschichtlich nicht nachweisen lässt.[504] Ist also bereits der Grundtatbestand exakt, so bedarf es keiner erweiternden Auslegung. In systematischer Hinsicht ergänzt *Hidien* diese Argumentation zutreffend noch um das – nachfolgend im Detail dargestellte – Durchführungsverfahren. Denn würde hier eine umfassende Steuerpflicht begründet werden, so wäre ein ausländischer Getränkehersteller, der auf einer Sportveranstaltung im Inland Erfrischungen anbietet, nur aufgrund der Tatsache steuerpflichtig, dass es sich um eine Sportveranstaltung handelt. Ein Verkauf etwa auf einer Messe würde hingegen nicht der Steuerpflicht unterfallen.[505] Der inzwischen als gefestigt anzusehender Rechtsprechung folgt die Literatur in weiten Teilen.[506] Auch *Gosch* stimmt dem im Grundsatz zu.[507] Freilich tangieren diese Zusammenhangsleistungen den Berufssportler nicht unmittelbar, doch sind nicht selten Gestaltungen aufzufinden, bei denen der Berufssportler über „Umwege“ an dem „Dritten“ beteiligt ist, so dass auch dieser Punkt hier erläutert werden soll. Interessant wird dies etwa dann, wenn man mit *Gosch*[508] eine Ausnahme vom personellen Zusammenhang dann annimmt, wenn Einzelfallumstände (z.B. eine rein künstliche Vertragsaufteilung) eine wirtschaftliche Betrachtungsweise erfordern. Eine solche hatte auch das FG Köln in seiner Entscheidung vom 06.11.2008 dann angenommen, wenn zwischen dem Künstler und der Künstler-Vermarktungsgesellschaft zwar eine rechtliche Selbstständigkeit gegeben, die Verzahnung aber dennoch so eng war, dass die Aufsplittung künstlich wirkte.[509] Nach Ansicht von *Gosch* soll eine solche „faktische Anbieteridentität“ aber

---

503 *BFH*, 16.05.2001 – I R 64/99, BStBl. II 2003, 641 = juris.

504 So auch *Kirchhof/Söhn/Mellinghoff/Hidien*, § 49 EStG Rn. E411.

505 *Kirchhof/Söhn/Mellinghoff/Hidien*, § 49 EStG Rn. E411 und auch *Ehlig*, IStR 2010, 504 mit Verweis auf *Wassermeyer*, IStR 2001, 782.

506 *Herrmann/Heuer/Raupach/Maßbaum*, § 49 EStG Rn. 548; *Kirchhof/Söhn/Mellinghoff/Hidien*, § 49 EStG Rn. E411; Blümich/*Wied*, § 49 EStG Rn. 118; *Grams/Ulbricht*, IStR 2011, 40.

507 *Kirchhof/Gosch*, § 49 EStG Rn. 30.

508 *Kirchhof/Gosch*, § 49 EStG Rn. 30, wobei sich der Verweis auf Schlotter, FR 2010, 651 wohl lediglich auf die Vertragssplittung bezieht.

509 *FG Köln*, 06.11.2008–15 K 4515/02, EFG 2009, 255 = juris Rn. 68.

nicht schon dann vorliegen, wenn eine Tournee nach Art, Ort, Zeit und Abrechnung der Leistungen gemeinsam durchgeführt wird.[510]

Ähnlich weit wie das FG München seinerzeit geht hingegen immer noch die Finanzverwaltung. Nach dem BMF-Schreiben vom 25.11.2010 soll ein personeller Zusammenhang nämlich bereits dann bestehen, wenn der Darbietende unmittelbaren Einfluss auf die Wahl und den Umfang der Leistungen des Dritten nehmen kann. Die Nebenleistungen sind außerdem dann zuzurechnen, wenn der Darbietende oder eine ihm nahe stehende Person iSd. § 1 Abs. 2 AStG an dem die Nebenleistung erbringenden Unternehmen unmittelbar oder mittelbar zu mindestens einem Viertel beteiligt sind oder eine wirtschaftliche Abhängigkeit zwischen dem Darbietenden und dem Dritten besteht.[511] Verständlich ist die durch das BMF hierdurch angestrebte Schließung von Steuergestaltungen und damit ein Anknüpfen an § 42 AO. Doch m.E. ist diese Ansicht der Finanzverwaltung mit dem Sinn und Zweck der Norm nicht mehr in Einklang. Denn wie bereits oben beschrieben soll durch die Zusammenhangsleistung keine personelle Ausdehnung erreicht werden, sondern vielmehr eine sachliche Zuordnung.[512] So auch *Maßbaum*, der dann eine legitime Aufspaltung annehmen will, wenn etwa bei einer Tournee das Know-how und das zur Erbringung der Leistung qualifizierte Personal beim Dritten vorhanden sind.[513] Dem hat sich – soweit ersichtlich – auch die Rechtsprechung angeschlossen und im konkreten Fall selbst eine Beteiligung von 50 Prozent nicht als schädlich angesehen.[514]

Betrachtet man nun die Entwicklung in der Rechtsprechung, so lässt sich erkennen, dass keine rein formal-juristische Bewertung erfolgen darf.[515] Vielmehr verschiebt sich das Gewicht mehr auf eine wirtschaftliche Betrachtungsweise.[516] Der Übergang zu einer mehr wirtschaftlichen Betrachtungsweise ist m.E. zu begrüßen. Denn eine rein formal-juristische Herangehensweise würde – wie die entschiedenen Fälle zeigen – über die Gestaltung der Vertragsparteien die Steuerbarkeit weitestgehend ausschließen. Der Ansatz ist dem deutschen Steuerrecht auch insoweit nicht fremd. Denn über § 42 AO werden auch in anderen Bereichen Gestaltungen dann nicht mehr steuerlich anerkannt, wenn sie missbräuchlich erfolgen. Genauso verhält es sich auch hier, so dass eine Präzisierung über das Tatbestandsmerkmal des personellen Zusammenhangs sinnvoll und notwendig erscheint. Allerdings darf dies nicht als Einfallstor genutzt werden, den Tatbestand konturenlos auszuweiten, wie es etwa das BMF versucht. Denn für eine entsprechende Anwendung des § 1 Abs. 2 AStG fehlt es bereits an der Erforderlichkeit. Bei vertraglicher Aufspaltung kann auf Grundlage einer wirtschaftlichen Betrachtungsweise die Zuweisung der

---

510 *Kirchhof/Gosch*, § 49 EStG Rn. 30.
511 *BMF*, 25.11.2010 – IV C 3 – S 2303/09/10002, BStBl. I 2010, 1350 = juris Tz 34.
512 So wohl auch *Kirchhof/Gosch*, § 49 EStG Rn. 30.
513 *Herrmann/Heuer/Raupach/Maßbaum*, § 49 EStG Rn. 548.
514 *BFH*, 28.07.2010 – I R 93/09, BFH/NV 2010, 2263 = juris.
515 *FG Köln*, 06.11.2008–15 K 4515/02, EFG 2009, 255 = juris Rn. 67.
516 Vergleiche nur *BFH*, 28.07.2010 – I R 93/09, BFH/NV 2010, 2263 = juris Rn. 18.

Nebenleistung zur Hauptleistung angezeigt sein.[517] Nach Ansicht des BFH muss eine derartige Zuweisung jedoch dann ausscheiden, wenn die Nebenleistung durch einen vom darbietenden Berufssportler unabhängigen Dritten erbracht wird.[518]

Zusammenfassend lässt sich daher auch in Bezug auf den personellen Zusammenhang festhalten, dass dieses ungeschriebene Tatbestandsmerkmal erforderlich und hierbei eine enge Auslegung zu präferieren ist, die nicht an einer formal-juristischen Beurteilung verhaftet sein sollte, sondern sich an einer wirtschaftlichen Betrachtungsweise zu orientieren hat.

(4) Zusammenhangsleistungen bei sportlichen Darbietungen

Bezogen auf die hier interessierende sportliche Darbietung sind hierunter zum einen Leistungen zu verstehen, die u. a. diese sportliche Darbietung vorbereiten, unterstützen oder nachbereiten, anderseits aber auch begleitende Leistungen. Dies sind etwa Interviews, die der Berufssportler unmittelbar vor oder nach einem Match an Fernsehgesellschaften, Zeitschriften oder Rundfunkanstalten gibt, sowie vergütete Autogrammstunden.[519] Ebenso müsste dies auch dann gelten, wenn der Berufssportler Subunternehmer einschaltet, die dann vor, während und nach der Veranstaltung Fanartikel verkaufen, da auch während dieser Zeit die Leistung aus „einer Hand" erbracht wird. Denn im Gegensatz zu selbstständigen Servicegesellschaften bleibt der Berufssportler in diesem Fall selbst zur Erbringung der Nebenleistung verpflichtet.[520]

Schaltet der Berufssportler eine Sportlergesellschaft ein[521], die etwa mit der Organisation und Durchführung der Veranstaltung betraut ist, so kann auch hier ein Leistungszusammenhang gegeben sein. Nach den obigen Grundsätzen ist auch hier nicht allein auf die formal-juristische Trennung zwischen Berufssportler und Sportlergesellschaft abzustellen, sondern vielmehr auf die wirtschaftlichen Zusammenhänge. Nach der hier vertretenen Auffassung soll dabei die Frage, ob eine unmittelbare oder mittelbare Beteiligung des Berufssportlers an der Sportlergesellschaft oder eine ihm nahe stehende Personen iSd. § 1 Abs. 2 AStG an dem die Nebenleistung erbringenden Unternehmen beteiligt ist, nicht entscheidend sein. Im Hinblick auf die wirtschaftliche Betrachtungsweise soll vielmehr entscheiden,

---

517 *BFH*, 28.07.2010 – I R 93/09, BFH/NV 2010, 2263 = juris Rn. 18; *FG Köln*, 06.11.2008–15 K 4515/02, EFG 2009, 255 = juris Rn. 67.

518 *BFH*, 07.11.2007 – I R 19/04, BStBl. II 2008, 228 = juris Rn. 14; *BFH*, 28.07.2010 – I R 93/09, BFH/NV 2010, 2263 = juris Rn. 18 mwN.

519 *Mody*, Die deutsche Besteuerung international tätiger Künstler und Sportler, 1. Aufl. (1994), S. 70; *Herrmann/Heuer/Raupach/Maßbaum*, § 49 EStG Rn. 551; Schmidt/*Loschelder*, § 49 EStG Rn. 43; *Denk*, DStR 1997, 1911, 1914; *Köhler/Goebel/Schmidt*, DStR 2010, 8, 10; im Ergebnis ebenso *Schröder*, SteuerStud 1987, 205, 212; *Lutz*, DStZ 1998, 279, 284; *Killius*, FR 1995, 721, 724; *Decker/Looser*, IStR 2010, 8, 10; *Enneking/Denk*, DStR 1997, 1911, 1914; a.A. *FG Rheinland-Pfalz*, 11.02.1998–1 K 2637/94, juris.

520 *Frotscher/Geurts/Frotscher*, § 49 EStG Rn. 146c.

521 Dies ist bspw. im Boxsport teilweise zu beobachten.

ob die zu erbringenden Nebenleistungen eigentlich dem Leistungsbereich des Berufssportlers zuzuordnen sind. Denn hier kann sich durchaus auch ergeben, dass die Zwischenschaltung der Sportlergesellschaft sinnvoll und nützlich ist. *Ehlig* nennt diesbezüglich die Qualitätssicherung als anzuerkennendes Kriterium und befürwortet so eine teleologische Reduktion auf reine Missbrauchsfälle.[522] Für die Beurteilung einer beschränkten Steuerpflicht ist im Übrigen auch unbedeutend, wem die Entgelte zufließen.[523] Folglich würde eine beschränkte Steuerpflicht einer selbstständig agierenden Sportler- oder Service-Gesellschaft begründet werden, wenn zwar der Berufssportler die Leistung schuldet und erbringt, der Gesellschaft aber die Entgelte zufließen.[524] Mit dieser Regelung soll verhindert werden, dass Einkünfte künstlich auf eine dritte Person verlagert werden können und somit die beschränkte Steuerpflicht umgangen wird. Schaltet der Berufssportler daher eine Sportler- oder Servicegesellschaft für bestimmte Leistungen dazwischen, so prüfen Finanzverwaltung und Rechtsprechung an dieser Stelle sehr genau die Indizien, die für eine künstliche Verlagerung sprechen können. Beispielhaft seien hier das fehlende Unternehmerrisiko des Dritten oder die fehlenden wirtschaftlichen Gründe für die Einschaltung desselben erwähnt.[525] Auch das Know-how, die fehlende finanzielle Leistungsfähigkeit oder Funktionslosigkeit hat der BFH hier schon herangezogen.[526] Nur für den Fall, dass eine künstliche Aufspaltung nicht vorliegt, kann die Vergütung der (Kapital-) Gesellschaft steuerfrei zufließen. Dies deshalb, weil die Gesellschaft regelmäßig über keine Betriebsstätte oder einen ständigen Vertreter im Inland verfügen wird und daher eine Anknüpfung an § 49 Abs. 1 Nr. 2 lit. a) EStG ausscheidet. Durch entsprechende Gestaltung der Vergütung (niedrige Vergütung für den Berufssportler und höhere Vergütung für die Leistung der Gesellschaft) ließe sich auf diesem Wege die inländische Besteuerung in hohem Maße vermeiden.[527]

Nicht mehr von Zusammenhangsleistungen umfasst sein dürfte hingegen Testimonial-Werbung abseits der sportlichen Veranstaltung. Aber auch der Talkshow-Besuch oder das Interview mit einem Sportmagazin ist ohne jeden Bezug zu der sportlichen Darbietung.[528] Dies dürfte ebenfalls dann gelten, wenn etwa eine TV-Sendung bereits aufgrund ihres Programminhalts besonderen Sport-

---

522 *Ehlig*, IStR 2010, 504.

523 *Frotscher/Geurts/Frotscher*, § 49 EStG Rn. 146c; *Kirchhof/Gosch*, § 49 EStG Rn. 30.

524 *Frotscher/Geurts/Frotscher*, § 49 EStG Rn. 146c.

525 *Frotscher/Geurts/Frotscher*, § 49 EStG Rn. 146c.

526 *BFH*, 28.07.2010 – I R 93/09, BFH/NV 2010, 2263 = juris Rn. 23.

527 So auch *Klimmer*, Besteuerung international tätiger Sportler in der Bundesrepublik Deutschland, 2004, S. 161; *Sauer*, Die Besteuerung ausländischer Sportler im Inland unter besonderer Berücksichtigung der europarechtlichen sowie völkerrechtlichen Vorgaben, 2009, S. 20.

528 *BFH*, 21.04.1999 – I B 99/98, BFHE 188, 372 = juris Rn. 9; *Herrmann/Heuer/Raupach/Maßbaum*, § 49 EStG Rn. 551 mit Verweis auf *Maßbaum*, Die beschränkte Steuerpflicht der Künstler und Berufssportler unter Berücksichtigung des Steuerabzugsverfahrens, 1991, S. 211; ebenso *Mody*, in: *Fischer/Kleineidam* (Hrsg.),

bezug aufweist.[529] Anders hatte das noch das FG Rheinland-Pfalz gesehen, dass einen Zusammenhang daraus ableiten wollte, dass der Berufssportler über die Talkshow-Einladung eine Form von Eigenwerbung betreibe.[530] Auch *Kessler* hatte hier seinerzeit noch vertreten, dass ein Zusammenhang zur sportlichen bzw. künstlerischen Tätigkeit anzunehmen ist („Talkshow mit einer Art Feature").[531] *Mody* ist aber hier zuzustimmen, die den Zusammenhang in umgekehrter Richtung sieht. Denn nur ein über seine sportlichen Leistungen bekannt gewordener Berufssportler wird überhaupt zu solchen Veranstaltungen eingeladen.[532] Nicht zuzustimmen ist *Mody* allerdings darin, dass auch bei einer mehrere Wochen nach der Veranstaltung stattfindenden Talkshow noch ein zeitlicher Zusammenhang gegeben sein soll.[533] Denn m. E. wird dort nur gelegentlich, nicht aber anlässlich der Hauptleistung eine Nebenleistung erbracht[534] und dient daher primär der Steigerung des Werbewertes des Berufssportlers.[535] Ebenso sollten Werbeverträge zu beurteilen sein, die sich nicht in der sportlichen Darbietung erschöpfen, sondern vielmehr langfristig angelegt sind. Soweit auch hier aber der Zusammenhang mit der sportlichen Darbietung zu Tage tritt, ist von einer Zusammenhangsleistung auszugehen.[536] Genau diesen Fall hatte der BFH mit seinem Urteil vom 06.06.2012 zu entscheiden.[537] Die dort auf dem Formel-1 Rennwagen und dem Helm des Rennfahrers angebrachte Werbung stand in einem sachlichen und personellen Zusammenhang mit der sportlichen Darbietung und unterlag daher der beschränkten Steuerpflicht. Denn die dort angebrachte Werbung wurde gerade für die Formel-1 Rennen angebracht und daher nicht nur gelegentlich, sondern anlässlich des Formel-1 Rennens im Inland. Nachdem auch nur der Rennfahrer die Werbeleistung erbringen konnte, war auch der personelle Zusammenhang zu bejahen. Damit war auch die Teilbarkeit der Gesamtvergütung gegeben, denn von den während der gesamten Formel-1 Saison ausgetragenen Rennen fand nur eines in Deutschland statt. Abschließend sei angemerkt, dass dann,

---

Unternehmenspolitik und internationale Besteuerung, 1999, S. 769, 781; aA. *FG Rheinland-Pfalz*, 11.02.1998–1 K 2637/94, juris Rn. 46.

529 Genannt sei hier etwa das Aktuelle Sportstudio (ZDF), welches erst einige Stunden nach dem Sportereignis (Fußball-Bundesliga) stattfindet.

530 *FG Rheinland-Pfalz*, 11.02.1998–1 K 2637/94, juris Rn. 46.

531 *Keßler*, FR 1984, 172.

532 *Mody*, in: *Fischer/Kleineidam* (Hrsg.), Unternehmenspolitik und internationale Besteuerung, 1999, S. 769, 772.

533 *Mody*, in: *Fischer/Kleineidam* (Hrsg.), Unternehmenspolitik und internationale Besteuerung, 1999, S. 769, 773.

534 So im Ergebnis auch *BFH*, 21.04.1999 – I B 99/98, BFHE 188, 372 = juris.

535 *Mody*, in: *Fischer/Kleineidam* (Hrsg.), Unternehmenspolitik und internationale Besteuerung, 1999, S. 769, 781 f.

536 Vgl. etwa *FG Hamburg*, 17.01.1997 – II 97/96, EFG 1997, 621, bei dem nach Ansicht des Senats ein Tournee-Sponsoring und Merchandise-Einkünfte des Tatbestand des § 49 Abs. 1 Nr. 2 lit. d) EStG verwirklicht haben.

537 *BFH*, 06.06.2012 – I R 3/11, BFHE 238, 46 = juris.

wenn das Recht bei einer sportlichen Darbietung Werbung treiben zu dürfen aufgrund entgeltlicher vertraglicher Vereinbarung an Dritte überlassen wird, es sich wirtschaftlich um eine Veräußerung des Rechts handelt, die einkommenssteuerlich nicht mehr unter § 49 Abs. 1 Nr. 2 lit. d) EStG fällt. Hier ist der Anwendungsbereich des § 49 Abs. 1 Nr. 2 lit. f) EStG eröffnet.[538]

In gleicher Richtung sind auch Ausrüsterverträge zu beurteilen.[539] Dort wir dem Berufssportler zwar teilweise kein Entgelt zugewandt, doch erhält er die für die Berufsausübung notwendigen Gegenstände (Tennisschläger eines ATP Weltranglistenspielers, Skier eines Weltklasseskirennfahrers, Boxhandschuhe eines Boxweltmeisters) und damit eine Sachleistung.[540] Regelmäßig werden Ausrüsterverträge für einen längeren Zeitraum geschlossen, so dass die Sachleistung für mehrere Wettkämpfe genutzt werden kann und ggf. auch bei Trainingseinheiten zum Einsatz kommt. Während der BFH sich in seinem Beschluss vom 21.04.1999[541] hierzu nicht äußern musste, haben Literatur[542] und auch die Finanzverwaltung[543] schon früh die Notwendigkeit einer Aufteilung erkannt. Nur soweit die Entgelte mit der Benutzung der Ausrüstungsgegenstände während einer sportlichen Darbietung in Zusammenhang stehen, unterfallen sie folglich § 49 Abs. 1 Nr. 2 lit. d) EStG. Die Notwendigkeit einer Aufteilung entspricht mittlerweile – soweit ersichtlich – herrschender Meinung.[544] Anders hatten das – soweit ersichtlich – nur *Lüdicke* und *Mody* gesehen, wobei *Lüdicke* sich hier vor dem Hintergrund des Betriebsstättenprinzips bzw. vielmehr einer ansonsten drohenden Durchbrechung desselben lediglich für eine enge Auslegung aussprach, während *Mody* eine Aufteilung insgesamt mit Rekurs auf die ansonsten drohenden Durchbrechung des Betriebsstättenprinzips und die Abkommensbestimmungen ablehnte.[545]

Werden vertraglich nicht weiter unterteilte Leistungen bspw. im Rahmen einer Gesamtvergütung abgegolten, so hat auch hier für steuerliche Zwecke wieder eine Aufteilung nach den einzelnen Bestandteilen zu erfolgen. Inwieweit dies möglich ist, beurteilt sich nach der Trennbarkeit der Leistungen. Wann von einer Trennbarkeit ausgegangen werden kann, scheint nicht eindeutig geklärt. In der älteren Literatur wurde die Trennbarkeit vielfach kritisiert. Anstelle einer Aufteilung sei zu prüfen,

---

538 Siehe dazu nachfolgend unter Kapitel 2.II.1.c)cc).

539 Im Einzelnen bereits oben unter Kapitel 2.I.1.a)bb)(1).

540 Diese sind gem. § 8 Abs. 2 EStG mit den üblichen Endpreisen am Ort der Darbietung als Einnahme zu bewerten.

541 *BFH*, 21.04.1999 – I B 99/98, BFHE 188, 372 = juris.

542 Beispielhaft sei hier *Schauhoff*, IStR 1997, 5, 8 genannt.

543 So bereits mit Schreiben des *BMF*, 23.01.1996 – IV B 4-S 2303–14/96, BStBl. I 1996, 89, Tz. 2.2.3.1 und Beispiel 3.

544 Vergleiche nur die Bestätigung durch *BFH*, 06.06.2012 – I R 3/11, BFHE 238, 46 = juris Rn. 20; BMF Schreiben v. *BMF*, 25.11.2010 – IV C 3 – S 2303/09/10002, BStBl. I 2010, 1350 = juris, Tz 32; *Frotscher/Geurts/Frotscher*, § 49 EStG Rn. 146.

545 *Lademann/Lüdicke*, § 49 EStG Rn. 478 (Stand: September 1991); *Mody*, Die deutsche Besteuerung international tätiger Künstler und Sportler, 1. Aufl. (1994), S. 71.

welche Leistung in den Vordergrund trete, quasi die Gesamtleistung präge. Diese sei dann auf ihre Steuerbarkeit zu überprüfen.[546] Im Ergebnis würde dann bei einem vereinbarten Pauschalhonorar der Gesamtbetrag der Steuer unterworfen werden können. Nicht übersehen werden darf dabei aber freilich, dass die Literaturauffassung vielfach praxisgetrieben war. Denn unterliegt der prägende Teil nicht der Besteuerung, so wäre in dieser Konstellation der Gesamtbetrag aus der Besteuerung auszunehmen. Die Finanzverwaltung hingegen geht zwar nicht von einer generellen Trennbarkeit aus, hat aber doch für verschiedene in der Praxis auftauchende Fallgruppen Aufteilungsschlüssel festgelegt. So soll etwa bei Fotomodellen, die für ihre aktive Mitwirkung an einem Fotoshooting ein Tageshonorar von bis zu EUR 10.000 für die Mitwirkung sowie die Überlassung der Persönlichkeitsrechte erhalten, aus Vereinfachungsgründen für Honorare bis einschließlich EUR 5.000 der Anteil für die Rechteüberlassung mit 20 Prozent und bei Honorarteilen über EUR 5.000 mit 45 Prozent bemessen werden.[547] Beträgt das Tageshonorar hingegen mehr als EUR 10.000, so soll in jedem Einzelfall eine Aufteilung unter Berücksichtigung der konkreten Umstände erfolgen. In der Rechtsprechung des BFH zeigt sich dagegen ein differenzierender Ansatz. Zwar geht auch der BFH nicht von einer generellen Trennbarkeit aus, doch hat er mit Urteilen vom 28.01.2004[548], 19.12.2007[549] und 07.09.2011[550] durchaus durchblicken lassen, dass es Leitlinien für die Abgrenzung von Trennbarkeit und Untrennbarkeit gibt. So ist nach der Rechtsprechung dann von einer Trennbarkeit auszugehen, wenn ein einheitlicher Vertrag zusätzlich eine isolierte Rechteüberlassung enthält. So verpflichtete sich bspw. der Kläger in dem vom BFH mit Urteil vom 19.12.2007 entschiedenen Fall, die überlassene Sportbekleidung zu tragen und in einem weiteren Vertrag wurden Namens- und Bildrechte übertragen.[551] Fehlt es hingegen an einer separaten Rechteüberlassung, ist diese vielmehr in einem Leistungsbündel mit den übrigen Leistungen verbunden, so ist der Rechteüberlassung nach Ansicht des BFH lediglich untergeordnete Bedeutung beizumessen und nicht mehr von einer Trennbarkeit auszugehen.[552] Auch wenn der BFH dies nicht explizit so formuliert, so ist doch der Entscheidung zu entnehmen, dass dann die Rechteüberlassung dieselbe rechtliche Würdigung erfährt wie die aktive Werbetätigkeit.[553] Spielt die Teilleistung also nur eine untergeordnete Rolle, ist sie als Bestandteil der Hauptleistung anzusehen.[554] Kriterien dafür, wann eine Leistung im Vordergrund steht und wann dies gerade nicht mehr der Fall, bietet der

546 *Schauhoff/Idler*, IStR 2008, 341, 344.
547 *BMF*, 09.01.2009 – IV C 3 – S 2300/07/10002, BStBl. I 2009, 362.
548 *BFH*, 28.01.2004 – I R 73/02, BFHE 205, 174 = juris.
549 *BFH*, 19.12.2007 – I R 19/06, BFHE 119 220, 160 = juris.
550 *BFH*, 07.09.2011 – I B 157/10, BFH/NV 2012, 95 = juris.
551 *BFH*, 19.12.2007 – I R 19/06, BFHE 119 220, 160 = juris.
552 *BFH*, 28.01.2004 – I R 73/02, BFHE 205, 174 = juris Rn. 18.
553 Ebenso *Pfeifer*, Die deutsche Besteuerung ausländischer Tonkünstler und Künstlergesellschaften, 2014, S. 48.
554 *Frotscher/Geurts/Frotscher*, § 49 EStG Rn. 146a.

BFH indes nicht an. Anhaltspunkte lassen sich aber durchaus aus dem Urteil vom 28.01.2004 entnehmen, in dem der BFH anmerkte, dass Werbetätigkeiten u. U. auch nur notwendige Vorstufe für die Rechteüberlassung sein können. Dies sei zwar nicht bei einer persönlichen Mitwirkung an dem Werbedreh gegeben, aber durchaus dann denkbar, wenn der Mitwirkung am Werbespot im Vergleich zur Rechteüberlassung nur noch geringe Bedeutung beizumessen sei.[555] Daraus zieht *Pfeifer* m. E. zu Recht den Schluss, dass der Mitwirkung des Berufssportlers dann keine untergeordnete Rolle beizumessen ist, wenn es sich bspw. um einen Live-Auftritt handelt.[556] *Pfeifer* zieht weiter den Schluss, dass dies dann auch für jede Werbetätigkeit zu gelten habe, da der Werbeerfolg und damit der Erfolg des Vertragspartners von der Werbetätigkeit abhängen.[557] Dem kann m. E. aber in dieser Pauschalität nicht gefolgt werden. Vielfach mag dies zutreffend sein, wenn die Unternehmen Ikonen des Sports für ihre Werbetätigkeiten einschalten. Die Vergangenheit zeigt aber auch, dass der Werbeerfolg auch von anderen Faktoren abhängig ist und manchmal eine Strömung oder ein aktuelles Lebensgefühl den Erfolg ausmachen und das „Gesicht" der Kampagne in den Hintergrund tritt. Als solche Nebenleistungen, die regelmäßig aber nicht separat vergütet werden, gelten etwa die sportliche Betreuung während einer Darbietung, die medizinische Betreuung vor und nach der Veranstaltung oder etwa im Bereich des Rennsports auch die technische Betreuung des Equipments.[558] M.E. lässt sich die These des BFH auch nicht dergestalt pauschalieren, dass stets die Mitwirkung des Berufssportlers nur „notwendige Vorstufe" zur Rechteüberlassung sei. Denn wie die obigen Ausführungen zeigen, kann einmal die Rechteüberlassung der entscheidende Faktor sein, in einem weiteren Fall aber auch die Mitwirkung des Berufssportlers. Natürlich wirft eine solche Sichtweise weiterhin die Frage auf, anhand welcher Kriterien die Aufteilung zu erfolgen hat. Vielfach wird sich aber eine solche Aufteilung – wie oben erläutert – dann erübrigen, wenn die Leistungsbestandteile der Steuerpflicht unterfallen. Sollte dies nicht der Fall sein, kann der Ansatz des BFH durchaus fruchtbar gemacht werden. Denn Hintergrund der pauschalierten Aufteilung ist eine typisierende Allokation. Solange der konkrete Sachverhalt keine anderweitige Allokation nahe legt, kann daher m. E. durchaus der Pauschalierung gefolgt werden.

555 *BFH*, 28.01.2004 – I R 73/02, BFHE 205, 174 = juris Rn. 14, 18.

556 *Pfeifer*, Die deutsche Besteuerung ausländischer Tonkünstler und Künstlergesellschaften, 2014, S. 48.

557 *Pfeifer*, Die deutsche Besteuerung ausländischer Tonkünstler und Künstlergesellschaften, 2014, S. 48.

558 Weitere Beispiele bei *Maßbaum*, Die beschränkte Steuerpflicht der Künstler und Berufssportler unter Berücksichtigung des Steuerabzugsverfahrens, 1991, S. 209; *Kirchhof/Söhn/Mellinghoff/Hidien*, § 49 EStG Rn. E414.

(5) Zusammenhangsleistungen bei der Verwertung von sportlichen Darbietungen

Selbstverständlich sind auch Zusammenhangsleistungen mit der Verwertung einer sportlichen Darbietung denkbar. Die Verwertung von sportlichen Darbietungen vollzieht sich regelmäßig dadurch, dass dem Abnehmer die Nutzungsrechte an den aufgezeichneten sportlichen Darbietungen übertragen werden. Die Konnexitätsklausel ergänzt auch hier den Haupttatbestand, vorliegend der Verwertung, mit dem Zweck, eine künstliche Aufteilung zu verhindern.[559] Regelmäßig verlassen diese Leistungen jedoch den Verantwortungs- und Gestaltungsbereich des Berufssportlers und stellen vielmehr Einkünfte dar, die den an der Verwertung interessierten Unternehmen zufließen.[560] Denn die Verwertung der sportlichen Darbietung wird bei Berufssportlern regelmäßig nicht durch diese selbst, sondern vielmehr durch Unternehmen vorgenommen. Dies steht dem Verwertungstatbestand auch nicht entgegen.[561] Nachdem diese aber im Zuge der zunehmenden Kommerzialisierung des Sports eine immer wichtigere Rolle einnehmen, sollen diese hier ebenfalls kurz dargestellt werden.

Auch hier gelten die obigen Ausführungen zum sachlichen und personellen Zusammenhang. Folglich ist zu unterscheiden, ob es der Berufssportler selbst ist, der die Verwertung der sportlichen Darbietung vollzieht oder ob dies vielmehr durch einen Dritten erfolgt. Verwertet der Berufssportler seine sportliche Darbietung selbst – wie dies teilweise im Boxsport erfolgt – so kommt als Zusammenhangsleistungen mit der Verwertung etwa die Werbung des Berufssportlers für die Verwertungsprodukte in Betracht. Dies kann bspw. durch Autogrammstunden oder Interviews erfolgen.[562] In dem vom FG Hamburg zu entscheidenden Fall wurden bspw. Werbemaßnahmen von Künstlern für Tonträgeraufnahmen der Verwertungsgesellschaft als mit der Verwertung zusammenhängende Leistungen qualifiziert.[563] Hierbei konnte das FG Hamburg aber offen lassen, ob der personelle Zusammenhang vorliegt. Wäre dieser Punkt entscheidungserheblich gewesen, so wäre eine Zusammenhangsleistung mit der Verwertung nach der hier vertretenen Auffassung abzulehnen gewesen. Denn die Verwertung erfolgte durch die Verwertungsgesellschaft und gerade nicht durch die Künstler, so dass der personelle Zusammenhang fehlte.

Erfolgt die Verwertung aber eben durch Verwertungsgesellschaften, so müssen auch die Zusammenhangsleistungen von dieser erbracht werden. Hierunter fallen

559 *FG München*, 22.03.2002–1 V 4030/01, IStR 2002, 418 = juris Rn. 13.

560 Instruktiv dazu etwa *Schlotter*, FR 2010, 651.

561 Vgl. dazu nur *BFH*, 16.05.2001 – I R 64/99, BStBl. II 2003, 641 = juris.

562 *Maßbaum*, Die beschränkte Steuerpflicht der Künstler und Berufssportler unter Berücksichtigung des Steuerabzugsverfahrens, 1991, S. 212; Blümich/*Wied*, § 49 EStG Rn. 118 mwN.

563 *FG Hamburg*, 17.01.1997 – II 97/96, EFG 1997, 621, 623, aus anderen Gründen aufgehoben durch *BFH*, 13.08.1997 – I B 30/97, BStBl. II 1997, 700.

beispielweise technische und kaufmännische Nebenleistungen, aber auch Werbeleistungen, die das Unternehmen ohne Mitwirkung des Berufssportlers erbringt, mithin wiederum Vermarktungsleistungen.[564]

Gelegentlich wird auch die Tätigkeit von Vermittlern unter den Verwertungstatbestand bzw. als Zusammenhangsleistung hierzu subsumiert.[565] Die Leistung von Vermittlern besteht in der Regel in der Verhandlung und Vermittlung der Konditionen und Leistungen der Berufssportler an Dritte. Hierfür erzielen die Vermittler ein Entgelt (Provision).[566] Der Ansicht ist aber entgegen zu halten, dass hierin noch keine Verwertung gesehen werden kann und auch ein Zusammenhang mit der sportlichen Darbietung oder der Verwertung der sachliche und personelle Zusammenhang fehlt. Denn wie *Hidien* zu Recht feststellt, handelt es sich bei den Vermittlungsleistungen um wirtschaftlich und rechtlich abgetrennte und damit eigenständige Hauptleistungen.[567]

c) Einkünfte aus sonstigen Leistungen

Handelt es sich weder um eine sportliche Darbietung oder deren Verwertung noch um eine mit der Darbietung oder Verwertung zusammenhängenden Leistung, so kommen aus dem Katalog des § 49 EStG noch die unterhaltende bzw. ähnliche Darbietung des Abs. 1 Nr. 2 lit. d) Alternative 4 und 5, die Nr. 2 lit. f) sowie die Nr. 6 bzw. Nr. 9 in Betracht, die nachfolgend näher dargestellt werden sollen.

aa) „Unterhaltende Darbietung" gem. § 49 Abs. 1 Nr. 2 lit. d) EStG

Eingefügt durch das JStG 2009 ist dieses Tatbestandsmerkmal – auch wenn die Gesetzesbegründung die Angleichung an die Rechtslage nach Abkommensrecht nennt – als Reaktion des Gesetzgebers auf die Entscheidung des BFH vom 21.04.1999[568] zu verstehen.[569] Denn in der genannten Entscheidung hatte der BFH die Einschätzung der Finanzverwaltung, dass Entgelte von Künstlern für die Teilnahme an Talkshows nach § 49 Abs. 1 Nr. 3 EStG zu qualifizieren sind, aufgehoben. Im Ergebnis weitet dieses Tatbestandsmerkmal – ganz im Sinne der Finanzverwaltung – die beschränkte Steuerpflicht auf die gesamte Show- und Unterhaltsbranche aus, obwohl es sich bei dem Begriff an sich um eine Tautologie handelt, nachdem der

---

564 *Sauer*, Die Besteuerung ausländischer Sportler im Inland unter besonderer Berücksichtigung der europarechtlichen sowie völkerrechtlichen Vorgaben, 2009, S. 21, der allerdings wieder auf *FG Hamburg*, 17.01.1997 – II 97/96, EFG 1997, 621 verweist.

565 *Schrettl*, Rechtsfragen der beschränkten Steuerpflicht, 1994, S. 213; *Krabbe*, FR 1986, 425, 428; *Keßler*, BB 1986, 1890, 1896.

566 *Kirchhof/Söhn/Mellinghoff/Hidien*, § 49 EStG Rn. E442.

567 *Kirchhof/Söhn/Mellinghoff/Hidien*, § 49 EStG Rn. E442.

568 *BFH*, 21.04.1999 – I B 99/98, BFHE 188, 372 = juris.

569 So auch Blümich/*Wied*, § 49 EStG Rn. 113 mit Verweis auf *Holthaus*, DStZ 2008, 741, 742.

unterhaltende Charakter bereits dem Begriff der Darbietung immanent ist.[570] So ist „unterhaltend" im Sinne der Norm dahingehend zu verstehen, dass es keiner besonderen eigenschöpferischen Gestaltung bedarf, mithin das Niveau einer sportlichen Darbietung erreichen muss.[571] Vielmehr reicht es aus, wenn sie mit „einen angenehmen (entspannenden) Zeitvertreib, der geistige Zerstreuung bewirkt, oder auch mit realitätsentlastender Konzentration verbunden ist."[572] Für die hier interessierende Gruppe der Berufssportler bedeutet dies, dass aufgrund der geringeren Anforderungen weitere Tätigkeiten gegen Entgelt leichter dem gewerblichen Einkünften zurechenbar sind. Aufgrund des sehr weit gefassten Tatbestands wird teilweise die Verfassungsmäßigkeit der Norm in Zweifel gezogen. So sei der Tatbestand nicht mehr hinreichend bestimmt und verstoße in der Folge gegen Art. 20 Abs. 3 GG iVm. §§ 3 Abs. 1, 38 und 85 AO.[573] Dem ist jedoch nicht zu folgen.[574] Vielmehr lässt sich durch die erforderliche enge Auslegung der Norm die Anwendbarkeit durchaus legitimieren.[575] Für Berufssportler kommt somit die beschränkte Steuerpflicht etwa dann in Betracht, wenn sie als Showmaster bspw. einer Sportsendung, Büttenredner oder Entertainer auftreten.[576] Auch die Tätigkeit eines Berufssportlers als Model oder Jury-Mitglied würde nun wohl hierunter zu subsumieren sein.[577] Schließlich ist der Literatur auch darin zuzustimmen, dass nunmehr auch bei großem zeitlichen Abstand zur sportlichen Darbietung der Auftritt in einer Talkshow über dieses Tatbestandsmerkmal zur beschränkten Steuerpflicht führt.[578] Wird der Berufssportler gegen Entgelt interviewt oder ebenfalls journalistisch die privaten Seiten des Berufssportlers im Rahmen einer sog. Homestory beleuchtet, so ist m. E. zutreffend ein unterhaltender Charakter iSd. § 49 Abs. 1 Nr. 2 lit. d) Alt. 4 EStG anzunehmen.[579] In dieser Linie ist u. a. auch die Tätigkeit eines Rennfahrers zu sehen, der im Rahmen einer Veranstaltung Gäste über die Rennstrecke fährt (sog. Renntaxi). Auch die zuletzt häufigere Tätigkeit von aktuellen und insbesondere ehema-

---

570 Blümich/*Wied*, § 49 EStG Rn. 113; Schmidt/*Loschelder*, § 49 EStG Rn. 41.

571 So auch die Interpretation von Schmidt/*Loschelder*, § 49 EStG Rn. 41 aus *Die Bundesregierung der Bundesrepublik Deutschland*, Entwurf eines Jahressteuergesetzes 2009 (JStG 2009), 2008, S. 58 und *Herrmann/Heuer/Raupach/Maßbaum*, § 49 EStG Rn. 535.

572 *Wahlers*, Brockhaus – die Enzyklopädie digital, 2005, Bd. 10, Stichwort: Unterhaltung.

573 *Herrmann/Heuer/Raupach/Maßbaum*, § 49 EStG Rn. 535.

574 So halten etwa *Kirchhof/Gosch*, § 49 EStG Rn. 28 und *Korn/Strunk*, § 49 EStG Rn. 144.0 die Norm für nicht verfassungswidrig.

575 *Herrmann/Heuer/Raupach/Maßbaum*, § 49 EStG Rn. 535.

576 *Kanzler/Kraft/Bäuml/Kraft*, § 49 EStG Rn. 55; *Kirchhof/Gosch*, § 49 EStG Rn. 28; *Herrmann/Heuer/Raupach/Maßbaum*, § 49 EStG Rn. 535.

577 *Kanzler/Kraft/Bäuml/Kraft*, § 49 EStG Rn. 55; *Kirchhof/Gosch*, § 49 EStG Rn. 28; zu choreographisch gestalteten Modeschauen auch *BMF*, 25.11.2010 – IV C 3 – S 2303/09/10002, BStBl. I 2010, 1350 = juris Tz. 17.

578 *Korn/Strunk*, § 49 EStG Rn. 144.0.

579 *Korn/Strunk*, § 49 EStG Rn. 144.0.

ligen herausragenden Berufssportlern als Imageträger und Marken-Botschafter dürfte hierunter fallen.[580] Nicht mehr vom weiten Wortlaut der Norm umfasst ist hingegen Werbung. Diese dient nicht der Unterhaltung, sondern vielmehr ausschließlich der Verkaufsförderung.[581] Trotz obigen Befund ist die Teilnahme an TV-Veranstaltungen (bspw. Talkshows) dann nicht von der beschränkten Steuerpflicht erfasst, wenn sie entsprechend der Auffassung der Finanzverwaltung und dieser folgend der Literatur lediglich der Vermittlung von Wissen oder der Aufarbeitung politischer oder wissenschaftlicher Fragestellungen dient.[582] Ob dies bei der jeweiligen Veranstaltung unter Teilnahme von Berufssportlern im Vordergrund steht, ist im Einzelfall zu prüfen.

bb) „Ähnliche Darbietung" gem. § 49 Abs. 1 Nr. 2 lit. d) EStG

Die ähnliche Darbietung des § 49 Abs. 1 Nr. 2 lit. d) Alt. 5 EStG ist auch nach Einführung des eben dargestellten Tatbestandes der unterhaltenden Darbietung in weiten Teilen noch unklar. So findet sich einerseits keine Legaldefinition im Gesetz und auch die Gesetzesbegründung trägt hier nicht zur Klarstellung bei.[583] Darüber hinaus lässt sich auch nach Auffassung der Finanzverwaltung der Begriff nicht erschöpfend konkretisieren.[584] In der Literatur wurde bisweilen vertreten, dass über diese Formulierung der gesamte Show- und Unterhaltungsbereich abgedeckt sei, mithin auch Gäste einer Talkshow.[585] Teilweise aber auch, dass lediglich ein gradueller Unterschied zur sportlichen Darbietung vorliegen könne.[586] Nach Auffassung von *Maßbaum* sind bereits die übrigen Tatbestandsvarianten weit auszulegen, so dass dies auch für die ähnliche Darbietung gelten müsse, ohne aber den gesamten Showbereich abzudecken.[587] Im Ergebnis ist die Auffassung der Literatur wenig zielführend, da auch sie eine Abgrenzung nicht ermöglicht. Nachdem sich aber auch die Instanzrechtsprechung im Hinblick auf eine Definition bislang zurückgehalten hat[588] und sich auch der BFH hierzu nicht

---

580 Beispielhaft sei hier die Tätigkeit von bekannten deutschen Fußballspielern für den Deutschen Fußball Bund genannt, die das Ansehen und die weltweite Wahrnehmung des DFB fördern sollen.

581 *Herrmann/Heuer/Raupach/Maßbaum*, § 49 EStG Rn. 535.

582 Dazu *BMF*, 25.11.2010 – IV C 3 – S 2303/09/10002, BStBl. I 2010, 1350 = juris Tz 17.

583 *Die Bundesregierung der Bundesrepublik Deutschland*, Entwurf eines Steuerbereinigungsgesetzes 1985, 1984, S. 64.

584 *BMF*, 22.09.1989 – IV B 4 – S 2303–53/89, DStR 1990, 151, 152.

585 *Keßler*, BB 1986, 1890, 1896; *Krabbe*, FR 1986, 425, 426; *Frotscher/Geurts/Frotscher*, § 49 EStG Rn. 135; Schmidt/*Loschelder*, § 49 EStG Rn. 11; *Kirchhof/Gosch*, § 49 EStG Rn. 29.

586 *Lademann/Stöber/Anissimov/Heß u. a.*, § 49 EStG Rn. 1351.

587 *Herrmann/Heuer/Raupach/Maßbaum*, § 49 EStG Rn. 536.

588 Vgl. nur *FG Nürnberg*, 28.01.1998 – III 128/95, EFG 1998, 951; *FG München*, 09.04.1998–1 V 618/98, EFG 1998, 1013; *FG Thüringen*, 18.10.2000 – I 1043/00, EFG 2001, 74.

äußern musste[589], spricht viel dafür, dass diesem Tatbestandsmerkmal in praxi keine größere Bedeutung beizumessen ist. Insbesondere für den sportlichen Bereich sollte diese Norm keine Rolle spielen. Dies zeigt auch ein Blick in die Rechtsprechung, die bislang die konkrete Beurteilung von Büttenrednern[590] und Ritterschauspielen[591] zu beurteilen hatten.

cc) Sonstige gewerbliche Einkünfte gem. § 49 Abs. 1 Nr. 2 lit. f) EStG

Über § 49 Abs. 1 Nr. 2 lit. f) EStG unterliegen auch solche Einkünfte der beschränkten Steuerpflicht, die – soweit sie nicht zu den Einkünften im Sinne des Buchstaben a) gehören – durch die Vermietung, Verpachtung oder Veräußerung u. a. von Rechten erzielt werden, deren Verwertung in einer inländischen Betriebsstätte oder anderen Einrichtung erfolgt. Erreicht wird dadurch eine Erweiterung der beschränkten Steuerpflicht, die insbesondere Steuergestaltungen zu verhindern versucht.[592] Zum anderen sollen einheitliche wirtschaftliche Vorgänge auch einheitlich beurteilt werden.[593] Nachfolgend soll zunächst der Tatbestand näher dargestellt werden, ehe auf das Rangverhältnis zu anderen Vorschriften eingegangen wird.

(1) Tatbestand im Einzelnen

§ 49 Abs. 1 Nr. 2 lit. f) EStG erfordert zunächst, dass die Vermietung, Verpachtung bzw. Veräußerung als gewerbliche Tätigkeit einzustufen ist. Auch hier gelten die oben genannten Abgrenzungskriterien.[594] Einkünfte nach § 49 Abs. 1 Nr. 2 lit. f) EStG kann nicht nur der Berufssportler selbst erzielen, sondern über die Erweiterung nach Satz 3 aaO. auch eine ausländische Körperschaft. Die Fiktion des Satzes 3 gilt ab dem Veranlagungszeitraum 2006 für beschränkt steuerpflichtige Körperschaften ohne Sitz oder Geschäftsleitung im Inland[595], soweit sie einer Kapitalgesellschaft oder einer sonstigen juristischen Person iSd. § 1 Abs. 1 Nr. 1 bis KStG vergleichbar sind. Die ausländische Gesellschaft muss folglich in den wesentlichen Merkmalen einer inländischen Kapitalgesellschaft oder sonstigen juristischen Person vergleichbar sein.[596]

---

589 *BFH*, 21.04.1999 – I B 99/98, BFHE 188, 372 = juris.

590 *BFH*, 26.02.1987 – IV R 106/85, BStBl. II 1987, 376 = juris.

591 *FG Thüringen*, 18.10.2000 – I 1043/00, EFG 2001, 74.

592 Blümich/*Wied*, § 49 EStG Rn. 130.

593 Vgl. dazu *Die Bundesregierung der Bundesrepublik Deutschland*, Entwurf eines Jahressteuergesetzes 2009 (JStG 2009), 2008, S. 78.

594 Vgl. hierzu etwa auch *Kirchhof/Söhn/Mellinghoff/Hidien*, § 49 EStG Rn. E622; Blümich/*Wied*, § 49 EStG Rn. 132.

595 Insoweit beschränkt steuerpflichtige Körperschaften iSd. § 2 Nr. 1 KStG.

596 *BFH*, 23.06.1992 – IX R 182/87, BStBl. II 1992, 972 = juris Rn. 18.

(a) Vermögen, Sachinbegriffe und Rechte

Ausgehend vom Gesetzeswortlaut können nur inländisches unbewegliches Vermögen, Sachinbegriffe oder Rechte, die im Inland belegen oder in ein inländisches öffentliches Buch oder Register eingetragen sind, Gegenstand der Vermietung, Verpachtung oder Veräußerung sein. Für die hier interessierende Beurteilung der Besteuerung von Berufssportlern dürften daher regelmäßig nur Rechte in Betracht kommen. Dabei regelte bis zum Veranlagungszeitraum 2007 § 49 Abs. 1 Nr. 2 lit. f) EStG diese Rechte nicht selbst, sondern verwies vielmehr auf § 49 Abs. 1 Nr. 6 EStG.[597] Aber auch nach der Neuregelung ist der Begriff des Rechtes unverändert. Denn der Gesetzgeber wollte durch die Formulierung keine Auslegungsänderung bewirken, sondern vielmehr klarstellen, dass auch die verbrauchende Rechteüberlassung umfasst ist und gerade keine zeitlich begrenzte Überlassung mehr erforderlich ist.[598] Im Ergebnis wurde die bisherige Auslegung des § 49 Abs. 1 Nr. 6 EStG übernommen, so dass nachfolgend – quasi also Vorgriff auf die nachfolgenden Erläuterungen zu Nr. 6 – die betroffenen Rechte dargestellt werden. § 49 Abs. 1 Nr. 6 EStG verweist jedoch selbst für die Bestimmung des Begriffs „Recht“ auf § 21 Abs. 1 Satz 1 Nr. 3 EStG. Danach gehören hierher „insbesondere schriftstellerische, künstlerische und gewerbliche Urheberrechte, gewerbliche Erfahrungen sowie Gerechtigkeiten und Gefälle.“[599] Wie sich bereits aus der Formulierung „insbesondere“ ergibt, ist die Aufzählung aber nicht als abschließend zu betrachten. Auch der Begriff Erfahrungen, der hier für „Rechte“ ohne rechtlichen Schutz steht, verdeutlicht dies.[600] So sind auch andere Rechte erfasst, solange sie den beispielhaft genannten Rechten ähnlich sind.[601] Gerechtigkeiten als Real- und Gewerbeberechtigungen spielen im Kontext der hier zu untersuchenden Berufssportler ebenso wenig eine Rolle wie Gefälle als Berechtigungen zu bspw. Weide- und Grasnutzung bzw. Holzbezug.[602]

Während Urheberrechte regelmäßig bei Berufssportlern mangels hinreichender Gestaltungshöhe ausscheiden werden[603], dürften bei dieser Personengruppe daher

---

597 Gesetz zur Bekämpfung des Missbrauchs und zur Bereinigung des Steuerrechts (21.12.1993), S. 57.

598 *Die Fraktionen der CDU/CSU und der SPD*, Entwurf eines Steueränderungsgesetzes 2007, 2006, S. 16; Blümich/*Wied*, § 49 EStG Rn. 134; *Kirchhof/Gosch*, § 49 EStG Rn. 41; *Frotscher/Geurts/Frotscher*, § 49 EStG Rn. 178, 187.

599 *Herrmann/Heuer/Raupach/Pfeffermann*, § 49 EStG Rn. 621.

600 *Muszynska/Tumpel*, in: *Gassner/Lang/Lechner u. a.* (Hrsg.), Die beschränkte Steuerpflicht im Einkommen- und Körperschaftsteuerrecht, 2004, S. 185, 188.

601 Vgl. nur *BFH*, 12.12.1969 – VI R 301/67, BFHE 1997, 546 = juris und bereits oben Kapitel 2.I.1.a)bb)(2).

602 *Muszynska/Tumpel*, in: *Gassner/Lang/Lechner u. a.* (Hrsg.), Die beschränkte Steuerpflicht im Einkommen- und Körperschaftsteuerrecht, 2004, S. 185, 192.

603 Anders dürfte das hingegen bei Künstler zu beurteilen sein, vgl. dazu nur *Pfeifer*, Die deutsche Besteuerung ausländischer Tonkünstler und Künstlergesellschaften, 2014, S. 127.

lediglich die Persönlichkeitsrechte von Bedeutung sein. Beide sind nach herrschender und zuzustimmender Meinung nicht als Urheberrecht zu qualifizieren[604], wohl aber unter die „ähnlichen Rechte" zu subsumieren.[605] Überlässt der Berufssportler daher die Rechte zur Nutzung des Rechts am eigenen Bild oder Namen einem anderen, so ist die dafür erhaltene Vergütung unter § 49 Abs. 1 Nr. 2 lit. f) EStG zu subsumieren.[606] Ergänzend sei darauf hingewiesen, dass im Falle der Unterlizenzierung durch den Lizenznehmer, die Weitergabe des Rechts zur Vermarktung nach Ansicht des FG Köln dann nur als reine Vermittlungs- und Inkassotätigkeit zu werten sein soll, wenn nach dem Lizenzvertrag jeder Unterlizenzvertrag dem Lizenzgeber vorzulegen ist und weiter einer Genehmigung bedarf.[607] Dies wird aber regelmäßig nicht den Berufssportler, sondern vielmehr die Vermarktungsgesellschaft betreffen.

Ob dies auch dann gilt, wenn der Veranstalter eines Sportereignisses im Ausland die Erlaubnis der Übertragung im Inland erteilt, wird unterschiedlich beurteilt. Teilweise wird für die dafür erhaltene Vergütung eine beschränkte Steuerpflicht abgelehnt.[608] Nach Auffassung der Rechtsprechung[609] und wohl auch der Finanzverwaltung[610] soll auch hier die beschränkte Steuerpflicht eingreifen.

(b) Vermietung, Verpachtung und Veräußerung

Als tatbestandliche Handlungen sind die Vermietung und Verpachtung einerseits, sowie die Veräußerung andererseits erfasst. Eine Vermietung bzw. Verpachtung eines Rechts ist nach ständiger Rechtsprechung des BFH nur dann möglich, wenn das Recht selbst im Vermögen des Überlassenden verbleibt.[611] Die Rechtstellung des Überlassenden darf mithin nicht dauerhaft aufgegeben werden.[612] Aus diesem Grunde sind eine immerwährende Überlassung oder Fälle, in denen sich das Recht im Rahmen der Nutzungsdauer wirtschaftlich erschöpft nicht darunter zu fassen. Denn

---

604 *BFH*, 19.12.2007 – I R 19/06, BFHE 119 220, 160 = juris; *Kirchhof/Söhn/Mellinghoff/Hidien*, § 49 EStG Rn. I201 "Namensrecht"; *Wild/Eigelshoven/Hanisch*, DB 2003, 1867, 1870 sowie zuletzt *Pfeifer*, Die deutsche Besteuerung ausländischer Tonkünstler und Künstlergesellschaften, 2014, S. 127.

605 Vgl. dazu bereits oben unter Kapitel 2.I.1.a)bb)(2).

606 *BFH*, 19.12.2007 – I R 19/06, BFHE 119 220, 160 = juris erging noch zur Rechtslage vor Änderung des § 49 Abs. 1 Nr. 2 lit. f) EStG, dürfte nunmehr aber dahingehend zu interpretieren sein.

607 *FG Köln*, 24.10.1996–2 K 3358/93, EFG 1998, 176.

608 *Herrmann/Heuer/Raupach/Klein*, § 49 EStG Rn. 933 „Rundfunkrechte".

609 *BFH*, 07.12.1977 – I R 54/75, BStBl. II 1978, 255 = juris; *BFH*, 01.12.1982 – I B 11/82, BStBl. II 1983, 367, 368; *FG Köln*, 16.11.2006–2 K 1510/05, BeckRS 2006, 26022429 = juris.

610 *BMF*, 25.11.2010 – IV C 3 – S 2303/09/10002, BStBl. I 2010, 1350 = juris Tz. 23.

611 *BFH*, 07.12.1977 – I R 54/75, BStBl. II 1978, 255 = juris; *BFH*, 23.05.1979 – I R 163/77, BStBl. II 1979; *BFH*, 19.12.2007 – I R 19/06, BFHE 119 220, 160 = juris.

612 *BMF*, 25.11.2010 – IV C 3 – S 2303/09/10002, BStBl. I 2010, 1350 = juris Tz. 23ff.

dort findet gerade kein Rückfall des Rechtes statt.[613] Der Vermietung zugänglich sind daher etwas Urheberrechte, da diese gem. § 29 Abs. 1 UrhG nicht vollständig übertragbar sind und lediglich für die Dauer der Übertragung ein Nutzungsrecht eingeräumt wird, während das Urheberrecht an sich beim Urheber verbleibt, § 29 Abs. 2 UrhG. Dies gilt entsprechend bei den Leistungsschutzrechten, bei denen gem. § 79 UrhG Nutzungsrechte übertragbar sind und die Rechte an sich (§§ 74–76 UrhG) hingegen beim Urheber verbleiben. Nach Ansicht des BMF soll aber auch eine vertraglich vereinbarte zeitlich unbefristete Nutzung eines Rechtes dann als Nutzungsüberlassung zu qualifizieren sein, wenn eine Übertragung und ein „Verbrauch" des Rechtes schon der Sache nach ausgeschlossen sind.[614] Als Beispiel nennt das BMF hier ein Verbreitungsrecht an dem Werk eines Dichters oder Komponisten. Eine Begründung hierfür liefert das BMF allerdings nicht und auch aus teleologischen Erwägungen erscheint diese Ausdehnung nicht gerechtfertigt.[615] Zwar ist die Intention der Finanzverwaltung nach möglichst umfassender Besteuerung und einer Einbeziehung in den Steuerabzug[616] nachzuvollziehen. Aufgrund der Struktur der Norm und insbesondere der inzwischen sehr feinen Untergliederung des § 49 Abs. 1 Nr. 2 lit. f) EStG in Vermietung, Verpachtung einerseits und Veräußerung andererseits darf das wesentliche Unterscheidungskriterium der zeitlichen Dauer nicht für Zwecke der Ausdehnung wieder aufgehoben werden. Darüber hinaus ist für eine solche Ausdehnung auch kein weiterer nachvollziehbarer Grund ersichtlich. Auch weiterhin sollte daher nach Identifikation eines Rechts im Sinne der Norm die Differenzierung nach Vermietung, Verpachtung einerseits und Veräußerung andererseits über die zeitliche Dauer erfolgen. Räumt der Berufssportler daher – wie dies regelmäßig der Fall sein wird – einem Dritten das Nutzungsrecht[617] an seinen Persönlichkeitsrechten für eine bestimmte Zeitdauer ein, so ist dies als Vermietung zu qualifizieren.[618] Beispielhaft seien hier die letzten Werbedeals einzelner Spieler der Fußball-Nationalmannschaft genannt, welche Verträge auch im längerfristigen Umfange abgeschlossen haben. Nachdem diese Erlaubnis zur Nutzung mit Zeitablauf endet und der jeweilige Spieler erneut die Nutzung erlauben könnte, liegt gerade keine Veräußerung vor.[619]

---

613 Zu diesem Erfordernis etwa *BMF*, 25.11.2010 – IV C 3 – S 2303/09/10002, BStBl. I 2010, 1350 = juris Tz. 23; *BFH*, 01.12.1982 – I B 11/82, BStBl. II 1983, 367, 368.

614 *BMF*, 25.11.2010 – IV C 3 – S 2303/09/10002, BStBl. I 2010, 1350 = juris Tz 24.

615 Diskutiert wird dieses Problem auch für den Bereich der hier nicht im Fokus stehenden Auftragsentwicklung; vgl. etwa hierzu *Reiter*, IStR 2017, 572, 575.

616 Siehe dazu nachfolgend unter Kapitel 2.II.3.a).

617 Sie dazu bereits oben unter Kapitel 2.I.1.a)bb)(2).

618 Dem im Ergebnis folgend *Kirchhof/Söhn/Mellinghoff/Hidien*, § 49 EStG Rn. E652; Blümich/*Wied*, § 49 EStG Rn. 134; *Herrmann/Heuer/Raupach/Pfeffermann*, § 49 EStG Rn. 620; a.A. noch *BFH*, 28.01.2004 – I R 73/02, BFHE 205, 174 = juris.

619 So auch *BFH*, 28.01.2004 – I R 73/02, BFHE 205, 174 = juris; *Herrmann/Heuer/Raupach/Pfeffermann*, § 49 EStG Rn. 619.

Als Veräußerung ist grundsätzlich nur die entgeltliche Übertragung des rechtlichen oder wirtschaftlichen Eigentums zu verstehen.[620] Übertragung meint dabei die endgültige Rechteüberlassung.[621] Mit Wirkung zum Veranlagungszeitraum 2007 wurde allerdings klargestellt, dass die verbrauchende Rechteüberlassung als Veräußerung eines Rechts iSd. Vorschrift zu qualifizieren sei. Mit dieser Neuregelung wollte der Gesetzgeber gerade diese Lücke zwischen nicht zeitlich beschränkter Überlassung und wirtschaftlichen Verbrauch des Rechts schließen.[622] Daneben ist auch die immerwährende Rechteüberlassung richtigerweise hierunter zu fassen.[623] Die verbrauchende Rechteüberlassung erfasst dabei bspw. Werbemöglichkeiten anlässlich einer Sportveranstaltung (z.B. Bandenwerbung[624]), genauso aber auch Rechte an literarischen oder fotografischen Werken, die nur für eine limitierte Zeit genutzt werden, wie dies etwa bei Aufzeichnungs- und Übertragungsrechten an Sportveranstaltungen und Konzerten der Fall ist.[625] Nicht zuzustimmen ist unter Anwendung dieser Grundsätze *Pfeifer*, die die limitierte Nutzungsüberlassung zur öffentlichen Ausstrahlung nicht als verbrauchende Rechteüberlassung einstuft.[626] Denn auch hier fällt das Recht nach der im Beispielsfall zweimaligen Ausstrahlung eines Kinofilms wieder an den Urheber zurück.[627] Über die immerwährende Rechteüberlassung wird die dogmatische Ungenauigkeit aufgelöst, die sich dadurch ergibt, dass Urheberrechte nicht untergehen können. So hatte bspw. die OFD Karlsruhe früher eine Veräußerung hier nicht für möglich erachtet.[628] Mit der immerwährenden Rechteüberlassung wird aber auch hier eine Gleichstellung der Persönlichkeitsrechte erreicht. Dabei wird aber nicht die besondere Rechtsqualität der Persönlichkeitsrechte eingeebnet, sondern vielmehr eine wirtschaftliche, steuerrechtliche Gleichstellung erreicht. Über den zum Veranlagungszeitraum 2017 neu eingefügten Verweis auf § 23 Abs. 1 Satz 4 EStG werden nunmehr auch mittelbare Veräußerungsvorgänge erfasst.[629] Ungeklärt ist bislang aber, ob die Auffassung der Finanzverwaltung bzgl. des möglichen Ausschlusses einer verbrauchenden Rechteüberlassung „der Sache nach“[630] auch dann greifen kann, wenn

620 *BFH*, 05.06.2002 – I R 81/00, BStBl. II 2004, 344; *Lademann/Stöber/Anissimov/Heß u.a.*, § 49 EStG Rn. 1418.
621 *BMF*, 25.11.2010 – IV C 3 – S 2303/09/10002, BStBl. I 2010, 1350 = juris Tz. 23.
622 *Die Fraktionen der CDU/CSU und der SPD*, Entwurf eines Steueränderungsgesetzes 2007, 2006, S. 16.
623 *Herrmann/Heuer/Raupach/Pfeffermann*, § 49 EStG Rn. 619.
624 *BFH*, 16.05.2001 – I R 64/99, BStBl. II 2003, 641 = juris.
625 Weitere Beispiele bei *Holthaus*, IStR 2010, 23, 26.
626 *Pfeifer*, Die deutsche Besteuerung ausländischer Tonkünstler und Künstlergesellschaften, 2014, S. 133.
627 So wohl auch *Köhler/Goebel/Schmidt*, DStR 2010, 8, 11.
628 *OFD Karlsruhe*, 05.08.2009–2009-08-05 S 2303 / 41-St 111 / St 142, DStR 2009, 1808 = juris, außer Kraft seit 08.02.2017.
629 Dazu im Einzelnen Schmidt/*Loschelder*, § 49 EStG Rn. 54.
630 So *BMF*, 25.11.2010 – IV C 3 – S 2303/09/10002, BStBl. I 2010, 1350 = juris Tz. 23; *OFD Karlsruhe*, 29.04.2014 – S 2301/41 – St 142/St. 136, DStR 2014, 1554.

eine Kapitalgesellschaft Vertragspartnerin ist. Dies wird teilweise in der Gestaltungspraxis empfohlen. Denn wegen der beim Urheber verbleibenden Persönlichkeitsrechte kann die Kapitalgesellschaft nur ein Vermögensrecht erworben haben, dass im Rahmen der Lizenzierung weiterverwertet wird. Folgt man daher der Auffassung der Finanzverwaltung, dass eine Einschränkung „der Sache nach" zu beachten ist, so kann sich diese m. E. nur auf die Konstellation beziehen, dass ein inländischer Vergütungsschuldner unmittelbar von einer natürlichen Person Leistungen bezieht. Denn die Kapitalgesellschaft kann sich ihrer Vermögensposition jederzeit durch Einräumung dieser Vermögensposition an andere entledigen.

(c) Verwertung in einer Betriebsstätte

Schließlich müssen die Rechte ausweislich des insoweit seit dem Veranlagungszeitraum 2007 eindeutigen Wortlauts der Norm auch einen hinreichenden Inlandsbezug aufweisen.[631] Dieser kann durch die Belegenheit der Sache oder durch die Eintragung in ein öffentliches Buch oder Register hergestellt werden, was allerdings für die hier zu behandelnden Fallgestaltungen nicht relevant sein dürfte. Vielmehr dürfte bei den im Sportbereich maßgeblichen Rechten der Inlandsbezug nur durch die Verwertung in einer inländischen Betriebsstätte oder anderen Einrichtung herzustellen sein. Verwerten meint dabei ganz allgemein jedes Nutzen, Benutzen oder Gebrauchen von Rechten im Rahmen einer eigenen Tätigkeit, wie dies etwas bei der Überlassung von Nutzungsrechten der Fall ist.[632] Für die Frage, wann eine Betriebsstätte iSd. § 12 AO im Inland belegen ist, kommt es entscheidend auf die örtliche Lage an.[633] Nicht entscheidend ist dagegen, ob es sich bei dem Vertragspartner des beschränkt Steuerpflichtigen um einen inländischen, unbeschränkt Steuerpflichtigen handelt oder lediglich eine inländische Betriebsstätte eines ausländischen beschränkt Steuerpflichtigen vorliegt.[634] Eine Definition dafür, was unter einer anderen Einrichtung zu verstehen ist, bietet § 49 Abs. 1 Nr. 2 lit. f) EStG nicht. Eingeführt durch Art. 7 des Steuerbereinigungsgesetzes 1986[635] (damals unter Nr. 6 aaO.) sollte die Regelung die Verwertung von Urheberrechten in inländischen Einrichtungen von öffentlich-rechtlichen Rundfunkanstalten erfassen.[636] Aus diesem Telos ist nach wohl zuzustimmender Meinung zu schließen, dass es sich bei einer „anderen Einrichtung" um eine feste Geschäftseinrichtung oder Anlage iSd. § 12 AO handeln muss, die nicht einem unternehmerischen Zweck dient und daher keine Betriebsstätte sein kann.[637] Schließlich ergibt sich aus

---

631 Bis dahin wurde der Inlandsbezug über den Verweis auf Nr. 6 hergestellt; vgl. hierzu etwa *Herrmann/Heuer/Raupach/Pfeffermann*, § 49 EStG Rn. 622.

632 *Kirchhof/Gosch*, § 49 EStG Rn. 53; *Frotscher/Geurts/Frotscher*, § 49 EStG Rn. 386; *Herrmann/Heuer/Raupach/Klein*, § 49 EStG Rn. 955.

633 *RFH*, 13.07.1937 – I A 309/36, RStBl. 1937, 1020.

634 *BFH*, 05.11.1992 – I R 41/92, BStBl. II 1993, 407 = juris.

635 Steuerbereinigungsgesetz 1986, BGBl I (19.12.1986), 2436.

636 *Herrmann/Heuer/Raupach/Klein*, § 49 EStG Rn. 954.

637 *Herrmann/Heuer/Raupach/Klein*, § 49 EStG Rn. 954 mwN.

systematischen Erwägungen als letztes, ungeschriebenes Tatbestandsmerkmal in diesem Zusammenhang, dass die Verwertung in einer fremden Betriebsstätte oder anderen Einrichtung erfolgt.[638] Es darf sich folglich nicht um eine Betriebsstätte des originären Rechteinhabers, also des Vergütungsgläubigers – mithin vorliegend des Berufssportlers – handeln.[639]

(2) Verhältnis zu anderen Vorschriften

Einen ausdrücklichen Vorbehalt zu Gunsten der Nr. 2 lit. a) aaO. normiert Nr. 2 lit. f) aaO. bereits in seinem Einleitungssatz. In Betracht kommt dieses Rangverhältnis aber nur dann, wenn die Vermietung, Verpachtung oder Veräußerung einer im Inland ansässigen Betriebsstätte zuzuordnen ist.[640] Im Hinblick auf den nachfolgend darzustellenden § 49 Abs. 1 Nr. 6 EStG enthält zwar Nr. 2 lit. f) aaO. keinen Hinweis, doch regelt hier Nr. 6 aaO. das Rangverhältnis dahingehend, dass Letztere subsidiär zu Nr. 2 lit. f) aaO. ist. Bezogen auf den Berufssportler ist die Verwirklichung des § 49 Abs. 1 Nr. 2 lit. f) EStG seit der Gesetzesänderung folglich stets vorrangig zu prüfen und regelmäßig mangels Betriebsstätte des Berufssportlers auch einschlägig.

dd) Vermietung und Verpachtung gem. § 49 Abs. 1 Nr. 6 EStG

Nach § 49 Abs. 1 Nr. 6 EStG sind Einkünfte aus der Vermietung und Verpachtung steuerbar. Auch hier wird der erforderliche Inlandsbezug über die Eintragung in Bücher oder öffentliche Register, insbesondere aber durch die Verwertung in einer inländischen Betriebsstätte oder ähnlichen Einrichtung hergestellt. Im Hinblick auf die der Norm unterfallende Rechte kann im Wesentlichen auf die obigen Ausführungen zu § 49 Abs. 1 Nr. 2 lit. f) EStG verwiesen werden.[641] Aus der Systematik der Norm lässt sich aber entnehmen, dass mit § 49 Abs. 1 Nr. 2 lit. f) EStG eine einheitliche steuerliche Würdigung einheitlicher wirtschaftlicher Vorgänge angestrebt wurde und damit eine Zuordnung zu verschiedenen Einkunftsarten vermieden werden soll.[642] Aufgrund der übereinstimmenden Tatbestandsmerkmale wurde gleichzeitig in § 49 Abs. 1 Nr. 6 EStG eine Subsidiarität dieser Norm zu Gunsten der § 49 Abs. 1 Nr. 1 bis 5 EStG angeordnet. § 49 Abs. 1 Nr. 6 EStG ist daher in der Praxis keine große Bedeutung mehr beizumessen.

ee) Sonstige Einkünfte gem. § 49 Abs. 1 Nr. 9 EStG

Über § 49 Abs. 1 Nr. 9 EStG werden Einkünfte iSd. § 22 Nr. 3 EStG der beschränkten Steuerpflicht unterstellt. Allerdings beschränkt sich der Anwendungsbereich auf die

---

638 Vgl. nur *Herrmann/Heuer/Raupach/Klein*, § 49 EStG Rn. 954.
639 *Kirchhof/Gosch*, § 49 EStG Rn. 86.
640 *Kirchhof/Gosch*, § 49 EStG Rn. 40.
641 Vergleiche dazu unter Kapitel 2.II.1.c)cc).
642 Bestätigt durch *Die Bundesregierung der Bundesrepublik Deutschland*, Entwurf eines Jahressteuergesetzes 2009 (JStG 2009), 2008, S. 78.

dort näher genannten Einkünfte. Für den hier gewählten Untersuchungsgegenstand kommt insbesondere die mit dem JStG 2009 eingefügte unterhaltende Darbietung in Betracht.[643] Hingegen wird der hauptsächliche Anwendungsbereich der Norm im Bereich der Überlassung der Nutzung oder des Rechts auf Nutzung von gewerblichen Know-how hier regelmäßig nicht einschlägig sein. Die Einfügung der unterhaltenden Darbietung ist dabei als Reaktion des Gesetzgebers auf die Entscheidung des BFH vom 21.04.1999 zu sehen, wonach die Teilnahme eines Künstlers in einer Talkshow nicht dem § 49 Abs. 1 Nr. 3 EStG unterstellt werden konnten.[644] Für die zu beurteilenden Einkünfte von Berufssportlers dürfte § 49 Abs. 1 Nr. 9 EStG hingegen keine Bedeutung erlangen. Zum einen konnte der BFH in der angesprochenen Entscheidung die Einkünfte u. a. deshalb nicht unter § 49 Abs. 1 Nr. 2 lit. d) EStG subsumieren, weil dort das Tatbestandsmerkmal „unterhaltend" ebenfalls noch nicht enthalten war.[645] Zum anderen ordnet § 49 Abs. 1 Nr. 9 Hs. 2 EStG expressis verbis eine Subsidiarität zu den Nummern 1 bis 8 an. Im Ergebnis beschränkt sich der Anwendungsbereich des § 49 Abs. 1 Nr. 9 EStG daher auf diejenigen Einkünfte, die sonstige Einkünfte und damit gerade keine gewerblichen Einkünfte sind.[646] Diese dürften bei Berufssportler regelmäßig keine Rolle spielen.

2. Besteuerung von Mannschaftssportlern

Mannschaftssportler erzielen regelmäßig Einkünfte aus ihrer sportlichen Darbietung und aus Werbetätigkeit. Wie auch im reinen Inlandsfall, so ist auch in der Inbound-Konstellation zwischen beiden Einkunftsarten zu differenzieren.

a) Einkünfte aus sportlicher Betätigung

Im Gegensatz zum Individualsportler ist der Mannschaftssportler auf die Unterstützung seiner Teamkollegen angewiesen. Die hierdurch bedingte Eingliederung in ein Team hat regelmäßig zur Folge, dass nicht der Berufssportler selbst die Organisation und den Ablauf bestimmt, sondern dies regelmäßig ein Dritter – bspw. der Fußballklub – übernimmt. Aufgrund der Eingliederung des Berufssportlers in die Struktur des Klubs erzielt dieser auch Einkünfte aus nichtselbstständiger Tätigkeit.[647] Im Bereich der beschränkten Steuerpflicht regelt § 49 Abs. 1 Nr. 4 EStG die Steuerbarkeit von Einkünften aus nichtselbstständiger Tätigkeit, wenn der notwendige Inlandsbezug hergestellt werden kann. Hierzu verweist § 49 Abs. 1 Nr. 4 EStG aber auf § 19 EStG, so dass die obigen Ausführungen zur Inlandskonstellation an dieser Stelle

643 Blümich/*Wied*, § 49 EStG Rn. 113.

644 *BFH*, 21.04.1999 – I B 99/98, BFHE 188, 372 = juris Rn. 8.

645 *BFH*, 21.04.1999 – I B 99/98, BFHE 188, 372 = juris Rn. 9; zur "unterhaltenden Darbietung" im Rahmen des § 49 Abs. 1 Nr. 2 lit. d) EStG vgl. bereits oben unter Kapitel 2.II.1.c)aa).

646 *Herrmann/Heuer/Raupach/Klein*, § 49 EStG Rn. 1053.

647 Vergleiche dazu im Einzelnen bereits oben unter Kapitel 2.I.1.b)aa).

entsprechend gelten.[648] Nachdem der Wortlaut ferner eine Anknüpfung zum Inland fordert, ist der Tatbestand auch dann erfüllt, wenn die Tätigkeit nur kurzfristig oder vorübergehender Natur ist.[649] Auch soll es nach der Rechtsprechung bereits für den notwendigen Inlandsbezug ausreichend sein, wenn Deutschland nur überflogen wird.[650] Erfolgt die Tätigkeit aber im Ausland und im Inland, so ist die Vergütung aufzuteilen. Kein Problem stellen hingegen nachträgliche Einkünfte dar. Denn durch die Formulierung „wird oder worden ist“ stellt § 49 Abs. 1 Nr. 4 lit. a) EStG bereits in seinem Wortlaut klar, dass es nicht auf den Zeitpunkt der Auszahlung, sondern vielmehr der Ausübung ankommt.[651]

aa) Ausübungsvariante gem. § 49 Abs. 1 Nr. 4 lit. a) Var. 1 EStG

§ 49 Abs. 1 Nr. 4 lit. a) EStG erfasst dabei diejenigen Einkünfte, die aus einer im Inland ausgeübten oder verwerteten nichtselbstständigen Tätigkeit resultieren. Die Ausübung verlangt auch hier ein persönliches Tätigkeitwerden des Berufssportlers, unabhängig ob dies aktiver oder passiver Natur ist.[652] Passiver Natur ist die Tätigkeit etwa dann, wenn der Arbeitgeber den Berufssportler von seinen Arbeitspflichten freistellt und sich dieser lediglich zur Verfügung halten soll. Aber auch, wenn als Gegenleistung für Wettbewerbsverbot eine Vergütung geleistet wird, kann von passiven Einkünften ausgegangen werden. Entscheidend ist die Abgrenzung im Hinblick auf den ebenfalls erforderlichen Inlandsbezug. Denn während die passive Tätigkeit des Zurverfügunghaltens zum Aufenthaltsort zu aliquotieren ist, materialisiert sich das Wettbewerbsverbot dort, wo kein Wettbewerb ausgeübt werden kann.[653] Ist das Verbot auf das Inland beschränkt, so weist die passive Einkunft den erforderlichen Inlandsbezug auf. Bei einem in verschiedenen Jurisdiktionen oder gar weltweit wirkenden Wettbewerbsverbot ist die Tätigkeit allerdings wieder über den Aufenthaltsort zuzuweisen.[654] Ist neben dem Wettbewerbsverbot eine weitere Leistung des Berufssportlers vereinbart, so ist vorab das Verhältnis Haupt- zu Neben-

---

648 Vgl. dazu bereits oben unter Kapitel 2.I.1.b)aa); für Künstler ebenso *BMF*, 31.07.2002 – IV C 5. S 2369–5/02, DStR 2002, 1486.

649 *BFH*, 29.01.1985 – I R 22/85, BStBl. II 1986, 479 = juris Rn. 9; *BFH*, 21.08.1985 – VI R 12/82, BStBl. II 1986, 64 = juris Rn. 24.

650 *BFH*, 07.05.1993 – VI R 98/82, BFH/NV 1994, 91 = juris Rn. 10; *BFH*, 27.11.1992 – VI R 95/90, BFH/NV 1993, 365 = juris Rn. 13; *BFH*, 14.12.1988 – I R 148/87, BStBl. II 1989, 319 = juris Rn. 15.

651 Schmidt/*Loschelder*, § 49 EStG Rn. 87; *Herrmann/Heuer/Raupach/Haiß*, § 49 EStG Rn. 746.

652 *BFH*, 28.09.1990 – VI R 157/89, BStBl. II 1991, 86 = juris Rn. 29; Blümich/*Wied*, § 49 EStG Rn. 156; *Sauer*, Die Besteuerung ausländischer Sportler im Inland unter besonderer Berücksichtigung der europarechtlichen sowie völkerrechtlichen Vorgaben, 2009, S. 23.

653 *BFH*, 09.09.1970 – I R 19/69, BStBl. II 1970, 867 = juris Rn. 18; *BFH*, 09.11.1975 – I R 254/75, BStBl. II 1978, 195 = juris Rn. 16.

654 *Wassermeyer/Wassermeyer/Schwenke*, Art. 17 OECD-MA Rn. 64.

leistung zu prüfen. Handelt es sich danach bei dem Wettbewerbsverbot lediglich um eine Nebenleistung, so wird auch das Unterlassen von Wettbewerb an dem Ort ausgeübt, wo die übrige nichtselbstständige Arbeit erbracht wird.[655] Selbstständige Wettbewerbsverbote dürften bei Berufssportlern regelmäßig nicht in Betracht kommen. Denn aufgrund der Dynamik des Sektors und der u.a. daraus resultierenden Gehaltsspirale ist jedem Arbeitgeber daran gelegen, dass der Berufssportler schnell einen neuen Arbeitgeber findet, auch wenn er dann ggf. in Wettbewerb zu seinem bisherigen Arbeitgeber steht.

Hieraus folgt aber auch, dass es der physischen Anwesenheit des Berufssportlers im Inland bedarf, um die beschränkte Steuerpflicht begründen zu können.[656] Dabei sind neben den oben erläuterten passiven Einkünften zwei weitere Konstellationen denkbar. Zum einen kann der Arbeitgeber seinen Sitz im Inland haben, der angestellte Berufssportler unterhält jedoch im Inland keinen Wohnsitz oder gewöhnlichen Aufenthalt, sondern pendelt regelmäßig zum Arbeitsplatz.[657] Dies ist etwa bei Fußballspielern häufiger dann anzutreffen, wenn der Klub seinen Sitz im Grenzgebiet hat.[658] Bekannt wurde etwa der Fall eines niederländischen Nationalspielers, der zu den Trainingseinheiten seines Klubs in Gelsenkirchen pendelte. Zum anderen ist aber auch die Konstellation denkbar, dass sowohl der angestellte Berufssportler wie auch sein Arbeitgeber im Ausland ansässig sind und nur im Rahmen einer Veranstaltung im Inland verweilen. Hier seien beispielhaft die zahlreichen Spiele in den Wettkämpfen der UEFA Champions League und UEFA Europa League erwähnt.[659] Beiden Konstellationen ist gemein, dass es sich um nichtselbstständige Arbeit handeln muss. Fraglich ist, ob eine Ausübung auch dann angenommen werden kann, wenn sich ein verletzter Berufssportler im Inland aufhält. Dies könnte etwa dann virulent werden, wenn hochbezahlte Berufssportler mit ihren Team zu Auswärtsspielen im Rahmen der UEFA Champions League nach Deutschland reisen, mangels ausreichendem Gesundheitszustand ihr Team aber nur mental unterstützen können. Auch ein weites Verständnis der Norm würde hier wohl ein aktives Tätigkeitwerden nicht mehr bejahen können, da es an der originär arbeitsrechtlich geschuldeten Tätigkeit, der Ausübung des Sports fehlt. Allerdings ist gemeinhin bekannt, dass insbesondere im Leistungssport die mentale Stärke ein entscheidender Faktor für die Leistungsfähigkeit des Berufssportlers ist. Aus diesem Grund verwundert es nicht, das viele Teams tatsächlich auch verletzte oder bspw. gesperrte Spieler auch zu Auswärtsspielen mitnehmen, um den Teamspirit und damit die mentale Leistungs-

---

655 *Wassermeyer/ Wassermeyer/Schwenke*, Art. 17 OECD-MA Rn. 64.

656 *BFH*, 28.09.1990 – VI R 157/89, BStBl. II 1991, 86 = juris Rn. 29.

657 Auf die in DBA anzutreffenden Regelungen zu Grenzpendlern ist in dieser Konstellation nicht einzugehen.

658 Bei Vorliegen der Voraussetzungen kann hier auch die unbeschränkte Steuerpflicht gem. § 1 Abs. 3 EStG beantragt werden.

659 In beiden Wettbewerben ist Deutschland traditionell mit vielen Mannschaften vertreten, so dass die Gruppengegner bis dato stets auch eine Partie auf deutschem Boden austragen mussten.

fähigkeit der spielbereiten Arbeitnehmer zu stärken. Insoweit könnte die Tätigkeit des mitgereisten, verletzten Berufssportlers auch in einem passiven Tätigwerden – bspw. dem Sitzen auf der Bank oder Tribüne – gesehen werden. Gegen diese Ansicht kann allerdings vorgebracht werden, dass die bloße mentale Unterstützung wohl noch nicht die notwendige Intensität einer – wenn auch passiven – sportlichen Tätigkeit erreicht.[660] Hierfür streitet auch das Argument, dass der verletzte Berufssportler im Auftrag seines Arbeitgebers mitreist und damit tätig wird.[661] M.E. ist für die Beurteilung der Steuerpflicht im Krankheitsfalle aber gerade nicht auf den Zeitpunkt der Krankheit, sondern vielmehr auf den zeitlich davor liegenden Zeitraum abzustellen. Dies ergibt sich m. E. bereits aus einem Vergleich mit den einschlägigen Normen der sozialen Absicherung für diesen Zeitraum. So hat der Berufssportler als Arbeitnehmer im Krankheitsfalle für die Dauer von bis zu sechs Wochen Anspruch auf Fortzahlung seiner Vergütung (Entgeltfortzahlung im Krankheitsfall gem. § 3 Abs. 1 EFZG). Die aufgrund des § 3 Abs. 1 EFZG fortgezahlte Vergütung ist Arbeitslohn iSd. § 19 EStG.[662] Diese Norm knüpft aber evident an den vorherigen Zeitraum der Beschäftigung an, wie sich bspw. auch aus dem Ausschlusstatbestand des § 3 Abs. 1 Satz 2 EFZG bei wiederholter Erkrankung ergibt. Auch die Steuerpflicht hat sich von dieser Wertung des Gesetzgebers leiten zu lassen. Danach sollte die während der Krankheit geleistete Vergütung nur dann der beschränkten Steuerpflicht unterliegen, wenn auch die davor bezogene Vergütung der Steuerpflicht unterfiel und es daher gerechtfertigt erscheint, auch das Substitut der Steuerpflicht zu unterwerfen.[663] Unterlag der im obigen Beispiel geschilderte Grenzpendler auch bisher schon mit seinen Einkünften der beschränkten Steuerpflicht, so soll dies auch für die an die Stelle der Vergütung tretende Entgeltfortzahlung gelten.[664] Reist jedoch der für einen ausländischen Klub spielende Berufssportler mit zum Auswärtsspiel seiner Mannschaft, obwohl er verletzungsbedingt nicht spielen kann, so kann auch die Vergütung, die er hierfür erhält nicht der beschränkten Steuerpflicht unterfallen. Denn die originäre Vergütung wurde hier im Ausland für eine Tätigkeit außerhalb Deutschlands geleistet und unterlag damit nicht der beschränkten inländischen Steuerpflicht. Es fehlt folglich in dieser Konstellation am Anknüpfungspunkt für eine Besteuerung im Zeitpunkt des Auswärtsspiels. Selbstverständlich kann diese

660 In diese Richtung ist wohl *Herrmann/Heuer/Raupach/Haiß*, § 49 EStG Rn. 737 zu verstehen.

661 Zu diesem Erfordernis etwa *Herrmann/Heuer/Raupach/Haiß*, § 49 EStG Rn. 738.

662 Schmidt/*Krüger*, § 19 EStG Rn. 100 „Lohnfortzahlung"; *Kirchhof/Söhn/Mellinghoff/Giloy*, § 19 EStG Rn. B1000; *Neyer*, RIW 2006, 216, 218.

663 So auch *Lademann/Stöber/Anissimov/Heß u. a.*, § 49 EStG Rn. 1642; *Kirchhof/Gosch*, § 49 EStG Rn. 64; *Frotscher/Geurts/Frotscher*, § 49 EStG Rn. 244; *Kirchhof/Söhn/Mellinghoff/Hidien*, § 49 EStG Rn. G59.

664 So auch im Falle des *FG Köln*, 16.04.2007–14 K 1233/04, DStRE 2007, 1559 für die Beurteilung eines im Inland angestellten Berufssportlers sowie *FG Düsseldorf*, 03.06.2005–8 K 3649/02, EFG 2005, 1360 = juris Rn. 20 zur Entgeltfortzahlung bei einem Geschäftsführer.

Sichtweise nur dann Gültigkeit beanspruchen, wenn es um die Beurteilung eines Substituts geht. Wird hingegen eine reguläre Vergütung bezogen, so ist auch auf den Zeitpunkt der Tätigkeit abzustellen.

Dieselbe Problematik stellt sich auch bei Berufssportlern, die zwar mit ihren Teams zu den Auswärtsspielen reisen, aber dann nicht zum Einsatz kommen. Gemeint sind dabei Ersatzspieler, denen – obwohl sie bspw. fit genug sind – der Trainer nicht das Vertrauen für einen Einsatz schenkt. Hier dürfte der Sachverhalt indes anders zu würdigen sein. Denn der an sich einsatzbereite Spieler hält sich für seinen Einsatz zur Verfügung. Es bedarf lediglich der Anweisung des Trainers als insoweit Vorgesetztem, um doch Spielzeit zu erhalten. Darüber hinaus erhält er ebenso wie der aktiv spielende Teamkollege – wenn auch exklusiv der „Auflaufprämie" – seine Vergütung vom Klub als Gegenleistung für die sportliche Tätigkeit.[665] Zwar scheint hiervon die Auffassung von *Maßbaum*[666] abzuweichen. Nachdem dieser aber zur Begründung auf *Killius*[667] verweist, welcher nur dann den Fall anders beurteilen möchte, wenn der Spieler gar nicht an der Veranstaltung teilnimmt, weil er sich bspw. im Hotel aufhält, scheint diese Auffassung einhellig in der Literatur vertreten zu werden.[668] Entsprechend der obigen Ausführungen ist bei einem Sich-zur-Verfügung-halten auf den Aufenthaltsort abzustellen und dieser ist mit dem der aktiven Spieler identisch.

bb) Verwertungsvariante gem. § 49 Abs. 1 Nr. 4 lit. a) Var. 2 EStG

Weiter erfasst § 49 Abs. 1 Nr. 4 lit. a) EStG auch die Verwertung. Auch diese Verwertung bedarf eines – von der nichtselbstständigen Tätigkeit unabhängigen – Vorgangs, durch den der Berufssportler das Ergebnis seiner Arbeit seinem Arbeitgeber zuführt und damit nutzbar macht.[669] Verwerter iSd. Norm kann daher nur der Berufssportler selbst sein. Bereits hieraus ergibt sich, dass der Verwertungsalternative für Berufssportler in der Praxis keine größere Bedeutung beizumessen ist. Unabhängig davon tritt die Verwertungsalternative auch im Wege der Subsidiarität hinter die Ausübungsalternative zurück.[670]

---

665 *Kirchhof/Gosch*, § 49 EStG Rn. 24.

666 *Herrmann/Heuer/Raupach/Maßbaum*, § 49 EStG Rn. 530, allerdings zur sportlichen Darbietung iSd. § 49 Abs. 1 Nr. 2d EStG, dessen Darbietungsbegriff aufgrund des Erfordernisses „vor Publikum" zudem noch enger ist. Vergleich dazu im Detail bereits oben unter Kapitel 2.II.1.a)bb)(2)(a).

667 *Killius*, FR 1995, 721, 724.

668 Zur abweichendes Einschätzung für Ersatzspieler zur Beurteilung einer sportlichen Darbietung iSd. § 49 Abs. 1 Nr. 2d EStG vgl. auch *Kirchhof/Söhn/Mellinghoff/Hidien*, § 49 EStG Rn. E274.

669 *Herrmann/Heuer/Raupach/Haiß*, § 49 EStG Rn. 750.

670 *BFH*, 12.11.1986 – I R 144/80, BFH/NV 1987, 761 = juris Rn. 18; im Übrigen zur Verwertung bereits bei Kapitel 2.II.1.a)bb)(2)(c).

b) *Einnahmen aus Werbung*

Nachdem der Ausübungstatbestand lediglich ein persönliches Tätigwerden, im Gegensatz zu § 49 Abs. 1 Nr. 2 lit. d) EStG aber keine sportliche Darbietung erfordert, kommen Einkünfte aus nichtselbstständiger Tätigkeit auch aus Werbung in Betracht. Selbstverständlich kann dies nicht die Werbeeinnahmen erfassen, die der Mannschaftssportler aus individuell abgeschlossenen Sponsoringverträgen erzielt. Denn insoweit fehlt es bereits an der Nichtselbstständigkeit.[671] Ist die Vergütung für eine Werbemaßnahme hingegen der nichtselbstständigen Tätigkeit zuzuordnen, so kann bei Vorliegen des notwendigen Inlandsbezugs auch hier die beschränkte Steuerpflicht aus § 49 Abs. 1 Nr. 4 lit. a) EStG verwirklicht werden. Entscheidend für die Abgrenzung ist dabei erneut die Frage, ob der Berufssportler die Entscheidung im Hinblick auf das „ob“ und „wie“ trifft oder ob er vielmehr die Entscheidung eines anderen, in dessen Organisation er eingegliedert ist, umzusetzen hat.[672] Eine Eingliederung kommt dabei sowohl im Hinblick auf den Sponsor selbst, aber auch im Hinblick auf den Arbeitgeber, für den er die Werbeleistung erbringt, in Betracht. Für Ausrüsterverträge ist dies danach zu beurteilen, ob der Berufssportler bspw. aus einem Sortiment von Sportartikeln frei wählen kann und ihm auch die Entscheidung darüber offen steht, wie lange er den Sportartikel benutzen will. Die Beurteilung hat dabei nicht generell, sondern vielmehr im konkreten Einzelfall zu erfolgen. So kann bspw. einem Berufsfußballspieler durchaus die Entscheidung hinsichtlich seiner Fußballschuhe verbleiben[673], hinsichtlich der übrigen Bekleidung (Trikot, Hose) ist er dagegen an die Vorgabe des Klubs gebunden.[674] Er ist im Rahmen seines Arbeitsvertrages verpflichtet, diese Werbemaßnahme durch das Tragen der Kleidung für den Klub zu erbringen, und damit in dessen Werbeorganisation eingegliedert.[675] Während die Einnahmen aus dem Sponsoringvertrag mit dem Hersteller der Fußballschuhe regelmäßig zu gewerblichen Einkünften führen[676], sind diese – soweit sie (wenn auch nur anteilig) an den Spieler weitergereicht werden – aus dem Sponsoringvertrag des Klubs bspw.

---

671 Zu den Abgrenzungskriterien vergleiche bereits oben unter Kapitel 2.I.1.b)bb); zu persönlichen Ausrüsterverträgen vgl. *FG Hessen*, 16.10.2000–5 K 187/98, EFG 2001, 683 = juris Rn. 25.

672 *BFH*, 19.11.1985 – VIII R 104/85, BFHE 146, 115 = juris Rn. 16; *Sauer*, Die Besteuerung ausländischer Sportler im Inland unter besonderer Berücksichtigung der europarechtlichen sowie völkerrechtlichen Vorgaben, 2009, S. 10.

673 Aktuelles Beispiel sind hier etwa die Spieler der Fußballnationalmannschaft oder des FC Bayern München, welche trotz Sponsor Adidas den Spielern das Tragen ihrer eigenen Fußballschuhe nicht verbieten können.

674 *Klimmer*, Besteuerung international tätiger Sportler in der Bundesrepublik Deutschland, 2004, S. 96.

675 *Schauhoff/Cordewener/Schlotter*, Besteuerung ausländischer Künstler und Sportler in der EU, 2008, S. 9.

676 Auch hier können aber bei entsprechender Ausgestaltung des Sponsoringvertrages (insbesondere Eingliederung in die Werbeorganisation) durchaus auch Einkünfte aus nichtselbstständige Tätigkeit entstehen.

mit dem Trikotsponsor als solche aus nichtselbstständiger Tätigkeit zu qualifizieren.[677] Dieselbe Wertung ist auch bei sonstigen Werbeverträgen anzulegen. Auch hier ist daher zu entscheiden, ob durch die vertraglichen Leistungspflichten des Berufssportlers eine Eingliederung in die Werbeorganisation des Sponsors angenommen werden kann.[678] Eine solche kann etwa in dem vom FG Saarland entschiedenen Fall dann angenommen werden, wenn sich eine Berufstischtennisspielerin vertraglich dazu verpflichtet, sich zu Vermarktungszwecken nach den Weisungen des Sponsors zur Verfügung zu stellen.[679] *Sauer* vertritt hier unter Rekurs auf das BMF-Schreiben vom 25.08.1995[680] die Ansicht, dass eine Eingliederung bereits dann zu bejahen ist, wenn vertraglich die Teilnahme an „diversen, jedoch genau bestimmten" Werbeterminen vereinbart wurde.[681] M.E. kann dem in dieser Generalität nicht gefolgt werden. Zum einen ist das Schreiben des BMF zwischenzeitlich aufgehoben worden.[682] Zum anderen ist die Vereinbarung von Werbeterminen nur ein Indiz. Lediglich in dem entschiedenen Einzelfall der langfristigen und expliziten Einbindung kann diese eine prägende Bedeutung beigemessen werden. Regelmäßig wird der Berufssportler aber neben den Werbeterminen weitere Verpflichtungen eingehen, so dass die Teilnahme in einem Bündel an Verpflichtungen keine herausragende Bedeutung mehr zukommen wird und das Gesamtbild nicht mehr prägen kann. Bei den in der Praxis regelmäßig abgeschlossenen sonstigen Werbeverträgen lässt sich dies bereits daran erkennen, dass zunächst die bedeutenden Leistungspflichten genannt werden und erst an nachgeordneter Position die Nennung eines Werbetermins erfolgt. Der Schwerpunkt liegt regelmäßig – und das ergibt sich auch aus der Allokation der Vergütungsbestandteile – aus der Rechteüberlassung. Hierin kann auch kein Widerspruch zu der erforderlichen Aufteilung einzelner Leistungsbestandteile und eigenständiger steuerrechtlicher Würdigung erblickt werden. Denn auch wenn jede Einzelleistung separat steuerlich erfasst werden soll, muss dennoch für die Beurteilung der Einbindung in die Arbeitsorganisation auf das gesamte Vertragsverhältnis abgestellt werden.

Ergibt die Einzelfallprüfung hingegen eine Eingliederung, so unterliegt die Vergütung nur dann der beschränkten Steuerpflicht, wenn die Werbetätigkeit im Inland erbracht wurde. Dies ist dann der Fall, wenn bspw. die Drehaufnahmen, Fotoshootings oder sonstige Veranstaltungen werblicher Natur im Inland erfolgen.[683]

---

677 So auch *Klimmer*, Besteuerung international tätiger Sportler in der Bundesrepublik Deutschland, 2004, S. 96.

678 Selbstverständlich kann auch bei sonstigen Werbeverträgen eine vertragliche Absprache zwischen Sportler und Klub vorliegen.

679 *FG Saarland*, 11.03.1994–1 K 53/94, EFG 1994, 751, 752.

680 *BMF*, 25.08.1995 – IV B 6-S 2331–9/95, DStR 1995, 1508.

681 *Sauer*, Die Besteuerung ausländischer Sportler im Inland unter besonderer Berücksichtigung der europarechtlichen sowie völkerrechtlichen Vorgaben, 2009, S. 10.

682 *BMF*, 29.03.2007 – IV C 6-O 1000/07/0018, 2007/0145039, BStBl. I 2007, 369 = juris.

683 Zu den Dreharbeiten eines Künstlers etwa *BFH*, 15.09.1971 – I R 202/67, BStBl. II 1972, 281 = juris.

c) *Sonstige Einkünfte*

In jüngster Zeit häufiger zu beobachten sind weitere Einkünfte des Berufssportlers, die nicht auf seine Tätigkeit oder seine Werbewirkung zurückzuführen sind. So zahlen Arbeitgeber aus unterschiedlichen Gründen Entschädigung für die Auflösung des Vertragsverhältnisses. Im Bereich des Fußballs ist dies regelmäßig bei Trainern zu beobachten, die allerdings an dieser Stelle nicht näher betrachtet werden sollen. In anderen Sportarten mit weniger Teammitgliedern wird von dieser Möglichkeit dann Gebrauch gemacht, wenn Platz für einen neuen „Wunschspieler“ geschaffen werden muss. Während die steuerliche Beurteilung von solchen Leistungen bis zum Veranlagungszeitraum 2004 unklar war, hat sich durch Einfügung des § 49 Abs. 1 Nr. 4 lit. d) EStG die Rechtslage geklärt.[684] Danach besteht ein deutsches Besteuerungsrecht auch an Entschädigungen iSd. § 24 Nr. 1 EStG, die für die Auflösung des Dienstverhältnisses gezahlt werden.

3. Durchführung des Besteuerungsverfahrens

Im Hinblick auf das Besteuerungsverfahren ist wiederum zwischen Individual- und Mannschaftsportler zu unterscheiden. Zwar erfolgt bei beiden grundsätzlich die Steuerhebung durch Steuerabzug gem. § 50a EStG. Soweit allerdings die Voraussetzungen des Lohnsteuereinbehalts vorliegen, ist dieses Verfahren vorrangig.[685] Nachfolgend sollen daher beide Verfahren mit ihren jeweiligen Spezifika dargestellt werden.

a) *Besteuerungsverfahren bei Individualsportlern*

Die Erhebung der Einkommensteuer bei beschränkt Steuerpflichtigen ohne Lohnsteuereinbehalt erfolgt entweder im Rahmen des Steuerabzugs (§ 50a EStG) oder – soweit dessen Voraussetzungen nicht vorliegen – durch Veranlagung. Bei beschränkt steuerpflichtigen Berufssportlern richtet sich die Erhebung meist nach §§ 50a, 50 EStG. Optiert der Berufssportler bei Vorliegen der Voraussetzungen des § 1 Abs. 3 EStG zur unbeschränkten Steuerpflicht, so wird lediglich § 50 EStG suspendiert, die Steuerabzugsverpflichtung aus § 50a EStG indes bleibt gem. § 1 Abs. 3 S. 6 EStG bestehen. Anpassungen an die Vorgaben der unionsrechtlichen Grundfreiheiten – hier die Dienstleistungsfreiheit des Art. 56 EUV – sowie eine Annäherung an die Regelungen der DBA führten durch das JStG 2009 zu umfangreichen Anpassungen für die ab dem 01.01.2009 zufließenden Entgelte.[686] Dabei wurde zwar grundsätzlich an der Grundkonzeption des Steuerabzugsverfahrens mit Abgeltungswirkung festgehalten, zusätzlich aber ein optionales Ver-

---

684 Zweites Gesetz zur Änderung steuerlicher Vorschriften (Steueränderungsgesetz 2003), BStBl. I (15.12.2003), 710.

685 *Herrmann/Heuer/Raupach/Maßbaum*, § 50a EStG Rn. 7.

686 *Herrmann/Heuer/Raupach/Maßbaum*, § 50a EStG Rn. 3.

anlagungsverfahren installiert. Letzteres entspricht regelmäßig der Steuererhebung bei Mannschaftssportlern, so dass an dieser Stelle noch einmal genauer hierauf einzugehen sein wird.[687] Mit der Anpassung soll in Inbound-Konstellationen eine effektive Besteuerung von beschränkt Steuerpflichtigen gewährleistet werden, die sich regelmäßig nur für eine kurze Zeitspanne im Inland aufhalten.[688] Das nationale Steuerrecht lässt aus diesem Grunde hier auch unberücksichtigt, ob der Vergütungsgläubiger die einbehaltene Steuer in seinem Ansässigkeitsstaat anrechnen kann oder nicht. Ferner ist auch unerheblich, ob diese Einkünfte von der Besteuerung im Ansässigkeitsstaat freigestellt sind. Andernfalls könnte der Zugriff auf den Steuerpflichtigen durchaus Probleme bereiten.[689] Zuständig auf Seiten der Finanzverwaltung ist seit der Föderalismusreform nicht mehr das jeweilige Finanzamt, sondern das Bundeszentralamt für Steuern.[690]

Eben jenes Steuerabzugsverfahren soll nachfolgend näher dargestellt werden. Auf der anderen Seite ist beim Steuerabzugsverfahren zwischen dem Steuerentrichtungspflichtigen und dem Steuerpflichtigen zu unterscheiden. Steuerpflichtig ist entsprechend der vorstehenden Ausführungen der beschränkt steuerpflichtige Berufssportler mit denjenigen Entgelten, die tatbestandsmäßig unter § 49 EStG subsumiert werden können. Den Steuerabzug vornehmen hat hingegen der Vergütungsschuldner, mithin derjenige, der zivilrechtlich zur Zahlung der Vergütung iSd. § 50a EStG verpflichtet ist, für Rechnung des Berufssportlers als Vergütungsgläubiger, § 50a Abs. 5 Satz 2 EStG. Er ist folglich steuerentrichtungspflichtig. Die Steuerabzugsverpflichtung trifft damit regelmäßig den Veranstalter der Darbietung bzw. denjenigen, der als Sponsor eine Vergütung leistet.[691] Ob der Vergütungsschuldner im Inland oder im Ausland ansässig ist, ist hingegen irrelevant, so dass auch der ausländische Sponsor abzugsverpflichtet ist.[692] Ergänzend sei angemerkt, dass die Steuerabzugsverpflichtung über §§ 8 Abs. 1 Satz 1, 31 Abs. 1 Satz 1 KStG auch gegenüber beschränkt körperschaftsteuerpflichtigen Vergütungsgläubigern besteht, so dass insoweit kein Unterschied zwischen dem Berufssportler als natürlichen Person und der ggf. dazwischen geschalteten Gesellschaft besteht.[693]

687 Siehe dazu nachfolgend unter Kapitel 2.II.3.b)aa).

688 *Die Bundesregierung der Bundesrepublik Deutschland*, Entwurf eines Jahressteuergesetzes 2009 (JStG 2009), 2008, S. 61.

689 *Kirchhof/Gosch*, § 50a EStG Rn. 1; zur Kritik an der Neufassung *Lüdicke*, IStR 2009, 206.

690 Begleitgesetz zur 2. Föderalismusreform (10.08.2009), S. 61.

691 *BFH*, 22.08.2007 – I R 46/02, BStBl. II 2008, 190; *BMF*, 25.11.2010 – IV C 3 – S 2303/09/10002, BStBl. I 2010, 1350 = juris Tz. 41.

692 *BFH*, 22.08.2007 – I R 46/02, BStBl. II 2008, 190; *BMF*, 25.11.2010 – IV C 3 – S 2303/09/10002, BStBl. I 2010, 1350 = juris Tz. 42.

693 *Herrmann/Heuer/Raupach/Maßbaum*, § 50a EStG Rn. 6.

aa) Abzugsverpflichtung

Die Abzugsverpflichtung besteht nur für die in § 50a EStG genannten Fälle der beschränkten Steuerpflicht aus § 49 EStG. Ausländische Besteuerungsmerkmale bleiben dabei aufgrund der sog. isolierenden Betrachtungsweise außer Betracht.[694] Der Steuerabzug ist daher grundsätzlich unabhängig davon vorzunehmen, ob eine Einkünfteerzielungsabsicht des Berufssportlers besteht oder nicht.[695] Nur wenn dem Steuerentrichtungspflichtigen Vergütungsschuldner das Fehlen der Einkünfteerzielungsabsicht bekannt und vom Berufssportler nachgewiesen ist, kann er ausnahmsweise vom Steuerabzug absehen.[696] Hierin stimmen Rechtsprechung[697], Finanzverwaltung[698] und Literatur[699] weitestgehend überein. Ansonsten bleibt die Prüfung der Einkünfteerzielungsabsicht dem Veranlagungsverfahren des § 50 Abs. 2 EStG bzw. dem Freistellungsverfahren gem. § 155 Abs. 1 Satz 3 AO vorbehalten.[700] Unterlässt der Vergütungsschuldner in diesen Fällen den Steuerabzug, so kann er für entgehende Steuern gem. § 50a Abs. 5 Satz 4 EStG in Haftung genommen werden.[701] In der Praxis wird der vorsichtig denkende Vergütungsschuldner daher den Steuerabzug vornehmen und den Berufssportler auf das Veranlagungsverfahren verweisen oder auf das Freistellungsverfahren hinweisen. Genauso wird der Vergütungsschuldner dann, wenn unklar ist, ob ein Fall der beschränkten oder unbeschränkten Steuerpflicht vorliegt, den Steuerabzug solange vornehmen, bis der Berufssportler eine Bescheinigung seines zuständigen Finanzamtes über die unbeschränkte Steuerpflicht beibringt (§ 73e Satz 6 EStDV). Dabei ist die Abzugspflicht eine gesetzliche Pflicht, die auch nicht durch vertragliche Vereinbarungen über die Steuertragung suspendiert werden kann.[702]

bb) Abzugspflichttatbestände

Seit der Neufassung durch das JStG 2009 listet § 50a Abs. 1 EStG nunmehr in vier Ziffern auf, welche Einkünfte der beschränkten Steuerpflicht dem Steuerabzug unterliegen.

(1) Einkünfte aus Darbietungen gem. § 50a Abs. 1 Nr. 1 EStG

Nach § 50a Abs. 1 Nr. 1 EStG ist dann das Steuerabzugsverfahren anzuwenden, wenn Einkünfte „durch im Inland ausgeübte […] sportliche, artistische, unterhaltende

---

694 Sie dazu bereits oben Kapitel 2.II.1.

695 *BMF*, 25.11.2010 – IV C 3 – S 2303/09/10002, BStBl. I 2010, 1350 = juris Tz. 15.

696 *BFH*, 02.02.2010 – I B 91/09, BFH/NV 2010, 878 = juris.

697 *BFH*, 07.11.2001 – I R 14/01, BFHE 197, 287 = juris Rn. 19.

698 So für die Finanzverwaltung etwa *BMF*, 25.11.2010 – IV C 3 – S 2303/09/10002, BStBl. I 2010, 1350 = juris Tz. 15.

699 *Holthaus*, PIStB 2011, 6, 9; *Holthaus*, IWB 2013, 303, 304; *Kirchhof/Gosch*, § 49 EStG Rn. 104.

700 BMF 25.11.10 Tz. 10, 11; zu den Kostenerstattungsfällen an Amateure Rn. 51.

701 *BFH*, 02.02.2010 – I B 91/09, BFH/NV 2010, 878 = juris Rn. 9.

702 *BFH*, 19.12.2012 – I R 81/11, BFH/NV 2013, 698 = juris Rn. 23.

oder ähnliche Darbietungen erzielt werden." Auch die mit der Darbietung in Verbindung stehenden Zusammenhangsleistungen des § 49 Abs. 1 Nr. 2 lit. d) EStG werden in den Steuerabzug einbezogen. Aufgrund des generellen Verweises in § 50a Abs. 1 Nr. 1 EStG auf § 49 Abs. 1 Nr. 2 bis 4 und 9 EStG ist es letztlich unerheblich, welcher Einkunftsart die Darbietung zuzuordnen ist.[703] Fallen aber in einem Leistungsbündel abzugssteuerpflichtige Darbietungen und nicht abzugspflichtige Tätigkeiten zusammen, so ist das Entgelt aufzuteilen. Klassisches Beispiel im Bereich des Berufssportlers ist das neben der Werbung im Rahmen der Sportveranstaltung vertraglich vereinbarte Bereitstehen für weitere Werbetermine des Sponsors abseits der sportlichen Darbietung. Sollte den Vertragsbestandteilen kein Entgeltanteil der Gesamtvergütung zugewiesen sein, so ist notfalls im Schätzwege anhand der Gewichtung aufzuteilen.[704] Für bestimmte Fälle hat die Finanzverwaltung einen Aufteilungsmaßstab festgelegt.[705] Ein Steuerabzug nach § 50a Abs. 1 Nr. 1 EStG muss jedoch dann unterbleiben, wenn der Steuerabzug bereits im Wege des Lohnsteuerabzugs erfolgt.[706] Eine entsprechende Subsidiaritätsklausel sieht § 50a Abs. 1 Nr. 1 EStG im zweiten Halbsatz vor.

(2) Einkünfte aus Verwertung im Inland gem. § 50a Abs. 1 Nr. 2 EStG

Nicht mehr dem Steuerabzug unterliegt seit dem JStG 2009 jedoch die bis dahin in § 50a Abs. 4 Nr. 1 EStG geregelte Verwertung ausländischer Darbietungen, obwohl sie weiterhin nach § 49 Abs. 1 Nr. 2 lit. d) EStG steuerpflichtig ist. Im Rahmen der Neukonzeptionierung wurde die Verwertung inländischer Darbietungen in § 50a Abs. 1 Nr. 2 EStG separat geregelt. Dieser Schritt liegt darin begründet, dass nach den Doppelbesteuerungskommen regelmäßig kein deutsches Besteuerungsrecht an diesen Einkünften besteht und in der Vergangenheit für diese Einkünfte regelmäßig eine Freistellungsbescheinigung nach § 50d EStG beigebracht wurde.[707] Der Verzicht auf den Steuerabzug bei inländischen Verwertungen ausländischer Darbietungen stellt daher lediglich eine Reduzierung administrativen Aufwands dar.[708] Hervorzuheben ist, dass nur noch die Verwertung der inländischen Darbietung erfasst ist, nicht mehr jedoch die mit der Verwertung zusammenhängenden Leistungen. Ob es sich dabei um ein gesetzgeberisches Versehen handelte, ist ungeklärt. Auch wenn die systematische Stellung in der Aufzählung des § 50a Abs. 1 EStG für eine erweiternde Auslegung spricht, ist hier doch der Wortlaut der Norm als äußerste Grenze der Auslegung zu beachten. Danach ist die Regelung als ab-

703 *Kirchhof/Gosch*, § 50a EStG Rn. 7.
704 *Kirchhof/Gosch*, § 50a EStG Rn. 7; *Holthaus*, IStR 2010, 23, 24.
705 *BMF*, 25.11.2010 – IV C 3 – S 2303/09/10002, BStBl. I 2010, 1350 = juris Tz. 87.
706 Siehe hierzu im Detail nachfolgend unter Kapitel 2.II.3,b)aa).
707 Zu der Wirkweise von Doppelbesteuerungsabkommen siehe nachfolgend unter Kapitel 2.III.1.c).
708 *Die Bundesregierung der Bundesrepublik Deutschland*, Entwurf eines Jahressteuergesetzes 2009 (JStG 2009), 2008, S. 62.

schließend zu betrachten, so dass nur die Verwertung inländischer Darbietungen dem Steuerabzug unterfallen, die mit einer solchen Verwertung zusammenhängenden Leistungen hingegen nicht. Auch hier sind Gesamtvergütungen ggf. im Schätzwege auf die abzugspflichtigen und nicht abzugspflichtigen Bestandteile aufzuteilen.

(3) Lizenzgebühren gem. § 50a Abs. 1 Nr. 3 EStG

Über § 50a Abs. 1 Nr. 3 EStG werden Einkünfte, die aus der zeitlich begrenzten Überlassung von Nutzungsrechten herrühren, dem Steuerabzug unterworfen. Ausweislich des Wortlauts fallen hier insbesondere Urheberrechte unter den Tatbestand. Ausweislich der Formulierung „insbesondere" fallen aber auch andere Rechte, deren Nutzungsüberlassung die beschränkte Steuerpflicht über § 49 Abs. 1 Nr. 2, 3, 6 oder 9 EStG begründet, unter die Abzugsverpflichtung, wobei vorliegend entsprechend des Untersuchungsgegenstandes wohl nur Nr. 2 und Nr. 6 aaO. in Betracht kommen sollten.

Der Formulierung „aus Vergütungen herrühren" ist – wie *Maßbaum* zutreffend anmerkt – ohne materielle Bedeutung und lediglich als unnötige Klarstellung zu verstehen.[709] Denn Einkünfte, die aus Vergütungen für die Überlassung der Nutzung oder des Rechts auf Nutzung von Rechten herrühren sind nichts anderes als die Gegenleistung für die Nutzungsüberlassung und damit die Vergütung. Auch hier ist bei einheitlicher Vergütung wieder in abzugspflichtige und nicht abzugspflichtige Bestandteile aufzuteilen.[710]

Ausweislich des Gesetzeswortlauts ist seit dem Veranlagungszeitraum 2009 nur die Nutzungsüberlassung, also die zeitlich beschränkte Überlassung der Nutzung eines Rechts von der Abzugsverpflichtung erfasst. Nicht mehr umfasst ist hingegen die Veräußerung von Rechten. Auch hier verfolgte der Gesetzgeber das Ziel, den administrativen Aufwand zu senken, der sich aus einer Steuerabzugsverpflichtung und anschließender Nichtbesteuerung aufgrund der Bestimmung in Doppelbesteuerungsabkommen ergeben hätte.[711] Durch die Herausnahme der Veräußerung aus der Steuerabzugsverpflichtung ist aber auch in grenzüberschreitenden Fällen ohne DBA kein Steuerabzug durchzuführen, so dass hier ein Veranlagungsverfahren notwendig wird.[712] Als Nutzungsüberlassung wertet die Finanzverwaltung regelmäßig auch die exklusive, d. h. sowohl zeitlich, räumlich als auch inhaltlich unbeschränkte Einräumung von Nutzungsrechten an Bildrechten. Hier unterscheidet die Finanzverwaltung auch nicht danach, ob es sich bei den Fotografien um solche mit schöpferischen Gehalt handelt oder nur um einfache Lichtbilder[713]. Denn beide

---

709 *Herrmann/Heuer/Raupach/Maßbaum*, § 50a EStG Rn. 55.

710 *Herrmann/Heuer/Raupach/Maßbaum*, § 50a EStG Rn. 57.

711 *Die Bundesregierung der Bundesrepublik Deutschland*, Entwurf eines Jahressteuergesetzes 2009 (JStG 2009), 2008, S. 62.

712 Vgl. dazu unter Kapitel 2.II.3.c)aa); zur Kritik hieran *Köhler/Goebel/Schmidt*, DStR 2010, 8.

713 Hierfür hat sich mittlerweile der Begriff lizenzfreies Foto „royalty-free" eingebürgert.

sind über § 2 Abs. 1 Nr. 5, 72 UrhG geschützt und werden als Nutzungsüberlassung entsprechend § 29 Abs. 1 UrhG gewertet.

Soweit auch hier wiederum eine Gesamtvergütung geleistet wird, die auf abzugspflichtige und nicht der Abzugsverpflichtung unterliegenden Tatbeständen basiert, ist auch hier eine Aufteilung der Vergütung – notfalls im Schätzwege – durchzuführen.[714]

Ob die Nutzungsüberlassung auf einer vertraglichen Grundlage basiert – wie dies regelmäßig auch der Fall sein wird – ist für die Begründung der Steuerabzugspflicht unerheblich. Entscheidend ist alleinig, dass für die Überlassung ein Nutzungsentgelt gezahlt wird.[715] Umfasst von der Steuerabzugsverpflichtung sind daher auch Schadenersatzleistungen, die für die Verletzung von Schutzrechten zu leisten sind.[716] Die zu leistende Schadenersatzzahlung tritt hier quasi an die Stelle der Lizenzvergütung und unterliegt als Surrogat daher ebenfalls der Steuerabzugsverpflichtung.[717]

Der Vollständigkeit halber sei angemerkt, dass seit dem JStG 2010[718] die Vergütung, die für die Gelegenheit geleistet wird, einen Berufssportler für einen begrenzten Zeitraum zu verpflichten, ebenfalls unter § 50a Abs. 1 Nr. 3 EStG fällt. Diese „Spielerleihe" war nach Auffassung des BFH aber nicht als zeitlich befristete Überlassung eines Rechts einzustufen, da die Spielerlaubnis an sich nicht übertragbar sei, sondern vielmehr – wie im entschiedenen Fall – vom aufnehmenden Klub neu beim zuständigen Verband zu beantragen sei.[719] Nachdem diese Einkünfte regelmäßig nicht dem Berufssportler, sondern vielmehr dem abgegeben Klub zufließen, soll an dieser Stelle hierauf nicht näher eingegangen werden. Anzumerken bleibt jedoch, dass die Steuerabzugsverpflichtung nur die Spielerleihe betrifft, der von § 49 Abs. 1 Nr. 2 lit. g) EStG ebenfalls der beschränkten Steuerpflicht unterstellte endgültiger Transfer hingegen nicht.

cc) Steuerabzugsmethode

Seit dem Veranlagungszeitraum 2009 stehen dem Steuerpflichtigen mit der Bruttomethode und der Nettomethode zwei Varianten zur Verfügung, die Höhe des durchzuführenden Steuerabzugs zu berechnen. Beide Varianten sollen nachfolgend näher dargestellt werden.

(1) Bruttomethode des § 50a Abs. 2 EStG

Den Grundfall der Berechnung stellt die Bruttomethode des § 50a Abs. 2 EStG dar. Nach der Bruttomethode werden die abzugspflichtigen Einnahmen aus dem

714 *BFH*, 12.11.1986 – I R 69/83, BStBl. II 1987, 379.
715 *Kirchhof/Söhn/Mellinghoff/Kube*, § 50a EStG Rn. C78.
716 *Lademann/Boochs*, § 50a EStG Rn. 162; *Bitz/Pust/Loose*, § 50a EStG Rn. 23.
717 *Kirchhof/Söhn/Mellinghoff/Kube*, § 50a EStG Rn. C79.
718 *Die Bundesregierung der Bundesrepublik Deutschland*, EntwurfeinesJahressteuergesetzes2010(JStG2010), 2010.
719 *BFH*, 27.05.2009 – I R 86/07, BStBl. II 2010, 120 = juris Rn. 17.

Bruttoeinnahmen ermittelt. Bemessungsgrundlage ist mithin die vom Vergütungsschuldner zu leistende Bruttovergütung einschließlich darauf entfallener Umsatzsteuer, wobei vom Vergütungsschuldner übernommene oder ersetzte Reisekosten abzugsfähig sind, § 50a Abs. 2 Satz 2 EStG. Irrelevant ist daher, ob der Vergütungsschuldner die Kosten direkt übernimmt oder der Berufssportler erst nachträglich Ersatz seiner Auslagen erhält.[720] Allerdings ist die Höhe der abzugsfähigen Reisekosten – wozu neben den Fahrt- und Flugkosten auch Kosten der Übernachtung und Reisenebenkosten sowie Verpflegungsmehraufwendungen zählen – auf die Pauschbeträge des § 4 Abs. 5 Satz 1 Nr. 5 EStG sowie sonstige tatsächlich angefallene Kosten der Fahrt und Übernachtung begrenzt.[721] Übernimmt – wie dies regelmäßig der Fall sein wird – der Veranstalter die Kosten der Verpflegung, so ist *Holthaus* darin zuzustimmen, dass der Wert des zugewendeten Sachbezugs als Einnahmen zu qualifizieren und damit dem Steuerabzug zu unterwerfen ist.[722] Denn auch auf Ebene des Steuerabzugs besteht hier keine Rechtfertigung für eine Ungleichbehandlung von beschränkt und unbeschränkt Steuerpflichtigen. Solange die zur Verfügung gestellte Verpflegung nicht über EUR 60,00 liegt[723], kann hierfür auf § 2 Sozialversicherungsentgeltverordnung (SvEV) zurückgegriffen werden.[724] Diese stellt – soweit ersichtlich – die einzige Quelle der quantitativen Erfassung dieser Sachbezüge dar. Die Umsatzsteuer ist lediglich dann nicht bei der Errechnung der Bruttovergütung zu berücksichtigen, wenn diese vom Vergütungsschuldner zu tragen ist, § 13b UStG.[725] Weitere Abzüge haben bei der Bruttomethode auch dann zu unterbleiben, wenn sie eigentlich nach § 50 Abs. 1 EStG abzugsfähig wären.[726] Dies betrifft bspw. Sonderausgaben genauso wie die im Sportsektor üblicherweise übernommenen Steuerbelastungen („Nettovergütungen").[727] Ebenfalls Teil der Bemessungsgrundlage ist die vom Vergütungsschuldner übernommene Steuerlast im Rahmen einer Nettoabrede.

Eine Geringfügigkeitsgrenze sieht § 50a Abs. 2 Satz 3 EStG vor, wonach ein Steuerabzug dann unterbleibt, wenn die Einnahmen EUR 250 nicht übersteigen. Entscheidend ist hierbei, dass die Geringfügigkeitsgrenze nur für Darbietungen iSd. § 50a Abs. 1 Nr. 1 EStG gilt und „je Darbietung", mithin für jeden einzelnen Auftritt, zu prüfen ist. Die Verwertung einer Darbietung wird somit nicht erfasst.[728] Hieraus

---

720 Schmidt/*Loschelder*, § 50a EStG Rn. 17 mit Verweis auf *Holthaus*, DStZ 2008, 741.

721 Schmidt/*Loschelder*, § 50a EStG Rn. 17.

722 *Holthaus*, IWB 2013, 303, 307.

723 Vgl. zur EUR 60,00 Grenze R 8.1 Abs. 8 Nr. 2 Satz 2 LStR.

724 So auch *Holthaus*, IWB 2013, 303, 306.

725 Zur Nichtberücksichtigung im reverse-charge-Verfahren etwa Schmidt/*Loschelder*, § 50a EStG Rn. 17 a.E. oder *Herrmann/Heuer/Raupach/Maßbaum*, § 50a EStG Rn. 93.

726 *Herrmann/Heuer/Raupach/Maßbaum*, § 50a EStG Rn. 93.

727 *Kirchhof/Söhn/Mellinghoff/Kube*, § 50a EStG Rn. D2; *Stefaner/Urtz*, in: *Gassner/Lang/Lechner u. a.* (Hrsg.), Die beschränkte Steuerpflicht im Einkommen- und Körperschaftsteuerrecht, 2004, S. 277, 289.

728 *BMF*, 25.11.2010 – IV C 3 – S 2303/09/10002, BStBl. I 2010, 1350 = juris Tz. 53.

wird überwiegend der Schluss gezogen, dass auch bei mehreren Darbietungen an einem Tag eine Abzugsverpflichtung negiert werden kann, wenn die einzelnen Vergütungen jeweils unter EUR 250 liegen.[729] Begründet wird dies rechtshistorisch mit dem in § 50a Abs. 4 Satz 5 EStG a.F. normierten Staffeltarif.[730] Während dies mangels Darbietungscharakter nicht für Proben gelten kann und somit eine Gesamtbetrachtung im Sinne einer einheitlichen Gesamtleistung auszuscheiden hat[731], ist dies m.E. für mehrere Darbietungen an einem Tag, auch wenn selbst die Finanzverwaltung dieser Ansicht folgt, nicht unproblematisch.[732] Denn insbesondere dann, wenn die Darbietungen von einem Veranstalter organisiert werden, erscheint es sachgerecht, diese Darbietungen als Leistungseinheit zu betrachten. Hierfür spricht wiederum die wirtschaftliche Betrachtungsweise. So erfolgen – wie bspw. in manchen Rennserien üblich – Rennen in unterschiedlichen Klassen und Disziplinen im Rahmen einer Veranstaltung. Der Fahrer tritt dabei nicht selten in verschiedenen Disziplinen an und erhält hierfür nicht selten vom Veranstalter ein Entgelt. Selbstverständlich wäre auch hier wiederum eine Aufteilung des Entgelts und notfalls auch im Schätzwege möglich. Vorzugswürdig erscheint dieser Weg aber m.E. in diesem Fall nicht. Denn die Vergütung kann im Wesentlichen nur deshalb gezahlt werden, weil die Teilnahme eines Berufssportlers – bspw. bei einem „Heimrennen" die Teilnahme eines deutschen oder regional verwurzelten Rennfahrers – ein höheres Zuschaueraufkommen und damit einen höheren Vermarktungsgrad und schließlich auch ein wirtschaftlich besseres Ergebnis des Veranstalters mit sich bringt. Eben dieser Effekt lässt es m.E. nicht mehr gerechtfertigt erscheinen, die Teilnahme eines Berufssportlers als geringfügig zu beurteilen, wenn die Einzelentgelte für jede Darbietung bei isolierter Betrachtung auch dafür sprechen mögen. Denn Sinn und Zweck der Geringfügigkeitsklausel ist u.a. auch den administrativen Aufwand zu reduzieren. Die Verfolgung dieses Zwecks ist aber im Verhältnis zum Zweck der Norm des § 50a EStG insgesamt darin zu sehen, deutsches Steuersubstrat zu sichern. Dies entspricht auch dem Telos von § 42 AO, welcher bspw. bei unnatürlicher oder künstlicher Aufspaltung von Vergütungen dahingehend zur Anwendung gebracht werden kann, dass im Ergebnis von einer Vergütung auszugehen ist.[733] Selbstverständlich wird sich dieses Problem dann nicht stellen, wenn der lokal verwurzelte Rennfahrer beim Heimrennen auch einen Wohnsitz oder gewöhnlichen Aufenthalt in Deutschland hat und sich daraus bereits die unbeschränkte Steuerpflicht ergibt. Vielfach werden aber auch nicht überdurchschnittlich verdienende Berufssportler über einen Auslandswohnsitz verfügen, so dass sich genau diese Probleme ergeben. Allerdings ist ebenso wahrscheinlich, dass dann die Vergütung

729 Schmidt/*Loschelder*, § 50a EStG Rn. 18; *Herrmann/Heuer/Raupach/Maßbaum*, § 50a EStG Rn. 98.
730 *Steiner*, Steuerrecht im Sport, 2009, S. 210.
731 Vgl. hierzu etwa *BFH*, 30.03.2011 – I B 178/10, ZSteu 2011, R504 = juris Rn. 9.
732 *BMF*, 25.11.2010 – IV C 3 – S 2303/09/10002, BStBl. I 2010, 1350 = juris Tz. 55.
733 Vgl. nur *Kirchhof/Söhn/Mellinghoff/Kube*, § 50a EStG Rn. A154.

selbst pro Darbietung die Grenze von EUR 250 überschreiten wird, so dass es in der praktischen Anwendung bei Berufssportler nahezu ausgeschlossen erscheint, dass es auf diese Grenze entscheidend ankommt. Schließlich ist in diesem Kontext noch darauf hinzuweisen, dass nach vorzugswürdiger Ansicht bei Entfall des Steuerabzugs aufgrund geringfügigen Entgelten auch keine Veranlagung stattfindet und diese Einkünfte folglich nicht erfasst würden.[734] Dies liegt insbesondere darin begründet, dass dem Steuerabzug nach § 50a EStG abgeltende Wirkung beizumessen ist, § 50 Abs. 2 Satz 1 EStG.[735]

Der Abzugssteuersatz für die so ermittelten Bruttoeinnahmen beträgt seit dem Veranlagungszeitraum 2009 nur noch 15 Prozent anstelle der bisherigen 20 Prozent, § 50a Abs. 2 Satz 1 EStG, soweit er auf Einkünften der oben dargestellten Darbietung, Verwertung oder Nutzungsüberlassung von Rechten iSd. § 50a Abs. 1 Nr. 1 bis 3 EStG basiert. Hierdurch soll dem ausgeschlossenen Ansatz von Werbungskosten/Betriebsausgaben ausreichend Rechnung getragen werden.[736] Nur für die hier nicht vom Untersuchungsgegenstand umfassten Einkünfte iSd. § 50a Abs. 1 Nr. 4 EStG wäre der höhere Abzugssteuersatz von 30 Prozent anzuwenden. Nachträgliche Änderungen der Vergütung, insbesondere die Herabsetzung derselben, beeinflussen den Steuerabzug nicht.[737] Hinzu tritt in allen Fällen noch der Solidaritätszuschlag mit einem Steuersatz von derzeit 5,5 Prozent, § 1 Abs. 1, § Abs. 1 Nr. 6 und § 4 Satz 1 SolZG.

(2) Nettomethode des § 50a Abs. 3 EStG / Unionsrechtliche Entwicklung

Neben der Bruttomethode kennt das deutsche Einkommensteuerrecht in § 50a Abs. 3 EStG auch die Ermittlung des Steuerabzugsbetrages auf Nettobasis. Diese alternative Möglichkeit ist als Reaktion des Gesetzgebers auf die Vorgaben der Rechtsprechung des EuGH in Sachen *FKP Scorpio Konzertproduktion GmbH* zu sehen, mit welcher der EuGH es mit der Dienstleistungsfreiheit als nicht vereinbar ansah, die mit der Leistungserbringung in Zusammenhang stehenden Betriebsausgaben bzw. Werbungskosten nicht bereits im Steuerabzugsverfahren zu berücksichtigen.[738] Beschränkt wird die Nettomethode allerdings gem. § 50a Abs. 3 Satz 2 EStG in personeller Hinsicht darauf, dass es sich bei dem Vergütungsgläubiger um einen Staatsangehörigen eines Mitgliedsstaats der Europäischen Union oder des EWR handeln muss. Zudem muss auch der gewöhnliche Aufenthalt oder Wohnsitz in einem – nicht zwingend im

734 Vgl. hierzu nur *Herrmann/Heuer/Raupach/Maßbaum*, § 50a EStG Rn. 102 sowie Schmidt/*Loschelder*, § 50a EStG Rn. 18 jeweils mwN.

735 Ergibt sich die beschränkte Steuerpflicht für eine Sportler-Gesellschaft, so ergibt sich die abgeltende Wirkung über § 32 Abs. 1 Nr. 2 KStG.

736 *Die Bundesregierung der Bundesrepublik Deutschland*, Entwurf eines Jahressteuergesetzes 2009 (JStG 2009), 2008, S. 62.

737 *BFH*, 13.11.1985 – I R 275/82, BStBl. II 1986, 193 = juris Rn. 13.

738 *EuGH*, 03.10.2006 – C-290/04, BStBl. II 2007, 352 = juris Rn. 49.

selben – EU-/EWR-Mitgliedsstaat liegen.[739] Hat der Berufssportler eine Gesellschaft iSd. § 32 Abs. 4 KStG zwischengeschaltet, so besteht die Option der Nettomethode nur dann, wenn die Gesellschaft Sitz und Ort der Geschäftsleistung in einem Mitgliedsstaat der EU/EWR hat und auch in einem dieser Staaten gegründet wurde, § 50a Abs. 3 Satz 3 EStG.[740] Die Beschränkung der Nettomethode durch ihren Konnex auf die Europäische Union bzw. EWR ergibt sich wiederum aus der Entscheidung des EuGH und dem Bestreben des Gesetzgebers zu einer unionsrechtskonformen Gesetzgebung. In sachlicher Hinsicht ist die Nettomethode ausweislich des Wortlauts beschränkt auf die Abzugstatbestände des § 50a Abs. 1 Nr. 1, 2 und 4 EStG, mithin den hier interessierenden Vergütungen für Darbietungen und Verwertungen. Nicht erfasst ist nach dem Wortlaut der Norm hingegen die Nutzungsüberlassung von Rechten aus § 50a Abs. 1 Nr. 3 EStG. Unionsrechtskonform ist aber § 50a Abs. 3 EStG über den Wortlaut hinaus so auszulegen, dass die Nettomethode auch bei Rechten aus § 50a Abs. 1 Nr. 3 EStG Anwendung findet.[741] Aber nicht jede Betriebsausgabe iSd. § 4 Abs. 4 EStG bzw. Werbungskosten iSd. § 9 Abs. 1 Satz 1 EStG qualifizieren für eine Berücksichtigung auf dieser Ebene. Vielmehr ist ausweislich des Wortlauts ein unmittelbarer wirtschaftlicher Zusammenhang mit der Vergütung zu fordern, § 50a Abs. 3 Satz 1 EStG. Wann ein solcher Zusammenhang vorliegt, definiert das Gesetz allerdings nicht, so dass auf die durch die Rechtsprechung entwickelte inhaltliche Präzisierung zurück zu greifen ist. Nach der Rechtsprechung des EuGH ist ein solcher Zusammenhang dann anzunehmen, wenn die Betriebsausgaben bzw. Werbungskosten nicht nur durch die korrelierenden Einnahmen veranlasst sind, sondern diese ohne die abzugssteuerpflichtigen Einnahmen gar nicht angefallen wären.[742] Der BFH hat sich dieser Linie angeschlossen[743] und auch die Finanzverwaltung fordert einen unlösbaren Zusammenhang, welcher über einen bloßen Veranlassungszusammenhang hinauszugehen hat.[744] In der Literatur wird der Zusammenhang teilweise offener gesehen.[745] Aufwendungen müssen daher der jeweiligen Vergütung konkret zurechenbar sein, wobei der Ort oder die Zeit der Entstehung der jeweiligen Aufwendung nicht entscheidend sein können.[746] Un-

739 *Herrmann/Heuer/Raupach/Maßbaum*, § 50a EStG Rn. 108.

740 Damit ist § 8 Abs. 6 KStG subsidiär zu 50a Abs. 3 Satz 3 EStG, vgl. nur *BMF*, 25.11.2010 – IV C 3 – S 2303/09/10002, BStBl. I 2010, 1350 = juris Tz. 50.

741 *BMF*, 17.06.2014, BStBl. I 2014, 887 = juris Tz. 1; *BFH*, 27.07.2011 – I R 32/10, IStR 2012, 74 = juris.

742 *EuGH*, 15.02.2007 – C-345/04, DStRE 2007, 961 = juris, 963; *EuGH*, 31.03.2011 – C-450/09, DStR 2011, 664; *EuGH*, 03.10.2006 – C-290/04, BStBl. II 2007, 352 = juris.

743 Vgl. nur *BFH*, 24.04.2007 – I R 93/03, BStBl. II 2008, 132 = juris Rn. 19; *BFH*, 05.05.2010 – I R 104/08, BFH/NV 2010, 1814 = juris Rn. 20.

744 *BMF*, 25.11.2010 – IV C 3 – S 2303/09/10002, BStBl. I 2010, 1350 = juris Tz. 47.

745 *Kanzler/Kraft/Bäuml/Kraft/Weigert*, § 50a EStG Rn. 49.

746 *EuGH*, 15.02.2007 – C-345/04, DStRE 2007, 961 = juris, 963 Rn. 25; *BFH*, 24.04.2007 – I R 93/03, BStBl. II 2008, 132 = juris Rn. 18.

erheblich ist daher einerseits, ob diese im Inland oder im Ausland angefallen sind[747], andererseits aber auch, ob es sich um vorweggenommene oder nachträgliche Aufwendungen handelt.[748] Grenze der Berücksichtigung ist lediglich der Zeitpunkt der Vornahme des Steuerabzugs.[749] Nicht der konkreten Vergütung zuordenbar sind Gemeinkosten, wie bspw. allgemeine Personal- oder Verwaltungskosten sowie laufende Unterhaltskosten oder AfA.[750] Hingegen kann ein konkreter Zusammenhang etwa bei Reise-, Transport- oder Unterkunftskosten bejaht werden.[751] Auch Kosten der Promotion einer Veranstaltung oder besondere Haftpflichtversicherungen sind konkret zuordenbar.[752] Nach Auffassung von *Cordewener/Grams/Molenaar* soll ein unmittelbarer wirtschaftlicher Zusammenhang aber auch dann gegeben sein, wenn die Kosten aufteilbar und damit – wie etwa bei Telefon- oder Mietkosten – direkt zuordenbar sind.[753] Dies dürfte damit für die weit überwiegende Mehrheit der hier in Betracht kommenden Kosten der Fall sein. Für die nicht im Rahmen der Nettomethode abziehbaren Werbungskosten/Betriebsausgaben verbleibt es daher für die Geltendmachung bei der ggf. möglichen Veranlagung gem. § 50 Abs. 2 Satz 2 EStG.[754]

§ 50a Abs. 3 Satz 1 EStG verlangt weiter für die Zulässigkeit der Berücksichtigung von Werbungskosten bzw. Betriebsausgaben, dass entweder der Vergütungsschuldner diese übernommen hat oder aber, dass der Vergütungsgläubiger die Aufwendungen nachgewiesen hat. Vom Vergütungsschuldner übernommene Kosten unterliegen dabei selbstverständlich keinen besonderen Anforderungen, da der Vergütungsschuldner als sachnähere Stelle gegenüber der Finanzverwaltung diese notfalls ohne großen Aufwand nachweisen können wird.[755] Ein Nachweis ist aber dann zu fordern, wenn der Vergütungsgläubiger, vorliegend der Berufssportler die Aufwendungen zunächst übernommen hat und in der Folge vom Vergütungsschuldner erstattet bekommt.[756] Insoweit ist der Nachweis materiell-rechtliche Tatbestandsvoraussetzung.[757] Eine Definition, wie der Nachweis geführt werden kann, enthält § 50a Abs. 3 EStG nicht, so dass dies weiterhin umstritten ist. Nach einer in der Literatur vertretenen Auffassung soll es bereits ausreichen, wenn der Berufssportler als Vergütungsgläubiger die Aufwendung glaubhaft machen kann.

---

747 *BMF*, 25.11.2010 – IV C 3 – S 2303/09/10002, BStBl. I 2010, 1350 = juris Tz. 47.

748 Schmidt/*Loschelder*, § 50a EStG Rn. 23; *Herrmann/Heuer/Raupach/Maßbaum*, § 50a EStG Rn. 106.

749 Siehe dazu sogleich unter Kapitel 2.II.3.a)dd).

750 *BFH*, 24.04.2007 – I R 93/03, BStBl. II 2008, 132 = juris Rn 20 („Sowieso"-Kosten); *BFH*, 27.07.2011 – I R 32/10, IStR 2012, 74 = juris, 77.

751 Schmidt/*Loschelder*, § 50a EStG Rn. 23.

752 *Herrmann/Heuer/Raupach/Maßbaum*, § 50a EStG Rn. 106.

753 *Cordewener/Grams/Molenaar*, IStR 2006, 739, 741.

754 *Lademann/Boochs*, § 50a EStG Rn. 257; *Rüping*, IStR 2008, 575, 581.

755 Dies ergibt sich bereits aus dem Wortlaut des § 50a Abs. 3 Satz 1 a.E. EStG; so aber auch *Herrmann/Heuer/Raupach/Maßbaum*, § 50a EStG Rn. 107.

756 *Hartmann*, DB 2009, 197, 200.

757 Vgl. nur *Hartmann*, DB 2009, 197, 200.

Ein Nachweis soll nicht erforderlich sein. Dies ergebe sich bereits aus gesetzessystematischen Erwägungen. Denn auch der Steuerinländer kann Werbungskosten bzw. Betriebsausgaben glaubhaft machen, unterliegt also keiner materiell-rechtlichen Nachweispflicht.[758] Hiergegen vertritt die Finanzverwaltung die Auffassung, dass ein Nachweis erforderlich ist, welcher bspw. durch Rechnungskopien geführt werden kann.[759] Dies ergebe sich bereits mittelbar aus der Dokumentationspflicht des Vergütungsschuldners gem. § 73d Absatz 1 EStDV, nach welcher Rechnungskopien bzw. andere vom Vergütungsgläubiger vorgelegte Nachweise aufzubewahren und bei Abgabe der Steueranmeldung zum Steuerabzug auch dem BZSt. mitzuteilen sind.[760] Diese enge Auffassung ist m. E. auch zutreffend. Denn auch wenn der EuGH in Sachen *Scorpio* die bloße Mitteilung der Aufwendungen genügen ließ[761], so ist das nationale Steuerrecht doch von einer hohen Regelungs- und Nachweisdichte geprägt. Hierfür spricht aber insbesondere auch, dass nicht im Steuerabzugsverfahren nachweisbare Aufwendungen noch im Veranlagungsverfahren geltend gemacht werden können und daher kein Nachteil droht. Zudem wäre es systemfremd und würde den Vergütungsgläubiger schließlich auch wirtschaftlich in vielen Fällen über Gebühr bevorteilen, wenn eine reine Glaubhaftmachung an dieser Stelle ausreichen würde.[762] Denn im Gegensatz zum Veranlagungsverfahren tritt aufgrund der abgeltenden Wirkung des Steuerabzugs aus § 50 Abs. 2 Satz 1 eine Definitivwirkung bereits ohne Prüfung durch die Finanzverwaltung ein. D.h. der beschränkt Steuerpflichtige muss sich im Inland nicht selbst veranlagen. Schließlich spricht auch eine praktische Erwägung für diese Auffassung. Denn würde die Beurteilung der ausreichenden Glaubhaftmachung auf Ebene des Vergütungsschuldners angesiedelt werden, so würde gleichzeitig das Haftungsrisiko für zu niedrigen Steuerabzug bei nicht übereinstimmender Beurteilung durch die Finanzverwaltung auf den Steuerabzugspflichtigen abgewälzt werden.[763] Das Unionsrecht macht es daher auch nicht erforderlich, die vom Vergütungsgläubiger nicht mitgeteilten Betriebsausgaben oder Werbungskosten nach Maßgabe des § 162 AO zu schätzen und so in Abzug zu bringen.[764]

Vom Nachweiserfordernis zu unterscheiden, wenngleich auch eng damit verbunden, ist die Frage des Zeitpunkts der finanziellen Auswirkung der Aufwendungen. Umstritten ist hierbei, ob Aufwendungen auch dann berücksichtigungsfähig sind, wenn sie zum Zeitpunkt des Steuerabzugs noch zu keinem Liquiditätsabfluss geführt haben. Nach einer weiten Auffassung soll es nicht darauf ankommen, ob die Auf-

758 So *Hartmann*, DB 2009, 197, 200; ähnlich auch *Nacke*, DB 2008, 1396, 1400.
759 *BMF*, 25.11.2010 – IV C 3 – S 2303/09/10002, BStBl. I 2010, 1350 = juris Tz. 49.
760 *BMF*, 25.11.2010 – IV C 3 – S 2303/09/10002, BStBl. I 2010, 1350 = juris Tz. 49.
761 *EuGH*, 03.10.2006 – C-290/04, BStBl. II 2007, 352 = juris.
762 *Nacke*, NWB 2011, 607, 608 sieht hierin aber wiederum eine Unionsrechtswidrigkeit.
763 Die Haftung des Vergütungsschuldners in diesem Fall ergibt sich aus § 50a Abs. 5 Satz 5 EStG.
764 *BFH*, 27.07.2011 – I R 56/10, BFH/NV 2012, 181 = juris Rn. 11.

wendungen bereits abgeflossen sind.[765] Dagegen sieht auch hier die Finanzverwaltung und ihr zustimmend ein Teil der Literatur eine engere Auslegung als geboten an, die lediglich entstandene und abgeflossene Aufwendungen berücksichtigen will.[766] Auch hier ist m.E. der engeren Ansicht zuzustimmen, da mit der Korrektur der Steueranmeldung[767] bzw. dem Veranlagungsverfahren nach § 50 Abs. 2 Satz 2 EStG zwei Durchsetzungsmöglichkeiten zur Verfügung stehen, um eine Berücksichtigung dieser Aufwendungen zu erreichen.[768] Auch würde es der Nachprüfbarkeit entgegenstehen, wenn eine Schätzung an dieser Stelle genügen würde.[769] Nur für den – sicherlich seltenen Fall – des Vorliegens eines ausreichenden Nachweises über die vom Zeitpunkt des Steuerabzugs betrachtet, künftigen Aufwendungen, würde einer Berücksichtigung die obige Argumentation nicht entgegenstehen.[770] *Pfeifer*[771] gelangt m.E. zutreffend zu diesem Ergebnis über einen Vergleich zum Lohnsteuerabzugsverfahren.[772] Denn dort tritt die abgeltende Wirkung nur dann ein, wenn Werbungskosten nicht geltend gemacht wurden. Wurden hingegen Werbungskosten über einen Freibetrag als elektronisches Lohnsteuerabzugsmerkmal iSd. § 39 Abs. 4 Nr. 3 EStG berücksichtigt, so ist der tatsächliche Abfluss der geltend gemachten Werbungskosten im Veranlagungsverfahren durch die Finanzbehörde zu überprüfen. Diese Sichtweise erscheint im Ergebnis auch stringent, so dass die der beschränkten Steuerpflicht unterliegenden Einnahmen von Individualsportlern und Mannschaftssportlern gleich behandelt werden.

Bei Optierung zur Nettomethode beträgt der Einkommensteuersatz 30 Prozent, falls der Vergütungsgläubiger eine natürliche Person ist, § 50a Abs. 3 Satz 4 Nr. 1 EStG. Der Vollständigkeit halber sei erwähnt, dass bei Körperschaften, Personenvereinigungen oder Vermögensmassen als Vergütungsgläubiger der Einkommensteuersatz dagegen 15 Prozent beträgt. Hinzu kommt auch hier der Solidaritätszuschlag iHv. derzeit 5,5 Prozent. Wie auch bei der Bruttomethode kommt den Steuerabzug nach § 50a Abs. 3 EStG abgeltende Wirkung zu, § 50 Abs. 2 Satz 1 EStG. Die Nettomethode ist daher besonders interessant für Berufssportler mit hohen Werbungskosten bzw. Betriebsausgaben. Denn dann „lohnt“ sich die Wahl der Nettomethode mit dem höheren Steuersatz von 30 Prozent für den Berufssportler. Hingegen wird der Berufssportler mit nur geringen Betriebsaus-

765 *Herrmann/Heuer/Raupach/Maßbaum*, § 50a EStG Rn. 106; *Kirchhof/Gosch*, § 50a EStG Rn. 23.

766 *BMF*, 25.11.2010 – IV C 3 – S 2303/09/10002, BStBl. I 2010, 1350 = juris Tz. 48; *Köhler/Goebel/Schmidt*, DStR 2010, 8, 16.

767 Vgl. hierzu etwa *OFD Koblenz*, 01.10.2010 – S 2303-St 33 3, juris.

768 So auch *BMF*, 25.11.2010 – IV C 3 – S 2303/09/10002, BStBl. I 2010, 1350 = juris Tz. 48.

769 *BFH*, 05.05.2010 – I R 104/08, BFH/NV 2010, 1814 = juris Rn. 23; *Kanzler/Kraft/Bäuml/Kraft/Weigert*, § 50a EStG Rn. 51; *Kirchhof/Söhn/Mellinghoff/Kube*, § 50a EStG Rn. E35.

770 *Kirchhof/Söhn/Mellinghoff/Kube*, § 50a EStG Rn. E15.

771 *Pfeifer*, Die deutsche Besteuerung ausländischer Tonkünstler und Künstlergesellschaften, 2014, S. 152f.

772 Vergleiche dazu unten Kapitel 2.II.3.b)aa).

gaben bzw. Werbungskosten bei der Bruttomethode verbleiben und den günstigeren Steuersatz von 15 Prozent in Anspruch nehmen.[773]

dd) Verfahren

In § 50a Abs. 5 EStG finden sich Regelungen zum Steuerabzugsverfahren. Nachdem die Steuer im Zeitpunkt des Zuflusses[774] der Vergütung beim Berufssportler entsteht (§ 50a Abs. 5 Satz 1 EStG), hat der Vergütungsschuldner die Abzugssteuer zu diesem Zeitpunkt einzubehalten, § 50a Abs. 5 Satz 2 EStG. Die so innerhalb eines Kalendervierteljahres einbehaltenen Abzugssteuerbeträge hat der Vergütungsschuldner bis zum Zehnten des Folgemonats – d.h. dem 10. April, 10. Juli, 10. Oktober und 10. Januar – dem BZSt unter Mitteilung des Gläubigers, der Höhe der Vergütung, der Höhe und Art der von der Bemessungsgrundlage des Steuerabzugs abgezogenen Betriebsausgaben oder Werbungskosten und die Höhe des Steuerabzugs anzumelden (Steueranmeldung), § 73e Satz 2 EStDV. Die Steueranmeldung wirkt dabei als Steuerfestsetzung unter dem Vorbehalt der Nachprüfung, § 168 Satz 1 AO, und ist ohne weiteres Leistungsgebot nach § 249 Abs. 1 Satz 2 AO vollstreckbar. Eine Steuerfestsetzung ist daher nur dann erforderlich, wenn die Festsetzung durch das BZSt zu einem abweichenden Ergebnis führt, § 167 Abs. 1 Satz 1 AO. Daher hat der Vergütungsschuldner bis zum gleichen Zeitpunkt die einbehaltenen Abzugsbeträge unter der Bezeichnung „Steuerabzug“ auch an das BZSt[775] abzuführen, § 50a Abs. 5 Satz 3, § 73e Satz 1 EStDV.

Lediglich der Nettobetrag darf dann an den Berufssportler ausgeschüttet werden. Die Steueranmeldung gem. § 73e Satz 3 EStDV ist auch dann vorzunehmen, wenn die Darbietungseinkünfte EUR 250 nicht übersteigen („Geringfügigkeitsklausel“ gem. § 50a Abs. 2 Satz 3 EStG) oder auf „zweiter Stufe“ gem. § 50a Abs. 4 Satz 1 entfällt.[776] Auch der Entfall der Besteuerung oder die niedrigere Besteuerung aufgrund eines Doppelbesteuerungsabkommens beseitigen nach dieser Norm nicht die Steueranmeldeverpflichtung. Unterlassen darf der Vergütungsschuldner den Steuerabzug dann, wenn ihm vom Vergütungsgläubiger eine Freistellungsbescheinigung nach § 50d Ab. 2 Satz 1 EStG vorgelegt wurde.[777] Die Freistellungsbescheinigung

---

773 Berechnungsexempel bei *Dahle/Sureth/Stamm*, StuB 2011, 138, 141, nach welchem ein BA/WK-Anteil von 50 % oder mehr an den Einnahmen die Nettomethode vorteilhaft erscheinen lässt; *Köhler/Goebel/Schmidt*, DStR 2010, 8, 13.

774 Einzelheiten zum Zufluss regelt § 73c EStDV. Zur Problematik des Verhältnisses von § 11 EStG und § 50a Abs. 5 EStG vergleiche *Holthaus*, Ausländische Künstler und Sportler im Steuerrecht, 2. Aufl. (2015), S. 35.

775 Die Zuständigkeit des BZSt. gilt gem. § 52 Abs. 58a Satz 2 EStG, § 84 Abs. 3h Satz 4 EStDV erst ab dem Veranlagungszeitraum 2012. Bis dahin waren die jeweiligen Finanzämter zuständig.

776 Vergleiche dazu unter Kapitel 2.II.3.a)ee)(1).

777 Beantragt werden kann dabei die Freistellungsbescheinigung sowohl für eine einzelne Zahlung (Einmalfreistellung), als auch für mehrere Zahlungen (Dauerfreistellung).

muss dabei ihn als Vergütungsschuldner bezeichnen, da sie nur für Zahlungen desselben Vergütungsschuldners an den Vergütungsgläubiger gilt.[778] Bei entsprechenden Verlangen des Berufssportlers hat der Vergütungsschuldner diesem eine Erstattungsbescheinigung nach amtlichen Muster u. a. über die einbehaltenen Steuerabzugsbeträge auszustellen, § 50a Abs. 5 Satz 6 EStG.[779] Mit Hilfe dieser Bescheinigung kann die deutsche Abzugssteuer im Wohnsitzstaat zur Anrechnung gebracht werden.[780] Weiterhin benötigt der Vergütungsgläubiger die Bescheinigung für den Fall, dass die Abzugssteuer ausnahmsweise keine abgeltende Wirkung entfaltet und ein Veranlagungsverfahren nötig macht. Gleiches gilt, wenn der Steuerabzug unrechtmäßig vorgenommen wurde.[781]

§ 50a Abs. 5 EStG regelt in Satz 5 ergänzend die Haftung für nicht vorschriftsgemäß vorgenommenen Steuerabzug. Danach kann die Finanzverwaltung unter Ausübung des ihr eingeräumten Auswahlermessens auch den Vergütungsgläubigers als Steuerschuldner als Haftender in Anspruch genommen werden. Dies ist nach der Entscheidung des EuGH in Sachen *Scorpio* auch nicht mehr zweifelhaft.[782] Aus der Gesetzessystematik wird dabei deutlich, dass die Haftung unabhängig von der gewählten Abzugsmethode besteht. Erfolgt der Steuerabzug über die Nettomethode, so ist das Haftungsrisiko des Vergütungsschuldners ungleich höher. Denn es besteht ein nicht zu unterschätzendes Risiko, dass die Finanzverwaltung die Auffassung des Vergütungsschuldners im Hinblick auf die in unmittelbaren, wirtschaftlichen Zusammenhang stehenden Aufwendungen nicht teilt und daher im Rahmen der Festsetzung zu einem höheren Steuerabzugsbetrag gelangt.[783] Regelmäßig macht die Finanzverwaltung von dieser Ermächtigung Gebrauch und nimmt den Vergütungsschuldner in Anspruch.[784] Und zwar unabhängig davon, ob dem Vergütungsschuldner in diesem Fall zivilrechtliche Erstattungsansprüche gegen den Vergütungsgläubiger zustehen oder nicht.

ee) Ausnahmen vom Steuerabzug

Ausnahmsweise kann trotz Erfüllung der tatbestandlichen Voraussetzungen ein Steuerabzug unterbleiben.

---

778 *BMF*, 07.05.2002 – IV B 4-S 2293–26/02, BStBl. I 2002, 521 = juris Tz. 1.4.1.

779 Detailregelungen hierzu in *BMF*, 09.10.2002 – St II 4-S 1300–17/02, BStBl. I 2002, 916.

780 *Holthaus*, Ausländische Künstler und Sportler im Steuerrecht, 2. Aufl. (2015), S. 35.

781 Schmidt/*Loschelder*, § 50a EStG Rn. 39.

782 *EuGH*, 03.10.2006 – C-290/04, BStBl. II 2007, 352 = juris; *Herrmann/Heuer/Raupach/Maßbaum*, § 50a EStG Rn. 45.

783 *Pfeifer*, Die deutsche Besteuerung ausländischer Tonkünstler und Künstlergesellschaften, 2014, S. 154; *Herrmann/Heuer/Raupach/Maßbaum*, § 50a EStG Rn. 107; *Kirchhof/Gosch*, § 50a EStG Rn. 22; *Rüping*, IStR 2008, 575, 579; *Köhler/Goebel/Schmidt*, DStR 2010, 8, 16.

784 *BFH*, 19.12.2012 – I R 81/11, BFH/NV 2013, 698 = juris Rn. 14; *BMF*, 25.11.2010 – IV C 3 – S 2303/09/10002, BStBl. I 2010, 1350 = juris Tz. 56; *Lademann/Boochs*, § 50a EStG Rn. 346.

(1) Mehrstufige Vertragsverhältnisse iSd. § 50a Abs. 4 EStG

Bei mehrstufigen Vertragsverhältnissen sieht § 50a Abs. 4 EStG eine Ausnahme von der Steuerabzugsverpflichtung vor. Gemeint ist dabei die Konstellation, in der der beschränkt steuerpflichtige Vergütungsschuldner selbst der beschränkten Steuerpflicht unterfällt, wie dies bspw. bei zwischengeschalteten Verleihgesellschaften der Fall ist. Erfolgt bereits auf der ersten Ebene ein Steuerabzug nach der Bruttomethode, so besteht keine Notwendigkeit mehr, auch die Ausschüttung durch die Verleihgesellschaft an den Berufssportler und damit auf „zweiter Stufe" der Abzugsverpflichtung zu unterwerfen. Denn der Steueranspruch erscheint auf dieser Ebene nicht gefährdet, so dass eine wirtschaftliche Doppelbelastung der weitergereichten Vergütung („Kaskadeneffekt") vermieden werden kann.[785] Aufgrund des insoweit klaren Wortlauts entfällt die Abzugsverpflichtung aber nur dann, wenn auf der ersten Stufe die Bruttomethode angewendet wurde. So stellt etwa § 50a Abs. 4 Satz 2 EStG klar, dass unter den dort genannten Voraussetzungen die Steuerabzugsverpflichtung auch auf zweiter Stufe wieder aufleben kann.[786] Hier ist dann konsequenterweise auch die Nettomethode des § 50a Abs. 3 EStG genannt. Weiter kann aber auch die Antragsveranlagung nach § 50 Abs. 2 Satz 2 Nr. 5 EStG sowie die Erstattung nach § 50d Abs. 1 EStG beantragt werden. Schließlich verlangt es der Sinn und Zweck der Norm, dass es sich um die Einnahmen handelt, die der Vergütungsschuldner auf zweiter Ebene auf der ersten Ebene noch als Gläubiger der Vergütung erhalten hatte. Denn nur dann handelt es sich noch um „seine Einnahmen." Erfüllt wird dieses Tatbestandsmerkmal dann, wenn die Einnahmen aufgrund desselben steuerbaren Erfolges iSd. § 50a Abs. 1 EStG erzielt wurden, d.h. bspw. im Wege einer Darbietung oder Verwertung, derentwegen auch auf der zweiten Ebene die Vergütung geleistet wird.[787] Freilich werden die vertraglichen Vereinbarungen dabei keine exakte Übereinstimmung gewährleisten, so dass *Kube* insoweit zuzustimmen ist, dass bereits ein loser Zusammenhang ausreichen muss.[788]

(2) Zahlung an einen Beauftragten iSd. § 50a Abs. 6 EStG

Auch bei Zahlung an einen Beauftragten normiert der auf der Ermächtigungsgrundlage des § 50a Abs. 6 EStG erlassene § 73f. EStDV eine Ausnahme von der Steuerabzugsverpflichtung.[789] Die Verpflichtung entfällt aber nur für diejenigen Vergütungen, die für die Nutzung oder das Recht auf Nutzung von Urheberrechten (§ 50a Abs. 1 Nr. 3 EStG) gezahlt werden. Für den Bereich des Sports wird diese Ausnahmevorschrift daher regelmäßig keine Bedeutung entfalten.

---

785 *Kirchhof/Gosch*, § 50a EStG Rn. 34; *Toifl*, in: *Gassner/Lang/Lechner u.a.* (Hrsg.), Die beschränkte Steuerpflicht im Einkommen- und Körperschaftsteuerrecht, 2004, S. 211, 218ff., 232.

786 *Kanzler/Kraft/Bäuml/Kraft/Weigert*, § 50a EStG Rn. 60.

787 *Kirchhof/Söhn/Mellinghoff/Kube*, § 50a EStG Rn. F5.

788 *Kirchhof/Söhn/Mellinghoff/Kube*, § 50a EStG Rn. F5.

789 Vergleiche hierzu *BFH*, 24.06.1964 – I 166/61 U, BStBl. III 1964, 544 = juris Rn. 13.

(3) Rückausnahme bei Anordnung gem. § 50a Abs. 7 EStG

Besteht ausnahmsweise keine Verpflichtung zum Steuerabzug bei bestehender beschränkter Steuerpflicht, so kann das Finanzamt des Vergütungsgläubigers den Steuerabzug anordnen (sog. „Sicherungseinbehalt"), § 50a Abs. 7 EStG. Nach Feststellungen des Bundesrechnungshofes wird mangels Kenntnis von dieser Norm allerdings nur selten Gebrauch gemacht, so dass im Folgenden dessen Voraussetzungen näher dargestellt werden sollen.[790]

Zulässig ist die Anordnung dann, wenn dies zur Sicherung des Steueranspruchs zweckmäßig ist. Wann allerdings der Steueranspruch gefährdet wäre und damit der Sicherungseinbehalt gerechtfertigt, definiert das Gesetz nicht. Im Gegensatz zu den weiteren genannten Tatbestandsvoraussetzungen des Bestehens einer beschränkten Steuerpflicht des Vergütungsgläubigers und dem Nichtbestehen einer Steuerabzugsverpflichtung seitens des Vergütungsschuldners, stellt das Tatbestandsmerkmal der Sicherung des Steueranspruchs einen unbestimmten Rechtsbegriff (auf Tatbestandsseite) dar, der der Finanzverwaltung insoweit auch keinen Ermessensspielraum einräumt. Aufgrund der Tatsache, dass das Nichtbestehen einer Abzugsverpflichtung – sei es aufgrund von Lohnsteuer-, Kapitalertragsteuerabzug oder aus Gründen des § 50a EStG selbst – ein eigenständiges Tatbestandsmerkmal des § 50a Abs. 7 EStG ist, muss sich die Sicherung des Steueranspruchs anderweitig manifestieren. Zu klären gilt es daher an dieser Stelle, ob ein deutscher Steueranspruch iSd. § 37 Abs. 1 AO besteht.[791] Auch zeitlich besteht nur bis zu dem Zeitpunkt überhaupt die Möglichkeit, eine Sicherstellung bejahen zu können, bis zu dem die jeweilige Steuer veranlagt wurde. Denn ab diesem Zeitpunkt ist der Steueranspruch fällig und kann mit den allgemeinen Mitteln beigetrieben werden.[792]

Auf Rechtsfolgenseite räumt die Norm der Finanzverwaltung für die Beurteilung der Zweckmäßigkeit der Anordnung Ermessen ein.[793] Das ihr eingeräumte Ermessen hat das Finanzamt pflichtgemäß iSd. § 5 AO auszuüben, sich also insbesondere am Normzweck – der Sicherstellung deutschen Steuersubstrates für den deutschen Fiskus – zu orientieren. Die Finanzverwaltung und ihr folgend die herrschende Ansicht in der Literatur sehen den Sicherungseinbehalt dann als zweckmäßig an, wenn der Steueranspruch ohne ihn konkret gefährdet wäre, mithin der Zugriff des Fiskus aufgrund der Verlagerung des Vermögens des Vergütungsgläubigers ins Ausland nicht mehr sichergestellt erscheint.[794] Hieran soll auch die Existenz eines Rechtshil-

790 *LfSt Bayern*, 27.01.2017 – S 2411.1.1–8/11 St32, IStR 2017, 545.

791 So auch *Herrmann/Heuer/Raupach/Maßbaum*, § 50a EStG Rn. 194 mit Verweis auf *BFH*, 24.03.1999 – I B 113/98, BFH/NV 1999, 1314 = juris, 1315.

792 *Frotscher/Geurts/Frotscher*, § 50a EStG Rn. 202.

793 Blümich/*Reimer*, § 50a EStG Rn. 142; *Kirchhof/Söhn/Mellinghoff/Kube*, § 50a EStG Rn. I4; *LfSt Bayern*, 27.01.2017 – S 2411.1.1–8/11 St32, IStR 2017, 545, 546.

794 Für die Finanzverwaltung zuletzt *LfSt Bayern*, 27.01.2017 – S 2411.1.1–8/11 St32, IStR 2017, 545, 546; für die Literatur etwa *Kanzler/Kraft/Bäuml/Kraft/Weigert*, § 50a EStG Rn. 82; *Herrmann/Heuer/Raupach/Maßbaum*, § 50a EStG Rn. 194; *Oreskovic-*

feabkommens nichts ändern.[795] Denn auch mit Hilfe eines Rechtshilfeabkommens ist die Vollstreckung einer Forderung im Ausland ungleich schwieriger als die Vollstreckung eines Steueranspruchs gegen einen inländischen Steuerschuldner.[796] Die bloße Vereinfachung des Steuerverfahrens soll jedoch nicht ausreichen.[797] Hierfür kann freilich noch nicht ausreichen, dass es sich bei dem Vergütungsgläubiger um einen Steuerausländer handelt, vielmehr muss dieser bspw. durch sein bisheriges Verhalten Indizien geschaffen haben, die vermuten lassen, dass er in diesem Fall seine Steuerschuld nicht begleichen wird.[798] Auch fehlende Kenntnisse über einen (ausländischen) Wohnsitz können hierbei herangezogen werden.[799] Ermessensfehlerhaft wäre allerdings die Anordnung des Steuerabzugs dann, wenn eindeutig und zweifelsfrei feststeht, dass Deutschland kein Besteuerungsrecht an den jeweiligen Einnahmen zusteht. Dies ist etwa – anders als auf der Tatbestandsebene – dann der Fall, wenn Deutschland die Einkünfte aufgrund eines DBA freizustellen hat oder die Anordnung an sich zwar zulässig wäre, aber aufgrund ihres Umfanges über ein bestehendes, begrenztes Besteuerungsrecht hinausgehen würde.[800] Bei Zweifeln ist die Anordnung folglich nicht als ermessensfehlerhaft zu beurteilen.[801] Wurde die Vergütung schon geleistet, so kann die Anordnung des Steuerabzugs nicht mehr ermessensfehlerfrei erfolgen (Nachholverbot). Sind hingegen Teilzahlung zwischen den Vertragsparteien vereinbart worden und noch nicht alle Teilzahlungen geleistet, so kann die Finanzbehörde ihr Ermessen immer noch dahingehend ausüben, auf die ausstehenden Teilzahlungen den Steuerabzug anzuordnen. Hierbei ist zu beachten, dass diese Anordnung auch diejenigen Steuerabzugsbeträge der bereits geleisteten Teilvergütungen umfassen kann, sich mithin am Steuerabzugsbetrag aus der Gesamtvergütung orientiert.[802]

Rips/Kowalewski, IStR 2015, 418, 421; *Maßbaum/Müller*, BB 2015, 3031, 3037; *Delcker*, RIW 1985, 472.

795 *BFH*, 24.03.1999 – I B 113/98, BFH/NV 1999, 1314 = juris Rn. 19.

796 *Kirchhof/Söhn/Mellinghoff/Kube*, § 50a EStG Rn. I8; *Lademann/Boochs*, § 50a EStG Rn. 367.

797 *Maßbaum/Müller*, BB 2015, 3031, 3037.

798 So auch *Kanzler/Kraft/Bäuml/Kraft/Weigert*, § 50a EStG Rn. 82; *Oreskovic-Rips/Kowalewski*, IStR 2015, 418, 421; *Delcker*, RIW 1985, 472, 476.

799 *Oreskovic-Rips/Kowalewski*, IStR 2015, 418, 421 mit Verweis auf *FG Berlin*, 27.01.1967 – III 175/66, EFG 1967, 513, 514; *Kirchhof/Söhn/Mellinghoff/Kube*, § 50a EStG Rn. I8.

800 *BFH*, 24.03.1999 – I B 113/98, BFH/NV 1999, 1314 = juris; *Kirchhof/Söhn/Mellinghoff/Kube*, § 50a EStG Rn. I9; *LfSt Bayern*, 27.01.2017 – S 2411.1.1–8/11 St32, IStR 2017, 545, 546.

801 *FG Münster*, 25.04.2004–9 K 5096/99 E, EFG 2004, 1777 = juris Rn. 36; *Kirchhof/Söhn/Mellinghoff/Kube*, § 50a EStG Rn. I 9; *Frotscher/Geurts/Frotscher*, § 50a EStG Rn. 204.

802 *BMF*, 02.08.2002 – IV A 5 – S 2411–27/02, BStBl. I 2002, 710; Blümich/*Reimer*, § 50a EStG Rn. 146; *Kirchhof/Söhn/Mellinghoff/Kube*, § 50a EStG Rn. I11.

Erfolgte der Steuerabzug nach der später erlangten Kenntnis zu Unrecht, so ist der Steuerabzugsbetrag – soweit er nicht nach § 36 Abs. 2 Nr. 2 EStG angerechnet werden kann – dem Vergütungsgläubiger zu erstatten.[803] Weiter ist der Grundsatz der Verhältnismäßigkeit zu wahren.[804] Auf dieser Prüfungsstufe wird sich regelmäßig aber kein abweichendes Ergebnis mehr ergeben, da insbesondere die Zweckmäßigkeit bereits in die Ermessensüberlegungen einfließen und daher an dieser Stelle regelmäßig in gleicher Hinsicht zu würdigen sein wird.

Zuständig für die Anordnung zum Steuerabzug ist nicht – wie mittlerweile einheitlich für das Steuerabzugsverfahren nach § 50a EStG – das BZSt[805], sondern vielmehr das jeweils örtlich zuständige Finanzamt des Vergütungsgläubigers, § 50a Abs. 7 Satz 1 EStG.[806] An dieses hat der Vergütungsschuldner die einbehaltene Abzugssteuer bis zum 10. des dem Kalendervierteljahr der Einbehaltung folgenden Monats abzuführen, § 50a Abs. 7 Satz 3 EStG. Hinsichtlich des Entstehenszeitpunktes der Steuer gelten die obigen Grundsätze entsprechend.

Der Abzugssteuersatz beträgt regelmäßig 25 Prozent der gesamten Einnahmen, § 50a Abs. 7 Satz 2 EStG.[807] Hinzu kommt der obligatorische Solidaritätszuschlag gem. § 3 Abs. 1 Nr. 6 und § 4 SoliZG. Allerdings steht es wiederum im Ermessen der Behörde, den Abzugssteuersatz an die voraussichtlich geschuldete Steuer anzupassen und damit einen möglichst zutreffenden Steuerabzug an der Quelle zu gewährleisten. Aufgrund des progressiv ausgestalteten Steuertarifs kommen daher auch Abzugssteuersätze zwischen dem Eingangssteuersatz[808] und dem Spitzensteuersatz[809] in Betracht. Wiederum in die Bemessungsgrundlage einzubeziehen ist die Umsatzsteuer, wobei auch hier bei anwendbaren reverse-charge-Verfahren nach § 13b UStG die Umsatzsteuer nicht die Bemessungsgrundlage erhöht.[810] Im Gegensatz zur Nettomethode können Aufwendungen hier nicht berücksichtigt werden.[811] Denn wie bei dieser Methode hat aber auch der Steuerabzug aufgrund Anordnung keine abgeltende Wirkung nach § 50 Abs. 2 Satz 1 EStG, § 50a Abs. 7 Satz 4 EStG, so dass dem Vergütungsgläubiger im Veranlagungsverfahren die Möglichkeit verbleibt, Aufwendungen und damit einen ggf. niedrigeren Einkommensteuertarif glaubhaft zu machen. Die in diesem Sinne vorausgezahlte Einkom-

---

803 Blümich/*Reimer*, § 50a EStG Rn. 141; *Kirchhof/Söhn/Mellinghoff/Kube*, § 50a EStG Rn. I10.

804 *Kirchhof/Söhn/Mellinghoff/Kube*, § 50a EStG Rn. I7.

805 Siehe § 5 Abs. 1 Nr. 12 FVG.

806 So auch noch einmal explizit *LfSt Bayern*, 27.01.2017 – S 2411.1.1–8/11 St32, IStR 2017, 545, 545 f.

807 Bei Körperschaften, Personenvereinigungen oder Vermögensmassen hingegen stets nur 15 Prozent. Eine Anpassung scheidet hier aufgrund des linearen Körperschaftssteuersatz aus.

808 Im Jahre 2017 bei 15 Prozent.

809 Im Jahre 2017 bei 42 Prozent.

810 Vgl. nur *LfSt Bayern*, 27.01.2017 – S 2411.1.1–8/11 St32, IStR 2017, 545, 546.

811 *Kirchhof/Söhn/Mellinghoff/Kube*, § 50a EStG Rn. I38.

mensteuer wird dann – wie eben dargelegt – auf die festgesetzte Steuer angerechnet, § 36 Abs. 2 Nr. 2 EStG. Erforderlich dafür ist aber die vom Vergütungsschuldner entsprechend § 50a Abs. 5 Satz 6 EStG auszustellende Steuerbescheinigung. Die glaubhaft gemachten Aufwendungen können folglich lediglich zur Herabsetzung des festzusendenden Einkommensteuertarifs und damit einen niedrigeren Steuereinhalts iSe. Vorauszahlung führen.[812] Werden diese nicht in ausreichendem Maße glaubhaft gemacht, so bedeutet der höhere Steuerabzug im Ergebnis aber lediglich einen Liquiditäts- bzw. Zinsnachteil für den Vergütungsgläubiger, da im Rahmen des Veranlagungsverfahrens die geschuldete Steuerlast dann zutreffend festgestellt wird. In Zeiten niedriger Zinssätze dürfte sich der Nachteil zudem auf den Liquiditätseffekt beschränken.

Im Bereich der Sportlerbesteuerung dürfte dem Steuerabzug nach Anordnung seit 2009 wieder größere Bedeutung beizumessen sein, nachdem steuerpflichtige Tatbestände des § 49 EStG nicht mehr von § 50a EStG erfasst sind. Denn in Betracht kommt diese Norm trotz der weitgehenden Abdeckung der Abzugsverpflichtung für sportliche Darbietung und Verwertung etwa für die mit der Verwertung in Verbindung stehenden Zusammenhangsleistungen sowie der ebenfalls nicht von § 50a EStG erfassten Rechteveräußerung, mithin also auch der verbrauchenden Rechteüberlassung.[813] Darüber hinaus aber auch bei der für Individualsportler typischen Konstellation der Verlagerung des Wohnsitzes ins Ausland. Werden dann – bei nicht oder nicht mehr greifender Erweiterung der Steuerpflicht über die Normen des AStG –im Inland Gastvorträge gehalten, so wird das zuständige Finanzamt, soweit es rechtzeitig Kenntnis erlangt, den Steuerabzug anordnen. Dies dürfte künftig zunehmend an Bedeutung gewinnen, da u. a. bei Studiengängen mit sportrechtlichen Bezügen vermehrt versucht wird, diese Personengruppe als Gastdozenten zu gewinnen. Bei Zwischenschaltung einer Gesellschaft könnte ggf. auch noch der Steuerabzug nach § 50a Abs. 7 EStG dann angeordnet werden, wenn im Inland belegenes Grundvermögen veräußert wird (§ 49 Abs. 1 Nr. 2 lit. f) EStG).[814] In diesem Zusammenhang ist auf § 42 AO hinzuweisen, der auch dann eine abweichende Beurteilung erforderlich machen könnte, wenn der Berufssportler nur formal eine Gesellschaft zwischenschaltet.[815] Auf Ebene der Klubs sei noch erwähnt, dass Zahlungen im Zusammenhang mit (endgültigen) Spielertransfers – im Gegensatz zur temporären Spielerleihe gem. § 50 Abs. 1 Nr. 3 EStG iVm. § 49 Abs. 1 Nr. 2 lit. g) EStG – nicht dem Steuerabzug unterliegen und daher über § 50a Abs. 7 EStG angeordnet werden könnten.

---

812 So auch *Holthaus*, ISR 2014, 329.

813 *Maßbaum/Müller*, BB 2015, 3031, 3036.

814 Für den Berufssportler als Individualsportler wird es hingegen regelmäßig an der Gewerblichkeit der Grundstücksveräußerung fehlen.

815 Vgl. dazu etwa bei *Kirchhof/Söhn/Mellinghoff/Kube*, § 50a EStG Rn. A154.

b) Besteuerungsverfahren bei Mannschaftssportlern

Auch bei Mannschaftssportlern greift bei Einkünften aus nichtselbstständiger Tätigkeit grundsätzlich das Abzugsverfahren nach § 50a EStG. Allerdings ist mit dem Lohnsteuerabzugsverfahren ein weiteres Erhebungsverfahren normiert. Auch hier bleibt trotz Lohnsteuereinbehaltungspflicht der Arbeitnehmer Schuldner der Lohnsteuer. Dies gilt auch für die regelmäßig im Profisport anzutreffenden Nettolohnvereinbarungen.[816]

aa) Lohnsteuereinbehalt gem. § 38 EStG

Liegen die Voraussetzungen des Lohnsteuereinbehalts vor, so tritt das Abzugsverfahren nach § 50a Abs. 1 Satz 1 letzter Halbsatz zurück.[817]

1) Voraussetzungen des Lohnsteuereinbehalts

Voraussetzung für den Lohnsteuereinbehalt und damit Abgrenzungskriterium an dieser Stelle ist das Vorliegen eines inländischen Arbeitgebers. Ein solcher ist dann gegeben, wenn der Arbeitgeber entweder über einen Wohnsitz oder gewöhnlichen Aufenthalt im Inland verfügt oder aber seine Geschäftsleitung, seinen Sitz, eine Betriebsstätte oder einen ständigen Vertreter im Inland unterhält.[818] Als Arbeitgeber kommen im Bereich des Sports v. a. Vereine oder Kapitalgesellschaften in Betracht, die Lizenzspielerabteilungen unterhalten.[819] Nur wenn ein solcher Arbeitgeber nicht vorliegt und damit keine Umgehung des Lohnsteuerabzugs droht, soll der Steuerabzug nach § 50a EStG erfolgen. Mit dieser Subsidiaritätsregelung wollte der Gesetzgeber erreichen, dass Arbeitnehmer durch Verlagerung ihres Wohnsitzes ins Ausland das Lohnsteuerverfahren umgehen und so in den Genuss der teilweise günstigeren Steuerabzugsvorschriften mit abgeltender Wirkung aus §§ 50a, 50 EStG kommen konnten.[820]

2) Verfahren des Lohnsteuerabzugs

Findet das Lohnsteuerabzugsverfahren jedoch Anwendung, so hat der Arbeitgeber gem. § 38 Abs. 3 Satz 1 EStG Lohnsteuer vom Arbeitslohn einzubehalten und an das Finanzamt abzuführen, § 41a Abs. 1 Satz 1 Nr. 2 EStG. Der Lohnsteuerabzug bei beschränkt Steuerpflichtigen erfolgt unabhängig vom Familienstand mit Lohnsteuer-

---

816 R42d1 Abs. 1 LStR 2015; zur Berechnung der Lohnsteuer in diesen Fällen R39b.9 LStR 2015.

817 *Schauhoff*, IStR 1997, 5, 7; *Kirchhof/Söhn/Mellinghoff/Kube*, § 50a EStG Rn. C14; *Korn/Strunk*, § 50a EStG Rn. 10; R39.4 Abs. 4 LStR 2015.

818 Zu den einzelnen Tatbeständen vergleiche §§ 8 bis 13 AO.

819 Vergleiche für den Bereich des Profifußballs etwa die Aufzählung in *Deutsche Fußball Liga*, Lizenzierungsordnung (LO), https://www.dfl.de/dfl/files/statuten/Ligastatut/Lizenzierungsordnung-LO.pdf (Stand: 30.11.2017), S. 7.

820 *Kirchhof/Söhn/Mellinghoff/Kube*, § 50a EStG Rn. C14.

klasse I, § 38b Abs. 1 Satz 1 Nr. 1 lit. b) EStG.[821] Die Pauschalierungsmöglichkeit nach R 39d Abs. 4 LStR (2008) für Artisten wurde zum Veranlagungszeitraum 2011 aufgegeben. Auch bei beschränkt Steuerpflichtigen können allerdings Lohnsteuerabzugsmerkmale berücksichtigt werden, die das Betriebsstättenfinanzamt führt, § 39 Abs. 2 Satz 2 EStG. So kann bspw. der in den Niederlanden wohnende Berufsfußballer die für die Fahrten zu seinem Arbeitgeber anfallenden Fahrt- und damit Werbungskosten auf Antrag berücksichtigen lassen, soweit diese den Pauschbetrag von EUR 1.000 gem. § 9a Satz 1 Nr. 1 lit. b) EStG übersteigen, § 39a Abs. 4 Nr. 1 EStG. Eine Beschränkung der Höhe nach lässt sich dem Wortlaut nicht entnehmen und wäre auch systematisch nicht zu begründen. Dauert das Dienstverhältnis kein volles Kalenderjahr (Veranlagungszeitraum gem. § 2 Abs. 7 EStG), so sind Freibeträge aufzuteilen.[822] Dies ist insbesondere bei Berufsfußballspielern häufig zu beachten, die saisonal beschäftigt werden und bei denen Vertragsbeginn regelmäßig der 1. Juli eines Jahres ist. Im Übrigen berechnet sich die geschuldete Lohnsteuer dann – wie bei unbeschränkt Steuerpflichtigen auch – anhand der im Lohnzahlungszeitraum maßgeblichen Lohnsteuertabelle iVm. § 50 Abs. 1 Satz 4 und 5 EStG. Bei beschränkt Steuerpflichtigen hat der Lohnsteuerabzug grundsätzlich abgeltende Wirkung, § 50 Abs. 2 Satz 1 EStG. In der Folge ist eine Veranlagung nach § 25 EStG ausgeschlossen, so dass ein Abzug von Werbungskosten, Sonderausgaben etc. ausscheidet.[823] Wurde jedoch als Lohnsteuerabzugsmerkmal ein Freibetrag nach § 39a Abs. 4 EStG gebildet oder wird die Veranlagung beantragt (§ 46 Abs. 2 Nr. 8 EStG), so entfällt die abgeltende Wirkung, § 50 Abs. 2 Satz 2 Nr. 4 EStG. Nach der Gesetzesbegründung sollte hierdurch eine Gleichstellung mit den unbeschränkt Steuerpflichtigen erreicht werden, die in diesen Fällen ebenfalls einer Veranlagungspflicht unterliegen.[824] Wie beim Steuerabzugsverfahren nach § 50a EStG scheidet auch hier ein Lohnsteuerabzug dann aus, wenn Deutschland diese Einkünfte aufgrund eines Doppelbesteuerungsabkommens freizustellen hat. Zur Vermeidung eines Haftungsrisikos wird der Arbeitgeber jedoch nur dann auf den Lohnsteuereinbehalt verzichten, wenn die Freistellung der Einkünfte nach einem Doppelbesteuerungsabkommen antragsunabhängig erfolgt oder aber auf Antrag des Berufssportlers ein entsprechendes Lohnsteuerabzugsmerkmal (§ 39 Abs. 4 Nr. 5 EStG) gebildet wurde. Der früher gebräuchlichen Freistellungsbescheinigung gem. § 39b Abs. 6 EStG a. F. bedarf es daher nicht mehr.[825] Allerdings ist zu beachten, dass die Finanzverwaltung dem Arbeitgeber aufgrund technischer Gegebenheiten dieses elektronische Lohn-

---

821 *Herrmann/Heuer/Raupach/Tillmann*, § 38b EStG Rn. 20; im Fall mehrerer Dienstverhältnisse gilt für jedes weitere Dienstverhältnis die Lohnsteuerklasse VI, § 38b Abs. 1 Satz 2 Nr. 6 EStG.

822 R 39.4 Abs. 1 LStR 2015.

823 Vgl. nur *Herrmann/Heuer/Raupach/Herkenroth/Striegel*, § 50 EStG Rn. 193.

824 *Die Bundesregierung der Bundesrepublik Deutschland*, Entwurf eines Jahressteuergesetzes 2009 (JStG 2009), 2008, S. 93.

825 Zur alten Rechtslage vgl. etwa *Herrmann/Heuer/Raupach/Becht*, § 39b EStG Rn. 66.

steuerabzugsmerkmal derzeit noch nicht zur Verfügung stellen kann, so dass es auch weiterhin einer Bescheinigung des zuständigen Finanzamtes in Papierform bedarf.[826]

bb) Haftung des Vergütungsschuldners

Wie auch beim Steuerabzug nach § 50a EStG – dort § 50a Abs. 5 Satz 4 EStG – regelt auch das Lohnsteuerabzugsverfahren eine Haftung des Vergütungsschuldners. Hier normiert § 42d EStG u. a. eine Haftung des Arbeitgebers für einzubehaltende und abzuführende Lohnsteuer. Im Vergleich zur Haftung im Rahmen des Steuerabzugs nach § 50a EStG eröffnet § 42d Abs. 2 EStG jedoch die Möglichkeit einer Befreiung von der Haftung für den Fall, dass die Lohnsteuer vom Berufssportler als Arbeitnehmer gem. § 39 Abs. 5 Satz 4 EStG nachgefordert werden kann. Auf diesen Haftungsbefreiungstatbestand wird sich der Arbeitgeber eines Berufssportlers allerdings nur in den seltensten Fällen berufen können. Denn für den im Ausland ansässigen Berufssportler wird regelmäßig die Lohnsteuerklasse I angewendet, so dass ein Wechsel in eine ungünstigere Lohnsteuerklasse ausscheidet. In Betracht kommt die Haftungsbefreiung allerdings dann, wenn es der Berufssportler unterlässt, dem Finanzamt eine Änderung in der Zahl der Kinderfreibeträge mitzuteilen, § 39 Abs. 5 Satz 1 EStG, oder sich die ermittelten Freibeträge geändert haben.[827] All diesen Fällen gemeinsam ist, dass der Arbeitnehmer einer ihm obliegende Verpflichtung nicht nachgekommen ist. Daneben kommt auch eine Haftungsbefreiung in Betracht, wenn das Betriebsstättenfinanzamt nach Ausübung seines Ermessens den Arbeitnehmer haftbar macht, § 42 Abs. 3 Satz 2 bis 4 EStG.[828] Im Falle der häufiger anzutreffenden Nettolohnvereinbarung ist die Haftung des Arbeitgebers allerdings dann ermessensfehlerfrei, wenn der Arbeitnehmer nicht von der unterbliebenen Anmeldung zur Lohnsteuer durch den Arbeitgeber weiß.[829]

c) Gemeinsame Möglichkeiten des Besteuerungsverfahrens / Veranlagung

Greift im Hinblick auf die Einkommensteuer die Abgeltungswirkung des Steuerabzugs nicht ein oder ist ein Steuerabzug für die § 49 EStG unterliegenden Einkünfte nicht vorgesehen, so findet eine Veranlagung statt.[830] Die Veranlagung erstreckt sich dabei selbstverständlich nur auf diejenigen beschränkt steuerpflichtigen Einkünfte, die gerade nicht von der abgeltenden Wirkung erfasst sind. Ob die bei der Ermittlung des zu versteuernden Einkommens unberücksichtigt bleibenden Einkünfte im

826 *Herrmann/Heuer/Raupach/Fissenewert*, § 39 EStG Rn. 24.

827 *Herrmann/Heuer/Raupach/Gersch*, § 42d EStG Rn. 52.

828 Vgl. zu dieser Problematik etwa *BFH*, 06.05.1959 – VI 252/57 U, BStBl. III 1959, 292 = juris Rn. 10.

829 *BFH*, 08.11.1985 – VI 238/80, BStBl. II 1986, 186 = juris Rn. 13; H42d.1 LStR 2015.

830 Ist eine dazwischengeschaltete körperschaftsteuerpflichtige Gesellschaft involviert, so gilt bei deren beschränkter Körperschaftsteuerpflicht die strukturell und inhaltlich ähnliche Vorschrift des § 32 KStG.

Rahmen des Progressionsvorbehalts zu berücksichtigten sind, regelt § 32b EStG. Nach § 32b Abs. 1 Satz 1 Nr. 5 EStG sind die nicht dem Steuerabzug unterliegenden Einkünftebestandteile indes nur bei der nachfolgend darzustellenden Antragsveranlagung gem. § 50 Abs. 2 Satz 2 Nr. 4 EStG progressionserhöhend zu berücksichtigen. Im Folgenden sollen die denkbaren Konstellationen der Veranlagung sowie die Spezifika des Veranlagungsverfahrens näher dargestellt werden.

aa) Denkbare Konstellationen der Veranlagung

Bei beschränkt steuerpflichtigen Einnahmen regelt § 50a EStG bzw. diesem vorrangig für Einkünfte aus nichtselbstständiger Tätigkeit, § 38 EStG, den Steuerabzug. Ausnahmen vom Steuerabzug enthält § 50 Abs. 2 Satz 2 EStG. Von den dort genannten Fallgruppen kommen für Berufssportler insbesondere die Nachfolgenden in Betracht. Daneben ist aber auch dann eine Veranlagung durchzuführen, wenn die Einkünfte gerade nicht dem Steuerabzug unterlegen haben.

(1) Einkünfte eines inländischen Betriebs, § 50 Abs. 2 Satz 2 Nr. 1 EStG

Die abgeltende Wirkung des Steuerabzugs ist nach § 50 Abs. 2 Satz 2 Nr. 1 EStG dann ausgeschlossen, wenn Einkünfte eines inländischen Betriebs vorliegen. Diese sind stets zu veranlagen, also auch dann, wenn vorab ein Steuerabzug stattgefunden hat. Unter einem inländischen Betrieb ist nicht nur eine Betriebsstätte iSd. § 12 AO zu verstehen, sondern auch ein ständiger Vertreter, § 13 AO.[831] Daher werden Berufssportler regelmäßig versuchen, die Begründung einer Betriebsstätte oder die Unterhaltung eines ständigen Vertreters im Inland zu vermeiden.[832]

(2) Einkünfte bei unterjährigen Zu- oder Wegzug, § 50 Abs. 2 Satz 2 Nr. 3 EStG

Mit dem JStG 2009 hat der Gesetzgeber an systematisch richtiger Stelle klargestellt, was bislang § 2 Abs. 7 Satz 3 EStG zu entnehmen war.[833] Trifft – wie im Fall des unterjährigen Zu- oder Wegzugs – in einem Veranlagungszeitraum beschränkte und unbeschränkte Steuerpflicht zusammen, so sind auch die beschränkt steuerpflichtigen Einkünfte in die Veranlagung zur unbeschränkten Steuerpflicht einzubeziehen. Wird daher bspw. ein Fußballspieler zur neuen Saison (regelmäßig zum 1. Juli eines Jahres) zu einem ausländischen Klub transferiert, in der Vereinbarung aber als Teil der „Ablöse" zwischen ab- und aufnehmenden Klub ein Freundschaftsspiel im Inland vereinbart, so ist die hierfür entfallene, anteilige, Vergütung beschränkt steuerpflichtig und trotz Abzugsverpflichtung

831 *BFH*, 23.10.1991 – I R 86/89, BStBl. II 1992, 185 = juris Rn. 22; *Kirchhof/Söhn/Mellinghoff/Kube*, § 50 EStG Rn. E43; Blümich/*Reimer*, § 50 EStG Rn. 68.

832 *Maßbaum*, Die beschränkte Steuerpflicht der Künstler und Berufssportler unter Berücksichtigung des Steuerabzugsverfahrens, 1991, S. 152f., 161.

833 *Die Bundesregierung der Bundesrepublik Deutschland*, Entwurf eines Jahressteuergesetzes 2009 (JStG 2009), 2008, S. 80.

des ausländischen Klubs hat der Spieler diese im Rahmen der Veranlagung für seine Tätigkeit im Inland (bis 30. Juni dieses Jahres) mit zu erklären. Nicht der beschränkten Steuerpflicht unterliegende und damit ausländische Einkünfte sind hingegen im Rahmen des Progressionsvorbehalts gem. § 32b Abs. 1 Satz 1 Nr. 2 und ggf. Nr. 3 EStG zu berücksichtigen.

(3) Einkünfte aus nichtselbstständiger Arbeit, § 50 Abs. 2 Satz 2 Nr. 4 EStG

Einkünfte aus nichtselbstständiger Arbeit unterliegen grundsätzlich dem Lohnsteuerabzug gem. § 38 EStG.[834] Liegen dessen Voraussetzungen – ein inländischer Arbeitgeber – nicht vor, so findet das Steuerabzugsverfahren nach § 50a EStG Anwendung. Die abgeltende Wirkung des Lohnsteuerabzugs greift gem. § 50 Abs. 2 Satz 2 Nr. 4 lit. a) EStG jedoch dann nicht, wenn als Lohnsteuerabzugsmerkmal ein Freibetrag gebildet wurde.[835]

Daneben greift die abgeltende Wirkung auch dann nicht ein, wenn nach § 46 Abs. 2 Nr. 8 EStG die Veranlagung beantragt wurde, § 50 Abs. 2 Satz 2 Nr. 4 lit. b) EStG. Das Antragsrecht steht ausweislich § 50 Abs. 2 Satz 7 EStG nur Staatsangehörigen eines EU-Mitgliedsstaates einschließlich der Staaten des EWR zu, wenn diese auch ihren Wohnsitz oder gewöhnlichen Aufenthalt in einem Staat der EU/EWR haben. Damit können bspw. auch deutsche Staatsangehörige mit Wohnsitz/gewöhnlichen Aufenthalt in einem Nicht-EU-/EWR-Staat die Veranlagung nicht beantragen. Ihnen bleibt nur der Weg über § 50 Abs. 2 Nr. 4 lit. a) EStG bei Eintragung eines Freibetrages.[836]

(4) Wahlveranlagung, § 50 Abs. 2 Satz 2 Nr. 5 EStG

Für Einkünfte aus u. a. sportlicher Darbietung und Verwertung eröffnet § 50 Abs. 2 Satz 2 Nr. 5 EStG die Möglichkeit, die Veranlagung zu beantragen. Während früher Unbilligkeiten aus der nicht oder nur beschränkt berücksichtigungsfähigen Belastung durch hohe Aufwendungen im Erlasswege bzw. später durch das Erstattungsverfahren gem. § 50a Abs. 4 EStG a. F. ausgeglichen wurden, machten unionsrechtliche Vorgaben eine Überführung in das Antragsveranlagungsverfahren notwendig.[837] Allerdings ist auch die Wahlveranlagung nach § 50 Abs. 2 Satz 2 Nr. 5 EStG auf Staatsangehörige der EU-/EWR-Staaten mit Wohnsitz oder gewöhnlichen Aufenthalt in einem dieser EU-/EWR-Staaten beschränkt, § 50 Abs. 2 Satz 7 EStG. Berufssportler mit beschränkt steuerpflichtigen Einkünften, aber fehlender Antragsberechtigung steht seit der gesetzlichen Neuregelung auch kein Erstattungsverfahren mehr zur

834 Vgl. dazu bereits oben unter Kapitel 2.II.3.b).
835 Vgl. dazu bereits oben unter Kapitel 2.II.3.b)aa)(2).
836 So auch *Kirchhof/Söhn/Mellinghoff/Kube*, § 50 EStG Rn. E102; *Hidien/Holthaus*, PIStB 2009, 108.
837 Zur historischen Entwicklung *Kirchhof/Söhn/Mellinghoff/Kube*, § 50 EStG Rn. E122f.

Verfügung, da dieses ersatzlos entfiel. Zu einer Erstattung kann es seither nur noch bei anwendbaren Doppelbesteuerungsabkommen kommen, § 50d Abs. 1 EStG.[838]

(5) Einkünfte mit angeordnetem Steuerabzug, § 50a Abs. 7 EStG

Unterliegen die beschränkt steuerpflichtigen Einkünfte nicht dem Steuerabzug und ordnet das Finanzamt des Berufssportlers einen solchen über § 50a Abs. 7 EStG, so schließt § 50a Abs. 7 Satz 4 EStG die abgeltende Wirkung mit der Folge aus, dass es einer Veranlagung bedarf. Denn hier dient der Steuerabzug lediglich der Sicherstellung des Steueranspruchs.[839]

(6) Freigestellte Einkünfte, § 50d Abs. 2 und 5 EStG

In diesem Kontext ist abschließend noch auf § 50d Abs. 2 und 5 EStG hinzuweisen, welche den Steuerabzug aufgrund von § 50a EStG unter bestimmten Voraussetzungen ausschließen. So kommt etwa das Freistellungsverfahren des § 50d Abs. 2 EStG dann zur Anwendung, wenn der Vergütungsschuldner eine einzelfallbezogene (Freistellungs-)Bescheinigung des BZSt vorlegen kann.[840] Ferner kann anstelle des Freistellungsverfahrens bei Vorliegen von Einkünften gem. § 50a Abs. 1 Nummer 3 EStG auch das Kontrollmeldeverfahren gem. § 50d Abs. 5 EStG ausreichend sein, um den Steuerabzug zu verhindern. Rechtsfolge beider Verfahren ist aber nicht die Durchführung eines Veranlagungs-, sondern vielmehr eines Erstattungsverfahrens. Auf dieses wird später noch genauer einzugehen sein.[841]

bb) Kritische Stellungnahme zu den Restriktionen der Wahlveranlagung gem. § 50 Abs. 2 Satz Nr. 5 EStG

Die Wahlveranlagung des § 50 Abs. 2 Satz 2 Nr. 5 EStG enthält sowohl in personeller, als auch in sachlicher Hinsicht Einschränkungen. Diese sind nicht unproblematisch und sollen daher nachfolgend genauer dargestellt werden.

(1) Einschränkung in personeller Hinsicht (Drittstaatenwirkung von Unionsrecht)

Über § 50 Abs. 2 Satz 7 EStG ist die Wahlveranlagung nach § 50 Abs. 2 Satz 2 Nr. 5 EStG auf Staatsangehörige der EU-/EWR-Staaten mit Wohnsitz oder gewöhnlichen Aufenthalt in einem dieser EU-/EWR-Staaten beschränkt. Bei fehlender Antragsberechtigung droht aufgrund des Wegfalls des Erstattungsverfahrens eine übermäßige Besteuerung. Es stellt sich daher die Frage, ob in rechtlich unbedenklicher Weise

---

838 *Kirchhof/Söhn/Mellinghoff/Kube*, § 50 EStG Rn. E27; zu § 50d Abs. 1 EStG vgl. unter Kapitel 2.III.4.b)aa).
839 Vgl. dazu bereits oben unter Kapitel 2.II.3.a)ee)(3).
840 *Herrmann/Heuer/Raupach/Klein/Hagena*, § 50d EStG Rn. 38.
841 Vgl. dazu nachfolgend unter Kapitel 2.III.4.b)aa).

Abhilfe geschaffen werden kann. Im Anwendungsbereich von Doppelbesteuerungsabkommen wird eine solche Abhilfemöglichkeit über die jeweiligen – an Art. 24 OECD-MA angelehnten – Diskriminierungsverbote diskutiert. In der Literatur und Rechtsprechung wird die Zulässigkeit einer solchen Argumentation durchaus unterschiedlich beurteilt, so dass an dieser Stelle eine intensivere Auseinandersetzung lohnenswert erscheint.

Im Vorgriff auf die an späterer Stelle näher dazustellenden Regelungen der DBA sei an dieser Stelle bereits erläutert, dass vielfach die Vertragsstaaten eines DBA eine an Art. 24 OECD-MA angelehnte oder diese vollinhaltlich übernommene Regelung vereinbart haben, nach welcher

> *„Staatsangehörige eines Vertragsstaates [...] im anderen Vertragsstaat keiner Besteuerung oder damit zusammenhängenden Verpflichtung unterworfen werden [dürfen], die anders oder belastender ist als die Besteuerung und die damit zusammenhängenden Verpflichtungen, denen Staatsangehörige des anderen Staates unter gleichen Verhältnissen, insbesondere hinsichtlich der Ansässigkeit, unterworfen sind oder unterworfen werden können.“*[842]

Diskutiert wird nun, ob sich ein Staatangehöriger eines nicht der Europäischen Union beigetretenen Staates auf die Grundfreiheiten der Europäischen Union und das in den Grundfreiheiten verankerte Diskriminierungsverbot bzw. die auf diesen Grundsätzen erforderlichen Anpassungen im nationalen Recht berufen kann (sog. Drittstaatenwirkung von Unionsrecht). In Bezug auf § 50 Abs. 2 Satz 2 Nr. 4 bzw. 5 iVm. Satz 7 EStG stellt sich also die Frage, ob auch ein Staatsangehöriger eines Drittstaates die Veranlagung in den Fällen des § 50 Abs. 2 Satz 2 Nr. 4 bzw. 5 EStG beantragen kann.

In der Literatur wird teilweise unter Rekurs auf das DBA-rechtliche Diskriminierungsverbot aus Art. 24 Abs. 1 OECD-MA eine erweiternde Anwendung auch auf Staatsangehörige solcher Staaten geschlossen, mit denen die Bundesrepublik Deutschland ein DBA abgeschlossen hat und die in einem EU/EWR-Staat ihren Wohnsitz oder gewöhnlichen Aufenthalt haben.[843]

Gegen eine solche Sichtweise wird in einer Argumentation über das Abkommensrecht vorgebracht, dass das DBA-rechtliche Diskriminierungsverbot lediglich eine Diskriminierung nach der Staatsangehörigkeit verhindern will, einer steuerlichen Benachteiligung einer in einem anderen Vertragsstaat ansässigen Person aber

842 Zum Anwendungsbereich des Art. 24 OECD-MA vgl. etwa *Oberascher*, in: *Lang*/Lang-Schuch-Staringer/*Schuch u. a.* (Hrsg.), Die Diskriminierungsverbote im Recht der Doppelbesteuerungsabkommen, 2006, S. 49, 52; *Dommes/Metzler*, in: *Lang*/Lang-Schuch-Staringer/*Schuch u. a.* (Hrsg.), Die Diskriminierungsverbote im Recht der Doppelbesteuerungsabkommen, 2006, S. 93, 108 ff.

843 *Herrmann/Heuer/Raupach/Herkenroth/Striegel*, § 50 EStG Rn 340; lediglich kritisch auf Art. 24 Abs. 1 OECD-MA verweisend etwa Blümich/*Reimer*, § 50 EStG Rn. 82; *Kirchhof/Gosch*, § 50a EStG Rn. 24.

nicht entgegensteht.[844] In einer steuerlichen Benachteiligung beschränkt Steuerpflichtiger sei daher noch keine unzulässige Diskriminierung zu erkennen.[845] Weiter wird vielfach in einer unionsrechtlich motivierten Perspektive darauf hingewiesen, dass die Grundfreiheiten des AEUV den Staatsangehörigen der Mitgliedsstaaten vorbehalten sei und eine Erweiterung auf Drittstaaten dem Sinn und Zweck dieses Gleichbehandlungsgebots zu wiederlaufen würde.[846] Denn im Ergebnis würde dann das Gebot der Gleichbehandlung von Ausländern mit Inländern im jeweiligen Mitgliedsstaat (Inländergleichbehandlung) um eine Ausländergleichbehandlung, also eine Gleichbehandlung mit Staatsangehörigen von Nicht-EU-Mitgliedsstaaten ergänzt.[847] Für eine solche Meistbegünstigung bedarf es aber des Beitritts des Drittstaats zur Europäischen Union.[848] Aus diesen Erwägungen heraus bedarf es einer teleologischen Reduktion des abkommensrechtlichen Diskriminierungsverbots dahingehend, dass auf unionsrechtlichen Vorgaben beruhende Vergünstigungen bei der Prüfung einer Diskriminierung außer Betracht zu bleiben haben.[849]

In der Literatur wird aus verschiedensten Blickwinkeln vielfach aber auch ein Rekurs auf das abkommensrechtliche Diskriminierungsverbot für zulässig erachtet.[850] So wird mit Blick auf das Abkommensrecht zutreffend herausgestellt, dass hier nicht die Frage nach einer abzulehnenden[851] Meistbegünstigung betroffen ist, sondern das Abkommen autonom das – etwa nach Art. 24 OECD-MA – festzulegende Vergleichspaar definiert.[852] Unionsrecht, insbesondere die Grundfreiheiten, sind dann lediglich im Rahmen der Prüfung einer steuerlichen Ungleichbehandlung für dieses Vergleichspaar heranzuziehen.[853] Miteinander zu vergleichen wären daher die

---

844 So etwa zum Mindeststeuersatz nach § 50 Abs. 3 Satz 2 EStG a.F., *BFH*, 30.03.2011 – I R 63/10, BStBl. II 2011, 747 = juris Rn. 12.

845 *Schänzle*, in: *Vogel/Reimer/Rust* (Hrsg.), Zum 75. Geburtstag von Prof. Dr. Dr. h.c. Franz Wassermeyer, 2015, S. 495, 500.

846 So etwa *FG Baden-Württemberg*, 07.06.2016–6 K 1213/14, EFG 2016, 1980 = juris Rn. 46f.

847 *Rust*, in: *Cordewener* (Hrsg.), Meistbegünstigung im Steuerrecht der EU-Staaten, 2006, S. 77, 90.

848 *Vogel/Lehner/Rust*, Art. 24 OECD-MA Rn. 53; *Fekar/Schnitger*, SWI 2002, 76, 84.

849 *FG Baden-Württemberg*, 07.06.2016–6 K 1213/14, EFG 2016, 1980 = juris Rn. 48; *Vogel/Lehner/Rust*, Art. 24 OECD-MA Rn. 53.

850 Etwa *Herrmann/Heuer/Raupach/Herkenroth/Striegel*, § 50 EStG Rn. 12; *Kumpf/Roth*, StuW 1996, 259, 263; *Loukota*, SWI 2005, 56, 57; *Loukota*, in: *Lang/*Lang-Schuch-Staringer/*Schuch u.a.* (Hrsg.), Die Diskriminierungsverbote im Recht der Doppelbesteuerungsabkommen, 2006, S. 265, 287.

851 *EuGH*, 05.07.2005 – C-376/03, Slg 2005, I-5821 = juris; *BFH*, 09.11.2005 – I R 27/03, BStBl. II 2006, 564 = juris Rn. 19; *Gosch*, DStR 2007, 1553, 1559; *Hofbauer*, in: *Lang/*Lang-Schuch-Staringer/*Schuch u.a.* (Hrsg.), Die Diskriminierungsverbote im Recht der Doppelbesteuerungsabkommen, 2006, S. 289, 294.

852 *Vogel/Lehner/Rust*, Art. 24 OECD-MA Rn. 36.

853 So für den Fall der Bejahung einer Drittstaatenwirkung *Vogel/Lehner/Rust*, Art. 24 OECD-MA Rn. 36.

Staatsangehörigen der beiden Vertragsstaaten des Doppelbesteuerungsabkommens. Gleiche Verhältnisse wären dann zu bejahen, wenn sowohl der Staatsangehörige des Vertragsstaates als auch der Deutsche den Wohnsitz oder gewöhnlichen Aufenthalt in Deutschland oder einem Mitgliedsstaat der EU/EWR haben. Die Diskriminierung ergibt sich in dieser Konstellation aus der fehlenden Veranlagungsberechtigung des Staatsangehörigen des Vertragsstaats, da nach der Gegenprobe[854] – also unterstellter deutscher Staatsangehörigkeit – auch für den beschränkt steuerpflichtigen Deutschen ein Veranlagungsrecht bestünde. Mit Blick auf das Unionsrecht wird geltend gemacht, dass durch die Erstreckung auf Drittstaaten die Wahrung des Unionsrechts nicht gefährdet wird. Denn in der Gleichbehandlung von Staatsangehörigen aus Drittländern kann kein Verstoß gegen Unionsrecht erblickt werden.[855] Sie ist nicht geeignet, die in den Verträgen wurzelnden rechtlichen und wirtschaftlichen Beziehungen der Mitgliedsstaaten untereinander zu tangieren oder zu beeinträchtigen.[856] Zwar mag – wie *Haslehner* hierzu zutreffend anführt – der Vertragsstaat ein so weit reichendes Diskriminierungsverbot bei Abschluss des DBA nicht intendiert haben, doch kann der insoweit eindeutige Wortlaut hier regelmäßig eine abweichende Beurteilung ermöglichen.[857] Eindeutiger ist dies sogar dann, wenn die unionsrechtliche Vorgabe – wie im Falle des § 50 Abs. 2 Satz 2 Nr. 4 bzw. 5 iVm. Satz 7 EStG – in nationales Recht umgesetzt wurde. Denn aus Sicht des anderen Vertragsstaates ist die Begünstigung unabhängig von ihrer Historie oder Herleitung als Begünstigung zu verstehen.[858]

M.E. sprechen die besseren Gründe für die zuletzt genannte Ansicht. Denn auch wenn die Doppelbesteuerungsabkommen bilaterale Vereinbarungen darstellen, mit welchen die Vertragsstaaten lediglich die steuerliche Behandlung grenzüberschreitender Sachverhalte regeln wollten, ohne dabei eine umfassende Harmonisierung der steuerlichen Regelungen herbeizuführen, so ist diese Auslegung dennoch geeignet, in den genannten Konstellationen ein rechtlich nachvollziehbare Lösung herbeizuführen. Dem steht auch nicht der unterschiedliche Ansatz des unionsrechtlichen Diskriminierungsverbotes zum abkommensrechtlichen Diskriminierungsverbot entgegen. Zutreffend ist zwar, dass das abkommensrechtliche Diskriminierungsverbot lediglich die Diskriminierung aufgrund der Staatsangehörigkeit verhindern will und hierfür auch keine Rechtfertigungsmöglichkeit vorsieht, während nach den Grundfreiheiten auch eine versteckte oder mittelbare Diskriminierung tatbestandlich ausreicht, jedoch im Rechtfertigungswege unbeachtlich sein kann. Doch führt dieser Umstand nicht dazu, dass der abkommensrechtliche Diskriminierungs-

---

854 Zu dieser etwa *Rust*, IStR 2004, 391, 393.

855 *Fekar/Schnitger*, SWI 2002, 76, 84; *Haslehner*, Das Betriebsstättendiskriminierungsverbot im internationalen Steuerrecht, 2009, S. 164.

856 *Schönfeld/Bruns*, Art. 24 DBA Rn. 69.

857 *Haslehner*, Das Betriebsstättendiskriminierungsverbot im internationalen Steuerrecht, 2009, S. 164 mit Hinweis auf ggf. mögliche Einschränkungen.

858 *Haslehner*, Das Betriebsstättendiskriminierungsverbot im internationalen Steuerrecht, 2009, S. 164.

tatbestand neu zu interpretieren ist. Denn dies würde die Frage der Auslegung des abkommensrechtlichen Diskriminierungsverbots im Lichte des Unionsrechts betreffen. Die hier diskutierte Problematik beschäftigt sich aber gerade mit der umgekehrten Frage, ob sich der nach nationalem Recht nicht Berechtigte über das abkommensrechtliche Diskriminierungsverbot auf Unionsrecht berufen kann.[859] Einer teleologischen Reduktion bedarf es daher nicht. Sinn und Zweck der Grundfreiheiten bleiben gewahrt. Auch bedarf es dann nicht der zur Milderung von Steuernachteilen der von *Schaumburg* für geboten erachteten Billigkeitsmaßnahmen.[860]

Dennoch kann, wie das FG Baden-Württemberg[861] in seiner – nicht rechtskräftigen – Entscheidung herausstellt, im konkreten Einzelfall eine abweichende Beurteilung geboten sein, wenn ein Verstoß gegen Abkommensrecht unbeachtlich ist. Dies ist insbesondere dann der Fall, wenn nationales Recht Abkommensrecht überschreibt (sog. „Treaty Override").[862] Nach der Rechtsprechung des Bundesverfassungsgerichts ist ein Treaty Override verfassungsrechtlich nicht zu beanstanden. Für den entschiedenen Fall war der Gleichbehandlungsgrundsatz aus dem völkerrechtlichen Vertrag mit den USA entsprechend dem Grundsatz „lex posterior derogat legi priori" aufgrund der jüngeren Regelung des § 50 Abs. 2 Satz 7 EStG nicht mehr zu beachten.[863] Die verfassungsrechtlich gebotene Ausnahme für den Fall, dass es sich bei der zu verdrängenden Norm um speziellere Regelung („lex specialis derogat legi generali") handelt[864], war hier nicht einschlägig. Denn während der Gleichbehandlungsgrundsatz denkbar allgemein bleibt, beinhaltet § 50 EStG an dieser Stelle jedenfalls konkretere Sondervorschriften für beschränkt Steuerpflichtige.[865] Folglich bedarf es stets einer Prüfung im Einzelfall hinsichtlich der zeitlichen Rahmenbedingungen von nationalen Recht und Abkommensrecht.

(2) Einschränkung in sachlicher Hinsicht

Ausgenommen sind von der Wahlveranlagung wiederum solche Einkünfte, die auf der Nutzungsüberlassung von Rechten beruhen (§ 50a Abs. 1 Nr. 3 EStG), so dass hier eine Überbesteuerung droht. Für den beschränkt steuerpflichtigen Berufssportler wird sich dies nach der hier vertretenen Auffassung des Unterfallens von originären Rechten unter § 49 Abs. 1 Nr. 3 EStG regelmäßig nicht nachteilig auswirken, da sie selten Aufwendungen im Zusammenhang mit der Nutzungsüberlassung ihrer Rechte geltend

859 Instruktiv zu den beiden Problemkreisen *Schönfeld/Bruns*, Art. 24 DBA Rn. 34ff.

860 *Schaumburg*, Internationales Steuerrecht, 3. Aufl. (2011) Rn. 5.215.

861 *FG Baden-Württemberg*, 07.06.2016–6 K 1213/14, EFG 2016, 1980 = juris Rn. 37 zum inhaltsgleichen Art. 24 DBA USA; Revision bei BFH unter Az. I R 80/16 anhängig.

862 Vgl. hierzu Kapitel 2.III.4.

863 Zur verfassungsrechtlichen Unbedenklichkeit von Abkommensrecht überschreibenden Normen, vgl. nur *BVerfG*, 15.12.2015–2 BvL 1/12, BVerfGE 141, 1 = juris Rn. 51.

864 Vgl. dazu etwa *BVerfG*, 15.12.2015–2 BvL 1/12, BVerfGE 141, 1 = juris Rn. 50.

865 *FG Baden-Württemberg*, 07.06.2016–6 K 1213/14, EFG 2016, 1980 = juris Rn. 40.

machen werden können. Wird jedoch eine Kapitalgesellschaft zwischengeschaltet, die den Erwerb der Rechte fremdfinanziert hat, dann wird der Ausschluss der Antragsveranlagung aufgrund der fehlenden Berücksichtigung der Fremdfinanzierungskosten regelmäßig zu einer Überbesteuerung führen.[866] Ob dieser Ausschluss mit den unionsrechtlichen Grundfreiheiten zu vereinbaren ist, ist äußerst fraglich.[867] In Betracht kommt ein Verstoß gegen das den Grundfreiheiten der Arbeitnehmerfreizügigkeit (Art. 45 AEUV) und der Niederlassungsfreiheit (Art. 49 AEUV) immanente Diskriminierungsverbot.[868] Danach sind nicht nur offene Diskriminierungen unzulässig, sondern ebenso versteckte oder mittelbare Diskriminierungen. So liegt nach der ständigen Rechtsprechung des EuGH eine (versteckte oder mittelbare) Diskriminierung vor, wenn die nationale Rechtsnorm zwar nicht auf die Staatsangehörigkeit als Differenzierungskriterium abstellt, die nachteiligen Folgen aber praktisch ausschließlich oder weit überwiegend Staatsangehörige der anderen EU-Mitgliedsstaaten treffen. Dies ist dann der Fall, wenn Inländer im Vergleich zu Ausländern Voraussetzungen leichter erfüllen können oder nationale Regelungen auch nur geeignet sind, für Ausländer nachteilig zu wirken.[869] Hierunter sind Rechtsnormen etwa dann zu subsumieren, wenn Rechtspositionen an einen Wohnsitz im Inland anknüpfen.[870] So hatte der EuGH etwa entschieden, dass eine Rechtsnorm nicht mehr mit unionsrechtlichen Vorgaben vereinbar ist, die bei Gebietsfremden die Bruttoeinkünfte besteuert, bei Inländern hingegen den Abzug von Betriebsausgaben und damit eine Nettobesteuerung zulässt.[871] Aus diesem Grunde wurde dann u. a. auch die Nettomethode des § 50a Abs. 3 EStG geschaffen. In der Literatur wird daher vertreten, dass bei Einkünften nach § 49 Abs. 1 Nr. 3 EStG durch nicht im Inland ansässige Steuerpflichtige durch den Ausschluss der Antragsveranlagung gem. § 50 Abs. 2 Satz 2 Nr. 5 EStG die Verwirklichung des objektiven Nettoprinzips nicht mehr realisierbar sei und so eine Diskriminierung von beschränkt Steuerpflichtigen eintrete. Ein sachlicher Rechtfertigungsgrund sei nicht ersichtlich.[872] In dieser Hinsicht ist wohl auch die Rechtsprechung des BFH zu verstehen. Allerdings hat der BFH in seinen Urteilen vom

---

866 Hier ergibt sich der Ausschluss aus der strukturell ähnlichen Vorschrift des § 32 Abs. 2 Nr. 2 KStG; vgl. dazu etwa *Schnitger*, FR 2003, 745, 747.

867 *Kirchhof/Gosch*, § 50a EStG Rn. 14 und *Kirchhof/Gosch*, § 50 EStG Rn. 23; *Kahle/Schulz*, RIW 2009, 140, 145.

868 *Streinz/Franzen*, Art. 45 AEUV Rn. 5; *Streinz/Müller-Graf*, Art. 49 AEUV Rn. 3.

869 St. Rspr. *EuGH*, 17.09.2015 – C-10/14, C-14/14 und C-17/14, IStR 2015, 921 Rn. 57; *EuGH*, 23.05.1996 – C-237/94, Slg 1996, I-2617 = juris Rn. 17 f.; *EuGH*, 27.11.1997 – C-57/96, Slg 1997, I-6689 = juris Rn. 44 f.; *EuGH*, 24.09.1998 – C-35/97, Slg 1998, I-5325 = juris Rn. 38 f.; *EuGH*, 30.11.2000 – C-195/98, Slg 2000, I-10497 = juris Rn. 39 f.

870 *EuGH*, 02.03.2017 – C-496/15, RIW 2017, 392 = juris Rn. 36; *EuGH*, 27.03.1985–249/83, Slg 1985, 973 = juris Rn. 25; *EuGH*, 26.02.1992 – C-3/90, Slg 1992, I-1071 = juris Rn. 29; *EuGH*, 18.01.2001 – C-162/99, Slg 2000, I-6137 = juris Rn. 20, 34.

871 *EuGH*, 12.06.2003 – C-234/01, Slg 2003, I-5933 = juris.

872 *Kirchhof/Söhn/Mellinghoff/Kube*, § 50 EStG Rn. E125, E135.

27.07.2011[873] und 25.04.2012[874] herausgestellt, dass er dann keinen Verstoß zu erblicken vermag, wenn die unmittelbar in Zusammenhang mit den Einnahmen stehenden Betriebsausgaben bzw. Werbungskosten berücksichtigungsfähig sind. Auch wenn der Wortlaut des 50a Abs. 3 EStG eine solche Berücksichtigung nicht erkennen lasse, so gebiete doch der Anwendungsvorrang des Unionsrechts insoweit nach der ständigen Spruchpraxis des EuGH[875] eine geltungserhaltende Reduktion des nationalen Rechts.[876] Dem folgt die Finanzverwaltung über die entschiedenen Einzelfälle hinaus nach der Neufassung durch das JStG 2009 auch für künftige Fälle.[877] M.E. kann in dieser Auslegung noch keine vollständige Beseitigung des Verstoßes gegen Unionsrecht gesehen werden. Denn mit der teleologischen Reduktion des § 50a Abs. 3 EStG ist es dem beschränkt Steuerpflichtigen lediglich möglich, die unmittelbar mit den Einnahmen in Zusammenhang stehenden Ausgaben geltend zu machen, soweit ihm der Nachweis hierfür gelingt. Sowohl mittelbare Aufwendung als auch solche, die zum Zeitpunkt des Steuerabzugs nicht nachweisbar sind, bleiben aber auch unter dieser Lesart unberücksichtigt, so dass auch weiterhin gemeinschaftsrechtliche Bedenken bestehen.[878] M.E. lässt sich die weiterhin bestehende Gefahr einer Diskriminierung von beschränkt Steuerpflichtigen nur durch eine Anpassung des § 50 Abs. 2 Satz 2 Nr. 5 EStG dahingehend beseitigen, dass auch bei Steuerabzug gem. § 50a Abs. 1 Nr. 3 EStG die Wahlveranlagung zulässig ist. Nur so lässt sich auch das objektive Nettoprinzip für den beschränkt Steuerpflichtigen verwirklichen. Bis dahin lässt sich die Veranlagung wohl nur durch Errichtung einer inländischen Betriebsstätte erreichen.[879]

cc) Besonderheiten bei Veranlagung gem. § 50 EStG

Wie die Veranlagung des unbeschränkt Steuerpflichtigen, so ist auch die Veranlagung beschränkt Steuerpflichtiger für deren Einkünfte gem. § 49 Abs. 1 EStG getragen vom objektiven Nettoprinzip, d.h. dem Grundsatz der wirtschaftlichen Leistungsfähigkeit. Dieser Grundsatz erfordert es, all diejenigen Aufwendungen, die im Zusammenhang mit der Einnahmeerzielung stehen, zu berücksichtigen.[880] Bei der Veranlagung beschränkt Steuerpflichtiger sind allerdings die Sonderbestim-

---

873 *BFH*, 27.07.2011 – I R 32/10, IStR 2012, 74 = juris Rn. 17.

874 *BFH*, 25.04.2012 – I R 76/10, BFH/NV 2012, 1444 = juris Rn. 17.

875 Vgl. nur *EuGH*, 03.10.2006 – C-290/04, BStBl. II 2007, 352 = juris; *EuGH*, 15.02.2007 – C-345/04, DStRE 2007, 961 = juris; *EuGH*, 31.03.2011 – C-450/09, DStR 2011, 664.

876 So explizit *BFH*, 27.07.2011 – I R 32/10, IStR 2012, 74 = juris Rn. 17 und *BFH*, 25.04.2012 – I R 76/10, BFH/NV 2012, 1444 = juris Rn. 17; *Kanzler/Kraft/Bäuml/Kraft*, § 50 EStG Rn. 31.

877 *BMF*, 17.06.2014, BStBl. I 2014, 887 = juris Tz. 7.

878 *Kahle/Schulz*, RIW 2009, 140, 145; *Hartmann*, DB 2009, 197, 199.

879 In diese Richtung auch *Kirchhof/Söhn/Mellinghoff/Kube*, § 50 EStG Rn. E125; *Korn/Strunk*, § 50 EStG Rn. 54.

880 *BFH*, 17.07.2014 – VI R 8/12, BFHE 247, 64 = juris Rn. 37; *Birk/Desens/Tappe*, Steuerrecht, 20. Aufl. (2017), S. 193; Hey, in: *Tipke/Lang* (Hrsg.), Steuerrecht, 22. Aufl. (2015) Rn. 54.

mungen des § 50 EStG zu berücksichtigen, die dem Umstand Rechnung tragen, dass der beschränkt Steuerpflichtige gerade nicht seinen Wohnsitz im Inland hat. Die dem unbeschränkt Steuerpflichtigen zustehenden Möglichkeiten hinsichtlich des Abzugs von Sonderausgaben, außergewöhnlichen Belastungen und anderer, die persönlichen Verhältnisse betreffenden Aufwendungen werden durch § 50 EStG daher teilweise wieder eingeschränkt. Hierin ist kein Verstoß gegen höherrangigeres Recht zu erblicken.[881] Die in Zusammenhang mit der Besteuerung beschränkt steuerpflichtiger Berufssportler stehenden Regelungen mit größerer Bedeutung sollen nachfolgend kurz dargestellt werden.

(1) Werbungskosten bzw. Betriebsausgaben

Werbungskosten und Betriebsausgaben sind gem. § 50 Abs. 1 Satz 1 EStG nur abziehbar, soweit sie mit den inländischen Einkünften in einen wirtschaftlichen Zusammenhang stehen. Gemeint sind damit die im Inland gem. § 49 EStG beschränkt steuerpflichtigen Einkünfte. Soweit Aufwendungen daher mit im Inland nicht steuerpflichtigen ausländischen Einkünften im Zusammenhang stehen, ist eine Berücksichtigung ausgeschlossen. Stehen Aufwendungen mit beschränkt steuerpflichtigen und nicht nach § 49 EStG steuerpflichtigen Einkünften im Zusammenhang, so sind sie notfalls im Wege einer Schätzung aufzuteilen und damit nur anteilig abzuziehen.[882] Ob diese Aufwendungen dagegen im In- oder Ausland angefallen sind ist unerheblich.[883] Notwendig ist weiter ein wirtschaftlicher Zusammenhang, dessen Beurteilung sich nach dem Veranlassungsprinzip des § 4 EStG richtet. Ausreichend ist hier jeder wirtschaftliche Zusammenhang zwischen Aufwendungen und Einnahmen, so dass auch ein nur mittelbarer Zusammenhang ausreicht.[884] Bei Berufssportlern werden die Aufwendungen regelmäßig in unmittelbaren Zusammenhang mit den erzielten Einnahmen stehen, so dass diese Regelung nur bei dazwischen geschalteten Kapitalgesellschaften in Betracht kommen wird, wenn bspw. die Gemeinkosten einer Betriebsstätte berücksichtigt werden sollen.[885] Aufgrund des weitreichenden Zusammenhangs ist es auch unbedeutend, ob die Aufwendungen nachträglich entstehen oder als sog. vorweggenommene Aufwendungen berücksichtigt werden sollen.[886] Die Pauschbeträge für Werbungskosten bzw. Sonderaus-

---

881 *Kirchhof/Gosch*, § 50 EStG Rn. 6 mwN; *Frotscher/Geurts/Frotscher*, § 50 EStG Rn. 7 und 15.

882 Schmidt/*Loschelder*, § 50 EStG Rn. 7.

883 *BFH*, 20.07.1988 – I R 49/84, BStBl. II 1989, 140 = juris Rn. 21.

884 *Frotscher/Geurts/Frotscher*, § 50 EStG Rn. 41.

885 Vgl. aber *FG Rheinland-Pfalz*, 18.07.2014–1 K 1490/12, DStRE 2015, 1100 = juris und *FG Münster*, 24.03.2015–2 K 3027/12 E, BeckRS 2015, 94661 = juris Rn. 21, wonach Aufwendungen (hier bei unbeschränkter Steuerpflicht) auch nicht mit der Tätigkeit als Berufssportler in anerkennenswerten Zusammenhang stehen.

886 *BFH*, 28.03.1984 – I R 129/79, BStBl. II 1984, 621 = juris Rn. 20; *FG Hamburg*, 09.03.2007–6 K 96/05, DStRE 2007, 1090 = juris Rn. 19 mwN; *LfSt Bayern*, 19.10.2015 – S 2300.2.1–8/14 St 32, juris Bsp. 1; *LfSt Sachsen*, 01.10.2015 – S

gaben sind – ggf. zeitanteilig – abziehbar.[887] Zu berücksichtigen ist indes auch, dass im Veranlagungsverfahren die vollen Jahresbeträge von Freibeträgen und Pauschbeträgen berücksichtigt werden können, quasi als Ausgleich aber – zumindest bei der Antragsveranlagung gem. § 50 Abs. 2 Satz 2 Nr. 4 EStG – die nicht beschränkten Steuerpflicht unterliegenden Einkünfte aber im Rahmen des Progressionsvorbehalts zu berücksichtigen sind, § 32b Abs. 1 Satz 1 Nr. 5 EStG.

(2) Abzug von Sonderausgaben

Den Abzug von Sonderausgaben schließt § 50 Abs. 1 Satz 3 EStG dem Grunde nach aus. Allerdings enthält § 50 Abs. 1 Satz 4 EStG hiervon eine Ausnahme, soweit die beschränkt steuerpflichtigen Einnahmen auf § 49 Abs. 1 Nr. 4 EStG beruhen. Damit steht dem Berufssportler neben dem Sonderausgabenpauschbetrag des § 10c EStG auch die Möglichkeit des Abzugs von Beiträgen zur gesetzlichen Rentenversicherung (§ 10 Abs. 1 Nr. 2 lit. a) EStG) sowie zur Kranken- und Pflegeversicherung (§ 10 Abs. 1 Nr. 3 EStG) offen.

Voraussetzung ist aber, dass die Aufwendungen auf die Zeit entfallen, in der die Einkünfte iSd. § 49 Abs. 1 Nr. 4 EStG erzielt wurden und die Aufwendungen die Einkünfte nach § 49 Abs. 1 Nr. 4 EStG nicht übersteigen. Insbesondere für die Rentenversicherungsbeiträge läuft die Regelung, die die Generierung eines abzugsbedingtes Verlustes verhindern soll, für die hier interessierende Fallgruppe der Berufssportler auch nicht ganz ins Leere. Denn während Individualsportler sozialversicherungsrechtlich selbstständig tätig sind, sind die Einkünfte gem. § 49 Abs. 1 Nr. 4 EStG generierenden Mannschaftssportler auch sozialversicherungsrechtlich als abhängig Beschäftigte und damit als Arbeitnehmer zu beurteilen. Wie das Bundessozialgericht („BSG") in ständiger Rechtsprechung urteilt, ist eine Beschäftigung iSd. § 7 SGB IV daran zu messen, ob eine Eingliederung in einen fremden Betrieb vorliegt und folglich der Berufssportler hinsichtlich Zeit, Dauer, Ort und Art der Ausführung seiner Tätigkeit den umfassenden Weisungsrecht des Arbeitgebers unterliegt.[888] Nach zutreffender Auffassung des BSG ist dies bei Berufsfußballspielern regelmäßig der Fall, da diese zur Erbringung der fußballsportlichen Tätigkeit nach Weisung des Arbeitgebers verpflichtet sind und typischerweise als Gegenleistung hierfür ein Arbeitsentgelt iSd. § 14 SGB IV erhalten.[889] Die steuerliche und sozialversicherungsrechtliche Würdigung stimmen hier – entsprechend dem in § 17 Abs. 1 Satz 2 SGB IV

2300-30/4-212, IStR 2016, 308; *BMF*, 12.11.2014 – IV B 2-S 1300/08/10027, BStBl. I 2014, 1467 = juris Rn. 47 zur Nichtabziehbarkeit von vorweggenommenen Werbungskosten bei steuerfreien Auslandeinkünften.

887 Blümich/*Reimer*, § 50 EStG Rn. 37.

888 Vgl. *BSG*, 27.10.2009 – B 2 U 26/08 R, SpuRt 2010, 172 = juris Rn. 18; *BSG*, 13.08.2002 – B 2 U 29/01 R, ZLW 2003, 454 = juris Rn. 21 jeweils zur Frage der gesetzlichen Unfallversicherung.

889 *BSG*, 27.10.2009 – B 2 U 26/08 R, SpuRt 2010, 172 = juris Rn. 19; *BSG*, 20.12.1961–3 RK 65/57, BSGE 16, 98 = juris Rn. 27.

normierten Grundgedanken – überein. Zur Vollständigkeit sei darauf hingewiesen, dass im Fall der vorrangigen Versicherungspflicht zu einem ausländischen Träger der gesetzlichen Rentenversicherung diese Beiträge ebenfalls abzugsfähig wären.[890]

Bedeutung erlangt diese Vorschrift aufgrund zweier jüngerer Entscheidungen des Bundesverfassungsgerichts („BVerfG")[891], welches Verfassungsbeschwerden gegen Entscheidungen des BFH[892] nicht zu Entscheidung annahm, in denen dieser Beiträge zur gesetzlichen Rentenversicherung zwar ihrer Rechtsnatur nach als vorweggenommene Werbungskosten (der Einkünfte iSd. § 22 EStG) ansah, die gesetzliche Zuweisung zu Altersvorsorgeaufwendungen und damit zu den Sonderausgaben gem. § 10 EStG aber nicht beanstandete.[893]

Im Hinblick auf den Sonderausgabenabzug im Übrigen vertreten etwa *Schwindt/Niederquell* die Ansicht, dass der Ausschluss desselben gegen Unionsrecht verstößt.[894] Dies mag für die dort beispielhaft genannten Sonderausgaben (Einzahlungen in das Versorgungswerk) eines europäischen Rechtsanwalts zutreffend erscheinen, für den nicht abhängig Beschäftigten Berufssportler sind solche mit inländischen Einkünften in unmittelbaren Zusammenhang stehenden Sonderausgaben aber nur schwer vorstellbar. Dies zeigt sich u. a. bereits daran, dass der Individualsportler sozialversicherungsrechtlich – mangels Beschäftigung gegen Arbeitsentgelt iSd. § 7 Abs. 1 SGB IV – als selbstständig Tätiger zu qualifizieren ist und in der Folge nicht der Versicherungspflicht in der gesetzlichen Rentenversicherung unterliegt.[895] Auch im Hinblick auf die gesetzliche Kranken- bzw. Pflegeversicherung ist zu konstatieren, dass eine Versicherungspflicht iSd. § 5 SGB V bzw. §§ 20, 21 SGB XI bei einer selbstständigen Tätigkeit des Berufssportlers gerade nicht besteht.[896] Einschränkungen können sich zudem auch aus dem Unionsrecht ergeben. So ist etwa in Art. 11 Abs. 1 Satz 1 VO (EU) 883/2004 festgelegt, dass eine Person nur den Rechtsvorschriften eines Mitgliedslandes unterliegen kann. Das ist a priori die des Beschäftigungsstaates, Art. 11 Abs. 3 lit a) VO (EU) 883/2004. Wird der Berufssportler allerdings gewöhnlich in einem anderen Mitgliedsstaat tätig und übt die Tätigkeit nur vorübergehend (voraussichtlich weniger als 24 Monate) im Inland aus, so bleibt es gem. Art. 12 Abs. 2 VO (EU) 883/2004 beim Vorrang der Rechtsvorschriften des ersten Mitgliedsstaates. In dieser Konstellation sind folgerichtig auch die weiterhin zu einem ausländischen Träger oder Versicherungsunternehmen geleisteten Beiträge – anders

---

890 *Förster*, IStR 2017, 461, 465.

891 *BVerfG*, 14.06.2016–2 BvR 290/10, BStBl. II 2016, 801 = juris und *BVerfG*, 14.06.2016–2 BvR 323/10, juris.

892 *BFH*, 18.11.2009 – X R 9/07, BFH/NV 2010, 412 = juris Rn. 10; *BFH*, 09.12.2009 – X R 28/07, BStBl. II 2010, 348 = juris Rn. 25.

893 *Schwindt/Niederquell*, ISR 2017, 209, 210.

894 *Schwindt/Niederquell*, ISR 2017, 209, 213.

895 Vgl. nur §§ 1, 2 SGB VI, die den versicherungspflichtigen Personenkreis im Rahmen einer Beschäftigung bzw. selbstständigen Tätigkeit festlegen.

896 Vgl. für den Fall eines Berufsringers etwa *LSG Saarland*, 12.11.2010 – L 7 R 176/09, SpuRt 2012, 39 = juris Rn. 50.

als bei Einkünften aus nichtselbstständiger Tätigkeit gem. § 50 Abs. 1 Satz 4 EStG – in Deutschland nicht abziehbar. Bei grenzüberschreitenden Sachverhalten außerhalb der EU kann die Verordnung mangels Geltungsbereich der Begründung einer Sozialversicherungspflicht nicht entgegenstehen und auch die vereinzelt zwischen den beteiligten Staaten abgeschlossenen Sozialversicherungsabkommen sehen hier keine Ausnahme vor. Denn regelmäßig betreffen diese lediglich den Bereich der gesetzlichen Rentenversicherung, nicht jedoch der Krankenversicherung. Allerdings ist dann die Prüfung wieder anhand des nationalen Rechts mit dem obigen Ergebnis vorzunehmen.

(3) Steuertarif

Bei unbeschränkt Steuerpflichtigen wird als Ausfluss des subjektiven Nettoprinzips (Verschonung des steuerlichen Existenzminimums) im Rahmen der Ermittlung der tariflichen Einkommensteuer der Grundfreibetrag gem. § 32a Satz 2 Nr. 1 EStG berücksichtigt.[897] Im Rahmen der Veranlagung beschränkt Steuerpflichtiger ist der Steuertarif hingegen ohne Grundfreibetrag zu ermitteln, § 50 Abs. 1 Satz 2 EStG. Dies ist verfassungsrechtlich nicht zu beanstanden.[898] Lediglich bei zu veranlagenden Einkünften gem. § 49 Abs. 1 Nr. 4 EStG gilt abweichend, dass der Grundfreibetrag in Höhe der inländischen Einkünfte zu gewähren ist, wobei allerdings – entgegen der bisherigen Rechtslage – die nach § 50 Abs. 1 Satz 4 EStG abzugsfähigen Aufwendungen auszunehmen sind. Diese Ausnahme ist wiederum auf unionsrechtliche Vorgaben aus den Entscheidungen des EuGH in Sachen *Schumacker*[899], *Gschwind*[900] und *Wallentin*[901] zurückzuführen, wonach die persönlichen Lebensverhältnisse nur dann im Rahmen der beschränkten Steuerpflicht zu berücksichtigen sind, wenn der Ansässigkeitsstaat diese – bspw. wegen überwiegendem Inlandsbezug – faktisch nicht berücksichtigen kann. Im Gegensatz zur alten Rechtslage, wonach der Grundfreibetrag vollständig zu berücksichtigen war, führt dies nunmehr dazu, dass der Berufssportler mit inländischen Einnahmen aus nichtselbstständiger Arbeit und weiteren beschränkt steuerpflichtigen Einnahmen (bspw. aus Werbemaßnahmen) selbst dann Einkommensteuer zu zahlen hat, wenn die Summe der Einkünfte den Grundfreibetrag nicht überschreitet.[902]

---

897 *BVerfG*, 29.05.1990–1 BvL 20/84, BVerfGE 82, 60 = juris Rn. 62; *BVerfG*, 12.06.1990–1 BvL 72/86, BVerfGE 82, 198 = juris Rn. 8; *BVerfG*, 13.02.2008–2 BvL 1/06, BVerfGE 120, 125 = juris Rn. 104; *BFH*, 27.11.2012 – X B 48/11, BFH/NV 2013, 532 = juris Rn. 15.

898 Vgl. *FG Nürnberg*, 10.01.2013–6 K 1643/12, juris Rn. 33, rkr., da Nichtzulassungsbeschwerde von *BFH*, 06.06.2013 – I B 29/13 als unzulässig verworfen wurde; *FG Baden-Württemberg*, 12.07.2012–3 K 4435/11, EFG 2012, 1932 = juris Rn. 27.

899 *EuGH*, 14.02.1995 – C-279/93, Slg 1995, I-225 = juris.

900 *EuGH*, 14.09.1999 – C-391/97, Slg 1999, I-5451 = juris.

901 *EuGH*, 01.07.2004 – C-169/03, Slg 2004, I-6443 = juris.

902 Grundlegend dazu etwa *Paintner*, DStR 2012, 105, 113.

d) Erlass und Pauschalierung

Anstelle der regulären Besteuerung der an sich beschränkt steuerbaren Einkünfte kommt unter den Voraussetzungen des § 50 Abs. 4 EStG auch ein vollständiger Erlass bzw. eine Pauschalierung in Betracht. Diese Sonderkonstellation soll nachfolgend detaillierter dargestellt werden.

aa) Voraussetzungen für den Erlass/ die Pauschalierung

Ein Erlass bzw. eine Pauschalierung kommen nur dann in Betracht, wenn ein besonderes öffentliches Interesse daran besteht. Es handelt sich damit nicht um eine Billigkeitsmaßnahme im Interesse des Steuerpflichtigen, welche in § 163 AO oder § 226 AO ihre Rechtsgrundlage finden würde, sondern um eine solche, die im öffentlichen Interesse erfolgt. Wann ein besonderes öffentliches Interesse vorliegen kann und der unbestimmte Rechtsbegriff des öffentlichen Interesses folglich ausgefüllt ist, konkretisieren die beiden Fallgruppen des § 50 Abs. 4 EStG. Begrenzt durch den hier gewählten Untersuchungsgegenstand beschränken sich die nachfolgenden Ausführungen auf die inländischen Veranstaltungen international bedeutsamer sportlicher Ereignisse, um deren Ausrichtung ein internationaler Wettbewerb stattfinden muss, mithin des ersten Regelbeispiels. Mit der Neufassung des Wortlauts durch das JStG 2009[903] und erneuter Modifizierung durch das StÄndG 2015[904] wurde die bis dahin vielfach in Frage gestellte Verfassungsmäßigkeit zu Gunsten einer hinreichenden Bestimmtheit der Norm geändert.[905] Wirtschaftliche Effekte, insbesondere die volkswirtschaftlichen Gründe gem. § 50 Abs. 7 a. F. sind daher nicht mehr erforderlich.[906] Während die Begrenzung auf inländische Sportereignisse sich bereits aus der begrenzten Gesetzgebungshoheit der Bundesrepublik Deutschland ergibt, ist die Voraussetzung der international bedeutsamen Ereignisse denkbar

---

903 *Die Bundesregierung der Bundesrepublik Deutschland*, Entwurf eines Jahressteuergesetzes 2009 (JStG 2009), 2008, S. 81.

904 Mit Art. 3 Nr. 9 des Steueränderungsgesetz 2015, BGBl I (02.11.2015), 1834 Rn. 9 wurde das einleitende „insbesondere“ gestrichen und damit die Regelbeispiele zu Fallgruppen umfunktioniert; *Finanzausschuss*, Beschl.empfehlung und Bericht zum Gesetzesentwurf der Bundesregierung – Drucksache 18/4902 – Entwurf eines Gesetzes zum Umsetzung der Protokollerklärung zum Gesetz zur Anpassung der Abgabenordnung an den Zollkodex der Union und zur Änderung weiterer steuerlicher Vorschriften, 2015, S. 83.

905 Kritisch zu § 50 Abs. 7 EStG a. F. etwa *Anzinger*, FR 2006, 857; *Balzerkiewicz/Voigt*, BB 2005, 302; *Holthaus*, IStR 2008, 504 bzw. zur Fassung vor dem StÄndG 2015 *Holthaus*, IStR 2010, 763; die Verfassungsmäßigkeit nun bejahend etwa Schmidt/*Loschelder*, § 50 EStG Rn. 43; zu dem § 50 Abs. 7 EStG a. F. wortlautidentischen § 34c Abs. 5 EStG (§ 34c Abs. 3 EStG a. F.) in der umgekehrten Konstellation etwa *BVerfG*, 19.04.1978–2 BvL 2/75, BVerfGE 48, 210 = juris Rn. 55.

906 *Die Bundesregierung der Bundesrepublik Deutschland*, Entwurf eines Jahressteuergesetzes 2009 (JStG 2009), 2008, S. 60.

weit gefasst. International bedeutsam sind Sportereignisse aber nur dann, wenn an diesem Wettbewerb verschiedene Länder teilnehmen.[907] Der Rekurs auf sportliche Ereignisse beschränkt den Erlassrahmen insoweit, als ein Zusammenhang mit der sportlichen Darbietung bestehen muss. Zahlungen an ausländische Kongressteilnehmer sollen so bspw. nicht mehr vom Erlass umfasst sein können.[908] Schließlich muss ausweislich des Tatbestands ein Wettbewerb um die Ausrichtung stattfinden.[909] Ein solcher wird regelmäßig nur um Großveranstaltungen wie Welt- und Europameisterschaften oder Olympische Spiele stattfinden.[910]

bb) Rechtsfolge

Liegen die Voraussetzungen des § 50 Abs. 4 EStG nicht vor, fehlt es also an dem besonderen öffentlichen Interesse, so ist weder für eine Pauschalierung noch für einen Erlass Raum.[911] Wird das besondere öffentliche Interesse indes bejaht, so ist das Finanzministerium des jeweiligen Bundeslandes als oberste Landesfinanzbehörde – oder ein von ihr beauftragtes Finanzamt – mit Zustimmung des BMF berechtigt, unter Ausübung ihres pflichtgemäßen Ermessens die Einkommensteuer zu erlassen oder in einem Pauschbetrag festzusetzen.[912] Ein solcher Erlass entfaltet dann für die Inbound-Konstellation Wirkung, während in der Outbound Konstellation ein Erlass gem. § 34c Abs. 5 EStG erforderlich wäre.

cc) Anwendungsbeispiele

In der Vergangenheit wurde bereits mehrfach von der Ermächtigung des § 50 Abs. 4 bzw. Abs. 7 a.F. Gebrauch gemacht.[913] Bekanntheit erlangt haben dabei insbesondere der Erlass zur Fußball-Weltmeisterschaft 2006[914] sowie der Erlass im Zusammenhang mit inländischen Spielen europäischer Klubwettbewerbe von Mannschaftssportarten.[915] Abgelehnte Anträge auf Erlass sind hingegen schwer

---

907 *Herrmann/Heuer/Raupach/Herkenroth/Striegel*, § 50 EStG Rn. 471.

908 *OFD Karlsruhe*, 17.06.2008 – S 230.2/4-St 142, S 230.2/5-St 142, S 230.3/9-St 142, juris Nr. 4; in diesem Sinne auch *Herrmann/Heuer/Raupach/Herkenroth/Striegel*, § 50 EStG Rn. 471.

909 Zum Hintergrund im internationalen Kontext, vgl. etwa *Molenaar*, BIT 2015, 37, 41.

910 *Holthaus*, IStR 2010, 23, 27; *Frotscher/Geurts/Frotscher*, § 50 EStG Rn. 177 mwN.; *Holthaus*, IWB, 157, 158.

911 Vgl. etwa *BFH*, 07.03.2007 – I R 98/05, BStBl. II 2008, 186 = juris Rn. 16 ff. zum Erlass für ausländische Künstler.

912 Zum Ermessenserfordernis etwa *BFH*, 07.03.2007 – I R 98/05, BStBl. II 2008, 186 = juris Rn. 20.

913 Im Künstlerbereich sei nur das Schreiben des *BMF*, 15.01.1996 – IV B 6-S 2369–42/95, DStR 1996, 181 erwähnt, welches als Reaktion auf die Absage aller Konzerte des Pop-Sängers Michael Jackson erging.

914 Im Folgenden WM Erlass.

915 Im Folgenden Champions League Erlass.

auffindbar. So berichtet *Anzinger*[916] bspw. von einen Antrag des Deutschen Eishockey Verbandes im Hinblick auf die Eishockey-Weltmeisterschaft und *Kempe*[917] von einem erfolglosen Antrag des Deutschen Golf Verbandes für die Ausrichtung des Ryders Cup 2018. Erfolgt ist hingegen ein Erlass für Amateursportler bei reiner Erstattung der ihnen entstandenen Kosten.[918] Ebenso wurde eine Pauschalbesteuerung für Rennställe der Formel-1 verfügt.[919] Größere Beachtung fand hingegen der Erlass anlässlich der Fußball-Weltmeisterschaft 2006. Dort wurden die Einkünfte der FIFA im Zusammenhang mit der WM 2006 aus der Besteuerung ausgenommen.[920] Nicht ausgenommen und daher für den hier gewählten Untersuchungsgegenstand nur peripher interessant, wurden indes die Zahlungen der ausländischen Verbände an die Spieler der Nationalmannschaften. Daher soll an dieser Stelle genügen, dass der Erlass auf die in § 50 Abs. 7 EStG a. F. erforderlichen volkswirtschaftlichen Gründe gestützt wurde.[921] Mit Auswirkung zum einen auf die aktuellen Veranlagungszeiträume, zum anderen aber auch auf Mannschaftssportler ist hingegen der Champions League Erlass.[922] Nach diesem wird bei beschränkt steuerpflichtigen Berufssportlern auf die Besteuerung der Einkünfte verzichtet, die auf deren Teilnahme an europäischen Klubwettbewerben entfällt. Gemeint sind hierbei etwa im Fußball die UEFA Champions League bzw. UEFA Europa League. Erfasst sind aber auch die Klubwettbewerbe in anderen Mannschaftssportarten, etwa im Basketball, Eishockey oder Handball. Voraussetzung für den Erlass ist jedoch, dass auch der jeweilige Ansässigkeitsstaat des beschränkt Steuerpflichtigen im Gegenzug auch auf die Besteuerung der Einkünfte von Teilnehmern, die in Deutschland ansässig sind, verzichtet, wenn diese in Zusammenhang mit auf dessen Hoheitsgebiet ausgetragenen Spielen stehen. Fehlende Gegenseitigkeit durch entsprechende Erklärung des anderen Staates

---

916 *Anzinger*, FR 2006, 857, 860.

917 *Kempe*, Ohne Steuerbefreiung keine WM, http://www.deutschlandfunk.de/ohne-steuerbefreiung-keine-wm.1346.de.html?dram:article_id=238961 (Stand: 30.11.2017).

918 *BMF*, 25.11.2010 – IV C 3 – S 2303/09/10002, BStBl. I 2010, 1350 = juris Tz. 3.2.2 sowie bereits oben unter Kapitel 1.II.

919 *Lippross/Seibel/Holthaus*, § 50 EStG Rn. 31.

920 *OFD Münster*, 10.02.2006 – S 2303-6 – St 45-33, DStR 2006, 376. Darüber hinaus wurden aber auch noch die Einkünfte der Offiziellen der FIFA, deren Gästen, Schiedsrichter, FIFA Kongress Teilnehmer und sonstige von der FIFA offiziell akkreditierte Personen sowie die teilnehmenden ausländischen nationalen Fußballvereinigungen sowie deren Personal freigestellt; vgl. nur *Die Bundesregierung der Bundesrepublik Deutschland*, Antwort auf die Kleine Anfrage der Abgeordneten Klaus Riegert, Dr. Michael Meister, Peter Letzgus, weiterer Abgeordneter und der Fraktion der CDU/CSU – Drucksache 15/1250 –, 2003, S. 3.

921 *Balzerkiewicz/Voigt*, BB 2005, 302.

922 *BMF*, 20.03.2008 – IV C 8 – S 2303/07/00009, DStR 2008, 823.

führte zur Aufnahme in die sog. „Negativliste".[923] Allerdings wurde die Negativliste mit Schreiben des BMF vom 09.04.2013 rückwirkend aufgehoben.[924]

dd) Kritisches Stellungnahme

Nach der Reform des § 50 Abs. 4 EStG drängt sich hier zwar nicht mehr die Frage der Verfassungsmäßigkeit der Norm auf, doch ist die konkrete Erlasspraxis durchaus kritisch zu hinterfragen.[925] So zeigt etwa der Vergleich zwischen dem WM Erlass und dem Champions League Erlass, dass bei dem Erstgenannten noch die Spieler explizit ausgenommen wurden und für deren Besteuerung sogar eine eigene Zentralstelle in Frankfurt eingeführt wurde, während diese vom Champions League Erlass ebenfalls umfasst sind. Beide Erlasse wurden auf das volkswirtschaftliche Interesse gestützt. Wenn auch kritisch, so lassen sich doch aber Gründe dafür finden, warum die Ausrichtung einer Fußball-Weltmeisterschaft von volkswirtschaftlichem Interesse sein kann, auch wenn aufgrund der Vergabebedingungen der FIFA regelmäßig eine Steuerfreistellung des Verbands durch das Gastgeberland eingefordert wird. Insoweit erscheint es aber konsequent, die Spieler von der Steuerfreistellung auszunehmen. Der ebenfalls noch auf den § 50 Abs. 7 EStG a. F. gestützte Champions League Erlass stellt hingegen auch die Einkünfte der Spieler steuerfrei, ohne das hierfür ein volkswirtschaftlicher Grund ersichtlich wäre.[926] Denn die Spiele würden auch ohne Steuererlass stattfinden. Aber auch aufgrund des neuen § 50 Abs. 4 EStG dürfte eine Rechtfertigung des Erlasses äußert fragwürdig sein. Zwar kann das nunmehr erforderliche besondere öffentliche Interesse über die Fallgruppe der inländischen Veranstaltung international bedeutsamer sportlicher Ereignisse begründet werden, zumal bspw. die UEFA Champions League zu einem der profitabelsten und prestigeträchtigsten Sportereignis weltweit gehört.[927] Andererseits erfordert diese Fallgruppe aber auch einen internationalen Wettbewerb und die Ausrichtung desselben. Mit Ausnahme (zumindest in den meisten Wettbewerben) des Endspiels finden die Spiele aber allein deshalb im Inland statt, weil der gastgebende Klub sich aufgrund seiner sportlichen Leistungen in der abgelaufenen Spielzeit für den Wettbewerb qualifiziert hat und hier ansässig ist.[928] Unter diesem Befund wäre wohl nur eine Freistellung des Endspiels der europäischen Klubwettbewerbe zu vertreten. Denn

---

923 *BMF*, 20.03.2008 – IV C 8 – S 2303/07/00009, DStR 2008, 823 a.E.; *BMF*, 21.01.2010 – IV B 2-S 1300/07/10044, DStR 2010, 331.

924 *BMF*, 09.04.2013 – IV A 2-O 2000/12/10001, 2013/0110996, BStBl. I 2013, 522 = juris.

925 Zur verfassungsrechtlichen Rechtfertigung vor Art. 3 Abs. 1 GG vgl. etwa *Herrmann/Heuer/Raupach/Herkenroth/Striegel*, § 50 EStG Rn. 450; *Kirchhof/Gosch*, § 50 EStG Rn. 30; Blümich/*Reimer*, § 50 EStG Rn. 132.

926 So auch *Holthaus*, IStR 2010, 763, 764; *Holthaus*, IStR 2008, 504 505.

927 Vgl. nur die Kennzahlen in dem von der UEFA jährlich veröffentlichten Finanzbericht.

928 Als Ausnahme kann hier bspw. der FIBA EuropeCup genannt werden, der im Modus Hin- und Rückspiel über den Sieger entscheidet. Anders ist die aber bspw. in der Handball-/Basketball-/Volleyball-Champions League, bei welchen das Final-Four-

hier findet auch der erforderliche Wettbewerb um die Ausrichtung statt. So hatte etwa Berlin 2015 den Vorzug für die Ausrichtung der UEFA Champions League erhalten. Aber diese Einschränkung sieht der Champions League Erlass gerade nicht vor. Kritik wird darüber hinaus vereinzelt auch noch an der jüngsten Entscheidung des BMF geübt, die Negativliste rückwirkend aufzuheben. Wurde damit gerade das Ziel verfolgt, eine gewisse Rechtfertigung dafür zu liefern, warum Deutschland auf die Besteuerung der Einkünfte beschränkt Steuerpflichtiger aufgrund deren Teilnahme an den europäischen Klubwettbewerben verzichtet, so ist die Rechtsfolge der Aufhebung der Negativliste bislang nebulös. So hat sich das BMF offiziell noch nicht dazu geäußert, ob die die Einkünfte des Mannschaftssportlers zu besteuern sind oder auch ohne Gegenseitigkeitsvereinbarung freigestellt werden.[929] Dem Vernehmen nach besteht aber zwischen den Länderfinanzministerien und dem Bundesfinanzministerium Einigkeit darüber, künftig auch ohne Gegenseitigkeitsvereinbarung auf die Besteuerung zu verzichten. Hintergrund für diesen Richtungswechsel war wohl die Bewerbung Berlins zur Ausrichtung des Fußball UEFA Champions League Finales 2015. Auch wenn das Ergebnis – 3 Jahre nach dem Finale in München wieder ein UEFA Champions League Finale in Deutschland ausrichten zu können – aus sportpolitischer Sicht erfreulich ist, so mangelt es der Freistellung doch an einer Rechtsgrundlage.[930]

Will man hier – wie *Holthaus* zu Recht anmerkt – den Erlass auf eine ausreichende rechtliche Grundlage stellen, so bedarf es, ähnlich wie in § 49 Abs. 4 EStG für den Betrieb von Schiffen oder Luftfahrzeugen durch beschränkt Steuerpflichtige geschehen, einer Rechtsgrundlage im EStG.[931] Die Freistellung am Gesetzeswortlaut vorbei mag zwar sportpolitisch wünschenswert sein, rechtstaatlichen Anforderungen genügt es jedoch nicht. Im Übrigen ist das Risiko des Entstehens weißer Einkünfte nicht zu übersehen.[932]

e) Würdigung unter unionsrechtlichen Gesichtspunkten

Betrachtet man das Besteuerungsverfahren in seiner aktuellen Rechtsfassung, so sind beträchtliche Änderungen zu konstatieren, die im Wesentlichen auf die Judikatur des EuGH und damit unionsrechtlichen Vorgaben zurück zu führen sind und daher nachfolgend noch einmal zusammenfassend dargestellt werden sollen. Dabei soll aber nicht verschwiegen werden, dass die EU-Kommission zunächst ein Vertragsverletzungsverfahren gem. Art. 226 EGV (nunmehr Art. 258 AEUV)

Turnier an einem vorher festgelegten Spielort stattfindet. Genauso ist bspw. das Fußball UEFA Champions League oder das FIBA Euro League Finale vorher festgelegt.

929 *Frotscher/Geurts/Frotscher*, § 50 EStG Rn. 181.

930 *Frotscher/Geurts/Frotscher*, § 50 EStG Rn. 181 mit Verweis auf *Holthaus*, IStR 2013, 468, 470.

931 *Holthaus*, IStR 2013, 468, 470.

932 *Holthaus*, IStR 2008, 504, 506 sowie ausführlich unter Kapitel 2.III.4.

gegen die Bundesrepublik Deutschland einleiten musste.[933] Im Grundsatz billigte der EuGH in der Rechtsache *Scorpio*[934] das Steuerabzugsverfahren als solches, da es „in angemessener Weise dazu bei[trägt], die Effizienz dieser Erhebung zu gewährleisten" und bestätigte es in den Rechtsachen *Truck Center*[935] und *X NV*[936] als sachgerechtes und verhältnismäßiges Mittel zur Sicherstellung der Besteuerung.[937] Die Entscheidungen in Sachen *Gerritse, Scorpio* und *Centro Equestre* zeigten jedoch, dass die bisherige Ausgestaltung des Steuerabzugsverfahrens mit Unionsrecht, insbesondere mit der Dienstleistungsfreiheit der Artikel 56, 57 AEUV nicht in Einklang zu bringen war.[938] Die Berücksichtigung unmittelbar mit der Tätigkeit zusammenhängender Werbungskosten bzw. Betriebsausgaben erlaubt der durch das JStG 2009 eingeführte § 50a Abs. 3 EStG (sog. Nettomethode). Dabei ist, wie bei den übrigen Änderungen der Anwendungsbereich auch auf den unionsrechtlich geschützten Personenbereich begrenzt, mithin der Vergütungsgläubiger Staatsangehöriger eines Mitgliedsstaates der Europäischen Union (oder EWR) ist und im Hoheitsgebiet eines dieser Staaten seinen Wohnsitz oder gewöhnlichen Aufenthalt hat. Mit der unionsrechtlich geforderten Berücksichtigung der Ausgaben einher geht der – im Vergleich zur Bruttomethode – doppelte Abzugssteuersatz von 30 Prozent. Ob dieser wiederum mit Unionsrecht in Einklang steht, ist fragwürdig.[939] Auf die Entscheidung des BFH vom 05.05.2010[940] hin, erlaubte die Finanzverwaltung für bis zum 31.12.2008 zugeflossene Vergütungen die Berücksichtigung von Werbungskosten bzw. Betriebsausgaben ohne Erhöhung des Steuersatzes.[941] Für Veranlagungszeiträume ab 2009 sieht der Gesetzgeber einen Steuersatz von 30 Prozent als in Einklang mit der Rechtsprechung des EuGH stehend an. Denn bei einem Spektrum der möglichen Steuersätze für unbeschränkt Steuerpflichtige von 15 Prozent bis zu 45 Prozent dürfte ein mittlerer Steuersatz ohne Berücksichtigung des Grundfreibetrags von 30 Prozent beschränkt Steuerpflichtige nicht diskriminieren.[942] Ob dies zutrifft, mithin

---

933 Aktenzeichen der Kommission 1999/4852; abrufbar unter *EU Kommission*, Direkte Steuern: Kommission fordert Deutschland auf, diskriminierende Behandlung von nicht gebietsansässigen Steuerpflichtigen (hauptsächlich Künstler, Sportler und Journalisten) zu beenden, http://europa.eu/rapid/press-release_IP-08-144_de.htm (Stand: 09.11.2017); dazu auch *Kempermann*, FR 2008, 591, 594 f.

934 *EuGH*, 03.10.2006 – C-290/04, BStBl. II 2007, 352 = juris Rn. 38.

935 *EuGH*, 22.12.2008 – C-282/07, Slg. 2008, I-10767 = juris Rn. 50.

936 *EuGH*, 18.10.2012 – C-498/10, EuZW 2013, 156 Rn. 53.

937 Vgl. dazu auch *Müller*, IWB 2012, 843, 848.

938 *EuGH*, 12.06.2003 – C-234/01, Slg 2003, I-5933 = juris; *EuGH*, 03.10.2006 – C-290/04, BStBl. II 2007, 352 = juris; *EuGH*, 15.02.2007 – C-345/04, DStRE 2007, 961 = juris; *Fuhrmann/Kraeusel/Schiffers/Weingartner*, § 49 EStG Rn. 15.

939 *Lippross/Seibel/Holthaus*, § 50a EStG Rn. 36.

940 *BFH*, 05.05.2010 – I R 104/08, BFH/NV 2010, 1814 = juris Rn. 24 ff.

941 *BMF*, 16.02.2011 – IV C 3-S 2411/07/10002, BStBl. I 2011, 528 = juris.

942 *Die Bundesregierung der Bundesrepublik Deutschland*, Entwurf eines Jahressteuergesetzes 2009 (JStG 2009), 2008, S. 63; zustimmend Blümich/*Reimer*, § 50a EStG

ob Erwerbsaufwand pauschal abgegolten werden kann, wird aber auch weiterhin bezweifelt.[943] So wird der Abzugssteuersatz erst bei einem zu versteuernden Einkommen von ca. EUR 68.000 erreicht.[944] Insbesondere bei geringeren Verdiensten ist die steuerliche Belastung in der Folge relativ hoch. Im Ergebnis handelt es sich dabei aber um eine typisierende Betrachtungsweise des Gesetzgebers, die m. E. unter Berücksichtigung der der Legislative zustehenden Einschätzungsprärogative nicht zu beanstanden sein dürfte.[945] Auch weiterhin nicht mit Unionsrecht vereinbar ist hingegen der Ausschluss der Nettomethode für Einkünfte aus der Überlassung der Nutzung oder des Rechts auf Nutzung von Rechten, welche gem. § 50a Abs. 1 Nr. 3 EStG dem Steuerabzug unterliegen. Während der Gesetzgeber deren Einbezug in die Nettomethode als nicht geboten ansah, ließ der BFH eine den Anwendungsvorrang von Unionsrecht gerecht werdende Anwendung nur unter geltungserhaltender Reduktion der Norm zu.[946] Auch wenn die Finanzverwaltung dieser Auffassung ebenfalls folgt[947], so ist doch der abweichende Gesetzeswortlaut nach wie vor unionsrechtswidrig und sollte folglich geändert werden.[948]

Weiterhin wurde zur Gewährleistung einer unionsrechtskonformen Besteuerung durch JStG 2009 auch für beschränkt Steuerpflichtige ein Veranlagungsverfahren installiert.[949] Die Antragsveranlagung gem. § 50 Abs. 2 Satz 2 Nr. 4 iVm. § 46 Abs. 2 Nr. 8 EStG für Einkünfte aus nichtselbstständiger Tätigkeit war dabei aber auch schon in der ursprünglichen Fassung enthalten.[950] Wohl u. a. auch bedingt durch die Entscheidung des EuGH in Sachen *Schumacker*[951] und zur Vermeidung eines Verstoßes gegen das unionsrechtliche Diskriminierungsverbot bzw. die Grundfreiheit der Freizügigkeit neu eingefügt wurde hingegen die Wahlveranlagung nach § 50 Abs. 2 Satz 2 Nr. 5 EStG.[952] Schließlich wurde mit JStG 2009 als Reaktion auf die Rechtsprechung des EuGH die Möglichkeit geschaffen, auf zweiter Stufe von der Steuerabzugsverpflichtung abzusehen. Bis dahin unterlagen die Vergütungen bei mehrstufigen Vertragsverhältnissen auf jeder einzelnen Stufe dem vollen Steuer-

---

Rn. 15; *Fuhrmann/Kraeusel/Schiffers/Weingartner*, § 50a EStG Rn. 40; *Herrmann/Heuer/Raupach/Maßbaum*, § 50a EStG Rn. 109; *Korn/Strunk*, § 50a EStG Rn. 69.

943 Vgl. nur *Kirchhof/Gosch*, § 50a EStG Rn. 26 mit Verweis auf *Lang*, SWI 2007, 17, 26 f.

944 Berechnung zum VZ 2017 und ohne Berücksichtigung von KiSt.

945 A.A. *Grams/Schön*, IStR 2008, 656, 658.

946 *BFH*, 27.07.2011 – I R 32/10, IStR 2012, 74 = juris Rn. 17; *BFH*, 25.04.2012 – I R 76/10, BFH/NV 2012, 1444 = juris Rn. 17; *Herrmann/Heuer/Raupach/Herkenroth/Striegel*, § 50 EStG Rn. 7.

947 *BMF*, 17.06.2014, BStBl. I 2014, 887 = juris Tz. 1.

948 *Kanzler/Kraft/Bäuml/Kraft/Weigert*, § 50a EStG Rn. 46.

949 *BMF*, 25.11.2010 – IV C 3 – S 2303/09/10002, BStBl. I 2010, 1350 = juris Tz. 72.

950 § 50 Abs. 5 Nr. 2 EStG a. F.

951 *EuGH*, 14.02.1995 – C-279/93, Slg 1995, I-225 = juris.

952 Vgl. dazu auch *Die Bundesregierung der Bundesrepublik Deutschland*, Entwurf eines Jahressteuergesetzes 2009 (JStG 2009), 2008, S. 60.

abzug.[953] Geknüpft wurde diese Möglichkeit aber an die Voraussetzung, dass die Einkünfte bereits auf erster Stufe dem Steuerabzug unterlagen, § 50a Abs. 4 Satz 1 EStG. Zu einer Ungleichbehandlung von beschränkt Steuerpflichtigen kann es aber dann nicht kommen, wenn auf erster Stufe Werbungskosten bzw. Betriebsausgaben berücksichtigt wurden, mithin die Nettomethode des § 50a Abs. 3 EStG angewendet wurde. Denn als solche Aufwendungen werden regelmäßig gerade die weitergereichten Vergütungen geltend gemacht.[954] Eine unangemessene Erhöhung der Bemessungsgrundlage, welche den Steuerabzug auf zweiter Stufe auszuschließen vermag, ist daher nur bei Anwendung der Bruttomethode auf erster Stufe gegeben.[955] Die verbleibenden Ungleichbehandlungen beim Steuerabzug zwischen beschränkt und unbeschränkt Steuerpflichtigen sind hingegen wohl mit Unionsrecht vereinbar, zumal sie durch die Besonderheiten der Steuererhebung gerechtfertigt sind.[956] Anders dürfte dies wohl nur für die Nichtberücksichtigung der persönlichen Verhältnisse sowie von Sonderausgaben gelten, wenn diese im Ansässigkeitsstaat ebenfalls nicht berücksichtigt werden.[957]

4. Aufteilung von Gesamtentgelten

Erhält der Berufssportler ein einheitliches Pauschalhonorar für verschiedene Dienstleistungen, so ist dieses – insbesondere auch angesichts der nicht durchgehenden Steuerabzugsverpflichtungen – aufzuteilen. Hinsichtlich des zutreffenden Aufteilungsschlüssels besteht dabei Uneinigkeit. Zwar hält die Rechtsprechung hier auch eine Schätzung gem. § 162 AO möglich[958], doch versucht die Finanzverwaltung dieses Problem primär mit Fallgruppen zu lösen.[959] Die Notwendigkeit einer Aufteilung stellt sich aber auch dann, wenn der Berufssportler eine Gesamtvergütung, bspw. der Rennfahrer für eine Saison, erhält, von den gefahrenen Rennen aber lediglich eines im Inland stattfindet und folglich nur dieses die beschränkte Steuerpflicht begründet. Die Rechtsprechung folgt hier – soweit ersichtlich – dem Ansatz einer veranstaltungsbezogenen Aufteilung. So hielt der BFH die Auffassung des FG München[960] als Vorinstanz für zutreffend, im Falle eines Rennfahrers die verhält-

953 *BMF*, 23.01.1996 – IV B 4-S 2303–14/96, BStBl. I 1996, 89 Tz. 4.2.

954 *Die Bundesregierung der Bundesrepublik Deutschland*, Entwurf eines Jahressteuergesetzes 2009 (JStG 2009), 2008, S. 63.

955 *Die Bundesregierung der Bundesrepublik Deutschland*, Entwurf eines Jahressteuergesetzes 2009 (JStG 2009), 2008, S. 63; *Lippross/Seibel/Holthaus*, § 50a EStG Rn. 41.

956 So auch *Fuhrmann/Kraeusel/Schiffers/Weingartner*, § 50a EStG Rn. 14; *Nacke*, NWB 2009, 1910, 1912, 1915.

957 Vgl. dazu im Einzelnen bereits oben unter Kapitel 2.II.3.c)cc)(2); sowie *EuGH*, 01.07.2004 – C-169/03, Slg 2004, I-6443 = juris und *EuGH*, 31.03.2011 – C-450/09, DStR 2011, 664.

958 *BFH*, 07.09.2011 – I B 157/10, BFH/NV 2012, 95 = juris Rn. 17.

959 Vgl. dazu bereits oben unter Kapitel 2.II.1.b)bb)(4).

960 *FG München*, 13.12.2010–7 K 1593/09, EFG 2011, 708 = juris Rn. 19.

nismäßige Aufteilung einer Gesamtvergütung nach der Anzahl der Rennen vorzunehmen (sog. per race-Aufteilungsmaßstab).[961] Dem folgt die Literatur in weiten Teilen.[962] Vielfach stellt sich die Frage jedoch im Zusammenhang mit anzuwendenden Doppelbesteuerungsabkommen, wobei dann auch eine Aufteilung anhand der Arbeitstage für zutreffend erachtet wird (sog. per day-Aufteilungsmaßstab).[963] Die eingehendere Darstellung und Würdigung der Ansätze soll daher auch erst an dieser Stelle erfolgen.[964]

5. Wegzugsbesteuerung / Erweitert beschränkte Einkommensteuerpflicht

Trotz Verwirklichung eines Tatbestandes der beschränkten Steuerpflicht sind Konstellationen denkbar, bei denen es hinsichtlich der Rechtsfolge nicht bei den oben beschriebenen Konsequenzen bleibt, sondern eine erweitert beschränkte Einkommensteuerpflicht eintritt. Dies trifft etwa auf Berufssportler zu, die durch Aufgabe ihres inländischen Wohnsitzes oder gewöhnlichen Aufenthalts von der unbeschränkten in eine beschränkte Einkommensteuerpflicht „wechseln". Selbstverständlich führt nicht jeder Wegzug zu einer nachwirkenden Besteuerung als erweitert beschränkt Steuerpflichtiger. Vielmehr sieht § 2 AStG die Aufrechterhaltung der Besteuerung mit dem Welteinkommen in gewissen Umfang nur für den Fall vor, dass der weggezogene deutsche Staatsangehörige mindestens fünf Jahre innerhalb eines Zehnjahreszeitraums im Inland unbeschränkt einkommensteuerpflichtig war, in ein Niedrigsteuerland verzieht und weiterhin wesentliche wirtschaftliche Interessen im Inland aufrecht erhält. Als nahezu einzige Vorschrift im deutschen Steuerrecht ist persönliche Voraussetzung die deutsche Staatsangehörigkeit iSd. Art. 116 Abs. 1 GG. Ausreichend ist, dass die deutsche Staatsangehörigkeit im maßgeblichen 5-Jahreszeitraum bestand, so dass die Aufgabe bei Wegzug nicht von der Wegzugsbesteuerung befreit. Trotz Erfüllung der übrigen Voraussetzungen müssen daher ausländische Berufssportler keine Wegzugsbesteuerung über § 2 AStG fürchten. Andererseits werden Berufssportler vielfach erst dann die wirtschaftliche Leistungsfähigkeit für einen Wegzug erreicht haben, wenn sie diese fünf Jahre im Inland bereits überschritten haben. Insbesondere bei jungen Berufssportlern ist dies vielfach zu beobachten. Beispielhaft seien hier Rennfahrer genannt, welche sich über Nachwuchsklassen für ein Cockpit in der Formel-1 zu empfehlen

---

961 *BFH*, 06.06.2012 – I R 3/11, BFHE 238, 46 = juris Rn. 20, 24.

962 Vgl. nur Blümich/*Reimer*, § 49 EStG Rn. 119 mit Verweis auf *BFH*, 06.06.2012 – I R 3/11, BFHE 238, 46 = juris; indifferent dagegen *Herrmann/Heuer/Raupach/Haiß*, § 49 EStG Rn. 696.

963 Vgl. nur *BFH*, 29.01.1986 – I R 296/82, BStBl. II 1986, 513 = juris Rn. 19 zum Aufteilungsmaßstab Arbeitstage im Kontext des DBA-Frankreich; *BFH*, 29.01.1985 – I R 22/85, BStBl. II 1986, 479 = juris Rn. 13 ebenfalls zum Aufteilungsmaßstab der Arbeitstage im Kontext des DBA-Italien.

964 Vgl. dazu nachfolgend unter Kapitel 2.III.3.c)bb).

versuchen, aber erst bei Erreichen dieses Zieles über das nötige Einkommen verfügen, einen Umzug in ein sog. Niedrigsteuerland zu verwirklichen.

§ 2 AStG fordert weiterhin, dass der ehemals unbeschränkt Steuerpflichtige in einem ausländischen Staat ansässig geworden ist, in dem sein Einkommen lediglich einer niedrigen Besteuerung unterliegt. Entscheidend ist hier im Gegensatz zu den sonst üblichen Voraussetzungen des nationalen Rechts nicht der Wohnsitz oder gewöhnliche Aufenthalt, sondern vielmehr die Ansässigkeit.[965] Diese Würdigung ist anhand der Kriterien des Art. 4 Abs. 1 OECD-MA vorzunehmen.[966] Folglich kann der mehrere Wohnsitze im Ausland begründende Berufssportler lediglich in einem Staat ansässig sein, so dass die Prüfung der niedrigen Besteuerung im Verhältnis Deutschland zu diesem Staat vorzunehmen ist.[967] Wann ein niedrig besteuertes Ausland anzunehmen ist, regelt § 2 Abs. 2 AStG im Wege einer Vermutung sowie diesen Absatz ergänzend das Schreiben des BMF vom 14.05.2004.[968] Danach besteuert ein Staat dann niedrig, wenn entweder die Einkommensteuer des ausländischen Staates bei einer unverheirateten Person mit einem Einkommen von EUR 77.000 mehr als ein Drittel niedriger ist als die deutsche Einkommensteuer (§ 2 Abs. 2 Nr. 1 AStG) oder dem Steuerpflichtigen in dem ausländischen Gebiet eine wesentliche Vorzugsbesteuerung gewährt werden kann (§ 2 Abs. 2 Nr. 2 AStG).[969] Von einer Vorzugsbesteuerung ist dann nicht auszugehen, wenn der ausländische Staat bspw. ohne Differenzierung ausländische Einkünfte nicht der Besteuerung unterwirft (sog. Territorialitätsprinzip) oder ausländische Einkünfte nur dann der Besteuerung unterworfen werden, wenn sie – ohne an die Ansässigkeit anknüpfenden weiteren Voraussetzungen – in den Ansässigkeitsstaat überwiesen werden (sog. Remittance-Basis).[970] Der abstrakte Belastungsvergleich aus Nr. 1 aaO kann jedoch mittels konkretem Belastungsvergleich durch den Steuerpflichtigen widerlegt werden. Dies dann, wenn nachgewiesen wird, dass die Steuerbelastung bei beschränkter Steuerpflicht mindestens zwei Drittel der Einkommensteuerbelastung bei unbeschränkter Einkommensteuerpflicht ausmacht (sog. Schattenveranlagung).[971] Die erweitert beschränkte Steuerpflicht setzt nicht voraus, dass der Steuerpflichtige unmittelbar in ein Niedrigsteuerland auswandert. Wandert der Steuerpflichtige daher zunächst in ein Hochsteuerland und wechselt anschließend in ein Niedrigsteuerland, so greift die erweitert beschränkte Steuerpflicht ebenfalls ein.

---

965 Nach § 2 Abs. 1 Nr. 1 AStG werden aber auch sog. Umherziehende ohne Wohnsitz bzw. gewöhnlichen Aufenthalt oder anderen persönlichen Merkmal erfasst.

966 *Lippross/Seibel/Kramer*, § 2 AStG Rn. 7.

967 Abzustellen ist dann auf die Art. 4 Abs. 1 OECD-MA vergleichbare Regelung in dem konkreten DBA.

968 *BMF*, 14.05.2004 – IV B 4-S 1340–11/04, BStBl. I 2004, 3 Tz. 2.2.

969 Zu den Einzelheiten vgl. etwa auch *Flick/Wassermeyer/Baumhoff/Schönfeld/Baßler*, § 2 AStG Rn. 161 ff.

970 *BMF*, 14.05.2004 – IV B 4-S 1340–11/04, BStBl. I 2004, 3 Tz. 2.2.2.

971 *Lippross/Seibel/Kramer*, § 2 AStG Rn. 25; *BMF*, 14.05.2004 – IV B 4-S 1340–11/04, BStBl. I 2004, 3 Tz 2.2.4.

Von zentraler Bedeutung ist indes der Bezug zum Inland, welcher in Form eines wesentlichen wirtschaftlichen Interesses im Inland vorhanden sein muss, § 2 Abs. 1 Satz 1 Nr. 2 iVm. Abs. 3 AStG. Bei ins Ausland verzogenen Berufssportlern kommt dies regelmäßig nur dann in Betracht, wenn die nichtausländischen Einkünfte in einem Veranlagungszeitraum mehr als 30 Prozent des Gesamtbetrages der Einkünfte (relative Grenze) ausmachen oder mehr als EUR 62.000 als absolute Grenze betragen (§ 2 Abs. 3 Nr. 2 AStG). Die Verwirklichung wesentlicher Inlandsinteressen durch die Vermögenssituation des Steuerpflichtigen, § 2 Abs. 3 Nr. 3 AStG, wird hingegen regelmäßig vermieden. Seit der Entscheidung des BFH vom 19.12.2007[972] in Zusammenhang mit einem Berufssportler ist auch die Frage als geklärt anzusehen, ob Einkünfte, die der beschränkten Steuerpflicht nach § 49 Abs. 1 EStG unterliegen und gleichzeitig ausländische Einkünfte iSd. § 34d EStG sind, ebenfalls zu berücksichtigen sind. Dies hatte der BFH im Einklang mit der Ansicht der Finanzverwaltung bejaht.[973] Die Entscheidung nahm der Gesetzgeber zum Anlass, betriebsstättenlose gewerbliche Einkünfte über die Betriebsstättenfiktion des § 2 Abs. 1 Satz 2 AStG ebenfalls zu erfassen (sog. „floating income).[974] Eine Besteuerung scheidet aber nach der de minimis Regelung des § 2 Abs. 1 Satz 3 AStG dann aus, wenn die Einkünfte EUR 16.500 nicht übersteigen.[975] Bei der Prüfung der wesentlichen wirtschaftlichen Inlandsinteressen sind über § 2 Abs. 4 AStG Gewerbebetriebe sowie (mehrheitliche) Beteiligungen einer ausländischen Zwischengesellschaft (§§ 5 und 7 AStG) dem auswandernden Steuerpflichtigen entsprechend seines Beteiligungsverhältnisses zuzurechnen. § 2 Abs. 4 AStG erfasst so selbst mittelbare Inlandsinteressen, welche dann, wenn die zwischengeschaltete Gesellschaft ein wesentliches wirtschaftliches Interesse im Inland verfolgt, zur erweitert beschränkten Steuerpflicht führen kann. Über die Umgehungsvermeidungsnorm des § 5 AStG werden die nichtausländischen Einkünfte der Gesellschaft damit – selbst bei Zwischenschaltung mehrerer ausländischer Gesellschaften nacheinander – wie fiktive Einkünfte des erweitert beschränkten Anteilseigners behandelt.

Im Gegensatz zu anderen Jurisdiktionen hat Deutschland dabei als Rechtsfolge nicht die unbeschränkte Steuerpflicht verlängert, sondern für das Wegzugsjahr sowie die folgenden 10 Jahre die grundsätzlich bestehende beschränkte Steuerpflicht durch Einfügung von Elementen der unbeschränkten Steuerpflicht modifiziert.[976] Im Hinblick auf den anzuwendenden Steuersatz stellt § 2 Abs. 5 Satz 1 AStG klar, dass das übrige Welteinkommen progressionserhöhend zu berücksichtigen ist. Ausgenommen sind hier seit dem Veranlagungszeitraum 2013 explizit Einkünfte aus Kapitalvermögen, die dem gesonderten Steuertarif des § 32d Abs. 1 EStG unterliegen.[977] Begrenzt wird die

972 *BFH*, 19.12.2007 – I R 19/06, BFHE 119 220, 160 = juris.
973 *BMF*, 14.05.2004 – IV B 4-S 1340–11/04, BStBl. I 2004, 3 Tz. 2.3.2.
974 Blümich/*Elicker*, § 2 AStG Rn. 2.
975 *BMF*, 14.05.2004 – IV B 4-S 1340–11/04, BStBl. I 2004, 3 Tz. 2.0.1.3.
976 Blümich/*Elicker*, § 2 AStG Rn. 1.
977 *Ditz/Quilitzsch*, DStR 2013, 1917, 1920.

Besteuerung schließlich auf diejenige Steuerlast, die bei unbeschränkter Steuerpflicht und ausschließlichem Wohnsitz im Inland angefallen wäre (§ 2 Abs. 6 AStG). Nach *Haase/Dorn* sind bei hohen negativen Einkünften sogar Konstellationen denkbar, in denen die erweitert beschränkte Besteuerung im Vergleich zu reinen beschränkten Steuerpflicht vorteilhaft sein kann.[978] Derartige negative Einkünfte, die bei bloßer beschränkter Steuerpflicht nicht berücksichtigungsfähig sind, wird der Berufssportler regelmäßig aber nicht aufweisen.

Im Verhältnis zu den noch darzustellenden DBA ist an dieser Stelle bereits darauf hinzuweisen, dass bestehende DBA regelmäßig die erweitert beschränkte Besteuerung verdrängen. Zwar bestehen regelmäßig zwischen Deutschland und den typischen Niedrigsteuerstaaten keine DBA, doch kann auch bei bestehendem DBA die Wegzugsbesteuerung dann Bedeutung erlangen, wenn das DBA einen entsprechenden Anwendungsbereich belässt. Dies ist etwa im Verhältnis zum klassischen Wegzugstaat Schweiz der Fall, wo Art. 4 Abs. 6 iVm. Abs. 4 DBA Schweiz die Anwendbarkeit des Abkommen dann negiert, wenn der Auswanderer nicht in der Schweiz ansässig wird. Dies wiederum ist denkbar in Konstellationen, in denen der ausgewanderte Berufssportler pauschal nach dem Aufwand gem. Art. 14 Abs. 1, 2 des Gesetzes über die direkte Bundesteuer (DBG) oder vergleichbaren Vorschriften der einzelnen Kantone besteuert wird.[979] Ähnlich erlaubt Nummer 17 lit. a) des Protokolls vom 18.10.1989 zu Art. 24 DBA Italien eine deutsche Besteuerung bei einschlägigem § 2 AStG ungeachtet der Verteilung des Besteuerungsrechts nach dem DBA. Italien gewährt seit dem Kalenderjahr 2017 natürlichen Personen bei Verlagerung ihres steuerlichen Wohnsitzes nach Italien eine Vorzugsbesteuerung in Form einer Flat-Tax von EUR 100.000.[980] Schließlich enthält Art. 24 DBA Großbritannien eine Einschränkung dahingehend, dass nur in das Vereinigte Königreich verbachte oder überwiesene Einkünfte DBA Schutz genießen. Unterliegen Einkünfte des Berufssportlers bei Wegzug in das Vereinigte Königreich daher nicht nach Maßgabe der sog. Remittance Basis der Besteuerung, so bleibt der Anwendungsbereich des § 2 AStG eröffnet. Zwar ist die Besteuerung auf Remittance Basis an sich nicht als Vorzugsbesteuerung anzuerkennen. Im Vereinigten Königreich steht diese Option indes nur „non-domiciled residents", mithin Zuwanderern offen, so dass hier von einer Vorzugsbesteuerung ausgegangen werden kann.[981] Eine ähnliche Regelung bestehen im DBA Irland (Art. 2 Abs. 2).

---

978 *Haase/Dorn*, IStR 2013, 909, 910.

979 Vgl. dazu ausführlich *Flick/ Wassermeyer/Baumhoff/Schönfeld/Baßler*, § 2 AStG Rn. 36.

980 (Haushalts-)Gesetz Nr. 232 vom 11.12.2016 („legge di bilancio") veröffentlicht in der Gazetta Ufficiale Nr 297, suppl. Ordinario Nr 57. am 21.12.2016.

981 Vgl. dazu ausführlich mit weiteren Nachweisen etwa *Flick/ Wassermeyer/Baumhoff/Schönfeld/Baßler*, § 2 AStG Rn. 38.

6. Zwischenfazit

Damit lässt sich festhalten, dass auch der nicht im Inland ansässige Berufssportler regelmäßig durch die sportliche Tätigkeit als solche, als auch durch die werbliche Tätigkeit beschränkt steuerpflichtige Einkünfte erzielt. Der Katalog des § 49 Abs. 1 Nr. 2 EStG ist dabei an die Beurteilung der unbeschränkt Steuerpflichtigen angelehnt. Auch bei Einkünften aus nichtselbstständiger Arbeit erfolgt die Beurteilung grundsätzlich nach § 19 EStG. Der genuine link ist auch hier der Inlandsbezug durch Ausübung oder Verwertung. Ausnahmsweise ist bei Entschädigungen die Anknüpfung an die vorherige inländische Beschäftigung vorzunehmen und so der Zusammenhang zum Inland herzustellen. Der Wille des Gesetzgebers nach einem möglichst umfassenden deutschen Besteuerungsrecht ist hier nicht zu übersehen. Dennoch bleiben – etwa durch den eng auszulegenden personellen Zusammenhang – Lücken im deutschen Besteuerungsrecht, etwa bei den Zusammenhangsleistungen. Durch die fiktive Anknüpfung an die vorherige Beschäftigung sind bei den Entschädigungen jedoch auch Doppelbesteuerungen denkbar.[982] Das Besteuerungsverfahren ist dagegen geprägt von der abgeltenden Wirkung des Steuerabzugs an der Quelle und damit einem Vereinfachungs- aber auch Sicherstellungsinteresse des Gesetzgebers.

III. Besteuerung von im Ausland ansässigen Berufssportlern (Auslandskonstellation / DBA- Fall)

Die sich aus dem sich stets ausdehnenden inländischen Besteuerungsanspruch ergebenden Gefahren einer Doppelbesteuerung versuchen Staaten mit Hilfe bilateraler Abkommen zu vermeiden. Nachfolgend soll zunächst allgemein die Rechtsqualität derartiger Abkommen und darauf aufbauend die Auslegung derselben untersucht werden, ehe in einem folgenden Schritt auf die Spezifika im Zusammenhang mit der Besteuerung von Berufssportlern eingegangen wird. Abschließend soll untersucht werden, welche Auswirkung bilaterale Abkommen auf nationales Steuerrecht entfalten.

1. Existenz, Rechtsqualität und Wirkweise von Doppelbesteuerungsabkommen

a) Existenz von Doppelbesteuerungsabkommen

Regelmäßig unterliegen Berufssportler mit ihren Einkünften der Besteuerung des Wohnsitzstaates. Die oben beschriebene Ausdehnung des deutschen Besteuerungsanspruchs auf Einkünfte auslandsansässiger Berufssportler mit genuine link zu Deutschland führt aber zu einer Steuerbarkeit der Einkünfte in Deutschland und

982 Überwiegend war indes gerade die doppelte Nichtbesteuerung Ergebnis der deutschen Rechtsauffassung.

damit in der Konsequenz zu juristischer Doppelbesteuerung. Unter juristischer Doppelbesteuerung ist die Erhebung einer gleichartigen Steuer vom Steuerpflichtigen durch zwei (oder mehrere) souveräne Staaten zu verstehen.[983] Dies liegt in der Steuersouveränität jedes einzelnen Staates auf eigenem Territorium begründet (sog. Territorialitätsprinzip).[984] Zwar ist dieses Territorialitätsprinzip grundsätzlich geeignet, Doppelbesteuerung zu vermeiden, doch bedürfte es hierfür internationalen Konsens im Hinblick auf die Grenzen des genuine link.[985] Ein solcher wird aber aufgrund des Steuergefälles zwischen den einzelnen Staaten nie zu erreichen sein.[986] Zur Vermeidung von Doppelbesteuerung im grenzüberschreitenden Kontext haben die beteiligten Staaten vielfach im bilateralen Bereich Abkommen zur Vermeidung von Doppelbesteuerung – vereinfacht als sog. Doppelbesteuerungsabkommen – bezeichnet abgeschlossen. Zum 01.01.2017 unterhält die Bundesrepublik Deutschland 97 solcher Abkommen mit anderen Staaten.[987]

b) Rechtsqualität von Doppelbesteuerungsabkommen

Ein völkerrechtliches Verbot der Doppelbesteuerung existiert genauso wenig wie ein Völkergewohnheitsrecht, aufgrund dessen Konsens für die Vermeidung von Doppelbesteuerung bestünde.[988] Folglich kann Doppelbesteuerung im grenzüberschreitenden Kontext nur vermieden werden, wenn die beteiligten Staaten hierin übereinstimmen. Doppelbesteuerungsabkommen sind demgemäß völkerrechtliche Verträge zwischen Völkerrechtssubjekten, die naturgemäß nicht dem Recht eines Vertragsstaates unterstehen, sondern in formeller Hinsicht dem Regelungen des Wiener Übereinkommen über das Recht der Verträge („WÜRV“) und dem supranationalem, primären und sekundären, Recht der Europäischen Union.[989]

---

983 *Schönfeld/Schönfeld/Häck*, Systematik der Doppelbesteuerungsabkommen Rn. 2; liegt eine mehrfache Steuerbelastung bei unterschiedlichen Steuerrechtssubjekten vor, so spricht man von wirtschaftlicher Doppelbesteuerung.

984 *Vogel/Lehner/Lehner*, Grundlagen des Abkommensrechts Rn. 11 und 64 jew. mwN.; *Schaumburg*, Internationales Steuerrecht, 3. Aufl. (2011) Rn. 16.36 mwN.; *Spitaler*, Das Doppelbesteuerungsproblem bei den direkten Steuern, 2. Aufl. (1967) S. 420.

985 *Schaumburg*, Internationales Steuerrecht, 3. Aufl. (2011) Rn. 13.1.

986 *Ebling*, Unilaterale Maßnahmen gegen die internationale Doppelbesteuerung bei den Steuern vom Ertrag, 1. Aufl. (1970), S. 85 f.; *Vogel/Ellis/Barconnier*, Steueroasen und Aussensteuergesetze, 1981, S. 96; *Lornsen*, Unilaterale Maßnahmen der Bundesrepublik Deutschland zur Ausschaltung der internationalen Doppelbesteuerung bei der Einkommen- und Körperschaftsteuer, 1987, S. 52.

987 *BMF*, 18.01.2017 – IV B 2 – S 1301/07/10017–08, BStBl. I 2017, 140.

988 *BFH*, 14.02.1975 – VI R 210/72, BStBl. II 1975, 497 = juris; *Schaumburg*, Internationales Steuerrecht, 3. Aufl. (2011) Rn. 14.3 mwN.; *Vogel/Lehner/Lehner*, Grundlagen des Abkommensrechts Rn. 13.

989 *Gosch/Kroppen/Grotherr/Fischer-Zernin*, Grundlagen, Abschnitt 3 Rn. 2; *Vogel/Lehner/Lehner*, Grundlagen des Abkommensrechts Rn. 4; *Hölscheidt*, IStR 2017, 918, 919.

Doppelbesteuerungsabkommen bedürfen als völkerrechtliche Verträge nach den Vorgaben des innerstaatlichen Verfassungsrechts gem. Art. 59 Abs. 2 Satz 1 GG eines Zustimmungsgesetzes, mithin der Mitwirkung von Bundestag und Bundesrat.[990] Nach wie vor umstritten ist die Rechtsfolge des Zustimmungsgesetzes. Teilweise wird vertreten, dass durch das Zustimmungsgesetz der völkerrechtliche Vertrag in nationales Recht transformiert werde (sog. Transformationstheorie[991]) und damit vollumfänglich den Besonderheiten – insbesondere auch im Hinblick auf die Auslegung – des nationalen Rechts unterliege.[992] Nach der wohl herrschenden[993] und m. E. auch zustimmungswürdigen sog. Vollzugstheorie ist in dem nationalen Zustimmungsgesetz lediglich ein Vollzugsbefehl zu erblicken, mit welchem der nationale Gesetzgeber anordnet, den völkerrechtlichen Vertrag mit seinem gesamten Inhalt innerstaatlich anzuwenden.[994] Dem hat sich die Rechtsprechung angeschlossen.[995] Dem nationalen Gesetzgeber bleibt somit bspw. noch die Entscheidungsbefugnis hinsichtlich des zeitlichen Anwendungsbefehls. Normhierarchisch werden Doppelbesteuerungsabkommen auf der Ebene des nationalen einfachen Rechts angesiedelt.[996] Sie gehen aber – wie sich explizit aus § 2 Abs. 1 AO ergibt – den nationalen Steuergesetzen vor.[997] Einen allgemeinen Vorrang des Völkerrechts begründet § 2 Abs. 1 AO jedoch bereits deshalb nicht, weil der Vorrang gerade davon abhängig ist, ob es durch das Zustimmungsgesetz unmittelbar anwendbares innerstaatliches Recht geworden ist.[998]

c) Wirkweise von Doppelbesteuerungsabkommen

Im Gegensatz zu nationalen steuerrechtlichen Normen begründen Doppelbesteuerungsabkommen aber keine eigenständige Steuerpflicht, sondern sind vielmehr darauf gerichtet, den inländischen Steuernormen Schranken aufzuerlegen.[999] Doppelbesteuerungsabkommen weisen mithin das Besteuerungsrecht für die dort

---

990 Zum Verfahren *Hölscheidt*, IStR 2017, 918, 920 f.

991 Dazu instruktiv *Weber-Fas*, Staatsverträge im internationalen Steuerrecht, 1982, S. 59 ff und 69 ff.; *Debatin*, DStR 1992 Beihefter zu Heft 23, 1.

992 *Gosch/Kroppen/Grotherr/Henkel*, Grundlagen, Abschnitt 4 Rn. 7.

993 Vgl. etwa *Maunz/Dürig/Nettesheim*, Art. 59 GG Rn. 96; *Tipke/Kruse/Drüen*, § 2 AO Rn. 28; *Dreier/Heun*, Art. 59 GG Rn. 46; *Kunig/Rojahn*, Art. 59 GG Rn. 35 f.; *Gosch/Kroppen/Grotherr/Henkel*, Grundlagen, Abschnitt 4 Rn. 8; *BVerfG*, 13.12.1977–2 BvM 1/76, BVerfGE 46, 342 = juris Rn. 52.

994 *Gosch/Kroppen/Grotherr/Henkel*, Grundlagen, Abschnitt 4 Rn. 7; *Tipke/Kruse/Drüen*, § 2 AO Rn. 39.

995 *BFH*, 07.07.2015 – I R 38/14, BFH/NV 2016, 180 = juris Rn. 17 ff.

996 *Mitschke*, DStR 2011, 2221, 2226.

997 *BVerfG*, 15.12.2015–2 BvL 1/12, BVerfGE 141, 1 = juris Rn. 48.

998 *Klein/Gersch*, § 2 AO Rn. 1.

999 Vgl. dazu bereits unter Kapitel 2.I.2.b)aa) sowie *Schaumburg*, Internationales Steuerrecht, 3. Aufl. (2011) Rn. 16.32; *Mody*, Die deutsche Besteuerung international tätiger Künstler und Sportler, 1. Aufl. (1994), S. 77; *Debatin*, DStR 1992 Beihefter zu Heft 23, 1, 2; ebenso auch *BFH*, 30.05.1990 – I R 179/86, BStBl. II 1990, 906 = juris Rn. 8.

normierten Einkünfte einem Vertragsstaat zu.[1000] Ihrem Zweck entsprechend sollen Doppelbesteuerungsabkommen eine mehrfache Besteuerung verhindern, können aber umgekehrt auch dazu führen, dass eine Besteuerung in Gänze vermieden wird. Dies etwa dann, wenn der Staat, dem das Besteuerungsrecht zugewiesen wird, nach nationalem Steuerrecht diese Einkünfte nicht besteuert und damit sog. „weiße" Einkünfte entstehen oder wenn durch irrige Interpretation oder falsch formulierter Verteilungsnormen[1001] eine doppelte Nichtbesteuerung der Einkünfte eintritt. Teilweise wird diese Rechtsfolge bereits auf Ebene der Doppelbesteuerungsabkommen durch entsprechende subject-to-tax-Regelungen vermieden, teilweise sehen die Rechtsordnungen des das Besteuerungsrecht aufgebenden Staates in diesen Konstellationen einen Rückfall des Besteuerungsrecht und damit eine Überschreibung der abkommensrechtlichen Regelungen vor.[1002]

Mit Hilfe der Verteilungsnormen regeln die Doppelbesteuerungsabkommen – so etwa Art. 6 bis 21 OECD-MA – für die dort näher definierten Einkunftsarten die Zuteilung des Besteuerungsrechts. Dies kann entweder an den Quellenstaat oder an den Ansässigkeitsstaat fallen. Voraussetzung ist jedoch, dass das Doppelbesteuerungsabkommen in persönlicher und sachlicher Hinsicht anwendbar ist.[1003] Der Methodenartikel – etwa Art. 23 OECD-MA – regelt dann, wie der jeweils andere Staat auf die Zuweisung des Besteuerungsrechts zu reagieren hat.

Nach der Freistellungsmethode verzichtet einer der beiden Vertragsstaaten auf die Besteuerung ausländischer Einkünfte des in seinem Hoheitsgebiet ansässigen Steuerpflichtigen.[1004] Die Anrechnungsmethode hingegen entspricht den verfassungsrechtlichen Vorgaben der Besteuerung nach der Leistungsfähigkeit, nach welchem die Bundesrepublik Deutschland verpflichtet ist, Doppelbesteuerung durch unilaterale Maßnahmen oder dem Bemühen um bilaterale Maßnahmen zu vermeiden oder zu beseitigen.[1005] Nach dieser Methode rechnet der Ansässigkeitsstaat die im Quellenstaat erhobene Steuer auf die eigene Steuer an.[1006] Während die An-

---

1000 *Lang*, in: *Vogel/Reimer/Rust* (Hrsg.), Zum 75. Geburtstag von Prof. Dr. Dr. h.c. Franz Wassermeyer, 2015, S. 187; *Gosch/Kroppen/Grotherr/Menck*, Grundlagen, Abschnitt 2 Rn. 25; *BFH*, 30.05.1990 – I R 179/86, BStBl. II 1990, 906 = juris Rn. 8.

1001 Teilweise auch als Verzichtsnormen, vgl. etwa *Debatin*, DB 1985 Beilage Nr. 23, 1, 2f. oder Kollisionsnormen, vgl. etwa *Gradl*, IWB 2014, 489, 492 bezeichnet.

1002 Zu solchen Regelungen siehe nachfolgend unter Kapitel 2.III.4.

1003 *Lang*, in: *Vogel/Reimer/Rust* (Hrsg.), Zum 75. Geburtstag von Prof. Dr. Dr. h.c. Franz Wassermeyer, 2015, S. 187.

1004 *Gosch/Kroppen/Grotherr/Menck*, Grundlagen, Abschnitt 2 Rn. 75; *Vogel/Lehner/Lehner*, Grundlagen des Abkommensrechts Rn. 68.

1005 *Vogel/Lehner/Lehner*, Grundlagen des Abkommensrechts Rn. 20; *Schaumburg*, Internationales Steuerrecht, 3. Aufl. (2011) Rn. 14.8; *Schaumburg*, in: *Lang/Tipke* (Hrsg.), Die Steuerrechtsordnung in der Diskussion, 1995, S. 125, 143 ff.

1006 *Gosch/Kroppen/Grotherr/Menck*, Grundlagen, Abschnitt 2 Rn. 75; *Vogel/Lehner/Lehner*, Grundlagen des Abkommensrechts Rn. 68, *Vogel/Lehner/Ismer*, Art. 23 OECD-MA Rn. 121.

rechnungsmethode – vorbehaltlich der Möglichkeit der fiktiven Anrechnung – die tatsächliche Besteuerung der Einkünfte im Quellenstaat voraussetzt, sind Einkünfte nach der Freistellungsmethode unabhängig davon von der Besteuerung freizustellen, ob der andere Vertragsstaat das ihm zustehende Besteuerungsrecht tatsächlich wahrnimmt. Die Freistellungsmethode verhindert daher nicht nur die tatsächliche, sondern bereits auch die virtuelle Doppelbesteuerung.[1007] Hieran knüpfen die entweder im Abkommen oder im nationalen Recht verankerten Rückfallklauseln an.[1008] Weiterhin werden diese steuerfrei gestellten Einkünfte im Rahmen des Progressionsvorbehaltes gem. § 32b Abs. 1 Satz 1 Nr. 3 EStG zu berücksichtigen sein. Fehlt es indes an geeigneten Rückfallklauseln, so wird – abgesehen von der Möglichkeit der Berücksichtigung im Rahmen des Steuertarifs – das verfassungsrechtliche Gebot der Besteuerung nach der Leistungsfähigkeit hier nicht verwirklicht.

2. Auslegung von Doppelbesteuerungsabkommen

Wie stets, so versuchen auch die Parteien völkerrechtlicher Verträge diese so konkret wie möglich zu regeln. Allerdings ist dem durch die abstrakt-generelle Zielrichtung von Rechtsnormen Schranken gesetzt. Zur Anwendung von Doppelbesteuerungsabkommen auf den konkreten Einzelfall bedarf es daher regelmäßig einer Auslegung des Abkommens. Folgt man der vorzugswürdigen Vollzugstheorie[1009], die das Doppelbesteuerungsabkommen mit seinem völkerrechtlichen Gehalt zur Anwendung bringen will, so ergeben sich im Hinblick auf die Auslegung von Doppelbesteuerungsabkommen die nachfolgenden Grundsätze. Die Verfechter der Transformationstheorie würden hingegen aufgrund der Transformation des Doppelbesteuerungsabkommens in nationales Recht die Auslegung lediglich nach innerstaatlichen Auslegungsgrundsätzen vornehmen.

a) Grundsätze der Auslegung von Doppelbesteuerungsabkommen

Als völkerrechtliche Verträge beanspruchen Doppelbesteuerungsabkommen Vorrang vor innerstaatlichen steuerlichen Normen, § 2 Abs. 1 AO. Diesem normhierarchischen Verständnis folgend, sind auch bei der Auslegung der Doppelbesteuerungsabkommen Besonderheiten zu beachten. Jedes Doppelbesteuerungsabkommen bildet demnach einen eigenständigen, vom nationalen Recht abgekoppelten Rechtskreis[1010] mit eigener

---

1007 *Portner*, IStR 2009, 195, 196 mit Verweis auf *BFH*, 31.07.1974 – I R 27/73, BStBl. II 1975, 61 = juris Rn. 13; *BFH*, 07.07.1967 – III 210/61, BStBl. III 1967, 588 = juris Rn. 8.

1008 Dazu ausführlich unter Kapitel 2.III.4.

1009 Sie dazu bereits oben unter Kapitel 2.III.1.b).

1010 *BFH*, 15.01.1971 – III R 125/69, BStBl. II 1971, 379 = juris Rn. 18; *BFH*, 15.06.1973 – III R 118/70, BStBl. II 1973, 810 = juris Rn 13; *Schaumburg*, Internationales Steuerrecht, 3. Aufl. (2011) Rn. 16.50; *Vogel/Lehner/Lehner*, Grundlagen des Abkommensrechts Rn. 96.

Begriffssprache.[1011] Folglich bedürfen Doppelbesteuerungsabkommen im Grundsatz auch einer autonomen Auslegung, welche die einheitliche Anwendung in den Vertragsstaaten absichern soll.[1012] Ihre Grenzen findet diese autonome Auslegung in dem Umstand, dass Doppelbesteuerungsabkommen nationale Steuerhoheit lediglich begrenzen, nicht aber ein Steuerschuldverhältnis begründen. Folglich ist für im Abkommen nicht definierte oder über den Sinn- und Zweckzusammenhang des Abkommens nicht auslegbare Vorschriften ein Rückgriff auf das nationale Steuerrecht des Anwenderstaates notwendig und zulässig.[1013] Für die Auslegung eines Doppelbesteuerungsabkommens sind daher nachfolgend genannte Rechtsquellen in der folgenden Reihenfolge zu Rate zu ziehen.[1014]

aa) Auslegung aus dem Doppelbesteuerungsabkommen selbst

Aufgrund des obigen Befundes sind Doppelbesteuerungsabkommen vorrangig nach dem eigenen Vertragstext auszulegen.[1015] Gegenstand der Auslegung ist mithin der Inhalt des Abkommens so wie er als Wille der Vertragsstaaten zum Ausdruck kommt. Als Ergebnis ist also diejenige Auslegung anzustreben, die voraussichtlich in der Vertragsstaaten auch akzeptiert wird.[1016] Hierzu ist auf die herkömmlichen Auslegungsmethoden, die historische, grammatikalische, systematische und telelogische Auslegung, zurückzugreifen.[1017] Entscheidend ist damit nicht der Wille einer der Vertragsparteien, sondern vielmehr der im Wortlaut sich manifestierende inhaltliche Aussagewert.

In zahlreichen Doppelbesteuerungsabkommen, insbesondere in der Mehrzahl der von der Bundesrepublik Deutschland abgeschlossenen DBA, wird dieser Grundsatz prima facie durch eine an Art. 3 Abs. 2 OECD-MA angelehnte Regelung (sog. lex-fori-Klausel) umgekehrt. Denn dort wird hinsichtlich der Auslegung bestimmt:

1011 *BFH*, 21.08.1985 – I R 63/80, BStBl. II 1986, 4 = juris Rn. 16; *BFH*, 27.01.1988 – I R 241/83, BStBl. II 1988, 574 = juris Rn. 15; *Debatin*, DB 1985 Beilage Nr. 23, 1, 3.

1012 *BFH*, 11.12.2013 – I R 4/13, BStBl. II 2014, 791 = juris Rn. 38; *BFH*, 06.06.2012 – I R 6/11, I R 8/11, BStBl. II 2013, 111 = juris Rn. 22; *BFH*, 26.08.2010 – I R 53/09, BFH/NV 2011, 135 = juris Rn. 14.

1013 *BFH*, 06.10.1971 – I R 207/66, BStBl. II 1972, 88 = juris Rn. 13; *BFH*, 18.12.1986 – I R 52/83, BStBl. II 1988, 521 = juris Rn. 24; *Mody*, Die deutsche Besteuerung international tätiger Künstler und Sportler, 1. Aufl. (1994), S. 77.

1014 Zu dieser Reihenfolge bereits *BFH*, 21.08.1985 – I R 63/80, BStBl. II 1986, 4 = juris Rn. 16; *BFH*, 26.08.2010 – I R 53/09, BFH/NV 2011, 135 = juris Rn. 14.

1015 *BFH*, 29.11.2000 – I R 84/99, HFR 2001, 1053 = juris Rn. 27; *BFH*, 08.07.1998 – I R 57/97, BStBl. II 1998, 672 = juris Rn. 19; *Debatin*, DB 1985 Beilage Nr. 23, 1, 6 mwN.

1016 *Schönfeld/Schönfeld/Häck*, Systematik der Doppelbesteuerungsabkommen Rn. 78 und 92.

1017 *Debatin*, DStR 1992 Beihefter zu Heft 23, 1, 5 mit Verweis auf *BFH*, 24.04.1975 – I R 204/73, BStBl. II 1975, 604 = juris Rn. 12; grundlegend bereits *Friedrich Carl von Savigny*, System des heutigen Römischen Rechts, 1. Aufl. (1840), § 33, S. 213 f.

„Bei der Anwendung des Abkommens durch einen Vertragsstaat hat, wenn der Zusammenhang nichts anderes erfordert, jeder im Abkommen nicht definierte Ausdruck die Bedeutung, die ihm im Anwendungszeitraum nach dem Recht dieses Staates über die Steuern zukommt, für die das Abkommen gilt, wobei die Bedeutung nach dem in diesem Staat anzuwendenden Steuerrecht den Vorrang vor einer Bedeutung hat, die der Ausdruck nach anderem Recht dieses Staates hat."

Soweit Doppelbesteuerungsabkommen eine dem Art. 3 Abs. 2 OECD-MA nachgebildete Regelung enthalten, bestimmt sich die Auslegung des Abkommens daher nach dieser Prüfungsreihenfolge.[1018] Im Hinblick auf im Abkommen enthaltene Definitionen[1019] verbleibt es expressis verbis beim Vorrang der abkommensautonomen Auslegung.[1020] Insoweit geht die Auslegung nach dem Abkommen selbst auch den allgemeinen völkerrechtlichen Auslegungsregeln vor.[1021] Hält das Abkommen indes keine speziellen Regelungen bereit, so richtet sich die Auslegung nach dem lex fori, also dem innerstaatlichen Steuerrecht des Anwenderstaates.[1022] Art. 3 Abs. 2 OECD-MA und ihm nachgebildete Regelungen sind insoweit als Grenze der autonomen Auslegung zu betrachten.[1023] *Dürrschmidt* ist insoweit zuzustimmen, dass eine nur am lex fori orientierte Auslegung das Telos der DBA, die Beschränkung des nationalen Besteuerrechts am besten zu verwirklichen, geeignet ist.[1024] Dem steht aber diametral der Zweck einer einheitlichen Auslegung durch beide Vertragsstaaten entgegen. Die Balance einer sachgerechten Auslegung stellt Art. 3 Abs. 2 OECD-MA mit Hilfe der dort verankerten Einschränkung her, dass die Auslegung nach dem lex fori dann nicht vorrangig ist, wenn der Zusammenhang des Abkommens etwas anderes erfordert. Weiter vermag die Auslegung nach dem lex fori auch dann nicht zu greifen, wenn das Recht des Anwenderstaates den auszulegenden Begriff nicht verwendet. Dann ist wiederum nach den allgemeinen Auslegungsregeln die abkommensautonome Auslegung zu präferieren.[1025] Rückausnahmen für eine autonome Auslegung sind folglich näher zu erörtern.

1018 Die Prüfungsreihenfolge ist in der Literatur höchst umstritten; zum Streitstand etwa *Gosch*, ISR 2013, 87, 88.

1019 Beispielhaft etwa die Begriffsdefinitionen des Art. 3 Abs. 1 OECD-MA oder die Definition der Betriebsstätte in Art. 4 Abs. 1 OECD-MA.

1020 Zur umstrittenen Bedeutung der Norm, vgl. statt aller *Gosch*, ISR 2013, 87, 88.

1021 Wassermeyer in DW Art. 3 OECD-MA Rn. 77; *Vogel/Lehner/Dürrschmidt*, Art. 3 OECD-MA Rn. 120.

1022 Zwingend ist dieser Schluss nicht wie das DBA Schweden vom 14.07.1992 beweist, nach welchem der abkommensautonomen Auslegung („durch beide Vertragsstaaten übereinstimmend aus sich heraus") Vorrang eingeräumt wird.

1023 *Lehner*, in: *Frotscher/Lüdicke/Mössner u. a.* (Hrsg.), Das Steuerrecht der Unternehmen, 2013, S. 383, 387, 396.

1024 *Vogel/Lehner/Dürrschmidt*, Art. 3 OECD-MA Rn. 99.

1025 *Vogel/Lehner/Dürrschmidt*, Art. 3 OECD-MA Rn. 108.

(1) Bedeutungsgehalt des auszulegenden Begriffs im nationalen Recht

Eine Auslegung nach dem lex fori scheidet demnach dann aus, wenn das nationale Recht den auszulegenden Begriff bereits nicht verwendet, ihm folglich dort keine Bedeutung beizumessen ist. Erforderlich ist zwar nicht eine wörtliche Übereinstimmung, aber zumindest eine sachliche Übereinstimmung der Begrifflichkeit im Kern muss erkennbar vorliegen.[1026] Der Auslegung über das nationale Recht sind damit enge Grenzen gesetzt. Bei Mitgliedsstaaten der Europäischen Union umfasst das nationale „Recht" des Anwenderstaates auch primäres und sekundäres Unionsrecht und bietet so eine Einbruchsstelle für die dort verankerten Grundsätze.[1027]

(2) Erfordernis einer abkommensautonomen Auslegung kraft Zusammenhang

Eine vorrangige[1028] Auslegung nach dem Abkommen hat zu erfolgen, wenn der Zusammenhang mit diesem ein solches Vorgehen erfordert.[1029] Der Bestimmung des Zusammenhangs kommt dabei wesentliche Bedeutung zu.[1030] Sie entspricht auch der – nachfolgend noch auszuführenden – Auslegungsmaxime des WÜRV.[1031] Wann der erforderliche Zusammenhang für eine abkommensautonome Auslegung gegeben ist, ist als unbestimmter Rechtsbegriff seinerseits wieder auslegungsbedürftig.[1032]

Nach dem Sinn und Zweck ergibt sich dabei häufig eine abkommensautonome Auslegung. Denn – wie bereits dargestellt – verfolgen Doppelbesteuerungsabkommen das Ziel einer Beschränkung (inländischen) Besteuerungsrechts und damit die Vermeidung von Doppelbesteuerung. Zwar kann hieraus wohl noch nicht – wie etwa von *Schaumburg*[1033] vertreten – der Schluss gezogen werden, dass der „Sinnzusammenhang" stets eine abkommensautonome Auslegung erfordere, doch gelangt man regelmäßig zu diesem Ergebnis auch über die Einbeziehung einer an der Systematik des Abkommens orientierten Auslegung. Denn in systematischer Hinsicht ergeben einige Regelungen in den Abkommen nur dann Sinn, wenn sie losgelöst von nationalen Maßstäben ausgelegt werden. Beispielhaft seien hier nur die „Tie-Breaker"-Regelungen zur Ansässigkeit in den Art. 4 OECD-MA nachgebildeten Regelungen genannt. Aber auch Regelungen zur Abgrenzung der Zuteilung des Be-

---

1026 Näher hierzu etwa *Vogel/Lehner/Dürrschmidt*, Art. 3 OECD-MA Rn. 111b f.

1027 Vgl. dazu nachfolgend unter Kapitel 2.III.2.a)cc) sowie *Vogel/Lehner/Dürrschmidt*, Art. 3 OECD-MA Rn. 111e.

1028 Zur umstrittenen Frage des Vorrangs iSd. landesrechtlichen Theorie im Gegensatz zur sog. völkerrechtlichen Theorie, vgl. etwa *Schönfeld/Schönfeld/Häck*, Systematik der Doppelbesteuerungsabkommen Rn. 84 mwN.

1029 *BFH*, 15.01.1971 – III R 125/69, BStBl. II 1971, 379 = juris Rn. 18, 20; *Gosch*, ISR 2013, 87, 88; *Schaumburg*, Internationales Steuerrecht, 3. Aufl. (2011) Rn. 16.56 mwN.

1030 Vgl. etwa *Schaumburg*, Internationales Steuerrecht, 3. Aufl. (2011) Rn. 16.61 mwN.; *Vogel/Lehner/Dürrschmidt*, Art. 3 OECD-MA Rn. 116a.

1031 *Schönfeld/Schönfeld/Häck*, Systematik der Doppelbesteuerungsabkommen Rn. 85.

1032 Statt aller *Vogel/Lehner/Dürrschmidt*, Art. 3 OECD-MA Rn. 116b.

1033 *Schaumburg*, Internationales Steuerrecht, 3. Aufl. (2011) Rn. 16.57.

steuerungsrechtes sind hierunter zu subsumieren.[1034] Dies trifft insbesondere auf die im Rahmen dieser Untersuchung relevante, dem Art. 17 OECD-MA nachgebildete Regelung betreffend Sportlern zu, die die Zuweisung des Besteuerungsrechts in Abgrenzung zu den Einkünften aus unselbstständiger Arbeit (dem Art. 15 OECD-MA nachgebildete Regelung) bzw. Unternehmensgewinnen (dem Art. 7 OECD-MA nachgebildete Regelung) regelt. Hiernach schließen sich die Besteuerungsrechte gegenseitig aus, so dass es einer an der Abkommenssystematik orientierten Auslegung bedarf.[1035] Im Ergebnis ist der unbestimmte Rechtsbegriff des Zusammenhangs hier selbstverständlich für jeden Einzelfall separat zu bestimmen, wobei stets der Wortlaut die äußerste Grenze der Auslegung darstellt.[1036] Ergibt der Rückgriff auf nationales Recht folglich kein sachgerechtes Ergebnis, so ist eine abkommensautonome Auslegung vorzuziehen.[1037] Damit verbleibt im Ergebnis wohl nur ein geringer Anwendungsbereich im Hinblick auf die Auslegung nach innerstaatlichen Recht.[1038]

bb) Wiener Übereinkommen über das Recht der Verträge

Das WÜRV regelt das Recht völkerrechtlicher Verträge. Seit Inkrafttreten des Zustimmungsgesetztes vom 03.08.1985 am 20.08.1987 beansprucht das WÜRV auch innerstaatlich unmittelbare Geltung.[1039] Wie diese Verträge auszulegen sind, richtet sich nach Artikel 31 bis 33 WÜRV. Die dort niedergelegten Grundsätze gehen auf nach Art. 25 GG verbindliches Völkergewohnheitsrecht zurück und sind daher auch bei der Auslegung älterer Doppelbesteuerungsabkommen zu berücksichtigen.[1040] Zu beachten ist jedoch, dass nicht alle Staaten das WÜRV unterzeichnet[1041] bzw. ratifiziert haben.[1042]

Nach der Grundnorm des Art. 31 Abs. 1 WÜRV hat die Auslegung eines völkerrechtlichen Vertrages nach Treu und Glauben und in Übereinstimmung mit der gewöhnlichen Bedeutung der im Vertrag verwendeten Begriffe in ihrem Zusammenhang und im Lichte von Sinn und Zweck zu erfolgen (grammatikalische, systematische und teleologische Auslegung). Dabei stehen die Auslegungsmethoden grundsätzlich – wie sich bereits aus der Überschrift des Art. 31 WÜRV ergibt –

1034 *Vogel/Lehner/Dürrschmidt*, Art. 3 OECD-MA Rn. 116c.

1035 Ebenso *Vogel/Lehner/Dürrschmidt*, Art. 3 OECD-MA Rn. 116c.

1036 *Vogel/Lehner/Dürrschmidt*, Art. 3 OECD-MA Rn. 116e, 119b; *Gosch*, ISR 2013, 87, 89.

1037 *Vogel/Lehner/Dürrschmidt*, Art. 3 OECD-MA Rn. 117a.

1038 *Schönfeld/Schönfeld/Häck*, Systematik der Doppelbesteuerungsabkommen Rn. 84 mit Verweis auf *Lang*, IWB 2011, 281, 291.

1039 Bekanntmachung über das Inkrafttreten des Wiener Übereinkommens über das Recht der Verträge (26.10.1987), 757.

1040 *Schönfeld/Schönfeld/Häck*, Systematik der Doppelbesteuerungsabkommen Rn. 87 mwN.; *Leisner-Egensperger*, IStR 2014, 10, 11.

1041 So etwa Frankreich und Indien.

1042 So etwa USA.

gleichrangig nebeneinander.[1043] Nach Ansicht des BFH ist indes bei Erzielung eines vernünftigen Auslegungsergebnisses mit Hilfe des Wortlauts diese Auslegungsmethode vorzugswürdig.[1044] Die Auslegungsregel des Art. 31 Abs. 1 WÜRV knüpft folglich wiederum an den Willen der Vertragsparteien an, der auch im Abkommen seinen Niederschlag gefunden hat.[1045] Zu beachten ist aber, dass die Vertragsstaaten durchaus auch die Bedeutung von Begriffen übereinstimmend abweichend definiert haben können und dann diese Bestimmung gem. Art. 31 Abs. 4 WÜRV maßgeblich ist (historische Auslegung).[1046] Neben dem sich aus dem Abkommen selbst ergebenden Zusammenhang sind für die Auslegung auch die notwendigen oder ergänzenden Dokumente gem. Art. 31 Abs. 2 WÜRV zu berücksichtigen. Schließlich können auch spätere Änderungen in gewissen Konstellationen bei der Bestimmung des Zusammenhangs zu berücksichtigen sein, Art. 31 Abs. 3 WÜRV (sog. „authentische Auslegung"). Dies betrifft etwa Verständigungsvereinbarungen, wie sie bspw. vielfach in Bezug auf die Zuordnung des Besteuerungsrechts von Abfindungszahlungen vorzufinden sind.[1047] Allerdings findet die Auslegung auch hier nach den allgemeinen Grundsätzen ihre äußerste Grenze im Abkommenswortlaut.[1048] Findet die Verständigungsvereinbarung keine entsprechende Bestätigung im Abkommenswortlaut, so ist hierin eine unzulässige, den Steuerpflichtigen ggf. belastende Abkommensänderung zu erblicken.[1049] Auch im Hinblick auf die Rechtsprechung des BFH zu abgeschlossenen Konsultationsvereinbarungen gilt diese Auslegungsmaxime, so dass auch diese nicht bei der Auslegung des Abkommens(wortlauts) heranzuziehen sind.[1050] Eben dieser Befund hat im Hinblick auf Abfindungszahlungen schließlich zur Reaktion des Gesetzgeber durch Einführung der gesetzlichen Fiktion des § 50d Abs. 12 EStG geführt.[1051] Getragen wird die Auslegung bei mehrsprachigen Abkommen stets von dem Grundsatz, dass der Auslegung der Vorzug zu geben

1043 *Wassermeyer*, in: *Blumenwitz/Mössner* (Hrsg.), Doppelbesteuerungsabkommen und nationales Recht, 1995, S. 19, 21.

1044 *Anger/Wagemann*, IStR 2014, 611, 612 mwN.; *Gosch/Kroppen/Grotherr/Henkel*, Grundlagen, Abschnitt 4 Rn. 23.

1045 *Schaumburg*, Internationales Steuerrecht, 3. Aufl. (2011) Rn. 16.68 mwN.

1046 *Strobl*, in: *Döllerer/Knobbe-Keuk/Klein u. a.* (Hrsg.), Handelsrecht und Steuerrecht, 1988, S. 635, 637.

1047 Vgl. zu einem solchen Fall für die Verständigungsvereinbarung zwischen den deutschen und schweizerischen Steuerbehörden etwa *BFH*, 02.09.2009 – I R 111/08, BStBl. II 2010, 387 = juris.

1048 *BFH*, 20.08.2008 – I R 39/07, BStBl. II 2009, 234 = juris Rn. 18; *BFH*, 09.11.1966 – I 29/65, BStBl. III 1967, 88 = juris Rn. 15 ff.; *Gosch/Kroppen/Grotherr/Henkel*, Grundlagen, Abschnitt 4 Rn. 23; in dieser Richtung auch *Schönfeld/Schönfeld/Häck*, Systematik der Doppelbesteuerungsabkommen Rn. 93.

1049 *BFH*, 02.09.2009 – I R 111/08, BStBl. II 2010, 387 = juris Rn. 17; *BFH*, 12.10.2011 – I R 15/11, BStBl. II 2012, 548 = juris Rn. 16.

1050 Vgl. nur *BFH*, 10.06.2015 – I R 79/13, BStBl. II 2016, 326 = juris Rn. 16.

1051 Die bis dato abweichende Auffassung der Finanzverwaltung gründete in einer unterschiedlichen Auffassung im Hinblick auf die Rechtsqualität der Konsulta-

ist, die die beiden Sprachfassungen am besten zur Geltung bringt, Art. 33 Abs. 4 WÜRV. Hierfür sind auch ergänzende Dokumente wie etwa (Schluss-)Protokolle oder Briefwechsel ergänzend bei der Auslegung heranzuziehen, Art. 32 WÜRV.[1052]

cc) Primäres und sekundäres Unionsrecht

Bei der Auslegung von Doppelbesteuerungsabkommen zwischen Mitgliedsstaaten der Europäischen Union ist ferner primäres und sekundäres Unionsrecht zu berücksichtigen. Zwar enthält das Unionsrecht keine expliziten Vorgaben für die Auslegung, doch findet das Unionsrecht über die Einbruchsstelle der vielfach dem Art. 3 Abs. 2 OECD-MA nachgebildeten Regelung zu den allgemeinen Begriffsbestimmungen Berücksichtigung. Insoweit erfordert das insoweit vorrangige Unionsrecht zur Vermeidung einer gemeinschaftsrechtswidrigen Anwendung eine an den Richtlinien und insbesondere an den Grundfreiheiten aus dem AEUV orientierte Auslegung (effet utile).[1053] Dem steht m. E. auch nicht die Rechtsprechung des EuGH entgegen, wonach „die Mitgliedsstaaten befugt bleiben, insbesondere zur Beseitigung der Doppelbesteuerung die Kriterien für die Aufteilung ihrer Steuerhoheit vertraglich oder einseitig festzulegen."[1054] Denn die „Immunisierung" der Doppelbesteuerungsabkommen von unionsrechtlichen Vorgaben betrifft lediglich die Möglichkeit des EU-Mitgliedsstaats unabhängig von diesen Vorgaben Doppelbesteuerungsabkommen zu schließen und dort die Verteilung des Besteuerungsrechtes regeln zu können. Nicht betroffen ist aber die hier zu erörternde Frage nach der Auslegung von abkommensrechtlichen Begrifflichkeiten unter Berücksichtigung des Unionsrechts. Auf dieser Ebene muss aber das – überdies in nationales Recht transformierte Abkommen – selbstverständlich den unionsrechtlichen Vorgaben genügen. Die vom EuGH in ständiger Rechtsprechung zitierte, im Territorialitätsprinzip wurzelnde, fehlende Harmonisierung kann auf dieser (nationalen) Ebene nicht mehr als Argumentationslinie herangezogen werden.

---

tionsvereinbarung, vgl. etwa *BMF*, 12.11.2014 – IV B 2-S 1300/08/10027, BStBl. I 2014, 1467 = juris Tz. 183.

1052 *Strobl*, in: *Döllerer/Knobbe-Keuk/Klein u. a.* (Hrsg.), Handelsrecht und Steuerrecht, 1988, S. 635, 637; *Schaumburg*, Internationales Steuerrecht, 3. Aufl. (2011) Rn. 16.73.

1053 *Schaumburg*, Internationales Steuerrecht, 3. Aufl. (2011) Rn. 16.52.

1054 *EuGH*, 12.05.1998 – C-336/96, Slg. 1998, I-2793 = juris Rn. 30; *EuGH*, 21.09.1999 – C-307/97, Slg. 1999, I-6161 = juris Rn. 57; *EuGH*, 12.12.2002 – C-385/00, Slg. 2002, I-11819 = juris Rn. 93; *EuGH*, 19.01.2006 – C-265/04, Slg. 2006, I-923 = juris Rn. 49; *EuGH*, 23.02.2006 – C-513/03, Slg. 2006, I-1957 = juris Rn. 47; *EuGH*, 07.09.2006 – C-470/04, Slg. 2006, I-7409 = juris Rn. 44; *EuGH*, 03.10.2006 – C-290/04, BStBl. II 2007, 352 = juris Rn. 54; *EuGH*, 12.12.2006 – C-374/04, Slg. 2006, I-11673 = juris Rn. 52; *EuGH*, 14.12.2006 – C-170/05, Slg. 2006, I-11949 = juris Rn. 44; *EuGH*, 13.03.2007 – C-524/04, Slg. 2007, I-2107 = juris Rn. 49; *EuGH*, 07.11.2013 – C-322/11, ABl EU Nr. C 9 (2014), 3 = juris Rn. 41; *EuGH*, 23.01.2014 – C-164/12, ABl EU C 93 (2014), 6 = juris Rn. 47; *EuGH*, 17.09.2015 – C-589/13, ABl EU Nr. C 371 (2015), 4 = juris Rn. 68.

dd) Auslegung durch nationales Recht

Ergibt sich keine vorrangige Auslegungsquelle nach vorstehenden Rechtsquellen oder rekurriert der Abkommenswortlaut explizit – wie bspw. in Art. 6 Abs. 2 Satz OECD-MA – auf das nationale Recht, so können auslegungsbedürftige Begriffe des Abkommens auch nach innerstaatlichem Verständnis ausgelegt werden. Berücksichtigungsfähig ist hier die gesamte Rechtsordnung und nicht nur das jeweilige Steuerrecht. Jedoch werden sich häufig Begrifflichkeiten nur unter Heranziehung der entsprechenden nationalen Steuernormen und dem dahinter liegenden Verständnis auslegen lassen. Hierauf wird bei der nachfolgenden Untersuchung der für Berufssportler relevanten abkommensrechtlichen Normen noch genauer einzugehen sein. Probleme wirft allerdings die Verweisung auf innerstaatliches Recht dadurch auf, dass nationales Recht sich im Laufe der Zeit ändern kann und relativ verlässlich auch ändert und damit eine Divergenz zwischen dem Willen der Vertragsstaaten bei Abschluss des Doppelbesteuerungsabkommens und der aktuellen Gesetzeslage eintreten kann. Diese dahinter liegende Rechtsfrage der Zulässigkeit dynamischer Verweisungen ist weitestgehend umstritten.[1055] Nachdem sich die gleiche Fragestellung aber auch im Hinblick auf das OECD Musterabkommen bzw. den hierzu ergangenen Kommentar stellt und dort intensiv diskutiert wird, soll auch die Würdigung hierzu im Rahmen dieser Untersuchung erst an dieser Stelle erfolgen.[1056]

b) Bedeutung des OECD Musterabkommens und des Kommentars zum OECD-MA für die Auslegung

Nicht nur dann, wenn die Vertragsstaaten Mitglied der OECD sind, entfaltet das OECD Musterabkommen sowie der dazu ergangene Musterkommentar maßgebliche Bedeutung. So hat etwa der BFH schon für das DBA Schweiz 1931/57 im Hinblick auf die Auslegung auf das OECD Musterabkommen verwiesen, obwohl dieses Abkommen noch nicht einmal auf der Grundlage des OECD Musterabkommens geschlossen wurde.[1057] Andererseits ließ der BFH aber auch zeitlich nach Abschluss des Abkommens liegende Änderungen des OECD Musterabkommens bei der Auslegung unberücksichtigt.[1058] Dies wirft die Frage auf, welche rechtliche Qualität dem OECD Musterabkommen bzw. dem dazu ergangenen Kommentar beizumessen ist

---

1055 Vgl. allgemein zur Zulässigkeit dynamischer Satzungsverweisungen bereits *Reichenberger*, Das Verbot dynamischer Satzungsverweisungen, http://sportrecht.org/cms/upload/01grundlagen/02/Reichenberger_Dynamische_Satzungsverweisungen.pdf.

1056 Vgl. dazu nachfolgend unter Kapitel 2.III.2.b)dd).

1057 *BFH*, 27.07.1965 – I 110/63 S, BStBl. III 1966, 24 = juris Rn. 29, 34; *BFH*, 22.03.1966 – I 65/63, BStBl. III 1966, 463 = juris Rn. 13; anders allerdings zum ehemaligen DBA Italien *BFH*, 15.09.1971 – I R 202/67, BStBl. II 1972, 281 = juris Rn. 24ff.

1058 *BFH*, 19.05.2010 – I B 191/09, BStBl. II 2011, 156 = juris Rn. 38; *BFH*, 24.03.1998 – I R 49/96, BStBl. II 1998, 649 = juris Rn. 17.

und welche Bedeutung diesen Quellen dann für die Auslegung der Doppelbesteuerungsabkommen zukommt.

aa) Rechtsnatur des OECD Musterabkommens

Im Gegensatz zu einem zwischen Vertragsstaaten abgeschlossenen Doppelbesteuerungsabkommen ist dem OECD Musterabkommen gerade nicht die Rechtsqualität eines völkerrechtlichen Vertrages beizumessen.[1059] Vielmehr ist es gem. Art. 5 lit. b) OECD Satzung lediglich als Empfehlung des Rates der OECD[1060] an dessen Mitgliedsstaaten zu verstehen.[1061] Teilweise haben Mitgliedsstaaten Vorbehalte angemeldet. Vielfach folgen aber die Mitgliedsstaaten der Empfehlung des Rates der OECD und übernehmen das Muster[1062] ohne gravierende Änderungen in die von ihnen mit anderen OECD Mitgliedsstaaten aber auch mit Drittstaaten abgeschlossenen Doppelbesteuerungsabkommen.

bb) Rechtsnatur des Musterkommentars zum OECD Musterabkommen

Auch dem Musterkommentar zum OECD Musterabkommen ist ausschließlich der Charakter einer Empfehlung des OECD Fiskalausschusses[1063] an die Mitgliedsstaaten beizumessen.[1064] Er ist folglich als Erläuterung der OECD zu der von dieser erarbeiteten Musterabkommen zu verstehen.[1065] Etwas anderes gilt ausnahmsweise dann, wenn dies im Doppelbesteuerungsabkommen explizit vereinbart wurde.[1066] Auch im Hinblick auf den Musterkommentar können die einzelnen Mitgliedsstaaten Bemerkungen oder Vorbehalte zu einzelnen Nummern des Musterkommentars äußern. Bereits diese Möglichkeit bestätigt die Rechtsqualität einer Empfehlung. Denn bei einer bindenden Wirkung bedürfte es weder einer Bemerkung noch eines Vorbehalts. Andererseits manifestiert sich hierin aber auch die allgemeine Absicht der Mitgliedsstaaten den Empfehlungen zu folgen.[1067]

1059 *Mellinghoff*, in: *Vogel/Reimer/Rust* (Hrsg.), Zum 75. Geburtstag von Prof. Dr. Dr. h.c. Franz Wassermeyer, 2015, S. 35, 35f.

1060 Der Rat der OECD (Organisation für wirtschaftliche Zusammenarbeit und Entwicklung) ist das oberste Entscheidungsorgan und setzt sich aus je einem Vertreter der Mitgliedsländer sowie einem Vertreter der Europäischen Kommission zusammen.

1061 Das Musterabkommen vom 30.07.1963 wurde mehrmals, zuletzt aber mit dem Update 2014 (15.07.2014) geändert.

1062 *Debatin*, DStR 1992 Beihefter zu Heft 23, 1, 6.

1063 Zur OECD etwa *Lang*, ÖStZ 2006, 203.

1064 *Schönfeld/Schönfeld/Häck*, Systematik der Doppelbesteuerungsabkommen Rn. 27 mwN. und Rn. 61; *Wassermeyer/Wassermeyer*, Vor Art. 1 OECD-MA Rn. 34; *Koblenzer*, IStR 2012, 872, 874.

1065 *Debatin*, DStR 1992 Beihefter zu Heft 23, 1, 6.

1066 *Schönfeld/Schönfeld/Häck*, Systematik der Doppelbesteuerungsabkommen Rn. 97; *Gosch/Kroppen/Grotherr/Henkel*, Grundlagen, Abschnitt 4 Rn 40.

1067 So auch *Wassermeyer/Wassermeyer*, Vor Art. 1 OECD-MA Rn. 34.

cc) Bedeutung der beiden Rechtsquellen für die Auslegung

Sowohl das OECD Musterabkommen als auch der Musterkommentar können ausweislich der ihnen von der OECD beigemessenen Bedeutung lediglich als Empfehlungen verstanden werden.[1068] Die Mitgliedsstaaten der OECD sind gem. Art. 18 lit. b) OECD-Verfahrensordnung lediglich zur Überprüfung verpflichtet, ob die empfohlenen Maßnahmen angebracht sind.[1069] Eine weitergehende Verpflichtung dahingehend, diese Quellen bei der Auslegung heranzuziehen, besteht indes nicht.[1070] Eine Ausnahme hiervon ist nur dann anzunehmen, wenn das Doppelbesteuerungsabkommen direkt auf den OECD Musterkommentar verweist. Im DBA Österreich etwa findet sich in Art. 16 des Protokolls eine Verweisung auf den Kommentar und damit eine gesetzliche Grundlage dafür, die Bestimmungen des Doppelbesteuerungsabkommens im Zweifel anhand des Musterkommentars auszulegen. Dennoch misst die Rechtsprechung beiden Quellen regelmäßig größere Bedeutung bei der Auslegung bei, so dass eine eingehendere Untersuchung angezeigt erscheint.[1071] Während dies pragmatisch leicht damit zu begründen ist, dass die Mehrzahl der Abkommen auf dem OECD Musterabkommen basiert und nur in den Einzelheiten ggf. davon abgewichen wurde[1072], gestaltet sich die dogmatische Begründung durchaus schwieriger.

(1) Einordnung des OECD Musterabkommens und des Musterkommentars in den Auslegungskanon

Nach den obigen Ausführungen zu den Auslegungsgrundsätzen kommt eine Berücksichtigung des OECD Musterabkommens sowie des Musterkommentars nur dann in Betracht, wenn diese Rechtsquellen über das WÜRV Eingang in die Auslegung finden.[1073] Nachdem sich die Rechtsprechung auf das Ergebnis konzentriert und eine dogmatische Herleitung vermissen lässt, ist in der Literatur ein sehr breites Spektrum an unterschiedlichen Auffassungen hierzu zu finden.[1074] Dies rechtfertigt eine genauere Untersuchung an dieser Stelle.

Nach überwiegender Ansicht in der Literatur wird dabei eine Berücksichtigung als „ergänzendes Auslegungsmittel" („supplementary means of interpretation")

1068 Statt aller *Schönfeld/Schönfeld/Häck*, Systematik der Doppelbesteuerungsabkommen Rn. 61.

1069 *Hahn/Weber*, Die Organisation for Economic Co-operation and Development, S. 99; *Guillaume*, in: Le Centre national de la recherche scientifique (Hrsg.), Annuaire Français de Droit International, 1979, S. 75; *Vogel/Lehner/Lehner*, Grundlagen des Abkommensrechts Rn. 124b.

1070 *Gosch/Kroppen/Grotherr/Henkel*, Grundlagen, Abschnitt 4 Rn. 40.

1071 Für eine größere Bedeutung bspw. auch *Jirousek*, SWI 1998, 112, 113 mwN.

1072 *Lang*, IStR 2011, 403, 404.

1073 *Gosch/Kroppen/Grotherr/Lüthi*, Vorbem. zum OECD Musterabkommen Rn. 17.

1074 *Gosch/Kroppen/Grotherr/Lüthi*, Vorbem. zum OECD Musterabkommen Rn. 16, 18.

iSd. Art. 32 WÜRV verneint.[1075] Zurecht wird hierbei darauf verwiesen, dass vorbereitende Arbeiten im Sinne der Norm solche sind, die entweder von den Vertragsstaaten anlässlich des Doppelbesteuerungsabkommens entworfen wurden[1076] oder doch – anders als das OECD Musterabkommen bzw. der Musterkommentar hierzu – nicht allgemein bekannt oder leicht zugänglich sind.[1077] Aber auch wenn man die ergänzenden Auslegungsmittel über die nicht abschließende Formulierung „insbesondere" weiter versteht und beide Quellen hierunter subsumiert[1078], ist *Wassermeyer* darin zuzustimmen, dass diese Einordnung für das Auslegungsergebnis regelmäßig irrelevant sein wird. Denn die Ratio des Art. 32 WÜRV verlangt eine Heranziehung der ergänzenden Auslegungsmittel nur für den Fall, dass der auszulegende Begriff auch nach Anwendung des Art. 31 WÜRV noch mehrdeutig oder unklar bleibt oder eine solche Auslegung zu einem offensichtlich sinnwidrigen Ergebnis führt.[1079] Ob eine derartige nachrangige Bedeutung von den Vertragsparteien intendiert war, ist äußerst zweifelhaft.[1080]

Die Auslegungsregel des Art. 31 WÜRV erlaubt nach dessen Absatz 3 die Berücksichtigung von „späteren Übereinkünften" (lit. a)), „späteren Übungen" (lit. b)) und „einschlägige Vökerrechtssätze (lit. c)). Im Ergebnis führt die Auslegung über Art. 31 Abs. 3 WÜRV zu einer authentischen Auslegung, d.h. einer solchen durch die Vertragsparteien selbst.[1081] Die Übereinkunft iSd. Art. 31 Abs. 3 lit. a) WÜRV muss nach dem insoweit eindeutigen Wortlaut der Norm von den Vertragsparteien stammen. Erforderlich wäre folglich, dass das OECD Musterabkommen bzw. der Musterkommentar hierzu von den Parteien des jeweiligen Doppelbesteuerungsabkommens herrührt.[1082] Hiergegen spricht zum einen, dass Doppelbesteuerung regelmäßig nicht nur zwischen OECD Mitgliedsstaaten abgeschlossen werden. Zum anderen ist aber insbesondere zu berücksichtigen, dass keine Identität der

1075 A.A. *Mössner*, in: *Böckstiegel* (Hrsg.), Völkerrecht, Recht der Internationalen Organisationen, Weltwirtschaftsrecht, 1988, S. 411, 412; *Tipke/Kruse/Drüen*, § 2 AO Rn. 42 mwN.; *Pohl*, RIW 2012, 677, 768.

1076 *Gloria*, Das steuerliche Verständigungsverfahren und das Recht auf diplomatischen Schutz, 1988, S. 91; *Prokisch*, SWI 1994, 52, 53.

1077 *Vogel/Lehner/Lehner*, Grundlagen des Abkommensrechts Rn. 125b.

1078 So etwa *Gosch*, ISR 2013, 87, 91; *Gosch*, in: *Lüdicke/Blumenberg* (Hrsg.), Vermeidung der Doppelbesteuerung und ihre Grenzen, 2013, S. 12, 12 f.; *Mössner*, in: *Böckstiegel* (Hrsg.), Völkerrecht, Recht der Internationalen Organisationen, Weltwirtschaftsrecht, 1988, S. 411, 411 f.; *Lang*, in: *Gassner* (Hrsg.), Aktuelle Entwicklungen im internationalen Steuerrecht, 1994, S. 11, 15 f.

1079 *Wassermeyer/Wassermeyer*, Vor Art. 1 OECD-MA Rn. 38; *Avery Jones*, BFID 2002, 102, 102 f.; *Lang*, ÖStZ 2006, 203, 205; *Osterhelt*, ASA 80 (2011/2012), 373, 379.

1080 So auch *Vogel/Lehner/Lehner*, Grundlagen des Abkommensrechts Rn. 125b.

1081 Vgl. hierzu etwa *Frotscher*, Internationales Steuerrecht, 4. Aufl. (2015) Rn. 337; *Heintschel von Heinegg*, in: *Ipsen/Menzel* (Hrsg.), Völkerrecht, 2014, § 12 Rn. 2.

1082 *Lang*, in: *Gassner* (Hrsg.), Aktuelle Entwicklungen im internationalen Steuerrecht, 1994, S. 11, 25 mwN.

Parteien vorliegt.[1083] Werden Doppelbesteuerungsabkommen zwischen den Mitgliedsstaaten abgeschlossen, so handelt es sich bei dem OECD Musterabkommen bzw. dem Musterkommentar, wie bereits dargelegt, lediglich um eine Empfehlung der OECD, welche als internationale Vereinigung eigenständiges Rechtssubjekt ist. Hiergegen kann nach zutreffender Auffassung auch nicht eingewendet werden, dass die Mitgliedsstaaten über die jeweiligen Gremien der OECD – insbesondere dem Rat – an der Erstellung oder Überarbeitung der Empfehlungen mitwirken.[1084] Dies bereits deshalb, weil nicht alle an Doppelbesteuerungsabkommen beteiligten Staaten auch in der OECD vertreten sind sowie andernfalls eine unzulässige Rechtssubjektsvermischung stattfinden würde.[1085] Weiter streitet für diese Auffassung der Wortlaut, der eine spätere Übereinkunft erfordert, so dass bei jüngeren Doppelbesteuerungsabkommen – je nach Anknüpfung an das OECD Musterabkommen oder den Musterkommentar – vor diesem abgeschlossen sein müssten. Nur dann könnte das OECD Musterabkommen oder der Musterkommentar eine „spätere" Übereinkunft sein. Dies birgt aufgrund der regelmäßigen Updates des Musterkommentars die Gefahr nicht unerhebliche Rechtsunsicherheit. Nicht gefolgt werden könnte weiter einer Auffassung, die die beiden Quellen als „spätere Übung" iSd. Art. 31 Abs. 3 lit. b) WÜRV begreift. Denn OECD Musterabkommen bzw. Musterkommentar sind gerade keine Übung in diesem Sinne, sie können – wie etwa *Vogel* zutreffend anmerkt – lediglich dazu beitragen, dass eine solche Übung entsteht.[1086] Schließlich können OECD Musterabkommen bzw. Musterkommentar wohl auch nicht als einschlägiger Völkerrechtssatz iSd. Art. 31 Abs. 3 lit. c) WÜRV verstanden werden.[1087]

Im Gegensatz zu Art. 31 Abs. 3 WÜRV regelt Art. 31 Abs. 2 WÜRV im Hinblick auf die grammatikalische Auslegung die Einbeziehung von sich auf den Vertrag beziehenden „Übereinkünften" der Vertragsparteien (Art. 31 Abs. 2 lit. a) WÜRV) sowie von „Urkunden", die die Vertragsparteien als auf den Vertrag beziehend angenommen haben (Art. 31 Abs. 2 lit. b) WÜRV). Beide Quellen müssen expressis verbis „anlässlich des Vertragsschlusses" abgefasst worden sein. Auch wenn es sich bei den „Übereinkünften" iSd. Abs. 2 lit. a) WÜRV – im Gegensatz zu Abs. 3 lit. a) WÜRV – nicht um zeitlich nachgehende Übereinkünfte handeln muss, so gilt doch

1083 *Lang*, in: *Gassner* (Hrsg.), Aktuelle Entwicklungen im internationalen Steuerrecht, 1994, S. 11, 25.

1084 Ähnlich *Lang*, ÖStZ 2006, 203, 208; *Avery Jones*, ET 1993, 252, 255 f.; a.A. wohl *Wichmann*, FR 2011, 1082, 1083.

1085 Angedeutet bei *Lang*, ÖStZ 2006, 203, 208; ebenfalls bei *Frotscher*, Internationales Steuerrecht, 4. Aufl. (2015), S. 126.

1086 *Lang*, ÖStZ 2006, 203, 208. *Lampert*, in: *Lang/Pistone/Schuch u. a.* (Hrsg.), The impact of the OECD and UN model conventions on bilateral tax treaties, 2014, S. 466, 470; im Ergebnis ebenso *Gosch*, ISR 2013, 87, 91, der allerdings darauf abstellt, dass es sich lediglich um das Meinungsbild der beteiligten Fisci handelt.

1087 Zustimmend *Ribes*, intertax 2010, 21, 25.

auch hier das oben Gesagte.[1088] Will man mit *Jirousek*[1089] auch stillschweigende Übereinkünfte anerkennen, so ist doch einzuwenden, dass das OECD Musterabkommen bzw. der Musterkommentar gerade nicht anlässlich des Vertragsschlusses getroffen wurden, insbesondere auch für den Fall, dass die Vertragsparteien diese Quellen – entsprechend der Intention der OECD – lediglich als Empfehlung behandeln wollten und behandeln.[1090]

Schließlich wird – soweit ersichtlich wird dies auch nicht vertreten – das OECD Musterabkommen bzw. der Musterkommentar nicht als „Urkunde" der Vertragsstaaten anlässlich des Vertragsabschlusses eingeordnet werden können.[1091] So mangelt es bereits an der Abfassung durch die Vertragsstaaten.[1092]

Allerdings kann dem OECD Musterabkommen bzw. dem Musterkommentar eine „besondere Bedeutung" („special meaning") iSd. Art. 31 Abs. 4 WÜRV bei der Auslegung zugemessen werden.[1093] Dies erfordert jedoch, dass die Vertragsparteien eine solche besondere Bedeutung auch beabsichtigt haben. Wollten die Vertragsparteien den Empfehlungen der OECD folgen, so ist von einer solchen Bedeutung auszugehen.[1094] Folglich ist dann, wenn die Formulierungen des OECD Musterabkommens in das abzuschließende Doppelbesteuerungsabkommen übernommen werden, von einem solchen Bedeutungszusammenhang auszugehen.[1095]

Teilweise wird auch vertreten, dass dem OECD Musterabkommen bzw. dem Musterkommentar die Qualität beizumessen ist, dass seine Begrifflichkeiten die „gewöhnliche Bedeutung" („ordinary meaning") iSd. Art. 31 Abs. 1 WÜRV der jeweiligen Begrifflichkeiten des Doppelbesteuerungsabkommens beschreiben.[1096]

1088 Ebenso *Wassermeyer/Wassermeyer*, Vor Art. 1 OECD-MA Rn. 41 sowie *Avery Jones*, ET 1993, 252, 255f.

1089 *Jirousek*, SWI 1998, 112, 113.

1090 *Wassermeyer/Wassermeyer*, Vor Art. 1 OECD-MA Rn. 41; *Ault*, intertax 1994, 144, 145; a.A. *Wichmann*, FR 2011, 1082, der aus der Möglichkeit von Vorbehalten und Bemerkungen dem Musterabkommen/Musterkommentar größere Gewichtung einräumen möchte.

1091 *Ault*, intertax 1994, 144, 145; *Lang*, in: *Gassner* (Hrsg.), Aktuelle Entwicklungen im internationalen Steuerrecht, 1994, S. 11, 17f.; *Ribes*, intertax 2010, 21, 24; *Vogel*, BIFD 2000, 612, 614; *Provodová*, in: *Schilcher/Weninger* (Hrsg.), Fundamental issues and practical problems in tax treaty interpretation, 2008, S. 139, 147.

1092 *Vogel/Lehner/Lehner*, Grundlagen des Abkommensrechts Rn. 125a; *Wassermeyer/Wassermeyer*, Vor Art. 1 OECD-MA Rn. 41; *Ribes*, intertax 2010, 21, 24.

1093 *Lang*, IWB 2011, 281, 285.

1094 Vgl. nur *Wassermeyer/Wassermeyer*, Vor Art. 1 OECD-MA Rn. 38; *Ault*, intertax 1994, 144, 146f.; *Vogel*, BIFD 2000, 612, 614f.; *Schaumburg*, Internationales Steuerrecht, 3. Aufl. (2011) Rn. 16.76; *Vogel/Lehner/Lehner*, Grundlagen des Abkommensrechts Rn. 126a mwN.

1095 Zu den Folgen für die Auslegung vergleiche nachfolgend unter Kapitel 2.III.3.b).

1096 *Prokisch*, SWI 1994, 52, 58; *Vogel/Lehner/Lehner*, Grundlagen des Abkommensrechts Rn. 126; ablehnend wohl *Ribes*, intertax 2010, 21, 25; *Gloria*, Das steuerliche Verständigungsverfahren und das Recht auf diplomatischen Schutz, 1988, S. 89.

Verwenden die Vertragsstaaten diese Begrifflichkeiten, so sind sie sich bewusst, dass diesen diejenige Bedeutung beikommt, die der Musterkommentar vorsieht.

Ob die exakte dogmatische Einordnung auf Art. 31 Abs. 1 oder Abs. 4 WÜRV gestützt wird, hat m.E. für das Auslegungsergebnis wenig Bedeutung und kann daher an dieser Stelle auch dahinstehen. Beide Anknüpfungstatbestände bedingen eine primäre Berücksichtigung des OECD Musterabkommens bzw. des Musterkommentars im Rahmen der Auslegung.[1097] Insofern ist Ward darin beizupflichten, dass auch allgemein von einem „legal context" gesprochen werden kann, der dem auszulegenden Doppelbesteuerungsabkommen zu Grunde liegt.[1098]

(2) Auswirkung dieser Einordnung auf die Auslegung

Nach vorstehenden Befund lässt sich die Auslegung von Doppelbesteuerungsabkommen unter Berücksichtigung der OECD Musterabkommen bzw. des Musterkommentars über Art. 31 Abs. 1 bzw. Abs. 4 WÜRV dogmatisch begründen. Folglich kann das OECD Musterabkommen insbesondere im Rahmen einer grammatikalischen oder systematischen Auslegung primär herangezogen werden, während der Musterkommentar regelmäßig eher im Rahmen einer grammatikalischen bzw. teleologischen Auslegungsmethode, aber dennoch als primäres Auslegungsmittel Berücksichtigung finden wird.[1099] Führt die Auslegung über das OECD Musterabkommen bzw. den Musterkommentar zu keinem Erfolg, so ist auf die oben beschriebenen weiteren Auslegungsmittel, final auf das nationale Recht, zu rekurrieren.[1100]

Soweit ersichtlich konnte der BFH in seiner bisherigen Judikatur eine konkrete dogmatische Einordnung bislang vermeiden. Während er sich in einigen Entscheidungen damit begnügen, konnte, ein bereits gefundenes Ergebnis mit der entsprechenden Auslegung des Musterkommentars zu bekräftigen[1101], führte er in anderen Entscheidungen den Wortlaut des OECD Musterabkommens[1102] bzw. des Musterkommentars[1103] für eine Auslegung an, ohne die Zulässigkeit dieser Auslegung zu thematisieren.

1097 So etwa auch *Pohl*, RIW 2012, 677, 678f.; *Osterhelt*, ASA 80 (2011/2012), 373, 380.

1098 *Ward*, BIT 2006, 97, 99 mit Verweis auf *Supreme Court of Canada*, 22.06.1995–95 TDC 5389.

1099 Für die Einordnung als primäres Auslegungsmittel auch *Schaumburg*, Internationales Steuerrecht, 3. Aufl. (2011) Rn. 16.76.

1100 *Frotscher*, Internationales Steuerrecht, 4. Aufl. (2015), S. 124.

1101 *BFH*, 14.09.1994 – I R 116/93, BFHE 176, 125 = juris Rn. 15; *BFH*, 22.06.2011 – I R 103/10, BFHE 234, 174 = juris Rn. 16; *BFH*, 26.02.1992 – I R 85/91, BFHE 168, 52 = juris Rn. 21; *Gosch*, ISR 2013, 87, 91 sieht hierin aber eine Einordnung unter Art. 32 WÜRV.

1102 *BFH*, 10.07.1996 – I R 4/96, BFHE 181, 158 = juris Rn. 12; *BFH*, 26.02.1992 – I R 85/91, BFHE 168, 52 = juris Rn. 21.

1103 *BFH*, 18.12.2002 – I R 96/01, BFH/NV 2003, 1152 = juris Rn. 35.

(3) Einschränkung des Auslegungsergebnisses

Die obige Einordnung erscheint dogmatisch stringent und erlaubt praxistaugliche Beurteilungen. Allerdings sind im Hinblick auf die Internationalität Besonderheiten zu berücksichtigen, die zu einem einschränkenden Ergebnis führen. Dies betrifft zum einen die Sprachfassung von Doppelbesteuerungsabkommen und OECD Musterabkommen bzw. Musterkommentar. Diese genießen zwar allgemeine Akzeptanz und stellen folglich eine wichtige Quelle der Auslegung dar.[1104] Zu berücksichtigen ist jedoch, dass das OECD Musterabkommen und der Musterkommentar offiziell lediglich in englischer[1105] und französischer[1106] Sprache publiziert werden. Eine offizielle deutsche Übersetzung existiert bspw. nicht.[1107] Rechtsunsicherheiten bei der Auslegung lassen sich daher nur durch konsequenten Rekurs auf die englische bzw. französische Originalfassung[1108] vermeiden.[1109] So hatte etwa der BFH für die Auslegung des DBA Frankreich auf die englische bzw. französische Sprachfassung des OECD Musterabkommens abgestellt.[1110] Bei der Auslegung des DBA Großbritannien hatte der BFH[1111] wie auch das Schweizer Bundesverwaltungsgericht für die Auslegung des DBA USA auf die englische Fassung des Musterkommentars abgestellt.[1112]

Eine weitere Einschränkung kann sich über die beteiligten Staaten ergeben. Nicht alle Staaten sind Mitglied der OECD, so dass im Hinblick auf die Bedeutung des OECD Musterabkommens bzw. Musterkommentars für die Auslegung dahingehend zu unterscheiden ist, ob die Vertragsparteien Mitglied der OECD sind oder nicht.

Sind beide Vertragsparteien Mitglied der OECD, so ist weiter danach zu unterscheiden, ob der auszulegende Vertragstext dem OECD Musterabkommen entspricht. In diesem Fall können OECD Musterabkommen und Musterkommentar für die Auslegung herangezogen werden.[1113] Weicht das auszulegende Abkommen aber vom OECD Musterabkommen ab, so ist *Schaumburg* dahingehend beizupflichten,

---

1104 *Gosch/Kroppen/Grotherr/Henkel*, Grundlagen, Abschnitt 4 Rn. 42.

1105 OECD-MA 2010: Model Tax Convention on Income and on Capital – Condensed Version (July 2010).

1106 OECD-MA 2010: Modèle de convention fiscale concernant le revenu et la fortune: Version abrégée (juillet 2010).

1107 Lediglich zum OECD-MA 2003 hatte das BMF eine deutsche Übersetzung publiziert (*BMF*, 18.02.2004 – IV B 6-S 1315–8/04, BStBl. I 2004, 286 = juris).

1108 Zwischen beiden Sprachfassungen besteht grds. Gleichrangigkeit; *Lang*, IStR 2011, 403, 409; *Schönfeld/Schönfeld/Häck*, Systematik der Doppelbesteuerungsabkommen Rn. 28.

1109 *Lang*, IStR 2011, 403, 406 ff. mit Verwies auf Art. 33 WÜRV; *Schönfeld/Schönfeld/Häck*, Systematik der Doppelbesteuerungsabkommen Rn. 28 mwN.

1110 *BFH*, 12.10.2011 – I R 15/11, BStBl. II 2012, 548 = juris Rn. 14.

1111 *BFH*, 14.09.1994 – I R 116/93, BFHE 176, 125 = juris Rn. 15.

1112 *Bundesverwaltungsgericht der Schweiz*, 21.01.2010 – A 7789/2009, BVGE 2010/7, 85.

1113 *Vogel/Lehner/Lehner*, Grundlagen des Abkommensrechts Rn. 130; *Wassermeyer/Wassermeyer*, Vor Art. 1 OECD-MA Rn. 51 mit Verweis auf *Schaumburg*, Internationales Steuerrecht, 3. Aufl. (2011) Rn. 16.77, der m.E. aber nur zu den umge-

dass dann eine Vermutung insoweit für einen abweichenden Bedeutungsinhalt spricht.[1114] In dieser Linie ist auch die Rechtsprechung zu sehen. So hat etwa der BFH die Auslegung anhand des Musterkommentars für einen Fall in Zweifel gezogen, bei welchen der Wortlaut wesentlich vom Vertragstext abwich.[1115] Evident ist dies dann, wenn die Vertragsstaaten durch Notifizierung[1116] ihrer Vorbehalte gegenüber den OECD Musterabkommen oder Bemerkungen gegen den Musterkommentar ihre abweichende Auffassung zum Ausdruck gebracht haben.[1117] Der hiergegen in der Literatur[1118] teilweise vertretenen Auffassung, dass selbst dann noch eine Vermutung für eine Auslegung im Sinne des OECD Musterabkommens bzw. des Musterkommentars besteht, kann nicht beigepflichtet werden. Vielmehr ist mit *Wassermeyer* vermittelt auf die konkrete Intention der Vertragsstaaten abzustellen.[1119] Sollte die abweichende Formulierung lediglich einer Besonderheit des nationalen Rechts des Vertragsstaates Rechnung tragen oder gerade eine klarstellende Regelung beinhalten, so kann das OECD Musterabkommen für die Auslegung herangezogen werden. Haben die Vertragsstaaten aber gerade deshalb eine abweichende Formulierung gewählt, weil sie sich vom OECD Musterabkommen bzw. dem Musterkommentar abgrenzen und distanzieren wollten, so würde diese Intention mit einer Auslegung anhand des OECD Musterabkommens bzw. Musterkommentars geradezu ad absurdum geführt.

Von der Berücksichtigung des OECD Musterabkommens bzw. des Musterkommentars bei der Auslegung eines Doppelbesteuerungsabkommens zwischen Mitgliedsstaaten der OECD zu unterscheiden ist die Konstellation, dass mindestens einer der Vertragsstaaten nicht Mitgliedsstaat der OECD ist. Hier kann zwar nicht per se von einer Nichtberücksichtigung der OECD Quellen ausgegangen werden, doch ist deren Bedeutung evident geringer. Folgt das Doppelbesteuerungsabkommen im Hinblick auf Aufbau und Formulierung dem Muster der OECD, so kann dies regelmäßig auch für die Auslegung des konkreten Abkommens zu Rate gezogen und auf den Musterkommentar zurückgegriffen werden.[1120] Weicht der konkrete Vertragstext indes vom Musterabkommen der OECD ab, so kann

---

kehrten Fall Stellung nimmt; *Günkel/Lieber*, FR 2000, 853, 857; *Lang*, in: *Gassner* (Hrsg.), Aktuelle Entwicklungen im internationalen Steuerrecht, 1994, S. 11, 23.

1114 *Schaumburg*, Internationales Steuerrecht, 3. Aufl. (2011) Rn. 16.77.

1115 *BFH*, 29.04.1992 – I B 12/92, BStBl. II 1992, 645 = juris Rn. 15.

1116 Zur Notifizierung etwa *Schönfeld/Schönfeld/Häck*, Systematik der Doppelbesteuerungsabkommen Rn. 34.

1117 *Vogel/Lehner/Lehner*, Grundlagen des Abkommensrechts Rn. 124b mwN; *Canadian Federal Court of Appeal*, 26.02.2009 – DTC 5053, para 10, 11 und 12; *Ribes*, intertax 2010, 21, 23; *Favi/Parolini*, BIT 2010, 429, 433.

1118 *Vogel/Lehner/Lehner*, Grundlagen des Abkommensrechts Rn. 132.

1119 *Wassermeyer/Wassermeyer*, Vor Art. 1 OECD-MA Rn. 51.

1120 *Wassermeyer/Wassermeyer*, Vor Art. 1 OECD-MA Rn. 54, 57; *Vogel/Lehner/Lehner*, Grundlagen des Abkommensrechts Rn. 134; *Schaumburg*, Internationales Steuerrecht, 3. Aufl. (2011) Rn. 16.78.

im Rahmen der Auslegung nur dann darauf zurückgegriffen werden, wenn die konkreten Umstände des Einzelfalls eine solche Auslegung nahelegen. Von Bedeutung ist hierbei, dass auch Nichtmitglieder der OECD mit Vorbehalten gegen das Musterabkommen bzw. Bemerkungen gegen den Musterkommentar Position beziehen können.[1121]

dd) „Statischer" oder „dynamischer" Auslegungsmaßstab der OECD Rechtsquellen

Höchst umstritten ist im Zusammenhang mit der Berücksichtigung von OECD Musterabkommen und Musterkommentar im Rahmen der Auslegung eines Doppelbesteuerungsabkommens die Frage, ob das OECD Musterabkommen bzw. der Musterkommentar zu Rate gezogen werden muss, welche zum Zeitpunkt des Abschlusses des Doppelbesteuerungsabkommens galten (sog. statische Auslegung) oder ob vielmehr die Rechtsquellen in ihrer aktuellsten Fassung berücksichtigt werden dürfen (sog. dynamische Auslegung).[1122] Die Zulässigkeit dynamischer Verweisungen ist – soweit ersichtlich – in allen Rechtsbereichen umstritten und wird teilweise unter Rekurs auf das Verfassungsrecht diskutiert.[1123]

(1) Zulässigkeit sog. „dynamischer" Auslegung

Während der Vorteil dynamischer Verweisungen, mithin die Inkorporation späterer Änderungen der Rechtsauffassung und damit die aktuellste Fassung, offen auf der Hand liegt[1124], ist deren Zulässigkeit nicht in gleicher Weise einfach zu begründen. Lediglich die OECD selbst sieht keinen Ansatzpunkt die Zulässigkeit der dynamischen Verweisung in Frage zu stellen, wenn sie in Nummer 35 der Einleitung zum OECD Musterkommentar[1125] konstatiert:

> *„However, other changes or additions to the Commentaries are normally applicable to the interpretation and application of conventions concluded before their adoption, because they reflect the consensus of the OECD member countries as to the proper interpretation of existing provisions and their application to specific situations."*

Auch in der Rechtsprechung finden sich vereinzelt Entscheidungen, die den OECD Musterkommentar in der jeweils aktuellen Fassung angewendet haben. So hatte etwa der BFH bei der Frage nach der Auslegung der 183-Tage Regelung gem.

1121 *Vogel/Lehner/Lehner*, Grundlagen des Abkommensrechts Rn. 134 mit Verweis auf *Special Commissioners*, 19.02.2008, 10 ITL Rep 574, 605.

1122 Vgl. dazu nur *Mellinghoff*, in: *Vogel/Reimer/Rust* (Hrsg.), Zum 75. Geburtstag von Prof. Dr. Dr. h.c. Franz Wassermeyer, 2015, S. 35, 42.

1123 *Coelln*, § 17a BVerfGG Rn. 167 ff.; *Stelkens/Bonk/Sachs/Stelkens*, § 37 VwVfG Rn. 38 sowie für den Bereich des Strafrechts etwa *BVerfG*, 19.07.2017–2 BvL 4/17, juris Rn. 10 ff.

1124 Vgl. dazu statt aller *Lang*, IStR 2007, 606.

1125 Dies gilt selbst für den Entwurf zum Update 2017, abrufbar unter: http://www.oecd.org/ctp/treaties/draft-contents-2017-update-oecd-model-tax-convention.pdf.

Art. 13 Abs. 4 Nr. 1 DBA Frankreich den Musterkommentar für die Begründung herangezogen, obwohl diese Kommentierung erst nach dem Abschluss des DBA Frankreich bzw. des Zusatzprotokolls in den Musterkommentar aufgenommen wurde.[1126] Der BFH rechtfertigt in seiner Entscheidung die dynamische Verweisung dadurch, dass die Ergänzung des Musterkommentars in zeitlicher Nähe zum Abschluss des deutsch-französischen Zusatzabkommens stünde.[1127] In der Entscheidung vom 08.04.1997 erachtet der BFH ebenfalls eine dynamische Auslegung für zulässig, ohne diese Auffassung jedoch zu begründen.[1128] Anders hingegen in der Entscheidung vom 18.07.2001, in welcher der BFH explizit auf die stattgefundene Fortentwicklung des Künstlerbegriffs iSd. Art. 17 OECD Musterabkommen rekurriert[1129], sowie dieses Urteil bestätigend mit Entscheidung vom 18.02.2002 zum Arbeitnehmerbegriff iSd. Art. 15 OECD Musterabkommen.[1130] Schließlich hat der BFH auch in den Entscheidungen vom 26.02.1992, 14.09.1994, 10.07.1996 und 22.06.2011 eine dynamische Auslegung gebilligt, ohne jedoch die Frage der Zulässigkeit einer solchen Auslegung zu hinterfragen.[1131] Auch in der US Rechtsprechung wird die dynamische Verweisung für zulässig erachtet. So hatte etwa der US Court of Appeals (2nd Circuit) in der Rechtsache US v. Burbank das jüngere OECD Musterabkommen für die Auslegung des DBA USA-Kanada herangezogen.[1132] Die deutsche[1133] wie auch die österreichische[1134] Finanzverwaltung bekennen sich ebenfalls zur dynamischen Auslegung.

Weiter kann für die Zulässigkeit einer dynamischen Auslegung angeführt werden, dass verschiedene DBA explizit eine dynamische Verweisung enthalten. So findet sich bspw. in Nr. 3 des Protokolls zum DBA Ungarn die Vereinbarung dahin, dass Art. 5 und 7 des Abkommens „unter Hinzuziehung des Kommentars des derzeitigen OECD Musterabkommens zu den Artikeln 5 und 7“ erfolgen sollen. „Wird der Kommentar in Zukunft von der OECD überarbeitet, sind die Artikel 5 und 7 [...] gemäß dem überarbeiteten Kommentars auszulegen, vorausgesetzt, dass dies dem

---

1126 *BFH*, 12.10.2011 – I R 15/11, BStBl. II 2012, 548 = juris Rn. 14; *Pohl*, RIW 2012, 677, 679.

1127 *BFH*, 12.10.2011 – I R 15/11, BStBl. II 2012, 548 = juris Rn. 14.

1128 *BFH*, 08.04.1997 – I R 51/96, BStBl. II 1997, 679 = juris Rn. 13; näher hierzu bei *Mellinghoff*, in: *Vogel/Reimer/Rust* (Hrsg.), Zum 75. Geburtstag von Prof. Dr. Dr. h.c. Franz Wassermeyer, 2015, S. 35, 45.

1129 *BFH*, 18.07.2001 – I R 26/01, BStBl. II 2002, 410 = juris Rn. 10.

1130 *BFH*, 18.12.2002 – I R 96/01, BFH/NV 2003, 1152 = juris Rn. 18.

1131 *BFH*, 26.02.1992 – I R 85/91, BFHE 168, 52 = juris Rn. 21; *BFH*, 14.09.1994 – I R 116/93, BFHE 176, 125 = juris Rn. 15; *BFH*, 10.07.1996 – I R 4/96, BFHE 181, 158 = juris Rn. 12; *BFH*, 22.06.2011 – I R 103/10, BFHE 234, 174 = juris Rn. 16.

1132 Zitiert nach *Lang*, in: *Gassner* (Hrsg.), Aktuelle Entwicklungen im internationalen Steuerrecht, 1994, S. 11, 24 Fn. 60 mwN.; *Vogel/Prokisch*, CDFI 2014, 29, 31.

1133 *BMF*, 26.09.2014 – IV B 5 – S 1300/09/10003, BStBl. I 2014, 1258 Tz. 4.1.3.3.2; *BMF*, 27.12.2011 – IV C 2 – S 2770/11/10002, BStBl. II 2012, 119.

1134 *öBMF*, 27.10.1995 – Z 04 0610/286-IV/4/95, AÖFV 1995, 1030.

Abkommenstext entspricht."[1135] Eine ähnliche Formulierung findet sich in Art. 2 des Protokolls zum DBA Österreich.[1136]

Schließlich wird die Zulässigkeit einer dynamischen Auslegung auch in der Literatur vertreten.[1137] *Strunk/Kaminski* verweisen hierzu auf das Ergebnis einer Berücksichtigung der aktuellsten Fassung. Denn nur dann, wenn der geänderte Musterkommentar auch Eingang in die Auslegung von DBA findet, ist die regelmäßige Anpassung bzw. Änderung des Kommentars als sinnvoll einzustufen.[1138] Unter anderem wird für eine dynamische Auslegung vorgebracht, dass insbesondere bei älteren Doppelbesteuerungsabkommen die Feststellung der Rechtslage bei Abschluss durchaus schwierig sein kann.[1139] Weiter sei aufgrund der verschiedenen Stadien bis zum Inkrafttreten eines DBA die Festlegung des exakten Zeitpunktes für die Anknüpfung schwierig.[1140] Schließlich mache der Verweis auf innerstaatliches Recht in bestimmten Konstellationen durchaus dann Sinn, wenn es sich dabei um eine dynamische Verweisung handele. Beispielhaft verweist *Lehner* hier auf den Dividendenbegriff des Art. 10 Abs. 3 OECD-MA.[1141] *Haase* hingegen argumentiert, dass die Auslegung stets unter Berücksichtigung der jeweiligen Fassung des Musterkommentars zu erfolgen habe, da dieser dem Konsens der Parteien entspräche und folglich als weithin akzeptiertes Leitbild diene.[1142] *Lampert* schließlich führt an, dass Doppelbesteuerungsabkommen verschiedentlich dynamische Elemente – so bspw. in den Art. 3 Abs. 2, Art. 6 Abs. 2 oder Art. 10 Abs. 3 des OECD Musterabkommens nachgebildeten Artikeln – enthalten und eine dynamische Auslegung daher unter Berufung auf die Entscheidungsharmonie nahe läge.[1143] Eine weitergehende dogmatische Begründung hinsichtlich der Zulässigkeit einer solchen dynamischen Verweisung geben hingegen die wenigsten Autoren.

Soweit eine solche erfolgt, wird Art. 31 Abs. 3 lit. a) WÜRV als Rechtfertigung herangezogen und die jeweilige Fassung des Musterkommentars als spätere Überein-

---

1135 Protokoll zu dem Abkommen zwischen der Bundesrepublik Deutschland und der Republik Ungarn zur Vermeidung der Doppelbesteuerung und zur Verhinderung der Steuerverkürzung auf dem Gebiet der Steuern vom Einkommen und vom Vermögen, BGBl II (28.02.2011), 938, 939.

1136 Protokoll zwischen der Bundesrepublik Deutschland und der Republik Österreich zur Abänderung des am 24. August 2000 in Berlin unterzeichneten Abkommens zur Vermeidung der Doppelbesteuerung auf dem Gebiet der Steuern vom Einkommen und vom Vermögen, BGBl II (29.12.2010), 1210, 1211.

1137 *Jirousek*, SWI 1998, 112, 116; *Lampert*, IStR 2012, 513, 514 mit Verweis auf *Dahm/Delbrück/Wolfrum*, Völkerrecht, 2. Aufl. (2002), S. 641 mwN.

1138 *Strunk/Strunk/Kaminski*, Einführung des OECD Musterkommentars Rn. 45.

1139 *Vogel/Lehner/Lehner*, Grundlagen des Abkommensrechts Rn. 186 mit Verweis auf das bis 1992 gültige DBA Italien aus dem Jahre 1925.

1140 *Ribes*, intertax 2010, 21, 22.

1141 *Vogel/Lehner/Lehner*, Grundlagen des Abkommensrechts Rn. 186.

1142 *Haase/Haase*, Einleitung Kap. II Rn. 71; *Haase*, Internationales und Europäisches Steuerrecht, 4. Aufl. (2014), § 5 Rn. 581.

1143 *Lampert*, IStR 2012, 513, 515.

kunft der Parteien qualifiziert.[1144] *Lampert* etwa pointiert dies mit der Bindungswirkung des Musterkommentars dahingehend, dass dieser nur bei einer Berücksichtigung über Art. 31 Abs. 1 bzw. 4 WÜRV Bindungswirkung entfalten könne.[1145]

(2) Zulässigkeit sog. „statischer" Auslegung

Der dynamischen Auslegung des Musterkommentars wird hingegen vielfach entgegen gehalten, dass hierdurch dem Anwenderstaat die Möglichkeit der Abkommensänderung durch die Hintertür eingeräumt wird.[1146] Denn durch entsprechende Änderung des innerstaatlichen Rechts würde sich konsequenterweise auch die Auslegung des Abkommens ändern.[1147]

Dogmatisch ist der dynamischen Auslegung indes zu entgegen, dass die Auslegung unter Berücksichtigung des OECD Musterkommentars nur über Art. 31 Abs. 1 und 4 WÜRV zu rechtfertigen ist und daher eine Einordnung u. a. als spätere Übereinkunft ausscheiden muss.[1148] Dem liegt die Überlegung zu Grunde, dass die Parteien eines Doppelbesteuerungsabkommens einem Begriff nur diejenige Bedeutung beimessen konnten, die aus dem zum Zeitpunkt des Vertragsschlusses gültigen Musterkommentars zu entnehmen war.[1149]

Konsequenterweise ergibt sich bei nach der hier vertretenen Auffassung der Berücksichtigung über Art. 31 Abs. 1 bzw. 4 WÜRV aber auch kein Entfall der „Bindungswirkung"[1150], so dass weiter Art. 59 Abs. 2 Satz 1 GG gegen eine dynamische Auslegung zu berücksichtigen ist.[1151] Denn der Musterkommentar kann

---

1144 *Czakert*, IStR 2012, 703, 705; *Pohl*, RIW 2012, 677, 678 f.; *Wichmann*, FR 2011, 1082, 1083.

1145 *Lampert*, IStR 2012, 513, 518 und Fn. 23.

1146 *Schönfeld/Schönfeld/Häck*, Systematik der Doppelbesteuerungsabkommen Rn. 84.

1147 So in dem vom kanadischen Supreme Court entschiedenen Fall The Queen v. Melford Developments Inc., *Supreme Court of Canada*, 28.09.1982–82 DTC 6281.

1148 *Wassermeyer/Wassermeyer*, Vor Art. 1 OECD-MA Rn. 60; im Ergebnis ebenso *Schönfeld/Schönfeld/Häck*, Systematik der Doppelbesteuerungsabkommen Rn. 98.

1149 *Gosch*, ISR 2013, 87, 92; *Vogel/Lehner/Lehner*, Grundlagen des Abkommensrechts Rn. 127; *Günkel/Lieber*, FR 2000, 853, 878; *Lang*, in: *Grotherr/Altrichter-Herzberg/Abele u. a.* (Hrsg.), Handbuch der internationalen Steuerplanung, 2015, S. 1865, 1867; *Lang*, SWI 1996, 427, 428; *Gosch/Kroppen/Grotherr/Henkel*, Grundlagen, Abschnitt 4 Rn. 41; *Gemeinsamer Steuerausschuss Deutschland-Österreich-Schweiz*, SWI 2000, 576; *Koblenzer*, IStR 2012, 872, 874; *Anger/Wagemann*, IStR 2014, 611, 613.

1150 Der Begriff Bindungswirkung ist hier nicht im Sinne einer rechtlichen Verbindlichkeit zu verstehen, denn die Vertragspartner der Doppelbesteuerungsabkommen sowie die Gerichte der Vertragsstaaten sind bei der Auslegung eines DBA nicht iSd. Art. 20 Abs. 3 GG an das Musterabkommen bzw. den Musterkommentar gebunden. Dies ergibt sich bereits aus dem reinen Empfehlungscharakter dieser Quellen; s. dazu bereits oben unter Kapitel 2.III.2.b).

1151 *Frotscher*, Internationales Steuerrecht, 4. Aufl. (2015), S. 126; *Schönfeld/Schönfeld/Häck*, Systematik der Doppelbesteuerungsabkommen Rn. 97 mit Verweis auf *Kunig/Rojahn*, Art. 59 GG Rn. 64 und 67.

bereits unter Berücksichtigung dieser verfassungsrechtlichen Vorgaben nicht abkommensändernd wirken.[1152] Folglich würde eine Berücksichtigung gegen das verfassungsrechtliche Bestimmtheitsgebot verstoßen.[1153]

Zu dieser rechtlichen Würdigung gelangt im Ergebnis auch die Rechtsprechung in einigen jüngeren Entscheidungen. So hat etwa der BFH mit Urteilen vom 08.12.2010 und vom 09.02.2011 einer dynamischen Auslegung eine Absage erteilt.[1154] Während der BFH mit Urteil vom 08.12.2010 klar stellte, dass für die Frage, ob die auf Beitragsleistungen eines Arbeitnehmers zu einer Schweizer Pensionskasse beruhenden Versorgungsleistungen zu den Ruhegehältern iSd. Art. 18, 19 DBA Schweiz 1971/1992 gehören, zwar auf den Musterkommentar 1992 zurückgegriffen werden kann, nicht aber auf den jüngeren Kommentar 2005, urteilte der BFH hinsichtlich der gewerbesteuerlichen Organschaft eines in Großbritannien ansässigen Organträgers, dass für die Frage der Einkünftezurechnung nicht auf die später eingefügte Musterkommentierung zurückgegriffen werden kann. Mit weiterem Urteil vom 25.05.2011 wies der BFH sogar explizit darauf hin, dass die jüngere Auffassung des OECD Musterkommentars bei der Auslegung nicht berücksichtigt werden könne.[1155] Verschiedentlich klingt dies auch in älteren Entscheidungen so an.[1156] So etwa in der Entscheidung des BFH vom 11.10.2000, in welcher der BFH das OECD Musterabkommen zur Abgrenzung dahingehend heranzog, als der konkret zu beurteilende Art. 8 Abs. 2 DBA Österreich stark von der entsprechenden Regelung zu Berufssportlern – Art. 17 OECD Musterabkommen – abwich. Jüngst betonte der BFH mit Urteil vom 16.01.2014 noch einmal für die Frage der Zulassung des Betriebsausgabenabzugs im Rahmen der Auslegung des Art. 24 Abs. 4 DBA USA, dass eine „spätere (Weiter-)Entwicklung einschlägiger OECD-Verlautbarungen [...] keine streitentscheidende Bedeutung für die Auslegung eines bereits zuvor verhandelten Abkommens zur Vermeidung der Doppelbesteuerung beizumessen“ ist. „Es gilt insofern ein statischer, kein sog. dynamischer Auslegungsmodus.“[1157] Soweit ersichtlich hatte der BFH zuletzt mit Urteil vom 10.06.2015 Gelegenheit zur Thematik der dynamischen Auslegung Stellung zu nehmen. Hier folgte der 1. Senat auch für die Frage der Bedeutung der deutsch-schweizerischen Konsultationsvereinbarung hinsichtlich der Besteuerung von Abfindungen an einen in die Schweiz verzogenen, zuvor im Inland tätigen Arbeitnehmer, der zuletzt geäußerten Rechtsauffassung und erteilte der dynamischen Auslegung mit den Worten eine Absage, dass die statische

1152 *Schönfeld/Schönfeld/Häck*, Systematik der Doppelbesteuerungsabkommen Rn. 97.

1153 *Frotscher*, Internationales Steuerrecht, 4. Aufl. (2015), S. 126.

1154 *BFH*, 08.12.2010 – I R 92/09, BStBl. II 2011, 488 = juris Rn. 16; *BFH*, 09.02.2011 – I R 54, 55/10, BStBl. II 2012, 106 = juris Rn. 21.

1155 *BFH*, 25.05.2011 – I R 95/10, BFHE 234, 63 = juris Rn. 19.

1156 *BFH*, 11.04.1990 – I R 75/88, BFHE 160, 513 = juris Rn. 16; *BFH*, 11.10.2000 – I R 44–51/99 u.a., BStBl. II 84 2002, 71 = juris Rn. 20f.; *BFH*, 23.09.2008 – I R 57/07, BFH/NV 2009, 390 = juris Rn. 17.

1157 *BFH*, 16.01.2014 – I R 30/12, BStBl. II 2014, 721 = juris Rn. 19 f.

Auslegung der ständigen Rechtsprechung des BFH entspreche.[1158] Zwar erging die Entscheidung zu einer Konsultationsvereinbarung zwischen den beiden Staaten, doch nahm der BFH dies zum Anlass, seine Auffassung zur Musterkommentierung zu bestätigen.[1159]

(3) Stellungnahme

Zwar kann argumentiert werden, dass die Vertragsstaaten über die Möglichkeit der Notifizierung von Vorbehalten die Möglichkeit haben, ihre abweichende Auffassung zum Ausdruck zu bringen und immer dann, wenn dies nicht erfolgt, davon auszugehen ist, dass eine dynamische Auslegung zulässig ist, doch überzeugt diese Auffassung am Ende nicht.[1160] Denn eine solche erscheint nur dann als zulässig, wenn sie der Klarstellung einer Auffassung dient.[1161] Dieses Verständnis liegt auch dem Musterkommentar selbst zu Grunde, wenn in Nr. 36 der Einleitung ausgeführt wird, dass „Änderungen einfach klarstellen, nicht aber ändern wollen." Allerdings ist die Bedeutung dann, wie *Schönfeld/Häck* zu Recht anmerken, denkbar gering.[1162] War dieses Ergebnis bereits durch mittels anderer Auslegungsmethoden zu ermitteln, so beinhaltet die Auslegung über den so limitierten Musterkommentar keinen Mehrwert.[1163]

Auch wenn das Bestreben, möglichst schnell auf gestalterische oder technologische Veränderungen reagieren, ohne die mitunter Jahrzehnte erfordernde Umsetzung in den jeweiligen Doppelbesteuerungsabkommen abwarten zu wollen, nachvollziehbar ist, lässt sich die Umsetzung desselben nicht rechtsdogmatisch legitimieren.[1164] Folgt man mit der wohl als herrschend zu bezeichnenden Ansicht, dass die Berücksichtigung des OECD Musterabkommens sowie des Musterkommentars nur völkerrechtlich über Art. 31 Abs. 1 bzw. 4 WÜRV zu begründen ist, so lässt sich eine dynamische Sichtweise hiermit nicht vereinbaren.[1165] So kann die nach Art. 31 Abs. 4 WÜRV erforderliche Bedeutung für die Parteien nur dann gegeben sein, wenn die Parteien diese bei Vertragsschluss kannten. Für spätere Änderungen ist dies regelmäßig nicht der Fall. Etwas anderes kann nur dann gelten, wenn die Parteien dies auch beabsichtigt haben. Hierfür spricht etwa eine ent-

---

1158 *BFH*, 10.06.2015 – I R 79/13, BStBl. II 2016, 326 = juris Rn. 24.

1159 *BFH*, 10.06.2015 – I R 79/13, BStBl. II 2016, 326 = juris Rn. 24.

1160 Soweit ersichtlich hat noch kein Staat der Möglichkeit der Notifizierung von Vorbehalten gegen eine dynamische Auslegung Gebrauch gemacht; vgl. etwa *Vogel/Lehner/Lehner*, Grundlagen des Abkommensrechts Rn. 127 mwN. insbesondere auch zur internationalen Rechtsprechung.

1161 *Lampert*, IStR 2012, 513, 516.

1162 *Schönfeld/Schönfeld/Häck*, Systematik der Doppelbesteuerungsabkommen Rn. 98.

1163 *Schönfeld/Schönfeld/Häck*, Systematik der Doppelbesteuerungsabkommen Rn. 98 mit Verweis auf *Lang*, IWB 2011, 281, 286; *Lang*, ÖStZ 2006, 203, 209.

1164 Zur Problematik auch *Lang*, ÖStZ 2006, 203, 207; *Roser*, Ubg 2013, 37, 45.

1165 *Mellinghoff*, in: *Vogel/Reimer/Rust* (Hrsg.), Zum 75. Geburtstag von Prof. Dr. Dr. h.c. Franz Wassermeyer, 2015, S. 35, 43 mit Verweis auf *Lang*, IStR 2007, 606.

sprechende Formulierung im Doppelbesteuerungsabkommen. Haben die Parteien auf eine solche verzichtet oder ihr im Rahmen der Vertragsverhandlungen keine Bedeutung beigemessen, so kann auch keine dahingehende Absicht unterstellt werden. Die Auffassung einer statischen Auslegung ist daher m. E. vorzugswürdig, da nur sie ausreichend Bezug auf das bisherige Verständnis der Vertragsparteien herzustellen vermag. Diese Sichtweise steht auch im Einklang mit Art. 31 Abs. 1 WÜRV, welcher für die Auslegung an den Willen der Vertragsparteien anknüpft, der im Abkommen seinen Niederschlag gefunden hat. Für ein dynamisches Verständnis kann dies nur gelten, wenn die Parteien entsprechendes im Vertrag oder ein diesen ergänzendes Protokoll geregelt haben. Soweit man mit der Literatur den Änderungen des Musterkommentar eine „gewöhnliche Bedeutung" iSd. Art. 31 Abs. 1 WÜRV beimessen will, so fordern selbst die Vertreter dieser Ansicht, dass eine gewisse Zeitspanne seit der Änderung vergangen sein muss.[1166] Überwiegend wird dabei eine Zeitspanne von 10 Jahren gefordert.[1167] Wie aber bereits diese in diesem Zusammenhang überwiegend vertretene Zeitspanne zeigt, ist die praktische Bedeutung der Änderungen des Musterkommentars denkbar gering, so dass das Ziel der dynamischen Verweisung, auf aktuelle Gegebenheit reagieren zu können, nicht oder nur spärlich erreicht werden kann.

Der Umstand, dass der BFH in einigen Entscheidungen eine Stellungnahme offen lassen konnte[1168] oder eine dynamische Auslegung für seine Entscheidung mit berücksichtigte, kann m. E. nicht zu einem anderen Ergebnis führen. Hierfür spricht zum einen, dass die vereinzelten Entscheidungen des BFH nicht dergestalt verallgemeinerungsfähig sind, zumal der BFH in seinen letzten hierzu ergangenen Entscheidungen eine statische Auslegungsmaxime vorzeichnete.[1169] Weiter nutzte der BFH, soweit ersichtlich, in diesen Entscheidungen die Bezugnahme auf die jeweilige Fassung des Musterkommentars nur zur Bestätigung seiner Auffassung, zu der er bereits vorher mit Hilfe der anderen Auslegungsmittel gelangt war.[1170] Ein dynamischer Verweis kann nur dann für zulässig erachtet werden, wenn die Vertragsparteien – wie im Falle des DBA Ungarn und DBA Österreich auf die jeweils gültige Musterkommentierung verweisen. Wo ein solcher Verweis fehlt, kann dies folglich als Indiz für eine gewollte statische Auslegungsmaxime gewertet werden. Schließlich kann auch die Argumentation des BFH in seiner Entscheidung vom

---

1166 *Vogel/Lehner/Lehner*, Grundlagen des Abkommensrechts Rn. 127d; *Vogel*, BIFD 2000, 612, 615 f.

1167 *Vogel*, BIFD 2000, 612, 616; *Vogel/Lehner/Lehner*, Grundlagen des Abkommensrechts Rn. 131 mwN.

1168 So etwa in *BFH*, 19.05.2010 – I B 191/09, BStBl. II 2011, 156 = juris Rn. 36; *BFH*, 09.12.2010 – I R 49/09, BStBl. II 2011, 482 = juris Rn. 40; *BFH*, 08.09.2010 – I R 6/09, BStBl. II 2013, 186 = juris Rn. 26.

1169 So auch *Mellinghoff*, in: *Vogel/Reimer/Rust* (Hrsg.), Zum 75. Geburtstag von Prof. Dr. Dr. h.c. Franz Wassermeyer, 2015, S. 35, 46.

1170 So auch *Mellinghoff*, in: *Vogel/Reimer/Rust* (Hrsg.), Zum 75. Geburtstag von Prof. Dr. Dr. h.c. Franz Wassermeyer, 2015, S. 35, 39 und 46.

12.10.2011 dahingehend, dass die zeitliche Nähe zwischen Musterkommentierung und Zusatzabkommen eine dynamische Auslegung rechtfertigen könne, nicht überzeugen. Mit *Pohl* ist hiergegen einzuwenden, dass allein die zeitliche Nähe der Änderung der Musterkommentierung noch nicht den Willen der Vertragsparteien bei Vertragsschluss widerspiegeln könne.[1171]

Bestätigt wird diese Auffassung insbesondere durch den von *Schnitger* geäußerten Verstoß gegen den Gewaltenteilungsgrundsatz aus Art. 20 Abs. 3 GG.[1172] Denn ließe man eine dynamische Auslegung des OECD Musterabkommens bzw. des Musterkommentars zu, so würde im Ergebnis die Exekutive, vorliegend in Form der Finanzverwaltung durch ihre Vertretung im Fiskalausschuss der OECD, die Rolle der Legislative übernehmen, wenn in diesem Gremium Änderungen des Musterkommentars beschlossen werden.[1173]

ee) Zwischenfazit

Die zahlreichen Entscheidungen des BFH zeigen deutlich, dass dem Musterkommentar erhebliche Bedeutung bei der Auslegung von Doppelbesteuerungsabkommen beizumessen ist. Dogmatisch lässt sich dessen Heranziehung über die völkerrechtliche Norm des Art. 31 WÜRV und dort über die allgemeinen Auslegungsgrundsätze des Abs. 1 bzw. die „besondere Bedeutung" des Abs. 4 aaO. begründen. Aufgrund seiner allgemeinen Akzeptanz stellt der Musterkommentar eine zentrale Auslegungsquelle dar, die sich insbesondere hinsichtlich der Wortlautauslegung in der „gewöhnlichen Bedeutung" der dort verwendeten Begrifflichkeiten widerspiegelt. Weiter wird man im Rahmen der allgemeinen Auslegungsmethoden dem OECD Musterabkommen größere Bedeutung hinsichtlich der systematischen Auslegung beimessen können. Nachdem eine Vielzahl der abgeschlossenen Doppelbesteuerungsabkommen dem OECD Musterabkommen entspricht, ist dessen Systematik für die Auslegung des einzelnen Abkommens von großer Bedeutung. Aber auch dann, wenn die Vertragsparteien im konkreten Doppelbesteuerungsabkommen vom OECD Musterabkommen abgewichen sind, lassen sich aus dem Musterabkommen Schlüsse auf den objektivierten Normgehalt des konkreten Abkommens ziehen. Schließlich wird der Musterkommentar im Hinblick auf die Auslegung nach Sinn und Zweck (teleologische Auslegung) von zentraler Bedeutung sein. So dürfte dieser regelmäßig den Vertragsparteien bekannt sein, so dass bei identischer Formulierung auch dieselbe Bedeutung und derselbe Sinn und Zweck beabsichtigt gewesen sein dürften. Verlässt die nationale Interpretation einer Begrifflichkeit jedoch diesen Rahmen, so ist diese Auslegung

---

1171 *Pohl*, RIW 2012, 677, 679 mit Verweis auf *BFH*, 09.02.2011 – I R 54, 55/10, BStBl. II 2012, 106 = juris.

1172 *Schnitger*, IStR 2002, 407, 408.

1173 Im Ergebnis ebenso *Lang*, in: *Gassner* (Hrsg.), Aktuelle Entwicklungen im internationalen Steuerrecht, 1994, S. 11, 31; zu den Folgen einer solchen Auffassung im hier beleuchteten Kontext, vgl. unter Kapitel 2.III.5.

nicht mehr in Einklang mit dem Abkommenstext zu bringen und ein sog. Treaty Override anzunehmen.[1174]

Hinsichtlich der Zulässigkeit einer dynamischen Interpretation des Musterkommentars ist der herrschenden Meinung in Literatur und Rechtsprechung beizupflichten, dass eine solche zwar von einem nachvollziehbaren Ziel geleitet, dogmatisch aber nicht begründbar und daher abzulehnen ist. Dient sie indes – wie vielfach in der Rechtsprechung genutzt – lediglich der Bestätigung eines gefundenen Auslegungsergebnisses, so kann sie zwar angeführt werden, rechtliche Bedeutung erlangt sie hierdurch aber nicht. Soweit darüber hinaus die Kommentierungen nur als Klarstellung begriffen werden, fehlt es ebenfalls an einer weitergehenden Bedeutung. Lediglich für den Fall, dass die Vertragsparteien explizit eine dynamische Verweisung in den Vertragstext aufgenommen haben, erlangt die spätere Änderung des Musterkommentars Bedeutung für das Auslegungsergebnis. Nachdem die Finanzverwaltung naturgemäß ihre abweichende Auffassung hierzu beibehalten (wird), erlangt der Musterkommentar aber auch über diesen engen Anwendungsbereich hinaus in der Praxis regelmäßig Bedeutung.

c) *Bedeutung sonstiger Quellen*

Als sonstige Quellen kommen etwa die OECD Berichte, insbesondere der OECD Partnership Report[1175] oder auch der Aktionsplan im Rahmen der BEPS-Initiative[1176] in Betracht. Soweit diese – wie regelmäßig – Eingang in den Musterkommentar finden, gelten die obigen Ausführungen. Ist dies etwa aufgrund des Umfangs nicht möglich, stellt sich auch hier die Frage der Berücksichtigungsfähigkeit. Während die Rechtsprechung des BFH diesen nur den Rang eines ergänzenden Auslegungsmittels beimisst[1177], wird in der Literatur die Heranziehung der Quellen über Art. 31 Abs. 4 WÜRV gerechtfertigt.[1178] Auch die Finanzverwaltung geht von einer grundsätzlichen Berücksichtigungsfähigkeit aus.[1179] Etwas anderes kann auch hier nur dann gelten,

1174 *Gosch/Kroppen/Grotherr/Henkel*, Grundlagen, Abschnitt 4 Rn. 42.

1175 The Application of the OECD Model Tax Convention to Partnerships, 26.8.1999, http://www.oecd-ilibrary.org/taxation/the-application-of-the-oecd-model-taxconvention-to-partnerships_9789264173316-en.

1176 Action Plan on Base Erosion and Profit Shifting, http://www.oecd.org/ctp/BEPSActionPlan.pdf.

1177 *BFH*, 25.05.2011 – I R 95/10, BFHE 234, 63 = juris Rn. 19 und *BFH*, 11.12.2013 – I R 4/13, BStBl. II 2014, 791 = juris Rn. 15, anhängig bei BVerfG unter 2 BvL 15/14, jeweils zum Partnership Report.

1178 *Plansky*, Die Gewinnzurechnung zu Betriebsstätten im Recht der Doppelbesteuerungsabkommen, 2010, S. 31 und 33.

1179 So etwa noch in *BMF*, 16.04.2010 – IV B 2 – S 1300/09/10003, BStBl. I 2010, 354 Tz. 5.1, in dem neuen Schreiben des *BMF*, 26.09.2014 – IV B 5 – S 1300/09/10003, BStBl. I 2014, 1258 fehlt der Hinweis auf den Partnership Report. Gleichwohl hat sich die Auffassung des BMF hierzu nicht geändert.

wenn die OECD Quellen die „gewöhnliche Bedeutung“ iSd. Art. 31 Abs. 1 WÜRV oder die gewollte „besondere Bedeutung“ iSd. Art. 31 Abs. 4 WÜRV verkörpern.[1180]

Weiter ist hier die deutsche Verhandlungsgrundlage für Doppelbesteuerungsabkommen[1181] zu nennen.[1182] Diese dient als Grundlage für die Verhandlung künftiger deutscher Doppelbesteuerungsabkommen durch die Finanzverwaltung und damit einer möglichst einheitlichen Verhandlungspraxis.[1183] Im Rahmen der ergänzenden Vertragsauslegung über Art. 32 WÜRV kommt der Verhandlungsgrundlage Bedeutung auch im Hinblick auf das konkret zu beurteilende Doppelbesteuerungsabkommen zu.[1184] Denn soweit das Doppelbesteuerungsabkommen der Verhandlungsgrundlage entspricht, kann davon ausgegangen werden, dass das Doppelbesteuerungsabkommen inhaltlich wie die Verhandlungsgrundlage zu verstehen sein sollte.[1185] Regelmäßig wird in diesen Fällen aber ein Auslegungsergebnis bereits über die primären Auslegungsmittel zu erreichen sein, so dass die Bedeutung der Verhandlungsgrundlage denkbar gering ist, mithin nur zur Bekräftigung des gefundenen Ergebnisses genutzt wird. Soweit aber Zweifel im Rahmen der Auslegung nicht mittels primärer Auslegungsmittel beseitigt werden können, kann die Verhandlungsgrundlage unter dem Gebot der Entscheidungsharmonie[1186] zur Findung eines Auslegungsergebnisses beitragen.[1187] In der Rechtsprechung wurde der deutschen Verhandlungsgrundlage – soweit ersichtlich – bislang keine Bedeutung für die Auslegung beigemessen. Zwar erwähnt der BFH in seinen Entscheidungen gelegentlich die Verhandlungsgrundlage, bezieht sie dann aber mangels Umsetzung in das konkret auszulegende Doppelbesteuerungsabkommen nicht in die Entscheidung ein.[1188]

1180 *Vogel/Lehner/Lehner*, Grundlagen des Abkommensrechts Rn. 126 mwN.; *Wassermeyer/Wassermeyer*, Vor Art. 1 OECD-MA Rn. 34; *Gosch/Kroppen/Grotherr/Henkel*, Grundlagen, Abschnitt 4 Rn. 42.

1181 *BMF*, 17.04.2013 – IV B 2 – S 1301/13/10009, IStR Beih. 10/2013, II. und berichtigt in IStR 2013, 440.

1182 Erwähnenswert ist hierbei u. a., dass die Verhandlungsgrundlage keine Dynamisierungsklauseln enthält, obwohl dies im Vorfeld vom BMF noch so erwogen wurde; dazu *Lüdicke*, IStR Beih. 2013, 26, 27.

1183 *Rotter/Lammers/Welz*, Kommentar zur Verhandlungsgrundlage für DBA, 2014, S. 3; *Ditz*, in: *Raupach* (Hrsg.), Praxis des Internationalen Steuerrechts 2014, 2015, S. 35; *Schlotter*, in: *Maisto* (Hrsg.), Taxation of entertainers and sportspersons performing abroad, 2016, S. 437, 454.

1184 *Vogel/Lehner/Lehner*, Grundlagen des Abkommensrechts Rn. 110.

1185 *Rotter/Lammers/Welz*, Kommentar zur Verhandlungsgrundlage für DBA, 2014, S. 25.

1186 *Reimer*, IStR 2008, 551.

1187 *Rotter/Lammers/Welz*, Kommentar zur Verhandlungsgrundlage für DBA, 2014, S. 25; im Ergebnis wohl zustimmend *Lüdicke*, IStR Beih. 2013, 26, 45.

1188 *BFH*, 20.07.2016 – I R 50/15, BStBl. II 2017, 230 = juris Rn. 21; *BFH*, 10.06.2015 – I R 79/13, BStBl. II 2016, 326 = juris Rn. 21; *BFH*, 10.06.2015 – I R 66/09, IStR 2015, 627 = juris Rn. 6 sowie zur Auslegung rein nationalen Rechts *BFH*, 20.05.2015 – I R 68/14, BStBl. II 2016, 90 = juris Rn. 16.

Schließlich ist die Bedeutung von Konsultationsvereinbarungen für die Auslegung von Doppelbesteuerungsabkommen zu eruieren. Ziel der Konsultationsvereinbarungen ist die Beseitigung von Auslegungs- oder Anwendungsschwierigkeiten im gegenseitigen Einvernehmen der Vertragsparteien.[1189] Als „spätere Übereinkunft" iSd. Art. 31 Abs. 2 lit. a WÜRV finden sie Eingang in die Abkommensauslegung, soweit sie sich im Rahmen des Wortlauts des Doppelbesteuerungsabkommens (Wortlautgrenze) halten.[1190] Wie der BFH aber u. a. etwa mit Urteil vom 10.06.2015 konstatierte, vermögen derartige Vereinbarungen auf ministerieller Ebene die Gerichte nicht zu binden.[1191] Dieser Erkenntnis folgend kann der Inhalt einer Konsultationsvereinbarung nur dann Bindungswirkung für die Gerichte bei der Auslegung eines Abkommens entfalten, wenn dieser in innerstaatliches Recht transformiert wurde.[1192]

d) Verfahren bei Qualifikationskonflikten oder Auslegungsdivergenzen

Fraglich ist, wie die Vertragsparteien unterschiedliche Auffassungen zu dem jeweiligen Doppelbesteuerungsabkommen zu lösen vermögen. Diese unterschiedlichen Auffassungen können in der unterschiedlichen Qualifikation einer Einkunftsquelle begründet sein. Darüber hinaus kann aber auch die Auslegung einer Begrifflichkeit des Abkommens von den Vertragsparteien unterschiedlich ausgelegt werden (sog. Auslegungsdivergenz).[1193] Zwar ist das Abkommensrecht von dem Streben nach einer in beiden Vertragsstaaten akzeptierten Auslegung geprägt.[1194] Diese sog. Entscheidungsharmonie[1195] ist nicht immer durch die Auslegung nationaler Gerichte erreichen, die selbstverständlich das nationale Recht zu berücksichtigen haben. Zur Herstellung von Einvernehmen können Verständigungs- bzw. Konsultationsvereinbarungen nach Art. 25 OECD-MA zwischen den Vertragsparteien getroffen werden.[1196] Die Gerichte vermögen diese Vereinbarungen aber nicht zu binden.

1189 *Schönfeld/Schönfeld/Häck*, Systematik der Doppelbesteuerungsabkommen Rn. 99.

1190 *Schönfeld/Schönfeld/Häck*, Systematik der Doppelbesteuerungsabkommen Rn. 99.

1191 *BFH*, 10.06.2015 – I R 79/13, BStBl. II 2016, 326 = juris Rn. 16.

1192 Zu diesem Zweck hatte der Gesetzgeber mit dem JStG 2010 in § 2 Abs. 2 AO eine Verordnungsermächtigung geschaffen, dessen Bedeutung aber aufgrund normhierarchischer Überlegungen äußerst gering ist.

1193 *Strobl*, in: *Döllerer/Knobbe-Keuk/Klein u. a.* (Hrsg.), Handelsrecht und Steuerrecht, 1988, S. 635, 636.

1194 *Schönfeld/Schönfeld/Häck*, Systematik der Doppelbesteuerungsabkommen Rn. 93; *Vogel/Lehner/Lehner*, Grundlagen des Abkommensrechts Rn. 115.

1195 Zu Inhalt und Grenzen dieses Gebots vgl. etwa *Vogel/Lehner/Lehner*, Grundlagen des Abkommensrechts Rn. 116 ff.

1196 Siehe grundlegend dazu *Vogel/Lehner/Lehner*, Art. 25 OECD-MA Rn. 3 ff.; *Vogel/Lehner/Lehner*, Grundlagen des Abkommensrechts Rn. 158e; *Gosch/Kroppen/Grotherr/Menck*, Grundlagen, Abschnitt 2 Rn. 84; *Schaumburg*, Internationales Steuerrecht, 3. Aufl. (2011) Rn. 16.79 und 16.88 ff.

3. Abkommensrechtliche Normen im Zusammenhang mit der Besteuerung von Berufssportlern

Aus abkommensrechtlicher Sicht kommen als Verteilungsnormen Art. 7 OECD-MA (Unternehmensgewinne), Art. 12 OECD-MA (Lizenzgebühren), Art. 15 OECD-MA (Einkünfte aus unselbstständiger Tätigkeit) und Art. 17 OECD-MA (Künstler und Sportler) in Betracht.

a) Abgrenzung der Verteilungsnormen

Hinsichtlich Art. 15 OECD-MA ordnet Art. 17 OECD-MA bereits in Absatz 1 den Vorrang des spezielleren Art. 17 OECD-MA an. Der Vorrang gegenüber Art. 7 OECD-MA ergibt sich aus Art. 7 Abs. 7 OECD-MA, so dass die Streichung der expliziten Nennung in Art. 17 Abs. 1 OECD-MA mit der Neufassung zum 15.07.2014 die bisherige Auffassung nicht ändert.[1197] Mithin bedarf es daher lediglich einer Abgrenzung von Art. 12 und Art. 17 OECD-MA. Diese Abgrenzung hat aber bereits deshalb zu erfolgen, weil Art. 12 OECD-MA das Besteuerungsrecht dem Ansässigkeitsstaat und nicht wie Art. 17 OECD-MA dem Tätigkeitsstaat zuweist.

Während Art. 17 OECD-MA die Einkünfte einer vom einem Sportler in dieser Eigenschaft persönlich ausgeübten Tätigkeit (Abs. 1 aaO.) regelt, verteilt Art. 12 OECD-MA die für die Verwertung von Nutzungsrechten erzielten Entgelte.[1198] Art. 12 Abs. 2 OECD-MA definiert dabei die Lizenzgebühren als „Zahlungen jeder Art, die als Gegenleistung für die Benutzung oder für das Recht auf Benutzung von Urheberrechten an literarischen, künstlerischen oder wissenschaftlichen Werken, einschließlich kinematographischer Filme, von Patenten, Warenzeichen, Mustern oder Modellen, Plänen, geheimen Formeln oder Verfahren oder für die Mitteilung gewerblicher, kaufmännischer oder wissenschaftlicher Erfahren bezogen werden." Art. 17 Abs. 1 OECD-MA und Art. 12 Abs. 2 OECD-MA schließen sich daher regelmäßig gegenseitig aus.[1199] Im Wesentlichen wird daher auch die im nationalen Recht bedeutsame Aufteilung zu berücksichtigen sein. Allerdings ist die Beurteilung stets anhand des konkreten Doppelbesteuerungsabkommens durchzuführen. Denn anders als im OECD Musterabkommen kommt es bspw. in einigen Abkommen für die Einordnung darauf an, ob der Berufssportler eine Betriebsstätte unterhält. Das (aus erbschaftsteuerlichen Erwägungen) gekündigte DBA Österreich vom 04.10.1954 sah bspw. lediglich eine Regelung für freiberufliche Sportler vor.[1200] Gewerbetreibende wurden hingegen nicht erfasst.[1201] Gewerbliche Einkünfte des Sportlers waren

1197 *Wassermeyer/ Wassermeyer/Schwenke*, Art. 17 OECD-MA Rn. 16.

1198 *BFH*, 04.03.2009 – I R 6/07, BStBl. II 2009, 625 = juris Rn. 31; *Schlotter*, in: *Maisto* (Hrsg.), Taxation of entertainers and sportspersons performing abroad, 2016, S. 437, 456.

1199 *Gradl*, IWB 2014, 489, 492.

1200 *Steiner*, Steuerrecht im Sport, 2009, S. 214.

1201 *Salzmann*, SpuRt 1996, 181, 184.

daher nur dann erfasst, wenn der Sportler am Tätigkeitsort auch eine Betriebsstätte unterhielt.[1202] Dagegen enthält das DBA Türkei in Art. 17 zwar ebenfalls eine explizite Regeln für die Einkünfte von Sportlern. Nach Wortlaut und Systematik der Regelung gilt diese Norm aber wohl nicht für Einkünfte aus nichtselbstständiger sportlicher Betätigung. So hatte etwa das FG Baden-Württemberg Art. 17 DBA Türkei im Rahmen der Beurteilung der Einkünfte eines Profifußballspielers dahingehend ausgelegt, dass diese Norm nicht bei Einkünften aus nichtselbstständiger Tätigkeit anzuwenden sei.[1203]

b) Art. 17 OECD-MA („Künstler und Sportler"-Artikel)

Die von Berufssportlern erzielten Einkünfte werden daher regelmäßig – soweit sie nicht aus der Überlassung von Persönlichkeitsrechten (Art. 12 OECD-MA) stammen – unter Art. 17 OECD-MA zu subsumieren sein, so dass dessen Tatbestandsvoraussetzungen nachfolgend näher untersucht werden sollen. In Konnex zu dem oben dargestellten inländischen Steuerrecht sollen dabei insbesondere auch die Unterschiede zwischen nationaler Sichtweise auf die abkommensrechtlichen Normen und der abkommensrechtlichen Auslegung dargestellt und untersucht werden.[1204] Letztere kann mangels Eröffnung eines abkommensrechtlichen Rechtswegs noch Notwendigkeit hierfür letztlich nur anhand der verfügbaren Rechtsquellen, vorliegend insbesondere anhand des OECD Musterkommentars erfolgen. Soweit nationale Gerichte, insbesondere der BFH zu abkommensrechtlichen Normen Stellung bezogen haben, prägen diese die nationale Sichtweise auf die abkommensrechtlichen Normen. Darüber hinaus tragen aber auch die Literatur sowie vereinzelt auch die Finanzverwaltung hier zur Meinungsbildung bei. Vielfach finden sich in der deutschen Literatur und Rechtsprechung wenig Nachweise zu Einzelproblemen, in anderen Jurisdiktionen waren diese Problemfelder hingegen teilweise schon Gegenstand gerichtlicher Entscheidungen oder doch zumindest in der Literatur diskutiert. Soweit diese Nachweise für den vorliegenden Untersuchungsgegenstand relevant sind, sollen sie hier auch entsprechend gewürdigt werden.

Die besondere Bedeutung des Art. 17 OECD-MA ergibt sich dabei bereits aus der Überlegung, dass die Personengruppe der Berufssportler regelmäßig weder eine Betriebsstätte oder feste Einrichtung im Tätigkeitsstaat unterhalten, noch – bedingt durch ihre hohe Mobilität – sich für mindestens 183 Tage im Kalenderjahr in diesem Staat aufhalten.[1205] Die Verteilungsnormen der Art. 7 und 15 OECD-MA sind daher regelmäßig nicht einschlägig und Art. 17 OECD-MA kommt folglich – als lex

1202 *BFH*, 11.10.2000 – I R 44–51/99 u. a., BStBl. II 84 2002, 71 = juris Rn. 11.

1203 *FG Baden-Württemberg*, 26.04.2007–3 K 69/05, EFG 2007, 271 = juris Rn. 92.

1204 Der Art. 17 OECD-MA wurde vielfach wortlautidentisch in die jeweiligen DBA übernommen und entfaltet daher auch in praktischer Sicht erhebliche Bedeutung; beispielhaft seien hier nur Art. 16 DBA Spanien, Art. 17 DBA Italien, Luxemburg und Kasachstan genannt.

1205 Vgl. etwa *BFH*, 18.07.2001 – I R 26/01, BStBl. II 2002, 410 = juris Rn. 10.

specialis – eine „Auffangfunktion“ für diese Einkünfte zu.[1206] Dabei verfolgt Art. 17 OECD-MA nicht einen allumfassenden Ansatz, sondern versucht vielmehr selektiv einzelne Einkünfte in den Anwendungsbereich zu subsumieren.[1207]

Die 1963[1208] eingeführte Norm des Art. 17 OECD-MA lautet in der Fassung der Revision vom 15. Juli 2014:

> *„ Entertainers and Sportspersons*
>
> *.(1) Notwithstanding the provisions of Article 15, income derived by a resident of a Contracting State as [...] a sportsperson, from that resident's personal activities as such exercised in the other Contracting State, may be taxed in that other State.*
>
> *.(2) Where income in respect of personal activities exercised by an entertainer or sportsperson acting as such accrues not to the entertainer or sportsperson but to another person, that income may, notwithstanding the provision of Article 15, be taxed in the Contracting State in which the activities of the entertainer or sportsperson are exercised.”*

Art. 17 Abs. 1 OECD-MA weist das Besteuerungsrecht für Einkünfte eines Sportlers aus seiner im anderen Vertragsstaat persönlich ausgeübten sportlichen Tätigkeit diesem anderen Vertragsstaat zu. Art. 17 Abs. 2 OECD-MA[1209] hingegen regelt die Zuordnung des Besteuerungsrechts für den Fall, dass die Einkünfte aus einer vom Sportler persönlich ausgeübten Tätigkeit nicht diesem selbst, sondern einer anderen Person zufließen dahingehend, dass diese ebenfalls im Tätigkeitsstaat besteuert werden können.

Zu den Tatbestandsmerkmalen im Einzelnen:

aa) Sportler iSd. Art. 17 OECD-MA

Art. 17 OECD-MA regelt als Verteilungsnorm die Zuweisung des Besteuerungsrechts der Einkünfte von Künstlern und Sportlern.

(1) Auslegung insbesondere anhand des OECD Musterkommentars

Was unter einem Sportler zu verstehen ist, definiert Art. 17 OECD-MA nicht, so dass der Begriff der Auslegung unter Zuhilfenahme der obigen Auslegungsmittel bedarf.[1210] Auf die innerstaatliche Auslegung kann folglich nur dann zurückgegriffen werden, wenn sich aus dem Abkommen selbst bzw. den primären Auslegungs-

---

1206 *Gosch/Kroppen/Grotherr/Maßbaum*, Art. 17 Rn. 2; *Wassermeyer*, IStR 1995, 555, 556.

1207 *Bláha*, in: *Loukota* (Hrsg.), Taxation of artistes and sportsmen in international tax law, 2007, S. 115, 123.

1208 *Matijevic*, in: *Loukota* (Hrsg.), Taxation of artistes and sportsmen in international tax law, 2007, S. 21, 23; *Parolini*, in: *Maisto* (Hrsg.), Taxation of entertainers and sportspersons performing abroad, 2016, S. 55, 64.

1209 Ergänzt durch die Änderung im Jahre 1977.

1210 *Zoubek*, in: *Loukota* (Hrsg.), Taxation of artistes and sportsmen in international tax law, 2007, S. 35, 37.

mitteln – vorliegend u.a. dem OECD Musterkommentar – kein Ergebnis erzielen lässt. Ob dies möglich ist, ist in der Literatur nach wie vor umstritten.[1211] Teilweise wird vertreten, dass sich die Notwendigkeit einer abkommensautonomen Auslegung bereits aus der Parallelität zum Künstlerbegriff ergebe, welcher durch seine exemplarische Teildefinition, die Anknüpfung an eine persönlich ausgeübte Tätigkeit eine entsprechende Auslegung vorschreibe.[1212] Für den Sportlerbegriff könne aufgrund der Ähnlichkeit – auch hier wird an die persönlich ausgeübte Tätigkeit angeknüpft – nichts anderes gelten.[1213] Ein erstes Indiz für die Auslegung vermag der zum 23.07.1992 dahingehend ergänzte OECD Musterkommentar beizutragen, wenn er in Nr. 5 den Sportler dergestalt negativ definiert, dass dieser „nicht auf die Teilnehmer an den herkömmlichen als sportlich bezeichneten Veranstaltungen beschränkt (z.B. Läufer, Springer, Schwimmer)" ist, sondern „z.B. auch Golfspieler, Jockeys, Fußballspieler, Cricket- und Tennisspieler sowie Rennfahrer" umfasst. Die ebenfalls zum 23.07.1992 eingefügte Nr. 6 des OECD Musterkommentar dehnt Artikel 17 OECD-MA auf Einkünfte aus Veranstaltungen aus, „denen üblicherweise Unterhaltungscharakter beigemessen wird, z.B. Billard- und Snooker- oder Schach- und Bridgeturnieren." Der Begriff des Sportlers ist demnach denkbar weit auszulegen.[1214] Hierfür spricht etwa auch die 1992 erfolgte Änderung des OECD Musterabkommens dahingehend, dass der Begriff „athlete" durch den Begriff des „sportsman" ersetzt wurde.[1215] Auch Amateure sollen hierunter zu subsumieren sein, wie sich explizit aus dem Beispiel eines Amateursportlers in Nr. 9.1 des Musterkommentars für den Fall einer Siegprämie ergibt. Aus abkommensrechtlicher Sicht ist es folglich nicht ausschlaggebend, ob die sportliche Tätigkeiten nur auf Grundlage von Geschicklichkeit bzw. des physischen Zustands ausgeübt werden oder ob diese weiterer Hilfsmittel, bspw. eines Tennisschlägers, eines Fahrrads, Rennwagens oder Pferdes bedürfen.[1216] Begrenzt wird der Sportlerbegriff dahingehend, dass etwa die Einkünfte eines Agenten oder Beraters für das Arrangieren des Auftritts des Sportlers nicht mehr hierunter subsumiert werden können.[1217]

1211 Vgl. nur *Schönfeld/Schlotter*, Art. 17 OECD-MA Rn. 35 für eine abkommensautonome Auslegung und *Gosch/Kroppen/Grotherr/Maßbaum*, Art. 17 Rn. 47 für eine Zuhilfenahme nationaler Regelungen.

1212 *Schönfeld/Schlotter*, Art. 17 OECD-MA Rn. 29; *Wassermeyer*, IStR 1995, 555, 556.

1213 *Schönfeld/Schlotter*, Art. 17 OECD-MA Rn. 35; *Wassermeyer/Wassermeyer/Schwenke*, Art. 17 OECD-MA Rn. 26.

1214 *Flick/Wassermeyer/Kempermann/Kempermann*, Art. 17 DBA Schweiz Rn. 14; *Hahn-Joecks*, Zur Problematik der Besteuerung ausländischer Künstler und Sportler, 1. Aufl. (1999), S. 69.

1215 *Zoubek*, in: *Loukota* (Hrsg.), Taxation of artistes and sportsmen in international tax law, 2007, S. 35, 39.

1216 *Wassermeyer/Wassermeyer/Schwenke*, Art. 17 OECD-MA Rn. 26; *Cordewener*, in: *Reimer* (Hrsg.), Klaus Vogel on double taxation conventions, 2015, S. 1287, 1331.

1217 Nr. 7 des OECD-MK zu Art. 17.

Nach anderer Ansicht lässt sich der Zusammenhang, in dem der Begriff Sportler steht, nicht in ausreichendem Maße aus dem Abkommen selbst oder den primären Auslegungshilfen entnehmen, so dass über Art. 3 Abs. 2 OECD-MA auf nationales Recht zurückgegriffen werden kann.[1218] Dieses benennt zwar in § 49 Abs. 1 Nr. 2 lit. d) bzw. auch in § 50a Abs. 1 Nr. 1 EStG den Begriff des Berufssportlers sowie in § 52 Abs. 2 Nr. 2 AO den Begriff des Sports, definiert wird der Begriff des Sportlers aber auch im nationalen Recht nicht. Im Ergebnis wäre die Auslegung aus dem Materialen der OECD und durch die nationalen Instanzen kongruent.

(2) Auslegung durch nationale Instanzen

Während der abkommensrechtliche Begriff des Sportlers denkbar weit interpretiert werden kann, schränkt die Rechtsprechung in nationaler Sichtweise den Begriff oftmals wieder erheblich ein. Nach nationaler Sichtweise ist Sportler derjenige, der im Rahmen einer öffentlichen Darbietung eine körperliche oder geistige Tätigkeit ausübt, die meist unter Anerkennung bestimmter Regeln erfolgt und vor Publikum ausgeübt wird.[1219] Regelmäßig wird dies in Form von Wettbewerben stattfinden, die Unterhaltung von Publikum soll jedoch bereits ausreichen.[1220] So sei Nr. 6 des Musterkommentars auch nicht als abschließende Aufzählung zu verstehen,[1221] sondern umfasse bspw. auch die Schaukämpfe von Westlern oder Martial Arts-Kämpfern sowie Eiskunstlauf oder den Torero eines Stierkampfes.[1222] Darüber hinaus dient sie der Stärkung des Körpers, der Förderung der Gesundheit oder der Unterhaltung.[1223]

Während die öffentliche Darbietung im Rahmen von Wettbewerben regelmäßig der Fall sein wird, sind unter Ausschluss der Öffentlichkeit stattfindende Trainingseinheiten auszunehmen.[1224] In diesem Kontext sind insbesondere Studioaufnahmen von besonderer Bedeutung. Regelmäßig kommen diese bei Künstlern in Betracht, aber auch bei einigen Sportarten wären derartige Aufnahmen denkbar. So erwägt *Kempermann* derartige Aufnahmen etwa bei Schachwettkämpfen.[1225] Erforderlich

---

1218 *Gosch/Kroppen/Grotherr/Maßbaum*, Art. 17 Rn. 47; *Haase/Foddanu*, Art. 17 OECD-MA Rn. 33.

1219 *Gosch/Kroppen/Grotherr/Maßbaum*, Art. 17 Rn. 48 mwN.; *Haase/Foddanu*, Art. 17 OECD-MA Rn. 33; *Cordewener*, in: *Reimer* (Hrsg.), Klaus Vogel on double taxation conventions, 2015, S. 1287, 1331 mwN.

1220 *Flick/Wassermeyer/Kempermann/Kempermann*, Art. 17 DBA Schweiz Rn. 14.

1221 Dies ergibt sich schon aus der Formulierung „z. B.".

1222 *Cordewener*, in: *Reimer* (Hrsg.), Klaus Vogel on double taxation conventions, 2015, S. 1287, 1332 mwN.

1223 *Görl*, Die freien Berufe im internationalen Steuerrecht der Bundesrepublik Deutschland, 1983, S. 155; *Grossmann*, Die Besteuerung des Künstlers und Sportlers im internationalen Verhältnis, 1992, S. 67 f.; *Schrettl*, Rechtsfragen der beschränkten Steuerpflicht, 1994, S. 225.

1224 *Flick/Wassermeyer/Kempermann/Kempermann*, Art. 17 DBA Schweiz Rn. 16; *Wassermeyer/Wassermeyer/Schwenke*, Art. 17 OECD-MA Rn. 26 f.

1225 *Flick/Wassermeyer/Kempermann/Kempermann*, Art. 17 DBA Schweiz Rn. 14.

ist aber auch in diesem Fall der Öffentlichkeitsbezug, welcher aber auch mittelbar, bspw. bei medialer Verfügbarmachung gegeben wäre.[1226] Ob die Öffentlichkeit noch unterhalten ist, ist folglich im Einzelfall zu entscheiden. Wohl nicht mehr zu bejahen sein dürfte das im Fall eines Bergsteigers, bei welchem Zuschauer regelmäßig fehlen werden und auch eine mediale Übertragung selten möglich sein wird.[1227] Ebenso etwa *Zoubek* für den Fall eines Tauchers, wobei er hier ebenfalls auf den zumindest möglichen Öffentlichkeitsbezug hinweist.[1228] Anders hingegen dürften die außerhalb der Wettkampfphase stattfindenden Vorbereitungs- und Freundschaftsspiele zu beurteilen sein.[1229] Beispielhaft seien hier nur die Benefizspiele sowie das auf die neue Spielzeit vorbereitende, aber international hochkarätig besetzte Turnier des FC Bayern München genannt, bei welchen jeweils mehrere zehntausende Zuschauer den Auftritt verfolgen. Nach anderer Ansicht sollen vorbereitende oder unterstützende Tätigkeiten stets aus dem Anwendungsbereich ausscheiden.[1230]

(3) Stellungnahme

Hinsichtlich einiger Voraussetzungen führt die Auslegung nach dem Materialen der OECD sowie durch die innerstaatlichen Instanzen zum selben Ergebnis. Die trifft etwa auf die Entbehrlichkeit einer gewissen Qualität der sportlichen Tätigkeit zu.[1231] M.E. lässt sich auch noch Übereinstimmung hinsichtlich der Tätigkeit des Sportlers dahingehend herstellen, dass die aus nationaler Sicht vertretene Einschränkung auch für die abkommensrechtliche Auslegung gelten muss. So hatte etwa die OFD Münster die von einem tschechischen Pferdeeigentümer erzielten Preisgelder unter Art. 7 DBA Tschechien und nicht unter Art. 17 DBA Tschechien subsumiert.[1232] Dies m. E. auch zutreffend, da nicht der Pferdeeigentümer die sportliche Leistung erbringe, sondern vielmehr der auf dem Pferd sitzende Jockey.[1233] Evident ist zudem, dass das Pferd oder etwas der Formel-1 Rennwagen auch nicht

---

1226 *Wassermeyer/ Wassermeyer/Schwenke*, Art. 17 OECD-MA Rn. 26; *Vogel/Lehner/ Stockmann*, Art. 17 OECD-MA Rn. 31; *Cordewener*, in: *Reimer* (Hrsg.), Klaus Vogel on double taxation conventions, 2015, S. 1287, 1332.

1227 *Vogel/Lehner/Stockmann*, Art. 17 OECD-MA Rn. 31 weist hier zutreffend darauf hin, dass bei einem Wettkampf von Sportkletterern auch dieses Merkmal erfüllt wäre; ebenso *Cordewener*, in: *Reimer* (Hrsg.), Klaus Vogel on double taxation conventions, 2015, S. 1287, 1332 mit weiteren Beispielen.

1228 *Zoubek*, in: *Loukota* (Hrsg.), Taxation of artistes and sportsmen in international tax law, 2007, S. 35, 50.

1229 *Schönfeld/Schlotter*, Art. 17 OECD-MA Rn. 35.

1230 *Cordewener*, in: *Reimer* (Hrsg.), Klaus Vogel on double taxation conventions, 2015, S. 1287, 1332 mwN.

1231 *Flick/ Wassermeyer/Kempermann/Kempermann*, Art. 17 DBA Schweiz Rn. 14.

1232 *OFD Münster*, 27.03.2009 – S 1301–176 – St 45–32, IStR 2009, 364.

1233 Dies klarstellend wurde der Musterkommentar mit dem Update 2014 entsprechend geändert (Nr. 11.2); dazu *IBFD/Roeleveld/Tetlak*, Art. 17 OECD-MA Rn. 1.2.3.4.2 und 5.1.2.2.1.

als Sportler angesehen werden können und damit auch Art. 17 Abs. 2 OECD-MA ausscheidet.[1234] Die Einkünfte des Jockeys oder bspw. des Formel-1 Rennfahrers müssen dann konsequenterweise dem Art. 17 DBA (Tschechien) unterfallen. Das Halten der Pferde oder das Eigentum an einem Rennwagen ist für sich genommen indes nicht als Sport zu qualifizieren.[1235] Einkünfte des Halters oder Eigentümers, die dem Art. 17 OECD-MA unterfallen könnten, liegen folglich nicht vor. Hierin ist im Übrigen auch keine Ungleichbehandlung im Vergleich zu der Rechtsprechung des BFH zu erblicken.[1236] So hatte etwa der BFH unter dem Blickwinkel des § 49 Abs. 1 Nr. 2 lit. d) EStG in der Tätigkeit eines Rennteams eine eigenständige sportliche Darbietung iSd. Norm erkannt.[1237] Wie auch bei der Prüfung des Sportlerbegriffs iSd. Art. 17 OECD-MA war auch dort unstreitig, dass die sportliche Tätigkeit durch den Rennfahrer erbracht wird.[1238] Virulent war in dem vom BFH entschiedenen Fall vielmehr, ob eine sportliche Betätigung von einem Dritten, vorliegend dem Rennteam, dargeboten werden kann. Dies hatte der BFH zutreffend bejaht.[1239]

Soweit nach nationaler Sichtweise der Sportlerbegriff insoweit dahingehend einschränkend auszulegen ist, dass ein Öffentlichkeitsbezug erforderlich ist, mithin der Auftritt des Sportlers unmittelbar vor Publikum oder mittelbar über die Medien stattfinden muss, bestehen aber gravierende Unterschiede zwischen der Auslegung anhand des OECD Musterkommentars und durch die nationalen Instanzen.[1240] Durch die Verquickung von Sportlerbegriff und Öffentlichkeitsbezug ergeben sich insofern auch Überschneidungen mit dem Tatbestandsmerkmal der Einkünfte aus sportlicher Tätigkeit als solcher, so dass eine Verortung des Problems richtigerweise dort erfolgen sollte.[1241] Relevanz entfaltet diese Fragestellung etwa bei der Beurteilung von Trainingsleistungen eines Sportlers. Würde man der in der Literatur vertretenen Auffassung folgen und einen Öffentlichkeitsbezug bereits für die Beurteilung der Sportlertätigkeit fordern, so hätte dies etwa für die oben

---

1234 *IBFD/Roeleveld/Tetlak*, Art. 17 OECD-MA Rn. 5.1.2.2.1.

1235 *Wassermeyer/Wassermeyer/Schwenke*, Art. 17 OECD-MA Rn. 26; *Gosch/Kroppen/Grotherr/Maßbaum*, Art. 17 Rn. 53.

1236 Auch *Cordewener*, in: *Maisto* (Hrsg.), Taxation of entertainers and sportspersons performing abroad, 2016, S. 105, 110; *Cordewener*, in: *Reimer* (Hrsg.), Klaus Vogel on double taxation conventions, 2015, S. 1287, 1330 will das Rennteam an sich nicht unter Art. 17 Abs. 1 OECD-MA subsumieren.

1237 *BFH*, 06.06.2012 – I R 3/11, BFHE 238, 46 = juris Rn. 17 f.

1238 *BFH*, 06.06.2012 – I R 3/11, BFHE 238, 46 = juris Rn. 14.

1239 Die Einkünfte des Rennteams unterliegen aus abkommensrechtlicher Sicht nicht dem Art. 17 Abs. 1 OECD-MA, sondern Art. 7 OECD-MA, da dieser eine natürliche Person erfordert; vgl. dazu ausführlich unten unter Kapitel 2.III.3.b)bb).

1240 Zu diesem Erfordernis etwa *Vogel/Lehner/Stockmann*, Art. 17 OECD-MA Rn. 31; *Haase/Foddanu*, Art. 17 OECD-MA Rn. 33; *Sandler*, The taxation of international entertainers and athletes, 1995, S. 221.

1241 Zum Erfordernis eines Öffentlichkeitsbezugs für die Zuordnung von Einkünften vgl. nachfolgend unter Kapitel 2.III.3.b)dd).

beschriebenen Trainingseinheiten unter Ausschluss der Öffentlichkeit zur Folge, dass dem Sportler für diesen Zeitraum die Sportlereigenschaft abzuerkennen wäre. Richtigerweise muss jedoch die Frage des Sportlers unabhängig davon sein, ob die Öffentlichkeit an einer Trainingseinheit teilhaben kann oder nicht.[1242] Entfallen Einkünfte auf diese Zeiten, so ist vielmehr die Frage zu stellen, ob Art. 17 OECD-MA auf diese Einkünfte Anwendung finden kann oder nicht.

Aus nationaler Sicht erfolgt eine einschränkende Beurteilung auch im Hinblick auf die Tätigkeit eines Trainers bzw. eines Schiedsrichters. So beurteilt etwa das FG Köln die Tätigkeit eines Bundesligatrainers primär nach der organisatorischen Leistung.[1243] Denn die persönliche Leistung des Trainers bestehe – im Gegensatz zu den Fußballspielern – gerade nicht in der körperlichen Ertüchtigung zur Erbringung einer sportlichen Leistung.[1244] Die Literatur folgt – soweit ersichtlich – dieser Auffassung.[1245] Darüber hinaus hat zumindest die österreichische Finanzverwaltung sich ebenfalls dieser Auffassung für den Fall einer tschechischen Tennisspielerin angeschlossen, die in Österreich nicht an einem öffentlichen Wettkampf teilnimmt, sondern lediglich Einkünfte aus erteilten Trainingsstunden bezieht[1246], sowie in jüngerer Zeit für den Fall eines österreichischen Skilehrers für ein Schweizer Ski-Team.[1247] Auch das brasilianische Superior Tribunal de Justiça hatte einen ehemaligen brasilianischen Fußballspieler nicht mehr als von dem Art. 17 OECD-MA vergleichbaren Art. 15 DBA Brasilien-Japan für den Fall erfasst angesehen, dass er nicht als Spieler, sondern vielmehr als Trainer tätigt wird.[1248] Das brasilianische Superior Tribunal de Justiça wies aber darauf hin, dass Trainer dann evtl. als Unterhaltungskünstler anzusehen sein könnten. M.E. ist dieser Auffassung nicht zuzustimmen und kann insbesondere auch nicht auf die österreichische Rechtsauffassung gestützt werden. Zutreffend erbringt der Trainer zwar organisatorische Leistungen. Diese werden aber nicht um ihrer selbst willen erbracht, sondern dienen vielmehr der Vorbereitung der sportlichen Tätigkeit des Teams. Das Team könnte nun zwar vereinfacht als die auf dem Spielfeld stehenden Personen definiert werden, doch ließe man dann unberücksichtigt, dass der Trainer durch seine ihm

---

1242 Zu den Einzelheiten bei Trainingsleistungen vgl. unten unter Kapitel 2.III.3.b)dd).

1243 Zur Bedeutung dieser Sichtweise für die nationalen Vorschriften bereits oben unter Kapitel 2.II.1.a)bb)(2)(b).

1244 *FG Köln*, 16.12.1997–3 K 6937/97, EFG 1998, 744 = juris.

1245 *Wassermeyer/ Wassermeyer/Schwenke*, Art. 17 OECD-MA Rn. 26; *Haase/Foddanu*, Art. 17 OECD-MA Rn. 35; *Cordewener*, in: *Maisto* (Hrsg.), Taxation of entertainers and sportspersons performing abroad, 2016, S. 105, 110; ohne nähere Begründung *Sandler*, The taxation of international entertainers and athletes, 1995, S. 224.

1246 *öBMF*, 18.02.1994 – C 643/1/1-IV/4/94, SWI 1994, 75, 76.

1247 *öBMF*, 18.07.2004, SWI 2004, 95, 95.

1248 *Superior Tribunal de Justiça*, 27.05.2008–882.785/RS, besprochen bei *Schoueri*, Recentes precedentes jurisprudenciais em matéria de tributação internacional, http://ibdt.org.br/material/arquivos/Palestras/Palestra%20Schoueri.pdf, sowie *IBFD/Roeleveld/Tetlak*, Art. 17 OECD-MA Rn. 5.1.2.2.4 unter Fußnote 182.

durch die Spielordnung eingeräumten Rechte – bspw. im Rahmen von Auswechslungen – maßgeblichen Einfluss auf das sportliche Ergebnis nimmt. Darüber hinaus wird nur diese Auffassung dem Umstand gerecht, dass – wenn auch heutzutage nicht mehr allzu oft anzutreffen – Spieler in Personalunion auch das „Amt" des Trainers ausüben und dann die Allokation einer einheitlich gezahlten Vergütung regelmäßig Probleme bereitet. Zwar kann auch hiergegen eingewendet werden, dass eine einheitliche Vergütung notfalls im Schätzwege aufzuteilen ist, doch setzt dies als Vorstufe die nahezu unmögliche Prüfung voraus, welche Anteile auf die Trainertätigkeit vor und während des Spiels entfällt. Die Einordnung der Trainertätigkeit unter dem Sportlerbegriff trägt daher zu einer einheitlichen Besteuerung bei. Schließlich ist anzumerken, dass das österreichische BMF m. E. primär auf den öffentlichen Wettkampf abstellt. Die Notwendigkeit einer öffentlichen Darbietung ist aber unstreitig ein Element des Sportlerbegriffs, so dass dessen Vorliegen unabhängig von der Funktion (als Trainer oder Spieler) vorzunehmen ist. Damit lässt sich ein Trainer auch hinreichend konkrete vom übrigen Personal abgrenzen. Denn im Gegensatz zu ihm sind etwa Physiotherapeuten, Masseure und Manager evident nicht unter den Sportlerbegriff zu subsumieren.[1249]

Weiterhin schränkt die nationale Sichtweise den Sportlerbegriff dahingehend ein, dass Schiedsrichter nicht hierunter subsumierbar sein sollen.[1250] Das FG Niedersachsen etwa hatte hierzu entschieden, dass die Aufgabe eines Schiedsrichters darin bestehe, die Einhaltung des Regelwerks durch die Sportler iRe. Wettkampfs zu überwachen. Der Wettkampf selbst werde aber nicht durch den Schiedsrichter, sondern vielmehr durch die Spieler bestritten.[1251] Die Literatur folgt – soweit ersichtlich – auch dieser Auffassung.[1252] *Foddanu* führt hierzu als Begründung etwa an, dass sich dieses Ergebnis bereits mittelbar aus Nr. 7 des OECD Musterkommentars ergebe, welcher Agenten oder ähnliche Personen explizit aus dem Anwendungsbereich des Art. 17 OECD-MA ausnehmen will und damit klarstelle, dass das Organisieren und Arrangieren von Auftritten nicht erfasst sei.[1253] Auch dieser Einschränkung kann m. E. nicht uneingeschränkt gefolgt werden. Denn zutreffend besteht eine zentrale Aufgabe des Schiedsrichters darin, über die Einhaltung der Regeln zu wachen und ggf. Verwarnungen auszusprechen. Für Tennisschiedsrichter oder mittlerweile den teilweise installierten Videoschiedsrichter beim Fußball erschöpft sich die Aufgabe auch hierin. Der klassische Schiedsrichter – sei es beim Fußball, Basketball o. ä. – ist indes auch auf dem Spielfeld präsent und bedarf, um stets „auf Ballhöhe"

1249 Hierzu, aber mit einer erweiternden Auslegung für Trainer *Bláha*, in: *Loukota* (Hrsg.), Taxation of artistes and sportsmen in international tax law, 2007, S. 115, 132.

1250 *Cordewener*, in: *Maisto* (Hrsg.), Taxation of entertainers and sportspersons performing abroad, 2016, S. 105, 110.

1251 *FG Niedersachen*, 24.11.2004–9 K 147/00, DStRE 2005, 498 = juris Rn. 38 ff.

1252 *Wassermeyer/ Wassermeyer/Schwenke*, Art. 17 OECD-MA Rn. 27; *Vogel/ Lehner/ Stockmann*, Art. 17 OECD-MA Rn. 31; *Flick/ Wassermeyer/ Kempermann/ Kempermann*, Art. 17 DBA Schweiz Rn. 14.

1253 *Haase/ Foddanu*, Art. 17 OECD-MA Rn. 36.

sein zu können der „körperlichen Ertüchtigung" in annähernd gleichem Umfang wie die beteiligten Spieler.[1254] Aus diesem Grunde trainieren Schiedsrichter regelmäßig ihren physischen Zustand. Ähnlich der obigen Argumentation zu Trainern sollte aber auch hier der nicht auf dem Spielfeld anwesende oder die gleiche körperliche Aktivität wie die beteiligten Spieler entfaltende Schiedsrichter dennoch unter dem Sportlerbegriff subsumiert werden.[1255] Ansonsten kann eine Subsumtion von anderen Denksportarten m. E. nicht mehr unproblematisch legitimiert werden. Hierin ist im Übrigen auch kein Widerspruch zur Beurteilung von bspw. Caddies im Golfsport zu sehen. Beide üben zwar eine Tätigkeit in der Öffentlichkeit aus, im Gegensatz zu Schiedsrichtern beschränkt sich deren Betätigung aber auf das Tragen der Ausrüstung und Spielgeräte über den Platz.[1256] Dies ist aber keine im sportlichen Wettkampf notwendige Tätigkeit. Hingegen ist der sportliche Wettkampf ohne Teilnahme eines Schiedsrichters nicht möglich. Folglich ist der Schiedsrichter auch regelmäßig in den Spielordnungen geregelt, während der Caddy hier regelmäßig keine Berücksichtigung findet.

Nicht mehr zu halten und offensichtlich mittlerweile auch von der Finanzverwaltung aufgegeben ist hingegen die Einschränkung, dass Denksportarten nicht unter den Sportlerbegriff zu subsumieren sind. Während eine solche Einschränkung seit der Änderung des Art. 17 OECD-MA im Jahre 1992 von „Athleten" zu „Sportlern" dem abkommensrechtlichen Verständnis nicht mehr zu entnehmen ist und darüber hinaus auch nicht dem internationalen Verständnis entspricht[1257], vertrat das FG München die Auffassung, dass die sitzende Tätigkeit am Spieltisch und das bloße Bewegen der Spielfiguren am Schachbrett sich nicht von sonstigen Tätigkeiten eines Menschen unterscheiden lasse und somit nicht als Sport zu qualifizieren sei.[1258] In dem jüngeren Schreiben des BMF ist nunmehr Schach auch explizit genannt.[1259]

bb) Person iSd. Art. 17 OECD-MA

(1) Auslegung insbesondere anhand des OECD Musterkommentars

Art. 17 Abs. 1 und 2 OECD-MA erfordern beide, dass die Einkünfte einer Person zufließen. Eine Definition hierzu hält Art. 17 OECD-MA nicht bereit, so dass der Begriff anhand der zulässigen Auslegungsquellen auszulegen ist. Hier ist insbesondere das Abkommen selbst zu berücksichtigen, welches in Art. 3 Abs. 1 lit. a) OECD-MA natürliche Personen, Gesellschaften und alle anderen Personenvereinigungen unter den Begriff der Person subsumiert. Vereinzelt wird hieraus der Schluss gezogen, dass auch

1254 A.A. *Bundesverwaltungsgericht Polen*, 17.11.1995 – SA/Wr 2515/95.

1255 Trotz Hinweis auf die physischen Erfordernisse ablehnend, *Sandler*, The taxation of international entertainers and athletes, 1995, S. 224 f.

1256 *IBFD/Roeleveld/Tetlak*, Art. 17 OECD-MA Rn. 5.1.2.2.4 mit dem Hinweis, dass dies auch bei Zusammenhangsleistungen gelten muss.

1257 *Sandler*, The taxation of international entertainers and athletes, 1995, S. 181.

1258 *FG München*, 30.06.1995–8 K 3034/94, IStR 1995, 537.

1259 *BMF*, 25.11.2010 – IV C 3 – S 2303/09/10002, BStBl. I 2010, 1350 = juris Rn. 79.

Gesellschaften unter Art. 17 OECD-MA fallen können.[1260] Art. 3 Abs. 1 OECD-MA fordert in seinem Einleitungssatz aber weiter, dass dies dann keine Geltung erlangen soll, wenn der Zusammenhang etwas anderes erfordert. Ob dies hinsichtlich der Auslegung von Art. 17 OECD-MA der Fall ist, bedarf aber seinerseits mangels eben jener Definition der Auslegung. Aus dem Musterkommentar selbst lässt sich auch hierfür wenig gewinnen. So spricht zwar Nr. 8 und Nr. 11 auch die Gesellschaft hinsichtlich des Zuflusses einer Zahlung an, doch intendiert die Regelung lediglich die Durchgriffsmöglichkeiten bei nicht unmittelbaren Bezug durch den Sportler festzulegen. Für eine einschränkende Auslegung aus abkommensrechtlicher Sicht spricht aber bereits ein Vergleich mit Absatz 2 des Art. 17 OECD-MA. Dieser regelt für den Fall des Zuflusses der Zahlung an eine andere Person als den Sportler für dessen in seiner Eigenschaft als Sportler erbrachten Leistungen, dass die Zahlungen dennoch im Tätigkeitsstaat besteuert werden. Während Art. 17 Abs. 2 OECD-MA wiederum auf die Person verweist und eine Auslegung über Art. 3 Abs. 1 lit. a) OECD-MA demnach eine Erfassung von Gesellschaften zulässt, kann dies m. E. zutreffend als argumentum e contrario für eine einschränkende Auslegung hinsichtlich Art. 17 Abs. 1 OECD-MA herangezogen werden. Denn der erst im Jahre 1974 ergänzte Absatz 2 des Art. 17 OECD-MA sollte missbräuchlichen Gestaltungen dahingehend vorbeugen, dass die Erfassung der Einkünfte, die nicht an einem Sportler selbst, sondern vielmehr an eine andere Person erfolgen, ebenfalls besteuert werden können. Eine Beschränkung auf natürliche Personen würde diese Intention nur bedingt erfüllen, so dass bereits eine teleologische Auslegung bei Absatz 2 des Art. 17 OECD-MA eine Erfassung von Gesellschaften beinhalten muss. Der Regelung des Absatzes 2 aaO. hätte es aber bereits dann u. a. nicht bedurft, wenn diese Einkünfte bereits nach Absatz 1 aaO. erfasst worden wären, mithin auch dort eine Gesellschaft als Sportler iSd. Norm ausreichend wäre.[1261] Letztlich vermag aber auch diese Argumentation nur bedingt zu überzeugen, denn auch unter Berücksichtigung der Missbrauchsgedanken sind Gestaltungen denkbar, in denen trotz Anerkennung von Gesellschaften als Sportler iSd. Norm die Entgelte einem Dritten zufließen. Damit verbleibt es aus abkommensrechtlicher Sicht weiterhin lediglich bei der Tendenz hinsichtlich einer einschränkenden Auslegung.

(2) Auslegung durch nationale Instanzen

In der Literatur wird mit obigen Argumenten eine einschränkende Auslegung des Art. 17 Abs. 1 OECD-MA präferiert. Denn die persönliche Ausübung einer sportlichen Tätigkeit sei nur einer natürlichen Person möglich.[1262] Anders könnte man die

---

1260 *Vogel/Lehner/Stockmann*, Art. 17 OECD-MA Rn. 20 bis zur 2. Auflage; *Loukota*, SWI 2000, 440, 444 f.; so könnte auch *Strunk/Mody*, Art. 17 OECD-MA Rn. 12 verstanden werden.

1261 So wohl auch *Strunk/Mody*, Art. 17 OECD-MA Rn. 12 in Fn. 5 mwN.; *Haase/Foddanu*, Art. 17 OECD-MA Rn. 46.

1262 *Strunk/Mody*, Art. 17 OECD-MA Rn. 12; *Gosch/Kroppen/Grotherr/Maßbaum*, Art. 17 Rn. 8 *Görl*, Die freien Berufe im internationalen Steuerrecht der Bundes-

Entscheidung des BFH vom 06.06.2012 interpretieren, als der BFH konstatierte, dass auch „eine ausländische Kapitalgesellschaft, die als Motorsport-Rennteam Rennwagen und Fahrer in einer internationalen Rennserie einsetzt, (eine) [...] eigenständige sportliche Darbietung (erbringt).“[1263] Allerdings ist in Abweichung von dem auf den ersten Blick eindeutig erscheinenden Wortlaut der Entscheidung zweierlei zu berücksichtigen. Zum einen erging die Entscheidung zu Art. 49 EStG und damit einer rein innerstaatlichen Norm. Zum anderen ist mit Blick auf Art. 17 OECD-MA festzustellen, dass auch bei Zusammenschluss mehrerer zu einer Gesellschaft die eigentliche sportliche Tätigkeit von der natürlichen Person erbracht wird und der Zusammenschluss lediglich im Rahmen der Zurechnung als Steuersubjekt herangezogen werden kann. Ebenso wäre dann auch Nr. 8 des OECD Musterkommentars zu interpretieren.[1264] Dieser Ansicht folgt auch die Finanzverwaltung, wenn sie etwa den Amateurfußballverein[1265] oder die Managementgesellschaft[1266] nicht unter Art. 17 Abs. 1 OECD-MA subsumieren will.

(3) Stellungnahme

M.E. ist der einschränkenden Auslegung des Art. 17 Abs. 1 OECD-MA dahingehend, dass Person iSd. Norm nur eine natürliche Person sein kann, der Vorzug einzuräumen. Auch wenn es sich bei Art. 17 Abs. 2 OECD-MA im Kern um eine Missbrauchsvermeidungsregelung handelt, ist dessen Einführung auch als Reaktion auf das Gestaltungsphänomen „Zwischenschaltung einer Gesellschaftskonstruktion“ zu betrachten.[1267] Dieses argumentum e contrario lässt sich überdies auf die, mit Hilfe einer teleologischen Auslegung des Begriffs gewonnene Erkenntnis stützen, dass die sportliche Darbietung an sich nur von einer natürlichen Person erbracht werden kann, da nur diese bspw. auf dem Fußballplatz stehen kann oder als Fahrer eines Rennwagen eine körperliche Aktivität vollbringen kann. Die Zurechnung der Entgelte wiederum ist eine davon zu unterscheidende Frage, die sich unter Anerkennung der Gesellschaft als Zurechnungs- und damit Steuersubjekt zufriedenstellend lösen lässt. Nicht zuzustimmen ist daher *Stockmann*, welcher aus Nr. 8 des Musterkommentars den Schluss ziehen möchte, dass auch die Gesellschaft Sportler iSd. Norm sein kann und diese Auffassung auf die Entscheidung des österreichischen Verwaltungsgerichtshof stützt, welcher zur alten Fassung des OECD Musterabkom-

---

republik Deutschland, 1983, S. 151; *Grossmann*, Die Besteuerung des Künstlers und Sportlers im internationalen Verhältnis, 1992, S. 23.

1263 *BFH*, 06.06.2012 – I R 3/11, BFHE 238, 46 = juris LS.1 und Rn. 16.

1264 *Wassermeyer/Wassermeyer/Schwenke*, Art. 17 OECD-MA Rn. 7; *Pfeifer*, Die deutsche Besteuerung ausländischer Tonkünstler und Künstlergesellschaften, 2014, S. 225 f. mwN.

1265 *BMF*, 23.01.1996 – IV B 4-S 2303–14/96, BStBl. I 1996, 89 Tz. 6.

1266 *BMF*, 25.11.2010 – IV C 3 – S 2303/09/10002, BStBl. I 2010, 1350 = juris Tz. 84.

1267 Siehe dazu nachfolgend unter Kapitel 2.IV.

mens die Steuerpflicht eines Orchesters bejahte.[1268] Betrachtet man jedoch die von Nr. 8 Musterkommentar gemeinte Konstellation, so kann dieses Ergebnis nicht aus Nr. 8 des Musterkommentars gewonnen werden. Denn der Durchgriff durch einen Rechtsträger ist nach innerstaatlichen Rechtsverständnis bei juristischen Personen in Form von Kapitalgesellschaften unzulässig. Diese sind vielmehr selbst Steuerrechtssubjekt und schirmen hinsichtlich der Besteuerung die dahinter stehende natürliche Person ab.[1269] Etwas anderes soll nur für den Fall gelten, dass die Kapitalgesellschaft rechtsmissbräuchlich dazwischen geschaltet wurde. Dann ermöglicht u. a. § 42 AO die Außerachtlassung derselben und den Durchgriff auf die dahinter stehende natürliche Person.[1270] Bei der Personengesellschaft hingegen ist diese bereits nicht Steuerrechtssubjekt, sondern die von ihr erzielten Einkünfte werden unmittelbar den beteiligten Gesellschaftern zugerechnet und sind von diesen zu besteuern.[1271] Die Personengesellschaft ist mithin steuerlich transparent.[1272] Sie ist lediglich Einkünfteermittlungssubjekt, so dass die Gewinnermittlung auf Ebene der Gesellschaft stattfindet und dort einheitlich und gesondert festgestellt wird.[1273] Der in Nr. 8 des Musterkommentars angesprochene Durchgriff nach nationalem Recht verwirklicht sich somit bei der Personengesellschaft bereits de lege lata. Allerdings kommt der Personengesellschaft nach nationalem Steuerrecht insoweit partielle Steuerrechtssubjektivität zu, als die Qualifikation der Einkünfte ebenfalls auf Ebene der Gesellschaft erfolgt.[1274] Demnach ist auch an dieser Stelle Nr. 8 des Musterkommentars insoweit nach innerstaatlichem Recht bedeutungslos, weil die Qualifikation bereits auf Ebene der Personengesellschaft erfolgt und der nach dem Musterkommentar notwendige Durchgriff lediglich auf den Zufluss, nicht aber auf die Qualifikation bezogen ist.[1275] Eine Umqualifikation auf Gesellschafterebene sieht das nationale Recht aber im Gegensatz zur Gesellschaftsebene nicht vor. *Schlotter* folgert aus der Verknüpfung des Merkmals „als Sportler" mit der „persönlich ausgeübten Tätigkeit" daher m. E. zutreffend, dass im Anwendungsbereich des Art. 17 OECD-MA „die einkünftebeziehende Person und der die Darbietung erbringende [...] Sportler identisch sein müssen."[1276] Nachdem auch die abkommensrechtliche Sichtweise diese Auffassung wohl präferiert, stimmen insofern abkommensrechtliche und nationale Sichtweise überein.

1268 *Vogel/Lehner/Stockmann*, Art. 17 OECD-MA Rn. 20 mit Verweis auf *ÖstVwGH*, 14.03.1990–86/13/0177.
1269 *Beermann/Gosch/Schmieszek*, § 42 AO Rn. 186.
1270 *BFH*, 29.10.1997 – I R 35/96, BStBl. II 1998, 235 = juris.
1271 Blümich/*Tiede*, §§ 1, 1a EStG Rn. 15.
1272 *Kirchhof/Reiß*, § 15 EStG Rn. 162.
1273 Blümich/*Tiede*, §§ 1, 1a EStG Rn. 15.
1274 *BFH*, 03.07.1995 – GrS 1/93, DStR 1995, 1339, 1340; *BFH*, 15.04.2010 – IV B 105/09, DStR 2010, 1070, 1071; Blümich/*Bode*, § 15 EStG Rn. 236.
1275 Im Ergebnis ebenso aber mit anderer Begründung *Pfeifer*, Die deutsche Besteuerung ausländischer Tonkünstler und Künstlergesellschaften, 2014, S. 228.
1276 *Schönfeld/Schlotter*, Art. 17 OECD-MA Rn. 42.

cc) *Im Inland*

Weiterhin erfordert Art. 17 OECD-MA, dass die Einkünfte von einem in einem Vertragsstaat ansässigen Sportler aufgrund seiner Tätigkeit in einem anderen Vertragsstaat bezogen werden.

(1) Auslegung insbesondere anhand des OECD Musterkommentars

Aus dem insoweit eindeutigen Wortlaut des Art. 17 OECD-MA lässt sich entnehmen, dass der Sportler sich anlässlich seiner Tätigkeit in einem anderen Staat als dem Ansässigkeitsstaat physisch aufhalten muss. Nicht erforderlich ist dabei, dass die Tätigkeit mit Wiederholungsabsicht ausgeübt wird, so dass auch eine einmalige Betätigung dem Art. 17 OECD-MA unterfallen kann.[1277] Was unter dem Ansässigkeitsstaat zu verstehen ist, definiert Art. 4 OECD-MA. Zur Vermeidung von Konflikten bei Doppelansässigkeit regelt Art. 4 Abs. 2 OECD-MA die Vorgehensweise zur Bestimmung des Status. Wie die Ansässigkeit zu bestimmen ist, richtet sich nach dem jeweiligen Recht des Anwenderstaates.[1278] Weiter ist erforderlich, dass der Sportler Einkünfte aus seinem sportlichen Auftritt in einem anderen als dem Ansässigkeitsstaat erzielt. Auch hier ist der Wortlaut hinreichend konkret dahingehend, dass der Ausübungs- bzw. Quellenstaat Vertragsstaat sein muss. Ist dies nicht der Fall und werden die Einkünfte in einem Drittstaat erzielt, so scheidet Art. 17 OECD-MA aus. Die Zuteilung des Besteuerungsrechts richtet sich dann nach Art. 21 OECD-MA („andere Einkünfte“) mit der Folge, dass dann das Besteuerungsrecht dem Ansässigkeitsstaat zufällt.[1279] Der Ausübungsort ist schließlich nach den für Art. 15 OECD-MA geltenden Grundsätzen zu bestimmen.[1280]

(2) Auslegung durch nationale Instanzen

Aus nationaler Sichtweise ergibt sich hier kein abweichendes Verständnis.[1281] Denn die Beurteilung der Ansässigkeit entsprechend der Legaldefinition des Art. 4 OECD-MA richtet sich nach dem nationalen Recht.[1282]

(3) Stellungnahme

Abkommensrechtliche und nationale Sichtweise stimmen sowohl im Hinblick auf die Ansässigkeit, als auch auf die Festlegung des Quellenstaates überein, so dass

---

1277 *Wassermeyer/ Wassermeyer/Schwenke*, Art. 17 OECD-MA Rn. 26.

1278 Vgl. nur Nr. 1 OECD-Musterkommentar.

1279 *Wassermeyer/ Wassermeyer/Schwenke*, Art. 17 OECD-MA Rn. 44; *Gosch/Kroppen/ Grotherr/Maßbaum*, Art. 17 Rn. 95.

1280 *Wassermeyer/ Wassermeyer/Schwenke*, Art. 17 OECD-MA Rn. 46 mwN.

1281 Vgl. nur *Cordewener*, in: *Reimer* (Hrsg.), Klaus Vogel on double taxation conventions, 2015, S. 1287, 1318.

1282 *Gosch/Kroppen/Grotherr/Maßbaum*, Art. 17 Rn. 95; *Vogel/Lehner/Lehner*, Art. 4 OECD-MA Rn. 71.

dieses Tatbestandsmerkmal regelmäßig unproblematisch ist. Wie indes der Ansässigkeitsstaat auf die Zuweisung des Besteuerungsrechts an den Quellenstaat reagiert, lässt Art. 17 OECD-MA offen. Besteuert auch der Ansässigkeitsstaat die Einkünfte des Sportlers, so lässt sich Doppelbesteuerung nur über den Methodenartikel (Art. 23 OECD-MA) vermeiden. Hiernach kommen dann entweder Freistellung oder Anrechnung in Betracht. Deutschland gewährt als Wohnsitzstaat und damit Ansässigkeitsstaat iSd. Art. 17 OECD-MA regelmäßig nur die Anrechnung der im Quellenstaat erhobenen Steuern auf diese Einkünfte. Die Freistellungsmethode kommt derzeit u. a. nach den DBA mit Belgien Iran, Island, Liberia, Marokko, Südafrika und Thailand in Betracht.[1283]

dd) Einkünfte aus sportlicher Tätigkeit iSd. Art. 17 OECD-MA

Unter Art. 17 OECD-MA sind solche Personen zu qualifizieren, die persönlich eine als Sport zu qualifizierende Tätigkeit ausüben, die sowohl in zeitlicher als auch örtlicher Hinsicht beschränkt außerhalb des Ansässigkeitsstaates erbracht wird.[1284] Allein die Tatsache, dass der Ausübende Sportler ist, genügt noch nicht für eine umfassende Unterwerfung aller Einkünfte unter Art. 17 OECD-MA. Vielmehr müssen diese Einkünfte aus einer persönlich ausgeübten Tätigkeit als Sportler stammen. Wann dieses weitergehende Tatbestandsmerkmal erfüllt ist, bedarf einer eingehenderen Würdigung, da Art. 17 OECD-MA selbst erneut keine eigenständige Definition bereithält.

(1) Auslegung insbesondere anhand des OECD Musterkommentars

Ob die Einkünfte aus einer persönlich ausgeübten Tätigkeit als Sportler unter Art. 17 OECD-MA zu fassen sind, bedarf wiederum einer Auslegung des jeweiligen Doppelbesteuerungsabkommens. Teilweise schränken diese den Anwendungsbereich auf Einkünfte aus selbstständig ausgeübter sportlicher Tätigkeit ein, so dass Einkünfte eines nichtselbstständig tätigen Sportlers aus sportlicher Betätigung nicht dem Art. 17 OECD-MA unterfallen können. Deutschland etwa unterhält entsprechende Abkommen mit Belgien (Art. 17), Griechenland (Art. XI Abs. 1 Satz 3) und Israel (Art. 8 Abs. 2).[1285] Die Einkünfte nichtselbstständig tätiger Sportler sind dann unter eine Art. 15 OECD-MA vergleichbaren Regelung zu subsumieren. Eine solche Einschränkung sehen die übrigen Doppelbesteuerungsabkommen an dieser Stelle derzeit nicht vor. Ob sie dennoch auf selbstständig tätige Sportler zu begrenzen sind, ist wiederum eine Frage der Auslegung. Überzeugen kann eine eingrenzende Auslegung hier jedoch nicht. Zum einen muss berücksichtigt werden, dass lediglich wenige und dann auch nur ältere Doppelbesteuerungsabkommen eine entspre-

---

1283 Teilweise Auflistung in *Wassermeyer/ Wassermeyer/Schwenke*, Art. 17 OECD-MA Rn. 50.

1284 *Wassermeyer/ Wassermeyer/Schwenke*, Art. 17 OECD-MA Rn. 26.

1285 Mit Wirkung durch das Zusatzabkommen vom 31.03.2015 wurde die Restriktion in Art. 13b DBA Frankreich aufgegeben; gleiches gilt u. a. auch für das DBA Türkei.

chende Restriktion enthalten. Insbesondere aber die Änderungen u. a. in den DBA Österreich, Frankreich und Türkei zeigen, dass eine restriktive Auslegung nicht tragfähig ist. Darüber hinaus ist aber auch zu berücksichtigen, dass die OECD der Empfehlung nach einer entsprechend restriktiven Änderung des Musterabkommens gerade nicht nachkam.[1286] Vielmehr enthält der OECD Musterkommentar eine Empfehlung an die Vertragsstaaten dahingehend, bei Bedarf die Regelung auf selbstständige Tätigkeiten einzuschränken.[1287]

Kernproblem ist jedoch nicht die Frage, ob auch nichtselbstständig tätige Sportler erfasst sind, sondern vielmehr die Frage, was unter „income, derived [...] as a sportsperson from [...] personal activities as such [...]" zu verstehen ist, mithin wann die Einkünfte des Sportlers aus einer persönlich ausgeübten Tätigkeit als Sportler bezogen werden. Eine abschließende Definition hierfür hält das OECD Musterabkommen nicht bereit. Allerdings lässt sich bereits aus der Formulierung entnehmen, dass für die Anwendbarkeit des Art. 17 OECD-MA kumulativ zwei Voraussetzungen erfüllt sein müssen.[1288] Erforderlich ist, dass die Einkünfte subjektiv dem Sportler zuordenbar sind und darüber hinaus objektiv aus persönlich ausgeübter Tätigkeit als Sportler herrühren.[1289] Hinsichtlich der subjektiven Komponente ist es dabei für die Zuweisung des Besteuerungsrechts über Art. 17 OECD-MA unerheblich, ob die Einkünfte dem Sportler unmittelbar oder nur mittelbar zufließen. Dies ergibt sich bereits aus einer Auslegung der Nr. 8 des Musterkommentars, welcher diesen Fall explizit regelt. Über Nr. 7 des Musterkommentars sind auch die Einkünfte dem Sportler zuzurechnen, die ein Dritter, vorliegend ein Agent, für den Sportler, mithin in dessen Namen, erhält.[1290] Schließlich ist im Hinblick auf die objektive Komponente festzustellen, dass der Musterkommentar in Nr. 1 lediglich davon spricht, dass Sportler mit ihren Einkünften aus „personal activities as such" dem Art. 17 OECD-MA unterfallen sollen. Aus dem Vergleich mit Art. 17 Abs. 2 OECD-MA, welcher die Einkünfte eines „Sportler in dieser Eigenschaft persönlich ausgeübten Tätigkeit" regelt, die nicht dem Sportler sondern einem Dritten zufließen, wird weiter deutlich, dass der Zusatz „as such" sich nicht auf die persönlich ausgeübte Tätigkeit bezieht, sondern vielmehr auf die Tätigkeit als Sportler.[1291] Dies sind

1286 *Sasseville*, in: *Maisto* (Hrsg.), Taxation of entertainers and sportspersons performing abroad, 2016, S. 85, 97; *IBFD/Roeleveld/Tetlak*, Art. 17 OECD-MA Rn. 3.2.1.1.1.

1287 Nr. 2 des OECD-MK zu Art. 17 im Hinblick auf den Kulturaustausch; zu entsprechenden Beispielen *Sasseville*, in: *Maisto* (Hrsg.), Taxation of entertainers and sportspersons performing abroad, 2016, S. 85, 97.

1288 Discussion Draft on the Application of Article 17 (Artists and Sportsmen) of the OECD Model Tax Convention (31.07.2010), S. 5.

1289 Für diese Aufteilung auch *Cordewener*, in: *Reimer* (Hrsg.), Klaus Vogel on double taxation conventions, 2015, S. 1287, 1335.

1290 *Cordewener*, in: *Reimer* (Hrsg.), Klaus Vogel on double taxation conventions, 2015, S. 1287, 1337.

1291 Ebenso *Cordewener*, in: *Reimer* (Hrsg.), Klaus Vogel on double taxation conventions, 2015, S. 1287, 1335.

etwa Preise und Auszeichnungen, wie sie explizit in Nr. 8.1 des Musterkommentars erwähnt werden. Darüber hinaus stützt auch der Musterkommentar dieses Auslegungsergebnis, wenn in Nr. 9.1 nunmehr die kommentierende Tätigkeit eines verletzten Spielers im Rahmen einer Übertragung nicht von Art. 17 OECD-MA umfasst sein soll.

Unproblematisch wird dies die Einkünfte umfassen, die der Sportler aus seinem Auftritt („performance") erzielt, wie sich u. a. bereits aus Nr. 8 des OECD Musterkommentars ableiten lässt. Hierunter sind dann konsequenterweise auch Billard- oder Schachturniere zu verstehen.[1292] Eine Wiederholung(sabsicht) hinsichtlich der sportlichen Tätigkeit ist dabei nicht erforderlich, so dass auch der einmalige Auftritt eines Sportlers dem Art. 17 OECD-MA unterfällt. Diesen Fall spricht Nr. 9.1 des OECD Musterkommentars nun ausdrücklich an. Auch bei Einkünften, die außerhalb von Wettkämpfen erzielt werden, lässt sich aus dem Musterkommentar eine Anwendbarkeit des Art. 17 OECD-MA entnehmen. Dies betrifft wieder insbesondere die Einkünfte von Sportlern, welche auf Trainingsleistungen oder ihre passive Teilnahme als Auswechselspieler bzw. verletzter Spieler an einem Wettkampf entfallen, sowie die Beurteilung von Trainern und Schiedsrichtern.

Hinsichtlich der Einkünfte, die auf Trainingsleistungen bzw. sonstige Vorbereitungen entfallen, sieht Nr. 9.1 des Musterkommentars vor, dass diese wie der Auftritt selbst unter Art. 17 OECD-MA zu subsumieren sind. Dies soll nach Nr. 9.1 des Musterkommentars selbst für Reisetätigkeiten gelten. Der Fiskalausschuss der OECD geht hier davon aus, dass diese Teil der normalen Aktivitäten des Sportlers sind. Auch wenn in Nr. 9.1 des Musterkommentars keine entsprechende Einschränkung verankert ist, so ist doch bei der Auslegung zu berücksichtigen, dass nur Einkünfte, die aus einer im Quellenstaat persönlich ausgeübten Tätigkeit dem Art. 17 OECD-MA unterworfen werden können. Folglich unterfallen aus abkommensrechtlicher Sicht auch nur diejenigen Einkünfte dem Art. 17 OECD-MA, die auf Trainingsleistungen im Quellenstaat beruhen. Trainiert der Sportler hingegen im Ansässigkeitsstaat, so ist Art. 17 OECD-MA nicht anwendbar. Klarstellend hierzu enthält nunmehr Nr. 9.2 des Musterkommentars seit dem Update 2014 den Hinweis, dass die Ausübung am Ort der physischen Präsenz stattfindet. Keine explizite Hilfestellung bietet der Musterkommentar für die Auslegung im Hinblick auf die Notwendigkeit einer öffentlichen Wahrnehmung der Trainingsleistung.[1293] Nach dem weiten Verständnis des Musterkommentars ist eine solche auch nicht notwendig.[1294] Dem entsprechend impliziert Nr. 9.3 des Musterkommentars für das dort genannte Beispiel eines angestellten Radrennfahrers, dass auch die Trainings-

---

1292 *IBFD/Roeleveld/Tetlak*, Art. 17 OECD-MA Rn. 5.1.2.2.2.

1293 So wurde der Begriff „public" mit der Änderung im Jahre 1977 aus dem OECD-Musterabkommen gestrichen; vgl. dazu *IBFD/Roeleveld/Tetlak*, Art. 17 OECD-MA Rn. 3.2.2.

1294 Vgl. etwa zum weiten Verständnis des Sportlerbegriffs und der einengenden Auslegung aus nationaler Sicht mit eben jenem Erfordernis bereits oben unter Kapitel 2.III.3.b)aa)(2).

leistung im Quellenstaat unter Art. 17 OECD-MA zu subsumieren ist und nimmt lediglich zur Frage der Aufteilung der Entgelte Stellung. Dem weiten Verständnis des Musterkommentars geschuldet, ergibt sich konsequenterweise auch hinsichtlich der während eines Auftritts nicht eingesetzten Spieler (hier: Auswechselspieler) eine Zuordnung der Einkünfte zu Art. 17 OECD-MA. Dies lässt sich u. a. auch aus einem Umkehrschluss zu Nr. 9.1 des Musterkommentars begründen, der die kommentierende Tätigkeit eines verletzten Sportlers gerade nicht Art. 17 OECD-MA unterwerfen will. Denn der verletzte Spieler erhält Einkünfte gerade nicht aus einer persönlich ausgeübten Tätigkeit als Sportler, sondern vielmehr als Kommentator/ Interviewpartner.

Keine Aussage trifft der OECD Musterkommentar auch zu solchen Sportlern, die zwar im Rahmen der sportlichen Darbietung anwesend sind, jedoch keine eigene sportliche Darbietung erbringen. Dies meint insbesondere Auswechselspieler bei Mannschaftssportarten. Dort obliegt es dem Trainer, die Spieler zu nominieren, die auf dem Spielfeld die sportliche Darbietung erbringen und sich im Laufe des jeweiligen Matches verletzende oder nicht bzw. nicht mehr leistungsfähige Spieler auszutauschen. Aufgrund der in den jeweiligen Statuten verankerten Auswechselkontingente ist es dabei überaus wahrscheinlich, dass einsatzbereite Spieler keine Einsatzzeit erhalten. Der OECD Musterkommentar äußert sich zwar nicht unmittelbar zu dieser Konstellation, lässt aber über die mit Update 2014 eingefügte Kommentierung in Nr. 9.1 dritter Spiegelstrich zu verletzten Spielern, die anstelle der persönlich ausgeübten sportlichen Tätigkeit einer Kommentatorentätigkeit nachgehen, erkennen, dass Auswechselspieler als Sportler iSd. Art. 17 OECD-MA anzusehen sind, deren Einkünfte aus einer persönlich ausgeübten Tätigkeit als Sportler stammen.

Der Kommentar des OECD Musterabkommens äußert sich ebenfalls nicht zu der Beurteilung von Trainern und Schiedsrichters. Im Gegensatz zu Auswechselspielern kann hier auch nicht die Kommentierung Nr. 9.1 des Musterkommentars fruchtbar gemacht werden. Aus dem weiten Verständnis und der lediglich punktuellen Herausnahme einzelner Tätigkeiten, etwa des Agenten, dürfte sich aber auch für Trainer und Schiedsrichter die Anwendbarkeit des Art. 17 OECD-MA ergeben.

(2) Auslegung durch nationale Instanzen

Soweit die jeweiligen Doppelbesteuerungsabkommen eine Einschränkung auf Einkünfte aus lediglich selbstständiger Tätigkeit enthalten, folgt die nationale Rechtsprechung dieser Ansicht bereits deshalb, weil der insoweit eindeutige Wortlaut die äußerste Grenze der Auslegung darstellen kann.[1295] Im Gegensatz hierzu wird für die übrigen Doppelbesteuerungsabkommen eine solche Restriktion – soweit ersicht-

1295 Vgl. nur zum alten DBA Österreich *BFH*, 11.10.2000 – I R 44–51/99 u.a., BStBl. II 84 2002, 71 = juris Rn. 13 sowie zum alten DBA Frankreich *FG Münster*, 21.02.2003–11 K 3231/02 G, EFG 2003, 944 = juris Rn. 29.

lich – nicht vertreten.[1296] Zutreffend begründet *Foddanu* dies mit dem lex-specialis Charakter des Art. 17 OECD-MA, welcher gerade in Abweichung vom Betriebsstättenprinzip des Art. 7 OECD-MA[1297] bzw. dem Ansässigkeitsprinzip des Art. 15 OECD-MA[1298] auf den Quellenstaat abstellt.[1299] Der abkommensrechtlichen Sicht wird insoweit zugestimmt, dass es unerheblich ist, ob die Einkünfte unmittelbar oder nur mittelbar dem Sportler zufließen. Auch sei alleinig die Frage zu klären, ob es sich um Einkünfte aus persönlich ausgeübter Tätigkeit als solcher handele, so dass es im Übrigen auch unerheblich sei, wann die Einkünfte zufließen. Erhält der Sportler bspw. die Vergütung bereits vor seiner sportlichen Tätigkeit, dann sollen diese genauso dem Art. 17 OECD-MA zu unterwerfen sein wie eine nachträgliche – auch nach Rückkehr in den Ansässigkeitsstaat – geleistete Zahlung.[1300] Im Einklang mit dem OECD Musterkommentar erkennt auch die Literatur eine einmalige Tätigkeit als ausreichend an. So stellt etwa *Cordewener* fest, dass die zeitliche Dauer der sportlichen Tätigkeit nicht maßgeblich ist.[1301] Damit fällt das Preisgeld für die Teilnahme am 24-Stunden Rennen von Le Mans genauso unter Art. 17 OECD-MA wie das Preisgeld für den nur wenige Sekunden dauernde Sprint über 100 m bei Leichtathletikwettkämpfen. Deutlich differenzierter sind jedoch die Auffassungen zur Anwendbarkeit des Art. 17 OECD-MA auf Einkünfte aus Trainingsleistungen, von Auswechsel- bzw. verletzten Spielern sowie von Trainern und Schiedsrichtern. Kein Zweifel besteht auch aus nationaler Sicht an dem erforderlichen Zusammenhang zwischen Einkunft und Darbietung, wenn diese für ein tatsächliches persönliches Tätigwerden, wie etwa die Teilnahme eines Läufers am 100 m-Lauf iRe. Weltmeisterschaft oder die Teilnahme eines Tennisspielers im Wimbledon-Finale gezahlt wird.[1302] Auch die Einkünfte eines angestellten Fußballspielers für die Teilnahme an einem Spiel seiner Mannschaft fallen zweifellos hierunter.[1303]

Im Hinblick auf die Einkünfte eines Sportlers, welche auf seine Trainingsleistungen entfallen werden in der Literatur verschiedenste Auffassungen vertreten.

1296 Vgl. nur *Wassermeyer/ Wassermeyer/Schwenke*, Art. 17 OECD-MA Rn. 2; *Vogel/ Lehner/ Stockmann*, Art. 17 OECD-MA Rn. 7.

1297 Siehe dazu unten Kapitel 2.III.3.a. und Kapitel 2.III.3.b.ff).

1298 *Haase/ Schmidt*, Art. 15 OECD-MA Rn. 46; Bei Grenzgängern sehen jedoch manche Doppelbesteuerungsabkommen vor, dass die Art. 17 OECD-MA vergleichbare Vorschrift gerade keinen Vorrang hat.

1299 *Haase/Foddanu*, Art. 17 OECD-MA Rn. 3.

1300 *Cordewener*, in: *Reimer* (Hrsg.), Klaus Vogel on double taxation conventions, 2015, S. 1287, 1335; *Wassermeyer/ Wassermeyer/Schwenke*, Art. 17 OECD-MA Rn. 19; *Schuch*, Die Zeit im Recht der Doppelbesteuerungsabkommen, 2002, S. 213.

1301 *Cordewener*, in: *Reimer* (Hrsg.), Klaus Vogel on double taxation conventions, 2015, S. 1287, 1309.

1302 *Cordewener*, in: *Reimer* (Hrsg.), Klaus Vogel on double taxation conventions, 2015, S. 1287, 1348.

1303 Ebenso *Cordewener*, in: *Reimer* (Hrsg.), Klaus Vogel on double taxation conventions, 2015, S. 1287, 1348.

So wird teilweise dem nunmehr geänderten Musterkommentar dahingehend zugestimmt, dass die Einkünfte aus Trainingsleistungen, Testfahrten etc. unabhängig von jeglichen Zusammenhang unter Art. 17 OECD-MA zu subsumieren sind.[1304] Andere hingegen halten Art. 17 OECD-MA bei Trainingsleistungen generell für nicht anwendbar.[1305] Teilweise wird differenzierter für die Anwendbarkeit des Art. 17 OECD-MA gefordert, dass die Trainingsleistung in einem Zusammenhang mit dem jeweiligen Wettkampf („performance") stehen muss.[1306] *Cordewener* weist hierbei einschränkend darauf hin, dass zumindest der Ort der Trainingsleistung im Quellenstaat liegen muss.[1307] Teilweise knüpft die Literatur die Anwendbarkeit des Art. 17 OECD-MA nicht an den Auftritt, sondern beurteilt die Trainingsleistung eigenständig. Demnach bedarf auch die Trainingsleistung eines Bezuges zur Öffentlichkeit, die Trainingsleistung selbst muss als persönlich ausgeübte Tätigkeit des Sportlers als solchen zu qualifizieren sein. Findet das Training des Sportlers daher unter Ausschluss der Öffentlichkeit statt, so genügt dies den Anforderungen gerade nicht.[1308] Aber auch wenn das Training der Öffentlichkeit zugänglich ist, soll dies noch nicht automatisch die Anwendbarkeit des Art. 17 OECD-MA bedingen. Nach Ansicht von *Bláha* ist vielmehr auf die Intention des Sportlers abzustellen. Dient das öffentlich zugängliche Training lediglich der Steigerung der öffentlichen Wahrnehmung, so soll der erforderliche Öffentlichkeitsbezug noch nicht vorliegen.[1309] Intendiert der Sportler indes mit der Trainingseinheit – bspw. als Schautraining – und damit als Auftritt, diese der Öffentlichkeit zugänglich zu machen, so sei Art. 17 OECD-MA einschlägig.[1310] Nach dieser Ansicht wird man die täglichen Trainingseinheiten wohl nicht unter Art. 17 OECD-MA subsumieren können, die medial inszenierten Trainingseinheiten bekannter deutscher Fußballklubs im Rahmen ausländischer Trainingslager hingegen schon. Dies entspricht weiterhin auch der Auffassung der Rechtsprechung. So hatte etwa zuletzt das FG Baden-Württemberg

---

1304 *IBFD/Roeleveld/Tetlak*, Art. 17 OECD-MA, 4.2.4.3 mwN.

1305 *Haslinger/Weninger*, in: *Wellisch/Gassner* (Hrsg.), Die Verteilung der Besteuerungsrechte zwischen Ansässigkeits- und Quellenstaat im Recht der Doppelbesteuerungsabkommen, 2005, S. 273, 280; *öBMF*, Protokoll über die internationale Steuerrechtstagung 2006 S. 7.

1306 *Wassermeyer/Wassermeyer/Schwenke*, Art. 17 OECD-MA Rn. 26; *Vogel/Lehner/Stockmann*, Art. 17 OECD-MA Rn. 55 mwN.

1307 *Cordewener*, in: *Reimer* (Hrsg.), Klaus Vogel on double taxation conventions, 2015, S. 1287, 1345.

1308 *Bláha*, in: *Loukota* (Hrsg.), Taxation of artistes and sportsmen in international tax law, 2007, S. 115, 124; *Kalteis*, Die Besteuerung international tätiger Künstler und Künstlerbetriebe, 1998, S. 215; *Haslinger/Weninger*, in: *Wellisch/Gassner* (Hrsg.), Die Verteilung der Besteuerungsrechte zwischen Ansässigkeits- und Quellenstaat im Recht der Doppelbesteuerungsabkommen, 2005, S. 273, 289.

1309 *Bláha*, in: *Loukota* (Hrsg.), Taxation of artistes and sportsmen in international tax law, 2007, S. 115, 125.

1310 *Bláha*, in: *Loukota* (Hrsg.), Taxation of artistes and sportsmen in international tax law, 2007, S. 115, 126.

für die Proben eines Opernsängers das Fehlen der Öffentlichkeit als Ausschlusskriterium hinsichtlich der Anwendbarkeit von Art. 17 DBA Schweiz angesehen.[1311]

In der Literatur wird – soweit ersichtlich – im Hinblick auf Auswechselspieler die obige Interpretation des OECD Musterkommentars geteilt. *Danis* etwa sieht in dem Bereithalten eines Auswechselspielers einen integralen Bestandteil des Sports.[1312] Dieser genüge auch ohne Auftritt des Sportlers auf dem Spielfeld dem Erfordernis der persönlichen Darbietung.[1313]

Hinsichtlich der Einkünfte von Trainern werden in der Literatur unterschiedliche Ansichten vertreten. *Sandler* etwa merkt an, dass Trainer mittlerweile die gleiche Popularität erreichen können wie bekannte Sportler und folglich entsprechende Einkünfte erzielen.[1314] Ein (wirtschaftlich) vernünftiger Grund für eine Ungleichbehandlung zu Sportlern sei daher nicht ersichtlich.[1315] *Molenaar* wiederum hält dem entgegen, dass der Ertrag aus einer Anwendung von Art. 17 OECD-MA auf diese Personengruppe in keinem Verhältnis zu dem erforderlichen Erhebungsaufwand stehe.[1316]

Im Hinblick auf die Einkünfte von Schiedsrichtern vertritt – soweit ersichtlich – die Literatur übereinstimmend die Auffassung, dass diese nicht dem Sportlerbegriff des Art. 17 OECD-MA unterfallen, so dass sich die Frage der Qualifizierung ihrer Einkünfte nicht stellt.

(3) Stellungnahme

Regelmäßig erfassen die jeweiligen Doppelbesteuerungsabkommen mit ihrem „Sportlerartikel" Einkünfte aus selbstständiger und nichtselbstständiger Tätigkeit.[1317] Nur soweit in den – regelmäßig älteren – Doppelbesteuerungsabkommen explizit eine Restriktion auf selbstständig tätige Sportler vorgesehen ist, ist der Anwendungsbereich entsprechend eingeschränkt.[1318]

Im Hinblick auf die Einkünfte aus Trainingsleistungen ist m. E. eine differenzierende Auffassung zutreffend.[1319] Zwingend erforderlich ist dabei zunächst, dass

---

1311 *FG Baden-Württemberg*, 12.05.2016–3 K 3974/14, EFG 2017, 557 = juris Rn. 105 f.

1312 *Danis*, in: *Loukota* (Hrsg.), Taxation of artistes and sportsmen in international tax law, 2007, S. 91, 100.

1313 *Danis*, in: *Loukota* (Hrsg.), Taxation of artistes and sportsmen in international tax law, 2007, S. 91, 106.

1314 *Sandler*, in: *Lang* (Hrsg.), Source versus residence, 2008, S. 215, 235.

1315 *Sandler*, in: *Lang* (Hrsg.), Source versus residence, 2008, S. 215, 235.

1316 *Molenaar*, in: *Lang* (Hrsg.), Source versus residence, 2008, S. 247, 252.

1317 *Bramo*, in: *Loukota* (Hrsg.), Taxation of artistes and sportsmen in international tax law, 2007, S. 71, 82.

1318 Ergänzend hierzu *IBFD/Roeleveld/Tetlak*, Art. 17 OECD-MA Rn. 3.2.1.1.2. unter Fußnote 78.

1319 Ebenfalls für eine differenzierende Auffassung, wenn auch mit leicht unterschiedlicher Differenzierung *Schaffer*, Domestic attribution of income and taxation of international entertainers and sportspersons, 2017, S. 53.

die Trainingsleistung im Quellenstaat stattfinden muss.[1320] Jede andere Auffassung geht mit einem erhöhten Risiko der Doppelbesteuerung einher. Die generelle Erfassung von Trainingsleistungen durch den OECD Musterkommentar erscheint nicht stringent im Vergleich mit dem im Übrigen herausgestellten auftrittsorientierten Ansatz. Die teilweise vertretene Verknüpfung von Training und Auftritt vermag es nicht zu rechtfertigen, über die Wortlautgrenze des Art. 17 OECD-MA hinaus auch das Besteuerungsrecht an Einkünften zuzuweisen, die nicht auf einer Tätigkeit im Quellenstaat beruhen. Darüber hinaus vermag das Argument des Zusammenhangs an sich m. E. nicht zu überzeugen. Eine solche Sichtweise ergibt sich zum einen bereits aus der Kommentierung des OECD Musterkommentars in Ziffer 9.1, welche die Trainingsleistung unabhängig von der übrigen sportlichen Tätigkeit Art. 17 OECD-MA unterstellen will.[1321] *Cordewener* weist in diesem Zusammenhang zu Recht darauf hin, dass andernfalls die Einkünfte von Sportlern aus einem Sommer- oder Wintertrainingslager im Ausland der dortigen Besteuerung unterstellt würden, ohne dass der Sportler dort jemals an einem Wettbewerb teilnehmen wird.[1322] Die fehlende Erwähnung des Öffentlichkeitsbezugs im OECD Musterkommentar lässt m. E. aber noch nicht den Schluss zu, dass eine solche Komponente entbehrlich wäre. So will Nr. 9.1 des OECD Musterkommentars lediglich die Zuordnung von Einkünften aus Trainingsleistung regeln, ohne dabei jedoch – quasi als Vorstufe – eine Aussage zu dessen Voraussetzungen getroffen zu haben. Hält man mit der teilweise in der Literatur vertretenen Ansicht einen Öffentlichkeitsbezug bereits bei der Frage der Sportlereigenschaft für erforderlich, so bedingt die Auftrittsbezogenheit des Sportlerbegriffs die Auftrittsbezogenheit der Einkünfte.[1323] Aber auch mit der zutreffenden Ansicht einer weitergehenden Bestimmung des Sportlerbegriffs folgt aus dem auftrittsbezogenem Ansatz der OECD Materialien ein Öffentlichkeitserfordernis bei der Beurteilung der Einkünfte.[1324] Folglich sind auch Trainingseinheiten danach zu qualifizieren, ob die Darbietung zur Unterhaltung der Öffentlichkeit erfolgt. Ist die Öffentlichkeit ausgeschlossen[1325], so können hierauf entfallene Einkünfte auch nicht unter Art. 17 OECD-MA subsumiert werden.[1326] Ist

---

1320 Zur Notwendigkeit der Anwesenheit im Quellenstaat etwa *Loydolt*, SWI 1996, 387, 392.

1321 *Cordewener*, in: *Maisto* (Hrsg.), Taxation of entertainers and sportspersons performing abroad, 2016, S. 105, 113.

1322 *Cordewener*, in: *Reimer* (Hrsg.), Klaus Vogel on double taxation conventions, 2015, S. 1287, 1352.

1323 *Flick/ Wassermeyer/Kempermann/Kempermann*, Art. 17 DBA Schweiz Rn. 19.

1324 So wohl *Cordewener*, in: *Reimer* (Hrsg.), Klaus Vogel on double taxation conventions, 2015, S. 1287, 1353.

1325 So etwa mittlerweile regelmäßig vor den Abschlusstrainingseinheiten von Fußballvereinen.

1326 Einigkeit besteht hier soweit ersichtlich darüber, dass solche Trainingseinheiten nicht dadurch öffentlich werden, wenn bspw. der Mitarbeiterstab zuschauen kann; so auch *Bláha*, in: *Loukota* (Hrsg.), Taxation of artistes and sportsmen in interna-

indes der Öffentlichkeit Zutritt gewährt worden, so ist das Merkmal der Öffentlichkeit dann zu bejahen, wenn auch tatsächlich Dritte das Training beobachten. Teilweise wird hier vertreten, dass es für den Öffentlichkeitsbezug aber bereits ausreichen soll, wenn die Intention besteht, in der Öffentlichkeit aufzutreten.[1327] Dieser Auffassung ist zwar insoweit zuzustimmen, dass die Qualität des Auftritts keine Rolle für die Beurteilung der Steuerpflicht spielen darf. Sehr wohl ist aber m. E. über die Intention hinaus zu beurteilen, ob der Auftritt tatsächlich von der Öffentlichkeit wahrgenommen wurde. Mithin scheidet die Subsumtion unter Art. 17 OECD-MA dann aus, wenn etwa ein Spiel unter Ausschluss der Öffentlichkeit (sog. „Geisterspiel") stattfindet oder tatsächlich die mindere Qualität der Darbietenden zu keiner öffentlichen Wahrnehmung geführt hat. Ebenso hatte etwa das Schweizerische Bundesgericht die Trainingseinheiten von Profiradrennfahrern mangels Öffentlichkeitsbezug nicht dem Art. 17 unterstellt.[1328] Im Hinblick auf Trainingseinheiten ist die Subsumption aber m. E. nicht anhand des Merkmals der Öffentlichkeit, sondern vielmehr am Merkmal der Darbietung zu verorten. Denn auch wenn das Training der Öffentlichkeit zugänglich ist, so soll doch – im Gegensatz zur später stattfindenden Sportveranstaltung – noch nichts dargeboten werden, sondern vielmehr die Leistung für diesen Zeitpunkt optimiert, mithin trainiert werden.[1329] Dies entspricht ferner auch der Auffassung der österreichischen Finanzverwaltung.[1330] Teilweise wird zwar versucht diese enge Sichtweise wieder dadurch aufzuweichen, dass Trainingseinheiten, die in einem unmittelbaren Zusammenhang mit einem Auftritt stehen, unter Art. 17 OECD-MA zu fassen.[1331] Das österreichische BMF begründet dies etwa damit, dass ansonsten eine künstliche Aufspaltung – im besprochenen Fall Entgelte für Probe, Druck und Auftritt – erfolgen würde.[1332] M.E. verursacht eine solche Sichtweise mehr Unsicherheit, als dass sie zu einer rechtsicheren und in praxi umsetzbaren Aufteilung beiträgt. Denn die Unterscheidung, wann eine Trainingseinheit noch unmittelbarer Bezug zum Auftritt aufweist und wann dies nicht mehr der Fall sein soll, ist gerade nicht evident und würde in der Praxis zu vielfachen

tional tax law, 2007, S. 115, 234 mwN.; *Kalteis*, Die Besteuerung international tätiger Künstler und Künstlerbetriebe, 1998, S. 215.

1327 *Bláha*, in: *Loukota* (Hrsg.), Taxation of artistes and sportsmen in international tax law, 2007, S. 115, 123.

1328 *Schweizer Bundesgericht*, 06.05.2008–2C_276/2007 / zga, Erwägung 6.3.

1329 So ist wohl auch *Bláha*, in: *Loukota* (Hrsg.), Taxation of artistes and sportsmen in international tax law, 2007, S. 115, 125 zu verstehen, der das öffentlich zugängliche Training einer Sportmannschaft als „socializing" qualifiziert.

1330 *öBMF*, Protokoll über die internationale Steuerrechtstagung 2006, S. 7.

1331 *Vogel/Lehner/Stockmann*, Art. 17 OECD-MA Rn. 55 mwN; *Wassermeyer/Wassermeyer/Schwenke*, Art. 17 OECD-MA Rn. 26 mwN.; *Bláha*, in: *Loukota* (Hrsg.), Taxation of artistes and sportsmen in international tax law, 2007, S. 115, 127; *Molenaar*, Taxation of international performing artists, 2006, S. 156.

1332 Zitiert nach *Bláha*, in: *Loukota* (Hrsg.), Taxation of artistes and sportsmen in international tax law, 2007, S. 115, 127.

Diskussionen und Umgehungsgestaltungen führen. Aus diesem Blickwinkel spricht daher viel für eine Auffassung, die Einkünfte aus Trainingseinheiten nicht mehr vom Anwendungsbereich des Art. 17 OECD-MA umfasst ansieht. Anders ist dies freilich dann zu beurteilen, wenn die Trainingsleistung an sich den Charakter einer öffentlichen Darbietung erhält, wie dies etwa bei den medienwirksamen Auslandstrainingslagern renommierter Fußballvereine erfolgt. Denn dort lässt sich m. E. durchaus vertreten, dass nicht die körperliche Ertüchtigung im Vordergrund steht, sondern vielmehr die mediale Präsenz, bspw. zur Erschließung eines neuen Marktes. Die den Spielern im Rahmen solcher „Touren" zusätzlich obliegenden Pflichten (Autogramme, Pressekonferenzen, Interviews) stärken im Rahmen einer Gesamtschau diese Würdigung und lassen die Verbesserung des physischen Zustandes lediglich als Beiwerk erscheinen.[1333] Eine solche Auffassung verwirklicht m. E. auch den Grundgedanken des Art. 17 OECD-MA am besten. Denn dem Ziel, die Nichtbesteuerung mobiler Sportler zu verhindern, wird dadurch ausreichend Rechnung getragen. Erzielt der Sportler für den Auftritt einer medienwirksamen und damit unterhaltenden öffentlichen Trainingseinheit Einkünfte, dann soll dem Quellenstaat auch das Besteuerungsrecht an den jeweiligen Einkünften zustehen. Ist das Training hingegen lediglich der Öffentlichkeit zugänglich und intendiert gerade keine eigenständige Darbietung, so werden zwar – insbesondere bei nichtselbstständigen Sportlern – hierauf Entgeltteile zu aliquotieren sein, doch ist dies dann eine Frage der später noch darzustellenden Aufteilungsmaßstäbe.[1334]

Zuzustimmen ist der in der Literatur vertretenen und die Auffassung des OECD Musterkommentars aufnehmenden Ansicht, dass auch die Einkünfte von Auswechselspielern von Art. 17 OECD-MA erfasst sind. Denn ein durchgreifender Grund, die Einkünfte von Spielern auf dem Spielfeld unterschiedlich von denen auf der Auswechselbank zu behandeln, ist nicht ersichtlich. Hierfür spricht bereits die räumliche Nähe des Auswechselspielers zum Ort des tatsächlichen Geschehens. So sitzt der Auswechselspieler zwar – wie auch das Publikum im Stadion – abseits des Spielfeldes, doch im Unterschied zu diesem ist die Auswechselbank bereits räumlich deutlich näher zum Spielfeld als die Sitzplätze der Zuschauer. Darüber hinaus werden – mit Bezug auf die öffentliche Darbietung – regelmäßig nicht die Zuschauer, etwa im Rahmen einer TV-Übertragung gezeigt, sondern die Spieler und Auswechselspieler des Teams. Dies insbesondere dann, wenn der Auswechselspieler sich, wie etwa beim Aufwärmen, auf seinen Einsatz vorbereitet. Aber auch aus Sicht der Zuschauer im Stadion ist der Auswechselspieler eher dem tatsächlich darbietenden Sportler als dem nur passiv konsumierenden Zuschauer zuzuordnen. Denn im Gegensatz zu den Zuschauern ist ihm gerade die Möglichkeit eröffnet bei entsprechender Entscheidung des Trainers am Spielgeschehen teilzunehmen.

1333 In dieser Richtung vertritt auch *Cordewener*, in: *Reimer* (Hrsg.), Klaus Vogel on double taxation conventions, 2015, S. 1287, 1353 die Auffassung, dass die Trainingseinheit eine „public show of it's own" sein kann.

1334 Zu den Aufteilungsmaßstäben nachfolgend unter Kapitel 2.III.3.c).

Diese zwar indirekte Art der Teilnahme verbunden mit der Chance einer aktiven Teilnahme rechtfertigt es, die Einkünfte eines Auswechselspielers nicht anders zu behandeln, als diejenigen Einkünfte eines eingesetzten Spielers.[1335] Hierfür streitet im Übrigen auch das Argument, dass im modernen Mannschaftssport verstärkt auf Rotation gesetzt wird und sich auch leistungsstarke Spieler ab und an auf der Auswechselbank wiederfinden. Weiter hängt die Entscheidung, ob bei annähernd gleichen Fähigkeiten und Fitnesszustand von Spielern, dieser oder ein anderer tatsächlich zum Einsatz kommt, allein von der Entscheidung des Trainers ab, der im professionellen Sport diese Entscheidung zunehmend danach trifft, welcher Spieler in größtmöglichen Umfange die Qualitäten des jeweiligen Gegners egalisieren bzw. überragen kann. Mithin ist die Entscheidung nicht auf den physischen Zustand des Spielers zurückzuführen, sondern vielmehr, ob er für den jeweiligen Wettbewerb bestmöglich zum anstehenden Gegner passt. Betrachtet man ergänzend noch den Umstand, dass insbesondere bei renommierten und wirtschaftlich stabilen Vereinen, die Auswechselbank regelmäßig hochkarätig mit gut bis sehr gut verdienenden Spielern besetzt ist, so ist kein wirtschaftlich vernünftiger Grund ersichtlich, diese Spieler steuerlich unterschiedlich zu behandeln.[1336] Diese Bewertung steht aber unter der Prämisse, dass der Spieler zumindest im Aufgebot für das jeweilige Spiel steht. Denn nur dann ist eine Einsatzmöglichkeit theoretisch gegeben. Ist ein Spieler verletzt oder nicht für das Spiel nominiert und nimmt er daher – auch aufgrund der Bestimmungen in den jeweiligen Spielordnungen – nicht auf der Auswechselbank, sondern etwa auf der Tribüne Platz, so wird auch die interessierte Öffentlichkeit ihn regelmäßig nicht als Sportler, sondern als passiven Zuschauer der sportlichen Darbietung wahrnehmen.

Ebenso sind m.E. die Einkünfte von Trainern unter Art. 17 OECD-MA zu subsumieren. Der stetige Zuwachs ihrer Bedeutung für das Ergebnis der Mannschaft, die wachsende Popularität und damit verbunden die Einkünfte lassen eine entsprechende Anwendung von Art. 17 OECD-MA auch auf diese Personengruppe als gerechtfertigt erscheinen. Denn im modernen Sport mit hoher Leistungsdichte entscheiden mittlerweile auch taktische Ausrichtungen die Partien. Die taktische Marschroute wird jedoch vom Trainer vorgegeben und vom Spieler auf dem Platz bestmöglichst umgesetzt. Dies zeigt sich insbesondere dann, wenn Trainer die jeweiligen Spieler auf Positionen aufstellen und spielen lassen, die diese aus eigenem Antrieb nicht spielen würden und das in ihnen steckende Potential auf gerade dieser Position nicht abrufen würden. Hierdurch lassen sich – wie die jüngere Vergangenheit eindrucksvoll beweist – Spiele gewinnen oder auch verlieren, so dass der Trainer enormen Einfluss auf den Ausgang des Wettbewerbs nehmen kann. Einfließen muss weiter, dass Trainer mittlerweile die gleiche Popularität erreichen können

1335 Im Ergegbnis zustimmend *Danis*, in: *Loukota* (Hrsg.), Taxation of artistes and sportsmen in international tax law, 2007, S. 91, 107.

1336 In diesem Sinne *Danis*, in: *Loukota* (Hrsg.), Taxation of artistes and sportsmen in international tax law, 2007, S. 91, 107 mit Verweis auf *Betten*, ET 2006, 231, 234.

wie bekannte Sportler und folglich entsprechende Einkünfte erzielen.[1337] Erwähnt sei an dieser Stelle nur der portugiesische Startrainer José Mourinho, der durch seine exzentrische Art aber auch sein taktisches Geschick zum bestverdienensten Fußballtrainer aufgestiegen ist und dem Vernehmen nach ca. EUR 20 Millionen p.a. verdient.[1338] Damit wird der Trainer fast noch mehr als etwa der Auswechselspieler zuschauerseitig als Akteur gesehen und weniger als passiver Konsument der Darbietung. Dies ist – wie gezeigt – auch im Einklang mit der tatsächlichen Bedeutung des Trainers. Aus dem Blickwinkel des Art. 17 OECD-MA, der insbesondere die Nichtbesteuerung von Einkünften aufgrund der hohen Mobilität von Berufssportlern und dem regelmäßigen Fehlen von Betriebsstätten im Tätigkeitsstaat vermeiden will, ergibt sich kein durchschlagendes Differenzierungskriterium. Soweit *Molenaar*[1339] dem entgegen hält, dass der Ertrag aus einer Anwendung von Art. 17 OECD-MA auf diese in keinem Verhältnis zu dem erforderlichen Erhebungsaufwand steht, kann dies keine andere Sichtweise rechtfertigen. Eine solche Sichtweise kann zwar aus praktischen Überlegungen heraus zu begrüßen sein, für die Begründung der Anwendbarkeit des Art. 17 OECD-MA kann sie m. E. hingegen nicht herangezogen werden. So ist die Quellenbesteuerung nach Einschätzung der OECD relativ einfach administrierbar.[1340] Damit sprechen die besseren Gründe für eine Gleichbehandlung von Spielern und Trainern.

Nach der hier vertretenen Ansicht sind auch Schiedsrichter als Sportler zu qualifizieren, da sie nicht nur über die Einhaltung der Regeln wachen, sondern darüber hinaus – zumindest Schiedsrichter im Bereich der Mannschaftssportarten – eine eigenständige körperliche Leistung erbringen. Soweit Schiedsrichter infolgedessen Einkünfte für ihre ausgeübte Tätigkeit als Schiedsrichter erzielen, sind diese auch unter Art. 17 OECD-MA zu subsumieren.

ee) Einkünfte aus Zusammenhangsleistungen iSd. Art. 17 OECD-MA

Neben den eindeutig zuordenbaren Einkünften aus der sportlichen Darbietung selbst kommen – wie auch bereits oben für das rein nationale Recht dargestellt – Einkünfte in Betracht, die einen engen oder losen Zusammenhang mit der sportlichen Darbietung haben bzw. mit einer solchen in keinem Zusammenhang stehen. Diese sollen nachfolgend ebenfalls gewürdigt werden.

(1) Auslegung insbesondere anhand des OECD Musterkommentars

Wenig Hilfestellung bietet Art. 17 OECD-MA für die Frage, ob Zusammenhangsleistungen bzw. weitere Leistungen ohne Zusammenhang mit einer persönlich

1337 *Sandler*, in: *Lang* (Hrsg.), Source versus residence, 2008, S. 215, 235.

1338 Nach übereinstimmenden Informationen der englischen Presse bringt der Wechsel von José Mourinho zu Manchester United ihm ein jährliches Salär von GBP 15 Millionen.

1339 *Molenaar*, in: *Lang* (Hrsg.), Source versus residence, 2008, S. 247, 252.

1340 *IBFD/Roeleveld/Tetlak*, Art. 17 OECD-MA Rn. 1.1.2.2.2.

ausgeübten Tätigkeit eines Sportlers als solchen noch unter Art. 17 OECD-MA subsumiert werden können oder anderen Artikeln des OECD Musterabkommens unterfallen. Dies bedarf auch nach der Änderung des Musterabkommens mit Update 2014 wiederum der Auslegung, wobei erneut der OECD Musterkommentar das wichtigste Auslegungsmittel darstellt. Im Gegensatz zum OECD Musterabkommen erfuhr der Musterkommentar zu Art. 17 mit dem Update 2014 massive Veränderungen, die auch auf die Auslegung durchschlagen. So lautete die die Nebeneinkünfte behandelnde Nummer 9 des Musterkommentars[1341] bis zu seiner Änderung mit dem Update 2014

> *„Künstler und Sportler erhalten oft neben den Honoraren für ihre Auftritte selbst Einkünfte in Form von Lizenzgebühren oder von Beiträgen aus dem Sponsoring und aus der Werbung. Stehen die Einkünfte nicht in unmittelbarem Zusammenhang mit einer öffentlichen Darbietung des Auftretenden im betreffenden Land, so sind grundsätzlich andere Artikel anzuwenden. […] Artikel 17 ist auf diejenigen Einkünfte aus der Werbung und aus dem Sponsoring usw. anzuwenden, die in unmittelbarem oder mittelbarem Zusammenhang mit Darbietungen oder Aufführungen in dem betreffenden Land stehen.“*

Im Hinblick auf die Auslegung der Zuordnung von Zusammenhangsleistungen war die Nummer 9 des Musterkommentars wenig hilfreich. Denn während sie einerseits einen unmittelbaren Zusammenhang zwischen der öffentlichen Darbietung des Sportlers und den Einkünften forderte (Satz 1), ließ sie wenig später für Einkünfte aus Werbung und Sponsoring einen mittelbaren Zusammenhang genügen (Satz 4).[1342] Lediglich für sonstige Leistungen ohne jeglichen Zusammenhang ließ sich dem Satz 5 des Kommentars explizit entnehmen, dass diese nicht unter Art. 17 OECD-MA, sondern vielmehr unter die anderen Artikel – insbesondere also unter Art. 7 und Art. 15 OECD-MA – zu subsumieren sind, soweit deren Voraussetzungen erfüllt sind.[1343] Für eine Auslegung unter Anerkennung eines mittelbaren Zusammenhangs kann u. a. der OECD Report 1987 herangezogen werden. Dort hatte sich die OECD bereits mit der Problematik auseinanderzusetzen und dabei aus den beiden aufgefundenen Extremansichten eine vermittelnde Auffassung kreiert, die einen Zusammenhang („connection“) mit dem Auftritt oder den Auftritten ausreichen lässt.[1344] Während eine einschränkende Sichtweise lediglich diejenigen Einkünfte unter Art. 17 OECD-MA fassen wollte, die auf einen öffentlichen Auftritt des Sportlers („exhibition – normally in public or on television – of the athlete“) beruhen und

1341 Eingefügt am 23.07.1992 und geändert am 29.04.2000.

1342 Vgl. zu dieser Unsicherheit etwa *IBFD/Roeleveld/Tetlak*, Art. 17 OECD-MA Rn. 5.1.3.2.1.2.

1343 *Cordewener*, in: *Reimer* (Hrsg.), Klaus Vogel on double taxation conventions, 2015, S. 1287, 1347.

1344 *OECD*, The taxation of income derived by Entertainment, Artistic and Sportive Activities, 1987 Rn. 81, abgedruckt in *OECD*, Model Tax Convention on Income and on Capital 2014 (Full Version), 2015 unter R7.

dies mit der grundsätzliche Gleichbehandlung mit anderen Berufen begründete[1345], argumentierte eine weite Sichtweise mit der Vereinfachung der Durchführung des Besteuerungsverfahrens, dass alle Einkünfte unter Art. 17 OECD-MA zu subsumieren sind („[t]he links which exist between the different activities of performers, the complexity of the contracts (often so-called package deals) governing the exercise of these activities and the forms of payment received ... make it impossible for tax authorities to identify each of them separately, and since the payments are connected, they should all be brought within the scope of Article 17").[1346]

Mit Update 2014 versuchte die OECD den Musterkommentar insoweit klarer zu fassen, als nunmehr in Nr. 9 geregelt ist, dass:

> *„[B]besides fees for their actual performances, entertainers and sportspersons often receive income in the form of royalties or of sponsorship or advertising fees. In general, other Articles would apply whenever there is no close connection between the income and the performance of activities in the country concerned. Such a close connection will generally be found to exist where it cannot reasonably be considered that the income would have been derived in the absence of the performance of these activities. This connection may be related to the timing of the income-generating event (e.g. a payment received by a professional golfer for an interview given during a tournament in which she participates) or to the nature of the consideration for the payment of the income (e.g. a payment made to a star tennis player for the use of his picture on posters advertising a tournament in which he will participate). Royalties for intellectual property rights will normally be covered by Article 12 rather than Article 17 (see paragraph 18 of the Commentary on Article 12), but in general advertising and sponsorship fees will fall outside the scope of Article 12. Article 17 will apply to advertising or sponsorship income, etc. which has a close connection with a performance in a given State (e.g. payments made to a tennis player for wearing a sponsor's logo, trade mark or trade name on his tennis shirt during a match)."*

Sowohl die Verknüpfung „direkt" in Satz 2 als auch bezogen auf Werbung und Sponsoring in Satz 5 die Verknüpfung „unmittelbar oder mittelbar" wurden aus der aktuellen Version des Musterkommentars entfernt und durch die Formulierung der „close connection" ersetzt. Eine direkte Verbindung ist damit nach dem insoweit eindeutigen Wortlaut des Musterkommentars nicht mehr erforderlich.[1347] Was unter „close connection" zu verstehen ist, definiert der neue Musterkommentar in Satz 3 der Nummer 9 dahingehend, dass sie dann anzunehmen ist, wenn vernünftigerweise nicht anzunehmen ist, dass diese Einkünfte auch ohne die Durchführung der Tä-

---

1345 Vgl. *OECD*, The taxation of income derived by Entertainment, Artistic and Sportive Activities, 1987 Rn. 87, abgedruckt in *OECD*, Model Tax Convention on Income and on Capital 2014 (Full Version), 2015 unter R7.

1346 *OECD*, The taxation of income derived by Entertainment, Artistic and Sportive Activities, 1987 Rn. 80, abgedruckt in *OECD*, Model Tax Convention on Income and on Capital 2014 (Full Version), 2015 unter R7.

1347 Ebenso *Pistone/Schaffer*, in: *Lang/Pistone/Rust u. a.* (Hrsg.), The OECD-model-convention and its update 2014, 2015, S. 51, 61 f.

tigkeit hätten erzielt werden können.[1348] Dies bedarf mithin einer Auslegung im Einzelfall, für die der Musterkommentar insoweit eine Hilfestellung bietet, als er exemplarisch den engen Zusammenhang darlegt. So ist nunmehr bspw. festgehalten, dass die Einkünfte eines Golfers für ein Interview während eines Golfturniers oder die eines Tennisspielers für die sein Bild zeigenden Werbeplakate eines Turnierveranstalters, an welchem der Tennisspieler teilnimmt, hierunter fallen.[1349] Auch die bisher bereits in der Literatur anerkannten Einkünfte eines Tennisspielers für das Tragen des Sponsorenlogos auf seinem Tennisshirt während eines Matches sind erfasst.[1350] Einkünfte, die der Sportler unabhängig von der sportlichen Tätigkeit erhält wie bspw. Entschädigungszahlung bei Absage des Wettkampfes, weisen den erforderlichen Zusammenhang nicht auf.[1351]

Die Teilnahme eines Sportlers an einem TV-Werbespot wird nach den obigen Grundsätzen nicht den erforderlichen engen Zusammenhang mit der Tätigkeit des Sportlers aufweisen. Nach Ansicht des Fiskalausschusses der OECD unterfällt die erhaltene Vergütung aber dennoch dem Art. 17 OECD-MA. Dies wird in Nr. 9.1, 1. Spiegelstrich damit begründet, dass es sich hier um eine künstlerische oder unterhaltende Tätigkeit des Sportlers handele und der Zusammenhang daher mit der Tätigkeit als Sportlers herzustellen sei.[1352]

Soweit die Qualifikation von Einkünften aus der Verwendung von Bildrechten oder der Überlassung derselben zur Nutzung in Rede steht, findet sich seit dem Update 2014 in Nr. 9.5 des OECD Musterkommentars eine explizite Regelung hierzu. Der OECD Musterkommentar stellt hierzu klar, dass diese zwar grundsätzlich nicht dem Art. 17 OECD-MA unterfallen, dies aber durchaus dann anders zu beurteilen wäre, wenn wiederum ein enger Zusammenhang zwischen der persönlich ausgeübten Tätigkeit des Sportlers und der Überlassung oder Verwendung der Bildrechte zu erkennen ist.

(2) Auslegung durch nationale Instanzen

Die Unschärfe und teilweise Widersprüchlichkeit des OECD Musterkommentars zu diesen Einkünften führte auch in der Literatur zu einer intensiven Diskussion und

1348 Die englische Originalfassung lautet "Such a close connection will generally be found to exist where it cannot reasonably be considered that the income would have been derived in the absence of the performance of these activities".

1349 So nunmehr Nr. 9 Satz 4: "a payment received by a professional golfer for an interview given during a tournament in which she participates [...] a payment made to a star tennis player for the use of his picture on posters advertising a tournament in which he will participate"; dazu auch *Tenore*, in: *Maisto* (Hrsg.), Taxation of entertainers and sportspersons performing abroad, 2016, S. 137, 144.

1350 So nunmehr Nr. 9 Satz 6: "payments made to a tennis player for wearing a sponsor's logo, trade mark or trade name on his tennis shirt during a match".

1351 So nun Nr. 9 Satz 9: "Payments received in the event of the cancellation of a performance are also outside the scope of Article 17 [...]".

1352 Zustimmend *IBFD/Roeleveld/Tetlak*, Art. 17 OECD-MA Rn. 5.1.3.2.1.3.

dementsprechend zu einem breiten Meinungsbild, welches teilweise sogar als rechtlicher Graubereich bezeichnet wurde.[1353] *Schrettl*[1354] und *Bláha*[1355] etwa vertreten die Auffassung, dass Einkünfte, die nicht direkt auf die persönliche Tätigkeit des Sportlers als solchen zurückzuführen sind, nicht von Art. 17 OECD-MA erfasst sein sollen.[1356] *Schauhoff*[1357] und *Roeleveld/Tetlak*[1358] hingegen präferieren die Auslegung über den OECD-Report 1987 und damit das Erfordernis eines Zusammenhangs. Dies entspricht wohl auch der Ansicht der niederländischen Finanzverwaltung, welche dieses Ergebnis mithilfe historischer und insbesondere teleologischer Auslegung erzielt.[1359] Wieder andere, so u. a. *Schlotter*[1360], versuchten die Abgrenzung danach vorzunehmen, ob es sich um auftrittsbezogene oder personenbezogene Einkünfte des Sportlers handelte, wobei lediglich die erste Kategorie[1361] von Art. 17 OECD-MA erfasst sein sollte.[1362]

1353 *Haslinger/Weninger*, in: *Wellisch/Gassner* (Hrsg.), Die Verteilung der Besteuerungsrechte zwischen Ansässigkeits- und Quellenstaat im Recht der Doppelbesteuerungsabkommen, 2005, S. 273, 285; ausführlich hierzu auch *Rief*, in: *Gassner* (Hrsg.), Aktuelle Entwicklungen im internationalen Steuerrecht, 1994, S. 237.

1354 *Schrettl*, Rechtsfragen der beschränkten Steuerpflicht, 1994, S. 234.

1355 *Bláha*, in: *Loukota* (Hrsg.), Taxation of artistes and sportsmen in international tax law, 2007, S. 115, 129.

1356 Ebenso *Danis*, in: *Loukota* (Hrsg.), Taxation of artistes and sportsmen in international tax law, 2007, S. 91, 108; zustimmend u. a. auch *Grossmann*, Die Besteuerung des Künstlers und Sportlers im internationalen Verhältnis, 1992, S. 117; *Görl*, Die freien Berufe im internationalen Steuerrecht der Bundesrepublik Deutschland, 1983, S. 161 ff.; *Denk*, DStR 1997, 1911, 1916; *Gosch/Kroppen/Grotherr/Maßbaum*, Art. 17 Rn. 150 ff.

1357 *Schauhoff*, IStR 1993, 363, 367.

1358 *IBFD/Roeleveld/Tetlak*, Art. 17 OECD-MA Rn. 3.3.3.

1359 *Gerechtshof Amsterdam*, 06.10.2004–03/04112, FutD 2004, 1923.

1360 *Schönfeld/Schlotter*, Art. 17 OECD-MA Rn. 47 u. a. mit Verweis auf *FG Münster*, 03.02.2006–2 K 4000/03 E, EFG 2006, 1177 = juris Rn. 50.

1361 **Bejahend**: für das Tragen von Kleidern mit Firmenaufschrift *Grossmann*, Die Besteuerung des Künstlers und Sportlers im internationalen Verhältnis, 1992, S. 113; für das Tragen von Logos auf dem Trikot eines Tennisspielers während eines Wettkampfs *Loydolt*, SWI 1996, 387, 392 f.; für das Tragen von Skibrillen während eines Skirennens *öBMF*, 02.02.1994 – M 382/9/1-IV/4/94, SWI 1994, 74, 75 und dem zustimmend *Rief*, in: *Gassner* (Hrsg.), Aktuelle Entwicklungen im internationalen Steuerrecht, 1994, S. 237, 248; **verneinend**: für die Parfumwerbung einer Tennisspielerin *Rief*, in: *Gassner* (Hrsg.), Aktuelle Entwicklungen im internationalen Steuerrecht, 1994, S. 237, 248; zum Logo auf den Tennisschuhen eines Tennisspielers im Vergleich zu seinen Laufschuhen *Sandler*, The taxation of international entertainers and athletes, 1995, S. 184 sowie *Zadek*, in: *Loukota* (Hrsg.), Taxation of artistes and sportsmen in international tax law, 2007, S. 159, 162.

1362 *Strunk/Mody*, Art. 17 OECD-MA Rn. 25; *Lang/Stefaner*, IStR 2003, 829, 830; *Bramo*, in: *Loukota* (Hrsg.), Taxation of artistes and sportsmen in international tax law, 2007, S. 71, 83; *Grossmann*, Die Besteuerung des Künstlers und Sportlers im internationalen Verhältnis, 1992, S. 113; *Maßbaum*, IWB, Fach 10 Gruppe 2, 1211,

Kempermann etwa folgert dies auf der Auftrittsbezogenheit des Sportlerbegriffs. Notwendigerweise müssen dann auch das Entgelt auftrittsbezogen beurteilt werden. Nachdem Werbeleistungen isoliert betrachtet nicht integraler Bestandteil der sportlichen Darbietung sind, ist eine die Anwendung des Art. 17 OECD-MA rechtfertigende Anknüpfung an die sportliche Darbietung selbst zu fordern, die nur dann vorliegen kann, wenn sie nicht von der sportlichen Leistung trennbar ist.[1363] Schließlich wurde danach versucht abzugrenzen, ob es sich um sportfremde Werbung handele oder nicht.[1364] Die Änderung des OECD Musterkommentars mit Update 2014 führte in der Literatur teilweise zu dem Verständnis, dass diese Änderung notwendigerweise mit einer anderen Auslegung einhergehen müsste.[1365] *Cordewener* sieht nunmehr eine kausale Verknüpfung als erforderlich an.[1366] Auch *Pistone/Schaffer* erachten nunmehr auch eine mittelbare Verknüpfung zwischen der Einkunft der Sportlers und der sportlichen Darbietung als ausreichend.[1367] Dennoch bedürfe der „enge Zusammenhang" einer weiterführenden Auslegung, welche nur dann anzunehmen sei, wenn diese Tätigkeiten neben der sportlichen Tätigkeit zwingend notwendig sind.[1368] Denn auch wenn man einen mittelbaren Zusammenhang für ausreichend erachtet, kann dieser doch auch eng ausgelegt werden, um Sinn und Zweck des Art. 17 OECD-MA zu gewährleisten.[1369] Eine solche enge Auslegung ließe sich aber nach Ansicht von *Roeleveld/Tetlak* auch durch das Erfordernis eines räumlichen und zeitlichen Zusammenhangs erzielen.[1370] Findet die Pressekonferenz oder das Interview mit dem Sportler unmittelbar nach dem Spiel statt, so sei der Zusammenhang zu bejahen. Trägt der Sportler die Kleidung mit dem Logo des Sponsors außerhalb der Veranstaltung, so soll der Zusammenhang nicht mehr vorliegen.[1371] Ebenso ist die Verwendung von Bildrechten bzw. die Überlassung derselben zur Nutzung zu beurteilen. Wird einem Dritten bspw. lediglich das Recht eingeräumt, mit dem Bild des Sportlers auf seinen Produkten zu werben, so ist der erforderliche Zusammenhang mit der sportlichen

---

1230 ff.; *Hahn-Joecks*, Zur Problematik der Besteuerung ausländischer Künstler und Sportler, 1. Aufl. (1999), S. 94; *Artner*, SWI 2001, 248, 253 f.; *Bode/Huber/Stählin*, DStR 1989, 130, 132.

1363 *Flick/Wassermeyer/Kempermann/Kempermann*, Art. 17 DBA Schweiz Rn. 19 f.

1364 Vgl. dazu etwa *Haase/Foddanu*, Art. 17 OECD-MA Rn. 8 mwN.

1365 *Pistone/Schaffer*, in: *Lang/Pistone/Rust u. a.* (Hrsg.), The OECD-model-convention and its update 2014, 2015, S. 51.

1366 *Cordewener*, in: *Reimer* (Hrsg.), Klaus Vogel on double taxation conventions, 2015, S. 1287, 1348.

1367 *Pistone/Schaffer*, in: *Lang/Pistone/Rust u. a.* (Hrsg.), The OECD-model-convention and its update 2014, 2015, S. 51.

1368 *Pistone/Schaffer*, in: *Lang/Pistone/Rust u. a.* (Hrsg.), The OECD-model-convention and its update 2014, 2015, S. 51, 61 f.

1369 *Pistone/Schaffer*, in: *Lang/Pistone/Rust u. a.* (Hrsg.), The OECD-model-convention and its update 2014, 2015, S. 51, 61; *Schaffer*, Domestic attribution of income and taxation of international entertainers and sportspersons, 2017, S. 49.

1370 *IBFD/Roeleveld/Tetlak*, Art. 17 OECD-MA Rn. 5.1.3.1.2.

1371 *Wassermeyer/Wassermeyer/Schwenke*, Art. 17 OECD-MA Rn. 40.

Tätigkeit nicht gegeben und Art. 17 OECD-MA folglich nicht einschlägig.[1372] Die Einkünfte fließen dem Sportler dann nicht mehr aufgrund seiner sportlichen Tätigkeit, sondern vielmehr aufgrund seines erworbenen Status zu.[1373] Insoweit wird die bereits zur alten Fassung in der Literatur vertretene Auffassung zum Auftrittsbezug auch weiterhin vertreten. Dem folgt, soweit ersichtlich, auch die Finanzverwaltung.[1374] Über den im Musterkommentar genannten Fall der Absage einer Veranstaltung hinaus legt die Literatur den engen Zusammenhang zur sportlichen Tätigkeit dahingehend aus, dass jegliche Entschädigungsleistungen den notwendigen Zusammenhang vermissen lassen.[1375] Dies umfasst dann etwa auch Zahlungen für das bloße Zurverfügunghalten eines Sportlers oder Konkurrenz- bzw. Wettbewerbsverbote[1376] sowie die im Sport üblichen Handgelder bzw. Exklusivitätsklauseln.[1377] In der niederländischen Rechtsprechung ist weiter zu der in der deutschen Literatur vertretenen Auffassung bereits entschieden, dass auch Entgelte aus Altersversorgung unter Art. 17 OECD-MA subsumierbar sind, da sie den notwendigen Zusammenhang selbst dann vermissen lassen, wenn sie bspw. als Erwerbsminderungsrente an einen Sportinvaliden gezahlt werden.[1378] Im Gegensatz zur bisherigen Lesart des Musterkommentars sind nunmehr auch Entgelte aus der Teilnahme an Talkshows mangels Zusammenhang nicht von Art. 17 OECD-MA erfasst.[1379]

(3) Stellungnahme

Vorzugswürdig erscheint eine Argumentation, welche in der Linie des OECD Musterkommentars einen engen Zusammenhang erfordert. Abzulehnen ist daher

1372 *Cordewener*, in: *Reimer* (Hrsg.), Klaus Vogel on double taxation conventions, 2015, S. 1287, 1356; *Wassermeyer/ Wassermeyer/Schwenke*, Art. 17 OECD-MA Rn. 36a, 40, 41; *Strunk/Mody*, Art. 17 OECD-MA Rn. 26; *Artner*, SWI 2001, 248, 253; *IBFD/ Roeleveld/Tetlak*, Art. 17 OECD-MA Rn. 5.1.3.2.2.1, die dann Art. 12 OECD-MA für anwendbar erachten (Rn. 5.1.3.2.2.5).

1373 *Sandler*, in: *Lang* (Hrsg.), Source versus residence, 2008, S. 215, 227; *Strunk/Mody*, Art. 17 OECD-MA Rn. 29 merkt kritisch an, dass Einkünfte aus Ausrüsterverträgen insgesamt aufgrund der Popularität des Sportlers erzielt werden. Dies ergebe sich einerseits aus dem engen Wortlaut der Spezialklausel und zum anderen aus Praktikabilitätsgründen.

1374 *BMF*, 25.11.2010 – IV C 3 – S 2303/09/10002, BStBl. I 2010, 1350 = juris Rn. 83; ebenso bereits *BMF*, 23.01.1996 – IV B 4-S 2303–14/96, BStBl. I 1996, 89 unter Bsp. 3.

1375 *Strunk/Mody*, Art. 17 OECD-MA Rn. 23.

1376 *Wassermeyer/ Wassermeyer/Schwenke*, Art. 17 OECD-MA Rn. 36.

1377 *Sandler*, in: *Lang* (Hrsg.), Source versus residence, 2008, S. 215, 229.

1378 *Hoge Raad*, 03.05.2000–34.653, BNB 2000, 328; ebenso *Wassermeyer/ Wassermeyer/ Schwenke*, Art. 17 OECD-MA Rn. 36.

1379 *Wassermeyer/ Wassermeyer/Schwenke*, Art. 17 OECD-MA Rn. 28; *Cordewener*, in: *Maisto* (Hrsg.), Taxation of entertainers and sportspersons performing abroad, 2016, S. 105, 111; zur bisherigen Auslegung aber *Flick/ Wassermeyer/Kempermann/ Kempermann*, Art. 17 DBA Schweiz Rn. 22.

etwa die Sichtweise der Schweiz, welche unabhängig von jeglichem Zusammenhang Einkünfte aus Werbung oder Sponsoring nicht Art. 17 OECD-MA sondern vielmehr Art. 21 OECD-MA unterstellen wollen.[1380] Auch die wenig differenzierende Auffassung mancher Staaten, diese Einkünfte generell über das Argument einer versteckten Vergütung für die sportliche Darbietung Art. 17 OECD-MA zu unterstellen, vermag nicht zu überzeugen.[1381] Im Hinblick auf die Beschaffenheit des Zusammenhangs hat die Neufassung des OECD Musterkommentars die Rechtsanwendung nur in geringem Umfang vereinfacht. Denn die Bestimmung des engen Zusammenhangs ist auch weiterhin nur im konkreten Einzelfall möglich. Eine andere Regelung als unter Verwendung eines unbestimmten Rechtsbegriffs hätte der Vielzahl der Möglichkeiten aber auch nicht hinreichend Rechnung tragen können. Die Entscheidung, wann der Zusammenhang als „eng“ iSd. des OECD Musterkommentars anzusehen ist, muss m.E. anhand räumlicher und zeitlicher Merkmale erfolgen. Hierfür spricht eine Reihe von Gründen. Zum einen ist es nicht einleuchtend, warum Einkünfte eines Sportlers, die dieser bspw. für das Tragen von Bekleidung mit dem Logo des Sponsors oder dem Benutzen von Sportartikeln außerhalb der Wettkämpfe, dem Art. 17 OECD-MA unterfallen sollen, wenn diese vom Sponsor mit der Intention gezahlt werden, dass potentielle Kunden Kaufinteresse an dem Produkt durch die Identifikation des Sportlers mit dem Produkt auch dann entwickeln, wenn sie diesen bspw. auf der Straße sehen oder wenn mit ihm als Testimonial geworben wird. Anders, nämlich sowohl in einem räumlichen und zeitlichen Zusammenhang stehend ist dies, wenn die entsprechenden Gegenstände während eines Wettkampfes benutzt bzw. getragen werden. Hier ist zwar nicht ein untrennbarer Zusammenhang zu erkennen,[1382] aber doch ein hinreichend enger Zusammenhang dahingehend feststellbar, dass die Einkünfte auf einen konkreten Auftritt bezogen werden können.[1383] Dies entspricht, soweit ersichtlich, auch der mittlerweile herrschenden Auffassung in Literatur und Rechtsprechung. So hatten etwa auch die britischen Lords of Appeal[1384] in ihrer Stellungnahme zum Verfahren des ehemaligen Weltklassetennisspieler Andre Agassi eben diese Auffassung ver-

---

1380 *Wassermeyer/Wassermeyer/Schwenke*, Art. 17 OECD-MA Rn. 16 mwN.; *IBFD/Roeleveld/Tetlak*, Art. 17 OECD-MA Rn. 5.1.3.2.1.1.

1381 Hierzu mit weiteren Nachweisen *IBFD/Roeleveld/Tetlak*, Art. 17 OECD-MA Rn. 5.1.3.2.2.2.

1382 So aber *Strunk/Mody*, Art. 17 OECD-MA Rn. 28 bzw. auch *Flick/Wassermeyer/Kempermann/Kempermann*, Art. 17 DBA Schweiz Rn 20 a.E.

1383 So wohl auch *Wassermeyer/Wassermeyer/Schwenke*, Art. 17 OECD-MA Rn. 36, 36a, 40, nach dessen Auffassung dann auch ein bloße Namensnutzung (die ja regelmäßig außerhalb des Wettkamps erfolgen wird) auszuscheiden ist; ebenso: *Haase/Foddanu*, Art. 17 OECD-MA Rn. 8.

1384 Die Lords of Appeal (Law Lords) waren bis zur Reform 2009 von der Queen ernannte Richter des Berufungsgerichts des House of Lords. Für die Dauer ihrer Amtszeit als Richter waren sie trotz ihrer Eigenschaft als Mitglieder des House of Lords (Parlament) weder teilnahme- noch stimmberechtigt bei dessen Sitzungen.

treten.[1385] Schließlich war die hier vertretene Auffassung wohl auch Ursache für die Absage des ehemaligen jamaikanischen Sprintstars Usain Bolt für das Diamond League Meeting 2010 in London, der eine die Antrittsprämie übersteigende Steuerbelastung aus seinen Ausrüstervergütungen befürchtete.[1386] Hiermit einher geht die Intention des Art. 17 OECD-MA als Spezialvorschrift für Berufssportler, die aufgrund ihrer Mobilität ansonsten leicht durch eine geschickte Verlagerung des Wohnsitzes einer Besteuerung entgehen können. Hierüber lässt sich eine enge Auslegung des Art. 17 OECD-MA dahingehend rechtfertigen, für den „engen Zusammenhang" zwar keinen unmittelbaren Zusammenhang zu fordern, aber einen ausreichenden mittelbaren Zusammenhang eng auszulegen. Eine solche Auslegung steht auch in Einklang mit der bisherigen Abkommenspraxis, nach der es den Vertragsparteien frei steht, eine etwaige abweichende Ansicht im jeweiligen Abkommen zum Ausdruck zu bringen.

ff) Einkünfte aus sonstigen Leistungen, insbesondere aus Übertragungsrechten

Auch wenn Einkünfte aus der Überlassung von Rechten, insbesondere also von Übertragungsrechten,[1387] im Grunde Zusammenhangsleistungen iSd. oben beschriebenen Einkünfte sind, war bei dieser Kategorie von Einkünften in der Vergangenheit die größte Bewegung[1388] und die hierfür gezahlten Vergütungen vielfach Gegenstand gerichtlicher Entscheidungen, so dass diese hier entsprechend ihrer Bedeutung gesondert dargestellt werden sollen.[1389] Besondere Bedeutung ist hier auch der hochgradig komplexen Abgrenzung zu den anderen Verteilungsnormen beizumessen, so dass selbige ebenfalls hier erfolgen soll. In

---

Der Court of Appeal (Berufungsgericht) war zuständig für Fälle mit öffentlicher Bedeutung.

1385 *House of Lords*, 17.05.2006 – [2006} UKHL 23 – Opionions of the Lords of Appeal for the judgment in the case Agassi v Robinson (Her Majesty's Inspector of Taxes).

1386 *The Guardian*, Usain Bolt turns down London and Britain's high taxes to run in Paris, https://www.theguardian.com/sport/2010/jul/12/usain-bolt-london-taxes (Stand: 30.11.2017).

1387 Gemeint ist hier das Recht eine Sportveranstaltung bspw. im Fernsehen zeigen bzw. im Rundfunk darüber berichten zu dürfen.

1388 Beispielhaft seien hier nur die Entgelte für die Überlassung der TV-Rechte an der Fußball Bundesliga genannt, die sich seit 1965 mehr als versechshundertfacht haben. Im Gegensatz zu vergangenen Spielzeiten werden diese mittlerweile nicht mehr pauschal an ARD/ZDF vergeben, sondern quasi atomisierend aufgespalten und damit der Ertrag vervielfacht.

1389 Vgl. nur *BFH*, 04.03.2009 – I R 6/07, BStBl. II 2009, 625 = juris; vorgehend *FG Köln*, 16.11.2006–2 K 1510/05, BeckRS 2006, 26022429 = juris; *BFH*, 13.06.2012 – I R 41/11, BStBl. II 2012, 880 = juris; vorgehend *FG Köln*, 17.03.2011–2 K 2278/08, EFG 2011, 1428 = juris; *Schaffer*, Domestic attribution of income and taxation of international entertainers and sportspersons, 2017, S. 51; *Cordewener*, in: *Reimer* (Hrsg.), Klaus Vogel on double taxation conventions, 2015, S. 1287, 1310 und 1314.

Betracht kommen bei diesen Einkünften insbesondere Art. 7 (Unternehmensgewinne) bzw. Art. 12 OECD-MA (Lizenzgebühren) und Art. 15 OECD-MA (Einkünfte aus unselbstständiger Arbeit). Bedeutung erlangt die Abgrenzung aufgrund der unterschiedlichen Zuweisung des Besteuerungsrechts. Während Art. 17 OECD-MA das Besteuerungsrecht dem Tätigkeitsstaat zuspricht, begründen Art. 7 bzw. Art. 12 OECD-MA ein solches im jeweils anderen Staat.[1390] Nachdem einerseits viele Doppelbesteuerungsabkommen für Lizenzgebühren ein der Höhe nach beschränktes Besteuerungsrecht im Quellenstaat vorsehen, andererseits Sportler aber regelmäßig über keine Betriebsstätte im Inland verfügen, ist auch die Unterscheidung zwischen Art. 7 und Art. 12 OECD-MA aus praktischer Sicht relevant.[1391] Bezieht sich eine einheitlich gezahlte Vergütung auf mehrere Leistungsbestandteile, welche unter unterschiedliche Verteilungsnormen zu subsumieren sind, so stellt sich auch hier das Problem der Aufteilung.[1392] Begründet in der zunehmenden Kommerzialisierung des Sports hatte die Rechtsprechung insbesondere über diejenigen Konstellationen zu befinden, in denen der vom Sportler verschiedene Veranstalter des sportlichen Ereignisses die (Übertragungs-) Rechte veräußerte.[1393] Die zivilgerichtliche Rechtsprechung geht dabei davon aus, dass etwa Fernsehübertragungsrechte originär beim Veranstalter in seiner Eigenschaft als solchem entstehen und sich gerade nicht derivativ aus den Rechtspositionen der teilnehmenden Sportler ableiten.[1394] Dennoch ist es nicht ausgeschlossen, dass diese Rechte, weil er etwa gleichzeitig Veranstalter ist, auch beim Sportler liegen können und damit der Sportler aus der Überlassung Einkünfte erzielt. Schließlich ist in diesem Zusammenhang die Zwischenschaltung von Gesellschaftskonstruktionen mit der Problematik des Anwendungsbereiches des Art. 17 Abs. 2 OECD-MA zu beleuchten. Denn Art. 17 Abs. 2 OECD-MA verlangt gerade nicht Einkünfte aus einer persönlich ausgeübten Tätigkeit als Sportler, sondern verweist vielmehr auf Einkünfte der in Absatz 1 genannten Art, weshalb dieser Absatz potentiell in einem Konkurrenzverhältnis zu Art. 12 OECD-MA steht. Vor diesem Hintergrund erscheint es notwendig, aber auch unter Berücksichtigung des oben gezogenen Untersuchungsgegenstandes legitim, diese Einkünfte einer näheren Untersuchung zuzuführen.

1390 Sog. Betriebsstättenprinzip des Art. 7 OECD-MA bzw. Wohnsitzstaatprinzip bei Art. 12 OECD-MA.

1391 Vgl. dazu etwa *Schauhoff/Schlotter*, IStR 2009, 751, 752.

1392 Dazu siehe sogleich unter Kapitel 2.III.3.c).

1393 *BFH*, 04.03.2009 – I R 6/07, BStBl. II 2009, 625 = juris zum DBA Schweiz sowie *BFH*, 13.06.2012 – I R 41/11, BStBl. II 2012, 880 = juris zum DBA Österreich.

1394 *BGH*, 14.03.1990 – KVR 4/88, NJW 1990, 2815 = juris Rn. 41, 47; angedeutet in *BGH*, 28.10.2010 – I ZR 60/09, GRUR 2011, 436 = juris Rn. 21; *OLG Stuttgart*, 19.03.2009–2 U 47/08, CaS 2009, 133 = juris Rn. 143; dem aus finanzgerichtlicher Sicht zustimmend *BFH*, 04.03.2009 – I R 6/07, BStBl. II 2009, 625 = juris Rn. 36.

(1) Auslegung insbesondere anhand des OECD Musterkommentars

Nachdem der OECD Musterkommentar sich bislang nicht zu diesem Punkt äußerte und damit nicht zu einer Auslegung beitragen konnte, ist der OECD Musterkommentar mit Update 2014 um eine Nr. 9.4 erweitert worden, welcher die Vergütung für die zeitgleiche Ausstrahlung einer Darbietung des Sportlers ebenfalls dem Art. 17 OECD-MA unterfallen lässt und hinsichtlich des Verhältnisses zu Lizenzgebühren auf die Nr. 18 des OECD Musterkommentars zu Art. 12 verweist. Insoweit lässt der Musterkommentar nur den Schluss zu, dass entsprechende Vergütungen zwar im Kern Lizenzgebühren iSd. Art. 12 OECD-MA sind, abkommensrechtlich aber einheitlich unter Art. 17 OECD-MA subsumiert werden sollen. Zwar ist ausweislich des Wortlauts der Nr. 18 zu Art. 12 OECD-MA nur die Darbietung von Künstlern geregelt, aus der Systematik des OECD Musterkommentars, insbesondere der nunmehr verweisenden Regelung in Nr. 9.4 lässt sich aber entnehmen, dass dies für Sportler ebenfalls zu gelten hat. Voraussetzung ist jedoch, dass die Zahlung direkt an den Sportler erfolgt oder zumindest zu seinen Gunsten („for his or her benefit").[1395] In dessen Satz 2 stellt der OECD Musterkommentar jedoch klar, dass auch zwischen der Vergütung und der persönlichen Tätigkeit des Sportlers ein Zusammenhang bestehen muss, so dass Zahlungen an einen Dritten (z.B. den Inhaber der Übertragungsrechte, ohne dass diese dem Sportler zu Gute kommen, nicht hierunter subsumierbar sein sollen. Um eine am Willen der OECD orientierte Auslegung zu ermöglichen, stellt diese im nachfolgenden Satz beispielhaft dar, dass immer dann, wenn die Rechte am geistigen Eigentum etwa bei dem Veranstalter eines Fußballturniers liegen und Vergütungen für die Übertragungsrechte im Zusammenhang mit der Veranstaltung diesem zufließen, Art. 17 OECD-MA nicht anwendbar sein soll. Schließlich stellt Nr. 9.4 des Musterkommentars klar, dass dies auch dann gelten soll, wenn bspw. ein Teil dieser Zahlungen an die teilnehmenden Mannschaften verteilt werden, die Teams diese Zahlungen dann aber nicht an die Spieler weiterreichen sowie für solche Zahlungen, die nicht zu Gunsten der Spieler bezahlt werden. Im Hinblick auf die streitanfällige Beurteilung von Wiederholungssendungen verweist Nr. 9.4 des Musterkommentars nun explizit auf gleichzeitig stattfindende Übertragungen und fordert daher eine enge Auslegung. Wird die Vergütung hingegen primär für die Überlassung von Urheberrechten oder sonstigen geistigen Eigentumsrechten geleistet – bspw. um die Aufzeichnung der sportlichen Darbietung wiederholt ausstrahlen zu dürfen – so soll Art. 12 OECD-MA anwendbar sein. Dies lässt sich u.a. auch schon Nr. 9 Satz 5 des Musterkommentars entnehmen, welcher Lizenzgebühren für Rechte am geistigen Eigentum in der Regel Art. 12 OECD-MA zuweist.

(2) Auslegung durch nationale Instanzen

Anders als bei der weiten Interpretation durch den OECD Musterkommentar sind in der Literatur, der Finanzverwaltung und der nationalen Rechtsprechung die

1395 Vgl. Nr. 9.1 Satz 1 OECD Musterkommentar zu Art. 17 OECD-MA.

genauen Konturen des Art. 17 OECD-MA im Rahmen von eben jenen Vergütungen für die Überlassung von Übertragungsrechten nach wie vor nicht abschließend geklärt. Das Meinungsspektrum reicht dabei von einer vorwiegend fiskalpolitisch motivierten generellen Erfassung bis hin zu einer generellen Nichterfassung.[1396] Im Rahmen einer vermittelnden Ansicht werden wiederum mit unterschiedlicher Akzentuierung differenzierende Ansichten vertreten. Gemeinsam ist den vermittelnden Ansichten dabei jeweils ein Bezugspunkt zur Tätigkeit des Sportlers als solchen.[1397] Denn mit der medialen Ausstrahlung wird die sportliche Darbietung einer breiteren Öffentlichkeit zugänglich gemacht und der Konnex zur Ausübung der sportlichen Tätigkeit hergestellt.[1398] Die Beurteilung, wie dieser Zusammenhang zwischen der persönlich ausgeübten Tätigkeit des Sportlers und der zu beurteilenden weiteren Leistungen jedoch konkret beschaffen zu sein hat, variiert indes stark. So wird teilweise vertreten, dass eine Verwertungsleistung nur dann den erforderlichen Zusammenhang aufweise, wenn sie zu einem visuell wahrnehmbaren mittelbaren Auftritt führe. Während dies bei Übertragungen etwa im Fernsehen zu bejahen sei, seien Radioübertragungen nicht erfasst.[1399] Einigkeit besteht indes, soweit ersichtlich, darin, dass die Live-Übertragung diesen Anforderungen genügt.[1400] Regelmäßig wird dies, bei den hier interessierenden Sportveranstaltungen, Übertragungen im Fernsehen betreffen. Nicht nur aufgrund des andauernden technologischen Fortschritts ist über dieses Medium jede mediale Live-Übertragung ausreichend, so dass insbesondere auch Internetübertragungen

1396 Für eine generelle Erfassung von Verwertungseinkünften, vgl. den Hinweis von *Schauhoff/Schlotter*, IStR 2009, 751, 752 auf *BMF*, 23.01.1996 – IV B 4-S 2303–14/96, BStBl. I 1996, 89 Tz. 6 Beispiel 11a; für eine generelle Außerachtlassung etwa *Flick/Wassermeyer/Kempermann/Kempermann*, Art. 17 DBA Schweiz Rn. 7 mit Verweis auf *Wassermeyer/Wassermeyer/Schwenke*, Art. 17 OECD-MA Rn. 18.

1397 Vgl. etwa *BFH*, 13.06.2012 – I R 41/11, BStBl. II 2012, 880 = juris Rn. 11; *BFH*, 04.03.2009 – I R 6/07, BStBl. II 2009, 625 = juris Rn. 10; *Cordewener*, in: *Reimer* (Hrsg.), Klaus Vogel on double taxation conventions, 2015, S. 1287, 1314; *Sandler*, The taxation of international entertainers and athletes, 1995, S. 184; *Schaffer*, Domestic attribution of income and taxation of international entertainers and sportspersons, 2017, S. 52.

1398 *Schönfeld/Schlotter*, Art. 17 OECD-MA Rn. 10.

1399 *Kalteis*, Die Besteuerung international tätiger Künstler und Künstlerbetriebe, 1998, S. 336; *Grossmann*, Die Besteuerung des Künstlers und Sportlers im internationalen Verhältnis, 1992, S. 119.

1400 *Schönfeld/Schlotter*, Art. 17 OECD-MA Rn. 10; *Kreisl*, SWI 2007, 247, 251; *Loukota*, in: *Gassner/Lang/Lechner* (Hrsg.), Arbeitnehmer im Recht der Doppelbesteuerungsabkommen, 2003, S. 203, 212; im Ergebnis ebenso *Cordewener*, in: *Reimer* (Hrsg.), Klaus Vogel on double taxation conventions, 2015, S. 1287, 1314 sowie *Schauhoff/Schlotter*, IStR 2009, 751, 755, die auf die fehlende Abgrenzbarkeit zwischen der Tätigkeit des Sportlers und der Vergütung für die Gestattung des Live-Mitschnitts verweisen und dabei auf Nr. 18 zu Art. 12 OECD-MA rekurrieren.

mittels Streaming zu erfassen sind.[1401] Differenzierter sind hingegen die Auffassungen zu nachlaufenden Übertragungen. Hier ist zwischen einer zwar zeitlich nach der sportlichen Darbietung erfolgenden, aber dennoch erstmaligen Ausstrahlung und einer wiederholender Ausstrahlung zu unterscheiden. Während bei der Live-Übertragung der Zusammenhang zur persönlichen ausgeübten Tätigkeit evident war, ist dieser bei den beiden nachlaufenden Übertragungen durchaus fraglich. Teilweise wird vertreten, dass bei beiden der erforderliche Zusammenhang nicht mehr gegeben sei, da die sportliche Tätigkeit bereits beendet sei.[1402] Andere hingegen halten auch jede nachlaufende Verwertung noch mit Art. 17 OECD-MA vereinbar, da hierin lediglich ein zusätzlicher mittelbarer Auftritt zu erblicken sei.[1403]

(3) Stellungnahme

Sowohl eine Auslegung dahingehend, dass jegliche Vergütung aus der Überlassung von Übertragungsrechten unter Art. 17 OECD-MA subsumierbar sein soll, als auch eine solche diese Einkünfte generell als Verwertungseinkünfte auszunehmen, wird m.E. dem tatbestandlichen Rahmen nicht gerecht. Vielmehr ist auch hier differenziert vorzugehen. Denn grundsätzlich ist Verwertung nicht als persönlich ausgeübte Tätigkeit zu verstehen und damit Art. 17 OECD-MA nicht anzuwenden. Soweit der erforderliche und über das Update 2014 noch einmal konkretisierte Zusammenhang gegeben ist, ist Art. 17 OECD-MA als lex specialis anzuwenden. Ein solcher Zusammenhang ist wohl unstreitig dann anzunehmen, wenn eine Vergütung für eine Live-Übertragung gezahlt wird. Dies muss unter dem Gesichtspunkt einer einheitlichen rechtlichen Würdigung unabhängig davon gelten, welches Medium für die Übertragung genutzt wird, so dass auch „neuere Medien“ hierunter zu subsumieren sind. Insbesondere lässt sich der Ausschluss von Radioübertragungen m.E. nicht rechtfertigen. Vielmehr eröffnet bereits der Wortlaut eine plausible Interpretation dahingehend, dass eine öffentliche Wahrnehmung mit allen Sinnen erfolgen kann. Im Hinblick auf die nachlaufende Übertragung gilt es m.E. aber zu beachten, dass der Zusammenhang nicht in allen Fällen gegeben ist. Einerseits ist die sportliche Tätigkeit des Sportlers zu diesem Zeitpunkt schon beendet, so dass ein Zusammenhang abzulehnen wäre. Ande-

---

1401 Zustimmend *Schönfeld/Schlotter*, Art. 17 OECD-MA Rn. 10; *Schmidjell-Dommes*, SWI 2015, 543, 547.

1402 So etwa *Schönfeld/Schlotter*, Art. 17 OECD-MA Rn. 11; *Strunk/Mody*, Art. 17 OECD-MA Rn. 25.

1403 *BMF*, 25.11.2010 – IV C 3 – S 2303/09/10002, BStBl. I 2010, 1350 = juris Tz. 87, 103; *Loukota*, in: *Gassner/Lang/Lechner* (Hrsg.), Arbeitnehmer im Recht der Doppelbesteuerungsabkommen, 2003, S. 203, 212; *Hahn-Joecks*, Zur Problematik der Besteuerung ausländischer Künstler und Sportler, 1. Aufl. (1999), S. 78; *Haslinger/Weninger*, in: *Wellisch/Gassner* (Hrsg.), Die Verteilung der Besteuerungsrechte zwischen Ansässigkeits- und Quellenstaat im Recht der Doppelbesteuerungsabkommen, 2005, S. 273, 289f.

rerseits ist der Grundgedanke des Art. 17 OECD-MA die Nichtbesteuerung von Einkünften bspw. mangels Betriebsstätte des Sportlers im Inland zu vermeiden, zu berücksichtigen. Eine nachvollziehbare Differenzierung lässt sich hier nicht mehr über einen kausalen, sondern vielmehr über einen finalen Ansatz erreichen. Entweder wird die Vergütung für die Nachverwertung einer während der sportlichen Tätigkeit erfolgten Aufzeichnung geleistet oder diese steht vielmehr im Vordergrund. Im erstgenannten Fall ist regelmäßig bereits eine Vergütung für die Live-Übertragung geleistet worden und die nunmehr gezahlte Vergütung erfolgt primär für die in der Person des Sportlers durch die Aufzeichnung entstandenen urheberrechtlichen Schutzrechte iSd. § 73 ff. UrhG.[1404] Im letztgenannten Fall hingegen wird zwar die Aufzeichnung erst später ausgestrahlt, die Vergütung hingegen für die Aufzeichnung gezahlt und gerade nicht für die Nachverwertung. Damit steht allein hier die persönlich ausgeübte Tätigkeit des Sportlers noch im Vordergrund, die die Annahme eines Zusammenhangs zu rechtfertigen vermag. Wird die Vergütung daher für die Möglichkeit der Nachverwertung geleistet, so muss Art. 17 OECD-MA ausscheiden.[1405] So hatte etwa der BFH Wiederholungshonorare eines Künstlers im Rahmen einer lohnsteuerlichen Fragestellung nicht als Arbeitslohn, sondern als Nutzungsentgelt für die Übertragung originärer urheberrechtlicher Schutzrechte und damit Verwertungseinkünfte beurteilt.[1406]

In diesem Zusammenhang wird regelmäßig auch Art. 17 Abs. 2 OECD-MA relevant. Die ursprünglich als Missbrauchsvermeidungsnorm[1407] geschaffene Regelung erfasst auch diejenigen Einkünfte, die zwar für eine vom Sportler in dieser Eigenschaft ausgeübte Tätigkeit geleistet werden, aber im Gegensatz zu Art. 17 Abs. 1 OECD-MA nicht dem Sportler, sondern einer anderen Person zufließen. Art. 17 Abs. 2 OECD-MA erweitert daher nicht den Anwendungsbereich hinsichtlich der steuerpflichtigen Einkünfte, sondern lediglich hinsichtlich des Zurechnungssubjekts.[1408] Aus diesem Grund unterfallen Einkünfte der anderen Person

---

1404 So auch *Schönfeld/Schlotter*, Art. 17 OECD-MA Rn. 10.

1405 Ebenso *Gradl*, IWB 2014, 489, 493; *Cordewener*, in: *Reimer* (Hrsg.), Klaus Vogel on double taxation conventions, 2015, S. 1287, 1314 mwN.; *Flick/Wassermeyer/Kempermann/Kempermann*, Art. 17 DBA Schweiz Rn. 9 unter „Darbietung auf der Bühne, im Stadion oder in der Manege mit Rundfunk- oder Fernsehaufzeichnung"; *Wassermeyer/Wassermeyer/Schwenke*, Art. 17 OECD-MA Rn. 36.

1406 *BFH*, 26.07.2006 – VI R 49/02, BStBl. II 2006, 917 = juris Rn. 16.

1407 Vor Einfügung des Art. 17 Abs. 2 OECD-MA wurde verschiedentlich versucht, durch Zwischenschaltung einer im Ausland ansässigen dritten Person iSd. Art. 3 Abs. 1 lit. a) OECD-MA (regelmäßig Sportlerverleihgesellschaften, sog. star-companies) die Besteuerung des Sportlers im Tätigkeitsstaat zu vermeiden. In diesen Fällen hatte der ausländische Sportler keine Einkünfte im Tätigkeitsstaat und die auslandsansässige Gesellschaft unterlag mangels Betriebsstätte iSd. Art. 7 OECD-MA ebenfalls nicht der Besteuerung im Tätigkeitsstaat.

1408 *BFH*, 04.03.2009 – I R 6/07, BStBl. II 2009, 625 = juris Rn. 33; *Schauhoff/Schlotter*, IStR 2009, 751, 753.

aus eigener Tätigkeit gerade nicht dem Art. 17 Abs. 2 OECD-MA. Mit eben dieser Konstellation hatte sich auch der BFH in zwei Entscheidungen auseinanderzusetzen, in denen jeweils die Vergütungen für die Überlassung von Fernsehrechten an Sportveranstaltungen zu beurteilen waren.[1409] In beiden Entscheidungen war der Vergütungsgläubiger nicht originärer Rechteinhaber, sondern hatte diese vom Veranstalter derivativ erworben, so dass die Anwendung von Art. 17 OECD-MA nur über dessen Absatz 2 ermöglicht werden konnte.[1410] Der BFH stellte dabei zum einen heraus, dass es – wenn das jeweilige Doppelbesteuerungsabkommen nichts Abweichendes regelt – einen Zusammenhang mit der persönlich ausgeübten Tätigkeit des Sportlers bedarf. In der Entscheidung des BFH vom 04.03.2009 enthielt zwar der konkret zu beurteilende Art. 17 DBA Schweiz in Absatz 1 Satz eine Erweiterung dahingehend, dass Einkünfte, die einer anderen Person für die Tätigkeit oder Überlassung des Sportlers zufließen, ebenfalls erfasst sein sollen, doch war der erforderliche Zusammenhang abzulehnen. Nach zutreffender Ansicht des BFH ist Art. 17 Abs. 1 Satz 2 DBA Schweiz aber dergestalt auszulegen, dass es hier eines Zusammenhangs zur persönlich ausgeübten Tätigkeit des Sportlers bedarf.[1411] Wird die Vergütung lediglich für die Einräumung der dem Vergütungsgläubiger zustehenden Rechtsposition geleistet und ist hierin keine – zumindest wirtschaftliche – Weiterleitung an den Sportler zu erblicken, so kann der Zusammenhang nicht hergestellt werden.[1412] Die wirtschaftliche Weiterleitung der Vergütung eröffnet demnach Gestaltungsspielraum. Wohl nicht mehr von einer wirtschaftlichen Weiterleitung wird dann auszugehen sein, wenn der Sportler entweder gar keinen Vergütungsanteil erhält oder dieser der Höhe nach unabhängig von der Rechteverwertung ist. Hingegen wird man eine wirtschaftliche Weiterleitung zu bejahen haben, wenn die Höhe der Zahlung an den Sportler unmittelbar von den eingehenden Rechteverwertungsentgelten beeinflusst wird.[1413] Das der Entscheidung vom 13.06.2012 zu Grunde liegende DBA Österreich setzt in Art. 17 Abs. 1 Satz 3 im Gegensatz zu Art. 17 OECD-MA bzw. dem eben genannten DBA Schweiz gerade nicht voraus, dass die Vergütung aus einer im anderen Staat persönlich ausgeübten Tätigkeit bezogen wird.[1414] Dennoch muss es sich um eine Vergütung des Sportlers handeln, welche aber gerade dann nicht zu bejahen ist, wenn die Überlassung der originären Rechte des Veranstalters vergütet wird.[1415]

1409 *BFH*, 04.03.2009 – I R 6/07, BStBl. II 2009, 625 = juris sowie *BFH*, 13.06.2012 – I R 41/11, BStBl. II 2012, 880 = juris.

1410 *BFH*, 13.06.2012 – I R 41/11, BStBl. II 2012, 880 = juris Rn. 10; *BFH*, 04.03.2009 – I R 6/07, BStBl. II 2009, 625 = juris Rn. 33.

1411 *BFH*, 04.03.2009 – I R 6/07, BStBl. II 2009, 625 = juris Rn. 35.

1412 *BFH*, 04.03.2009 – I R 6/07, BStBl. II 2009, 625 = juris Rn. 38.

1413 *Schmidjell-Dommes*, SWI 2015, 543, 548 mit Verweis auf *Kerschner/Steindl*, SWI 2003, 301.

1414 *BFH*, 13.06.2012 – I R 41/11, BStBl. II 2012, 880 = juris Rn. 10.

1415 *BFH*, 13.06.2012 – I R 41/11, BStBl. II 2012, 880 = juris Rn. 13, 15.

Auch in den DBA Mexiko[1416] sowie DBA Korea[1417], DBA Malta[1418] und DBA Usbekistan[1419] finden sich entsprechende Erweiterungen des Anwendungsbereiches. Die jüngeren DBA Korea (2000), Malta (2001) und Usbekistan (1999) fordern dabei über ihre Bezugnahme auf eine sportliche Darbietung wiederum einen konkreten Zusammenhang mit der sportlichen Darbietung.[1420] Im Ergebnis ist die Auslegung, die einen Zusammenhang für erforderlich hält, vorzugswürdig. Dies bestätigt etwa auch die Tatsache, dass vielfach in neueren Doppelbesteuerungsabkommen ein entsprechendes Zusammenhangserfordernis trotz tatbestandlicher Erweiterung verankert wurde. Als Reaktion auf die beiden Entscheidungen des BFH hat Deutschland im Übrigen zum Update 2014 seinen Vorbehalt in Nr. 15 zu Art. 17 des OECD Musterkommentars aufgegeben, wonach Vergütungen für Live-Übertragungen stets als Einkünfte des Sportlers anzusehen sind.[1421]

Ist eine Subsumtion unter die Art. 17 OECD-MA vergleichbare Norm des konkreten Doppelbesteuerungsabkommens nach der hier vertretenen Auffassung mit Zusammenhangserfordernis nicht möglich, so richtet sich die Zuteilung des Besteuerungsrechts nach den übrigen Verteilungsartikeln. In Betracht kommen dabei Art. 7 (Unternehmensgewinne) bzw. Art. 12 OECD-MA (Lizenzgebühren) und Art. 15 OECD-MA (Einkünfte aus unselbstständiger Arbeit). Im Verhältnis von Lizenzgebühren und Unternehmensgewinnen ist – im Gegensatz zum nationalen Recht – der abkommensrechtliche Vorrang der erstgenannten Lizenzgebühren gem. Art. 7 Abs. 7 OECD-MA zu beachten. Dieser Vorrang greift nach Art. 12 Abs. 3 OECD-MA nur dann nicht, wenn der Lizenzgeber eine Betriebsstätte in der Jurisdiktion unterhält, aus der die Lizenzeinkünfte stammen und diese der Betriebsstätte zuzurechnen sind. Dieser Betriebsstättenvorbehalt wird bei Sportlern mangels Betriebsstätte aber regelmäßig keine Bedeutung erlangen, so dass hierauf an dieser

1416 Art. 17 Abs. 1 Satz 2 DBA Mexiko erfasst etwa auch „Einkünfte aus Leistungen [...], die mit seiner persönlichen Bekanntheit in Zusammenhang stehen".

1417 Art. 17 Abs. 2 DBA Korea erfasst auch Einkünfte, „die für die Benutzung oder das Recht auf Benutzung des Namens, des Bildes oder sonstiger Persönlichkeitsrechte dieser Personen gezahlt werden".

1418 Art. 17 Abs. 2 DBA Malta ist in seinem Satz 1 deckungsgleich zum DBA Korea, erfasst aber in Satz 2 auch noch Einkünfte „aus der Duldung von Aufzeichnungen und Übertragungen von [...] sportlichen Darbietungen durch Rundfunk und Fernsehen".

1419 Art. 17 Abs. 2 DBA Usbekistan entspricht dem DBA Malta.

1420 Zustimmend allgemein etwa *Strunk/Mody*, Art. 17 OECD-MA Rn. 109, sowie *Wassermeyer/Hirscher*, Art. 17 DBA Usbekistan Rn. 15 bzw. *Wassermeyer/Dreher*, Art. 17 DBA Korea Rn. 27. Eine Erweiterung ohne Zusammenhangserfordernis findet sich u. a. in Art. 16 Abs. 1 DBA Canada-Mexiko, welches auch dasjenige Einkommen „relating to that resident's reputation as [...] sportsperson" erfasst.

1421 *Cordewener*, in: *Reimer* (Hrsg.), Klaus Vogel on double taxation conventions, 2015, S. 1287, 1316 Fn. 55; *IBFD/Roeleveld/Tetlak*, Art. 17 OECD-MA Rn. 5.1.3.2.3.2.

Stelle nicht näher einzugehen ist.[1422] Aufgrund der abkommensrechtlichen Legaldefinition der Lizenzgebühren in Art. 12 Abs. 2 OECD-MA und der damit verbundenen Sperre des Rückgriffs auf nationales Recht bei der Auslegung ist umstritten, ob die hier in Rede stehenden Rechte ebenfalls erfasst sind. Für die Übertragung eines einmal entstandenen Urheberrechts[1423] ist dies jedoch unstreitig.[1424] Uneinheitlich ist hingegen die Auffassung bei der Überlassung z. B. des Rechts am eigenen Bild durch einen Sportler während einer Live-Übertragung. Teilweise werden hier auch unter Verweis auf das innerstaatliche Recht und die Anwendbarkeit desselben bei der Auslegung des Begriffs „Urheberrecht" Lizenzgebühren angenommen.[1425] Andererseits wird teilweise auch vertreten, dass das Recht am eigenen Bild nicht unter den Begriff Lizenzgebühren subsumiert werden kann.[1426] M.E. zutreffend muss daher danach differenziert werden, wer die Einkünfte erzielt. Werden diese etwa durch eine von dem Sportler zwischengeschalteten Gesellschaft erzielt, so steht einer Anwendung des Art. 12 OECD-MA nichts entgegen.[1427] Der Sportler selbst kann hingegen nach der hier vertretenen Auffassung keine Lizenzeinkünfte erzielen. Auch wenn es über § 22 KUG urheberrechtlichen Schutz erfährt, so ist es doch in dieser Konstellation kein Recht an einem künstlerischen Werk.[1428] Art. 12 OECD-MA erfasst schließlich Lizenzgebühren, die für die Nutzungsüberlassung eines Lizenzgegenstandes geleistet werden. Die Benutzung oder das Recht auf Benutzung setzt in Abgrenzung zur Veräußerung eine zeitliche begrenzte Überlassung voraus.[1429]

1422 Zur Betriebsstättenproblematik sogleich bei Art. 7 OECD-MA unter Kapitel 2. III.3.b)ff).

1423 Zu den Möglichkeiten in Bezug auf Fernsehrechte vgl. *Schauhoff/Schlotter*, IStR 2009, 751.

1424 Zu Urheberrechten etwa *Flick/ Wassermeyer/Baumhoff/ Schönfeld/ Wassermeyer*, Art. 12 OECD-MA Rn. 61; *Schönfeld/Bozza-Bodden*, Art. 12 OECD-MA Rn. 97; *Vogel/Lehner/Pöllath/Lohbeck*, Art. 12 OECD-MA Rn. 61.

1425 Diese Möglichkeit einräumend etwa *Flick/ Wassermeyer/Baumhoff/ Schönfeld/ Wassermeyer*, Art. 12 OECD-MA Rn. 62; für das Hausreicht eines Veranstalters *FG Köln*, 16.11.2006–2 K 1510/05, BeckRS 2006, 26022429 = juris Rn. 105; im Revisionsverfahren (*BFH*, 04.03.2009 – I R 6/07, BStBl. II 2009, 625 = juris) offen gelassen; *Gosch/Kroppen/ Grotherr/ Dorfmüller*, Art. 12 OECD-MA Rn. 106/1 f. mit Verweis auf *BFH*, 28.01.2004 – I R 73/02, BFHE 205, 174 = juris; *Gradl*, IWB 2014, 489, 493 für das Recht am eigenen Namen.

1426 *Vogel/Lehner/Pöllath/Lohbeck*, Art. 12 OECD-MA Rn. 66d mit Verweis auf die österreichische Sichtweise.

1427 *Schauhoff/Schlotter*, IStR 2009, 751, 755 bei einem zwischengeschaltenen Veranstalter.

1428 *Schönfeld/Bozza-Bodden*, Art. 12 OECD-MA Rn. 102 mit Verweis auf *BFH*, 28.01.2004 – I R 73/02, BFHE 205, 174 = juris.

1429 Nr. 8.2 des OECD-Musterkommentars zu Art. 12; *Flick/ Wassermeyer/Baumhoff/ Schönfeld/ Wassermeyer*, Art. 12 OECD-MA Rn. 11 mit Verweis auf *RFH*, 05.08.1936 – VI A 208/36, RStBl. 1936, 1132 = juris; *BFH*, 27.07.1988 – I R 130/84, BStBl. II 1989,

Die zeitlich unbegrenzte Überlassung des Rechts ist folglich als Veräußerung zu begreifen und unterfällt im Ergebnis Art. 7 OECD-MA.[1430]

Unternehmensgewinne iSd. Art. 7 OECD-MA unterfallen grundsätzlich dem Besteuerungsrecht des Ansässigkeitsstaates. Lediglich soweit sie einer Betriebsstätte zuzurechnen sind (Betriebsstättengewinne), steht das Besteuerungsrecht abkommensrechtlich dem Staat der Betriebsstätte zu. Entscheidend ist daher, ob der Sportler im Tätigkeitsstaat eine Betriebsstätte iSd. Art. 5 OECD-MA unterhält. Aufgrund der abkommensrechtlichen Begriffsdefinition scheidet ein Rückgriff auf nationales Recht aus. Unter den Betriebsstättenbegriff fallen nicht nur feste Geschäftseinrichtungen gem. Art. 5 Abs. 1 OECD-MA, sondern auch abhängige Vertreter mit Abschlussvollmacht (Art. 5 Abs. 5 OECD-MA) und unabhängige Vertreter, die außerhalb ihrer gewöhnlichen Geschäftstätigkeit tätig werden (Art. 5 Abs. 6 OECD-MA).[1431] Damit ist die auf nationaler Ebene diskutierte Bestellung eines ständigen Vertreters, bspw. in Form des Managers eines Sportlers, auch abkommensrechtlich virulent.[1432] Dabei ist festzustellen, dass Art. 5 OECD-MA an manchen Stellen engere Voraussetzungen als Art. 13 AO fordert, manches Mal aber auch weitere Anforderungen genügen lässt.[1433] Im Ergebnis ist die Frage aber anhand des Art. 13 AO zu klären. Denn wenn der Manager nicht als ständiger Vertreter iSd. Art. 13 AO begriffen und eine beschränkte Steuerpflicht (nach § 49 Abs. 1 Nr. 2 lit. a) EStG) folglich nicht begründet werden kann, so würde trotz Zuweisung des Besteuerungsrechts die nationale Grundlage für die tatsächliche Besteuerung fehlen und damit zur Nichtbesteuerung führen.[1434]

Als Einkünfte aus unselbständiger Arbeit iSd. Art. 15 OECD-MA werden die Vergütungen aus der Überlassung von Übertragungsrechten regelmäßig ebenfalls nicht zu qualifizieren sein. Denn in der Konstellation der Zwischenschaltung einer Gesellschaft wird der Sportler regelmäßig nicht als Arbeitnehmer der Gesellschaft einzuordnen sein. Aber auch in der Konstellation ohne Gesellschaft wird die Vergütung durch einen Dritten regelmäßig nicht Art. 15 OECD-MA unterfallen. Leistet etwa – wie in den oben erläuterten Entscheidungen des BFH zu Grunde liegenden

---

101 = juris; *BFH*, 27.07.1988 – I R 87/85, BFH/NV 1989, 393 = juris; *FG München*, 24.11.1982 – I 349/79 E, EFG 1983, 353 = juris.

1430 *BMF*, 25.11.2010 – IV C 3 – S 2303/09/10002, BStBl. I 2010, 1350 = juris Tz. 96 und 105; *Flick/Wassermeyer/Kempermann/Kempermann*, Art. 17 DBA Schweiz Rn. 7; *Flick/Wassermeyer/Baumhoff/Schönfeld/Wassermeyer*, Art. 12 OECD-MA Rn. 11; *Pfeifer*, Die deutsche Besteuerung ausländischer Tonkünstler und Künstlergesellschaften, 2014, S. 269. mwN.

1431 *Vogel/Lehner/Görl*, Art. 5 OECD-MA Rn. 111 zu Absatz 5 bzw. Rn. 144 zu Absatz 6.

1432 Vgl. dazu bereits oben unter Kapitel 2.II.1.a)aa).

1433 Im Ergebnis ebenso *Wassermeyer/Wassermeyer/Kaeser*, Art. 5 OECD-MA Rn. 191.

1434 So auch die conclusio von *Pfeifer*, Die deutsche Besteuerung ausländischer Tonkünstler und Künstlergesellschaften, 2014, S. 283; *Schönfeld/Hruschka*, Art. 5 OECD-MA Rn. 127 sieht den abkommensrechtlichen Vertreterbegriff sogar enger als den nach nationalem Verständnis.

Sachverhalten – eine Vermarktungsgesellschaft, so ist die Eingliederung des Sportlers in den Betrieb der Vermarktungsgesellschaft und eine entsprechende Weisungsgebundenheit eher fernliegend.[1435] Anders könnte dies nur dann zu beurteilen sein, wenn die Vergütung – wie etwa bei angestellten Fußballspielern – durch den Klub als Arbeitgeber erfolgt. Nach zutreffender Ansicht ist die Vergütung nur dann Art. 15 OECD-MA zu unterstellen, wenn sie sich bei wirtschaftlicher Betrachtungsweise als Gegenleistung für eine Dienstleistung angesehen werden kann.[1436]

gg) Zwischenfazit

Wie oben gezeigt wurde, sind die einzelnen Vergütungsbestandteile des Sportlers im Bereich der persönlich ausgeübten Tätigkeit sowie den Zusammenhangsleistungen einschließlich der Übertragungsrechte den einzelnen Verteilungsartikeln zuzuordnen. Unter Art. 17 OECD-MA können sie dann subsumiert werden, wenn sie objektiv aus der persönlich ausgeübten Tätigkeit stammen und subjektiv dem Sportler zuzurechnen sind. Im Hinblick auf die sportliche Tätigkeit ergeben sich hier ebenfalls die aufgezeigten Abgrenzungsfragen, insbesondere zu Trainingsleistungen der Sportler, welche dann dem Art. 17 OECD-MA zurechenbar sein sollten, wenn sie den Charakter einer öffentlichen Darbietung aufweisen. Im Bereich der Zusammenhangsleistungen ist die Beschaffenheit des Zusammenhangs zu klären, die über die Modifikation des OECD Musterkommentars zum „engen Zusammenhang" eine wichtige Einschränkung erfahren hat; gleichwohl bedarf auch dieser unbestimmte Rechtsbegriff der Auslegung. Diese ist anhand von zeitlich und örtlich orientierten Merkmalen vorzunehmen und entspricht folglich der Auftrittsbezogenheit. Der Zusammenhang ist im Übrigen auch bei Vergütungen von Übertragungsrechten zu fordern, welcher bei Live-Übertragungen und – wenn auch zeitlich nachfolgend – Erstausstrahlungen gegeben ist. Bei Nachverwertungen, insbesondere bei Wiederholungen wird der Zusammenhang jedoch zu verneinen sein. Die Würdigung hat indes immer unter Beachtung des konkreten Doppelbesteuerungsabkommens zu erfolgen, welche teilweise eine tatbestandliche Ausweitung auch ohne Zusammenhangserfordernis vorsehen. Ob subsidiär Art. 12 OECD-MA anzuwenden ist, beurteilt sich anhand der Begriffsbestimmung Lizenzgebühren. Erfasst sind ausweislich des Normtextes Urheberrechte. Urheberrechtlich geschützte Rechte, die jedoch nicht die Qualität eines Rechts an einem künstlerischen Werk erreichen, können ohne

---

1435 Zu den beiden Entscheidungen des *BFH*, 04.03.2009 – I R 6/07, BStBl. II 2009, 625 = juris und *BFH*, 13.06.2012 – I R 41/11, BStBl. II 2012, 880 = juris bereits oben unter Kapitel 2.III.3.b)ff).

1436 *Flick/Wassermeyer/Baumhoff/Schönfeld/Wassermeyer*, Art. 12 OECD-MA Rn. 13b; *Haase/von Pannwitz*, Art. 12 OECD-MA Rn. 15; nach Auffassung der Finanzverwaltung in *BMF*, 25.11.2010 – IV C 3 – S 2303/09/10002, BStBl. I 2010, 1350 = juris Tz. 87 werden aber etwa Vergütungen an Filmschauspieler für eine nichtselbstständige künstlerische Tätigkeit gezahlt, da ihnen ein Verwertungsrecht an dem Film, in dem sie mitgewirkt haben, nicht zusteht.

Verstoß gegen die Wortlautgrenze nicht hierunter subsumiert werden. Schließlich erfasst der Lizenzartikel nur die die zeitlich begrenzte Nutzungsüberlassung. Eine zeitlich unbegrenzte Überlassung ist als Veräußerung zu verstehen, die lediglich von Art. 7 OECD-MA erfasst sein kann. Unternehmensgewinne iSd. Art. 7 OECD-MA werden jedoch regelmäßig mangels Betriebsstätte iSd. Art. 5 OECD-MA ausscheiden.

c) Allokation von (Gesamt-)Vergütungen

Wurde auf erster Ebene bestimmt, welche Vergütungsbestandteile unter Art. 17 OECD-MA zu fassen sind bzw. von anderen Verteilungsartikeln erfasst werden und damit das Besteuerungsrecht des Quellenstaats determiniert, so ist auf der zweiten Ebene die Aufteilung einer einheitlich unter Art. 17 OECD-MA zu subsumierenden Vergütung für die Konstellation zu eruieren, in der sich die Tätigkeit des Sportlers auf verschiedene Jurisdiktionen erstreckt, welche jeweils ihr Besteuerungsrecht aus Art. 17 OECD-MA als Quellenstaat geltend machen wollen. Selbstverständlich gilt dies nicht nur für die Einkünfte nach Art. 17 Abs. 1 OECD-MA, sondern auch für solche iSd. Art. 17 Abs. 2 OECD-MA, mithin, die einer anderen Person als dem Sportler zufließen. In der Praxis sind vielfach für die Prüfung der Besteuerungsrechte beide Ebenen zu betrachten.[1437]

aa) Aufteilung bei unterschiedlich zu qualifizierenden Tätigkeiten

Unproblematisch ist die Allokation dann, wenn die Parteien die vereinbarte Gesamtvergütung bereits im Rahmen der geschlossenen Vereinbarung aliquotiert haben. Die in der Vertragsfreiheit wurzelnde Allokation findet lediglich bei missbräuchlichen Zuteilungen ihre Grenzen.[1438] Haben die Vertragsparteien indes keine Aufteilung vorgenommen, so ist eine solche im Wege der Schätzung vorzunehmen. Nach Auffassung des BFH reichen „bloße „Vermutungen" des zeitlichen und wirtschaftlichen Gehalts zur Schätzung eines geeigneten Aufteilungsschlüssels" nicht aus.[1439] Durch „Offenlegung der dem Vertrag zu Grunde liegenden Kalkulation für die jeweilige Leistungsphase" kann indes ein Schätzungsmaßstab erzielt werden.[1440] Die von der Finanzverwaltung bspw. für die Abgrenzung von Tätigkeitsvergütung und Lizenzgebühren vertretene pauschale Aufteilung ist hiermit wohl nicht zu vereinbaren.[1441]

1437 *FG Hamburg*, 17.01.1997 – II 97/96, EFG 1997, 621; *FG Münster*, 03.02.2006–2 K 4000/03 E, EFG 2006, 1177 = juris.

1438 *Schönfeld/Schlotter*, Art. 17 OECD-MA Rn. 50; *IBFD/Roeleveld/Tetlak*, Art. 17 OECD-MA Rn. 4.2.3.1.

1439 *BFH*, 07.09.2011 – I B 157/10, BFH/NV 2012, 95 = juris Rn. 24.

1440 *BFH*, 07.09.2011 – I B 157/10, BFH/NV 2012, 95 = juris Rn. 25 mit Hinweis auf die Mitwirkungspflichten und Beweislastverteilung.

1441 *BMF*, 25.11.2010 – IV C 3 – S 2303/09/10002, BStBl. I 2010, 1350 = juris Tz. 87; ebenso *Schönfeld/Schlotter*, Art. 17 OECD-MA Rn. 50.

bb) Aufteilung bei zeitraumbezogenen Gesamtvergütungen

Regelmäßig werden die Vertragsparteien im Rahmen der vertraglichen Vereinbarung keine Entgeltallokation anhand der Besteuerungsrechte vornehmen. So erhält der angestellte Fußballspieler etwa eine Vergütung p.a. zzgl. etwaiger Boni und auch bei Formel-1 Rennfahrern sind Verträge denkbar, in denen das Rennteam eine Vergütung pro Saison ausschüttet.[1442] Notwendig wird die Aufteilung aber dann, wenn die Zuweisung des Besteuerungsrechts in mehreren Jurisdiktionen virulent wird, wie dies etwa bei Fußballspielern der Fall ist, die im Rahmen der UEFA Champions League[1443] in verschiedenen Ländern auftreten oder bei Formel-1 Rennfahrern bzw. Radprofis, deren Saisonkalender Rennen in verschiedenen Staaten vorsehen. Umstritten ist aber, nach welchen Maßstäben die Aufteilung auf dieser zweiten Ebene vorzunehmen ist, wenn die Jahresvergütung etwa pauschal für die Teilnahme an allen Wettkämpfen gezahlt wird oder sich aus einer Pauschalvergütung lediglich ein Anteil für die regelmäßig nicht von Art. 17 OECD-MA erfassten Trainingseinheiten extrahieren lässt. Getragen wird die Diskussion dabei von zwei wesentlichen Prinzipien. Der gerechten Verteilung der Besteuerungsrechte auf der einen Seite und der Handhabbarkeit für die Finanzverwaltung auf der anderen Seite. Im Hinblick auf eine gerechte Aufteilung ist aber anzumerken, dass sich diese nur dann umsetzen lässt, wenn alle beteiligten Staaten dieselbe Methode anwenden. Denn die Anwendung einer Methode bindet noch lange nicht den anderen Staat, dieselbe Methode anzuwenden.[1444] Unterschiedliche Methoden führen aber tendenziell zu Doppelbesteuerungsszenarien und sind aus diesem Grunde zu vermeiden.[1445] Bislang lässt sich aber eine international anerkannte Methode nicht erkennen. Es wird lediglich auf die Notwendigkeit wirtschaftlich sinnvoller Kriterien verwiesen.[1446] Die Administrierbarkeit durch die Finanzverwaltung ist bereits aus praktischen Gründen zur Durchsetzung eines entstandenen Anspruchs zu fordern.

In der Literatur und Rechtsprechung haben sich dabei im Wesentlichen zwei Theorien herausgebildet, welche auch Eingang in den OECD Musterkommentar gefunden haben. Während sich die OECD früher mit der schlichten Auffassung begnügte, dass

1442 In der Praxis sind insbesondere bei Formel-1 Rennfahrern aber mittlerweile Verträge üblich, die eine Vergütung pro teilgenommenen Rennen vorsehen.

1443 Im Grundsatz stellt sich dieses Problem auch bei der nächsten Fußball-Europameisterschaft, welche in 13 europäischen Ländern stattfinden wird. Zu den Besonderheiten bei diesem/diesen Turnier(en) unter Kapitel 2.II.3.d)cc).

1444 *OECD*, The taxation of income derived by Entertainment, Artistic and Sportive Activities, 1987 Nr. 94 ff., abgedruckt in *OECD*, Model Tax Convention on Income and on Capital 2014 (Full Version), 2015 unter R7.

1445 *Schönfeld/Schlotter*, Art. 17 OECD-MA Rn. 49; *Wassermeyer/Wassermeyer/Schwenke*, Art. 17 OECD-MA Rn. 42; *Flick/Wassermeyer/Kempermann/Kempermann*, Art. 17 DBA Schweiz Rn. 21; *Vogel/Lehner/Stockmann*, Art. 17 OECD-MA Rn. 53; *Cordewener*, in: *Maisto* (Hrsg.), Taxation of entertainers and sportspersons performing abroad, 2016, S. 105, 126.

1446 Vgl. nur *Gosch/Kroppen/Grotherr/Maßbaum*, Art. 17 Rn. 107.

Aufteilungsprobleme durch das Recht der Vertragsstaaten zu lösen seien[1447], erfuhr der Musterkommentar – angestoßen durch den Diskussionsentwurf 2010[1448] mit Update 2014 – zahlreiche Änderungen, welche im Wesentlichen eben jene zwei Aufteilungsmethoden widerspiegeln. Dabei ist zu beachten, dass die Notwendigkeit einer Aufteilung zwar in erster Linie nichtselbstständige Sportler betrifft, da selbstständig tätige Sportler meist pro Auftritt vergütet werden.[1449] Selbstverständlich ist dies – wie etwa das Beispiel des ehemaligen jamaikanischen Sprintstarts Usain Bolt zeigt – aber nicht, da auch selbstständig tätige Sportler etwa Vergütungen aus Ausrüsterverträgen erzielen.[1450] Überwiegend werden „veranstaltungsbezogene" („per match"/„per race") und „arbeitstagsbezogene" („per duty day") Ansätze vertreten.[1451]

(1) Veranstaltungsbezogene Aufteilung („per match"/„per race" approach)

Bei dem ersten Ansatz soll die Vergütung anteilig nach der Zahl der Veranstaltungen zugeteilt werden.[1452] Sinnvoll ist diese Methode etwa bei Rennfahrern, die – vereinfacht – eine Vergütung pro Rennen bekommen. Dies lässt sich erreichen, in dem die Gesamtvergütung mit dem Verhältnis von Auftritten im jeweiligen Staat zu den Gesamtauftritten multipliziert wird.[1453] Praktisch würde bei dieser Methode die Pauschalvergütung auf die einzelnen Rennen einer Saison umgelegt, so dass etwa bei 20 Rennen einer Formel-1 Saison die Jahresvergütung durch 20 zu teilen wäre und der Bruchteil grundsätzlich dem jeweiligen Quellenstaat zustände.[1454]

1447 *OECD*, The taxation of income derived by Entertainment, Artistic and Sportive Activities, 1987, Nr. 97, abgedruckt in *OECD*, Model Tax Convention on Income and on Capital 2014 (Full Version), 2015 unter R7.

1448 *OECD*, Discussion draft released on the application of Article 17 (Artistes and Sportsmen) of the OECD Model Tax Convention, 23.04.2010 bis 31.07.2010.

1449 So etwa *Bláha*, in: *Loukota* (Hrsg.), Taxation of artistes and sportsmen in international tax law, 2007, S. 115, 129.

1450 Vgl. dazu etwa *The Guardian*, Usain Bolt turns down London and Britain's high taxes to run in Paris, https://www.theguardian.com/sport/2010/jul/12/usain-bolt-london-taxes (Stand: 30.11.2017). zur Absage Bolts beim Diamond Meeting in London 2010; ebenso *Cordewener*, in: *Maisto* (Hrsg.), Taxation of entertainers and sportspersons performing abroad, 2016, S. 105, 128; a.A. *Pistone/Schaffer*, in: *Lang/Pistone/Rust u. a.* (Hrsg.), The OECD-model-convention and its update 2014, 2015, S. 51, 68.

1451 *Cordewener*, in: *Maisto* (Hrsg.), Taxation of entertainers and sportspersons performing abroad, 2016, S. 105, 126; *Tetlak*, World Tax Journal 2010, 262, 267.

1452 *IBFD/Roeleveld/Tetlak*, Art. 17 OECD-MA Rn. 4.2.4.1.

1453 Vgl. nur *Hahn-Joecks*, Zur Problematik der Besteuerung ausländischer Künstler und Sportler, 1. Aufl. (1999), S. 106 oder *Cordewener*, in: *Maisto* (Hrsg.), Taxation of entertainers and sportspersons performing abroad, 2016, S. 105, 126; *Malin*, in: *Loukota* (Hrsg.), Taxation of artistes and sportsmen in international tax law, 2007, S. 227, 232.

1454 *IBFD/Roeleveld/Tetlak*, Art. 17 OECD-MA Rn. 4.2.4.1.; *Cordewener*, in: *Maisto* (Hrsg.), Taxation of entertainers and sportspersons performing abroad, 2016, S. 105, 126.

Anwendung fand diese Methode etwa in der Ferrari-Entscheidung des BFH[1455] sowie durch den Tax Court of Canada bei der Aufteilung einer Vergütung an einen in den Vereinigten Staaten von Amerika ansässigen aber in der kanadischen Football League (CFL) tätigen Quarterback.[1456] Auch das belgische Berufungsgericht in Gent hat das Jahresgehalt inkl. Bonus eines belgischen Radprofis nach der Anzahl seiner Rennteilnahmen in den verschiedenen Ländern aufgeteilt.[1457] Der OECD Musterkommentar empfiehlt in Beispiel 1 unter Nr. 9.3 diese Allokation für die Pauschalvergütung eines selbstständigen Sängers. Dabei zeichnet sich diese Methode durch eine relativ einfache Handhabbarkeit aus, da die Finanzverwaltung sowohl die Gesamtvergütung kennt bzw. schätzen kann, als auch die relative bzw. absolute Zahl der Veranstaltungen einfach aus öffentlich zugänglichen Quellen ermitteln kann. Andererseits berücksichtigt sie die vertraglichen Vereinbarungen der Parteien, insbesondere auch im Hinblick auf die Bedeutung des Events, in keinster Weise.[1458] So könnte etwa einem bestimmten Sportereignis herausragende Bedeutung zukommen und daher ein höherer Bestandteil hierauf zu aliquotieren sein oder im Hinblick auf mit der sportlichen Tätigkeit zusammenhängenden Leistungen bspw. die Benutzung eines bestimmten Ausrüstungsgegenstands in einer bestimmten Jurisdiktion für den Vergütungsschuldner prioritär sein, da ein bestimmter Markt angesprochen wird. Auch dann wäre die Allokation nach dieser Methode fragwürdig und wird daher m. E. zu Recht teilweise als willkürlich bezeichnet.[1459]

(2) Arbeitstagsbezogene Aufteilung („per duty day" approach)

Als konträrer Aufteilungsmaßstab wird vielfach eine Allokation nach Arbeitstagen vertreten. Diese Methode verfolgt im Kern einen pro-rata-temporis Ansatz, da die Gesamtvergütung im Verhältnis der Tätigkeitstage im Quellenstaat zu den gesamten Tätigkeitstagen aliquotiert wird. Praktisch würde bei diesem Ansatz die Jahresvergütung eines Sportlers mit dem Verhältnis von Arbeitstagen im Quellenstaat zu den gesamten Arbeitstagen nach dem zu Grunde liegenden Vertragsverhältnis multipliziert. Anwendung fand diese Methode etwa in einer Entscheidung des FG Münster zur Aufteilung der Vergütung eines Radrennfahrers.[1460] Darüber hinaus wurde dieser Ansatz in einem Fall des US-amerikanischen Berufungsgerichts bei der Beurteilung der Aufteilung eines kanadischen Eishockeyspielers in der amerikanischen Eishockeyliga NHL[1461] so-

---

1455 *BFH*, 06.06.2012 – I R 3/11, BFHE 238, 46 = juris Rn. 20.

1456 *Tax Court of Canada*, 15.12.2003–2004 TCC 6, DTC 2181 (2004); weitere Nachweise bei *Cordewener*, in: *Reimer* (Hrsg.), Klaus Vogel on double taxation conventions, 2015, S. 1287, 1364 unter Fn. 287.

1457 *Hof van beroep Gent*, 25.02.2014–2012/AR/2737, Fiscale Koerier 2014/06, 365.

1458 *Winnie, JR.*, TNI 2005, 69, 83.

1459 So etwa *Cordewener*, in: *Reimer* (Hrsg.), Klaus Vogel on double taxation conventions, 2015, S. 1287, 1366.

1460 *FG Münster*, 03.02.2006–2 K 4000/03 E, EFG 2006, 1177 = juris Rn. 81.

1461 *US Tax Court*, 31.05.1984–4239-75, 82 T.C. 854 (1984).

wie im Fall eines Schauspielers durch das kalifornische Berufungsgericht verfolgt.[1462] Auch der niederländische Hoge Raad hat in seinen Entscheidungen zur Besteuerung eines Profifußballspielers bzw. eines Eisschnellläufers diese Auffassung vertreten.[1463] Der OECD Musterkommentar kann sogar dahingehend verstanden werden, dass diese Aufteilungsmethode zu präferieren ist. In Nr. 9.2 Satz 2 zu Art. 17 OECD-MA wird herausgestellt, dass...

> „*[w]here the remuneration received by an entertainer or sportsperson employed by a team [...] covers various activities to be performed during a period of time (e.g. an annual salary covering various activities such as training or rehearsing; travelling with the team [...]; participating in a match or public performance, etc.), it will therefore be appropriate, absent any indication that the remuneration or part thereof should be allocated differently, to allocate that salary or remuneration on the basis of the working days spent in each State [...]*".

Verdeutlicht wird dies durch das nachfolgende Beispiel 2 in Nr. 9.3 des Musterkommentars hinsichtlich der Vergütung eines angestellten Radfahrers, dessen Pauschalvergütung nebst Bonus nach den Arbeitstagen (inkl. Reisezeiten, Trainingstagen und Wettkampftagen) aufgeteilt werden sollte. Nachdem der Musterkommentar aber durch die Vermischung in Nr. 9.2 und Nr. 9.3 bereits keine einheitliche Linie dahingehend erkennen lässt, dass er den Ansatz nach Arbeitstagen für nichtselbstständig tätige Sportler und den veranstaltungsbezogenen Ansatz für selbstständig tätige Sportler empfiehlt, lässt sich diese im US-amerikanischen Recht verbreitete Auffassung auf Art. 17 OECD-MA wohl nicht übertragen.[1464] Vorteil dieses Ansatzes ist die Berücksichtigungsfähigkeit der konkreten vertraglichen Vereinbarung.[1465] So werden etwa Verträge von Profifußballspielern meist vom 1. Juli bis zum 30. Juni datiert. Daneben sind aber auch Verträge denkbar, die eine kürzere Laufzeit aufweisen, weil etwa der Spieler erst in der Winter-Transferperiode verpflichtet wurde.[1466] Die nach dem Vertrag geschuldeten Arbeitstage sind für die Verhältnisrechnung heranzuziehen; die Kalendertage des Steuerjahres hingegen bleiben unberücksichtigt.

1462 *California Court of Appeals*, 16.03.1989 – B032783, 208 Cal. App 3d 972, 256 Cal. Rptr. 503 (1989).

1463 *Hoge Raad*, 09.02.2007–40.604, BNB 2007, 143 (Fußballspieler); *Hoge Raad*, 09.02.2007–41.478, BNB 2007, 144 (Eisschnellläufer).

1464 So auch *Cordewener*, in: *Maisto* (Hrsg.), Taxation of entertainers and sportspersons performing abroad, 2016, S. 105, 130 bzw. 133.

1465 So etwa auch *Winnie, JR.*, TNI 2005, 69, 83; *Cordewener*, in: *Reimer* (Hrsg.), Klaus Vogel on double taxation conventions, 2015, S. 1287, 1361; *Krasney*, The Tax Lawyer 1994, 395, 423.

1466 So sieht etwa *Deutsche Fußball Liga*, Lizenzordnung Spieler (LOS), https://www.dfl.de/dfl/files/statuten/Satzungen-von-DFL-und-DFB/Lizenzordnung-Spieler-LOS-2016-06-10-Stand_Anhang-3-Update-161229.pdf (Stand: 30.11.2017) in § 4 Nr. 2 lediglich zwei Transferperioden vor, in denen ein den Klub wechselnden Fußballspieler die für den Spielbetrieb notwendige Lizenz bzw. Spielerlaubnis erlangen kann.

Aber auch dieser Ansatz verwirklicht die oben genannten Ziele nicht umfassend. So stellt sich etwa die Frage nach der konkreten Ermittlung der Arbeitstage. Hier ist unklar, wie Kurzeinsätze – etwa der 5-minütige Einsatz eines Auswechselspielers – in die Kalkulation einfließen. Vertreten werden könnte bspw. eine minutengenaue Abrechnung. Allerdings ist auch die Tätigkeit eines Auswechselspielers nach hier vertretener Auffassung als persönlich ausgeübte Tätigkeit eines Sportlers zu begreifen und daher auch jeder noch so kurze Einsatz als voller Arbeitstag zu werten.[1467] Weiterhin ist fraglich, in welcher Art und Weise Tätigkeiten des Sportlers, die nicht Art. 17 OECD-MA unterfallen, in die Berechnung einzubeziehen sind. Folgt man dem Beispiel des Musterkommentars, so müssten Trainingstage oder Reisezeiten nicht nur bei der Ermittlung der Arbeitstage nach dem zu Grunde liegenden Vertrag Berücksichtigung finden, sondern darüber hinaus auch bei der Ermittlung der konkreten Tätigkeitstage im Quellenstaat. Dies dürfte aber schwerlich mit dem tätigkeitsbezogenen Ansatz des Musterkommentars vereinbar sein, welcher einen engen Zusammenhang fordert, den insbesondere Reisezeiten nicht aufweisen werden. Die Nichtberücksichtigung führt in der Konsequenz aber zu einer massiven Verschiebung des Quotienten und damit einem niedrigeren steuerpflichtigen Einkommen des Sportlers im Quellenstaat.[1468] Entscheidend dürfte jedoch das Argument sein, dass eine Aufteilung nach Arbeitstagen lediglich quantitative Elemente berücksichtigt, qualitative Aspekte jedoch außer Betracht lässt. *Pistone/Schaffer* weisen zu Recht darauf hin, dass dieser Ansatz den Stellenwert etwa von Olympischen Spielen im Vergleich zu einem unbedeutenden Rennen völlig unberücksichtigt lässt.[1469] Gleiches dürfte etwa bei Rennfahrern bzgl. der 24-Stunden-Rennen in Le Mans, Spa-Francorchamps oder auf dem Nürburgring im Vergleich zu regulären Rennen von bis zu 3 Stunden Dauer gelten.[1470] Der Stellenwert lässt sich dabei nicht nur idealistisch beschreiben, sondern vielmehr auch monetär darstellen. Denn die zu erzielende Vergütung bei international renommierten Turnieren wird um ein Vielfaches höher sein, als – die im Beispiel von *Pistone/Schaffer* erwähnte – Teilnahme eines Skifahrers an einem Wettkampf ohne Vergabe von Weltcup-Punkten. Dabei darf aber nicht übersehen werden, dass – soweit eine konkrete Allokation wie etwa bei Preisgeldern vorhanden ist – diese auch zu berücksichtigen ist. Aber eben jene konkrete Allokation bei Preisgeldern etc. sollte auch auf Pauschalvergütungen durchschlagen. Dass diese Methode keinen Rückhalt im Wortlaut des Art. 17 OECD Musterabkommens findet, lässt sich m. E. nicht als Argument gegen diesen Aufteilungsmaßstab anführen.[1471] Denn der Musterkommentar dient – wie

---

1467 *Schönfeld/Schlotter*, Art. 17 OECD-MA Rn. 51 gelangt zum selben Ergebnis mit Hinweis auf Vereinfachungsgründe.

1468 *Winnie, JR.*, TNI 2005, 69, 83.

1469 *Pistone/Schaffer*, in: *Lang/Pistone/Rust u. a.* (Hrsg.), The OECD-model-convention and its update 2014, 2015, S. 51, 70.

1470 *Gosch/Kroppen/Grotherr/Maßbaum*, Art. 17 Rn. 107.

1471 So aber *Pistone/Schaffer*, in: *Lang/Pistone/Rust u. a.* (Hrsg.), The OECD-model-convention and its update 2014, 2015, S. 51, 69.

oben ausführlich dargestellt – lediglich als unterstützendes Medium der Auslegung des OECD Musterabkommens. Indem der Musterkommentar in Nr. 9.2 2. Spiegelstrich Satz 1 auch auf Art. 15 OECD-MA rekurriert, lässt sich eine Analogie zu dem dort vertretenen pro rata temporis Ansatz durchaus legitimieren.[1472]

(3) Kombinierter Ansatz – Sybmbiose der Vorteile beider Ansätze

Im Ergebnis werden die beiden Ansätze – wie eben dargestellt – in „Reinform" den Anforderungen nicht gerecht. Dies wurde auch in der Rechtsprechung und Literatur erkannt und die beiden Ansätze daher vielfach modifiziert und auf den jeweiligen Einzelfall angepasst.[1473] Exemplarisch sei hier das FG Hamburg genannt, welches die Aufteilung nach Platzangebot in den jeweiligen Konzerthallen einer Tournee einer US-Musikgruppe, die örtliche Terminwerbung und die Anzahl der verkauften Karten für die jeweilige Darbietung als zielführende Kriterien erachtet, im Ergebnis aber vereinfacht auf das Verhältnis der Einwohnerzahlen der in der Tournee bereisten Länder abstellt.[1474] *Hey* weist hier sogar darauf hin, dass auch die Aufteilung anhand der Einwohnerzahlen noch einmal untergliedert werden könnte.[1475] Der Tax Court Canada hatte wiederum die Aufteilung der Vergütungen einer US-Rockgruppe anhand der Bruttoerlöse vorgenommen.[1476] Ein solcher einzelfallbezogener Ansatz steht auch nicht in Widerspruch zu den obigen Ausführungen. Denn seit dem Update 2014 lässt der Musterkommentar durchaus auch die Berücksichtigung weiterer Elemente zu.[1477] Die im Musterkommentar genannten Methoden sind daher, wie *Cordewener* zutreffend anmerkt, als Vorschläge zur Beseitigung von Rechtsunsicherheit und nicht als stets zu befolgende Anordnung hin zu einer gerechten Aufteilung zu verstehen.[1478] In der

1472 Zustimmend auch *Cordewener*, in: *Reimer* (Hrsg.), Klaus Vogel on double taxation conventions, 2015, S. 1287, 1362; *Cordewener*, in: *Maisto* (Hrsg.), Taxation of entertainers and sportspersons performing abroad, 2016, S. 105, 129.

1473 Grundsätzlich *IBFD/Roeleveld/Tetlak*, Art. 17 OECD-MA Rn. 4.2.4.1. mwN.; a.A. niederländische Finanzverwaltung mit der Argumentation, dass das Pauschalhonorar eines Radfahrers auch dann ausbezahlt worden wäre, wenn dieser nicht an den Wettbewerben in den anderen Ländern teilgenommen hätte; dem jedoch nicht folgend *Gerechtshof ,s-Hertogenbosch*, 13.11.2003–02.04286, NTFR 2004, 212.

1474 *FG Hamburg*, 17.01.1997 – II 97/96, EFG 1997, 621, 623; aus verfahrensrechtlichen Gründen aufgehoben durch *BFH*, 13.08.1997 – I B 30/97, BStBl. II 1997, 700.

1475 *Hey*, RIW 1997, 887, 888.

1476 *Tax Court of Canada*, 07.12.1999–98-1222-IT-G and 98–1410-IT-G, DTC 1667 (1999); für eine solche Aufteilung auch *Hahn-Joecks*, Zur Problematik der Besteuerung ausländischer Künstler und Sportler, 1. Aufl. (1999), S. 106; *IBFD/Roeleveld/Tetlak*, Art. 17 OECD-MA Rn. 4.2.4.1. mwN.

1477 Vgl. nur die Formulierung in Nr. 9.2 Satz des OECD-Musterkommentars zu Art. 17 OECD-MA „[...] absent any indication that the remuneration or part thereof should be allocated differently".

1478 *Cordewener*, in: *Maisto* (Hrsg.), Taxation of entertainers and sportspersons performing abroad, 2016, S. 105, 132 f.

Literatur wird teilweise auch eine vollständige Abschaffung des Art. 17 OECD-MA und damit Besteuerung der Einkünfte alleinig im Ansässigkeitsstaat diskutiert.[1479] Auswirkung hätte dies selbstverständlich auch hinsichtlich der Zuordnung der mit den Einkünften verbundenen, berücksichtigungsfähigen Aufwendungen.[1480] Zum selben Ergebnis gelangte u. a. auch die österreichische Finanzverwaltung in ihren Schreiben vom 02.08.1996 und 16.08.2004.[1481] Dies allerdings nicht durch eine Außerachtlassung der vertraglichen Bestimmungen, sondern vielmehr durch eine einengende Auslegung desselben. Mittlerweile dürfte aber auch das öBMF wieder eine aliquote Verteilung als zutreffend erachten.[1482] Auch das schweizerische Bundesgericht hatte in seiner Entscheidung vom 06.05.2008 eine derartig enge Auslegung vertreten.[1483] Das mit Art. 17 OECD-MA angestrebte Ziel, der Steuervermeidung von mobilen Sportlern mit weitgehenden Möglichkeiten der Verlagerung des Wohnsitzes und der damit verbundenen Steuerfreiheit bei Ansässigkeit in Niedrigsteuerländern entgegenzutreten, müsste dann allerdings wohl aufgegeben werden. Schließlich wird – mit gleichem Ziel – auch die Einführung einer de minimis Regelung im Hinblick auf die Aufenthaltstage diskutiert.[1484] Praxistauglich dürfte dieser Vorschlag jedoch nicht sein, da die Unterschreitung der dann erforderliche Aufenthaltsdauer weder Steuer- noch Steuererklärungspflichten auslösen und in der Folge zu Rechtsunsicherheit führen würde. Darüber hinaus ist die Festlegung einer solchen Mindestaufenthaltsdauer gerade im Sportbusiness überaus schwierig, da – wie eingangs gezeigt – die Sportler regelmäßig nur wenige Tage in dem jeweiligen Staat verweilen. Soweit eine de minimis Regelung allerdings nach Aufnahme in Nr. 10.1 bis 10.4 des OECD Musterkommentars im Hinblick auf die Einkunftshöhe diskutiert wird, greift der Einwand nicht. Allerdings dürfte auch hier die entscheidende Frage sein, ab welchem Betrag Geringfügigkeit angenommen werden kann. Bei den hier in Rede stehenden Vergütungen sollte diese Regelung in praxi dann aber äußerst selten einschlägig sein. Über den vorgeschlagenen Steuerabzug mit nachfolgender Erstattung für den Fall des Unterschreitens der Geringfügigkeitsgrenze ließe sich indes eine praxistaugliche Durchführung installieren.[1485]

1479 Dies in den Raum stellend *Schönfeld/Schlotter*, Art. 17 OECD-MA Rn. 49 unter Fn. 191; *Winnie, JR.*, TNI 2005, 69, 82 mit Verweis auf *Krasney*, The Tax Lawyer 1994, 395, 422 ff.; *Molenaar*, BIT 2015, 37, 40 und 42 weist etwa darauf hin, dass die Niederlande mittlerweile einseitig freistellen.

1480 *Cordewener*, in: *Maisto* (Hrsg.), Taxation of entertainers and sportspersons performing abroad, 2016, S. 105, 134; *IBFD/Roeleveld/Tetlak*, Art. 17 OECD-MA Rn. 4.2.4.4.

1481 *öBMF*, 02.08.1996 – W 118/1-IV/4/96, SWI 1996, 420; *öBMF*, 16.08.2004 – G 911/1-IV/4/04, SWI 2004, 537.

1482 *öBMF*, 23.03.2007 – BMF-010221/0133-IV/4/2007, SWI 2007, 149.

1483 Vgl. dazu *Cordewener*, in: *Reimer* (Hrsg.), Klaus Vogel on double taxation conventions, 2015, S. 1287, 1363 unter Fn. 285.

1484 *Winnie, JR.*, TNI 2005, 69 mwN.

1485 Vgl. hierzu etwa *Molenaar*, BIT 2015, 37, 43.

(4) Zwischenfazit

M.E. ist dieses Ziel aber durchaus legitim und mittels einzelfallbezogener Betrachtungsweise ließe sich durchaus ein gerechter Aufteilungsmaßstab finden. Dabei sollte, wie dies in einigen Entscheidungen auch durchaus bereits angeklungen ist, nicht generell auf einen Aufteilungsmaßstab zurückgegriffen werden, sondern vielmehr für jeden Vergütungsbestandteil der individuell zutreffende Aufteilungsmaßstab gewählt werden.[1486] Selbstverständlich geht eine solche Vorgehensweise mit einem erhöhten Aufwand einher, doch ist dies auch den immer spezielleren Verträgen in diesem Sektor geschuldet und daher auch durch die Finanzverwaltung nachzuvollziehen. Für die wesentlichen Vergütungsbestandteile eines Sportlers ergäbe sich daher exemplarisch für einen Formel-1 Rennfahrer bzw. Fußballspieler folgende Aufteilungssystematik: Die für den jeweiligen Wettkampf erzielten Preisgelder sind unproblematisch direkt zuordenbar. Das Pauschalhonorar für die Teilnahme an den verschiedenen Formel-1 Rennen bzw. den Fußballspielen (bspw. in der UEFA Champions League) ist nach Arbeitstagen aufzuteilen. Für die Bestimmung des Quotienten ist dabei die Laufzeit des Vertrages im Nenner und die Arbeitstage mit tatsächlicher unter Art. 17 OECD-MA fallenden Tätigkeiten im Zähler zu berücksichtigen. Für die beiden Beispielsfälle bedeutet dies, dass etwa bei Fußballspielern im Rahmen der Auswärtsspiele in der UEFA Champions League lediglich das jeweilige Spiel heranzuziehen ist. Denn weder die Abschlusstrainingseinheit noch die Reisezeit zum Veranstaltungsort und anschließend zurück zum Vereinssitz als Ansässigkeitsstaat weisen den notwendigen engen Zusammenhang mit der persönlich ausgeübten Tätigkeit des Fußballspielers auf. Sie sind daher auch bereits auf der ersten Ebene der Prüfung auszuscheiden. Bei Formel-1 Rennfahrern hingegen sind neben dem Rennen auch die Qualifikation sowie die sonstigen freien Trainings als Arbeitstage zu berücksichtigen. Hierfür spricht bereits der Öffentlichkeitsbezug der Darbietungen. So sind regelmäßig nicht nur für das Rennen, sondern auch für die weiteren, vorbereitenden Einheiten Tickets für die interessierte Öffentlichkeit zu erwerben. Diese Einheiten sind daher – im Gegensatz zu dem Abschlusstraining des Fußballteams – gerade auf die öffentlichkeitswirksame Wahrnehmung ausgerichtet und folglich auch bei den Arbeitstagen zu berücksichtigen. Reisezeiten zum Veranstaltungsort und (entweder zurück zum Sitz des Teams oder) zum nächsten Veranstaltungsort weisen wiederum auch hier nicht den notwendigen engen Zusammenhang auf und scheiden bereits bei der Prüfung auf der ersten Ebene aus. Unabhängig davon, ob der Fußballspieler für die komplette Spielzeit auf dem Rasen steht, nur für 5 Minuten zum Einsatz gelangt oder die gesamte Zeit auf der Auswechselbank sitzt, ist mit der Begründung der Wahrnehmbarkeit durch die Öffentlichkeit – und damit bedingt die Anwendbarkeit des Art. 17 OECD-MA – ein voller Arbeitstag anzusetzen. Der lediglich mitreisende, aber verletzte oder nicht nominierte Spieler hingegen erbringt gerade keine persönlich ausgeübte Tätigkeit

---

1486 Ebenso wohl *Cordewener*, in: *Maisto* (Hrsg.), Taxation of entertainers and sportspersons performing abroad, 2016, S. 105, 133.

iSd. Art. 17 OECD-MA, so dass bereits auf dieser Ebene kein aufteilungsfähiges Entgelt vorhanden ist. Eine Modifikation sollte dieser Ansatz nur dann erfahren, wenn einem Ereignis in monetärer Hinsicht ein herausragender Stellenwert beizumessen ist. Bei Profi-Fußballspielern oder Formel-1 Rennfahrern ist ein solches nicht ersichtlich. Das von *Pistone/Schaffer*[1487] gewählte Beispiel eines Skirennläufers mit Teilnahme an einem unbedeutenden Lauf im Vergleich zu den Olympischen Spielen könnte aber durchaus eine abweichende Beurteilung rechtfertigen.

Soweit Einkünfte aus Werbetätigkeit den notwendigen engen Zusammenhang aufweisen und unter Art. 17 OECD-MA zu subsumieren sind, ist weiter zu unterscheiden. Resultieren die Einkünfte des Sportlers bspw. aus der Überlassung der Bildrechte für Werbung rund um das Stadion oder die Rennstrecke mit entsprechenden Postern, einem nach dem Spiel gegebenen, extra vergüteten Interview oder dem Verkauf von Fanartikeln in der Halbzeitpause, so bietet sich anstelle des arbeitstagsbezogenen Ansatz an, die seitens des Vergütungsschuldners generierten Umsätze bzw. dessen Ausgaben etwa für die Werbung in diesem Staat im Vergleich zu den gesamten Werbeausgaben als Maßstab heranzuziehen.[1488] Sowohl die mit dem Sportereignis in Zusammenhang stehenden Umsätze als auch die entsprechenden Ausgaben dürften dabei für den Vergütungsschuldner relativ leicht zu ermitteln sein und etwa bei vertraglicher Vereinbarung auch durch den Sportler beizubringen sein. Verpflichtet sich der Sportler hingegen – wie bei Ausrüsterverträgen üblich – die Gegenstände des Ausrüsters während des Wettkampfes zu tragen bzw. zu benutzen, so lässt sich der hieraus generierte Umsatz nur schwer feststellen. Regelmäßig orientiert sich die geleistete Prämie aber auch an den sportlichen Erfolgen. Daher liegt es nahe, diesen Faktor auch in die Aufteilung einfließen zu lassen. Erhält der Sportler für seinen sportlichen Erfolg Punkte und unterscheidet sich die Höhe der erzielbaren Punkte nach der jeweiligen Veranstaltung, so ist dem Ereignis zwangsläufig ein höherer Stellenwert beizumessen. Für den Bereich des Fußballs oder des Rennsports ist dieses Kriterium allerdings nicht zielführend, da dort stets die gleiche Punktzahl bspw. für einen erfolgreichen Wettkampf vergeben werden. Im Bereich des Tennis indes erhalten die Spieler für eine siegreiche Teilnahme an einem der vier Grand-Slam Turniere in Australien, Frankreich, England und USA mehr Weltranglistenpunkte als für ein anderes Turnier der ATP World Tour.[1489] Die erzielten Punkte in einem Staat können dann ins Verhältnis zu den insgesamt erzielten Punkten gesetzt werden.[1490] Vorteil dieses Ansatzes ist die leichte Administrierbarkeit,

---

1487 *Pistone/Schaffer*, in: *Lang/Pistone/Rust u. a.* (Hrsg.), The OECD-model-convention and its update 2014, 2015, S. 51, 70.

1488 Vgl. hierzu etwa *Cordewener*, in: *Reimer* (Hrsg.), Klaus Vogel on double taxation conventions, 2015, S. 1287, 1368 mwN. sowie zur a.A. mit Aufteilung anhand der Auftritte unter Fn. 304 mwN.

1489 Als die von der Spielervereinigung ATP veranstaltete Herren-Tennisturnierserie. Im Bereich des Damentennis existiert eine vergleichbare WTA Serie.

1490 So etwa *Hahn-Joecks*, Zur Problematik der Besteuerung ausländischer Künstler und Sportler, 1. Aufl. (1999), S. 103; *Sandler*, in: *Lang* (Hrsg.), Source versus resi-

nachdem die jeweiligen Regelwerke öffentlich zugänglich und damit für die Berechnung leicht umsetzbar sind.[1491] Werden Pauschalvergütungen aus der Überlassung von Übertragungsrechten erzielt und unterfallen diese als Live-Übertragung[1492] dem Art. 17 OECD-MA, so ist wiederum ein umsatz- oder ausgabenorientierter Ansatz zu präferieren.

Im Ergebnis wird aber auch die exakteste Aufteilung der Vergütungsbestandteile im Einzelfall dann die Doppelbesteuerung nicht vermeiden können, wenn sie nicht von allen beteiligten Finanzverwaltungen gleichermaßen angewandt wird. Wie bisher auch bedarf es dann eines Verständigungsverfahrens gem. Art. 25 OECD-MA.[1493]

d) Korrespondierender Betriebsausgaben- / Werbungskostenabzug und unionsrechtliche Entwicklung

Die teilweise an Art. 17 OECD-MA geübte Kritik und die Forderung nach dessen Abschaffung ist in Zusammenhang mit den korrespondieren Ausgaben des Sportlers und deren steuerlichen Berücksichtigung zu sehen.[1494] Denn vergleichbar mit der deutschen beschränkten Steuerpflicht unterwerfen andere Staaten lediglich diejenigen Vergütungen der inländischen Besteuerung, die einen ausreichenden genuine link aufweisen. Vielfach sehen die nationalen Regelungen dann aber quasi als Ausgleich für die Beschränkung des Steuersubstrats auf eben jene Einkünfte auch eine Einschränkung hinsichtlich der Berücksichtigung von korrespondierenden Ausgaben vor. So weist etwa bereits Nr. 10 des OECD Musterkommentars zu Art. 17 OECD-MA darauf hin, dass es Sache der innerstaatlichen Gesetzgebung sei, über die Abzugsfähigkeit von Ausgaben zu befinden. So sehen dann auch die Vorschriften der deutschen beschränkten Steuerpflicht im Grundsatz die Erhebung der Einkommensteuer im Wege des Steuerabzugs ohne Berücksichtigung von Betriebsausgaben oder Werbungskosten vor, § 50a Abs. 1 und 2 EStG.[1495] Nachteilig ist das Steuerabzugsverfahren aufgrund seiner vielfach angeordneten abgeltenden Wirkung, vgl. nur § 50 Abs. 2 Satz 1 EStG. Letztlich führen diese Regelungen zu einer Diskriminierung im Ausland ansässiger Berufssportler. Denn während die unbeschränkt steuerpflichtigen Sportler Werbungskosten bzw. Betriebsausgaben geltend machen können, bleibt dies den beschränkt steuerpflichtigen Berufs-

---

dence, 2008, S. 215, 228 unter Fn. 31; a.A. dagegen *US Tax Court*, 09.06.2011–23323-09 Retief Goosen v. Commissioner, 136 T.C. 547, 557 f. and 563 f. (2011), das auch hier im Verhältnis Preisgeld (US) zu Preisgeld (Gesamt) aufteilte.

1491 So findet sich etwa das Regelwerk der ATP unter http://www.atpworldtour.com/-/media/files/rulebook/2017/2017-atp-rulebook_chapter-ix.pdf (30.11.2017).

1492 Bzw. nach hier vertretener Auffassung auch bei erstmaliger Ausstrahlung.

1493 So bereits *Vogel/Lehner/Stockmann*, Art. 17 OECD-MA Rn. 53; *Cordewener*, in: *Maisto* (Hrsg.), Taxation of entertainers and sportspersons performing abroad, 2016, S. 105, 134.

1494 So etwa die Kritik von *Molenaar/Grams*, European Taxation 2011, 358, 359.

1495 Zu den Einzelheiten bereits oben unter Kapitel 2.II.3.a).

sportlern verwehrt.[1496] Darüber hinaus ist regelmäßig auch ein nachträgliches Veranlagungs- bzw. Erstattungsverfahren ausgeschlossen, so dass es bei einer durch den Steuerabzug bedingten übermäßigen Besteuerung bleibt, wie nachfolgendes vereinfachtes Beispiel[1497] veranschaulicht. Der in Deutschland ansässige Boxer K erzielt aus einem im Jahr 2017 in England durchgeführten Weltmeisterschaftskampf vom Veranstalter eine Kampfbörse von EUR 500.000. Der englische Veranstalter hat von dieser Vergütung „withholding tax" in Höhe der basic tax rate von 20 Prozent einzubehalten und an HM Revenue & Custom abzuführen. Dies entspricht einem Betrag von EUR 100.000. In Deutschland unterliegt der Boxer aufgrund seiner unbeschränkten Steuerpflicht der Veranlagungspflicht, kann hierbei aber seine im Zusammenhang mit dem Wettkampf getätigten Aufwendungen iHv. EUR 300.000 geltend machen. Sein angenommener Gewinn von dann EUR 200.000 ist mit durchschnittlich 39,84 Prozent = EUR 79.678 (Einkommensteuer zzgl. Solidaritätszuschlag) zu besteuern. In Höhe von EUR 20.322 (EUR 100.000 – EUR 79. 678) verbleibt es bei einer Übermaßbesteuerung.[1498]

In den Mitgliedsstaaten der Europäischen Union ist eine derartige Diskriminierung und übermäßige Besteuerung seit der Entscheidung des EuGH in Sachen *Gerritse*[1499] und den weiterführenden Entscheidungen in Sachen *Scorpio*[1500] und *Centro Equestre de Leziria Grande*[1501] weitestgehend beseitigt.[1502] Als Folge dieser Judikatur haben die Steuerrechtsordnungen zur Vermeidung einer Diskriminierung von Ausländern und damit einen unionsrechtskonformen Anwendung immer dann die Besteuerung auf Nettobasis zu ermöglichen, wenn dies auch den Steuerinländern eröffnet ist.[1503]

Weiterhin virulent ist dieses Problem jedoch vielfach bei Konstellationen mit Drittstaaten. Die Anwendung der unionsrechtlich determinierten Regelungen auf diese Personengruppe scheidet nach derzeitiger Rechtslage aus.[1504] Allerdings

---

1496 Die Grenzen der Abzugsfähigkeit von Betriebsausgaben und Werbungskosten für unbeschränkt steuerpflichtige Berufssportler in Deutschland ergeben sich aus § 4 Abs. 4 EStG bzw. § 9 EStG und sind getragen vom sog. objektiven Nettoprinzip, nach dem welchen lediglich die Netto-Einkünfte (Einnahmen abzgl. Werbungskosten bzw. Betriebsausgaben) besteuert werden sollen.

1497 Unionsrechtliche Implikationen bleiben annahmegemäß außer Betracht.

1498 Beispiel in Anlehnung an Ausführungen von HMRC (Update vom 31.07.2017), abrufbar unter https://www.gov.uk/guidance/pay-tax-on-payments-to-foreign-performers (30.11.2017) und *Molenaar*, BIT 2015, 37, 38 sowie *Molenaar/Grams*, IStR 2005, 762.

1499 *EuGH*, 12.06.2003 – C-234/01, Slg 2003, I-5933 = juris.

1500 *EuGH*, 03.10.2006 – C-290/04, BStBl. II 2007, 352 = juris.

1501 *EuGH*, 15.02.2007 – C-345/04, DStRE 2007, 961 = juris.

1502 In einigen Ländern haben die notwendigen Anpassungen noch nicht stattgefunden; weitergehend hierzu *Molenaar*, BIT 2015, 37, 39.

1503 Zu den Einzelheiten im deutschen Recht seit dem JStG 2009, siehe bereits oben unter Kapitel 2.II.3.a)cc)(2).

1504 *BFH*, 07.09.2011 – I B 157/10, BFH/NV 2012, 95 = juris Rn. 30; *Vogel/Lehner/Stockmann*, Art. 17 OECD-MA Rn. 67a.

sind abkommensrechtliche Tendenzen hinsichtlich einer Nettomethode erkennbar sind.[1505] So enthält etwa Nr. 10 des OECD Musterkommentars zu Art. 17 OECD-MA in Satz 5 eine Klausel, wonach es den Vertragsparteien frei stehe, die Nettomethode in den jeweils zu verhandelnden Doppelbesteuerungsabkommen zu platzieren. Die OECD offeriert den Vertragsparteien seit dem Update 2008 sogar einen entsprechenden Formulierungsvorschlag in Satz 6.

e) *Zwischenfazit*

Über die Verteilungsnorm des Art. 17 OECD-MA erfolgt die Zuweisung des Besteuerungsrechts hinsichtlich der Einkünfte des Sportlers an den Quellenstaat (sog. Tätigkeitsortprinzip). Getragen ist die Norm von dem Ziel einer möglichst umfassenden Besteuerung auch der Einkünfte der mobilen und regelmäßig in steuerlich attraktiven Jurisdiktionen ansässigen Sportler. Welche Einkünfte des Sportlers erfasst sind, lässt sich dem Wortlaut des Art. 17 OECD-MA ebenso wenig entnehmen, wie den meisten Doppelbesteuerungsabkommen. Erforderlich ist daher eine Auslegung anhand der zu berücksichtigenden Quellen. Für das OECD Musterabkommen, wie auch für die jeweiligen an das Musterabkommen angelehnten Doppelbesteuerungsabkommen ist dies in besonderer Weise der OECD Musterkommentar.

In diesem Kontext herrschte in der Vergangenheit vielfach Unklarheit. Durch das Update 2014 wurden einige Probleme und Unklarheiten beseitigt, teilweise besteht aber auch nach dem Update noch weiterer Handlungsbedarf. Nachfolgend soll daher im Rahmen einer Zusammenfassung aufgezeigt werden, welche Probleme und Unklarheiten als gelöst angesehen werden können und wo auch weiterhin nach Auffassung des Bearbeiters Handlungsbedarf besteht.

Soweit die Reichweite des Sportlerbegriffs in Frage stand, ist nach den Änderungen des Musterkommentars in Nr. 4 und 5 sowie in Nr. 9.1 nunmehr evident, dass eine weite Auslegung zutreffend erscheint. Nicht unter den Sportlerbegriff subsumierbar sind, ohne dass dies ernsthaft in Zweifel gezogen werden könnte, hingegen etwa Rennpferde oder Rennwagen.

Hinsichtlich der Einkünfte von Trainern und Schiedsrichtern trifft der Musterkommentar keine Aussage. Nachdem auch diese Personengruppen regelmäßig Gegenstand gerichtlicher Verfahren sind und nach wie vor kontrovers diskutiert werden, wäre eine Ergänzung an dieser Stelle sinnvoll. M.E. lässt sich auf abkommensrechtlicher Ebene kein Unterschied zu den übrigen Sportlern erkennen, so dass beide Personengruppen grundsätzlich von Art. 17 OECD-MA erfasst sein sollten.

Erfasst werden von Art. 17 OECD-MA Einkünfte aus einer persönlich ausgeübten Tätigkeit als Sportler. Durch Nr. 11.2 ist negativ abgegrenzt, dass dies bspw. nicht auf den Eigentümer von Rennpferden zutreffen kann. Unzweifelhaft erzielt der aktive Sportler Einkünfte aus einer persönlich ausgeübten Tätigkeit. Zum Auswechselspieler schweigt der Musterkommentar allerdings. M.E. lässt sich aber über ein

1505 *Panayi*, European Taxation 2007, 452, 454.

argumentum e contrario zur Aussage des Musterkommentars in Nr. 9.1, 3. Spiegelstrich hinsichtlich eines verletzten Spielers mit Kommentatoreneinkünften der Schluss ziehen, dass auch Auswechselspieler nunmehr als erfasst anzusehen sind, während verletzte Spieler aus dem Anwendungsbereich ausscheiden.

Einkünfte, die Sportler für Trainingseinheiten und sonstige Vorbereitungen erhalten, sind nunmehr nach der insoweit eindeutigen Nr. 9.1 und dem dazugehörigen Beispiel in Nr. 9.3 des OECD Musterkommentars erfasst. Mit dem auftrittsbezogenen Ansatz des OECD Musterkommentars im Übrigen ist dies aber nur schwerlich zu vereinbaren. Auch wenn die Intention des Kommentars einer möglichst umfassenden Erfassung von Einkünften evident ist, sollte hier der Musterkommentar hin zu einer differenzierenden Auffassung korrigiert werden.

Zur Beseitigung der bis dato existierenden Ungereimtheiten in Zusammenhang mit Zusammenhangsleistungen wurde mit dem Update 2014 der Begriff des „engen Zusammenhangs" eingeführt und die irreführende Verwendung von „unmittelbaren" und „mittelbaren" Zusammenhang entfernt. Durch die ergänzenden Beispiele dürfte der Streit an dieser Stelle als gelöst angesehen werden können. M.E. sind die Beispiele als Notwendigkeit eines räumlichen und zeitlichen Zusammenhangs zu verstehen, so dass dem engen Zusammenhang zusätzlich Kontur verliehen wird. Andernfalls würde auch die neue Nr. 9.5 des Musterkommentars zu den Einkünften aus der Überlassung von bspw. Bildrechten wenig zu mehr Rechtssicherheit beitragen können. Im Zusammenhang mit Übertragungsrechten stellt der neue Nr. 9.4 des Musterkommentars zutreffend auf den zeitlichen Zusammenhang ab. Was aber genau unter einer zeitgleichen Übertragung zu verstehen ist, lässt der Musterkommentar offen. M.E. wäre auch hier eine Klarstellung dahingehend empfehlenswert, dass nicht nur Live-Übertragungen erfasst sind, sondern auch die erstmalige Ausstrahlung in Abgrenzung zur wiederholenden Nachberichterstattung. Klarstellend weist der Musterkommentar allerdings in Satz 2 darauf hin, dass wiederum ein Zusammenhang mit der persönlich ausgeübten Tätigkeit des Sportler dahingehend existieren muss, dass dieser unmittelbar oder mittelbar Empfänger der Vergütungen sein muss. Dies bekräftigt der OECD Musterkommentar mit dem im Profifußball relevanten Beispielsfall in Satz 3, in welchem der Veranstalter eines Fußballturniers Inhaber der Rechte und damit unmittelbarer Vergütungsgläubiger ist.

Gesamtvergütungen sind den jeweiligen Verteilungsnormen zuzuordnen, wobei Art. 17 OECD-MA die Subsidiarität für Einkünfte aus unselbständige Arbeit expressis verbis anordnet und die Subsidiarität von Unternehmensgewinnen sich auch nach Korrektur des Wortlauts von Art. 17 Abs. 1 OECD-MA aus Art. 7 Abs. 7 OECD-MA entnehmen lässt. Zum Verhältnis zu den Lizenzgebühren des Art. 12 OECD-MA lässt sich auch nach dem Update 2014 der Nr. 9 des OECD Musterkommentars entnehmen, dass sich beide Verteilungsartikel grundsätzlich gegenseitig ausschließen. Allerdings sind hier – wie gerade die Übertragungsrechte zeigen – Überschneidungen durchaus denkbar, so dass eine Klarstellung an dieser Stelle empfehlenswert erscheint.

Wird eine Gesamtvergütung für einen längeren Zeitraum gezahlt und unterfällt diese folglich dem Besteuerungsrecht verschiedener Jurisdiktionen, so ist auf der zweiten Ebene eine zeitraumbezogene Aufteilung erforderlich. Der OECD Musterkommentar weist nunmehr in Nr. 9.2 und unter Veranschaulichung durch Beispiele in Nr. 9.3 auf die beiden überwiegend vertretenen Aufteilungsmaßstäbe nach der Zahl der Veranstaltungen bzw. nach der Zahl der Arbeitstage hin. Gleichzeitig eröffnet Nr. 9.2, 2. Spiegelstrich aber auch die Berücksichtigung der Umstände des Einzelfalls. Letzteres ist m.E. zu präferieren, so dass der OECD Musterkommentar an dieser Stelle noch einmal korrigiert werden sollte. Im Ergebnis ist daher jeder einzelne Vergütungsbestandteil nach dem hierfür zu bevorzugenden Ansatz zu beurteilen. Während dies für die sportliche Tätigkeit nach Arbeitstagen im Quellenstaat zu beurteilen ist, kommt für werbebezogene Gesamteinkünfte eine Aufteilung anhand des Umsatzes bzw. der zuordenbaren Aufwendungen in Betracht. Soweit die Einkünfte leistungsbezogenen Charakter aufweisen, wie dies oftmals bei Ausrüsterverträgen hinsichtlich der Benutzung von Gegenständen der Fall sein dürfte, kann eine leistungsabhängige Komponente auch bei der Aufteilung zielführend sein. Hierfür kann der für den Tennissport in der Literatur entwickelte Ansatz über die erzielten Weltranglistenpunkte im Quellenstaat zur Gesamtzahl der erzielten Weltranglistenpunkte oftmals auch für andere Sportarten fruchtbar gemacht werden. Soweit allerdings eine Unterscheidung – wie etwa in der Formel-1 oder im Fußball – nicht existent ist, sollte auch für diese Einkünfte wieder auf einen umsatzbasierten Ansatz abgestellt werden. Nur dann, wenn dieser mangels verfügbarer Datenlage nicht umsetzbar ist, sollte auf die arbeitstagsbezogene Methode zurückgegriffen werden. Für eine Anwendbarkeit der Arbeitstagsmethode im Vergleich zur Veranstaltungsmethode spricht die im OECD Musterkommentar angelegte Präferenz dieser Methode.

Eine Doppelbesteuerung lässt sich letztlich aber auch bei der präzisesten Aufteilungsmethode nur dann vermeiden, wenn die involvierten Finanzverwaltungen dieselbe Methode anwenden. Kommt es hier zu Verwerfungen, so kann Doppelbesteuerung nur durch Durchführung eines Verständigungsverfahrens vermieden werden. Die OECD, die diese Problematik offensichtlich ebenfalls erkennt, schlägt zur Vermeidung in Nr. 14.1 des OECD Musterkommentars Änderungen der jeweiligen Doppelbesteuerungsabkommen vor. Hierzu zählt etwa eine Ausnahme zu Gunsten von Mannschaftssportlern. So sollen angestellte Sportler dann im Quellenstaat ihre Einkünfte nicht gem. Art. 17 OECD-MA zu versteuern haben, wenn es sich um ein Spiel im Rahmen einer grenzüberschreitenden Veranstaltung handelt. Angelehnt ist diese Empfehlung an die Regelung in Art. 16 Abs. 3 des DBA USA-Canada.[1506] Danach findet der Sportlerartikel keine Anwendung auf Einkünfte des angestellten Sportlers, dessen Team im Rahmen eines regulären Spielbetriebes in beiden Vertragsstaaten teilnimmt. Abgedeckt werden sollten hiermit etwa die Sportarten Eishockey, Baseball und Basketball, in deren Ligen – der NHL, MLB und NBA – traditionell Teams aus Canada und den USA spielen. In Europa wäre dies grundsätzlich auf die von der UEFA ver-

1506 Doppelbesteuerungsabkommen USA-Canada vom 26.09.1980, zuletzt geändert durch Protokoll vom 21.09.2007, abrufbar unter https://www.irs.gov/businesses/international-businesses/canada-tax-treaty-documents (30.11.2017).

anstalteten Klubwettbewerbe übertragbar. *Molenaar* geht dabei zwar davon aus, dass es bei diesen Wettbewerben keiner entsprechenden Regelung bedürfe, da aufgrund der von der UEFA gewählten Struktur der Wettbewerbe kein Anwendungsbereich verbliebe.[1507] Zu beachten ist aber, dass auch bei Verbleib der Einnahmen des Heimteams im Quellenstaat und der erst später erfolgenden Distribution der Einnahmen aus den Übertragungsrechten Art. 17 OECD-MA insoweit keinen Anwendungsbereich hat.[1508] Dennoch unterfallen die Einkünfte des Sportlers der jeweiligen Gastmannschaft, die dieser von seinem Team erhält, Art. 17 Abs. 1 OECD-MA, so dass eine entsprechende Erweiterung des jeweiligen Doppelbesteuerungsabkommens durchaus einen massiven Einschnitt hinsichtlich der Besteuerungsrechte des Quellenstaats bedeuten würde. In diesem Kontext ist bei fehlender abkommensrechtlicher Regelung aber auf nationaler Ebene zu prüfen, ob der Quellenstaat von seinem Besteuerungsrecht Gebrauch macht. Hier ist für das deutsche Steuerrecht der Champions League Erlass des BMF zu berücksichtigen.[1509] Haben die Vertragsstaaten die von der OECD vorgeschlagene Ausnahme vereinbart, so wird insoweit Art. 17 OECD-MA zu Gunsten von Art. 15 OECD-MA verdrängt.[1510] Weiter wird auf einen unilateralen Verzicht der Besteuerung hingewiesen. Diesen Weg beschritten etwa die Niederlande zum 01.01.2007.[1511] Die dritte Ergänzung betrifft den Fall des aus öffentlichen Mitteln subventionierten Sportlers.[1512] Von dieser Ausnahme haben – soweit ersichtlich – die Vertragsstaaten bereits vielfach Gebrauch gemacht und zur Aufnahme eines zusätzlichen Absatzes 3 optiert.[1513] Schließlich schlägt Nr. 10.1 des OECD Musterkommentars – wohl zur Vereinfachung des Verfahrens – die Aufnahme einer de-minimis Regelung für Sportler mit lediglich geringen Einkünften im Quellenstaat vor.

f) Exkurs: Ausländische Teams

Nicht nur aufgrund der Anzahl der in diesem Bereich Beschäftigten, sondern primär auch unter wirtschaftlichen Gesichtspunkten ist im Bereich des Sports dem professionellem Fußball eine herausgehobene Position zuzuerkennen. In diesem Bereich

1507 *Molenaar*, BIT 2015, 37, 44.

1508 Vergütungen werden jedoch regelmäßig bei Vorbereitungsspielen (vielfach als Freundschaftsspiele bezeichnet) geleistet; vgl. hierzu den vom niederländischen Hoge Raad zu entscheidenden Fall des Fußballklubs Feyenoord Rotterdam im Hinblick auf zwei Freundschaftsspiele; besprochen bei *Molenaar/Grams*, IStR 2005, 762; anders ist dies im Grundsatz aber bei den Finalspielen der UEFA-Klubwettbewerbe. Dort werden die Einnahmen zwischen der UEFA und den beiden Finalmannschaften geteilt. Allerdings vereinbart die UEFA mit den jeweiligen Gastgeberländern einen entsprechende Freistellung; vgl. hierzu etwa *Molenaar*, BIT 2015, 37, 44.

1509 Vgl. dazu bereits oben unter Kapitel 2.II.3.d)cc).

1510 Jeweils die dem OECD-MA vergleichbare Regelung im konkreten Doppelbesteuerungsabkommen.

1511 Vgl. *Molenaar*, BIT 2015, 37, 40; *Molenaar/Grams*, European Taxation 2011, 358, 360.

1512 Vgl. Nr. 14 OECD-Musterkommentar.

1513 *Molenaar*, BIT 2015, 37, 39 und 44.

erzielen die beteiligten Fußballspieler vielfach überdurchschnittlich hohe Einkommen. Aber auch den involvierten Vereinen fließen beträchtliche Summen zu. Sowohl im nationalen, als auch im internationalen Recht wird daher vielfach versucht, diese Einkünfte ebenfalls der Besteuerung zu unterwerfen. Hier ergeben sich Spannungsfelder und Abgrenzungsprobleme, die es legitim erscheinen lassen, den Untersuchungsgegenstand an dieser Stelle punktuell zu erweitern. Dies umso mehr, als bereits vereinzelt auf die an den jeweiligen Stellen maßgeblichen Faktoren eingegangen wurde.[1514]

Ob die Einkünfte des Klubs unter Art. 17 OECD-MA subsumiert werden können, ist dabei anhand der oben dargestellten Kriterien zu prüfen. Aufgrund der notwendigen persönlich ausgeübten Tätigkeit als Sportler ist hier – im Gegensatz zum nationalen Recht[1515] – Art. 17 Abs. 1 OECD-MA regelmäßig mangels Sportlereigenschaft nicht anwendbar.[1516] Wesentlich komplexer ist dabei die Frage, ob Art. 17 Abs. 2 OECD-MA einschlägig ist. Eine Hilfestellung im Rahmen der erforderlichen Auslegung bietet hier wiederum der OECD Musterkommentar, der in Nr. 11 lit. b) erläutert, dass der Gewinn eines als juristischer Person konstituierten Ensembles nicht unter Art. 17 Abs. 2 OECD-MA fällt. Nr. 11 lit. b) OECD-MK nennt dabei zwar lediglich das Ensemble, die Truppe und das Orchester, die als juristische Person konstituiert sind. Eine Einschränkung dahingehend, dass der Verein als größere Einheit mit regelmäßig gemeinnütziger Grundverfassung nicht erfasst sein soll, lässt sich m. E. nicht erkennen.[1517] Vielmehr ist gerade in vielen Bereichen des Sports eben jene Tendenz – wenn auch aus anderen steuerlichen Gründen – zu erkennen, die Lizenzspielermannschaften aus dem Hauptverein auszugliedern und in eine eigenständige juristische Person zu übertragen. Aus der Zusammenschau von Nr. 11 lit. b) und Nr. 8 OECD-MK wird dabei klar, dass nur derjenige Anteils der Vergütungen, der an das Team aber zu Gunsten des Sportlers gezahlt wird, von Art. 17 Abs. 2 OECD-MA erfasst sein soll. Erbringt der Klub daher eine eigene Leistung – bspw. weil es als Inhaber der Übertragungsrechte diese an Dritte überlässt oder weil der Klub sich verpflichtet an einem Turnier teilzunehmen – so ist die ihm zufließende Vergütung auch dort zu aliquotieren.[1518] Auf Ebene des Klubs sind dann vorrangig Art. 7 und Art. 12 OECD-MA zu prüfen. Lediglich bei unmittelbarer oder mittelbarer Weiterleitung der Vergütung an die darbietenden Sportler, d. h. bei wirtschaftlicher Betrachtungsweise, wäre eine abweichende Beurteilung zulässig.[1519]

1514 Vgl. bspw. oben unter Kapitel 2.III.3.b)bb) zum Begriff Person bzw. unter Kapitel 2. III.3.b)dd) zu den Einkünften.

1515 Zum nationalen Recht vgl. nur *BFH*, 06.06.2012 – I R 3/11, BFHE 238, 46 = juris Rn. 17, wonach auch ein Formel-1 Rennteam unter § 49 Abs. 1 lit. d) EStG zu subsumieren ist.

1516 *Gosch/Kroppen/Grotherr/Maßbaum*, Art. 17 Rn. 71.

1517 Für ein weites Verständnis auch *Schaffer*, Domestic attribution of income and taxation of international entertainers and sportspersons, 2017, S. 55 f.

1518 *Cordewener*, in: *Reimer* (Hrsg.), Klaus Vogel on double taxation conventions, 2015, S. 1287, 1392.

1519 *Wassermeyer/Wassermeyer/Schwenke*, Art. 17 OECD-MA Rn. 58.

4. Auswirkung des Abkommensrecht auf nationales Recht und Reaktion des nationalen Gesetzgebers

Die abkommensrechtlichen Verteilungsnormen weisen das Besteuerungsrecht entweder dem Quellenstaat oder dem Ansässigkeitsstaat zu. Erfolgt – wie durch Art. 17 OECD-MA – eine Zuweisung an den Quellenstaat – so unterwirft dieser die jeweiligen Einkünfte nach Maßgabe seines nationalen Steuerrechts der Besteuerung. Das Besteuerungsrecht des Ansässigkeitsstaats schränkt Art. 17 OECD-MA indes nicht ein, so dass Doppelbesteuerung etwa durch die unbeschränkte Steuerpflicht des Berufssportlers im Ansässigkeitsstaat droht.[1520] Ob und wie effektive Doppelbesteuerung vermieden werden kann regeln die Kollisionsnormen des Art. 23A oder Art. 23B OECD-MA. Bei vereinbarter Freistellungsmethode führt dies im Grundsatz auch zu einer Vermeidung virtueller Doppelbesteuerung. Denn regelmäßig erfolgt die Freistellung der betreffenden Einkünfte ungeachtet einer tatsächlichen Besteuerung im Quellenstaat.[1521] In der Folge wird daher nicht nur die tatsächlich eintretende Doppelbesteuerung vermieden, sondern auch eine doppelte Nichtbesteuerung für den Fall legitimiert, dass das Besteuerungsrecht zwar einem Staat zugewiesen wird, dieser aber hiervon tatsächlich keinen Gebrauch macht. Vereinzelt sehen die Doppelbesteuerungsabkommen in dieser Konstellation einen Rückfall des Besteuerungsrechts vor.[1522] Regelmäßig finden sich solche subject-to-tax-Regelungen aber im nationalen Recht. Nach diesen ist die Freistellung der Einkünfte davon abhängig, ob diese im anderen Staat steuerpflichtig und/oder tatsächlich der Besteuerung unterworfen werden.[1523] Darüber hinaus sieht § 50d EStG mit dem Erstattungs-, Freistellungs- und Kontrollmeldeverfahren weitere Regelungen vor, die die abkommensrechtliche Freistellung bzw. Ermäßigung verdrängen.

Bevor auf die entsprechenden in diesem Kontext der Sportlerbesteuerung relevanten Regelungen eingegangen werden kann, ist vorab auf die Frage einzugehen, ob diese Normen mit höherrangigem Recht vereinbar sind.

a) Vereinbarkeit der Treaty-Override Klauseln mit höherrangigem Recht

Die Frage der Verfassungsmäßigkeit Abkommensrecht überschreibender Vorschriften (sog. Treaty-Override[1524]) war lange Zeit umstritten. So deutete etwa der BFH mit Beschluss vom 19.05.2010 Zweifel an der Verfassungsmäßigkeit im Hin-

---

1520 *Gosch/Kroppen/Grotherr/Maßbaum*, Art. 17 Rn. 182; *Schönfeld/Schlotter*, Art. 17 OECD-MA Rn. 52.

1521 *Schaumburg*, Internationales Steuerrecht, 3. Aufl. (2011) Rn. 16.522; *Wassermeyer/Wassermeyer*, Art. 23A OECD-MA Rn. 46; *Gosch/Kroppen/Grotherr/Grotherr*, Art. 23A/ 23B OECD-MA Rn. 69.

1522 So etwa in Ziffer 16 des Protokolls zum DBA Italien vom 18.10.1989.

1523 *Schaumburg*, Internationales Steuerrecht, 3. Aufl. (2011) Rn. 12.8 und 16.522.

1524 Mit diesem Begriff werden nach h.M innerstaatliche Rechtsetzungsakte bezeichnet, die nach Inkrafttreten eines Doppelbesteuerungsabkommens ergehen und im

blick auf § 50d Abs. 9 EStG an.[1525] Wenig später befand der BFH § 50d Abs. 8 EStG unter expliziter Aufgabe seiner bisherigen Rechtsprechung für verfassungswidrig und legte die Norm dem Bundesverfassungsgericht zur Prüfung vor.[1526] Zwar sei das gem. Art. 59 Abs. 2 GG in den Rang eines Bundesgesetzes transformierte Doppelbesteuerungsabkommen nicht als allgemeine Regel des Völkerrechts zu begreifen und damit nicht mit Vorrang vor innerstaatlichem Recht ausgestattet.[1527] Doch verstoße § 50d Abs. 8 EStG gegen Völkervertragsrecht, welches auch nach Transformation in Bundesrecht fortwirke und eine aus dem Rechtsstaatsprinzip folgende Sperrwirkung erzeuge.[1528] So sei der Gesetzgeber gehalten, grundsätzlich Völkervertragsrecht zu beachten (sog. Völkervertragsrechtsfreundlichkeit).[1529] Das Bundesverfassungsgericht konnte jedoch mit Beschluss vom 15.12.2015 weder aus dem ungeschriebenen Verfassungsgrundsatz der Völkerrechtsfreundlichkeit (Grundsatz des „pacta sunt servanda") noch aus dem Rechtsstaatsprinzip die Verfassungswidrigkeit des § 50d Abs. 8 EStG ableiten.[1530] Soweit eine deutsche Steuerrechtsnorm damit im Widerspruch zur auf gleicher Rangstufe stehenden abkommensrechtlichen Regelung steht, ist der Treaty Override verfassungsrechtlich legitimiert.[1531] Begrenzt wird dies freilich durch die allgemeinen Kollisionsregeln. So verdrängt zum einen die speziellere Regelung die allgemeinere (sog. „lex specialis derogat legi generali"-Grundsatz), zum anderen gebührt der jüngeren Regelung der Vorzug vor der älteren (sog. „lex posterior derogat legi priori"-Grundsatz).[1532] Hinsichtlich des lex-specialis-Grundsatzes ist jedoch zu konstatieren, dass nach wohl zutreffender überwiegend vertretener Auffassung die abkommensrechtlichen Regelungen im Grundsatz spezieller als die nationalen Steuerrechtsnormen sind.[1533] Ein Treaty Override lässt sich aber dann nicht mit Hilfe dieses Grundsatzes beseitigen, wenn die das Abkommen überschreibende Norm an einen Teilbereich des Doppelbesteuerungsabkommens anknüpft und die dort vorgesehene Begünstigung von weiteren Voraussetzungen abhängig macht.[1534] Haben die Vertragsstaaten nach Einfügung eine spezielleren Treaty Override ein neues Doppelbesteue-

Widerspruch zu den Regelungen des Doppelbesteuerungsabkommens stehen; vgl. hierzu etwa *Lehner*, IStR 2012, 389 mwN.

1525 *BFH*, 19.05.2010 – I B 191/09, BStBl. II 2011, 156 = juris.

1526 *BFH*, 10.01.2012 – I R 66/09, BFHE 236, 304 = juris und ergänzend *BFH*, 10.06.2015 – I R 66/09, IStR 2015, 627 = juris Rn. 6 f.

1527 Vgl. *BFH*, 10.01.2012 – I R 66/09, BFHE 236, 304 = juris Rn. 14.

1528 *BFH*, 10.01.2012 – I R 66/09, BFHE 236, 304 = juris Rn. 13 f.

1529 *BFH*, 10.01.2012 – I R 66/09, BFHE 236, 304 = juris Rn. 18; *Herrmann/Heuer/Raupach/Klein/Hagena*, § 50d EStG Rn. 6.

1530 *BVerfG*, 15.12.2015–2 BvL 1/12, BVerfGE 141, 1 = juris Rn. 64 ff. bzw. 77 ff.

1531 *BVerfG*, 15.12.2015–2 BvL 1/12, BVerfGE 141, 1 = juris Rn. 43 ff.

1532 Vgl. hierzu etwa *Haendel*, IStR 2017, 436, 437 mwN.

1533 *Haendel*, Treaty Overriding im Internationalen Steuerrecht als Verfassungsproblem, 2016, S. 86; *Jochimsen/Gradl*, IStR 2015, 236, 240.

1534 *Frotscher*, IStR 2016, 561, 562 f.; *Jochimsen/Gradl*, IStR 2015, 236, 240; a.A. *Rust/Reimer*, IStR 2005, 843, 845.

rungsabkommen vereinbart, so ist der Konflikt zwischen dem „lex specialis" und dem „lex posterior"-Grundsatz mit Hilfe der allgemeinen Auslegungsmethoden zu lösen.[1535]

b) Treaty Override Regelungen im nationalen Steuerrecht

Im deutschen Steuerrecht sind die Treaty Override Regelungen in § 50d EStG als Besonderheiten im Fall von Doppelbesteuerungsabkommen normiert.

aa) Freistellungs-, Erstattungs- und Kontrollmeldeverfahren

Nach § 50d Abs. 1 Satz 1 EStG ist der Steuerabzug nach § 50a EStG bei beschränkt steuerpflichtigen Einkünften ungeachtet etwaiger abkommensrechtlicher Bestimmungen in voller Höhe vorzunehmen.[1536] Im Gegensatz zu den subject-to-tax-Klauseln[1537] intendiert der Treaty Override hier durch Steuerabzug und Verweis auf das nachfolgende Erstattungsverfahren die Verhinderung missbräuchlicher Anwendung.[1538]

Das Erstattungsverfahren ist damit zweistufig aufgebaut. Während auf erster Stufe der Steuerabzug – mit Ausnahme des Lohnsteuereinbehalts – unabhängig von einem etwaigen niedrigeren Steuersatz oder Steuerfreistellung in voller Höhe vorzunehmen ist, muss der ausländische Vergütungsgläubiger seinen Erstattungsanspruch auf zweiter Stufe gem. § 50d Abs. 1 Sätze 2 und 3 EStG gegenüber dem Bundeszentralamt für Steuern (BZSt) geltend machen. Der Erstattungsanspruch ist dabei an diverse Voraussetzungen geknüpft. So hat der Vergütungsgläubiger oder ein von ihm schriftlich Bevollmächtigter[1539] den Antrag gem. § 50d Abs. 1 Satz 3 EStG nach amtlich vorgeschriebenen Vordruck beim BZSt zu stellen. Weiter ist die Erstattung nach dem insoweit eindeutigen Wortlaut von einem Einbehalt und der Abführung der Abzugssteuer abhängig.[1540] Hierfür genügt gem. § 50d Abs. 1 Satz 2 EStG auch die Entrichtung aufgrund Haftungsbescheid oder Nachforderungsbescheid. Als weitere Voraussetzung verlangt der auch auf das Erstattungsverfahren anwendbare § 50d Abs. 4 EStG die Beifügung einer Bestätigung der Ansässigkeit des Vergütungsgläubigers im Ausland.[1541] Weiterhin ist das Erstattungsverfahren

---

1535 *Wernsmann*, § 4 AO Rn. 365 mit Verweis auf *Zippelius*, Juristische Methodenlehre, 11. Aufl. (2012), S. 33; *Haendel*, IStR 2017, 436, 440; a.A. wohl *Schwarz*, Treaty overriding und § 50d EStG (2016), S. 47 und 287f.

1536 Vgl. nur *BMF*, 25.11.2010 – IV C 3 – S 2303/09/10002, BStBl. I 2010, 1350 = juris Tz. 74.

1537 Dazu sogleich unter Kapitel 2.III.4.b)bb).

1538 Zur Kategorisierung der Treaty Override Regelungen etwa *Wassermeyer/Wassermeyer/Schwenke*, Art. 17 OECD-MA Rn. 13.

1539 *BMF*, 07.05.2002 – IV B 4-S 2293–26/02, BStBl. I 2002, 521 = juris Tz. 2.3.

1540 *Sauer*, Die Besteuerung ausländischer Sportler im Inland unter besonderer Berücksichtigung der europarechtlichen sowie völkerrechtlichen Vorgaben, 2009, S. 100; *Pfeifer*, Die deutsche Besteuerung ausländischer Tonkünstler und Künstlergesellschaften, 2014, S. 297 mwN.

1541 Schmidt/*Loschelder*, § 50d EStG Rn. 36; *BMF*, 07.05.2002 – IV B 4-S 2293–26/02, BStBl. I 2002, 521 = juris Tz. 2.5.

bei missbräuchlichen Steuergestaltungen iSd. Abs. 3 aaO. ausgeschlossen, mithin dann, wenn der Berufssportler im Wege des sog. Treaty Shoppings gezielt durch Zwischenschaltung geeigneter juristischer Personen Privilegierungen des Doppelbesteuerungsabkommens in Anspruch zu nehmen versucht.[1542] Schließlich hat der Antragsteller Angaben über den Rechtsgrund der Zahlung zu machen und dies auch ggf. durch Vorlage der Verträge zu belegen.[1543] Nach Ablauf von vier Jahren nach Ablauf des Kalenderjahres des Bezugs der Vergütung kann der Antrag nicht mehr geltend gemacht werden, § 50d Abs. 1 Satz 3 EStG.

Ausnahmsweise ist der Steuerabzug dann nicht vorzunehmen, wenn der Berufssportler als Vergütungsgläubiger oder sein Bevollmächtigter vorab die Freistellung gem. § 50d Abs. 2 Satz 1 EStG beim BZSt beantragt hat und dieses eine entsprechende Freistellungsbescheinigung erteilt.[1544] Wirksamkeitsvoraussetzung ist auch hier die Antragstellung nach amtlich vorgeschriebenen Vordruck gem. § 50d Abs. 2 Satz 1 EStG sowie die Ansässigkeitsbescheinigung des Vergütungsgläubigers nach § 50d Abs. 4 Satz 1 EStG nebst Angaben zum Rechtsgrund der Zahlung.[1545] Einer Freistellungsbescheinigung bedarf es aber dann nicht, wenn die Zahlungen bereits per Erlass freigestellt sind. Hier ist etwa der Champions League Erlass des BMF zu berücksichtigen.[1546] Bei Vorliegen eines Missbrauchstatbestandes gem. § 50d Abs. 3 EStG ist die Freistellung jedoch ausgeschlossen. Eine Frist ist naturgemäß nicht zu beachten. Allerdings darf der Vergütungsschuldner gem. § 50d Abs. 2 Satz 5 EStG nur dann von dem Steuerabzug gem. § 50a EStG absehen, wenn ihm eine entsprechende Freistellungsbescheinigung vorliegt.[1547] Das Kontrollmeldeverfahren als Alternative zu dem einzelfallbezogenen Freistellungsverfahren bei Fällen des Steuerabzugs nach § 50a Abs. 1 Nr. 3 EStG soll bei Konstellationen mit geringer steuerlicher Bedeutung zur Vereinfachung und Beschleunigung des Verfahrens beitragen, indem der Vergütungsschuldner auf seinen Antrag hin allgemein ermächtigt wird, den Steuerabzug zu unterlassen, § 50d Abs. 5 EStG. Das BMF geht dabei bei (Einzel-)Zahlungen bis EUR 5.500 und während eines Kalenderjahres geleisteten Gesamtzahlbeträgen bis EUR 40.000 von geringer steuerlicher Bedeutung aus.[1548]

1542 Vgl. dazu im Detail Blümich/*Wagner*, § 50d EStG Rn. 64.

1543 *BMF*, 07.05.2002 – IV B 4-S 2293–26/02, BStBl. I 2002, 521 = juris Tz. 2.5.

1544 Blümich/*Wagner*, § 50d EStG Rn. 50 f.; *BMF*, 25.11.2010 – IV C 3 – S 2303/09/10002, BStBl. I 2010, 1350 = juris Tz. 12.

1545 Schmidt/*Loschelder*, § 50d EStG Rn. 16 f.; *BMF*, 07.05.2002 – IV B 4-S 2293–26/02, BStBl. I 2002, 521 = juris Tz. 2.5.

1546 Vgl. dazu bereits oben unter Kapitel 2.II.3.d)cc) sowie *Holthaus*, IStR 2010, 763, 765 f.

1547 Vgl. dazu auch *BMF*, 07.05.2002 – IV B 4-S 2293–26/02, BStBl. I 2002, 521 = juris Tz. 3.2.

1548 *BMF*, 07.05.2002 – IV B 4-S 2293–26/02, BStBl. I 2002, 521 = juris Tz. 4; ergänzend hierzu *BMF*, 25.11.2010 – IV C 3 – S 2303/09/10002, BStBl. I 2010, 1350 = juris Tz. 75 und *BMF*, 18.12.2002 – IV B 4-S-2293–54/02, BStBl. I 2002, 1386 = juris.

bb) Subject-to-tax Regeln im nationalen Steuerrecht

Einen typischen Treaty Override stellen die subject-to-tax Klauseln des nationalen Steuerrechts dar. In Betracht kommen hier insbesondere § 50d Abs. 8, Abs. 9 Satz 1 Nr. 2 und Abs. 12 EStG, die durch weitere – in den jeweiligen Doppelbesteuerungsabkommen nicht vorgesehene – Tatbestandsmerkmale zusätzliche Voraussetzungen für die Freistellung schaffen und damit spezieller iSd. „lex specialis"-Grundsatzes sind. Da ohne diese tatbestandliche Erweiterung ein Rückfall des Besteuerungsrechts nicht möglich wäre, sind diese Normen als Treaty Override zu qualifizieren.[1549]

Im Gegensatz zu dem oben dargestellten Erstattungs-, Freistellungs- und Kontrollmeldeverfahren soll hierüber eine Minderbesteuerung verhindert werden.[1550] Dabei setzt § 50d Abs. 8 EStG im Gegensatz zur den eben dargestellten Verfahren für die Einkünfte aus nichtselbstständiger Arbeit iSd. § 19 EStG nicht an der beschränkter Steuerpflicht an, sondern regelt den Fall des im Inland ansässigen unbeschränkt Steuerpflichtigen mit eben diesen Einkünften im Ausland.[1551] Diese sind regelmäßig nach den Doppelbesteuerungsabkommen im Inland steuerfrei und lediglich progressionserhöhend zu berücksichtigen.[1552] Dies ist auch für den Berufssportler mit Einkünften iSd. Art. 17 OECD-MA zutreffend.[1553] Denn auch wenn abkommensrechtlich mit Art. 17 OECD-MA eine speziellere Verteilungsnorm existiert, unterliegen die Einkünfte eines angestellten Berufssportlers aus diesem Vertragsverhältnis nach nationalem Verständnis regelmäßig dem § 19 EStG. § 50d Abs. 8 EStG erweitert die abkommensrechtliche Freistellung der Einkünfte durch eine Nachweisobliegenheit des Vergütungsempfängers dergestalt, dass dieser nachweisen kann, dass der nach dem Doppelbesteuerungsabkommen berechtigte Staat auf sein Besteuerungsrecht verzichtet hat oder dass die in diesem Staat auf diese Einkünfte festgesetzte Einkommensteuer entrichtet wurde. Der Nachweis ist jedoch nur bei Vergütungen oberhalb der Bagatellgrenze von EUR 10.000 p.a. zu erbringen.[1554] Lediglich dann, wenn der Vergütungsgläubiger diesen Nachweis erbringen kann, bleiben die Einkünfte im Inland steuerfrei, wodurch die deutsche Finanzverwaltung sicherstellt, dass Einkünfte nicht besteuert werden, weil etwa der Steuerpflichtige sie im Tätigkeitsstaat nicht erklärt.[1555] Schließlich ist zu beachten, dass der das jeweilige Doppelbesteuerungsabkom-

---

1549 So etwa Blümich/*Wagner*, § 50d EStG Rn. 103a; *Kirchhof/Gosch*, § 50d EStG Rn. 35; offen gelassen von *BVerfG*, 15.12.2015–2 BvL 1/12, BVerfGE 141, 1 = juris.

1550 *Kanzler/Kraft/Bäuml/Gebhardt*, § 50d EStG Rn. 4.

1551 Abkommensrechtliche Ansässigkeit ist hingegen nicht erforderlich; Blümich/*Wagner*, § 50d EStG Rn. 104.

1552 Schmidt/*Loschelder*, § 50d EStG Rn. 53.

1553 Auch hier sind wieder die jeweiligen Vergütungen individuell unter Art. 17 OECD-MA zu subsumieren, wobei die oben dargestellten Grundsätze zu beachten sind.

1554 *BMF*, 21.07.2005 – IV B 1 – S 2411/2/05, BStBl. I 2005, 821 = juris Tz. 4.2.

1555 Blümich/*Wagner*, § 50d EStG Rn. 103 mit Verweis auf *BFH*, 25.11.2014 – I R 27/13, BStBl. II 2015, 448 = juris; *FG Baden-Württemberg*, 23.06.2016–3 K 3089/13, EFG 2017, 464 = juris, Revision anhängig unter I R 67/16.

men insoweit über den „lex specialis"-Grundsatz verdrängende § 50d Abs. 8 EStG wiederum dann unbeachtlich wäre, wenn das maßgebliche Doppelbesteuerungsabkommen jünger und damit über den sog. „lex posterior derogat legi priori"-Grundsatz verdrängt würde.[1556]

Allerdings hat der BFH mit Urteil vom 25.05.2016 die Ansicht des FG Hamburg dahingehend revidiert, dass die Kollision zu Gunsten des Treaty Override des § 50d Abs. 8 EStG aufzulösen ist, da der Gesetzgeber hierdurch eine gegenüber Doppelbesteuerungsabkommen ganz generell vorrangige Regelung treffen wollte, die unabhängig davon sei, ob das Zustimmungsgesetz zum Doppelbesteuerung zeitlich vor oder nach dem Inkrafttreten des § 50d Abs. 8 EStG verabschiedet wurde.[1557] Dies schließt der I. Senat u. a. auch aus dem Beschluss des BVerfG vom 15.12.2015, der die Frage eines Treaty Overrides durch § 50d Abs. 8 EStG dahinstehen ließ, trotzdem aber klarstelle, dass eine „Abkommensüberschreibung (Treaty Override) [...] zu keiner größeren Rechtsunsicherheit, als sie mit den Grundsätzen der lex posterior und der lex specialis allgemein verbunden ist [, führe]. Im vorliegendem Fall kommt hinzu, dass der Gesetzgeber in § 50d Abs. 8 Satz 1 EStG seinen Willen zur Abkommensüberschreibung (Treaty Override) eindeutig zum Ausdruck gebracht hat (‚ungeachtet des Abkommens'), so dass weder mit Blick auf den Rang noch auf die Zeitfolge noch auf die Spezialität der Regelung Zweifel am Vorrang des § 50d Abs. 8 Satz 1 EStG vor inhaltlich abweichenden völkerrechtlichen Vereinbarungen in Doppelbesteuerungsabkommen bestehen."[1558]

Keinen Treaty Override stellt § 50d Abs. 9 Satz 1 Nr. 1 EStG dar, da dort lediglich für Qualifikationskonflikte der Übergang von der Freistellungs- zur Anrechnungsmethode geregelt wird (sog. switch-over-Klausel).[1559] § 50d Abs. 9 Satz 1 Nr. 2 EStG hingegen bewirkt den Rückfall des Besteuerungsrecht in Konstellationen des Ausfalls mangels persönlicher Steuerpflicht im Ausland.[1560] Dies kann einerseits auf einem fehlenden Wohnsitz oder ständigen Aufenthalts des Berufssportlers im Ausland beruhen, genauso aber dann eintreten, wenn der ausländische Staat die Einkünfte des Berufssportlers nicht der beschränkten Steuerpflicht oder aufgrund seiner sonstiger besonderer Bestimmungen für Ausländer – wie bspw. der britischen

---

1556 So *FG Hamburg*, 21.08.2013–1 K 87/12, EFG 2013, 1932 = juris Rn. 39, 42; zustimmend *Becht*, ISR 2015, 201, 206.

1557 *BFH*, 25.05.2016 – I R 64/13, BFHE 254, 33 = juris Rn. 16, 18; zustimmend *Mitschke*, IStR 2017, 770, 773.

1558 *BFH*, 25.05.2016 – I R 64/13, BFHE 254, 33 = juris Rn. 19 mit Verweis auf *BVerfG*, 15.12.2015–2 BvL 1/12, BVerfGE 141, 1 = juris Rn. 88.

1559 Vgl. dazu etwa Schmidt/*Loschelder*, § 50d EStG Rn. 57.

1560 Vgl. dazu etwa *BFH*, 19.12.2013 – I B 109/13, DStR 2014, 363 = juris Rn. 9; *BMF*, 05.12.2012 – IV B 2 – S 2411/10/10003, DStR 2012, 2538; *FG Berlin-Brandenburg*, 16.03.2017–9 K 9015/16, StE 2017, 343 = juris Rn. 32; *Schaumburg*, Internationales Steuerrecht, 3. Aufl. (2011) Rn. 16.528; auf Vorlage des *BFH*, 20.08.2014 – I R 86/13, BStBl. II 2015, 18 = juris anh. bei BVerfG, 2 BvL 21/14.

„taxation on remittance basis" – der Besteuerung unterwerfen würde.[1561] In Betracht kommt § 50d Abs. 1 Satz 1 Nr. 2 EStG etwa bei Lizenzgebühren über eine im anderen Vertragsstaat residierende Personengesellschaft durch Vergabe von Lizenzen.[1562] Entscheidend für die Anwendbarkeit von § 50d Abs. 9 Satz 1 Nr. 2 EStG ist die Freistellung durch das Doppelbesteuerungsabkommen. Nationale oder unionsrechtliche Steuerbefreiungen schließen § 50d Abs. 9 Satz 1 Nr. 2 EStG folglich aus.[1563] Im Anwendungsbereich des § 50d Abs. 8 EStG ist dieser jedoch vorrangig.[1564] Ab dem Veranlagungszeitraum 2017 ist § 50d Abs. 9 Satz 1 Nr. 2 EStG über § 50d Abs. 9 Satz 4 EStG[1565] aber auch auf Teile von Einkünften und damit quasi „atomisiert" anzuwenden, die im anderen Staat nicht oder nur begrenzt besteuert werden.[1566]

Mit dem BEPS Umsetzungsgesetz zum Veranlagungszeitraum 2017 wurde auch § 50d Abs. 12 EStG als weitere subject-to-tax-Regelung eingeführt.[1567] Die dort fingierte Zugehörigkeit einer an einem im Ausland ansässigen oder ins Ausland verzogenen Arbeitnehmer gezahlten Abfindung durch seinen ehemaligen inländischen Arbeitgeber aus Anlass der Beendigung des Dienstverhältnisses ist auch bei Berufssportler relevant. So sieht etwa § 13 Nr. 2 lit. b) DFL Lizenzordnung-Spieler[1568] im Rahmen der Erteilung einer neuen Spielerlaubnis die Auflösung der rechtlichen Beziehungen zwischen Fußballspieler und Klub als Arbeitgeber auch im beiderseitigen Einvernehmen, mithin durch Aufhebungsvertrag vor. Ebenso gilt nach Nr. 13 des FIFA Reglements bezüglich Status und Transfer von Spielern ein Vertrag dann als beendet, wenn er im gegenseitigen Einvernehmen aufgelöst wird.[1569] Regelmäßig zahlt aber nicht der abgebende Klub eine Entschädigung, sondern vielmehr

---

1561 Blümich/*Wagner*, § 50d EStG Rn. 119; *Flick/Wassermeyer/Baumhoff/Schönfeld/Schönfeld*, § 50d EStG Rn. 103.

1562 *Herrmann/Heuer/Raupach/Klein/Hagena*, § 50d EStG Rn. 122; zu einem weiteren Beispiel, vgl. etwa *Flick/Wassermeyer/Baumhoff/Schönfeld/Schönfeld*, § 50d EStG Rn. 11; *Frotscher/Geurts/Frotscher*, § 50d EStG Rn. 193.

1563 *Frotscher/Geurts/Frotscher*, § 50d EStG Rn. 195.

1564 *BFH*, 11.01.2012 – I R 27/11, BFHE 236, 327 = juris Rn. 12 f.; *Lippross/Seibel/Holthaus*, § 50d EStG Rn. 28; Schmidt/*Loschelder*, § 50d EStG Rn. 53.

1565 Eingefügt durch Gesetz zur Umsetzung der Änderungen der EU-Amtshilferichtlinie und von weiteren Maßnahmen gegen Gewinnkürzungen, BGBl I (20.12.2016), 3000, 3011.

1566 *Lippross/Seibel/Holthaus*, § 50d EStG Rn. 32; *Kirchhof/Gosch*, § 50d EStG Rn. 41e; *Gebhardt*, IStR 2016, 1009; *Ditz/Quilitzsch*, DStR 2017, 281, 289 f.; *Kahle/Beinert/Heinrichs*, Ubg 2017, 181, 182.

1567 Gesetz zur Umsetzung der Änderungen der EU-Amtshilferichtlinie und von weiteren Maßnahmen gegen Gewinnkürzungen, BGBl I (20.12.2016), 3000, 3011.

1568 *Deutsche Fußball Liga*, Lizenzordnung Spieler (LOS), https://www.dfl.de/dfl/files/statuten/Satzungen-von-DFL-und-DFB/Lizenzordnung-Spieler-LOS-2016-06-10-Stand_Anhang-3-Update-161229.pdf (Stand: 30.11.2017).

1569 *FIFA*, Reglement bezüglich Status und Transfer von Spielern, http://resources.fifa.com/mm/document/affederation/administration/02/70/95/52/regulationsonthestatusandtransferofplayersnov2016webde_german.pdf (Stand: 30.11.2017).

der aufnehmende Klub leistet die verhandelte oder vertraglich festgeschriebene Transferentschädigung für die Auflösung des bestehenden Vertrages[1570]. Lediglich dann, wenn der abgebende Klub den Spieler noch vor Ablauf der vertraglich vereinbarten Laufzeit nicht mehr beschäftigen möchte, kommen Abfindungen iSd. § 50d Abs. 12 EStG in Betracht.[1571] Der Vollständigkeit halber sei an dieser Stelle darauf hingewiesen, dass die Fiktion des § 50d Abs. 12 EStG nach wohl zutreffender Ansicht auch umgekehrt wirkt, mithin in Fällen der Abfindungszahlung durch einen ausländischen Klub an einen nunmehr im Zeitpunkt der Zahlung in Deutschland ansässigen Berufssportler das Besteuerungsrecht an der Abfindung kraft Fiktion dem ausländischen DBA-Staat zusteht.[1572]

c) Zwischenfazit und Bezug auf Inlandskonstellationen

Wird das Besteuerungsrecht über Art. 17 OECD-MA bereits Deutschland zugewiesen, so bedarf es keines Treaty Overrides über § 50d EStG. Für den Anwendungsbereich des Treaty Overrides nach § 50d Abs. 1 und 2 (bis 7) EStG ist weiter zu berücksichtigen, dass dieser nur in einer Inbound-Konstellation in Betracht kommt, mithin dann, wenn der im Ausland ansässige Berufssportler im Inland tätig wird. Der im Inland ansässige Berufssportler mit ausländischen Einkünften unterliegt im Inland bereits der unbeschränkten Steuerpflicht, so dass ein Steuerabzug nach § 50a EStG als Voraussetzung nicht in Betracht kommen kann. Aufgrund des obigen Befundes zur Reichweite des Art. 17 OECD-MA ist das Besteuerungsrecht damit im Hinblick auf die Vergütungen aus der sportlichen Tätigkeit als solcher sowie den damit in engen Zusammenhang stehenden Einkünften (bspw. aus der Überlassung von Bildrechten oder der Benutzung von Ausrüstungsgegenständen im räumlichen und zeitlichen Zusammenhang mit der sportlichen Tätigkeit) Deutschland zuzuordnen. Lediglich die Einkünfte, die den engen Zusammenhang nicht aufweisen (bspw. aus Trainingstätigkeit, aus Talkshow-Teilnahmen oder Werbeeinkünfte ohne Bezug zur Veranstaltung sowie aus der Überlassung von Übertragungsrechten bei Nachverwertung) unterfallen aus abkommensrechtlicher Sicht nicht der deutschen Besteuerung als Quellenstaat.[1573] Aufgrund des inzwischen weitestgehend installierten Gleichlaufs im Rahmen der beschränkten Steuerpflicht besteht dann aber auch überwiegend bereits keine Abzugsverpflichtung. Für den noch verbleibenden engen Anwendungsbereich des § 50d Abs. 1 bzw. 2 EStG mit dem Steuerabzug und Verweis auf das Erstattungsverfahren bzw. notwendig vorgeschaltetem Freistellungs- und Kontrollmeldeverfahren stellt die Norm aber einen Treaty Override dar.

1570 Zur Einordnung des Vertrages als Arbeitsvertrag, vgl. etwa *LAG Köln*, 26.04.1994–11 Sa 1155/93, SpuRt 1995, 51, 54; *ArbG Frankfurt/M.*, 27.08.1996–5 Ga 163/96, SpuRt 1997, 63; *Kania/Moritz*, JuS 1996, 517, 518.

1571 Zu den Einzelheiten vgl. bereits oben unter Kapitel 2.III.2.a)bb).

1572 Ebenso *Lippross/Seibel/Holthaus*, § 50d EStG Rn. 41.

1573 Regelmäßig werden diese Einkünfte dann über Art. 7, 12 oder 15 OECD-MA dem Besteuerungsrecht des Ansässigkeitsstaates zugewiesen.

Die Treaty Override Regelungen des § 50d Abs. 8 und 9 EStG hingegen betreffen Outbound-Konstellationen. Hier knüpft die Regelung an einen im Inland ansässigen Berufssportler als unbeschränkt Steuerpflichtigem an. Die obigen Aussagen sind in dieser Konstellation diametral entgegengesetzt anzuwenden. Denn Art. 17 OECD-MA wird das Besteuerungsrecht in seinem Anwendungsbereich dem jeweiligen ausländischen Quellenstaat zuweisen. Nach der zutreffenden Auffassung in der Rechtsprechung ist der Treaty Override des § 50d Abs. 8 EStG „lex specialis" zu den jeweiligen Doppelbesteuerungsabkommen. Dabei ist es zwar nicht ausgeschlossen, dass auch ein jüngeres Doppelbesteuerungsabkommen zu einer Verdrängung des § 50d Abs. 8 EStG unter dem Blickwinkel des „lex posterior"-Grundsatzes führt, nach der jüngsten Entscheidung des BFH erscheint dies aber eher fernliegend. Allerdings bedarf es hierfür einer Prüfung des konkreten Einzelfalls[1574], insbesondere dahingehend, ob der Gesetzgeber auch bei einer Spezialnorm im Abkommen deren Anwendung durch den Treaty Override ausgeschlossen wissen will.[1575] Gleiches dürfte auch für die beschränkte subject-to-tax-Klausel des § 50d Abs. 9 Satz 1 Nr. 2 EStG gelten, die den Anwendungsbereich auf die Fälle der im Ausland nicht unbeschränkten Steuerpflicht beschränkt. § 50d Abs. 12 EStG schließlich fingiert den Zusammenhang zum Inland und der zeitlich vorher bestandenen unbeschränkten Steuerpflicht.

5. Zwischenfazit

In Konstellationen mit Auslandsbezug droht regelmäßig Doppelbesteuerung. Dies zu vermeiden ist Ziel der Doppelbesteuerungsabkommen. *Schaumburg* bezeichnet dies etwa als Konkretisierung des Leistungsfähigkeitsprinzips.[1576] Verkompliziert wird dies allerdings durch den Umstand, dass Doppelbesteuerungsabkommen vielfach zu unbestimmt formuliert sind und damit einen bunten Strauß an Interpretationen zulassen. Eine derart vielfältige Interpretation fördert jedoch gerade Doppelbesteuerung und verkehrt das eigentliche Ziel der Doppelbesteuerungsabkommen ins Gegenteil. Dem versucht der OECD-Musterkommentar entgegenzuwirken, indem er eine Auslegungshilfe bietet, die den Anwenderstaaten eine möglichst uniforme Auslegung erlaubt. Wie gezeigt hat der OECD Fiskalausschuss im Laufe der Zeit vielfach auf aktuelle Entwicklungen reagiert und den Musterkommentar dementsprechend oft angepasst. Erachtet man aber – wie hier vertreten – eine dynamische Auslegung des OECD-Musterkommentars für unzulässig, so stellt sich die Frage, welche Bedeutung die massiven Änderungen des Musterkommentars mit dem Update 2014 für die Rechtsanwendung haben. Teilweise wird auch unter Berücksichtigung dieses Ansatzes den späteren Änderungen noch ein gewisser Wert bei der Auslegung

1574 A.A. *Mitschke*, IStR 2017, 770, 773, der einen generellen Vorrang der Treaty Overrides erkennen will.

1575 *Haendel*, IStR 2017, 436, 440.

1576 *Schaumburg*, Internationales Steuerrecht, 3. Aufl. (2011) Rn. 15.5.

älterer Doppelbesteuerungsabkommen beigemessen.[1577] Der Rechtsprechung des BFH lässt sich aber entnehmen, dass den späteren Änderungen für das Ergebnis der Auslegung grundsätzlich keine Bedeutung beizumessen ist. Vielmehr zieht der BFH die zeitlich nachfolgenden Änderungen im OECD-Musterkommentar lediglich zur Bestätigung bzw. Klarstellung seines anderweitig gefundenen Auslegungsergebnisses heran.[1578] Dies ist auch konsequent unter Beachtung der limitierten Berücksichtigungsfähigkeit des OECD-Musterkommentars über Art. 31 Abs. 1 und 4 WÜRV.[1579] Im Ergebnis finden die Änderungen des OECD-Musterkommentars daher nur in zwei Konstellationen unmittelbar Eingang in die Auslegung. Entweder das bestehende Doppelbesteuerungsabkommen erlaubt aufgrund entsprechender Öffnungsklausel die Heranziehung des OECD-Musterkommentars in seiner jeweiligen Fassung oder das bestehende Doppelbesteuerungsabkommen wird nachträglich dahingehend ergänzt.[1580] Dies kann dann auch durch eine entsprechende Klarstellung im Protokoll erfolgen. So finden sich etwa dynamische Verweisungsklauseln in den Protokollen zum DBA Ungarn und im DBA Österreich.[1581] Obwohl die OECD in Ziffer 3 der Einleitung des OECD-Musterkommentars selbst von der Zulässigkeit dynamischer Verweisungsklauseln ausgeht, kann die Ziffer 13 der Einleitung mit dem dort verankerten Hinweis auf die vielfache Umsetzung der Empfehlungen durch die Mitgliedsstaaten bei Abschluss und Revision von Doppelbesteuerungsabkommen auch dahingehend verstanden werden, dass die Vertragsstaaten zur Vermeidung der Problematik der dynamischen Auslegung zur entsprechenden Änderung ihrer Doppelbesteuerungsabkommen angehalten sind. Haben die späteren Änderungen des OECD Musterkommentars daher lediglich klarstellenden oder bestätigenden Charakter, so werden die nationalen Gerichte zu diesem Auslegungsergebnis überwiegend auch unter Heranziehung der ihnen zur Verfügung stehenden Auslegungshilfen gelangen. Die Musterkommentierung wird dann – wie teilweise bereits vom BFH praktiziert – zur Bestätigung herangezogen. Intendiert die Änderung des OECD Musterkommentars hingegen eine Abkehr von der bisherigen Sichtweise, so bedarf die Durchsetzung auf nationaler Ebene mehr als nur einer Änderung durch die in den Fiskalausschuss entsandten Regierungsvertreter. Erforderlich ist hier ein Akt der Legislative, mithin eine entsprechende Änderung des Doppelbesteuerungsabkommens bzw. seine Ergänzung durch Protokoll. Begründet eine solche Abkehr von der bisherigen Sichtweise für den betroffenen Berufssportler

1577 *Innamorato*, intertax 2008, 98, 109 f.; *Schmitt*, in: *Schilcher/Weninger* (Hrsg.), Fundamental issues and practical problems in tax treaty interpretation, 2008, S. 117, 126 f., 130 ff.

1578 *BFH*, 16.12.1998 – I R 40/97, BStBl. II 1999, 207 = juris Rn. 19; *BFH*, 08.04.1997 – I R 51/96, BStBl. II 1997, 679 = juris Rn. 13.

1579 Vgl. nur *Vogel/Lehner/Lehner*, Grundlagen des Abkommensrechts Rn. 127c mwN.; *Wassermeyer/Wassermeyer*, Vor Art. 1 OECD-MA Rn. 60 mwN.

1580 Art. 39 ff. WÜRV regeln die Voraussetzung der zeitaufwändigen, aber möglichen Änderung von Verträgen; vgl. dazu ausführlich *Hölscheidt*, IStR 2017, 918, 925.

1581 Vgl. dazu bereits oben unter Kapitel 2.III.2.b)dd)(1).

einen Vorteil, weil damit bspw. mittels „Treaty Shopping" ein günstigeres steuerliches Ergebnis erreicht werden kann, so nützt ihm dieser Befund wenig.[1582] Denn das Beschreiten des innerstaatlichen Rechtsweges führt unter Beachtung der Grundsätze der Gewaltenteilung noch nicht zu einer Änderung der gesetzlichen Grundlagen. Ermöglichen diese keine für ihn günstige Auslegung, so bleibt ihm nur das Verständigungsverfahren über die Art. 25 OECD-MA nachgebildeten Regelungen. Diese auf den Einzelfall gerichtete Maßnahme ist bei nicht dem Abkommen entsprechender Besteuerung zulässig, mithin dann, wenn sich bei zutreffender Auslegung des Doppelbesteuerungsabkommens eine abweichende Besteuerung ergeben würde.[1583] Ob die Besteuerung erst nach Veranlagung oder bereits durch Steuerabzug an der Quelle eintritt oder eintreten würde, ist dabei irrelevant.[1584] Jedoch ist das Verfahren schwerfällig und ergebnisoffen, trotz der in der Praxis flexiblen Handhabung durch die Finanzverwaltungen.[1585] Auch wenn auf dieser Ebene eine Kollision der Besteuerungsrechte vermieden oder eine günstige steuerliche Gestaltung erreicht werden kann, so kann dieses Ergebnis ggf. durch nationale Treaty Override Regelungen überschrieben werden.

IV. Zwischenschaltung von ausländischen (Lizenzverwertungs-) Gesellschaften

Unabhängig von der oben dargelegten Qualifizierung der Einkünfte und dem Status des Berufssportlers als Individual- oder Mannschaftssportler, fließen die Einkünfte in der Grundkonstellation doch immer dem Berufssportler unmittelbar zu und unterliegen daher – unter den Prämissen abkommensrechtlicher Zuteilung und bestehendem deutschen Besteuerungsanspruch – an dieser Stelle aus deutscher Sichtweise der Einkommensteuer. Dieser Befund ist seit längerem Ausgangspunkt gestaltender Rechtsberatung in Form von zwischengeschalteten Gesellschaftskonsktruktionen.[1586] Gemeint sind damit nicht diejenigen Gestaltungen, in denen eine zwischengeschaltete Gesellschaft lediglich als Vermittlerin auftritt, sondern in der die Gesellschaft aus eigenem Recht eine Vertragsbeziehung mit dem Vertragspartner eingeht.[1587] Hier finden sich dann in den Präambeln der Verträge regelmäßig Hinweise darauf, dass die Gesellschaft (weltweit oder regional begrenzt alleinige) Inhaberin der Rechte ist und daher die vereinbarte Leistung erfüllen kann.[1588] Denk-

1582 Zur Gestaltung der wirtschaftlichen Verhältnisse zur optimalen steuerlichen Würdigung (sog. treaty shopping), vgl. etwa *Vogel/Lehner/Prokisch*, Art. 1 OECD-MA Rn. 89ff.

1583 *Vogel/Lehner/Lehner*, Art. 25 OECD-MA Rn. 30.

1584 *Schönfeld/Flüchter*, Art. 25 OECD-MA Rn. 55.

1585 *Wassermeyer/Eilers*, Art. 25 OECD-MA Rn. 19; *Vogel/Lehner/Lehner*, Art. 25 OECD-MA Rn. 40f.

1586 Vgl. nur *Vogel*, StuW 1996, 248.

1587 Zur erstgenannten Variante *Schirmer*, StBp 2013, 224, 225.

1588 *Schirmer*, StBp 2013, 224, 227.

bare Leistungen der Gesellschaft sind dabei im Wesentlichen die Überlassung eines Berufssportlers in eigenem Namen und auf eigene Rechnung (sog. Verleihgesellschaften[1589]) sowie die Verwaltung der auf die Gesellschaft übertragener Rechte, insbesondere von Bildrechten (sog. Lizenzverwertungsgesellschaften[1590]). Der Berufssportler selbst geht in diesen Konstellationen damit gerade keine vertragliche Verpflichtung gegenüber dem Sponsor ein. In letzter Zeit haben die Finanzverwaltungen verschiedener Jurisdiktionen die zweitgenannten Gestaltungen aufgegriffen und – wie insbesondere die namhaften Fälle in Spanien zeigen – unabhängig von Reputation der beteiligten Berufssportler verfolgt. Nicht selten enden diese Aufgriffe in steuerstrafrechtlichen Verfahren, was die Anfälligkeit und insbesondere auch die Gefährlichkeit derartiger Gestaltungen bei falscher steuerlicher Würdigung nur noch einmal unterstreicht.[1591] Aus diesem Grunde soll nachfolgend der Fokus auf der Analyse der einschlägigen Gestaltungsvarianten im Zusammenhang mit sog. Lizenzverwertungsgesellschaften liegen. Zwar wurde bereits oben teilweise die Zwischenschaltung von Gesellschaftsstrukturen an der einen oder anderen Stelle erwähnt, doch soll nachfolgend der Versuch unternommen werden, dieses „Phänomen" zusammengefasst darzustellen.

Dabei sind in der Grundkonzeption zwei Fallgestaltungen zu unterscheiden, mithin die Inbound- und Outbound-Situation. In der Inbound-Situation verfügt ein im Ausland ansässiger Berufssportler bereits über entsprechende Gesellschaftskonstruktionen und stellt in der Folge mit seinen sportlichen Tätigkeiten einen Bezug zum deutschen Steuerrecht her. In der Outbound-Konstellation hingegen ist der Berufssportler über die unbeschränkte Steuerpflicht im Inland steuerlich erfasst und versucht nunmehr, über die Einschaltung im Ausland residierender Gesellschaften Teile der originär ihm zustehenden Vergütungen vom inländischen Steuerzugriff abzuschirmen. In beiden Konstellationen sind abkommensrechtliche Implikationen zu berücksichtigen (vielfach als Treaty Shopping bezeichnet). Während aber in der Outbound-Konstellation insbesondere die Frage virulent wird, mit welchen steuerlichen Konsequenzen der Berufssportler Rechte in die Gesellschaft überführen kann, stellt sich in der Inbound-Konstellation primär die Frage, wie das deutsche Steuerrecht auf derartige Gesellschaften als Inhaber von Rechten reagiert und wie weit ein nationaler Besteuerungsanspruch über die Anwendung abkommensrechtlicher Bestimmungen beschränkt werden kann. Für die weiteren Überlegungen soll dabei unterstellt werden, dass es sich bei den Gesellschaften um der deut-

1589 Vgl. dazu etwa *Mody*, Die deutsche Besteuerung international tätiger Künstler und Sportler, 1. Aufl. (1994), S. 129 f. sowie *BMF*, 25.11.2010 – IV C 3 – S 2303/09/10002, BStBl. I 2010, 1350 = juris Tz. 98.

1590 Vgl. dazu etwa *Gnoth*, in: *Loukota* (Hrsg.), Taxation of artistes and sportsmen in international tax law, 2007, S. 301, 314.

1591 Vgl. nur die Fälle der ehemaligen Fußballspieler *Yeboah*, *BGH*, 20.03.2002–5 StR 448/01, NJW 2002, 1963 und *Djorkaeff*, *BGH*, 07.11.2006–5 StR 164/06, NStZ-RR 2007, 345, bei denen Scheingeschäfte über die Verwertungsrechte abgeschlossen wurden.

schen Kapitalgesellschaft vergleichbare Rechtsformen handelt. Zwar könnte auch die Zwischenschaltung einer Personengesellschaft überlegt werden, doch weisen Kapitalgesellschaften nach deutschem Verständnis für die hier interessierenden Gestaltungen den Vorteil auf, dass sie steuerlich als eigenständiges Steuerrechtssubjekt zu betrachten sind und damit – im Gegensatz zu den steuerlich transparenten Personengesellschaften – die durch die Kapitalgesellschaft erzielte Einkünfte unabhängig vom Berufssportler auch auf Ebene der Gesellschaft zu besteuern sind.

1. Inbound-Konstellationen

a) Anwendungsbereich

In der Inbound-Konstellation hat der Berufssportler Rechte nach den einschlägigen Bestimmungen der jeweiligen Jurisdiktion an eine im Ausland residierende Gesellschaft übertragen. Einkünfte aus der Überlassung dieser Rechte fließen daher nicht dem Berufssportler, sondern vielmehr der Gesellschaft als Vertragspartnerin zu. Die intendierte Abschirmung vor dem jeweiligen nationalen Steuerzugriff lässt sich in einigen Jurisdiktionen auch durch diese Gestaltung erreichen. Regelmäßig residieren diese Gesellschaften dann in steuerlich attraktiven Jurisdiktionen (sog. offshore-Gesellschaften). Nachdem die Gesellschaften im Zeitpunkt der zeitlichen Berührung mit Deutschland bereits errichtet sind und die entsprechenden Rechte dieser zustehen, stellt sich die Frage, wie Zahlungen aus Deutschland an die ausländische Gesellschaft steuerlich zu würdigen sind. Regelmäßig leistet die Gesellschaft dann Zahlungen an den Berufssportler, so dass auch diese Ebene relevant ist.

b) Steuerliche Würdigung

Von besonderem Interesse ist die Frage, wie das deutsche Steuerrecht auf derartige Konstruktionen reagiert, wenn der nicht im Inland unbeschränkt steuerpflichtige Berufssportler einen genuine link zum Inland aufbaut. Dies kommt in den bereits beschriebenen Konstellationen der beschränkten Steuerpflicht gem. § 49 EStG in Betracht. Durch den Zufluss von Vergütungen an die Gesellschaft ist hierbei in besonderem Maße Abkommensrecht zu berücksichtigen. Ausgangspunkt der Überlegungen ist dabei die Erkenntnis, dass die Einkünfte der ausländischen Lizenzverwertungsgesellschaft auch ohne inländische Betriebsstätte gem. § 49 Abs. 1 Nr. 2 lit. f) bzw. Nr. 6 EStG der beschränkten Steuerpflicht unterfallen und gem. § 50a Abs. 1 Nr. 3 iVm. Abs. 2 EStG größtenteils dem Steuerabzug iHv. 15 Prozent unterliegen.[1592] In einem zweiten Schritt sind dann aber – soweit einschlägig – ab-

1592 Zu den Einzelheiten dieser Tatbestände vgl. bereits oben unter Kapitel 2.II.1.c)cc) und dd); würde es sich um eine Sportler-Verleihgesellschaft handeln, so wären die Einkünfte der Gesellschaft über § 49 Abs. 1 Nr. 2 lit. d) EStG der beschränkten Steuerpflicht zu unterwerfen.

kommensrechtliche Normen darauf zu prüfen, ob das Besteuerungsrecht Deutschland als Quellenstaat zusteht. Wie bereits ausführlich dargestellt, existiert mit Art. 17 OECD-MA eine spezielle Regelung für Sportler.[1593] Als spezielle Missbrauchsvermeidungsnorm ist bei Zufluss von Einkünften an eine vom Berufssportler verschiedene Person Art. 17 Abs. 2 OECD-MA zu berücksichtigen. Denn mangels Zufluss der Einkünfte beim Berufssportler ist Art. 17 Abs. 1 OECD-MA nicht anwendbar. Wären die Einkünfte aber bei unmittelbaren Bezug durch den Berufssportler unter Art. 17 Abs. 1 OECD-MA zu subsumieren, so löst Art. 17 Abs. 2 OECD-MA das Dilemma dahingehend, dass dem Quellenstaat unabhängig vom Zufluss an den Berufssportler oder an eine andere Person das Besteuerungsrecht zugeteilt wird.[1594] Denn ohne diese Regelung wären auch abkommensrechtlich die der Gesellschaft zufließenden Einkünfte nur bei Vorliegen einer Betriebsstätte im Quellenstaat diesem Staat zuzuteilen.[1595] Mangelt es an einer solchen, so ist – bspw. über Art. 7, ausnahmsweise auch über 12 OECD-MA – das Besteuerungsrecht regelmäßig dem Sitzstaat zugewiesen.[1596] In der Gestaltungspraxis werden daher regelmäßig die Kapitalgesellschaften in Jurisdiktionen residieren, deren Doppelbesteuerungsabkommen mit Deutschland keine dem Art. 17 Abs. 2 OECD-MA vergleichbare Regelung aufweisen. Dies trifft etwa auf das DBA Belgien zu, während Art. 13b DBA Frankreich oder mittlerweile auch Art. 16 DBA Niederlande insoweit dem OECD Musterabkommen entsprechen.[1597] Selbstverständlich kann die Missbrauchsvermeidungsregelung des Art. 17 Abs. 2 OECD-MA nur diejenigen Einkünfte dem Quellenstaat zuweisen, die – wie bspw. die diejenigen Vergütungen, die auf auftrittsbezogene Werbeleistungen entfallen – tatbestandlich dem Art. 17 OECD-MA zuzuordnen sind.[1598] Die abkommensrechtliche Wertung hat allerdings nur insoweit Bestand, wie sie nicht durch nationale Treaty Override Regelungen ihrer Wirkung enthoben wird.[1599] Einschränkungen erfährt dieses Treaty Shopping

1593 Zu den Einzelheiten vgl. bereits oben unter Kapitel 2.III.3.b).

1594 Zu einem entsprechenden Fall bei Zufluss von Sponsorenzahlungen an eine Einmann-Kapitalgesellschaft niederländischen Rechts *Vogel/Lehner/Stockmann*, Art. 17 OECD-MA Rn. 117 mwN.

1595 *Wassermeyer/Wassermeyer*, Art. 17 OECD-MA Rn. 58f.

1596 *Vogel/Lehner/Stockmann*, Art. 17 OECD-MA Rn. 66d, 109; *Schauhoff/Schlotter*, IStR 2009, 751, 755; *IBFD/Roeleveld/Tetlak*, Art. 17 OECD-MA Rn. 5.1.3.2.2.5; *Gnoth*, in: *Loukota* (Hrsg.), Taxation of artistes and sportsmen in international tax law, 2007, S. 301, 319.

1597 In früheren Jahren wurden insbesondere die Niederlande als Sitzstaat der Gesellschaften genutzt. Dies deshalb, weil über die Reduktion der Bemessungsgrundlage die effektive Steuerbelastung in den Niederlanden äußerst gering war; vgl. dazu etwa *Selling*, DB 1988b, 930, 935.

1598 Zu den Einzelheiten vgl. bereits oben unter Kapitel 2.III.3.b) sowie *Schönfeld/Schlotter*, Art. 17 OECD-MA Rn. 66.

1599 Allgemein *Vogel/Lehner/Stockmann*, Art. 17 OECD-MA Rn. 125.

durch den inzwischen wohl unionsrechtskonformen[1600] § 50d Abs. 3 EStG, welcher die missbräuchliche Zwischenschaltung von Gesellschaften verhindert.[1601] Danach ist die Entlastung nach § 50d Abs. 1 und 2 EStG, mithin die Freistellung vom Steuerabzug gem. § 50a Abs. 1 Nr. 3 EStG bei Vergütungen für die Überlassung von Rechten bzw. die Erstattung einbehaltener und abgeführter Steuerabzugsbeträge ausgeschlossen, wenn an der Gesellschaft als Vergütungsgläubiger Personen unmittelbar und wohl aufgrund des Sinn und Zwecks der Norm auch mittelbar gesellschaftsrechtlich beteiligt sind, denen die Erstattung oder Freistellung bei unmittelbarer Erzielung der Einkünfte im Inland nicht zustünde, mithin aufgrund der Anwendung von Art. 17 OECD-MA das Besteuerungsrecht Deutschland zugewiesen wäre.[1602] Voraussetzung ist aber weiter, dass die Gesellschaft die Erträge nicht aus eigener Wirtschaftstätigkeit iSd. § 50d Abs. 3 Satz 1 EStG erzielt. Zur Verhinderung von minimaler Tätigkeit der Gesellschaft ist die Anwendbarkeit der Freistellung/Erstattung auf den Umfang der hieraus resultierenden Erträge im Verhältnis zu dem Gesamtertrag gewährt („soweit").[1603] Schließlich bestimmt § 50d Abs. 3 Satz 3 EStG wann unter Berücksichtigung der Rechtsprechung des EuGH iS. *Cadburry-Schweppes*[1604] keine wirkliche wirtschaftliche Tätigkeit vorliegt.[1605] Reine Lizenzverwertungsgesellschaften verfügen mangels geschäftsleitender Funktionen regelmäßig nicht über eine eigene Wirtschaftstätigkeit.[1606] Folglich werden in den hier beschriebenen Inbound-Konstellationen regelmäßig die dem Steuerabzug unterliegenden Vergütungen auch bei günstigem Doppelbesteuerungsabkommen endgültig in Deutschland der Besteuerung unterworfen.

Ob neben § 50d Abs. 3 EStG ein eigenständiger Anwendungsbereich für die allgemeine Missbrauchsklausel des § 42 AO verbleibt, ist umstritten. Während der BFH dies früher noch vertrat, hat er mittlerweile die Sichtweise eingenommen, dass

1600 Zur Historie der Norm Schmidt/*Loschelder*, § 50d EStG Rn. 45; Blümich/*Wagner*, § 50d EStG Rn. 64; zur neuerlichen Vorlage an den EuGH aber *Weiss*, DStRK 2017, 97; *Bozza-Bodden*, IStR 2016, 905, 908.

1601 Zur Abgrenzung Treaty Shopping zu Directive Shopping vgl. Schmidt/*Loschelder*, § 50d EStG Rn. 45 mwN.

1602 Gegen eine Einbeziehung von mittelbarer Beteiligung aufgrund des Wortlauts der Norm *Flick*, IStR 1994, 223, 224.

1603 *Die Bundesregierung der Bundesrepublik Deutschland*, Entwurf eines Jahressteuergesetzes 2007 (JStG 2007), 2006, S. 60; *Herrmann/Heuer/Raupach/Klein/Hagena*, § 50d EStG Rn. 55a.

1604 *EuGH*, 12.09.2006 – C-196/04, Slg 2006, I-7995 = juris.

1605 *BMF*, 24.01.2012 – IV B 3 – S 2411/07/10016, BStBl. I 2012, 171 = juris Tz. 5.1, 5.2; *Kirchhof/Gosch*, § 50d EStG Rn. 28c.

1606 *Herrmann/Heuer/Raupach/Klein/Hagena*, § 50d EStG Rn. 55a; *Bericht des Finanzausschusses*, zu dem Gesetzesentwurf der Bundesregierung – Drucksache 17/7524 – Entwurf eines Gesetzes zur Umsetzung der Beitreibungsrichtlinie sowie zur Änderung steuerlicher Vorschriften (Beitreibungsrichtlinie-Umsetzungsgesetz – BeitrRLUmsG), 2011, S. 14; *BMF*, 24.01.2012 – IV B 3 – S 2411/07/10016, BStBl. I 2012, 171 = juris Tz. 5.3; *Baumhoff/Liebchen*, IStR 2014, 711, 713.

§ 42 AO aufgrund des spezielleren § 50d Abs. 3 EStG keine eigenständige Bedeutung mehr beizumessen sei.[1607] Dem folgt – soweit ersichtlich – auch die Literatur.[1608]

Auf der zweiten Ebene sind die Zahlungen der Gesellschaft an den Berufssportler zu würdigen. Auf abkommensrechtlicher Ebene lässt sich in der Inbound-Konstellation ein deutsches Besteuerungsrecht nur dann begründen, wenn Art. 17 Abs. 1 OECD-MA Anwendung findet. Soweit die Vergütungen für die Überlassung der Rechte den erforderlichen engen Zusammenhang mit der persönlich ausgeübten Tätigkeit des Berufssportlers aufweisen, findet Art. 17 Abs. 1 OECD-MA ungeachtet der tatsächlich Zahlenden Anwendung.[1609] Dieses Ergebnis ist auch dann konsistent, wenn der Berufssportler und die Lizenzverwertungsgesellschaft in unterschiedlichen Jurisdiktionen ansässig sind und damit eine Dreiecksbeziehung besteht. Denn im Verhältnis dieser beiden Staaten – dem Ansässigkeitsstaat des Berufssportlers und dem Sitzstaat der Gesellschaft – kann Art. 17 OECD-MA mangels persönlich ausgeübter Tätigkeit des Berufssportlers in einem dieser Staaten keine Anwendung finden. Diese erfolgt gerade in dem weiteren Staat, bspw. in Deutschland. Die abkommensrechtliche Beurteilung der Auszahlung an den Berufssportler ist jedoch entscheidend für das Besteuerungsrecht des Quellenstaats aus Art. 17 Abs. 1 OECD-MA. Während Art. 17 Abs. 1 OECD-MA expressis verbis einen Vorrang vor Art. 15 OECD-MA statuiert, ist dies bei den Art. 12 OECD-MA unterfallenden Einkünften nicht der Fall.[1610] Denn grundsätzlich schließen sich beide Verteilungsnormen gegenseitig aus.[1611] Dies ist aber auch in Einklang mit dem nationalen Recht. Denn ein deutscher Besteuerungsanspruch könnte sich lediglich aus § 49 EStG ergeben. Die bloße Überlassung der Rechte an die ebenfalls im Ausland ansässige Gesellschaft vermag jedoch noch nicht den erforderlichen Inlandsbezug durch entsprechende Verwertung aufzuweisen, so dass § 49 Abs. 1 Nr. 2 lit. f) bzw. Nr. 6 EStG nicht einschlägig sind.[1612] Hierin ist die Bedeutung der auf Art. 17 Abs. 2 OECD-MA basierenden Besteuerung auf der Ebene der Gesellschaft mit ihrem inländischen Vertragspartner zu sehen. Abseits der hier

---

1607 *BFH*, 31.05.2005 – I R 74/04, BStBl. II 2006, 118 = juris Rn. 31.

1608 *Kirchhof/Gosch*, § 50d EStG Rn. 30; *Herrmann/Heuer/Raupach/Klein/Hagena*, § 50d EStG Rn. 53; *Jacob/Klein*, IStR 2005, 710, 712; *Schaumburg*, Internationales Steuerrecht, 3. Aufl. (2011) Rn. 16.153.

1609 Vgl. nur Nr. 8 OECD Musterkommentar; *BMF*, 25.11.2010 – IV C 3 – S 2303/09/10002, BStBl. I 2010, 1350 = juris Tz. 97 ff.; *Schaffer*, Domestic attribution of income and taxation of international entertainers and sportspersons, 2017, S. 103; *Jau*, in: *Loukota* (Hrsg.), Taxation of artistes and sportsmen in international tax law, 2007, S. 247, 261.

1610 *Schaffer*, Domestic attribution of income and taxation of international entertainers and sportspersons, 2017, S. 106 mwN. für einen Fall des Art. 15 OECD-MA; *Jau*, in: *Loukota* (Hrsg.), Taxation of artistes and sportsmen in international tax law, 2007, S. 247, 262 f. für einen Fall des Art. 10 OECD-MA.

1611 Zur Frage des anwendbaren DBA in solchen Konstellationen *Felderer*, in: *Loukota* (Hrsg.), Taxation of artistes and sportsmen in international tax law, 2007, S. 269, 298.

1612 Vgl. nur *Herrmann/Heuer/Raupach/Klein*, § 49 EStG Rn. 952 ff.

untersuchten Vergütungen für die Überlassung von Rechten sind aber – etwa bei der Überlassung von Sportlern im Rahmen sog. star-companies – Konstellationen denkbar, in denen grundsätzlich Art. 17 Abs. 1 und Abs. 2 OECD-MA parallel Anwendung finden.[1613] Auch hier wäre aber konkret zu untersuchen, wie die an den Berufssportler ausgezahlten Entgelte zu qualifizieren sind.[1614] Für alle weiteren Vergütungen, mithin solche ohne engen Zusammenhang mit einer persönlichen Tätigkeit des Berufssportlers, ist abkommensrechtlich alleinig auf Art. 12 OECD-MA abzustellen. Art. 17 OECD-MA findet dann keinen Anwendungsbereich. Damit verbleibt es bei einem abkommensrechtlichen Besteuerungsrechts des Ansässigkeitsstaats.[1615]

2. Outbound-Konstellationen

a) Anwendungsbereich

Für die Outbound-Konstellation charakteristisch ist hingegen die Intention eines im Inland ansässigen Berufssportlers, durch die Zwischenschaltung einer im Ausland domizilierenden Gesellschaft die Einkünfte nicht mehr in eigener Person zu erzielen, sondern über die Gesellschaft und damit vom deutschen Besteuerungsanspruch abzuschirmen. In dieser Konstellation stellt sich primär die Frage, mit welchen steuerlichen Konsequenzen der Berufssportler seine Rechte in die ausländische Gesellschaft übertragen kann. Schließlich ist das Verhältnis zwischen Berufssportler und Gesellschaft relevant, mithin die Frage, mit welchen steuerlichen Konsequenzen der Berufssportler Leistungen aus bzw. von der Gesellschaft beziehen kann.

b) Steuerliche Würdigung

Der zivilrechtlich möglichen Übertragung von Rechten, bspw. hinsichtlich der vermögenswerten Bestandteile des Rechts am eigenen Bild durch gebundene Rechteübertragung[1616], folgend, erkennt auch das Steuerrecht diese Übertragung auf ausländische Gesellschaften im Grundsatz an. Die steuerliche Unbedenklichkeit ist aber – im Gegensatz zu der vom Grundsatz der Privatautonomie geprägten zivilrechtlichen Durchführung – an diversen „Missbrauchsvermeidungsnormen“ des deutschen Steuerrechts zu messen. Gemeinsam ist all diesen Normen, die steuerlichen Effekte aus einer missbräuchlichen Zwischenschaltung einer ausländischen Gesellschaft zu egalisieren. Diese kann entweder an den Zeitpunkt der Überführung

---

1613 Vgl. zum Meinungsstand hierzu *Schaffer*, Domestic attribution of income and taxation of international entertainers and sportspersons, 2017, S. 107 ff.

1614 Zu einem solchen Beispiel *Jau*, in: *Loukota* (Hrsg.), Taxation of artistes and sportsmen in international tax law, 2007, S. 247, 262 f.

1615 Im Bereich des deutschen Profifußballs stellen sich aufgrund der in § 2 des DFB-Musterarbeitsvertrages verankerten exklusiven Überlassung der Persönlichkeitsrechte an den Klub besondere Probleme.

1616 Siehe dazu bereits oben unter Kapitel 2.I.1.a)bb)(2).

der Rechte auf die Gesellschaft anknüpfen oder sich im Rahmen der laufenden Besteuerung realisieren. Nachfolgend sollen die wichtigsten Missbrauchsvermeidungsnormen in diesem Kontext dargestellt werden.

aa) Im Übertragungszeitpunkt

Ausgangspunkt der steuerlichen Würdigung ist die Feststellung, dass die hier zu betrachtende Rechtsposition des Berufssportlers naturgemäß – sei es als allgemeine oder bereits konkretisierte Geschäftschance[1617] – einen Wert hat.[1618] Ein Berufssportler würde daher grundsätzlich für die Einräumung dieser Chance von einem Dritten ein Entgelt verlangen. Mithin würde ein wirtschaftlich denkender Berufssportler im Fall einer fremdüblichen Gestaltung auch von der Kapitalgesellschaft ein marktübliches Entgelt für die Überlassung der Rechte verlangen. Dieses unterliegt zum einem bei dem unbeschränkt steuerpflichtigen Berufssportler meist mit dem Spitzensteuersatz der regulären Besteuerung und führt andererseits dazu, dass aufgrund hoher Betriebsausgaben bei der Kapitalgesellschaft lediglich eine geringe eigene Gewinnmarge verbleibt. Zur Umsetzung des eingangs erwähnten Ziels wird daher teilweise in der Praxis eine möglichst „günstige", mithin unentgeltliche Übertragung an die Kapitalgesellschaft versucht. Für die steuerliche Beurteilung der Überlassung in diesem Zeitpunkt ist dabei danach zu differenzieren, ob die Überlassung an eine vom Berufssportler kontrollierte Kapitalgesellschaft erfolgt oder ob der Berufssportler an dieser gerade nicht beteiligt ist.

(1) Unentgeltliche Überlassung an eine Kapitalgesellschaft eines Dritten

Erfolgt die Überlassung der Rechte an eine auslandsansässige Kapitalgesellschaft, an der der Berufssportler nicht beteiligt ist, so ist der Vorgang aufgrund der Bereicherung eines Dritten, vorliegend der Kapitalgesellschaft schenkungssteuerlich zu würdigen. Nach § 7 Abs. 8 Satz 1 ErbStG gilt auch eine freigiebige Zuwendung an eine Kapitalgesellschaft als Schenkung, soweit der Bedachte durch sie auf Kosten des Zuwendenden bereichert wird. Dabei gilt nach Auffassung der Finanzverwaltung auch die Zuwendung gesellschaftsfremder Dritter an eine Kapitalgesellschaft als Schenkung.[1619] Die zugewendete Leistung iSd. § 7 Abs. 8 ErbStG kann dabei auch in einer Nutzungsüberlassung liegen.[1620] Die bei der Ermittlung der festzusetzenden

1617 Der Begriff der Geschäftschance ist gesetzlich nicht bestimmt, aber als immaterielles Wirtschaftsgut zu begreifen, vgl. etwa *Gosch*, in: *Gosch/Bauschatz/Förster u. a.* (Hrsg.), Körperschaftsteuergesetz, 2015 Rn. 850a.

1618 Zum „Spielerwert" vgl. auch *Schirmer*, StBp 2013, 224, 225; zu Bilanzierungsfragen *Kirsch/Weber*, DStR 2012, 1716.

1619 *Finanzministerium Baden-Württemberg*, 14.03.2012–3-S 380.6/84, BStBl. I 2012, 331 = juris Tz. 3.2; *Milatz*, in: *Burandt/Rojahn* (Hrsg.), Erbrecht, 2014 Rn. 52.

1620 *Troll/Gebel/Jülicher/Gebel*, § 7 ErbStG Rn. 415; *Milatz*, in: *Burandt/Rojahn* (Hrsg.), Erbrecht, 2014 Rn. 53; *Finanzministerium Baden-Württemberg*, 14.03.2012–3-S 380.6/84, BStBl. I 2012, 331 = juris Tz. 3.3.1.

Schenkungssteuer zu berücksichtigenden Freibeträge gem. § 16 ErbStG ergeben sich dabei aus den Steuerklassen des § 15 ErbStG. Mangels familiärer Bindung zwischen beschenkter Kapitalgesellschaft und schenkendem Berufssportler ist die ungünstigste Steuerklasse III anzuwenden und lediglich ein geringfügiger Freibetrag von derzeit EUR 20.000 zu berücksichtigen. Der den Freibetrag übersteigende Betrag ist dann mit einem Steuersatz von 30 bis 50 Prozent zu versteuern.[1621]

Unabhängig von der schenkungssteuerlichen Würdigung ist weiter zu berücksichtigen, dass die Überlassung der Geschäftschance durch den Berufssportler an eine ausländische Kapitalgesellschaft regelmäßig als Entnahme iSd. § 4 Abs. 1 Satz 2 EStG[1622] aus seinem inländischen Gewerbebetrieb anzusehen ist und der Berufssportler durch diese Entziehung des wirtschaftlichen Nutzenpotentials einen fiktiven Gewinn realisieren wird.[1623] Unproblematisch ist die Annahme einer Entnahme bei sich bereits selbst vermarktenden Berufssportlern, da diese durch die Nutzung ihrer Rechte am Markt tätig werden, mithin die Rechte evident der Entnahme zugänglichen Betriebsvermögenssphäre zuzuordnen sind. Schwieriger ist hingegen die Beurteilung bei Sportlern am Beginn ihrer Karriere. Selbstverständlich ist auch hier ein vermögenswerter, wenn auch wirtschaftlich noch unbedeutender Bestandteil des allgemeinen Persönlichkeitsrechts vorhanden. Allerdings nehmen diese Sportler regelmäßig noch nicht am Markt für Werbeleistungen teil, ziehen mithin im Sinne der Rechtsprechung noch keine Früchte aus der Nutzung dieser Rechte.[1624] Insoweit liegen die Annahme einer reinen Vermögensverwaltung und damit die Zuordnung zur Privatsphäre nahe.[1625] Im Ergebnis sind aber auch hier die Gesamtumstände zu würdigen.[1626] Nach zustimmenswerter Auffassung der Rechtsprechung sind dabei Wirtschaftsgüter nicht nach einheitlichen Maßstäben zu beurteilen, sondern vielmehr die jeweiligen Spezifika zu berücksichtigen.[1627] Für den Bereich der Berufssportler ist dann wiederum zu berücksichtigen, dass die wirtschaftliche Verwertbarkeit der vermögenswerten Bestandteile des allgemeinen Persönlichkeitsrechts lediglich für einen begrenzten Zeitraum, regelmäßig bis auf wenige Ausnahmen für den Zeitraum ihrer aktiven

---

1621 Zur Wertermittlung vgl. Ausführungen zur Entnahme in diesem Abschnitt.

1622 Entnommen werden können iSd. Norm auch Rechte; vgl. nur *Geserich*, in: *Leingärtner* (Hrsg.), Besteuerung der Landwirte, 1998 Rn. 2; Blümich/*Wied*, § 4 EStG Rn. 455.

1623 *Maier*, in: Beck'sches Steuer- und Bilanzrechtslexikon, Edition 40/2017, Stichwort Entnahmen Rn. 6.

1624 Grundlegend *BFH*, 02.11.1971 – VIII R 1/71, BStBl. II 1972, 360 = juris Rn. 9; *BFH*, 06.03.1991 – X R 39/88, BStBl. II 1991, 631 = juris Rn. 9; *Herrmann/Heuer/Raupach/Buge*, § 15 EStG Rn. 1108 ff.

1625 Zu den Abgrenzungschwierigkeiten vgl. bereits oben unter Kapitel 2.I.1.a)bb)(2).

1626 *BFH*, 10.12.2001 – GrS 1/98, BStBl. II 2002, 291 = juris Rn. 27.

1627 *BFH*, 30.07.2003 – X R 7/99, BStBl. II 2004, 408 = juris Rn. 25; *BFH*, 19.08.2009 – III R 31/07, BFH/NV 2010, 844 = juris Rn. 17; kritisch dazu *Kirchhof/Söhn/Mellinghoff/Desens/Blischke*, § 15 EStG Rn. B 61 f.

Tätigkeit als Berufssportler, in Betracht kommt. Von daher erscheint es vorzugswürdig, auch die erstmalige Überlassung dieser Rechte als gewerbliche Tätigkeit zu begreifen.[1628] Nach ständiger Rechtsprechung des RFH[1629] und des BFH[1630] sowie der herrschenden Ansicht in der Literatur[1631] beginnt der Gewerbebetrieb dabei bereits mit der ersten Vorbereitungshandlung, so dass auch aus zeitlicher Perspektive die Vergütung für die Überlassung unter § 15 EStG subsumiert werden kann. Für die Frage der Zuordnung des immateriellen Wirtschaftsguts zur Privat- oder Betriebsvermögenssphäre lässt sich so die Einordnung in die Betriebsvermögenssphäre des Berufssportlers rechtfertigen. Schließlich kann auch dahinstehen, ob der vermögenswerte Bestandteil als immaterielles Wirtschaftsgut im Moment der Aufnahme von Vertragsverhandlungen oder dem Entschluss der Überlassung an seine Kapitalgesellschaft in das Betriebsvermögen eingelegt wird oder wohl vorzugswürdig erst eine logische Sekunde vor der Überlassung direkt in der Betriebsvermögenssphäre des Einzelunternehmens des Berufssportlers entsteht. Die Bewertung der Entnahme richtet sich jedenfalls nach der von der Rechtsprechung entwickelten Bandbreitenbetrachtung.[1632] Ist ein konkreter Wert daher – wie dies regelmäßig bei künftigen Werbeleistungen der Fall sein wird – nicht bestimmt, sondern bewegt sich typischerweise in einer gewissen Bandbreite, so ist der maßgebliche Fremdvergleichspreis jeder beliebige Preis auf der Skala der Bandbreite.[1633] Der Wert der Entnahme hat sich daher an dem Gewinnpotential der zukünftigen Verträge zu orientieren.[1634] Im Ergebnis kommt es daher durch die Entnahme zu einer zeitlichen Vorverlagerung der Besteuerung auf Ebene des Berufssportlers.[1635]

1628 Für den Bereich des deutschen Profifußballs muss dies dann auch gelten, wenn etwa ein junger Spieler erstmalig einen Vertrag unterschreibt, der sich an dem DFB-Musterarbeitsvertrag orientiert, mithin die Überlassung der vermögenswerten Bestandteile des allgemeinen Persönlichkeitsrechtes an den Klub beinhaltet, vgl. *Deutscher Fußball Bund*, Mustervertrag für Vertragsspieler, https://www.dfb.de/fileadmin/_dfbdam/126460-Mustervertrag_Vertragsspieler_12-2016.pdf (Stand: 30.11.2017) unter § 2.

1629 *RFH*, 19.02.1936 – VI A 806/34, RStBl. 1936, 766, 767.

1630 *BFH*, 13.03.1952 – IV 39/51 I, BStBl. III 1952, 120 = juris Rn. 10; *BFH*, 30.11.1977 – I R 115/74, BStBl. II 1978, 193 = juris Rn. 14.

1631 *Kirchhof/Söhn/Mellinghoff/Desens/Blischke*, § 15 EStG Rn. B 104 mwN.

1632 *BFH*, 17.10.2001 – I R 103/00, BStBl. II 2004, 171 = juris Rn. 54 ff.

1633 *Gosch*, in: *Gosch/Bauschatz/Förster u. a.* (Hrsg.), Körperschaftsteuergesetz, 2015 Rn. 312.

1634 *Schirmer*, StBp 2013, 224, 227.

1635 Würde man hingegen die erstmalige Überlassung der Rechte noch als Akt der reinen Vermögensverwaltung begreifen, so wäre eine Entnahme und damit eine Besteuerung zu diesem Zeitpunkt nicht möglich. Hier wäre dann aber u. a. zur Vermietung und Verpachtung (§ 21 Abs. 1 Nr. 3 EStG) abzugrenzen. Auf die grenzüberschreitenden Problematiken aufgrund der fehlenden Einlagefähigkeit bei Lizenzierung sei an dieser Stelle hingewiesen.

(2) Überlassung an eine Kapitalgesellschaft des Berufssportlers

Hiervon zu unterscheiden ist die Überlassung der entsprechenden Rechte durch den Berufssportler an eine Gesellschaft, an der er selbst beteiligt ist. Auch hier verschafft der Berufssportler durch die Überlassung der Rechte der Kapitalgesellschaft ein wirtschaftliches Nutzenpotential, welches er folglich zeitlich vorgelagert seinem eigenen Gewerbebetrieb entnommen haben muss.[1636] Die Entnahme und unentgeltliche Überlassung führt für den Berufssportler zu einer Erhöhung der Anschaffungskosten seiner Anteile an der Kapitalgesellschaft und damit zu einer verdeckten Einlage iSd. § 6 Abs. 6 Satz 2 EStG, mithin zur Gewinnrealisation auf Ebene des einlegenden Berufssportlers.[1637] Dabei können auch selbstgeschaffene immaterielle Wirtschaftsgüter Gegenstand einer verdeckten Einlage in eine Kapitalgesellschaft sein[1638], da das Ansatzverbot des § 5 Abs. 2 EStG auf Ebene der Kapitalgesellschaft dann aufgrund des derivativen Erwerbs nicht mehr greift.[1639] Eine verdeckte Einlage wäre aber auch insoweit anzunehmen, als zwar von der Kapitalgesellschaft eine Gegenleistung erbracht wird, diese aber betragsmäßig hinter dem Wert der Rechte bleibt. Auch hier besteht wiederum die Problematik in der Ermittlung des zutreffenden Wertes. Während bei vereinbarten laufenden Zahlungen im Übertragungszeitpunkt (noch) keine Zahlung erfolgt, besteht die Problematik einer unzutreffenden Wertermittlung durch die Parteien daher insbesondere bei Einmalzahlungen, welche auch künftige Werbeverträge abdecken.

bb) Einkünfteerzielung nach Rechteüberlassung

Erzielt die Kapitalgesellschaft laufend Einkünfte aus den überlassenen Rechten, so ist die Besteuerung der Einkünfte auf der Ebene der Kapitalgesellschaft daran zu messen, ob die Gestaltung nicht mit der Konsequenz als rechtsmissbräuchlich iSd. § 42 AO anzusehen ist, dass die zwischengeschaltete Kapitalgesellschaft steuerlich nicht anzuerkennen ist und die Einkünfte folglich direkt auf Ebene des Berufssportlers zu versteuern sind. Ist die Kapitalgesellschaft unter diesem Blickwinkel steuerlich anzuerkennen, so kann die Beteiligung an einer ausländischen Kapitalgesellschaft unter den Voraussetzungen der Hinzurechnungsbesteuerung der

---

1636 *Schirmer*, StBp 2013, 224, 228.

1637 Zur Begriffsdefinition und den weiteren – hier vorliegenden – Voraussetzungen einer verdeckten Einlage, vgl. etwa Blümich/*Ehmcke*, § 6 EStG Rn. 1415 ff.

1638 Nach Auffassung von *Eckstein* ist auch irrelevant, ob die verdeckte Einlage aus dem Privat- oder Betriebsvermögen stammt, so dass nach dieser Auffassung dahinstehen kann, ob sich bei jungen Spielern die vermögenswerten Bestandteile des allgemeinen Persönlichkeitsrechts schon im Betriebsvermögen befinden müssen; vgl. *Herrmann/Heuer/Raupach/Eckstein*, § 6 EStG Rn. 1725, allerdings mit dem Hinweis auf die eine logische Sekunde vorher mögliche Einlage in das Betriebsvermögen des Übertragenden.

1639 *Korn/Korn/Strahl*, § 6 EStG Rn. 532; *Korn/Schiffers/Strahl/Tormöhlen u. a.*, § 5 EStG Rn. 504.

§§ 7 bis 14 AStG dazu führen, dass diverse Einkünftebestandteile der Kapitalgesellschaft bei dem im Inland ansässigen Berufssportler zu versteuern sind, mithin die Abschirmwirkung der Kapitalgesellschaft nicht gelingt. Schließlich wird ab dem Veranlagungszeitraum 2018 auch die Lizenzschranke des § 4j EStG zu beachten sein.

(1) Allgemeine Missbrauchsvermeidungsregelung des § 42 AO

Bewirkt eine zivilrechtlich mögliche Gestaltung, mithin die Gründung einer Kapitalgesellschaft im niedrig besteuerten Ausland, die Umgehung einer steuerlichen Belastung, so ist dies im Grundsatz weder verboten noch strafbar.[1640] Ist die Gestaltung jedoch als missbräuchlich anzusehen, so verweigert die Finanzverwaltung ihr über § 42 AO die steuerliche Anerkennung.[1641] Missbrauch ist ausweislich der Definition des § 42 Abs. 2 dann anzunehmen, wenn eine den wirtschaftlichen Vorgängen unangemessene rechtliche Gestaltung zum Zwecke der Steuervermeidung gewählt wurde.[1642] Die Zwischenschaltung einer Kapitalgesellschaft ist nach dieser Definition und der Grundsatzentscheidung des BFH zu Basisgesellschaften dann unangemessen, wenn sie nicht durch wirtschaftliche oder sonst beachtliche Gründe zu rechtfertigen ist.[1643] Solche beachtlichen Gründe könnten etwa in der Altersversorgung gesehen werden.[1644] Das Fehlen beachtlicher Gründe ist dagegen u. a. dann anzunehmen, wenn sich die Gesellschaft lediglich als substanz- und funktionslose juristische Person darstellt, die durch den Berufssportler, bspw. aufgrund ihm eingeräumter Vetorechte, kontrolliert wird.[1645] Dies ist im jeweiligen Einzelfall anhand der konkreten Umstände zu prüfen, bei welcher aber die bekannten Indizien Büroräume, Personal, Telefon etc. zu berücksichtigen sind.[1646] Nach der Rechtsprechung fehlt es an wirtschaftlichen oder sonst beachtlichen Gründen etwa bei der Begrenzung des Haftungsrisikos[1647] oder bei der alleinigen Absicht der Steuerersparnis.[1648] Bei

---

1640 *BFH*, 01.02.1983 – VIII R 30/80, BStBl. II 1983, 534 = juris Rn. 28; *BFH*, 29.08.2007 – IX R 17/07, BStBl. II 2008, 502 = juris Rn. 21; *Tipke/Kruse/Drüen*, § 42 AO Rn. 6.

1641 *Rödl/Grube*, in: *Wabnitz/Janovsky* (Hrsg.), Handbuch des Wirtschafts- und Steuerstrafrechts, 2014, Kapitel 21 Rn. 38.

1642 Vgl. nur *Tipke/Kruse/Drüen*, § 42 AO Rn. 30.

1643 *BFH*, 29.01.1975 – I R 135/70, BStBl. II 1975, 553 = juris Rn. 31; *BFH*, 23.02.1988 – IX R 157/84, BStBl. II 1988, 604 = juris Rn. 14; *BFH*, 24.02.2015 – VIII R 44/12, BStBl. II 2015, 649 = juris Rn. 12; *BFH*, 02.03.2016 – I R 73/14, BStBl. II 2016, 887 = juris Rn. 12; *BFH*, 08.03.2017 – IX R 5/16, BStBl. II 2017, 930 = juris Rn. 17.

1644 Dazu *Vogel*, StuW 1996, 248.

1645 So auch *Mody*, in: *Grotherr* (Hrsg.), Handbuch der internationalen Steuerplanung, 2011, S. 1559, 1562.

1646 Zu den Einzelheiten vgl. etwa *Rödl/Grube*, in: *Wabnitz/Janovsky* (Hrsg.), Handbuch des Wirtschafts- und Steuerstrafrechts, 2014, Kapitel 21 Rn. 43 ff.

1647 *BFH*, 27.08.1997 – I R 8/97, BStBl. II 1998, 163 = juris.

1648 *BFH*, 29.07.1976 – VIII R 142/73, BStBl. II 1977, 263 = juris Rn. 18; *BFH*, 15.04.1986 – VIII R 285/81, BFH/NV 1986, 509 = juris Rn. 25; *BFH*, 10.06.1992 – I R 105/89, BStBl. II 1992, 1029 = juris Rn. 21.

Lizenzverwertungsgesellschaften wird es regelmäßig an wirtschaftlichen oder sonst beachtlichen Gründen für ihre Einschaltung fehlen. Wirtschaftlich betrachtet bleibt bei substanz- und funktionslosen Gesellschaften in einer solchen Konstellation alles beim Alten.[1649] Im Übrigen ließe sich mit dieser Argumentation auch die Zurechnung an den Berufssportler mittels verdeckter Treuhand (§ 39 Abs. 2 Nr. 1 AO) begründen.[1650]

(2) Hinzurechnungsbesteuerung gem. §§ 7 bis 14 AStG

Ist ein Gestaltungsmissbrauch iSd. § 42 AO nicht zu erkennen und sind die Einkünfte daher der Kapitalgesellschaft zuzurechnen, so sind schließlich, quasi als Auffangtatbestand, die §§ 7 bis 14 AStG zu beachten, welche bei nicht unangemessenen Gestaltungen die Hinzurechnungsbesteuerung[1651] auslösen und damit auch ohne tatsächliche Ausschüttung an den Berufssportler die Steuerpflicht im Ausland erzielter Gewinne begründen (sog. schlechte Einkünfte).[1652] Voraussetzung ist zunächst die Beteiligung eines unbeschränkt steuerpflichtigen oder über § 5 AStG erweitert beschränkt steuerpflichtigen Berufssportlers zu mehr als der Hälfte an einer – nach einem Typenvergleich als solcher zu qualifizierenden – Kapitalgesellschaft mit Sitz im niedrig besteuerten Ausland.[1653] Für die Frage der Mehrheitsbeteiligung kommt es dabei nicht darauf an, ob der Berufssportler die Mehrheit der Anteile hält oder ihm nur die Mehrheit der Stimmrechte zuzurechnen ist. Letzteres genügt gem. § 7 Abs. 4 AStG ebenfalls. Entscheidend ist daher, ob die Zwischengesellschaft deutsch beherrscht ist oder nicht. Hinsichtlich des Umfangs der Zurechnung ist wiederum auf die Beteiligungsquote am Nennkapital oder den ggf. abweichenden Gewinnverteilungsschlüssel aus dem Gesellschaftervertrag abzustellen, § 7 Abs. 5 AStG. Weiterhin muss die Tätigkeit der ausländischen Gesellschaft den Bereich einer reinen Vermögensverwaltung verlassen.[1654] Für die hier interessierende Konstellation dürfte dies aber regelmäßig zu bejahen sein.

1649 *BFH*, 23.10.1991 – I R 52/90, BFH/NV 1992, 271 = juris Rn. 19; *Mody*, in: *Grotherr* (Hrsg.), Handbuch der internationalen Steuerplanung, 2011, S. 1559, 1562.

1650 Vgl. dazu etwa *Klein/Ratschow*, § 39 AO Rn. 65 mwN.; *Selling*, DB 1988, 930, 931; *Jacobs/Endres/Spengel u. a.* (Hrsg.), Internationale Unternehmensbesteuerung, 8. Aufl. (2016), 4. Teil, 2. Kapitel, S. 400 f.

1651 Teilweise auch Zugriffs- oder Durchgriffsbesteuerung genannt.

1652 Zum Verhältnis von § 42 AO zu den §§ 7 bis 14 AStG, vgl. etwa *Rödl/Grube*, in: *Wabnitz/Janovsky* (Hrsg.), Handbuch des Wirtschafts- und Steuerstrafrechts, 2014, Kapitel 21 Rn. 40.

1653 *BMF*, 14.05.2004 – IV B 4-S 1340–11/04, BStBl. I 2004, 3 Tz. 7 ff.; Blümich/*Vogt*, § 7 AStG Rn. 27a; *Flick/Wassermeyer/Baumhoff/Schönfeld/Wassermeyer*, § 7 AStGRn. 18; *Strunk/Lehfeldt*, § 8 AStG Rn. 183.

1654 *BFH*, 21.01.1998 – I R 3/96, BStBl. II 1998, 468 = juris Rn. 15.

Schließlich müssen die Einkünfte der Zwischengesellschaft aus passivem Erwerb iSd. § 8 AStG stammen.[1655] Dies ist u.a. bei (zeitlich begrenzter) Überlassung von Rechte gem. § 8 Abs. 1 Nr. 6 lit. a) AStG anzunehmen.[1656] Die an § 50a Abs. 1 Nr. 3 EStG und § 49 Abs. 1 Nr. 6 bzw. 9 EStG angelehnte Tatbestandsvoraussetzung erfasst dabei – wie aus der Formulierung des Gesetzeswortlauts „Vermietung und Verpachtung" erkennbar ist – nur die zeitliche begrenzte Überlassung, insbesondere bei Lizenzgebühren.[1657] Eine sich verbrauchende Rechteüberlassung wäre daher hier nicht erfasst.[1658] Selten dürfte die Hinzurechnungsbesteuerung aufgrund der Freigrenze in § 9 AStG ausscheiden. Danach würde bei sowohl aktiven als auch passiven Einkünften die Hinzurechnungsbesteuerung auf Ebene des Berufssportlers unterbleiben, wenn die passiven Einkünfte der Gesellschaft nicht mehr als 10 Prozent der gesamten Bruttoerträge der Gesellschaft ausmachen oder die außer Ansatz zu lassenden Beträge EUR 80.000 nicht übersteigen.[1659] Zur Sicherstellung der Vereinbarkeit mit Unionsrecht, insbesondere nach der *Cadburry-Schweppes* Entscheidung des EuGH unterbleibt die Hinzurechnungsbesteuerung dann, wenn hinreichender „substance-escape" besteht, mithin die in einen anderen EU/EWR Staat domizilierende Gesellschaft tatsächlich einer wirtschaftlichen Tätigkeit nachgeht.[1660] Die Rechtsprechung und die Finanzverwaltung haben dies mittlerweile dahingehend konkretisiert, dass eine aktive stetige und nachhaltige Tätigkeit im Rahmen eines Unternehmenswecks erforderlich ist, die durch Teilnahme am Marktgeschehen erfolgt.[1661]

1655 Zu passiven Einkünften bei Sportlerverleihgesellschaften iSv. § 8 Abs. 1 Nr. 5 AStG, *Mody*, Die deutsche Besteuerung international tätiger Künstler und Sportler, 1. Aufl. (1994), S. 235 und *Mody*, in: *Grotherr* (Hrsg.), Handbuch der internationalen Steuerplanung, 2011, S. 1559, 1564.

1656 Eine Ausnahme gilt für die hier wohl nicht denkbare eigene Forschungs- und Entwicklungsarbeit der Kapitalgesellschaft gem. § 8 Abs. 1 Nr. 6 lit. a) 2. Hs AStG.

1657 So explizit Blümich/*Vogt*, § 8 AStG Rn. 67.

1658 Ebenso *Mattern/Mohr/Schütz/Waldens/Mattern*, § 8 AStG Rn. 90; *Kraft/Rödel*, § 8 AStG Rn. 353; differenzierend Blümich/*Vogt*, § 8 AStG Rn. 66; a.A. wohl *Flick/Wassermeyer/Baumhoff/Schönfeld/Wassermeyer/Schönfeld*, § 8 AStG Rn. 218.

1659 Zur Ermittlung des Hinzurechnungsbetrages, vgl. § 10 AStG, wonach die Einkünfte zum frühestmöglichen Ausschüttungszeitpunkt (der Zwischengesellschaft) zum höchstmöglichen Umfang trotz ausländischer Domizilierung der Zwischengesellschaft gem. § 10 Abs. 3 AStG nach deutschem Steuerrecht ermittelt werden. Dabei bleiben selbst § 3 Nr. 40 lit. d) EStG sowie § 8b KStG hier unberücksichtigt. Die hierdurch fingierte fehlende ausländische Steuerbelastung kann durch Anrechnung der von der Zwischengesellschaft als Dritten gezahlter Steuern gem. § 12 AStG gemildert werden.

1660 *EuGH*, 12.09.2006 – C-196/04, Slg 2006, I-7995 = juris; Blümich/*Vogt*, § 8 AStG Rn. 157 ff.

1661 *BFH*, 21.10.2009 – I R 114/08, BStBl. II 2010, 774 = juris Rn. 28; *BMF*, 08.01.2007 – IV B 4 – S 1351–1/07, BStBl. I 2007, 99 = juris Tz. 2; *Jacobs/Endres/Spengel u.a.*

Im Gegensatz zum bspw. US-amerikanischen Steuerrecht[1662] verhindert § 14 AStG eine Umgehung der Hinzurechnungsbesteuerung, welche sich aus der Zwischenschaltung einer weiteren steuerbegünstigten Gesellschaft ergeben würde, die wiederum ihrerseits die eigentliche Einkünfte erzielende Zwischengesellschaft iSd. § 7 AStG abschirmen könnte. Denn nur die an diese weitere Zwischengesellschaft ausgeschütteten Gewinne in Form von Dividenden unterlägen über § 7 AStG der Hinzurechnung. Über § 14 AStG werden nunmehr die Gewinne der nachgeschalteten Zwischengesellschaft der dazwischen geschobenen Zwischengesellschaft in dem Umfang zugerechnet, der dem Verhältnis der Beteiligung dieser Gesellschaft an der Untergesellschaft entspricht.

Weiterhin als ungelöst dürfte jedoch die Frage des Verhältnisses zwischen Hinzurechnungsbesteuerung und Abkommensrecht zu betrachten sein. So bewirkt die Hinzurechnungsbesteuerung trotz der eigenständigen Steuersubjekteigenschaft der ausländischen Kapitalgesellschaft eine inländische Besteuerung und kann daher als Treaty Override wirken. Denn bei wirtschaftlicher Betrachtung sind die Hinzurechnungsbeträge als vorzeitig besteuerte Beteiligungseinkünfte zu qualifizieren, auf die bei tatsächlicher Ausschüttung dem Art. 10 OECD-MA nachgebildeten Regelungen zu Dividenden anzuwenden wären. Regelmäßig wird aber abkommensrechtlich dem Ansässigkeitsstaat des Berufssportlers das Besteuerungsrecht zugewiesen, so dass ein Treaty Override nicht in Betracht kommt.[1663]

(3) Lizenzschranke des § 4j EStG (ab VZ 2018)

Sind die Einkünfte auch nicht über die Hinzurechnungsbesteuerung der §§ 7 bis 14 AStG auf Ebene des Berufssportlers zu versteuern, so ist schließlich auf Ebene der Kapitalgesellschaft die als Treaty Override formulierte Lizenzschranke des § 4j EStG zu beachten. Die Subsidiarität der Lizenzschranke ergibt sich dabei aus § 4 Abs. 1 Satz 5 EStG. Die als Reaktion auf den BEPS[1664] Aktionspunkt 5[1665] eingefügte Norm ist

(Hrsg.), Internationale Unternehmensbesteuerung, 8. Aufl. (2016), Vierter Teil, 2. Kapitel, S. 413; *Goebel/Palm*, IStR 2007, 720, 723f.

1662 Vgl. hierzu nur die Steuergestaltungen der in letzter Zeit im Rahmen der Berichterstattung kritisierten US-amerikanischen Unternehmen.

1663 Zur Besteuerung auf Ebene des Berufssportlers bei Ausschüttung durch die Gesellschaft siehe sogleich unter Kapitel 2.IV.2.b)cc).

1664 Base Erosion and Profit Shifting; gemeinsames Projekt der OECD und G20-Staaten aus dem Jahre 2015 zur Vermeidung von Gewinnverkürzungen und Gewinnverlagerungen.

1665 Aktionspunkt 5 zur wirksamen Bekämpfung schädlicher Steuerpraktiken unter Berücksichtigung von Transparenz und Substanz; Abschlussbericht abrufbar unter http://www.oecd-ilibrary.org/docserver/download/2315325e.pdf?expires=1511698646&id=id&accname=guest&checksum=8B68938747861053DD5D6D0CA79D41F4 (30.11.2017).

dabei ab dem Veranlagungszeitraum 2018 zu beachten.[1666] Danach sind die im Rahmen grenzüberschreitender Lizenzierungen auf Ebene der (beschränkt) steuerpflichtigen ausländischen Kapitalgesellschaft als Lizenznehmerin entstehenden Aufwendungen nur bedingt abzugsfähig.[1667] Die Beschränkung setzt jedoch zum einen voraus, dass der Berufssportler und die Kapitalgesellschaft einander nahe stehen iSd. § 1 Abs. 2 AStG, mithin eine direkte oder indirekte Kapitalverflechtung von mindestens 25 Prozent besteht oder alternativ ein beherrschender Einfluss bzw. sonstige fremdunübliche Einflussnahmemöglichkeiten existiert. Zum anderen erfordert der Tatbestand eine Niedrigbesteuerung der Lizenzeinnahmen auf Ebene der Kapitalgesellschaft, welche bei Unterschreitung der Regelbesteuerung der entsprechenden ausländischen Jurisdiktion oder bei einer unter 25 Prozent liegenden Ertragsteuerbelastung anzunehmen ist, § 4j Abs. 2 EStG.[1668] Der von der OECD entwickelte und in § 4j Abs. 1 Satz 4 EStG als Unschädlichkeit normierte Nexus-Ansatz wird bei vermögenswerten Bestandteilen des allgemeinen Persönlichkeitsrechts als selbstgeschaffene immaterielle Wirtschaftsgüter hingegen mangels Forschungs- oder Entwicklungsaufwands keine Rolle spielen.[1669]

cc) Im Entnahmezeitpunkt

Regelmäßig wird der Berufssportler aus der ausländischen Kapitalgesellschaft Gewinnanteile in Form von Dividenden erzielen. Die nachfolgenden Ausführungen beschränken sich daher auf diese Form. Auf derartige Zahlungen haben die ausländischen Kapitalgesellschaften regelmäßig Quellensteuern im Umfang von 15 bis 35 Prozent der Bruttoausschüttung einzubehalten. Mit dem Quellensteuereinbehalt ist die Steuerschuld i. d. R. abgegolten. Zur Durchsetzung der Kapitalverkehrsfreiheit gem. Art. 63 AEUV als unionsrechtlicher Grundfreiheit sind bei Unionsbürgern allerdings auch im Ansässigkeitsstaat der Kapitalgesellschaft Besonderheiten zu beachten.[1670] Vielfach bewirken die zwischen den Vertragsstaaten bestehenden Doppelbesteuerungsabkommen eine Reduzierung der Quellensteuersätze.[1671] Auf nationaler Ebene haben die Berufssportler die erzielten Dividenden der Besteuerung zu unterwerfen. Zur Vermeidung von Doppelbesteuerung aufgrund der einbehal-

---

1666 Eingefügt durch Gesetz gegen schädliche Steuerpraktiken im Zusammenhang mit Rechteüberlassungen, BGBl I (27.06.2017), 2074.

1667 Nur soweit Einkünfte über §§ 7 bis 14 AStG dem Berufssportler zuzurechnen sind, ist die Subsidiarität der Berücksichtigung von Aufwendungen zu beachten. Mithin kann hier ein Anwendungsbereich des § 4j EStG verbleiben; vgl. dazu auch *Fuhrmann/Kraeusel/Schiffers/Frase*, § 4j EStG Rn. 11.

1668 Eine exemplarische Auflistung findet sich bei *Fuhrmann/Kraeusel/Schiffers/Frase*, § 4j EStG Rn. 27.

1669 Hierzu allgemein etwa *Ditz/Quilitzsch*, DStR 2017, 1561, 1565; *Fuhrmann/Kraeusel/Schiffers/Frase*, § 4j EStG Rn. 30 ff.

1670 *Jacobs/Endres/Spengel u. a.* (Hrsg.), Internationale Unternehmensbesteuerung, 8. Aufl. (2016), Dritter Teil, 1 Kapitel, S. 256 ff.

1671 Übersichtlich bei *Jacobs/Endres/Spengel u. a.* (Hrsg.), Internationale Unternehmensbesteuerung, 8. Aufl. (2016), Viertel Teil, 2. Kapitel, S. 426.

ten Quellensteuer im Ausland sieht § 34c EStG die Anrechnung der ausländischen Quellensteuer vor.[1672] Bei anwendbaren Doppelbesteuerungsabkommen ist § 34c Abs. 6 EStG zu beachten.

3. Zwischenfazit

Für die steuerliche Würdigung der Zwischenschaltung von ausländischen Kapitalgesellschaften ist zwischen Inbound- und Outbound-Konstellation zu unterscheiden. In Inbound-Konstellationen wurde über Art. 17 Abs. 2 OECD-MA die Möglichkeit der Besteuerung auf Ebene der zwischengeschalteten Kapitalgesellschaft geschaffen, tatbestandlich erfordert die Norm aber dem Art. 17 OECD-MA unterfallende Einkünfte, so dass an dieser Stelle Gestaltungsspielraum verbleibt. Über den Treaty Override des § 50d Abs. 3 EStG wird die Freistellung bzw. Erstattung der ausländischen Gesellschaft über § 50d Abs. 1 und 2 EStG für die Fälle beschränkt, in denen der an der Gesellschaft beteiligte Berufssportler sich, insbesondere aufgrund Art. 17 OECD-MA, nicht auf die Erstattung oder Freistellung seiner Einkünfte berufen könnte.

In Outbound-Konstellationen besteht ein enges Netz an Abwehrnormen, die die Durchsetzung von Gestaltungen in der Praxis streitanfällig erscheinen lassen und aufgrund derer das aus steuerlicher Sicht erstrebte Ziel der Abschirmung regelmäßig nicht erreichbar sein wird. Auf Ebene des Berufssportlers sind dabei insbesondere die Entnahme und die damit verbundene fiktive Gewinnrealisation sowie entweder schenkungssteuerrechtliche Regelungen oder die Normen der verdeckten Einlage zu problematisieren. Daneben ist eine Gestaltung im Hinblick auf die laufenden Erträge gestuft an der allgemeinen Missbrauchsvermeidungsnorm des § 42 AO, den Regelungen der Hinzurechnungsbesteuerung iSd. §§ 7 bis 14 AStG bzw. der neuen Lizenzschranke des § 4j EStG zu messen. Im Ergebnis wird es regelmäßig keinen nennenswerten Unterschied machen, ob die Finanzverwaltung die Lizenzverwertungsgesellschaft über § 42 AO nicht anerkennt oder dasselbe Ergebnis über die Hinzurechnungsbesteuerung erreicht.[1673] Werden Erträge nicht thesauriert, sondern an den Berufssportler ausgeschüttet, so sind diese in diesem Zeitpunkt regelmäßig in Form von Dividenden auf Ebene des Berufssportlers der Besteuerung zu unterwerfen.

1672 Zu den Einzelheiten vgl. oben unter Kapitel 2.I.2.b)bb).

1673 In der Praxis wird die Hinzurechnungsbesteuerung das für die Finanzverwaltung einfachere Mittel sein und aufgrund seiner geringeren Angreifbarkeit regelmäßig bevorzugt werden.

Kapitel Drei: Zusammenfassung der Problemstellung und der wesentlichen Ergebnisse

Eingangs wurde die Frage aufgeworfen, in welchem Umfang Berufssportler im rein nationalen Kontext, aber auch in Konstellationen mit Auslandsberührung, sei es nun bei im Inland ansässigen Berufssportlern mit Auslandseinkünfte oder aber auch bei im Ausland ansässigen Berufssportler mit genuine link zum Inland, der deutschen Einkommensteuer unterliegen. Dabei sollte neben dem deutschen Steuerrecht insbesondere auch die Bedeutung des Unions- bzw. zwischenstaatlichen Rechts eruiert und die Reaktion des deutschen Steuerrechts hierauf mittels Treaty Override bzw. subject-to-tax-Regelungen dargestellt werden. Hinsichtlich der sich in diesem Spannungsfeld aufdrängenden Doppelbesteuerungsszenarien sollten die bereits als gelöst zu bezeichnenden Problemfelder veranschaulicht und die noch offenen Konfliktpotenziale benannt werden, sowie de lege ferenda einer möglichen Lösung zugeführt werden. Das Ergebnis dieser Untersuchung lässt sich dabei in den nachfolgenden Kernaussagen zusammenfassen:

I. Einkünftequalifizierung von Berufssportlern in der reinen Inlandskonstellation

Bei Individualsportlern werden die Einkünfte aus der sportlichen Tätigkeit regelmäßig alle Tatbestandsmerkmale des § 15 Abs. 2 EStG erfüllen und daher als gewerbliche Einkünfte zu qualifizieren sein. Die Einkünfte eines Mannschaftssportlers aus der sportlichen Tätigkeit lassen indes Unternehmerrisiko und Unternehmerinitiative vermissen. Vielmehr sind diese in den Arbeitsorganismus ihres Arbeitgebers eingebunden und unterliegen hinsichtlich Ort, Zeit und Inhalt der Tätigkeit dessen Weisungsbefugnis. Je geringer die zeitliche Berührung, desto geringer wird der Grad der Eingliederung und Weisungsunterworfenheit zu beurteilen sein. Dabei ist a priori jede Rechtsbeziehung des Berufssportlers separat zu prüfen, insbesondere bei Vergütungen, die dieser von dritter Seite erhält. Virulent wird dies etwa bei der Teilnahme von Berufssportlern an den Spielen ihrer jeweiligen Nationalmannschaften. Liegt eine eigenständige Rechtsbeziehung zwischen dem Sportler und dem Nationalverband nicht vor, so sind geleistete Vergütungen dann als Lohn von dritter Seite zu qualifizieren, wenn sich aus dem Arbeitsverhältnis mit dem jeweiligen Klub (ggf. iVm. den verbandsrechtlichen Normen) eine Teilnahmepflicht der Sportlern an den Länderspielen ableiten lässt.

Werbeeinkünfte, sei es aufgrund eines Ausrüstervertrages oder sonstige Werbeeinkünfte, sind grundsätzlich als gewerbliche Einkünfte zu qualifizieren. Insbesondere entscheidet sich der Berufssportler frei für den einen oder anderen Ausrüster, ohne dabei in dessen Organisation eingegliedert zu sein. Die bloße Bereitschaft des

Berufssportlers für Werbeaktivitäten zur Verfügung zu stehen, ist hinsichtlich der Marktteilnahme als ausreichend zu erachten, ein Herantreten des Berufssportlers an interessierte Unternehmen ist nicht zu fordern. Sonstige Werbeeinkünfte, insbesondere die zeitlich begrenzte Überlassung von Rechten, ist grundsätzlich als Vermietung und Verpachtung zu begreifen (§ 21 Abs. 1 Satz 1 Nr. 3 EStG). Diese Tätigkeit erfüllt aber auch die Tatbestandsmerkmale einer insoweit vorrangigen gewerblichen Tätigkeit. Dabei verlässt die zeitlich begrenzte Rechteüberlassung (etwa am vermögenswerten Bestandteil des Rechts am eigenen Bild) den Bereich der reinen Vermögensverwaltung in Form der Furchtziehung aus dem über eine sportliche Tätigkeit erlangten Bekanntheitsgrad. Beschränkt sich die Überlassung der Rechte nicht auf einen Werbetreibenden über einen langen Zeitraum, so lässt die allgemeine Lebenserfahrung aus der zeitlichen Beschränkung eines wirtschaftlich verwertbaren Werbewertes auf die aktive Phase eines Berufssportlers den Schluss einer Teilnahme am wirtschaftlichen Verkehr zu. Dies hat der BFH jüngst noch einmal bestätigt.[1674] Bei Leistungsbündeln ist grundsätzlich jede Leistungsbeziehung einzeln zu prüfen, wobei bei prägenden Elementen diese die Gesamtbeurteilung bestimmen.

II. Einkünftequalifikation von unbeschränkt steuerpflichtigen Berufssportlern mit Auslandseinkünften

Im Ausland erzielte Einkünfte eines in Deutschland unbeschränkt steuerpflichtigen Berufssportlers unterliegen dann der deutschen Steuerpflicht, wenn sie den Einkünftekatalog des § 2 Abs. 1 Nr. 1 bis 7 EStG entsprechen (sog. Welteinkommensprinzip). Macht auch der ausländische Staat als Quellenstaat ein Besteuerungsrecht geltend, so droht Doppelbesteuerung. In Abwesenheit von Doppelbesteuerungsabkommen kann wirtschaftliche Doppelbesteuerung durch die Anrechnung festgesetzter und bereits gezahlter ausländischer Steuer gem. § 34c EStG vermieden werden. Wichtigste Voraussetzung ist dabei die Subsumtion der ausländischen Einkünfte unter § 34d EStG. Insbesondere bei Berufssportlern kann ein im Ausland ansässiger und von dort aus tätig werdender Manager als ständiger Vertreter zu ausländischen gewerblichen Einkünften iSd. § 34d Nr. 2 EStG führen. Eine ausländische Betriebsstätte vermögen hingegen nur die wenigsten Berufssportler zu begründen.

III. Einkünftequalifikation von beschränkt steuerpflichtigen Berufssportlern bei Abwesenheit von DBA

Hat der Berufssportler weder seinen Wohnsitz noch seinen gewöhnlichen Aufenthalt in Deutschland, so unterliegt er nur dann mit seinen Einkünften der deutschen Steuerpflicht, wenn diese einen ausreichenden genuine link zum Inland aufweisen.

1674 *BFH*, 22.02.2012 – X R 14/10, BStBl. II 2012, 511 = juris.

Im Ausland ansässige Individualsportler werden dabei in den seltensten Fällen über eine Betriebsstätte oder einen ständigen Vertreter im Inland verfügen, so dass bis zum VZ 1986 die Einkünfte aus sportlichen Darbietungen nicht der deutschen Einkommensteuer unterlagen. Seither unterliegen aber über § 49 Abs. 1 Nr. 2 lit. d) EStG die Einkünfte aus einer sportlichen Darbietung bzw. deren Verwertung der beschränkten Steuerpflicht. Sowohl das Tatbestandsmerkmal der Darbietung als auch das Adjektiv sportlich sind dabei weit zu verstehen, so dass sowohl der Schachspieler, als auch der Segelflugpilot erfasst sind und auch neue Sportarten hierunter subsumiert werden können. Andererseits weisen etwa Trainingseinheiten als Vorbereitungshandlungen nicht den erforderlichen Wettbewerbscharakter auf und sind daher bereits nicht als Darbietung zu qualifizieren. Über das durch das JStG 2009 eingefügte Tatbestandsmerkmal der unterhaltenden Darbietung ist der Bereich der erfassten Darbietungen noch einmal erweitert worden, so dass nunmehr etwa auch Talk-Show Teilnahmen erfasst sind. Die Darbietung muss weiter im Inland ausgeübt oder verwertet werden, wobei die Verwertung eine über die Darbietung hinausgehende Handlung erfordert und damit aus Sicht des Berufssportlers subsidiär zur Ausübungsalternative ist. Erfasst werden aber auch Zusammenhangsleistungen, welche als Annextatbestand die künstliche Aufspaltung einer wirtschaftlich als Einheit zu betrachtenden Leistung und damit unterschiedlichen Besteuerung von Haupt- und Nebenleistung verhindern soll. Erfasst ist indes nicht jede andere Leistung, sondern vielmehr nur solche, die einen sachlichen und personellen Zusammenhang zur Hauptleistung aufzuweisen vermögen. Der sachliche Zusammenhang konkretisiert sich dabei in einer tatsächlichen, mithin nicht nur rechtlichen Verbindung, die weiter in örtlicher und zeitlicher Hinsicht konkret und untrennbar mit der Hauptleistung in Zusammenhang zu stehen hat. Als ungeschriebenes Tatbestandsmerkmal ist auch ein personeller Zusammenhang zu fordern, welcher aber im Gegensatz zur Auffassung der Finanzverwaltung nicht über § 1 Abs. 2 AStG derart weit zu verstehen ist, sondern vielmehr unter einer wirtschaftlichen Betrachtungsweise als Leistung aus einer Hand zu begreifen ist. Selbstverständlich kann die Nebenleistung sowohl mit der Ausübung einer u. a. sportlichen Darbietung (bspw. in Form eines Interviews unmittelbar nach dem Spiel), aber auch mit deren Verwertung (bspw. durch Werbung für das Verwertungsprodukt) in Zusammenhang stehen. Erfasst sein können damit auch Ausrüsterverträge, die allerdings dann im Hinblick auf die sportliche Darbietung im Inland einer Aufteilung bedürfen. Die zeitlich beschränkte Überlassung von Rechten, bspw. dem vermögenswerten Bestandteilen des allgemeinen Persönlichkeitsrechts, aber auch deren Veräußerung, einschl. der verbrauchenden Rechteüberlassung führt zu Einkünften iSd. § 49 Abs. 1 Nr. 2 lit. f) EStG. Den weiteren Tatbeständen des § 49 EStG kommt aufgrund der weiten Auslegung der gewerblichen Einkünfte für den Bereich der Berufssportler dabei kaum mehr eigenständige Bedeutung zu.

Die Einkünfte von Mannschaftssportlern aus ihrer sportlichen Tätigkeit im Inland weisen über § 49 Abs. 1 Nr. 4 EStG den erforderlichen genuine link auf. Für die sonstigen Einkünfte, die ihren Rechtsgrund nicht im Arbeitsverhältnis eines Mannschaftssportlers finden, gelten keine Besonderheiten im Vergleich zum Individualsportler. Mithin kann auch der Mannschaftssportler aus eigenen Werbeverträgen gewerbliche Einkünfte iSd. § 49 Abs. 1 Nr. 2 lit. d) EStG erzielen.

IV. Besteuerungsverfahren beschränkt steuerpflichtiger Berufssportler

Soweit nicht der vorrangige Lohnsteuereinbehalt anzuwenden ist, findet das Steuerabzugsverfahren Anwendung. Die Abzugstatbestände des § 50a EStG sind dabei nicht völlig kongruent mit der beschränkten Steuerpflicht des § 49 EStG. Während die Darbietung einschließlich etwaiger Zusammenhangsleistungen dem Steuerabzug unterliegt, ist diese auf die Verwertung inländischer Darbietungen beschränkt und auch damit zusammenhängende Leistungen sind nicht erfasst. Diese Nichtberücksichtigung der Verwertung ausländischer Darbietungen liegt dabei aber – wie auch die fehlende Abzugsverpflichtung bei der Veräußerung von Rechten – in der regelmäßig fehlenden abkommensrechtlichen Zuteilung des Besteuerungsrechts begründet. Neben der Bruttomethode ist im Rahmen des Steuerabzugs als Folge der *Scorpio* Entscheidung des EuGH und damit unionsrechtlicher Vorgaben mittlerweile auch die Nettomethode und damit die Berücksichtigung von Werbungskosten bzw. Betriebsausgaben zulässig, soweit diese in unmittelbaren wirtschaftlichen Zusammenhang mit der Leistung stehen. Ob der damit einhergehende erhöhte Abzugssteuersatz von 30 Prozent unionsrechtlichen Anforderungen genügt, ist zwar umstritten, wohl aber aufgrund der Einschätzungsprärogative des Gesetzgebers zu bejahen. Die ausweislich des Wortlauts fehlende Zulässigkeit der Nettomethode bei Lizenzeinkünften nach § 50a Abs. 1 Nr. 3 EStG kann nur durch ein gesetzgeberisches Versehen begründet und im Rahmen einer unionsrechtskonformen Auslegung korrigiert werden. Soweit ein Steuerabzug nicht vorgesehen oder dieser, wie etwa bei unterjährigen Wegzug ausgeschlossen ist, hat sich der Berufssportler mit diesen Einkünften zu veranlagen. Unionsrechtliche Vorgaben eröffnen daneben unter gewissen Voraussetzungen auch eine Wahlveranlagung, wobei die konkrete Umsetzung in § 50 Abs. 2 Satz 2 Nr. 5 EStG wohl nur im Rahmen einer geltungserhaltenden Reduktion den unionsrechtlichen Anforderungen genügen kann.

V. Einkünftequalifikation von beschränkt steuerpflichtigen Berufssportlern bei anwendbaren DBA

DBA begründen zwar keine Steuerpflicht, setzen aber in ihrem Anwendungsbereich den nationalen Besteuerungsanspruch Schranken. Die Einkünfte von Sportlern regelt dabei Art. 17 OECD-MA, welcher als lex specialis vorrangig vor den Verteilungsartikeln der Art. 15 (unselbständige Arbeit), Art. 7 (Unternehmensgewinne) und in Abgrenzung zu Art. 12 (Lizenzgebühren) zu beachten ist. Der Sportlerbegriff des Art. 17 OECD-MA ist dabei weit zu interpretieren, insbesondere kann es zur Abgrenzung nicht auf einen Öffentlichkeitsbezug ankommen. Dies ist vielmehr Gegenstand der Frage, ob die Einkünfte als solche aus einer persönlich ausgeübten

Tätigkeit des Sportlers zu qualifizieren sind. Sportler kann jedoch – wie sich aus einem Umkehrschluss mit Art. 17 Abs. 2 OECD-MA ergibt, nur eine natürliche Person sein. Aus dem Sinn und Zweck von DBA, aber auch expressis verbis ist weiter zu fordern, dass der Sportler anlässlich der Tätigkeit in einem anderen als seinem Ansässigkeitsstaat tätig wird. Die daraus erzielten Einkünfte müssen zum einen ihm subjektiv zuordenbar sein, zum anderen aber auch objektiv aus einer persönlich ausgeübten Tätigkeit als Sportler herrühren. Während dies für Einkünfte aus den einzelnen Auftritten evident ist, weichen die vertretenen Auffassungen für weitere Tätigkeiten teils gravierend voneinander ab. So ist etwa dem OECD Musterkommentar als primären Auslegungsmittel eine sehr weitreichende Interpretation dahingehend zu entnehmen, dass selbst Entgelte für Trainingseinheiten oder etwa auch für Auswechselspieler erfasst sind. Die Erfassung von Auswechselspielern und die Nichterfassung von verletzten Spielern, die in dieser Zeit einer Kommentatorentätigkeit nachgehen, werden in der Literatur weitestgehend geteilt. M.E. ist aus dem Art. 17 OECD-MA zu Grunde liegenden auftrittsbezogenen Ansatz jedoch zu schließen, dass Trainingsleistungen regelmäßig mangels Darbietungscharakter nicht erfasst sind. Ähnlich dem nationalen Recht erfasst Art. 17 OECD-MA auch Zusammenhangsleistungen, welche anlässlich des Updates des Musterkommentars im Jahre 2014 eine Klarstellung dahingehend erfahren haben, dass ein „enger" Zusammenhang zu fordern ist. Dieser ist nach Nr. 9 Satz 3 des OECD Musterkommentars dann anzunehmen, wenn vernünftigerweise nicht anzunehmen ist, dass diese Einkünfte auch ohne die Durchführung der Tätigkeit erzielt werden hätten können. Diese Auffassung teilt auch das nationale Schrifttum, wenn auch mit unterschiedlicher Akzentuierung. M.E. ist diesem auftrittsbezogenen Ansatz zuzustimmen. Dies gilt auch für die Überlassung von Rechten, bspw. den wirtschaftlich besonders bedeutsamen Übertragungsrechten. Dem Rechnung tragend ordnet Nr. 9.5 des Musterkommentars diese selbst dann Art. 17 OECD-MA zu, wenn diese im Kern Lizenzgebühren (Art. 12 OECD-MA) darstellen. Die Zuordnung wird dabei allerdings zweifach beschränkt. Zum einen muss es sich um eine zeitgleiche Ausstrahlung handeln. Weiter ist aber auch ein Zusammenhang zwischen der persönlichen Tätigkeit des Sportlers und der Vergütung zu fordern, welcher bei Zahlungen an einen Dritten, bspw. den Verein oder Verband, nur dann vorliegt, wenn diese Vergütung zumindest teilweise an den Sportler weitergereicht wird. Fehlen diese Voraussetzungen, so sind Vergütungen an den Sportler nicht unter Art. 17 OECD-MA sondern regelmäßig unter Art. 7 OECD-MA, selten unter Art. 12 OECD-MA zu subsumieren.

VI. Allokation von (Gesamt-) Vergütungen

Sind Vergütungen auf erster Ebene den jeweiligen Verteilungsartikel zugeordnet, so ist eine einheitlich unter Art. 17 OECD-MA fallende Gesamtvergütung bei Berufssportlern regelmäßig auf die verschiedenen Jurisdiktionen ihrer Tätigkeit aufzuteilen. Vertreten werden dabei ein veranstaltungsbezogener („per match") und ein arbeitstagsbezogener („per duty day") Ansatz. Beide verfolgen einen eher quantitativen Ansatz und vermögen daher die Besonderheiten des Einzelfalls nicht zu berücksichtigen, so dass m. E. der vom OECD Musterkommentar in Nr. 9.2. wohl präferierte arbeitstagsbezogene Ansatz zu modifizieren ist. Während Auftritte arbeitstagsbezogen aliquotiert werden können, erscheint für Zusammenhangsleistungen eine Berücksichtigung der jeweils spezifischen Faktoren (bspw. Umsatz oder Betriebsausgaben bei Werbeeinkünften oder die erzielten Weltranglistenpunkte bei Ausrüsterverträgen) sinnvoll. Auch wenn der Musterkommentar in Nr. 9.2 eine entsprechende Berücksichtigung zulässt, sollte de lege ferenda eine Klarstellung erfolgen.

VII. Treaty Override und subject-to-tax als Reaktion des nationalen Gesetzgebers

Wird das Besteuerungsrecht an den Einkünften des Berufssportlers über ein DBA dem anderen Staat zugewiesen, so ist eine inländische Besteuerung erst dann ausgeschlossen, wenn keine das Abkommen überschreibende nationale Rechtsnorm einschlägig ist. Solche Treaty Overrides sind seit der Entscheidung des BVerfG vom 15.12.2015 als verfassungsgemäß anzusehen.[1675] Zu unterscheiden sind die für unbeschränkt bzw. für beschränkt Steuerpflichtige geltenden Regelungen. Im Bereich der beschränkten Steuerpflicht versuchen das Erstattungs- bzw. Freistellungsverfahren missbräuchliche Anwendungen zu verhindern. Im Bereich der unbeschränkten Steuerpflicht enthalten § 50d Abs. 8 und 9 Satz 1 Nr. 2 EStG klassische subject-to-tax-Regeln. Auch wenn die nationale Treaty Override Regelung als lex specialis zur abkommensrechtlichen Regelung zu verstehen ist, so wird diese nicht generell durch eine jüngere abkommensrechtliche Regelung im Wege des „lex posterior"-Grundsatzes wieder außer Kraft gesetzt. Dieser Auffassung ist der BFH mittlerweile zumindest im Zusammenhang mit § 50d Abs. 8 EStG.[1676]

VIII. Zwischenschaltung von ausländischen (Lizenzverwertungs-) Gesellschaften

Grundsätzlich lässt sich durch die Zwischenschaltung einer ausländischen Kapitalgesellschaft eine Abschirmwirkung vor dem deutschen Steuerzugriff erzielen. Diese Gestaltungen begegnen aber vielfachen Missbrauchsvermeidungsnormen. Zu unterscheiden sind auch hier Inbound- und Outbound-Konstellationen. So ist in der Inbound-Konstellation bei ausreichendem genuine link die beschränkte Steuerpflicht der ausländischen Kapitalgesellschaft zu beachten. Das inländische Besteuerungsrecht wird dabei weitestgehend über Art. 17 Abs. 2 OECD-MA sichergestellt. Nur gelegentlich weisen die einschlägigen DBA keine dem Art. 17 Abs. 2 OECD-MA vergleichbare Regelung auf. Ausschüttungen an den Sportler können

1675 *BVerfG*, 15.12.2015–2 BvL 1/12, BVerfGE 141, 1 = juris Rn. 64 ff. und 77 ff.
1676 *BFH*, 25.05.2016 – I R 64/13, BFHE 254, 33 = juris Rn. 16, 18.

dann wiederum Art. 17 Abs. 1 OECD-MA unterfallen, da es auf den tatsächlich Zahlenden gerade nicht ankommt.

In der Outbound-Konstellation intendiert der im Inland ansässige Berufssportler durch Zwischenschaltung einer im Ausland domizilierenden Kapitalgesellschaft eine entsprechende Abschirmung. Im Gegensatz zur Inbound-Konstellation setzen hier die Missbrauchsvermeidungsnormen bereits im Zeitpunkt der Übertragung der Rechte an die Gesellschaft an. Bei fehlender Beteiligung an der empfangenden Kapitalgesellschaft ist die unentgeltliche Überlassung regelmäßig als Schenkung und damit als schenkungsteuerbarer Tatbestand zu beurteilen. Darüber hinaus ist die Überlassung als Entnahme des Rechts aus seinem inländischen Gewerbebetrieb mit der Folge der Besteuerung eines fiktiven Entnahmegewinns zu qualifizieren. Ist der Berufssportler indes an der Kapitalgesellschaft beteiligt, so ist die Überlassung als verdeckte Einlage zu begreifen. Auch dies führt zur Gewinnrealisation auf Ebene des einlegenden Sportlers. Hinsichtlich der Besteuerung laufender Gewinne der ausländischen Kapitalgesellschaft sind § 42 AO und insbesondere die Regelungen der Hinzurechnungsbesteuerung gem. §§ 7 bis 14 AStG zu beachten. Letztere erkennt die Rechte auf Ebene der Kapitalgesellschaft zwar an, fingiert aber eine größtmögliche Gewinnausschüttung zum frühestmöglichen Zeitpunkt auf Ebene der deutschgeprägten Gesellschaft. Die auf Ebene der Gesellschaft erzielten Gewinne aus den zeitlich begrenzt überlassenen Rechten sind dabei als passive Einkünfte iSd. § 8 Abs. 1 Nr. 6 lit. a) AStG zu qualifizieren. Im Ergebnis steht der Finanzverwaltung daher ein breites Spektrum an Möglichkeiten zur Verfügung, die Zwischenschaltung der ausländischen Kapitalgesellschaft im Ergebnis zu egalisieren.

Literaturverzeichnis

Abele, Stephan, Handbuch der internationalen Steuerplanung, 3. Aufl., Herne [u. a.] 2011.

Abgabenordnung, Finanzgerichtsordnung, Kommentar, 244. Lieferung, Köln 2017.

Ahlberg/Götting, Horst-Peter, Beck'scher Online-Kommentar Urheberrecht, Stand: 01.08.2017, München (zitiert: Ahlberg/Götting/*Bearbeiter)*.

Anger, Christiane/Wagemann, Thorsten, Zweifelsfragen bei der Auslegung von Doppelbesteuerungsabkommen, Praktische Hinweise unter Berücksichtigung der Rechtsprechung des BFH, IStR 2014, 611.

Anzinger, Heribert M., Steuerbefreiung der FIFA anlässlich der Fußballweltmeisterschaft 2006 in Deutschland durch Ministererlass – demokratisch legitimiert und volkswirtschaftlich zweckmäßig?, FR 2006, 857.

Artner, Hans-Peter, Einkünfte von Künstlern aus der Überlassung von Namens- und Bildrechten, SWI 2001, 248–256.

Ault, Hugh J., The Role of the OECD Commentaries in the Interpretation of Tax Treaties, intertax 1994, 144.

Avery Jones, John F., Art. 3 (2) of the OECD Model Convention and the Commentary to it: Treaty Interpretation, ET 1993, 252.

Avery Jones, John F., The Effect of Changes in the Commentaries after a Treaty is Cocluded, BFID 2002, 102.

Balzerkiewicz, Steffi/Voigt, Daniel, BB-Forum: Kriterien eines Steuererlasses nach § 50 Abs. 7 EStG bei Sportereignissen unter Berücksichtigung der Gleichbehandlung verschiedener Sportarten, BB 2005, 302.

Baumhoff, Hubertus/Liebchen, Daniel, Seminar G: Steuerfragen im Zusammenhang mit immateriellen Wirtschaftsgütern, IStR 2014, 711.

Becht, Bernhard, Update des BMF zur grenzüberschreitenden Arbeitnehmerbesteuerung nach den DBA, ISR 2015, 201–210.

Beermann, Albert/Gosch, Dietmar, Kommentar zur Abgabenordnung und Finanzgerichtsordnung, mit Nebengesetzen, EuGH-Verfahrensrecht, Bonn 1995 (zitiert: Beermann/Gosch/*Bearbeiter)*.

Bericht des Finanzausschusses, zu dem Gesetzesentwurf der Bundesregierung – Drucksache 17/7524 – Entwurf eines Gesetzes zur Umsetzung der Beitreibungsrichtlinie sowie zur Änderung steuerlicher Vorschriften (Beitreibungsrichtlinie-Umsetzungsgesetz – BeitrRLUmsG), Berlin 26.10.2011.

Betten, Rijkele, Annex to Advocate General's conclusion on whether or not Art. 17 of the OECD Model applies to the basic salaries of sportsmen, ET 2006, 231.

Beuthien, Volker/Schmölz, Anton S., Persönlichkeitsschutz durch Persönlichkeitsgüterrechte, Erlösherausgabe statt nur billige Entschädigung in Geld, Munich 1999.

Birk, Dieter/Desens, Marc/Tappe, Henning, Steuerrecht, 20. Aufl., Heidelberg 2017.

Bitz, Horst/Pust, Hartmut, Das Einkommensteuerrecht, Kommentar zum Einkommensteuerrecht, Stuttgart 2017 (zitiert: Bitz/Pust/*Bearbeiter)*.

Bláha, Jaromír, Treatment of "Training Activities" for Artists and Sportsmen according to the OECD Model, in: *Loukota, Walter* (Hrsg.), Taxation of artistes and sportsmen in international tax law, Bd. 51, Wien 2007, S. 115–135.

Bode, Peter/Huber, Paul/Stählin, Walo, Zur zwischenstaatlichen Besteuerung von Künstlern und Sportlern mit Hinweisen auf andere Länder, DStR 1989, 130–132.

Bozza-Bodden, Nadya, § 50d Abs. 3 EStG (2007) unionsrechtswidrig?, Anmerkung zu FG Köln, Beschl. v. 08.07.2016–2 K 2995/12, IStR 2016, 905.

Bramo, Thomas, The Notion of "Income" in the Sense of Art. 17 OECD Model, in: *Loukota, Walter* (Hrsg.), Taxation of artistes and sportsmen in international tax law, Bd. 51, Wien 2007, S. 71–89.

Bryde, Steuerverweigerung und Sozialstaat, in: *Aschke, Manfred* (Hrsg.), Selbstbestimmung und Gemeinwohl, Festschrift zum 70. Geburtstag von Professor Friedrich von Zezschwitz, 1. Aufl, Baden-Baden 2005, S. 321.

Buhl, Samir, Bundesligaschiedsrichter als Arbeitnehmer, CaS 2015, 378.

Bundesverfassungsgerichtsgesetz, Kommentar, 51. Erg.-Lfg., Mai 2017, München 2017.

Cordewener, Axel, Art. 17 Entertainers and Sportspersons, in: *Reimer, Ekkehart* (Hrsg.), Klaus Vogel on double taxation conventions, 4. ed., Alphen aan den Rijn, Alphen aan den Rijn 2015, S. 1287–1411.

Cordewener, Axel, Tax Treaty Issues Related to Qualification, Allocation and Apportionment of Income Derived by Entertainers and Sportspersons, in: *Maisto, Guglielmo* (Hrsg.), Taxation of entertainers and sportspersons performing abroad, volume 13, Amsterdam 2016, S. 105–134.

Cordewener, Axel/Grams, Harald/Molenaar, Dick, Neues aus Luxemburg zur Abzugsbesteuerung nach § 50a EStG – Erste Erkenntnisse aus dem EuGH-Urteil v. vom 3.10.2006 (C-290/04, „FKP Scorpio Konzertproduktionen GmbH"), IStR 2006, 739.

Czakert, Ernst, Artikel 3 Abs. 2 OECD-MA und die Anwendung des innerstaatlichen Rechts, Seminar D, IStR 2012, 703.

Dahle, Claudia/Sureth, Caren/Stamm, Katharina, Die Einkommensbesteuerung von international tätigen Künstlern, Sportlern, Artisten und unterhaltend Darbietenden, StuB 2011, 138.

Dahm, Georg/Delbrück, Jost/Wolfrum, Rüdiger, Völkerrecht, Bd I/3: Die Formen des völkerrechtlichen Handelns; Die inhaltliche Ordnung der internationalen Gemeinschaft, 2. Aufl., 2., Reprint 2012, Berlin 2002.

Danis, Jozef, Treatment of Income from Inaction of Artists and Sportsmen according to the OECD Model, in: *Loukota, Walter* (Hrsg.), Taxation of artistes and sportsmen in international tax law, Bd. 51, Wien 2007, S. 91–114.

Debatin, H., System und Auslegung von Doppelbesteuerungsabkommen, DB 1985 Beilage Nr. 23, 1.

Debatin, Helmut, Doppelbesteuerungsabkommen und innerstaatliches Recht, DStR 1992 Beihefter zu Heft 23, 1.

Decker, Cordula/Looser, Sebastian, Neuregelung des Steuerabzugs nach § 50a ab 2009, IStR 2010, 8.

Delcker, Matthias, Der Sicherstellungsbescheid nach § 50a Abs. 7 EStG bei beschränkt Steuerpflichtigen, RIW 1985, 472.

Denk, Cornelia, Ausländische Einkünfte inländischer Sportler und Einkünfte von beschränkt steuerpflichtigen Sportlern, DStR 1997, 1911.

Der Spiegel (Hrsg.), Die Dose des Ronaldo.

Deutsche Fußball Liga, Lizenzordnung Spieler (LOS), https://www.dfl.de/dfl/files/statuten/Satzungen-von-DFL-und-DFB/Lizenzordnung-Spieler-LOS-2016-06-10-Stand_Anhang-3-Update-161229.pdf (Stand: 30.11.2017).

Deutsche Fußball Liga, Lizenzierungsordnung (LO), https://www.dfl.de/dfl/files/statuten/Ligastatut/Lizenzierungsordnung-LO.pdf (Stand: 30.11.2017).

Deutscher Fußball Bund, Spielordnung, https://www.dfb.de/fileadmin/_dfbdam/27993-06_Spielordnung.pdf (Stand: 30.11.2017).

Deutscher Fußball Bund, Mustervertrag für Vertragsspieler, https://www.dfb.de/fileadmin/_dfbdam/126460-Mustervertrag_Vertragsspieler_12-2016.pdf (Stand: 30.11.2017).

Deutscher Handball Bund, Spielordnung, https://dhb.de/fileadmin/downloads/satzungen_ordnungen/DHB-Spielordnung_01072017.pdf (Stand: 30.11.2017).

Die Bundesregierung der Bundesrepublik Deutschland, Entwurf eines Steuerbereinigungsgesetzes 1985, Bonn 19.06.1984.

Die Bundesregierung der Bundesrepublik Deutschland, Antwort auf die Kleine Anfrage der Abgeordneten Klaus Riegert, Dr. Michael Meister, Peter Letzgus, weiterer Abgeordneter und der Fraktion der CDU/CSU – Drucksache 15/1250 –, Steuerliche Behandlung internationaler Sportgroßveranstaltungen, Berlin 15.07.2003.

Die Bundesregierung der Bundesrepublik Deutschland, Entwurf eines Jahressteuergesetzes 2007 (JStG 2007), Berlin 25.09.2006.

Die Bundesregierung der Bundesrepublik Deutschland, Entwurf eines Jahressteuergesetzes 2009 (JStG 2009), Berlin 02.09.2008.

Die Bundesregierung der Bundesrepublik Deutschland, EntwurfeinesJahressteuergesetzes2010(JStG2010), Berlin 21.06.2010.

Die Bundesregierung der Bundesrepublik Deutschland, Entwurf eines Gesetzes zur Anpassung der Abgabenordnung an den Zollkodex der Union und zur Änderung weiterer steuerlicher Vorschriften, Berlin 26.09.2014.

Die Fraktionen der CDU/CSU und der SPD, Entwurf eines Steueränderungsgesetzes 2007, Berlin 18.05.2006.

Ditz, Xaver, Deutsche Verhandlungsgrundlage für DBA im internationalen Vergleich, in: *Raupach, Arndt* (Hrsg.), Praxis des Internationalen Steuerrechts 2014, Herne 2015, S. 35–40.

Ditz, Xaver/Quilitzsch, Carsten, Die Änderungen im AStG durch das AmtshilfeRLUmsG – Quo vadis Außensteuergesetz?, DStR 2013, 1917.

Ditz, Xaver/Quilitzsch, Carsten, Die Änderungen im internationalen Steuerrecht durch das Anti-BEPS-Umsetzungsgesetz, DStR 2017, 281.

Ditz, Xaver/Quilitzsch, Carsten, Gesetz gegen schädliche Steuerpraktiken im Zusammenhang mit Rechteüberlassungen – die Einführung einer Lizenzschranke in § 4j EStG, DStR 2017, 1561.

Dommes, Sabine/Metzler, Vanessa E., Das Staatsangehörigendiskriminierungsverbot bei natürlichen Personen, in: *Lang, Michael*/Lang-Schuch-Staringer/*Schuch, Josef u. a.* (Hrsg.), Die Diskriminierungsverbote im Recht der Doppelbesteuerungsabkommen, Wien 2006, S. 93–135.

Drees, Norbert, Sportsponsoring, 3., durchges. Aufl., Wiesbaden 1992.

Dreier, Horst, Grundgesetz, Tübingen 2013 (zitiert: Dreier/*Bearbeiter).*

Dreier, Thomas/Schulze, Gernot, Urheberrechtsgesetz, Urheberrechtswahrnehmungsgesetz, Kunsturhebergesetz; Kommentar, 5. Aufl., München 2015 (zitiert: Dreier/Schulze/*Bearbeiter).*

Ebling, Klaus, Unilaterale Maßnahmen gegen die internationale Doppelbesteuerung bei den Steuern vom Ertrag, 1. Auflage, Mainz 1970.

Ehlig, Frank, Zur Vermeidung des Steuerabzugs nach § 50a EStG bei ausländischen Künstlern und Sportlern durch trennbare Nebenleistungen von Dritten als Gestaltungspotential, IStR 2010, 504.

Ehrke-Rabel, Tina/Freudhofmeister, Martin/Linzner-Strasser, Maria/Toifl, Gerald/Vrignaud, Petra, Künstler und Sportler im nationalen und internationalen Steuerrecht, Einkommensteuer, Umsatzsteuer, Sozialversicherung, 2., aktualisierte Aufl, Wien 2006.

Endres, Dieter, Die Fußball-WM einmal aus anderer Sicht: Steuerfragen rund um das runde Leder, PIStB 2006, 143, http://www.iww.de/pistb/archiv/der-praktische-fall-die-fussball-wm-einmal-aus-anderer-sicht-steuerfragen-um-das-runde-leder-f32345 (Stand: 11.03.2016).

Enneking, Felix/Denk, Cornelia, Qualifikationsprobleme bei der Besteuerung der inländischen Einkünfte von unbeschränkt steuerpflichtigen Sportlern, DStR 1996, 450.

Enneking, Felix/Denk, Cornelia, Ausländische Einkünfte inländischer Sportler und Einkünfte von beschränkt steuerpflichtigen Sportlern, DStR 1997, 1911.

Erman, Walter, Bürgerliches Gesetzbuch, Handkommentar mit AGBG, EGBGB (Auszug), ErbbauRG, LPartG, ProdHaftG, VBVG, VersAusglG und WEG, 15., neu bearbeitete Auflage, Köln 2017 (zitiert: Erman/*Bearbeiter).*

Erman, Walter, Bürgerliches Gesetzbuch, Handkommentar mit AGG, EGBGB (Auszug), ErbbauRG, LPartG, ProdHaftG, UKlaG, VBVG, VersAusglG und WEG, 15. Aufl., Münster 2017 (zitiert: Erman/*Bearbeiter).*

Ernst-Moll, Jürgen, Das Recht am eigenen Bildnis – vor und vor allem nach dem Tode, GRUR 1996, 558.

EStG, KStG, GewStG, Einkommensteuergesetz, Körperschaftsteuergesetz, Gewerbesteuergesetz : Kommentar, 138. Aufl., München 2017 (zitiert: *Blümich/Bearbeiter*).

EU Kommission, Direkte Steuern: Kommission fordert Deutschland auf, diskriminierende Behandlung von nicht gebietsansässigen Steuerpflichtigen (hauptsächlich Künstler, Sportler und Journalisten) zu beenden, http://europa.eu/rapid/pressrelease_IP-08-144_de.htm (Stand: 09.11.2017).

Favi, Linda/Parolini, Andrea, Italy – Italian Case Law and International Taxation, BIT 2010, 429.

Fekar, Pavel/Schnitger, Arne, Art. 24 Abs. 1 OECD-MA als Eintrittsklausel zur mittelbaren und unmittelbaren Anwendung der Grundfreiheiten des EG-Vertrages für Drittstaatler, SWI 2002, 76.

Felderer, Daniel, Taxation of Artistic and Athletic Performance under Art. 17 (2) OECD Model, in: *Loukota, Walter* (Hrsg.), Taxation of artistes and sportsmen in international tax law, Bd. 51, Wien 2007, S. 269–300.

FIFA, FAQ_Finance_DE, http://de.fifa.com/mm/document/affederation/bodies/02/36/77/41/faq_finance_de_german.pdf (Stand: 09.02.2015).

FIFA, Reglement bezüglich Status und Transfer von Spielern, http://resources.fifa.com/mm/document/affederation/administration/02/70/95/52/regulationsonthestatusandtransferofplayersnov2016webde_german.pdf (Stand: 30.11.2017).

Fifa mit Rekordgewinn, Brasilien geht leer aus, http://www.tagesspiegel.de/sport/nach-wm-2014-fifa-mit-rekordgewinn-brasilien-geht-leer-aus/10265644.html (Stand: 30.11.2017).

Finanzausschuss, Beschl.empfehlung und Bericht zum Gesetzesentwurf der Bundesregierung – Drucksache 18/4902 – Entwurf eines Gesetzes zum Umsetzung der Protokollerklärung zum Gesetz zur Anpassung der Abgabenordnung an den Zollkodex der Union und zur Änderung weiterer steuerlicher Vorschriften, Berlin 23.09.2015.

Flick, Hans, Deutsche Aktivitäten von Ausländern über ausländische Zwischengesellschaften und die Mißbrauchsgesetzung des § 50d Ia EStG, IStR 1994, 223.

Flick, Hans/Wassermeyer, Franz/Baumhoff, Hubertus/Schönfeld, Jens, Außensteuerrecht, Kommentar ; Außensteuergesetz, Einkommensteuergesetz ([section][section] 1, 1a, 2a, 34c, 34d EStG; Auslandstätigkeitserlaß), Körperschaftsteuergesetz ([section][section] 8b, 26 KStG), Umwandlungssteuergesetz ([section][section]23, 26 UmwStG), Gewerbesteuergesetz ([section] 9 Nr. 7, 8, [section] 12 Abs. 3 Nr. 4, 5 GewStG), Bewertungsgesetz ([section] 102 Abs. 2 BewG), Erbschaftsteuergesetz ([section] 21 ErbStG), 5. Aufl., Köln 2014 (zitiert: Flick/Wassermeyer/Baumhoff/Schönfeld/*Bearbeiter*).

Flick, Hans/Wassermeyer, Franz/Kempermann, Michael, Doppelbesteuerungsabkommen Deutschland-Schweiz, Steuern vom Einkommen und Vermögen, Nachlass- und Erbschaftsteuern, Köln 1981- (zitiert: Flick/Wassermeyer/Kempermann/*Bearbeiter*).

Forkel, Hans, Lizenzen an Persönlichkeitsrechten durch gebundene Rechtsübertragung, GRUR 1988, 491.

Förster, Jutta, Steuerliche Aspekte grenzüberschreitender Basisversorgung im Alter, IStR 2017, 461.

Friedrich Carl von Savigny, System des heutigen Römischen Rechts, 1. Auflage, Berlin 1840.

Fritzweiler, Jochen, in: *Fritzweiler, Jochen R./Pfister, Bernhard/Summerer, Thomas* (Hrsg.), Praxishandbuch Sportrecht, 3., neu bearbeitete Auflage 2014, München 2014.

Frotscher, Gerrit, Internationales Steuerrecht, 4. Aufl., München 2015.

Frotscher, Gerrit, Treaty Override – causa finita?, IStR 2016, 561.

Frotscher, Gerrit/Geurts, Matthias, Kommentar zum Einkommensteuergesetz – EStG –, s.l. (zitiert: Frotscher/Geurts/*Bearbeiter*).

Fuhrmann, Claas/Kraeusel, Jörg/Schiffers, Joachim, EStG – eKommentar, Bonn, Saarbrücken 2017 (zitiert: Fuhrmann/Kraeusel/Schiffers/*Bearbeiter*).

Gebhardt, Ronald, Die atomisierende Betrachtungsweise nach § 50d Abs. 9 Satz 4 EStG-E und die Lösung des „wenn vs. soweit"-Problems in § 50d Abs. 9 S. 1 EStG-E, IStR 2016, 1009.

Gemeinsamer Steuerausschuss Deutschland-Österreich-Schweiz, Die Bedeutung des OECD-Musterkommentars für die DBA-Auslegung, SWI 2000, 576.

Geserich, Stephan, 25. Entnahmen und Einlagen, in: *Leingärtner, Wilhelm* (Hrsg.), Besteuerung der Landwirte, Einkommensteuer, Umsatzsteuer, Erbschaftsteuer: Handbuch der Besteuerung der Land- und Forstwirtschaft, 3. Aufl., München 1998.

Gloria, Christian, Das steuerliche Verständigungsverfahren und das Recht auf diplomatischen Schutz, Zugl. e. Beitr. zur Lehere von d. auslegung d. Doppelbesteuerungsabkommen, Berlin 1988.

Gnoth, Boris, Taxation of the Other Income of Artists and Sportsmen at Interposition of a Company, in: *Loukota, Walter* (Hrsg.), Taxation of artistes and sportsmen in international tax law, Bd. 51, Wien 2007, S. 301–323.

Goebel, Sören/Palm, Annette, Der Motivtest – Rettungsanker der deutschen Hinzurechnungsbesteuerung?, IStR 2007, 720.

Görl, Maximilian, Die freien Berufe im internationalen Steuerrecht der Bundesrepublik Deutschland, München 1983.

Gosch, Dietmar, Vielerlei Gleichheiten – Das Steuerrecht im Spannungsfeld von bilateralen, supranationalen und verfassungsrechtlichen Anforderungen, DStR 2007, 1553.

Gosch, Dietmar, Auslegung von DBA in der deutschen Rechtspraxis, in: *Lüdicke, Jürgen/Blumenberg, Jens* (Hrsg.), Vermeidung der Doppelbesteuerung und ihre Grenzen, [... 29. Hamburger Tagung zur Internationalen Besteuerung am 7. Dezember 2012 ...], Bd. 42, Köln 2013, S. 12–24.

Gosch, Dietmar, Über die Auslegung von Doppelbesteuerungsabkommen, ISR 2013, 87.

Gosch, Dietmar, § 8 KStG, in: *Gosch, Dietmar/Bauschatz, Peter/Förster, Guido u. a.* (Hrsg.), Körperschaftsteuergesetz, 3. Aufl., München 2015.

Gosch, Dietmar/Kroppen, Heinz-Klaus/Grotherr, Siegfried, DBA-Kommentar, [Doppelbesteuerungsabkommen auf dem Gebiet der Steuern vom Einkommen und vom Vermögen, auf dem Gebiet der Erbschaftsteuer], Herne [u. a.] 2017 (zitiert: Gosch/Kroppen/Grotherr/*Bearbeiter)*.

Götting, Horst-Peter, Die Vererblichkeit der vermögenswerten Bestandteile des Persönlichkeitsrechts – ein Meilenstein in der Rechtsprechung des BGH, NJW 2001, 585.

Götting, Horst-Peter, § 10. Ideeller und kommerzieller Persönlichkeitsschutz, in: *Götting, Horst-Peter/Schertz, Christian/Seitz, Walter* (Hrsg.), Handbuch des Persönlichkeitsrechts, München 2008.

Gradl, Christoph, Steuern und Sport, Besteuerungsfragen bei Profisportlern, IWB 2014, 489–499.

Graf, Helmut/Bisle, Michael, Besteuerung beschränkt steuerpflichtiger Sportler, IStR 2006, 44.

Grams, Harald/Schön, Ilka, Die Künstlerbesteuerung nach dem Referentenentwurf des BMF und dem Regierungsentwurf zum Jahressteuergesetz 2009, IStR 2008, 656.

Grams, Harald/Ulbricht, Johannes, Zum Steuerabzug auf Produktionsleistungen ausländischer Bühnentechniker, IStR 2011, 40.

Grossmann, Martin, Die Besteuerung des Künstlers und Sportlers im internationalen Verhältnis, Bern u. a. 1992.

Grützner, Dieter, Dem Steuerabzug nach § 50a Abs. 4 EStG unterliegende Einkünfte, IWB, 955.

Guillaume, Gilbert, L'Organisation de Coopération et de Développement Economiques et l'évolution récente de ses moyens d'action, in: Le Centre national de la recherche scientifique (Hrsg.), Annuaire Français de Droit International, Bd. 25, Paris 1979, S. 75–88.

Günkel, Manfred, Die Besteuerung von Abfindungen an beschränkt Steuerpflichtige, IStR 2009, 889.

Günkel, Manfred/Lieber, Bettina, Abkommensrechtliche Qualifikation von Sondervergütungen, Irrwege der Finanzverwaltung, FR 2000, 853.

Haase, Florian, Internationales und Europäisches Steuerrecht, 4., neu bearbeitete Auflage, Heidelberg, Neckar 2014.

Haase, Florian, Aussensteuergesetz, Doppelbesteuerungsabkommen, 3., neu bearbeitete Auflage, Heidelberg 2016 (zitiert: Haase/*Bearbeiter)*.

Haase, Florian/Dorn, Katrin, Vorteile der erweitert beschränkten Steuerpflicht im Sinne des § 2 AStG?, IStR 2013, 909.

Haendel, Ralf, Treaty Overriding im Internationalen Steuerrecht als Verfassungsproblem, Insbesondere zur Reichweite der Voelkerrechtsfreundlichkeit des Grundgesetzes 2016.

Haendel, Ralf, Treaty Override – verfassungsrechtlich zulässig, aber im Einzelfall nicht anwendbar?, IStR 2017, 436.

Hahn, Hugo J./Weber, Albrecht, Die Organisation for Economic Co-operation and Development.

Hahn-Joecks, Gabriele, Zur Problematik der Besteuerung ausländischer Künstler und Sportler, 1. Aufl., Baden-Baden 1999.

Hartl, Michael, Persönlichkeitsrechte als verkehrsfähige Vermögensgüter 2004.

Hartmann, Rainer, Neuregelung des Steuerabzugs bei Honorarzahlungen an beschränkt steuerpflichtige Künstler durch das JStG 2009, DB 2009, 197.

Haslehner, Werner C., Das Betriebsstättendiskriminierungsverbot im internationalen Steuerrecht, Wien 2009.

Haslinger, Katahrina/Weninger, Patrick, Die Ausübung der Tätigkeit als maßgebendes Kriterium für die Festlegung des Quellenstaates nach den Doppelbesteuerungsabkommen (Art. 15 und 17 OECD-MA, in: *Wellisch, D./Gassner, Wolfgang* (Hrsg.), Die Verteilung der Besteuerungsrechte zwischen Ansässigkeits- und Quellenstaat im Recht der Doppelbesteuerungsabkommen, Wien 2005, S. 273.

Heermann, Peter W., Wem stehen die Verwertungsrechte an Persönlichkeitsrechten von Lizenzfussballspielern zu?, CaS 2009, 166.

Heintschel von Heinegg, Wolf, § 12. Auslegung völkerrechtlicher Verträge, in: *Ipsen, Knut/Menzel, Eberhard* (Hrsg.), Völkerrecht, Ein Studienbuch, 6., völlig neubearbeitete Auflage, 2014 des von Eberhard Menzel begründeten Werkes, München 2014.

Herrmann, Carl/Heuer, Gerhard/Raupach, Arndt, Einkommensteuer- und Körperschaftsteuergesetz, Kommentar, 281. Lieferung, Köln 2017 (zitiert: Herrmann/Heuer/Raupach/*Bearbeiter)*.

Hey, Friedrich E.F., Anmerkung zu FG Hamburg, Beschl. v. 17.01.1997 - II 97/96 (Quellensteuer auf Tournee-Sponsoring und Merchandising-Einkünfte), RIW 1997, 887.

Hey, Friedrich E.F., Quellensteuer auf Tournee-Sponsoring und Merchandising Einkünfte, Anmerkung zu: FG Hamburg, Beschl. v. 17.01.1997 - II 97/96, EFG 1997, 883.

Hidien, Jürgen W./Holthaus, Jörg, Besteuerung beschränkt steuerpflichtiger Arbeitnehmer ab 2009, PIStB 2009, 108.

Hofbauer, Ines, DBA-Diskriminierungsverbote und gemeinschaftsrechtliche Grundfreiheiten – Meistbegünstigung, in: *Lang, Michael*/Lang-Schuch-Staringer/ *Schuch, Josef u. a.* (Hrsg.), Die Diskriminierungsverbote im Recht der Doppelbesteuerungsabkommen, Wien 2006, S. 289–318.

Hoffmann, Besteuerung grenzüberschreitender Vergütungen beim Sportsponsoring, SpuRt 1988, 230–233, http://www.meilicke-hoffmann.de/images/4.1.2.2.pdf.

Hölscheidt, Sven, Der Einfluss des Bundestages auf Doppelbesteuerungsabkommen, IStR 2017, 918.

Holthaus, Jörg, Steuerfreistellung von ausländischen Künstlern und Sportlern nach dem JStG 2009, IWB, 157.

Holthaus, Jörg, Geänderter Steuerabzug nach § 50a EStG ab 2009 – Großmaß an Entlastung und Vereinfachung mit kleinen Tücken (§ 50a EStG), DStZ 2008, 741.

Holthaus, Jörg, Steuererlass für Champions-League & Co – Verzicht auf Steuerabzug nach § 50a EStG und Schaffung „weißer Einkünfte“ bei deutschen Spitzensportlern, IStR 2008, 504.

Holthaus, Jörg, Beschränkt steuerpflichtige Mannschaftssportler: ein Eigentor des BMF beim Steuererlass für Champions League & Co – Negativliste setzt Finanzverwaltung unter Zugzwang, IStR 2010, 763.

Holthaus, Jörg, Praxisprobleme bei der ab 2009 geänderten Besteuerung beschränkt steuerpflichtiger Künstler und Sportler, IStR 2010, 23.

Holthaus, Jörg, Besteuerung ausländischer Künstler und Sportler, Aktuelle BFH Rechtsprechung zum Steuerabzug nach § 50a EStG – Auswirkung für Praxis, PIStB 2011, 6.

Holthaus, Jörg, Aktuelle Streitpunkte zur Bemessung des Steuerabzugs nach § 50a EStG, Steuerfreiheit von Reisekosten und fehlende Steuerpflicht von bestimmten beschränkt Steuerpflichtigen, IWB 2013, 303.

Holthaus, Jörg, Ausdehnung des Steuererlasses für Champions-League & Co. durch die Hintertür ohne Rechtsgrundlage, IStR 2013, 468.

Holthaus, Jörg, Beschränkte Steuerpflicht: Aktuelle Entwicklungen beim Steuerabzug für Vergütungen an beschränkt Steuerpflichtige nach § 50a EStG, ISR 2013, 256.

Holthaus, Jörg, Erweiterte Möglichkeiten der Finanzverwaltung bei der Anordnung des Steuerabzugs auf Vergütungen an beschränkt Steuerpflichtige nach § 50a Abs. 7 EStG ab 2015, ISR 2014, 329.

Holthaus, Jörg, Ausländische Künstler und Sportler im Steuerrecht, Praktikerhandbuch für Darbietungseinkünfte und Rechteüberlassungen, 2. Aufl, Herne, Westf 2015.

IBFD, Global Tax Treaty Commentaries May 2014 (zitiert: IBFD/*Bearbeiter*).

Indien-Grand-Prix doch schon 2016? – Formel 1 – Motorsport-Magazin.com, http://www.motorsport-magazin.com/formel1/news-204422-indien-grand-prix-doch-schon-2016/ (Stand: 30.11.2017).

Innamorato, Caterina, Expeditious Amendments to Double Tax Treaties based on the OECD Model, intertax 2008, 98–124.

J. von Staudingers Kommentar zum Bürgerlichen Gesetzbuch, Mit Einführungsgesetz und NebengesetzenBuch 2 – Recht der Schuldverhältnisse §§ 535–555 f. Mietrecht 1 – Allgemeine Vorschriften, Wohnraummiete, Neubearb. 2018, Berlin 2018 (zitiert: *Staudinger/Bearbeiter*).

Jacob, Friedhelm/Klein, Martin, Kein Ausschluss der KapESt-Erstattung gem. § 50d Abs. 1a EStG 1990/1994 und § 42 AO bei Zwischenschaltung konzernintern ausgegliederter Beteiligungsgesellschaft, IStR 2005, 710.

Jansen, Rudolf, Steuerfragen bei Sportlervergütungen und Ablösezahlungen, FR 1995, 461–465.

Jau, Martin, "Star Companies" in International Tax Law, in: *Loukota, Walter* (Hrsg.), Taxation of artistes and sportsmen in international tax law, Bd. 51, Wien 2007, S. 247–267.

Jirousek, Heinz, Kritische Anmerkungen zur Auslegung von Doppelbesteuerungsabkommen, SWI 1998, 112.

Jochimsen, Claus/Gradl, Christoph, Normhierarchische Einordnung von Treaty Overrides – und Abgleich konkreter Beispiele mit aktuellen DBA sowie der DBA Verhandlungsgrundlage, IStR 2015, 236.

Kahle, Holger/Beinert, Stefanie/Heinrichs, Sebastian, § 50d Abs. 9 EStG nach den Änderungen durch das BEPS 1-Gesetz: Die Erosion der Freistellungsmethode schreitet voran (Teil 1), Ubg 2017, 181.

Kahle, Holger/Schulz, Sebastian, Besteuerung von Inbound-Investitionen – Ermittlung der inländischen Einkünfte und Durchführung der Besteuerung nach dem Jahressteuergesetz 2009, RIW 2009, 140.

Kalteis, Brigitte, Die Besteuerung international tätiger Künstler und Künstlerbetriebe, Wien 1998.

Kania, Thomas/Moritz, Norbert, Der praktische Fall – Arbeitsrecht - Ein bedinger und befristeter Arbeitsvertrag, JuS 1996, 517.

Kanzler, Hans-Joachim/Kraft, Gerhard/Bäuml, Swen Oliver, Einkommensteuergesetz, Kommentar ; [Aktualisierung im Internet inklusive], Herne 2017 (zitiert: Kanzler/Kraft/Bäuml/*Bearbeiter).*

Kempe, Roland, Ohne Steuerbefreiung keine WM, Verbände fordern im Bundestags-Sportausschuss mehr Unterstützung bei Bewerbungen, http://www.deutschlandfunk.de/ohne-steuerbefreiung-keine-wm.1346.de.html?dram:article_id=238961 (Stand: 30.11.2017).

Kempermann, Michael, Besteuerung beschränkt steuerpflichtiger Künstler und Sportler, FR 2008, 591.

Kerschner, Ina/Steindl, Marlies, Übertragungsrechte an deutschen Sportveranstaltungen, SWI 2003, 301.

Keßler, Rainer E., Zweifelsfragen zur Abzugssteuer nach § 50a Abs. 4 EStG, FR 1984, 172.

Keßler, Werner, Neue Regelungen zur unbeschränkten und beschränkten Einkommensteuerpflicht im Steuerbereinigungsgesetz 1986, BB 1986, 1890.

Killius, Jürgen, Grenzüberschreitende Steuerfragen der Vergütung von Sportlern, FR 1995, 721.

Kirchhof, Paul, Einkommensteuergesetz, 16. Aufl., Köln 2017 (zitiert: Kirchhof/*Bearbeiter).*

Kirchhof, Paul/Söhn, Hartmut/Mellinghoff, Rudolf, Einkommensteuergesetz, Kommentar, Heidelberg 2017 (zitiert: Kirchhof/Söhn/Mellinghoff/*Bearbeiter).*

Kirsch, Hans-Jürgen/Weber, Christian, Handelsrechtliche Bilanzierung von Nachwuchsspielern im deutschen Profifußball, DStR 2012, 1716.

Klein, Franz, Abgabenordnung, Einschließlich Steuerstrafrecht, 13., völlig neubearbeitete Auflage 2016 (zitiert: Klein/*Bearbeiter).*

Klimmer, Christian, Besteuerung von unbeschränkt steuerpflichtigen Sportlern, in: *Sigloch, Jochen* (Hrsg.), Rechnungslegung und Besteuerung im Sport, Bd. 3, 1. Aufl, Wiesbaden 2003.

Klimmer, Christian, Besteuerung international tätiger Sportler in der Bundesrepublik Deutschland, Unbeschränkte und beschränkte Steuerpflicht, Zwischenschaltung von Gesellschaften, Berlin 2004.

Koblenzer, Thomas, Auslegung von Art. 27 DBA-Schweiz im Lichte des geänderten OECD-Musterkommentars zu Art. 26 OECD-MA: Möglichkeit von rückwirkenden Gruppenanfragen zur Aufdeckung sogenannter „Abschleicher", IStR 2012, 872.

Koenig, Ulrich, Abgabenordnung, §§ 1 bis 368, 3., völlig neubearb. Aufl., München 2014 (zitiert: Koenig/*Bearbeiter).*

Köhler, Stefan/Goebel, Sören/Schmidt, Sebastian, Neufassung des § 50a EStG durch das JStG 2009 – Ende einer Dauerbaustelle?, DStR 2010, 8.

Kopec, Agnieszka/Schewe, Martin, Nationale und grenzüberschreitende Besteuerung von Schiedsrichtervergütungen, Dargestellt am Beispiel von Fußball-, Eishockey- und Tennisschiedsrichtern, FR 2017, 1079–1088.

Korn, Klaus, Einkommensteuergesetz, Kommentar, 105. Auflage, Bonn 2017 (zitiert: Korn/*Bearbeiter*).

Krabbe, Helmut, Beschränkte Steuerpflicht bei künstlerischen, sportlichen, artistischen und ähnlichen Darbietungen, FR 1986, 425.

Kraft, Gerhard, AStG, Außensteuergesetz; Kommentar, München 2009 (zitiert: Kraft/*Bearbeiter*).

Krasney, Jeffrey L., State Income Taxation of Non- Resident Professional Athletes, The Tax Lawyer 1994, 395–424.

Kreisl, Rene, Öffentliche Medienauftritte von Künstlern und Sportlern nach Art. 17 OECD-Musterabkommen, SWI 2007, 247.

Kumpf, Wolfgang/Roth, Andreas, Wahlbesteuerung für beschränkt Einkommensteuerpflichtige?, StuW 1996, 259.

Kunig, Philip, Grundgesetz, Kommentar, 6., neubearb. Aufl., München 2012 (zitiert: Kunig/*Bearbeiter*).

Lademann, Fritz, Kommentar zum Einkommensteuergesetz, 231. Ergänzung, Stuttgart, München, Hannover 2017 (zitiert: Lademann/*Bearbeiter*).

Lampert, Steffen, Die dynamische Auslegung von Doppelbesteuerungsabkommen unter besonderer Beachtung des Kommentars zum OECD-Musterabkommen, IStR 2012, 513.

Lampert, Steffen, 15. Germany, in: *Lang, Michael/Pistone, Pasquale/Schuch, Josef u. a.* (Hrsg.), The impact of the OECD and UN model conventions on bilateral tax treaties, Cambridge 2014, S. 466–500.

Lang, Michael, Die Bedeutung des Musterabkommens und des Kommentars des OECD-Steuerausschusses für die Auslegung von Doppelbesteuerungsabkommen, in: *Gassner, Wolfgang* (Hrsg.), Aktuelle Entwicklungen im internationalen Steuerrecht, Das neue Musterabkommen der OECD, Wien 1994, S. 11–42.

Lang, Michael, Grundsatzerkenntnis des VwGH zur DBA-Auslegung, SWI 1996, 427.

Lang, Michael, Wer hat das Sagen im Steuerrecht? Die Bedeutung des OECD-Steuerausschusses und seiner Working Parties, ÖStZ 2006, 203.

Lang, Michael, DBA und Personengesellschaften – Grundfragen der Abkommensauslegung, IStR 2007, 606.

Lang, Michael, Steuerabzug, Haftung und Gemeinschaftsrecht, SWI 2007, 17.

Lang, Michael, Art. 3 Abs. 2 OECD-MA und die Auslegung von Doppelbesteuerungsabkommen, Auslegungsgrundsätze für DBA, IWB 2011, 281.

Lang, Michael, Auslegung von Doppelbesteuerungsabkommen und authentische Vertragssprachen, IStR 2011, 403.

Lang, Michael, Die Auslegung von Doppelbesteuerungsabkommen als Problem der Planungssicherheit bei grenzüberschreitenden Sachverhalten, in: *Grotherr, Siegfried/Altrichter-Herzberg, Torsten/Abele, Stephan u. a.* (Hrsg.), Handbuch der internationalen Steuerplanung, 4. Aufl., Herne, Westf 2015, S. 1865.

Lang, Michael, Verteilungsnormen, in: *Vogel, Klaus/Reimer, Ekkehart/Rust, Alexander* (Hrsg.), Zum 75. Geburtstag von Prof. Dr. Dr. h.c. Franz Wassermeyer, 75 Beiträge zum Recht der DBA, 1. Aufl., München 2015, S. 187–194.

Lang, Michael/Stefaner, Markus C., Künstler und Sportler im DBA Deutschland-Österreich, IStR 2003, 829.

Lehner, Moris, Treaty Override im Anwendungsbereich des § 50d EStG, IStR 2012, 389.

Lehner, Moris, Die autonome Auslegung von Doppelbesteuerungsabkommen im Kontext des Art. 3 Abs. 2 OECD-MA, in: *Frotscher, Gerrit/Lüdicke, Jürgen/Mössner, Jörg Manfred u. a.* (Hrsg.), Das Steuerrecht der Unternehmen, Festschrift für Gerrit Frotscher zum 70. Geburtstag, 1. Aufl., Freiburg 2013, S. 383–402.

Leisner-Egensperger, Anna, DBA-Auslegung unter Rückgriff auf nationales Recht, zu Art. 3 Abs. 2 des OECD-MA, IStR 2014, 10.

Liechtensteinischer Olympischer Sportverband, Regelement zur Vergabe von FL-Meistertiteln und FL-Auszeichnungen, unter 5.1., abrufbar unter http://www.olympic.li/Portals/0/PDFs/Reglement%20Landesmeisterschaften.pdf (Stand: 30.11.2017).

Lippross, Otto-Gerd/Seibel, Wolfgang, Basiskommentar Steuerrecht, AO, AStG, BewG, EigZulG, ErbStG, EStG, FGO, GewStG, GrEStG, InvZulG, KraftStG, KStG, SolZG, UmwStG, UStG, Köln 2017 (zitiert: Lippross/Seibel/*Bearbeiter)*.

List, Heinrich, Steuerwirrwarr bei der Besteuerung ausländischer Künstler?, BB 1998, 1871.

Lornsen, Birgitt, Unilaterale Maßnahmen der Bundesrepublik Deutschland zur Ausschaltung der internationalen Doppelbesteuerung bei der Einkommen- und Körperschaftsteuer, Frankfurt am Main, New York 1987.

Loukota, Helmut, Missverständnisse bei der Besteuerung ausländischer Orchester und Theater, SWI 2000, 440.

Loukota, Helmut, Das DBA-Diskriminierungsverbot – Eine Bestandsaufnahme der Verwaltungspraxis, SWI 2005, 56.

Loukota, Helmut, DBA -Diskriminierungsverbote und gemeinschaftsrechtliche Grundfreiheiten – Gemeinsamkeiten und Unterschiede, in: *Lang, Michael*/Lang-Schuch-Staringer/*Schuch, Josef u. a.* (Hrsg.), Die Diskriminierungsverbote im Recht der Doppelbesteuerungsabkommen, Wien 2006, S. 265–288.

Loukota, Walter, Unselbständige Künstler und Sportler, in: *Gassner, Wolfgang/Lang, Michael/Lechner, Eduard* (Hrsg.), Arbeitnehmer im Recht der Doppelbesteuerungsabkommen, 1. Aufl., Wien 2003, S. 203–224.

Loydolt, Stefan, Künstler und Sportler im DBA-Recht, SWI 1996, 387–394.

Lüdicke, Jürgen, Probleme der Besteuerung beschränkt Steuerpflichtiger im Inland, DStR-Beihefter 2008, 25.

Lüdicke, Jürgen, Die mangelnde Abstimmung von Steuerabzug nach § ESTG § 50a EStG i.d.F. des JStG 2009 und beschränkter Steuerpflicht, IStR 2009, 206.

Lüdicke, Jürgen, Anmerkungen zur deutschen Verhandlungsgrundlage für Doppelbesteuerungsabkommen, IStR Beih. 2013, 26.

Lutz, Jürgen, Die Besteuerung von Sportlern, DStZ 1998, 279.

Maier, Walter, Entnahmen, in: Beck'sches Steuer- und Bilanzrechtslexikon Edition 40/2017.

Malin, Alexander, Employed Artists and Sportsmen according to the OECD Model, in: *Loukota, Walter* (Hrsg.), Taxation of artistes and sportsmen in international tax law, Bd. 51, Wien 2007, S. 227–243.

Maßbaum, Michael, Die Künstler- und Sportlerklausel in DBA, IWB, Fach 10 Gruppe 2, 1211.

Maßbaum, Michael, Die beschränkte Steuerpflicht der Künstler und Berufssportler unter Berücksichtigung des Steuerabzugsverfahrens, Herne 1991.

Maßbaum, Michael, Werbetätigkeit populärer Künstler als künstlerische Tätigkeit?, BB 1992, 1763.

Maßbaum, Michael/Müller, Diana, Aktuelle Entwicklungen im Bereich der Abzugsteuer nach § ESTG § 50a EStG bei Lizenzzahlungen und Anordnung des Steuerabzugs, BB 2015, 3031.

Matijevic, Milan, The Notion of Artists in Article 17 of the OECD Model Tax Convention, in: *Loukota, Walter* (Hrsg.), Taxation of artistes and sportsmen in international tax law, Bd. 51, Wien 2007, S. 21–34.

Mattern, Oliver/Mohr, Daniel/Schütz, Michael/Waldens, Stefan, AStG eKommentar, Bonn 2015 (zitiert: Mattern/Mohr/Schütz/Waldens/*Bearbeiter)*.

Maunz, Theodor/Dürig, Günter, Grundgesetz, Kommentar, 80. Erg.-Lfg., Juni 2017, München 2013 (zitiert: Maunz/Dürig/*Bearbeiter)*.

Mellinghoff, Rudolf, Heranziehung von OECD-Musterabkommen und -Musterkommentar, in: *Vogel, Klaus/Reimer, Ekkehart/Rust, Alexander* (Hrsg.), Zum 75. Geburtstag von Prof. Dr. Dr. h.c. Franz Wassermeyer, 75 Beiträge zum Recht der DBA, 1. Aufl., München 2015, S. 35–48.

Milatz, Jürgen E., § 7 ErbStG, in: *Burandt, Wolfgang/Rojahn, Dieter* (Hrsg.), Erbrecht, Band 65, 2., neubearbeitete Auflage 2014, München 2014.

Mitschke, Wolfgang, Das Treaty Override zur Verhinderung einer Keinmalbesteuerung aus Sicht der Finanzverwaltung, DStR 2011, 2221.

Mitschke, Wolfgang, Treaty Override § 50d Abs. 8 EStG und zeitlich nachfolgende DBA, IStR 2017, 770.

Mody, Dörte, Die deutsche Besteuerung international tätiger Künstler und Sportler, 1. Aufl, Baden-Baden 1994.

Mody, Dörte, Problembereiche der Besteuerung beschränkt steuerpflichtiger Künstler und Sportler, in: *Fischer, Lutz/Kleineidam, Hans-Jochen* (Hrsg.), Unternehmenspolitik und internationale Besteuerung, Festschrift für Lutz Fischer zum 60. Geburtstag, Berlin 1999, S. 769.

Mody, Dörte, Die Einschaltung ausländischer Gesellschaften als Gestaltungsinstrument international tätiger Künstler und Sportler, in: *Grotherr, Siegfried* (Hrsg.), Handbuch der internationalen Steuerplanung, 3. Aufl., Herne [u. a.] 2011, S. 1559.

Molenaar, Dick, Taxation of international performing artists, Amsterdam 2006.

Molenaar, Dick, Discussion of Daniel Sandler's Paper on Article 17 OECD Model Convention, in: *Lang, Michael* (Hrsg.), Source versus residence, Problems arising from the allocation of taxing rights in tax treaty law and possible alternatives, vol. 20, Austin 2008, S. 247.

Molenaar, Dick, Entertainers ans Sportspersons Following the Updated OECD Model (2014), BIT 2015, 37.

Molenaar, Dick/Grams, Harald, Die Illusion der gerechten und ertragreichen Besteuerung von international tätigen Künstlern und Sportlern, IStR 2005, 762.

Molenaar, Dick/Grams, Harald, The ECJ X Case (Football Club Feyenoord), European Taxation 2011, 358.

Mössner, Jörg Manfred, Zur Auslegung von Doppelbesteuerungsabkommen, in: *Böckstiegel, Karl-Heinz* (Hrsg.), Völkerrecht, Recht der Internationalen Organisationen, Weltwirtschaftsrecht, Festschrift für Ignaz Seidl-Hohenveldern = Law of nations, law of international organizations, world's economic law : liber amicorum honouring Ignaz Seidl-Hohenveldern, Köln [Federal Republic of Germany] 1988, S. 411.

Müller, Stefan, Weiterentwicklung der Scorpio-Rechtsprechung – Abzugssteuern grundsätzlich unionsrechtskonform, EuGH-Urteil v. in der Rs. C-498/10, X, IWB 2012, 843.

Münchener Kommentar zum Bürgerlichen Gesetzbuch, 7. Aufl., München 2016 (zitiert: *MüKo/Bearbeiter*).

Muszynska, Katarzyna/Tumpel, Michael, Die Verwertung von Rechten in inländischen Betriebsstätten, in: *Gassner, Wolfgang/Lang, Michael/Lechner, Eduard u. a.* (Hrsg.), Die beschränkte Steuerpflicht im Einkommen- und Körperschaftsteuerrecht, München 2004, S. 185–210.

Nacke, Alois Th., Der Gesetzentwurft zum Jahresteuergesetz 2009, DB 2008, 1396.

Nacke, Alois Th., Besteuerung ausländischer Künstler und Sportler, NWB 2009, 1910.

Nacke, Alois Th., Besteuerung beschränkt steuerpflichtiger Künstler und Sportler, NWB 2011, 607.

Nam, Ki-Yeon, Persönlichkeitsrechtsschutz in Ungleichgewichtslagen--am Beispiel des Sports, Frankfurt am Main 2007.

Neyer, Wolfgang, Lohnfortzahlung und Besteuerungsrecht beim international tätigen Arbeitnehmer, RIW 2006, 216.

Oberascher, Friederike, Das Staatsangehörigendiskriminierungsverbot des Art. 24 OECD-MA in einer historischen Längsschnittanalyse, in: *Lang, Michael*/Lang-Schuch-Staringer/*Schuch, Josef u. a.* (Hrsg.), Die Diskriminierungsverbote im Recht der Doppelbesteuerungsabkommen, Wien 2006, S. 49–68.

öBMF, Protokoll über die internationale Steuerrechtstagung 2006.

OECD, Discussion draft released on the application of Article 17 (Artistes and Sportsmen) of the OECD Model Tax Convention, 23.04.2010 bis 31.07.2010.

OECD, The taxation of income derived by Entertainment, Artistic and Sportive Activities, (adopted by the OECD Council on 27 March 1987), Paris 1987.

OECD, Model Tax Convention on Income and on Capital 2014 (Full Version), Paris 2015.

ONLINE, SPIEGEL/Hamburg/Germany, Neuer Ausrüster: Manchester United sichert sich Mega-Deal mit Adidas – SPIEGEL ONLINE, http://www.spiegel.de/wirtschaft/unternehmen/manchester-united-schliesst-megadeal-mit-adidas-a-981007.html (Stand: 30.11.2017).

Oreskovic-Rips, Josip/Kowalewski, Pierre, Steuerabzug auf Anordnung nach § 50a Abs. 7 EStG unter Berücksichtigung des Kroatien-AnpG – Erläuterung zu ausgewählten Einzelproblemen und Abwehrgestaltungen bei Immobilienverkäufen durch beschränkt -steuerpflichtige Körperschaften, IStR 2015, 418.

Osterhelt, Stefan, Bedeutung des OECD-Kommentars für die Auslegung von Doppelbesteuerungsabkommen, ASA 80 (2011/2012), 373.

Paintner, Thomas, Das Beitreibungsrichtlinie-Umsetzungsgesetz und das Dritte Gesetz zur Änderung des Umsatzsteuergesetzes im Überblick, DStR 2012, 105.

Palandt, Otto, Bürgerliches Gesetzbuch, Mit Nebengesetzen ; insbesondere mit Einführungsgesetz (Auszug) einschließlich Rom I-, Rom II- und Rom III-Verordnungen sowie Haager Unterhaltsprotokoll und EU-Erbrechtsverordnung, Allgemeines Gleichbehandlungsgesetz (Auszug), Wohn- und Betreuungsvertragsgesetz, BGB-Informationspflichten-Verordnung, Unterlassungsklagengesetz, Produkthaftungsgesetz, Erbbaurechtsgesetz, Wohnungseigentumsgesetz, Versorgungsausgleichsgesetz, Lebenspartnerschaftsgesetz, Gewaltschutzgesetz Bd. 7, 76. Aufl., München 2017 (zitiert: Palandt/*Bearbeiter)*.

Panayi, Christina HJI, Recent developments regarding the OECD Model Convention and EC law, European Taxation 2007, 452.

Parolini, Andrea, Historical Development of Article 17 OECD Model: From the League of Nations to the 2010 OECD Model, in: *Maisto, Guglielmo* (Hrsg.), Taxation of entertainers and sportspersons performing abroad, volume 13, Amsterdam 2016, S. 55–83.

Pfeifer, Karl-Nikolaus, Eigenheit oder Eigentum – Was schützt das Persönlichkeitsrecht, GRUR 2002, 495.

Pfeifer, Katharina, Die deutsche Besteuerung ausländischer Tonkünstler und Künstlergesellschaften, Frankfurt a. M. 2014.

Pfister, Bernhard, in: *Fritzweiler, Jochen R./Pfister, Bernhard/Summerer, Thomas* (Hrsg.), Praxishandbuch Sportrecht, 3., neu bearbeitete Auflage 2014, München 2014.

Pfister, Bernhard/Steiner, Udo, Sportrecht von A – Z, Originalausgabe, München 1995.

Pistone, Pasquale/Schaffer, Erich, Entertainers according to Art. 17 OECD Model Convention, in: *Lang, Michael/Pistone, Pasquale/Rust, Alexander u. a.* (Hrsg.), The OECD-model-convention and its update 2014, v. 90, [Amsterdam] 2015, S. 51.

Plansky, Patrick, Die Gewinnzurechnung zu Betriebsstätten im Recht der Doppelbesteuerungsabkommen, Wien 2010.

Pohl, Carsten, Die Auslegung von Doppelbesteuerungsabkommen in der jüngeren Rechtsprechung des BFH, RIW 2012, 677.

Portner, Rosemarie, Die BFH-Ausführungen zur Anwendung des § 50d Abs. 8 und Abs. 9 EStG, IStR 2009, 195.

Prokisch, Rainer, Fragen der Auslegung von Doppelbesteuerungsabkommen, SWI 1994, 52.

Provodová, Katerina, Fundamental Issues and Practical Problems in Tax Treaty Interpretation, in: *Schilcher, Michael/Weninger, Patrick* (Hrsg.), Fundamental issues and practical problems in tax treaty interpretation, Bd. 54, Wien 2008, S. 139.

Rasche, Ralf, § 12 Umsatzsteuer, in: *Schauhoff, Stephan* (Hrsg.), Handbuch der Gemeinnützigkeit, Verein, Stiftung, GmbH ; Recht, Steuern, Personal, 3., Auflage, München 2010, Rn. 29.

Reichenberger, Joachim, Das Verbot dynamischer Satzungsverweisungen, Theorie und Wirklichkeit, http://sportrecht.org/cms/upload/01grundlagen/02/Reichenberger_Dynamische_Satzungsverweisungen.pdf.

Reimer, Ekkehart, Die sog. Entscheidungsharmonie als Maßstab für die Auslegung von Doppelbesteuerungsabkommen, IStR 2008, 551.

Reisch, Max/Reichardt, Oswald/Urbanke, Urs, Probleme bei der Besteuerung von Amateursportlern aus nationaler und internationaler Sicht, DB 1988, 359–365.

Reiter, Peter, Steuerabzug auf grenzüberschreitende Vergütungen für die Überlassung von Urheberrechten – Besonderheiten bei gemeinschaftlich entwickelten Produkten und Aufragsentwicklungen, IStR 2017, 572.

Ribes, Aurora, Recent Application of the Dynamic Interpretation for Royalities by the Spanish Tax Administration, intertax 2010, 21.

Rief, Roland, Künstler und Sportler, in: *Gassner, Wolfgang* (Hrsg.), Aktuelle Entwicklungen im internationalen Steuerrecht, Das neue Musterabkommen der OECD, Wien 1994, S. 237.

Rödl, Christian/Grube, Ulrike, 21. Kapitel: Internationales Steuerrecht und Steuerhinterziehung, in: *Wabnitz, Heinz-Bernd/Janovsky, Thomas* (Hrsg.), Handbuch des Wirtschafts- und Steuerstrafrechts, 4., neu bearb. und erw. Aufl., München 2014.

Roser, Frank, Ansatzpunkte und Fehlvorstellungen zur Dynamisierung steuerlicher Bestimmungen – unter besonderer Berücksichtigung der DBA, Ubg 2013, 37.

Rosskopf, Julia, Der (Sport-)Sponsoringvertrag, insbesondere Anwendungsbereiche, Rechtsnatur, Struktur, http://sportrecht.org/cms/upload/seminararbeiten/Rosskopf-sponsoringvertrag.pdf.

Rotter, Markus/Lammers, Lutz/Welz, Tilo, Kommentar zur Verhandlungsgrundlage für DBA, Herne 2014.

Rüping, Heike, Anpassung des Steuerrechts an Recht und Rechtsprechung der Europäischen Union durch Änderung der §§ 50, 50a EStG im Entwurf des Jahressteuergesetzes 2009, IStR 2008, 575.

Rust, Alexander, Diskriminierungsverbote verbieten Diskriminierung, IStR 2004, 391.

Rust, Alexander, Meistbegünstigungsklauseln in den Doppelbesteuerungsabkommen, in: *Cordewener, Axel* (Hrsg.), Meistbegünstigung im Steuerrecht der EU-Staaten, Mit Diskussionsbeiträgen eines Münchener Symposions, H. 26, München 2006, S. 77.

Rust, Alexander/Reimer, Ekkehart, Treaty Override im deutschen Internationalen Steuerrecht, IStR 2005, 843.

Salzmann, Stephan, Besteuerung beschränkt steuerpflichtiger Sportler nach den Jahresteuergesetz 1996 und 1997, SpuRt 1996, 181.

Sandler, Daniel, The taxation of international entertainers and athletes, All the world's a stage, The Hague 1995.

Sandler, Daniel, Artistes and Sportsmen (Article 17 OECD Model Convention), in: *Lang, Michael* (Hrsg.), Source versus residence, Problems arising from the allocation of taxing rights in tax treaty law and possible alternatives, vol. 20, Austin 2008, S. 215–246.

Sasseville, Jacques, The 2014 Changes to Articel 17 of the OECD Model Tax Convention, in: *Maisto, Guglielmo* (Hrsg.), Taxation of entertainers and sportspersons performing abroad, volume 13, Amsterdam 2016, S. 85–102.

Sauer, Jörg, Die Besteuerung ausländischer Sportler im Inland unter besonderer Berücksichtigung der europarechtlichen sowie völkerrechtlichen Vorgaben, Tübingen 2009.

Schack, H., Urheber- und Urhebervertragsrecht, [S.l.] 2017.

Schaffer, Erich, Domestic attribution of income and taxation of international entertainers and sportspersons, Theory and practice of Art. 17 OECD model convention, Amsterdam 2017.

Schänzle, Thomas, Abkommensrechtliches Diskriminierungsverbot, in: *Vogel, Klaus/ Reimer, Ekkehart/Rust, Alexander* (Hrsg.), Zum 75. Geburtstag von Prof. Dr. Dr. h.c. Franz Wassermeyer, 75 Beiträge zum Recht der DBA, 1. Aufl., München 2015, S. 495.

Schauhoff, Stephan, Inländische Einkünfte im Ausland wohnender Sportler, – Quellensteuer, beschränkte und erweitert beschränkte Steuerpflicht –, IStR 1993, 363.

Schauhoff, Stephan, Quellenabzug bei Zahlungen an beschränkt steuerpflichtige Künstler und Sportler, IStR 1997, 5.

Schauhoff, Stephan/Cordewener, Axel/Schlotter, Carsten, Besteuerung ausländischer Künstler und Sportler in der EU, Deutsche Rechtslage, europarechtliche Vorgaben, Rechtsvergleich zu EU-Staaten, künftige Handlungsoptionen, München 2008.

Schauhoff, Stephan/Idler, Jesco, Änderung der BFH-Rechtsprechung zur Besteuerung von Werbeverträgen mit beschränkt Steuerpflichtigen, IStR 2008, 341.

Schauhoff, Stephan/Schlotter, Carsten, (Fernseh-)Rechteverwertung bei Sport- und Konzertveranstaltungen im DBA-Recht – Zur Abgrenzung von Art. 17, Art. 12 und Art. 7 OECD-MA nach dem BFH-Urteil v. vom 4. 3. 2009, BFH 04.03.2009 Aktenzeichen I R 6/07, IStR 2009, 751.

Schaumburg, Harald, Das Leistungsfähigkeitsprinzip im internationalen Steuerrecht, in: *Lang, Joachim/Tipke, Klaus* (Hrsg.), Die Steuerrechtsordnung in der Diskussion, Festschrift für Klaus Tipke zum 70. Geburtstag, Köln 1995, S. 125–152.

Schaumburg, Harald, Internationales Steuerrecht, Außensteuerrecht, Doppelbesteuerungsrecht, 3., völlig überarb. Aufl, Köln 2011.

Schirmer, Hans-Jürgen, Steuerliche Überlegungen zur Selbstvermarktung von Profisportlern über eine eigene GmbH, StBp 2013, 224.

Schlotter, Carsten, Konkurrenz von Steuerabzugstatbeständen in der beschränkten Steuerpflicht am Beispiel von Vergütungen für Fernsehübertragungsrechte an Sportveranstaltungen, FR 2010, 651.

Schlotter, Carsten, Country Report Germany, in: *Maisto, Guglielmo* (Hrsg.), Taxation of entertainers and sportspersons performing abroad, volume 13, Amsterdam 2016, S. 437–468.

Schlotter, Carsten/Degenhardt, Jörg, Besteuerung von Transferentschädigungen und Entgelten für Spielerleihen nach dem JStG 2010, IStR 2011, 457.

Schmidjell-Dommes, Sabine, Die Besonderheiten der Besteuerung von Künstlern und Sportlern nach Art. 17 DBA Österreich – Deutschland, SWI 2015, 543.

Schmidt, Einkommensteuergesetz: EStG, 14. Aufl. 1995 (zitiert: Schmidt/*Bearbeiter)*.

Schmidt, Ludwig, EStG, Einkommensteuergesetz, 36. Aufl., München 2017 (zitiert: *Schmidt/Bearbeiter*).

Schmidt-Heß, Ole, Beschränkte Steuerpflicht bei Rechteüberlassung durch den originären Inhaber des Rechts?, IStR 2006, 690.

Schmitt, Marcus, The relevance of amendments to the OECD-Commentary for the interpretation of tax treaties (static or dynamic approach), in: *Schilcher, Michael/ Weninger, Patrick* (Hrsg.), Fundamental issues and practical problems in tax treaty interpretation, Bd. 54, Wien 2008, S. 117.

Schnitger, Arne, Die Einbeziehung des OECD-Musterkommentars in der Rechtsprechung des BFH, IStR 2002, 407.

Schnitger, Arne, Das Ende der Bruttobesteuerung beschränkt Steuerpflichtiger, – Die Lehren der Rs. Gerritse –, FR 2003, 745.

Schönfeld, Jens, Doppelbesteuerungsabkommen, [DBA]; Kommentar, Köln 2013 (zitiert: Schönfeld/*Bearbeiter*).

Schoueri, Luís Eduardo, Recentes precedentes jurisprudenciais em matéria de tributação internacional, http://ibdt.org.br/material/arquivos/Palestras/Palestra%20 Schoueri.pdf.

Schrettl, Andreas B., Rechtsfragen der beschränkten Steuerpflicht, Dargestellt anhand der Besteuerung gewerblich tätiger beschränkt steuerpflichtiger Künstler, Sportler und Artisten, Frankfart am Main, New York 1994.

Schröder, K.-W., Fallstudie Trixi Topspin, SteuerStud 1987, 205.

Schuch, Josef, Die Zeit im Recht der Doppelbesteuerungsabkommen, Wien 2002.

Schwarz, Bernhard/Pahlke, Armin, Praxis Kommentar zur AO, s.l. (zitiert: Schwarz/ Pahlke/*Bearbeiter*).

Schwarz, Christian, Treaty overriding und § 50d EStG 2016, Dissertation.

Schwindt, Michael/Niederquell, Tatjana, Sonderausgabenabzug bei beschränkt einkommersteuerpflichtigen Personen, Zur Unionsrechtswidrigkeit des § 50 Abs. 1 Satz 3 EStG am Beispiel von bestimmten Sonderausgaben eines im Inland beschränkt einkommensteuerpflichtigen „europäischen Rechtsanwalts“, ISR 2017, 209.

Selling, Hans-Jürgen, Die Abschirmwirkung ausländischer Basisgesellschaften gegenüber dem deutschen Fiskus, DB 1988a, 930.

Selling, Hans-Jürgen, Die Abschmirmwirkung ausländischer Basisgesellschaften gegenüber dem deutschen Fiskus, DB 1988b, 930–936.

Sommer, Michael, Einkünfte von Sportlern aus Werbeverträgen, BB 1981, 177–181.

Spitaler, Armin, Das Doppelbesteuerungsproblem bei den direkten Steuern, 2. Aufl., Köln 1967.

Stefaner, Markus C./Urtz, Christoph, Die Bemessungsgrundlage des Steuerabzugs bei beschränkt Steuerpflichtigen, in: *Gassner, Wolfgang/Lang, Michael/Lechner, Eduard u. a.* (Hrsg.), Die beschränkte Steuerpflicht im Einkommen- und Körperschaftsteuerrecht, München 2004, S. 277–302.

Steiner, Axel, Steuerrecht im Sport, Stuttgart, München, Hannover, Berlin, Weimar, Dresden 2009.

Stelkens, Paul/Bonk, Heinz J./Sachs, Michael, Verwaltungsverfahrensgesetz, Kommentar, 9. Auflage, München 2018 (zitiert: Stelkens/Bonk/Sachs/*Bearbeiter).*

Streinz, Rudolf, EUV/AEUV, Vertrag über die Europäische Union und Vertrag über die Arbeitsweise der Europäischen Union Bd. 57, 2. Aufl., München, München 2012 (zitiert: Streinz/*Bearbeiter).*

Strobl, Jakob, Zur Auslegung von Doppelbesteuerungsabkommen unter besonderer Berücksichtigung ausländischer Rechtsordnungen, in: *Döllerer, Georg/Knobbe-Keuk, Brigitte/Klein, Franz u. a.* (Hrsg.), Handelsrecht und Steuerrecht, Festschrift für Dr. Dr. h.c. Georg Döllerer, Düsseldorf 1988, S. 635–660.

Strunk, Günther, Aussensteuergesetz – Doppelbesteuerungsabkommen, Kommentar, Loseblattausg, Bonn 2017 (zitiert: Strunk/*Bearbeiter).*

Süddeutsche Zeitung (Hrsg.), Hoeneß geht nach Ostern ins Gefängnis, http://www.sueddeutsche.de/sport/urteil-gegen-uli-hoeness-staatsanwaltschaft-verzichtet-auf-revision-1.1914600 (Stand: 12.11.2017).

Tenore, Mario, Image Rights, Sponsoring and Advertising Income, in: *Maisto, Guglielmo* (Hrsg.), Taxation of entertainers and sportspersons performing abroad, volume 13, Amsterdam 2016, S. 137.

Tetlak, Karolina, Tax Treatment of Team Performances under Art. 17 of the OECD Model Convention, World Tax Journal 2010, 262–290.

The Guardian, Usain Bolt turns down London and Britain's high taxes to run in Paris, https://www.theguardian.com/sport/2010/jul/12/usain-bolt-london-taxes (Stand: 30.11.2017).

Tiede, Wolfgang/Schirmer, Jakob, Die Besteuerung ausländischer Einkünfte natürlicher Personen in Deutschland, SteuK 2014, 203.

Tipke, Klaus/Kruse, Heinrich Wilhelm, Abgabenordnung, Finanzgerichtsordnung : Kommentar zur AO und FGO (ohne Steuerstrafrecht), Köln 2017 (zitiert: Tipke/Kruse/*Bearbeiter).*

Toifl, Gerald, Der Durchgriff nach § 50a Abs. 4 Nr. 1d EStG und § 99 Abs. 1 Z. 1 öEStG, in: *Gassner, Wolfgang/Lang, Michael/Lechner, Eduard u. a.* (Hrsg.), Die beschränkte Steuerpflicht im Einkommen- und Körperschaftsteuerrecht, 1. Auflage, München 2004, S. 211–237.

Troll, Max/Gebel, Dieter/Jülicher, Marc, Erbschaftsteuer- und Schenkungsteuergesetz, Kommentar, 53. Lieferung, München 2017 (zitiert: Troll/Gebel/Jülicher/*Bearbeiter).*

Ullmann, Elke, Persönlichkeitsrechte in Lizenz, AfP 1999, 209.

Vieweg, Klaus/Herberger, Maximilian/Martinek, Michael/Rüssmann, Helmut/Weth, Stephan, juris Praxiskommentar BGB Gesamtausgabe/Allgemeiner Teil BD 1, 8. Aufl., Saarbrücken 2017 (zitiert: Vieweg/Herberger/Martinek/Rüssmann/Weth/*Bearbeiter).*

Vogel, Klaus, Künstlergesellschaften und Steuerumgehung, StuW 1996, 248.

Vogel, Klaus, The Influence of the OECD Commentaries on Treaty Interpretation, BIFD 2000, 612.

Vogel, Klaus/Ellis, Maarten J./Barconnier, Robert, Steueroasen und Aussensteuergesetze, Die Bedeutung der Steueroasen heute und die gesetzlichen Massnahmen zu ihrer Bekämpfung ; mit Diskussionsbeiträgen eines Münchener Symposions, München 1981.

Vogel, Klaus/Lehner, Moris, Doppelbesteuerungsabkommen der Bundesrepublik Deutschland auf dem Gebiet der Steuern vom Einkommen und Vermögen, Kommentar auf der Grundlage der Musterabkommen, 6. Aufl., München 2015 (zitiert: Vogel/Lehner/*Bearbeiter).*

Vogel, Klaus/Prokisch, Rainer, Die Auslegung von Doppelbesteuerungsabkommen, CDFI 2014, 29.

Wagner, Klaus J., Anmerkung zu FG Rheinland-Pfalz, Urt. v. 17.07.2014–1 K 2552/11, EFG 2014, 2065.

Wahlers, Ludger, Brockhaus – die Enzyklopädie digital, Mannheim 2005.

Wandtke, Artur-Axel/Bullinger, Winfried, Praxiskommentar zum Urheberrecht – UrhG, 4., neu bearb. Aufl., München 2014 (zitiert: Wandtke/Bullinger/*Bearbeiter).*

Ward, The Role of the Commentaries on the OECD Model in the Tax Treaty Interpretation Process, BIT 2006, 97.

Wassermeyer, Franz, Der im Ausland kickende Bomber der Nation, IStR 1993, 69.

Wassermeyer, Franz, Der Künstlerbegriff im Abkommensrecht, IStR 1995, 555.

Wassermeyer, Franz, Die Auslegung völkerrechtlicher Verträge, Haltung des BFH, in: *Blumenwitz, Dieter/Mössner, Jörg Manfred* (Hrsg.), Doppelbesteuerungsabkommen und nationales Recht, Heft 18, München 1995, S. 19–28.

Wassermeyer, Franz, Einschränkende Auslegung des § 49 Abs. 1 Nr. 2 Buchst. d EStG, IStR 2001, 782.

Wassermeyer, Franz, Doppelbesteuerung, Kommentar zu allen deutschen Doppelbesteuerungsabkommen, 70. Aufl., München 2017 (zitiert: Wassermeyer/*Bearbeiter).*

Weber-Fas, Rudolf, Staatsverträge im internationalen Steuerrecht, Zur Rechtsnatur, Geschichte und Funktion der deutschen Doppelbesteuerungsabkommen, Tübingen 1982.

Wedelstädt, Alexander von, Abgabenordnung und Finanzgerichtsordnung, Kommentar, 21. Auflage, Stuttgart 2015 (zitiert: Wedelstädt/*Bearbeiter).*

Weiand, Neil George, Rechtliche Aspekte des Sponsoring, NJW 1994, 227.

Weiand, Neil George, Wirtschaftliche und rechtliche Grundlagen des Kommunikationsinstruments Sponsoring, DStR 1996, 1897.

Weiss, Martin, Weitere Vorlage zur Europarechtskonformität des § 50d Abs. 3 EStG 2007, DStRK 2017, 97.

Wichmann, Michael, Anmerkungen zur deutschen Abkommenspolitik, FR 2011, 1082.

Wild, Michael/Eigelshoven, Margarethe/Hanisch, Maike, Steuerabzug gem. § 50a EStG bei Werbekampagnen mit ausländischen Prominenten – zugleich Besprechung des Urteil v.s des FG Düsseldorf vom 11.12.2001 8 K 2521/01 E, DB 2003, 1867–1871.

Wild, Michael/Eigelshoven, Margarethe/Hanisch, Maike, Zur beschränkten Steuerpflicht von Werbehonoraren für Gestattungsleistungen bei Bild- und Namensrechten – zugleich Besprechung des BMF-Schreibens vom 02. August 2005, IStR 2006, 181.

Winnie, Ralph, JR., A Separate International Tax Regime for Nonresident Athletes, TNI 2005, 69–87.

Wirfler, Norbert, Berufssportler, in: Beck'sches Steuer- und Bilanzrechtslexikon Edition 40/2017.

Wischmann, Rolf, Werbeinkünfte eines Fußballnationalspielers – Anmerkung zu BFH v. 22.02.2012 - X R 14/10, EStB 2012, 160.

Zadek, Günther, Treatment of Advertising Income of Artists and Sportsmen accordsing to the OECD Model, in: *Loukota, Walter* (Hrsg.), Taxation of artistes and sportsmen in international tax law, Bd. 51, Wien 2007, S. 159–179.

Zippelius, Reinhold, Juristische Methodenlehre, 11. Aufl., München 2012.

Zoubek, Jiri, Notion of Sportsmen in Art. 17 OECD Model, in: *Loukota, Walter* (Hrsg.), Taxation of artistes and sportsmen in international tax law, Bd. 51, Wien 2007, S. 35–54.